HISTOIRE

DE LA

RESTAURATION

II

Paris. — Typ. P.-A. Bourdier et Cie, rue Mazarine, 30.

HISTOIRE
DE LA
RESTAURATION

PAR

M. ALFRED NETTEMENT

TOME DEUXIÈME

RESTAURATION DE 1814 — CENT-JOURS

II

PARIS
JACQUES LECOFFRE ET CIE, LIBRAIRES-ÉDITEURS
RUE DU VIEUX-COLOMBIER, 29

1860

HISTOIRE
DE LA
RESTAURATION

LIVRE CINQUIÈME

RETOUR DE L'ILE D'ELBE

I

SITUATION DE LA FRANCE AU COMMENCEMENT DE 1815.

L'année 1815 s'ouvrit sous de fâcheux auspices. Au dehors, tout semblait, on l'a vu, présager une rupture entre les puissances qui débattaient au congrès de Vienne la nouvelle organisation de l'Europe ; au dedans, les intérêts d'ambition lésés par la chute du gouvernement impérial, et les passions, les préjugés, les défiances soulevées contre la Restauration, se rapprochaient dans une entente plus étroite et plus haineuse. Ce travail, qui n'échappait point aux observateurs attentifs, disparaissait encore pour la plupart des hommes du gouvernement sous les manifestations extérieures. Les corps constitués, les conseils des départements, les tribunaux, les villes, les communes célébraient à l'envi, dans leurs adresses, le bienfait de la paix rendue à la France, celui d'un gouvernement doux et paternel, qui apportait au pays des libertés et des garanties jusque-là inconnues. Les régiments, de leur côté, renouvelaient leur serment à l'occasion de la distribution des drapeaux, et les chefs les plus illustres des guerres impériales se rendaient, dans les gouvernements militaires qui leur avaient été confiés, les interprètes chaleureux de leur fidélité. Le pouvoir à son tour, par suite de l'importance qu'il attachait aux signes extérieurs, s'occupait de prendre possession du sol par des cérémonies de réjouissance ou de deuil dans lesquelles éclataient la joie de la monarchie rétablie et le regret des grandes immolations révolutionnaires.

Une commission particulière, présidée par le maréchal Soult, avait pris, dès le mois de novembre 1814, l'initiative d'une souscription destinée à élever un monument aux victimes de Quiberon. En janvier 1815, la commission se compléta; le nombre de ses membres fut fixé à treize : on y comptait le duc de Rohan, le duc de Lévis, le comte et le baron de Damas; les provinces de l'Ouest étaient représentées par MM. de la Rochejaquelein, de Suzannet et d'Autichamp. « Les peuples civilisés, disait-on dans le programme, regardèrent toujours comme un devoir sacré les honneurs rendus à la mémoire des guerriers objets de leurs regrets. La religion chrétienne, toute dévouée, suit ses enfants bien au delà du tombeau. Les champs de Carnac, les plages de Quiberon virent tomber des légions entières de généreux chrétiens. En expirant, leurs dernières paroles furent des paroles d'amour pour leur Roi et des vœux pour la patrie. Le Roi après un long exil, la Patrie après un long deuil, répondent à ces touchants adieux. » Puis, dans le dispositif, la commission décidait qu'un monument pyramidal serait élevé à Quiberon, sur le lieu même où les victimes avaient été immolées; un autre dans la Chartreuse, près d'Auray, où leurs restes avaient été transportés; et qu'enfin on fonderait dans le même lieu un collège militaire.

La plus éclatante de ces manifestations, la plus solennelle

de ces cérémonies, fut celle qui marqua le 21 janvier 1815. Les restes de Louis XVI et de Marie-Antoinette avaient été ensevelis sans honneur dans l'ancien cimetière de la Madeleine, devenu une propriété particulière. On espéra les retrouver, à l'aide des indications fournies par quatre témoins de leur inhumation, qui avaient survécu[1], et du propriétaire de l'enclos, qui avait planté sur l'emplacement quelques arbres, comme des points de repère. Ces recherches réussirent. On trouva d'abord le corps de Marie-Antoinette, reconnaissable encore à l'expression de son visage, que la chaux, dont le travail avait été arrêté par le cercueil, avait épargné; quelques lambeaux de vêtement achevèrent de prouver l'identité. A peu de distance, on retrouva le corps de Louis XVI, sur lequel le bourreau de la Convention avait laissé sa marque; la tête, séparée du tronc, avait été placée entre les jambes, réduites, par le temps et l'action de la chaux, à l'état d'ossements. Louis XVIII, à qui Dieu venait de rendre sa couronne, voulut rendre au Roi martyr et à la Reine qui avait partagé son sort leur royal domicile dans la nécropole de Saint-Denis, dépeuplée par la Révolution, plus prompte encore à vider les places que la mort à les remplir. La veille du jour marqué pour la cérémonie, M. de Chateaubriand, ce héraut éloquent que Dieu avait donné à la royauté renaissante pour marcher avec les pompes de son grand style devant ses douleurs comme devant ses joies, se rendait l'interprète des sentiments publics, en rappelant les vertus et les malheurs de Louis XVI; puis, arrivé à ses dernières journées, il terminait ainsi : « Ce n'est pas devant la famille royale qu'il convient d'achever le récit de pareilles adversités. L'orpheline du Temple est là, et sa seule présence en dit assez. Témoins et juges, vous vivez; vos yeux ont vu ce

---

[1]. C'étaient un prêtre, un juge de paix et son greffier, et un avocat. Le propriétaire du terrain se nommait Desclozeaux et appartenait à l'opinion royaliste.

qu'il y eut de public, et votre conscience vous racontera ce qu'il y eut de secret dans l'histoire de nos malheurs [1]. » Le cortége funèbre devait, l'éloquent écrivain le rappelait, suivre la route qu'avait prise, six siècles auparavant, celui de saint Louis, ce lointain aïeul des Bourbons.

Le 21 janvier 1815, par une très-froide journée, Monsieur, comte d'Artois, et ses deux fils, les ducs d'Angoulême et de Berry, se rendirent à huit heures du matin à l'enclos où s'élève aujourd'hui la chapelle expiatoire de la rue d'Anjou-Saint-Honoré. Vingt-deux ans écoulés depuis le régicide, le plus jeune des frères de Louis XVI et ses deux neveux venaient chercher les restes des deux plus grandes victimes de la Révolution. Les deux cercueils étaient déposés sous une tente, image de l'instabilité de toute chose sur cette terre de France, où tout apparaît et où rien ne demeure! Les trois princes s'agenouillèrent et prièrent longtemps devant ces cercueils, qui contenaient tant de douleurs, tant de souvenirs et tant d'enseignements. Puis Monsieur posa la première pierre de la chapelle expiatoire, et à neuf heures le cortége s'achemina vers Saint-Denis, en longeant la rue Saint-Honoré, puis les boulevards. Ainsi les tardives funérailles du Roi et de la Reine remontaient, pour arriver au sépulcre royal, quelques-unes des stations de la voie douloureuse que Louis XVI avait descendue pour se rendre du Temple à la place de l'échafaud. Toutes les pompes de la monarchie avaient été convoquées autour du char funèbre. Les troupes de la garnison formaient la haie. Des détachements de cavalerie, d'infanterie, de garde nationale, les généraux entourés de leur état-major, les hérauts d'armes, le grand maître des cérémonies et ses aides à cheval; deux carrosses à huit chevaux, dans le dernier desquels étaient le comte d'Artois et ses fils, précédaient le char fu-

---

1. *Journal des Débats* du 19 janvier 1815, reproduit par le *Moniteur* du 20.

nèbre. La maison rouge du Roi escortait au retour les restes de Louis XVI, que, vingt-deux ans auparavant, l'armée révolutionnaire entourait quand il allait au supplice. Les tambours voilés faisaient entendre d'espace en espace leurs sourds roulements; les drapeaux étaient en deuil, les armes des troupes qui suivaient le char et de celles qui formaient la haie renversées. L'aspect général de la multitude qui, malgré la rigueur du froid, remplissait les boulevards et toutes les rues adjacentes, était morne, triste et plein de recueillement. Les pères, qui avaient été témoins du tragique événement, montraient à leurs enfants, nous nous en souvenons, le char funèbre, et murmuraient à leur oreille les noms de Louis XVI et de Marie-Antoinette, ce triste résumé de la plus lamentable des histoires. Il y eut sur un point, cependant, un incident étrange et sinistre; les décorations du char funèbre s'étant engagées dans les cordes d'un réverbère, des voix furent entendues proférant le cri homicide des journées néfastes de la Révolution : *A la lanterne!* en renouvelant par cet odieux jeu de mots, autant qu'il était en elles, le crime que cette cérémonie était destinée à expier [1]. A partir de la barrière Saint-Denis, une batterie de campagne suivit le cortège en tirant un coup de canon à la minute. On arriva à Saint-Denis à midi. L'évêque de Troyes, qui, sous le nom d'abbé de Boulogne, s'était placé au premier rang des orateurs sacrés du temps, anima de sa parole la triste cérémonie, en prononçant devant les restes du Roi et de la Reine l'oraison funèbre qu'ils avaient attendue si longtemps. Au milieu de l'office des morts, il fallut emporter de l'église un des plus fidèles serviteurs de la monarchie, le vieux comte de Suzannet, qui n'avait pu résister à ses émotions, et, à quelques jours de là, ce loyal Vendéen mourait de ce saisissement.

---

1. Ce fait est relaté dans les *Mémoires du duc de Rovigo*.

Tandis que Louis XVIII payait ainsi à la mémoire de Louis XVI et de Marie-Antoinette ce tribut de deuil et de regrets légitimes, et que la très-grande majorité du public s'associait à ces manifestations, les révolutionnaires s'en indignaient. Rien n'est plus susceptible que le remords. Ceux qui avaient trempé leurs mains dans le sang de Louis XVI et de Marie-Antoinette regardaient les honneurs rendus à leur mémoire comme une injure dirigée contre les régicides. Au lieu de comparer la mansuétude de la restauration des Bourbons aux sanglantes représailles de la restauration des Stuarts, ces hommes se plaignaient qu'on ne fût pas sans regrets pour ceux envers lesquels ils avaient été sans pitié.

Déjà commençaient à se former contre la Restauration deux centres d'hostilité qui, avec des intérêts différents, des passions distinctes, des buts séparés, devaient se trouver réunis par la haine commune de la maison de Bourbon. Le premier de ces centres recrutait des adhérents parmi les hauts fonctionnaires de l'Empire, qui regrettaient leur influence et leurs grandes situations perdues. Les salons de la reine Hortense, à qui Louis XVIII avait accordé, avec le titre de duchesse de Saint-Leu, l'autorisation de résider à Paris, était le quartier général de ce mouvement. Là se réunissaient des hommes qui, la veille encore, avaient la main dans les affaires, et qui par conséquent conservaient des relations nombreuses dans l'administration, et les femmes les plus brillantes de l'ancienne cour impériale, habiles à se servir de l'influence qu'elles avaient gardée sur l'esprit des officiers les plus jeunes et par conséquent les plus ardents. Les communications de la duchesse de Saint-Leu avec l'île d'Elbe étaient fréquentes. C'était surtout sur l'armée que l'on comptait dans ce centre d'action. Rien n'était omis pour entretenir et raviver les souvenirs de l'Empire dans les régiments, pour exalter les imaginations en rappelant aux soldats leurs victoires passées et leurs récents cide, Fouché, qui parla par prétérition de sa sensibilité, en vint aux points importants du programme : c'était le drapeau tricolore qu'il aurait fallu prendre, le fait du 21 janvier qu'il fallait plutôt adopter qu'expier, en renonçant à ces anniversaires qui contristaient la Révolution. Il y avait dans cette phraséologie une assez habile confusion des idées et des intérêts nouveaux, qui devaient en effet être pris en considération avec les crimes révolutionnaires; ceux-ci, selon la remarque d'un auteur alors dans toute la jeunesse de son talent [1], ne devaient pas être mis au compte de la France, car elle n'en était pas solidaire. Le comte de Blacas n'ayant pu réprimer un mouvement d'étonnement à cette pensée d'adopter le drapeau tricolore, d'indignation à cette idée d'accepter le régicide, Fouché mit fin à l'entretien en disant qu'il n'y avait pas moyen de s'entendre, lorsque d'un côté on partait d'un sentiment et de l'autre des faits. Il ajouta seulement que le mécontentement et la désaffection faisaient chaque jour de nouveaux progrès, et qu'il pourrait arriver, d'un jour à l'autre, tel événement à l'occasion duquel la maison de Bourbon verrait dans quel isolement elle était tombée.

C'était, suivant l'occurrence, une menace ou un avertissement : une menace si la conspiration réussissait; un avertissement dont le duc d'Otrante pouvait réclamer le prix, dans le cas où le gouvernement royal prévaudrait contre ses adversaires.

Ces avis successifs troublaient un moment la sécurité du gouvernement royal sans lui apporter beaucoup de lumières. On a dit que Louis XVIII n'aimait point les mauvaises nouvelles; il avait cela de commun avec tous les hommes en général, et en particulier avec ceux dont se composait son ministère. Les personnes qui sont dans une position officielle

---

1. M. Villemain.

veulent paraître mieux instruites que toutes les autres, parce qu'elles devraient l'être en effet ; elles sont donc portées à considérer comme des pessimistes ceux qui viennent leur révéler des périls qu'elles n'ont point aperçus. C'est ce qui arrivait journellement aux royalistes dévoués qui communiquaient aux dépositaires du pouvoir royal leurs observations, leurs prévisions sinistres et leurs craintes. Les ministres ne pouvaient se résoudre à croire que si les choses eussent été aussi compromises, on l'eût ignoré dans les régions du pouvoir. Au lieu de s'avouer qu'il y a des circonstances où les personnes les plus intéressées à voir sont les dernières dont les yeux soient frappés par la lumière, ils se révoltaient contre ces vérités importunes, visibles partout excepté dans les régions officielles, et les traitaient comme des chimères d'imaginations effrayées.

Ils comptaient, en cas de péril, sur l'énergique concours des généraux, qui ne ménageaient point les protestations de dévouement. Les adresses venues de toutes les villes de France leur donnaient l'assurance que les populations étaient sympathiques à la Restauration. Quant à Napoléon, ils se croyaient suffisamment garantis contre son retour par les deux croisières française et anglaise qui stationnaient en vue de l'île d'Elbe. En outre, ils avaient placé à Livourne, sur la proposition du duc Dalberg, un consul général dont le principal mérite était d'avoir habité longtemps l'île d'Elbe et d'y avoir noué, du moins il l'affirmait, toutes les relations nécessaires pour être averti du premier mouvement de l'Empereur. On avait donné le commandement de la Corse au chevalier Bruslart, homme de parti et d'un caractère plein de résolution et d'énergie, pour surveiller et rompre les communications que Bonaparte pouvait être tenté de nouer avec son île natale. Enfin la préfecture du Var avait été confiée à M. de Bouthilier, dont la capacité et le dévouement étaient hors de doute, et qui devait toujours avoir l'œil ouvert sur tous les mouvements de l'île d'Elbe.

Ces précautions paraissaient suffisantes aux ministres, et ils repoussaient comme de vaines alarmes les avertissements qu'on leur adressait. Il faut dire que les rapports qui arrivaient de tous côtés avaient cette incohérence naturelle aux observations individuelles, et ce mélange de vrai et de faux, de sérieux et de ridicule, de grave et de puéril, qui est le caractère de ces mille rumeurs qui bourdonnent à l'oreille des gouvernements dans les circonstances troublées et à la veille des catastrophes. Le ministère, par une tendance naturelle à l'esprit humain, s'autorisait du faux pour ne pas croire au vrai, et du ridicule pour repousser le sérieux. En outre, la police impériale, dont il avait hérité, le servait mal. Fouché avait été, on peut le dire, le fondateur de la police moderne; et de même que l'armée appartenait avant tout à Napoléon, la police appartenait avant tout à Fouché, au pouvoir ou dans la disgrâce. Il n'y a pas de région où, l'on ne saurait dire la fidélité des subordonnés au chef, le mot serait trop beau pour la chose, mais la ténacité des rapports une fois liés soit plus grande que dans ce monde souterrain et plein de piéges et d'embûches. Par sa nature même, la police, cette institution équivoque, a besoin de lier partout des relations, et il est rare qu'elle procède par des trahisons simples; elle agit d'une manière plus compliquée : elle achète les secrets qu'elle veut livrer avec des secrets qu'elle livre, et se ménage par des perfidies le moyen d'être perfide. Enfin, dans les temps de révolution, tout en servant le pouvoir du jour, elle se met en mesure de faire agréer ses services au pouvoir du lendemain. Or elle se souvenait de ce qu'avait été Fouché dans le passé; elle prévoyait ce qu'il pouvait être dans l'avenir, et le sentiment qu'elle avait de la force et de la capacité de ce personnage donnait à celui-ci une influence très-supérieure à celle de

M. Dandré, homme tout nouveau dans une administration où il était inconnu et qu'il connaissait mal.

Cependant, malgré les obstacles et les périls qui environnaient le gouvernement royal, malgré l'insuffisance du ministère et de ses agents, et l'inexpérience de la nation qui s'essayait au gouvernement représentatif, malgré même les deux conspirations ourdies contre la royauté, la Restauration pouvait encore sortir heureusement des difficultés qui assiégeaient les premières années de son existence. Ses adversaires étaient nombreux, mais s'entendaient mal, et, Napoléon absent, il n'y avait dans les deux conspirations aucun homme de premier plan qui pût entraîner les volontés et les faire converger vers le même but. Les intérêts généraux satisfaits par le rétablissement de la paix militaient en faveur de la monarchie sur tous les points de la France. Les provinces de l'Ouest et du Midi contenaient une population qui lui était ardemment dévouée. L'action de la presse hostile était circonscrite et s'arrêtait à la surface. Les classes moyennes lui étaient sympathiques, et l'on n'eût pas trouvé dans toute la garde nationale de Paris un noyau d'opposition contre elle. La portion la plus modérée et la plus sage du parti constitutionnel, dont madame de Staël était l'âme, comprenait que l'avenir de la liberté politique était attaché au maintien de la famille des Bourbons sur le trône. Malgré les fautes de ses amis, les torts de ses adversaires, les difficultés du temps, les chances étaient donc encore en sa faveur, tant que ce mouvement d'intérêts et d'opinion qui se dessinait contre elle ne recevrait pas, d'une main puissante, l'impulsion, l'unité et la force. Cette main ne pouvait être que celle de Napoléon.

Napoléon se trouvait donc encore une fois, sur son rocher de l'île d'Elbe, l'arbitre de la situation. Il avait à juger tout à la fois sa position, celle de la Restauration, et par-dessus tout celle de la France. Si, comprenant que les fautes de la Resun traité de commerce avec Livourne, parla d'en signer un avec Gênes, entreprit quelques toises de chemin, traça l'emplacement de quatre grandes villes, et arma, soi-disant pour protéger son commerce contre les Barbaresques, des bâtiments qui pouvaient lui servir à un autre usage. Ces sourires n'étaient qu'à la surface, ces occupations, d'ailleurs bientôt épuisées, n'étaient destinées qu'à donner le change à l'Europe sur ses véritables projets : sa pensée et son regard étaient demeurés attachés sur la France.

Quelques historiens ont dit qu'il avait contre le gouvernement royal un grief légitime. Le revenu annuel de 2 millions, que lui assurait l'article 3 du traité du 11 avril 1814 sur le grand-livre de France, ne lui avait pas été payé. L'article 6 du même traité, qui réservait 2,500,000 livres aux princes et aux princesses de sa famille, soit en domaines dans les pays auxquels Napoléon renonçait, soit en rentes sur le grand-livre de France, n'avait reçu aucune exécution.

Il importe de se souvenir que la France n'était pas partie contractante au traité du 11 avril 1814, sorte de capitulation signée entre Napoléon vaincu et les princes coalisés devenus les maîtres de la situation. M. de Talleyrand, il est vrai, comme chef du gouvernement provisoire, avait dû, sur l'insistance de l'empereur Alexandre, se trouver avec les représentants de Napoléon et les ministres des puissances alliées dans une réunion commune, où les clauses pécuniaires de ce traité furent discutées; et, sans adhérer au traité, il avait garanti l'exécution des conditions qui concernaient la France. Mais rien n'indiquait dans la stipulation relative au revenu de 2 millions alloués à l'Empereur, et à celui de 2,500,000 francs alloués à sa famille, par qui cette somme serait payée. Le capital serait-il constitué en partie par l'Europe sur le grand-livre de France, en compensation des possessions européennes auxquelles Napoléon renonçait, ou bien la France devait-elle supporter seule cette double dépense? Rien n'avait été fixé d'une manière précise et par écrit sur ce point ; mais il avait été verbalement convenu que l'Europe apporterait sa part dans cette liste civile faite à l'exil de l'Empereur, qui lui cédait tant et de si vastes territoires [1]. C'était justice. Dans l'ordre logique, il n'était pas naturel que les souverains étrangers eussent eu la pensée d'imposer entièrement au Roi et à la France les clauses onéreuses d'un traité dans lequel ni Louis XVIII ni notre pays n'étaient partie contractante, et dont les principaux avantages étaient recueillis par ces souverains. Dans l'ordre diplomatique, les cours alliées n'avaient point réglé l'exécution de ces clauses pécuniaires dans les traités subséquents. Cependant l'occasion de faire ce règlement n'avait point manqué, soit dans la convention de l'armistice, soit dans le traité de Paris du 31 mai, soit dans les conférences de Vienne. La réponse du gouvernement provisoire à la communication de ce traité ne précisait pas davantage la mesure des engagements de la France. Ces stipulations n'avaient donc pas le caractère immédiatement exécutoire qui peut donner la valeur d'une infidélité dirimante au défaut d'accomplissement d'une convention diplomatique. Il y avait un principe posé, mais il restait à fixer par un arrangement ultérieur le mode, les termes, les moyens d'exécution par les puissances européennes ou par la France. Le gouvernement français n'avait pas été mis en demeure; on ne pouvait donc pas arguer de son refus. Enfin il n'y avait pas une année révolue depuis la signature

---

1. M. Thiers, si bien renseigné pour tout ce qui tient à l'Empire, le dit d'une manière formelle : « On s'était occupé ensuite des arrangements pécuniaires. On avait consenti à un traitement annuel de 2 millions pour Napoléon et à pareille somme à partager entre ses frères et ses sœurs. Ces sommes devaient être prises tant sur le trésor français que sur le revenu des immenses pays cédés par la France. » (*Histoire du Consulat et de l'Empire*, par M. Thiers, tome XVII, page 791.)

du traité du 11 avril 1814, et il n'y avait rien de bien surprenant à ce que, au milieu des débats soulevés sur les grandes affaires européennes, ce point n'eût pas encore été réglé, surtout en face de l'attitude du principal intéressé, qui, gardant une position de réserve, presque d'hostilité, semble n'avoir fait aucune démarche pour réclamer le règlement de cette affaire.

Évidemment cette question d'argent ne pouvait être invoquée comme un des motifs de la conduite de Napoléon, c'est à peine si elle pouvait être alléguée comme un prétexte. Il faut chercher ailleurs les mobiles qui déterminèrent sa résolution.

Napoléon n'avait ni la religion fervente qui soutint Charles-Quint dans le couvent des Camaldules, après son abdication, ni la philosophie et le détachement de cœur et d'esprit qui aidèrent Dioclétien, après la sienne, à cultiver paisiblement son petit jardin de Salone. C'était un homme d'action, de gouvernement et de guerre. Pour lui, vivre c'était agir. Il n'avait pas abdiqué volontairement, il avait disputé son abdication jusqu'à la fin aux circonstances et aux hommes, et il ne l'avait signée qu'à la dernière extrémité, lorsqu'il ne lui avait plus été possible de résister à la pression des unes, aux instances impérieuses et à l'abandon des autres. Ce n'était pas lui qui avait quitté le pouvoir, c'était le pouvoir qui l'avait quitté. En partant de Fontainebleau le 20 avril 1814, il avait déjà une arrière-pensée, car des moyens de communications secrètes entre lui et les amis qu'il laissait en France avaient été concertés avant son départ [1]. Le duc de Bassano surtout était resté l'intermédiaire actif de ces relations. L'Empereur y avait peu de correspondances; ce moyen dangereux compromet plus qu'il ne sert. Les renseignements les plus importants lui arrivaient par des visiteurs dévoués, accrédités auprès de lui au moyen

---

1. *Mémorial de Sainte-Hélène.*

de mots de passe convenus, et qui remportaient ses instructions. Les lettres que les soldats qu'il avait emmenés à l'île d'Elbe recevaient de leurs compagnons d'armes restés au service en France le tenaient au courant des dispositions de l'armée, toujours favorable à son empereur. Les débats des Chambres, les polémiques de la presse, la publication des actes du gouvernement royal dans le *Moniteur,* complétaient ces indices. C'était la situation des esprits en France, celle du gouvernement royal qu'il avait besoin de connaître, et elle lui apparaissait d'une manière plus claire et plus sûre lorsqu'il suivait les grands courants des idées et des faits, que lorsqu'il prêtait l'oreille aux rapports particuliers, toujours entachés d'exagération et falsifiés par l'optimisme involontaire du dévouement, qui voit les choses non comme elles sont, mais comme il voudrait qu'elles fussent. Dès le mois de janvier 1815, il était résolu à rentrer en France. Il n'y avait de doute dans son esprit que sur la date et le mode de l'entreprise qu'il était décidé à tenter. Attendrait-il une révolte militaire, l'explosion d'une des conspirations tramées en France? Devancerait-il le mouvement et prendrait-il l'initiative du renversement de la monarchie des Bourbons?

Il était encore indécis entre ces deux partis, lorsque des motifs impérieux le déterminèrent à adopter le second. L'agitation qui commençait à régner sur plusieurs points de la France, après avoir été l'objet des préoccupations du gouvernement français, commençait à devenir l'objet de celles de ses représentants au congrès. Il était évident, pour les esprits les moins prévenus, que quelque chose de grave se préparait en Europe. Une agitation sourde et menaçante grondait en France dans les régiments. Plus d'une fois les cris de *vive l'Empereur* avaient retenti, et aux parades même, les soldats ajoutaient au cri de *vive le Roi* les mots *de Rome* prononcés à demi voix. Le bonapartisme ne cachait plus ses espérances.

Du désir il était passé à l'action. Les avertissements arrivaient de toutes parts. Le gouvernement suisse avait donné avis au gouvernement français des menées de Joseph Bonaparte dans le pays de Vaud, où il habitait le château de Prangin. Une autre adresse venue de Lausanne dénonçait ses rapports continuels avec l'île d'Elbe et les intelligences nouées par lui avec Grenoble et Lyon. A ces renseignements venaient se joindre d'autres symptômes. Les pamphlets clandestins que l'on saisissait contenaient l'expression d'espérances dont la réalisation devait être prochaine. *Le Nain jaune*, pamphlet périodique qui se distribuait publiquement, parlait de plumes de cane (*Cannes*); et les caricatures même, dont la vente clandestine augmentait tous les jours, annonçaient le retour de Napoléon en montrant les aigles rentrant par les fenêtres au château des Tuileries, tandis qu'on voyait un troupeau de dindons en sortir par les portes. L'agitation toujours croissante du nord de l'Italie coïncidant avec l'agitation de la France, et les rapports de Murat avec Napoléon dénoncés à la cour de Vienne, achevèrent d'attirer l'attention du congrès sur le danger du double voisinage de l'île d'Elbe avec l'Italie et la France.

D'abord quelques membres du congrès se demandèrent si, dans l'état des esprits et des affaires, il était prudent de laisser dans une île séparée de l'Italie par le canal de Piombino, large à peine de deux lieues, et de la Corse par un trajet de vingt lieues, celui qui avait régné sur l'Italie et sur la France, et qui pouvait, d'un moment à l'autre, donner par sa présence une impulsion irrésistible à tous les éléments de perturbation qui fermentaient dans ces deux pays. Le comte Pozzo di Borgo, éclairé à la fois par la haine traditionnelle dont il était animé contre Napoléon et par la connaissance qu'il avait de son caractère et de son génie, revenait sans cesse sur cette idée. Faisant passer ses sentiments personnels avant la politique adoptée par la Russie sur cette question, il insistait, dans les entretiens intimes, sur la nécessité de ne pas prolonger ce qu'il appelait une folle gageure et même une tentation immorale, où devaient tomber d'un jour à l'autre les révolutionnaires. Il fallait, disait-il, pourvoir au plus tôt à ce danger en transportant Bonaparte le plus loin possible de l'Europe. Lord Castlereagh et le duc de Wellington, qui le remplaça au congrès vers les premiers jours du mois de février 1815, alors que le principal ministre de l'Angleterre fut rappelé à Londres par l'ouverture du parlement, accueillirent favorablement cette ouverture. Le duc de Wellington, qui venait de traverser la France, parla des symptômes d'agitation et de troubles qu'il y avait remarqués. Les plénipotentiaires anglais commencèrent à indiquer, dans ces entretiens intimes, les îles transatlantiques, Sainte-Lucie, les Açores ou Sainte-Hélène, comme les lieux entre lesquels on pourrait choisir la nouvelle résidence de Napoléon. Le prince de Talleyrand, représentant du gouvernement le plus directement menacé par son retour, appuya vivement cette opinion qui, sans devenir encore l'objet d'une délibération formelle, conquérait chaque jour des partisans dans les conversations particulières entre les membres du congrès. Le principal plénipotentiaire de l'Autriche, sans contester la réalité du péril, alléguait la difficulté d'une translation contre laquelle Napoléon protesterait certainement, et à laquelle il résisterait peut-être à main armée. Le cabinet de Vienne ne refusait cependant pas d'une manière positive la délibération sur cette question, mais il l'éloignait. L'alliance de famille contractée avec Napoléon gênait l'empereur François, et la crainte du caractère odieux qui s'attacherait à une voie de fait exercée contre celui qu'il avait accepté pour gendre luttait dans son esprit contre la préoccupation qu'excitait en lui le péril où il voyait les possessions italiennes, si récemment rattachées à l'empire autrichien. L'empereur de Russie était le seul qui repoussât d'une manière absolue l'idée d'enlever

Napoléon de l'île d'Elbe, qui lui avait été assurée par le traité de Fontainebleau. Alexandre, d'ailleurs désintéressé dans la question par l'éloignement de ses États, avait une élévation d'esprit et une chevalerie de caractère qui lui faisaient considérer avec une vive répugnance le projet d'aggraver la situation de l'Empereur déchu. Il lui semblait que la victoire de la coalition, due surtout aux armes russes, serait moins belle si elle était moins généreuse; comme le disait Napoléon lui-même : Alexandre craignait la postérité [1].

Les bruits de la proposition qui, controversée dans les conversations intimes, ne pouvait manquer d'être bientôt produite dans les séances officielles du congrès, arrivèrent à l'île d'Elbe par plusieurs voies à la fois. Pauline Borghèse, partie de Naples où ils étaient parvenus, les apporta à son frère. Un officier étranger, naguère au service de la France, se trouvant à Vienne au moment où l'on agitait cette question, partit exprès pour l'île d'Elbe, afin d'avertir Napoléon; le prince Eugène, à qui Alexandre avait confidentiellement communiqué le fait, le fit, dit-on, connaître aussi à son père adoptif. Cette nouvelle, confirmée par tant de témoignages, devait naturellement exercer une grande influence, non sur la résolution de Napoléon, elle était déjà prise, mais sur le choix du moment où il la mettrait à exécution. Le temps pendant lequel il conserverait la liberté d'agir était limité. S'il tardait, son entreprise, facilitée par le voisinage, deviendrait impossible par l'éloignement. En même temps, les fonds que Napoléon avait apportés à l'île d'Elbe finiraient par s'épuiser, et sa pension n'étant pas encore payée, parce qu'aucun arrangement n'avait été pris pour l'accomplissement des stipulations financières du traité du 11 avril, il verrait venir le moment où il ne pour-

---

[1]. Paroles de Napoléon à M. Fleury de Chaboulon, lors du voyage de celui-ci à l'île d'Elbe, en février 1814.

rait conserver le petit corps de vieux soldats qui l'avaient suivi. Il avait encore des fonds, sans doute; outre ce qu'il avait emporté à l'île d'Elbe, La Valette lui avait fait passer récemment par le prince Eugène 800,000 francs sur une somme de 1,600,000 francs que l'Empereur lui avait laissée en dépôt [1]; mais il lui fallait des capitaux considérables pour tenter son expédition; aussi, sous prétexte de payer le dernier mois de solde de ses grenadiers, il contracta un emprunt avec les banquiers de Gênes et de Livourne, et profita en même temps de cette circonstance pour en licencier un certain nombre qui, atteints de la nostalgie, allèrent porter en France à leurs compagnons d'armes les nouvelles récentes de l'île d'Elbe. Tout concourait à pousser Napoléon à précipiter son entreprise. Ses confidents lui faisaient savoir de Paris qu'il y avait d'autres projets en voie d'exécution : s'il ne se hâtait, il trouverait une régence napoléonienne proclamée par ceux qui voulaient l'Empire sans l'Empereur, ou une révolution faite au profit du duc d'Orléans.

Les choses en étaient là lorsque, le 22 février 1815, M. Fleury de Chaboulon, ancien auditeur au conseil d'État, envoyé par le duc de Bassano pour donner à Napoléon des notions précises sur la situation des esprits et l'opportunité de son retour en France, arriva à l'île d'Elbe. La conversation qu'il eut avec Napoléon acheva de fixer la résolution de celui-ci sur le moment de son départ [2]. A travers les artifices de style et les calculs de l'esprit de parti qu'on retrouve à chaque ligne de la relation de ce voyage, qui avait été un acte de conspiration contre la première Restauration, et dont le récit devint encore un acte

---

1. La Valette fait mention de cet envoi dans ses *Mémoires*, tome II, page 121.
2. M. Fleury de Chaboulon publia des *Mémoires* à Londres, en 1820, sous le pseudonyme du colonel Z....., tué à Waterloo. M. Fleury de Chaboulon avait imaginé cette fiction pour ne point avoir à répondre devant la justice du pays d'un voyage fait pour provoquer le retour de l'Empereur.

d'opposition contre la seconde, on voit percer les grandes préoccupations de Napoléon. « Que feront les Bourbons? M'attendront-ils? Que fera la garde nationale? Me combattra-t-elle? Que feront les maréchaux? Quelles sont les dispositions du peuple et de l'armée? Les puissances étrangères me feront-elles immédiatement la guerre, ou accepteront-elles mon rétablissement? » Voilà les questions qui se pressent sur les lèvres de Napoléon.

A côté de ces questions, où se reflètent fidèlement les pensées de l'Empereur, viennent ses déclamations habituelles contre les traîtres qui l'ont perdu, les trahisons qui ont livré la France et Paris à l'étranger : ce n'est plus là ce que Napoléon croit, c'est ce qu'il veut faire croire [1]. Il se présente comme trahi, pour ne pas s'avouer vaincu. Puis arrivent les récriminations contre les Bourbons [2]. C'est lui qui les a donnés à la France; ils gouvernent mal le pays, et c'est à lui de le délivrer de princes qui veulent rétablir l'ancien régime. Il est l'homme du peuple contre les protecteurs de la vieille noblesse. On sent ici à chaque mot le rôle que l'Empereur veut prendre et celui qu'il essaye de donner à ses adversaires. Ce n'est plus l'homme

---

1. « Sans l'infâme défection du duc de Raguse, les alliés étaient perdus. J'étais maître de leurs derrières, il n'en serait pas échappé un seul. Ils auraient eu aussi leur 29e bulletin. » Et plus loin : « J'excepte du pardon général Talleyrand, Augereau et le duc de Raguse, ce sont eux qui ont causé tous nos malheurs. »

2. « J'ai choisi l'île d'Elbe. Cette position me convenait. Je pouvais veiller sur la France et sur les Bourbons. Je croyais, lorsque j'abdiquai, que le Roi gouvernerait en bon homme : c'était le seul moyen de se faire pardonner de vous avoir été donné par les étrangers. Depuis que les Bourbons sont rentrés en France, leurs ministres n'ont fait que des sottises. Si j'avais voulu signer comme eux la ruine de la France, ils ne seraient point sur mon trône. J'aurais mieux aimé me trancher la main. »

On sait que Napoléon avait autorisé, depuis la rupture du congrès de Châtillon, le duc de Vicence à signer toutes les conditions qu'on lui imposait, et qui étaient encore plus dures, puisqu'elles comportaient l'occupation d'une partie des forteresses de la France et qu'elles la renfermaient strictement dans les limites de 1792, sans les annexes du côté de la Savoie.

qui ouvre son âme; c'est le politique qui calcule, et l'acteur qui pose. Mais au milieu de ce flux de paroles, destinées à séduire et à enivrer celui qui les écoute et à en faire un séide, et parmi ces mots prononcés pour être répétés, il y a quelques grandes révélations qui jaillissent. L'Empereur se fie, pour la traversée, à sa fortune. Pour arriver du rivage à Paris, il compte sur le prestige de son nom, sur l'espèce de fascination qu'il exerce sur l'imagination de la multitude, sur la rapidité de sa marche, sur l'enthousiasme de l'armée pour celui avec qui elle a vaincu [1]. Il appréhende trois choses : que les Bourbons se défendent, en s'appuyant sur les classes moyennes [2]; que les puissances coalisées lui déclarent la guerre sans lui laisser le temps de se reconnaître; que l'on proclame une régence napoléonienne pour se passer de lui [3].

Avant la fin de cette conférence [4] il a fixé son départ pour

---

1. « Cette entreprise est grande, difficile, périlleuse, mais elle n'est point au-dessus de moi. La fortune ne m'a jamais abandonné dans les grandes occasions. — L'armée me sera toujours dévouée; nos victoires et nos malheurs ont établi entre nous un lien indestructible. »

2. « J'arriverai si vite à Paris qu'ils n'auront point le temps de savoir où donner de la tête. »

3. « Croyez-vous que les Bourbons oseront m'attendre? Que fera la garde nationale? Croyez-vous qu'elle se battra pour eux? Et mes maréchaux, que feront-ils? »

4. « Comment pensez-vous que les étrangers prendront mon retour? C'est là le grand point. — Les étrangers, Sire, ont été forcés de se réunir contre nous, permettez-moi de vous le dire... (*l'Empereur* : Dites, dites!), pour se soustraire aux effets de votre ambition et aux abus de votre force. Aujourd'hui que l'Europe a recouvré son indépendance et que la France a cessé d'être redoutable, les étrangers ne voudront pas probablement courir les chances d'une nouvelle guerre qui pourrait nous rendre l'ascendant que nous avons perdu. — Tout cela est bien beau, dit l'Empereur en secouant la tête. Cependant je regarde comme certain que les rois qui m'ont fait la guerre n'ont plus la même union, les mêmes vues, les mêmes intérêts. Que feriez-vous si vous chassiez les Bourbons? Établiriez-vous la république? — La république, Sire, on n'y songe point. Peut-être établirait-on une régence. — (*Avec véhémence et surprise.*) Une régence! et pourquoi faire? Suis-je mort? — Mais, Sire, votre absence... — Mon absence n'y fait rien; en deux jours je serais en France si la nation me rappelait. »

un jour prochain. Il ne se dissimule pas qu'en le différant, il aurait l'avantage de laisser le congrès se dissoudre, mais aussi il courrait le risque, si les discussions des puissances réunies actuellement au congrès aboutissaient à une rupture, de voir les Bourbons et l'Angleterre faire garder l'île d'Elbe à vue par de nombreux vaisseaux, tandis que, dans ce moment, il est facile, surtout en profitant des nuits longues encore au mois de février, d'échapper à la faible et insuffisante croisière qui observe de loin le port.

C'était dans la matinée du 25 février que le dernier entretien de Napoléon avec le jeune auditeur avait lieu ; et à minuit, celui-ci, chargé d'une mission pour Murat, partait sur une felouque, qui, mise à sa disposition, faisait voile vers l'Italie. Dans la même soirée, la princesse Pauline donnait un bal auquel elle avait invité les officiers de la petite armée impériale, tout ce que l'île d'Elbe contenait de personnes distinguées et les visiteurs étrangers. Napoléon parut à cette fête ; son visage souriant, sa conversation facile ne trahissaient rien du dessein arrêté dans son esprit. Il ne se retira qu'à une heure avancée de la nuit, emmenant avec lui dans sa demeure les généraux Bertrand et Drouot. Là il s'ouvrit à eux de sa résolution, et leur annonça que le départ aurait lieu le lendemain même.

Il restait peu d'heures pour les derniers préparatifs ; mais comme l'entreprise était depuis longtemps déjà arrêtée dans la pensée de Napoléon, il avait de longue main réuni les moyens nécessaires pour l'accomplir. Les généraux Bertrand et Drouot gardèrent fidèlement le secret. Le 26 février, à quatre heures, le roulement du dîner de la troupe se fit comme à l'ordinaire : alors seulement elle reçut l'ordre de se réunir sur le port avec armes et bagages, et les officiers avec un simple porte-manteau. A cinq heures, le signal de l'embarquement fut donné. Quatre cents grenadiers et l'état-major du bataillon s'embarquèrent sur *l'Inconstant*, brick de vingt-six canons ; le reste des troupes, trois cents chasseurs corses, recrutés tant à l'île d'Elbe qu'en Corse, et cent lanciers polonais furent distribués sur trois petits bâtiments de transport ; on ne put embarquer les chevaux de cet escadron, parce que l'île d'Elbe ne fournissant pas de pâturage, les chevaux étaient en liberté dans l'île de Pianozza, où l'on n'eut pas le temps de les aller prendre ; cette circonstance témoigne de la précipitation du départ, déterminé par les nouvelles arrivées la veille de France. L'embarquement des troupes était terminé à sept heures et demie du soir. A huit heures, Napoléon, qui avait dîné chez la princesse Pauline, fit ses adieux à sa sœur et à sa mère, qui étaient à l'île d'Elbe, et monta sur *l'Inconstant*, commandé par le capitaine de frégate Chautart, qui avait le lieutenant Taillade pour second. La petite flottille mit immédiatement à la voile. Ainsi Napoléon partait à la tête de neuf cents hommes environ pour conquérir la France ; mais dans cette entreprise, audacieuse en apparence jusqu'à la témérité, il y avait, en réalité, moins de hasard qu'on n'aurait pu le supposer ; les soldats qu'il avait laissés en France ne lui appartenaient guère moins que ceux qu'il avait emmenés à l'île d'Elbe. Il venait donc avec une avant-garde reprendre possession de son armée, et, avec et par son armée, de la France.

Le vent soufflait favorablement du sud, et la petite flottille se trouvait poussée vers le golfe de Gênes, sans que personne sût à bord, excepté ceux auxquels l'Empereur avait confié son secret, vers quel rivage on se dirigeait. On navigua dans la nuit du 26 au 27 février avec l'espoir de doubler, avant le lever du soleil, l'île de Capraia, et de se trouver hors de la vue de la croisière, placée dans cette direction. Mais le vent tomba, et, quand le jour parut, on se trouvait comme enchaîné sur une mer immobile, à six lieues de l'île d'Elbe et en vue de la croisière. Quelques voix s'élevèrent pour conseiller le retour.

Napoléon, avec cette foi qu'il avait dans sa fortune, persista à marcher en avant. Une brise enfla bientôt les voiles, et la croisière fut franchie sans accident. Mais on aperçut presque aussitôt trois bâtiments, et le dernier des trois, qui courait vent arrière, arrivait droit sur *l'Inconstant;* c'était le brick de guerre *le Zéphyr*, commandé par le capitaine Andrieux. A six heures du soir, les deux navires, qui ne cessaient de se rapprocher, furent à portée de voix. Napoléon ordonna à ses grenadiers d'ôter leur bonnet et de se coucher sur le pont. Le lieutenant Taillade et le capitaine Andrieux, qui se connaissaient, se saluèrent mutuellement à l'aide du porte-voix, et le capitaine Andrieux, voyant que le navire venait de l'île d'Elbe, demanda des nouvelles de l'Empereur. Il lui fut répondu que l'Empereur se portait bien. Selon un récit peu vraisemblable, parce qu'il n'est pas en harmonie avec le caractère de Napoléon, qui acceptait les témérités nécessaires à sa situation, mais sans y ajouter, ce serait l'Empereur lui-même qui, saisissant le porte-voix, aurait répondu.

On naviguait depuis trente-six heures déjà, et les soldats ne savaient pas encore qu'ils allaient en France. « Le 28 février au matin, dit un des vieux soldats qui accompagnaient Napoléon à son retour de l'île d'Elbe [1], le lieutenant de vaisseau Taillade, officier distingué qui avait commandé *l'Inconstant* pendant tout le séjour de Napoléon à l'île d'Elbe et qui avait été remplacé par le capitaine Chautart, arrivé depuis quelques mois seulement du continent, s'aperçut, connaissant parfaitement ces parages, que le nouveau commandant du brick mettait le cap sur le point opposé à la côte de France, et dit tout haut aux officiers qui étaient sur le pont : « Messieurs, nous allons en Espagne ou en Afrique. » Ces paroles furent

---

1. Le capitaine adjudant-major Laborde, cité par le capitaine Mauduit dans *l'Histoire des Derniers Jours de la grande Armée*, tome 1er, page 172.

aussitôt rapportées par le colonel Mallet à Napoléon, qui fit venir le lieutenant Taillade : « Où sommes-nous ? lui demanda-t-il. — Sire, nous avons le cap sur l'Afrique. — Ce n'est pas là que je veux aller, dit en souriant Napoléon. Taillade, je vous fais capitaine de frégate; prenez le commandement du brick et emmenez-moi en France. — Votre Majesté y sera demain avant midi, répondit Taillade. »

Alors l'Empereur, se retournant vers ses grenadiers, leur jeta ces mots : « Oui, grenadiers, nous allons en France, à Paris ! »

Il y eut une longue acclamation d'enthousiasme sur le bâtiment. Ces vaillants hommes de guerre, qui étaient presque tous allés à Madrid, à Berlin, à Vienne et à Moscou, se félicitaient à la pensée de couronner tant de marches audacieuses par la plus audacieuse de toutes, le retour de l'île d'Elbe à Paris.

La flottille marcha rapidement vers le but qui lui était marqué, et, dans la soirée du 28 février, Antibes était signalé au loin. Napoléon appela autour de lui les officiers, et commença à leur dicter deux proclamations, l'une pour l'armée, l'autre pour le peuple français ; il n'avait voulu rien faire écrire, encore moins imprimer à l'île d'Elbe, pour ne pas donner l'éveil sur son dessein. Ces proclamations, méditées de longue main, furent copiées par les sous-officiers avec tant de zèle, qu'avant le débarquement il y avait cinq cents copies achevées. Le 1er mars, à trois heures de l'après-midi, la flottille entrait dans le golfe Juan. On distribua à tous les soldats une gratification de trois à quatre cents francs[1]. Puis, sur l'ordre de l'Empereur, le capitaine Loubers annonça, à l'aide d'un porte-

---

1. *Histoire des derniers jours de la grande Armée*, par le capitaine Mauduit, tome 1er, page 180. C'est le même écrivain qui donne les détails qui suivent ; et il était en position d'être bien informé, car il faisait partie d'une compagnie de la garde impériale demeurée en France pendant la première Restauration, et il affirme avoir entendu raconter à Paris, en 1815, par ses camarades revenus de l'île d'Elbe, tous les renseignements que nous rapportons d'après son récit.

pleine d'une rhétorique éloquente et passionnée, pleine aussi d'injustice contre les Bourbons qui avaient apporté au pays la liberté politique, avaient adopté l'armée, et s'étaient noblement confiés à elle en lui laissant ses chefs, ses honneurs, ses cadres, en ajoutant de nouvelles décorations et de nouvelles faveurs à celles dont ses généraux étaient couverts. Mais ce n'était point la plume de l'histoire que Napoléon prenait pour écrire un jugement, c'était un boulet qu'il lançait contre un gouvernement qu'il venait renverser. Il était impossible de parler un langage plus propre à remuer les colères, les répugnances, les antipathies, à raviver toutes les flammes des anciennes discordes sous les cendres du passé pour allumer dans le présent un nouvel incendie. Les griefs réels ou imaginaires étaient savamment groupés; les blessures rouvertes, la solidarité des victoires et des malheurs habilement rappelée, dans ce manifeste où les grandes images qui parlent à l'imagination, les récriminations, les invocations et les appels qui exaltent les âmes, les souvenirs historiques, les passions généreuses et les passions mauvaises étaient jetés pêle-mêle et exprimés dans cette langue un peu déclamatoire qui ne déplaît ni au peuple ni au soldat.

Un long cri de *vive l'Empereur* suivit la lecture de la proclamation. La petite troupe de Napoléon avait établi son bivouac sur le rivage, dans un champ entouré d'oliviers. Amère ironie de la fortune, que l'Empereur affecta de prendre pour un présage. Pour se rendre à Lyon, Napoléon avait le choix entre deux routes. La première s'étendait à travers les vallées de la Durance et du Rhône, c'était la plus facile; mais il fallait traverser des populations ardentes et hostiles à l'Empire, Napoléon en avait fait l'épreuve par les dangers personnels qu'il avait courus en traversant cette partie de la France méridionale pour se rendre de Fontainebleau à l'île d'Elbe. La seconde, plus pénible, plus accidentée, était la plus courte pour se porter sur Grenoble où l'Empereur avait des intelligences, et sur Lyon où il comptait de nombreux partisans dans les classes populaires. Une fois qu'on avait franchi Antibes, dont l'action ne s'étend pas au delà de ses glacis, on cheminait sans obstacle par le pied des Alpes, à travers une contrée montueuse et pauvre, mais dont la population était en général favorable aux idées et aux souvenirs de la révolution, et l'on pouvait arriver sans difficulté jusqu'à Sisteron. Là, il y avait un obstacle à vaincre. Si le pont était militairement gardé, ou si on l'avait fait sauter, le passage devenait difficile. Mais, une fois maître de cette situation, on avait gagné deux marches sur les troupes qui pouvaient être envoyées de Marseille pour arrêter la colonne qui suivrait cette direction. Ce fut cette route que Napoléon choisit; c'était la plus pénible, mais la plus favorable et la plus sûre.

III

NAPOLÉON EN FRANCE. — CANNES. — ANTIBES. — DIGNE. — SISTERON. — GRENOBLE.

Le 1er mars, à onze heures du soir, il quitta son bivouac à la tête de ses grenadiers. On commença dès lors à distribuer la proclamation adressée au peuple français; c'était le pendant populaire de la proclamation militaire; elle contenait les mêmes allégations, les mêmes injustices, les mêmes imprécations contre la trahison, les mêmes récriminations et les mêmes appels, exprimés avec le même art, dans cette langue éloquente des passions qui remue profondément les multitudes. La voici :

« Français! la défection du duc de Castiglione livra Lyon sans défense à nos ennemis; l'armée dont je lui avais confié le commandement était,

PROCLAMATION DE NAPOLÉON AU PEUPLE FRANÇAIS. 37

par le nombre de ses bataillons, la bravoure et le patriotisme des troupes qui la composaient, à même de battre le corps d'armée autrichien qui lui était opposé et d'arriver sur les derrières du flanc gauche de l'armée ennemie qui menaçait Paris.

« Les victoires de Champaubert, de Montmirail, de Château-Thierry, de Vauxchamps, de Mormans, de Montereau, de Craonne, de Reims, d'Arcis-sur-Aube et de Saint-Dizier, l'insurrection des braves paysans de la Lorraine, de la Champagne, de l'Alsace, de la Franche-Comté et de la Bourgogne, et la position que j'avais prise sur les derrières de l'armée ennemie, en la séparant de ses magasins, de ses parcs de réserve, de ses convois et de tous ses équipages, l'avaient placée dans une position désespérée. Les Français ne furent jamais sur le point d'être plus puissants, et l'élite de l'armée ennemie était perdue sans ressource; elle eût trouvé son tombeau dans ces vastes contrées qu'elle avait si impitoyablement saccagées, lorsque la trahison du duc de Raguse livra la capitale et désorganisa l'armée.

« La conduite inattendue de ces deux généraux, qui trahirent à la fois leur patrie, leur prince et leur bienfaiteur, changea le destin de la guerre. La situation désastreuse de l'ennemi était telle, qu'à la fin de l'affaire qui eut lieu devant Paris, il était sans munitions, par la séparation de ses parcs de réserve.

« Dans ces nouvelles et grandes circonstances, mon cœur fut déchiré, mais mon âme resta inébranlable. Je ne consultai que l'intérêt de la patrie; je m'exilai sur un rocher au milieu des mers: ma vie vous était et devait encore vous être utile; je ne permis pas que le grand nombre de citoyens qui voulaient m'accompagner partageassent mon sort; je crus leur présence utile à la France, et je n'emmenai avec moi qu'une poignée de braves nécessaires à ma garde.

« Élevé au trône par votre choix, tout ce qui a été fait sans vous est illégitime. Depuis vingt-cinq ans la France a de nouveaux intérêts, de nouvelles institutions, une nouvelle gloire qui ne peuvent être garantis que par un gouvernement national et par une dynastie née dans ces nouvelles circonstances.

« Un prince qui régnerait sur vous, qui serait assis sur mon trône par la force des mêmes armées qui ont ravagé notre territoire, chercherait en vain à l'étayer des principes du droit féodal; il ne pourrait assurer l'honneur et les droits que d'un petit nombre d'individus ennemis du peuple, qui, depuis vingt-cinq ans, les a condamnés dans toutes nos assemblées nationales. Votre tranquillité intérieure et votre considération extérieure seraient perdues à jamais.

« Français! dans mon exil j'ai entendu vos plaintes et vos vœux; vous réclamez ce gouvernement de votre choix, qui seul est légitime. Vous accusez mon long sommeil, vous me reprochez de sacrifier à mon repos les grands intérêts de ma patrie.

« J'ai traversé les mers au milieu des périls de toute espèce ; j'arrive parmi vous reprendre mes droits, qui sont les vôtres. Tout ce que des individus ont fait, écrit ou dit depuis la prise de Paris, je l'ignorerai toujours ; cela n'influera en rien sur le souvenir que je conserve des services importants qu'ils ont rendus ; car il est des événements d'une telle nature qu'ils sont au-dessus d'une organisation humaine.

« Français ! il n'est aucune nation, quelque petite qu'elle soit, qui n'ait eu le droit et qui ne se soit soustraite au déshonneur d'obéir à un prince imposé par un ennemi momentanément victorieux. Lorsque Charles VII rentra à Paris et renversa le trône éphémère de Henri VI, il reconnut tenir son trône de la vaillance de ses braves et non d'un prince régent d'Angleterre [1]. C'est aussi à vous seuls et aux braves de l'armée que je fais et ferai toujours gloire de tout devoir.

« NAPOLÉON. »

Ces deux proclamations allaient marcher comme deux flambeaux devant la phalange revenue de l'île d'Elbe.

Napoléon traversa le bourg de Cannes, dont le maire refusa de paraître devant lui ; il laissa sur sa droite Antibes, qu'un capitaine de sa garde, à la tête de quinze hommes, avait essayé en vain de surprendre aux cris de *vive l'Empereur,* et où il était resté, avec sa petite troupe et deux autres émissaires, prisonnier du général Corsin et du bataillon qui tenait garnison dans la ville. Il marcha durant toute la nuit et toute la matinée du lendemain, précédé de quelques heures par le général Cambronne, qui conduisait sa faible avant-garde, et, tournant Grasse, il prit position sur un plateau qui domine cette ville. Les paysans regardaient silencieusement passer la petite colonne, d'un air à la fois inquiet et incertain, sans s'opposer à la marche, mais aussi sans la saluer par aucune manifestation. Lorsque les soldats leur disaient que Napoléon était là,

---

1. Allusion au discours adressé par Louis XVIII au prince régent, lors de son passage à Londres, le 21 avril 1814.

ils hochaient la tête avec un sourire incrédule, comme lorsqu'on entend débiter une nouvelle absurde et impossible. Cependant un certain nombre d'habitants de Grasse vinrent apporter des vivres au bivouac de la colonne impériale, qui les accepta en les payant. Après deux heures de repos, la colonne se remit en marche en se dirigeant sur Sernon. C'était par la rapidité que Napoléon devait réussir; il l'avait dit, et il connaissait le prix du temps. Il abandonna à Grasse les quatre pièces de campagne qui l'auraient retardé dans les chemins presque impraticables où il allait s'engager. La journée fut pénible. On marchait un à un dans des sentiers bordés de précipices, au fond desquels plusieurs mulets, entre autres un mulet chargé d'or, tombèrent sans pouvoir être relevés. Entre Grasse et Sernon, Napoléon rencontra un ancien artilleur de sa garde qu'il ne put décider à le suivre. C'était le moment le plus critique de son aventure. Il s'avançait au milieu de populations incertaines, et personne encore, depuis qu'il avait mis le pied sur le sol de la France, ne s'était rallié à son drapeau. Il cheminait toujours, en achetant à tout prix, le long de la route, les chevaux qu'il pouvait se procurer pour monter ses lanciers polonais, qui depuis le rivage portaient leur équipement. Dans la soirée du 2 mars, il arriva à Sernon, sur les confins du département des Basses-Alpes; il n'avait pas fait moins de vingt lieues dans la journée.

Il y passa la nuit, et le lendemain 3 mars, à midi, il se mit en route vers Castellane, où il déjeuna. Après une halte de trois heures, il reprit sa course, traversa sans coup férir le défilé de César, à Barême. Le 4, à sept heures du matin, il monta à cheval, et, précédé de cinquante lanciers pour lesquels il avait réussi à trouver des chevaux, il se dirigea sur Digne. Entre Barême et cette petite ville, on rencontra, au village de Clappe, le courrier, et Napoléon lui prit lui-même les dépêches. Le général Loverdo, commandant du département des Basses-Alpes, avait, dans la matinée, évacué Digne avec la gendarmerie et trois compagnies du 87ᵉ de ligne qui formaient la garnison; il suivait en cela les ordres du maréchal Masséna; malgré quelques cris de révolte, il la conduisit du côté des troupes qui arrivaient dans la direction de Marseille.

L'alarme commençait en effet à être donnée. La garnison de Marseille, à laquelle s'étaient joints spontanément quinze cents volontaires, se mettait en mouvement; mais le maréchal Masséna, au lieu de précipiter leur mouvement, les dirigeait par journées d'étape sur les traces de Napoléon. Dès lors commençait à percer le sentiment, du reste facile à prévoir, qui, dominant l'âme de tous les chefs militaires, facilitait le retour de l'île d'Elbe. Tous ceux d'entre eux qui poursuivaient l'Empereur craignaient de l'atteindre, placés qu'ils étaient entre leurs nouveaux devoirs et leurs anciens souvenirs. Le général Loverdo se retirait devant lui; le général Miollis ralentissait le mouvement de ses troupes par des marches et des contre-marches sur la route d'Aix pendant que Napoléon arrivait à Digne. Il y fit son entrée à cheval, le 4 mars, vers une heure après-midi, et, remontant à cheval à trois heures et demie, il se remit en marche, en laissant dans cette ville le général Drouot avec quatre grenadiers pour surveiller l'impression des proclamations, qui jusque-là n'avaient circulé que manuscrites. A neuf heures du soir, Napoléon arriva à Malijai, coucha dans le château, et en repartit le lendemain 5 mars pour Sisteron.

C'était, on l'a vu, un point décisif. La citadelle de Sisteron est séparée de la Durance par un pont. Si ce pont était mis en état de défense, ou si on faisait sauter la seule arche sur laquelle il reposait, la marche de Napoléon se trouvait arrêtée, et comme le temps était le grand élément de son succès, ce succès pouvait être compromis. Mais l'apparition de Napoléon avait produit sur les intelligences une espèce de fascination, qui ne laissait point aux autorités demeurées fidèles à leur devoir leur présence d'esprit; d'autres commençaient à chanceler, en regardant avec inquiétude de quel côté tournerait la fortune. Enfin les ordres du maréchal Masséna, gouverneur de la province, arrivaient en prescrivant de faire retirer les troupes, les approvisionnements de guerre, les caisses publiques et les autorités civiles. Le maréchal ne trouvait-il dès lors d'autre moyen de combattre l'Empereur que de faire le vide devant lui; ou bien voulait-il éviter, par ce terme moyen, de se commettre avec son ancien souverain, sans rompre avec la royauté qui avait reçu ses nouveaux serments ? Toujours est-il que ses ordres furent suivis par le général Loverdo, commandant le département des Basses-Alpes, qui s'arrêta à Forcalquier. C'est ainsi qu'à Sisteron aucune mesure ne fut prise [1].

Cambronne, qui précédait Napoléon avec une avant-garde de quarante hommes, s'empara, le dimanche 5 mars, à deux heures du matin, du pont et de la citadelle : la petite garnison qui occupait ce poste l'avait évacué. Le général Cambronne rencontrant dans la ville le chef de bataillon Laidet [2], alors aide de camp du général Dubreton, lui dit en déjeunant avec lui : « Un défilé comme celui-là et quelqu'un comme vous pour le défendre, et nous ne passions pas. Mais le chef de bataillon Laidet ne commandait point à Sisteron, où il n'était qu'en passant; tout ce qu'il pouvait faire était de refuser d'être présenté à l'Empereur, en exprimant sa résolution de rejoindre

---

[1]. Le général Loverdo critiqua dans un écrit publié en 1815, après le second retour des Bourbons, l'ordre donné par Masséna, et affirma que « quelques centaines d'hommes postés derrière les murs de Sisteron auraient suffi pour fermer cet unique passage de la Durance. » Ces hommes n'auraient-ils pas ouvert le passage au lieu de le fermer ?

[2]. Depuis général et membre de la Chambre des députés, puis de la Législative de 1849.

son général, qui était à Valenciennes ; c'est ce qu'il fit. Cet exemple ne fut pas suivi par tous ; le sous-préfet et le maire de Sisteron, nommés par le Roi, allèrent au-devant de Napoléon et le complimentèrent.

Depuis le débarquement du golfe Juan, c'était la première fois que cet exemple de défection était donné. Cependant le nombre de ceux que Napoléon avait ralliés à son entreprise, depuis qu'il avait mis le pied sur le sol français, était petit : du golfe Juan jusqu'à Sisteron, deux hommes, un gendarme et un soldat d'infanterie ; à Sisteron cinq nouvelles recrues, présentées par le sous-préfet ; c'était en tout sept hommes dans un parcours de plus de soixante lieues.

Napoléon traversa Sisteron à pied, et y laissa son cheval arabe, qui, exténué de fatigue, ne put aller plus loin. A deux heures après midi, dans cette même journée du 5 mars, il se dirigea, monté sur un autre cheval, avec l'avant-garde de Cambronne et quelques lanciers polonais, vers la ville de Gap, où il entra à neuf heures du soir. Les autorités de Gap, comme celles de Digne, s'étaient retirées, emmenant avec elles le petit nombre de soldats casernés dans la ville. Elles ne voyaient qu'une défense possible devant un pareil adversaire, c'était de faire le vide devant lui [1].

Le 6 mars, à une heure et demie dans la nuit, il reçut un émissaire de Grenoble. Là les choses avaient été de longue main préparées : on l'invitait à se hâter de décider par sa présence le mouvement pour lequel tout était prêt. A deux heures il quitta Gap, et, dans la soirée, il coucha à Corps : c'est le premier village du département de l'Isère. Il commença dès lors à parler le langage que sa nouvelle position politique, et

---

1. Le duc de Rovigo dit dans ses *Mémoires* : « L'Empereur m'a dit depuis qu'il n'avait marché aussi rapidement que pour atteindre les troupes, et qu'il n'avait eu qu'une peur, c'est qu'au lieu de les envoyer contre lui, on ne les retirât assez loin pour qu'il ne pût les joindre. »

aussi l'esprit des populations du Dauphiné, plus attachées aux idées d'égalité et de liberté politique qu'aux souvenirs de l'Empire, lui imposaient. Il rajeunit la langue impériale en la faisant rétrograder jusqu'aux temps consulaires ; après tant d'années, le mot de citoyens reparut dans sa bouche et ses proclamations [1].

Cependant Cambronne, le précédant avec l'avant-garde, s'était porté vers la Mure, petite ville située à huit lieues de Grenoble, et où l'on ne peut arriver qu'en traversant une rivière sur le pont du Ponteau. Jusque-là, Napoléon n'avait eu à surmonter que des difficultés de terrain ; pour la première fois il allait se rencontrer avec ses anciens soldats. Après leur avoir rendu leur serment et les avoir autorisés à se lier par un serment nouveau à un autre gouvernement, il venait, avec l'ascendant personnel qu'il avait conservé sur eux et ce prestige que tant de journées glorieuses avaient écrit sur son front, les inviter à forfaire à leur parole militaire. Tentation redoutable ! Le général de division Marchand, qui commandait à Grenoble, avait sous ses ordres le 5e et le 7e de ligne, et un régiment d'artillerie. Il envoya un bataillon pour occuper le pont de Ponteau ; ce bataillon du 5e de ligne, commandé par le chef de bataillon Delessart, était suivi d'une compagnie du génie, sous les ordres du chef de bataillon du génie Tournadre ; Delessart avait les instructions suivantes : il devait partir de Grenoble le 6 mars à deux heures après midi, se rendre à la Mure et protéger les ouvrages que la compagnie de sapeurs était chargée

---

1. Voici la proclamation adressée aux habitants des Hautes et Basses-Alpes : « Citoyens, j'ai été vivement touché de tous les sentiments que vous m'avez montrés; vos vœux seront exaucés : la nation triomphera encore. Vous avez raison de me nommer votre père ; je ne vis que pour l'honneur et le bonheur de la France. Mon retour dissipe toutes vos inquiétudes, il garantit la conservation de toutes les propriétés, l'égalité entre toutes les classes, et les droits dont vous jouissez depuis vingt-cinq ans, droits après lesquels vos pères ont tous soupiré et qui forment aujourd'hui une partie de votre existence... »

d'exécuter pour faire sauter le pont de Ponteau, au moment où les troupes impériales se montreraient sur l'autre rive. Le commandant du bataillon devait en outre, à partir du 7 mars, empêcher la circulation du côté de Gap, et ne la permettre que du côté de Grenoble, reconnaître, en remontant la rivière sans la traverser, les gués qui pouvaient s'y trouver et tâcher de les rendre impraticables. Il lui était enjoint de ne rester sur la rive, après avoir fait sauter le pont, que le temps nécessaire pour observer le mouvement des troupes, sans se commettre avec elles, et de se retirer immédiatement sur Grenoble. C'était toujours le même système, motivé par les mêmes appréhensions.

Il y a des circonstances où le sort des empires est attaché à quelques minutes de temps. Le général Marchand avait pris trop tard sa détermination, Cambronne avait déjà passé le pont de Ponteau, et un détachement de soixante chasseurs et quelques lanciers polonais commandés par le capitaine adjudant-major Laborde, formant son extrême avant-garde, occupaient la petite ville de la Mure quand parut l'officier chargé de faire les logements du bataillon arrivant de Grenoble. Cet officier se retira et alla avertir son chef qui, arrêtant son bataillon, fit prendre position à une portée de fusil de la ville, en poussant une forte avant-garde jusqu'aux premières maisons de la Mure, du côté de Grenoble. Le général Cambronne, qui arrivait en ce moment avec le reste de son avant-garde, établit un poste à une portée de pistolet de celui du 5ᵉ de ligne, et essaya de parlementer avec l'officier qui le commandait, en allant en personne l'exhorter à se rallier à l'Empereur. Cet officier, ferme dans son devoir, refusa toute communication. Quelques instants après, le général Cambronne, qui s'était mis à table à la mairie avec ses officiers, fut averti par un paysan envoyé pour observer la troupe qui lui était opposée que cette colonne s'ébranlait et semblait se disposer à tourner la Mure pour aller occuper le pont par lequel était arrivée la première colonne impériale. Cambronne, dont les communications avec Napoléon se seraient trouvées coupées par l'occupation ou la rupture du pont, se porta en toute hâte sur le point menacé, s'y établit militairement et le garda toute la nuit. Alors le commandant Delessart, renonçant à l'espoir d'exécuter ses instructions, voulut préserver ses troupes de tout contact avec celles de Napoléon, et se replia jusqu'à Laffrey, petit village situé à deux lieues de la Mure et à six de Grenoble, et où il entra le 7 mars à cinq heures du matin.

Napoléon, averti par le général Cambronne, était le même jour à neuf heures du matin au pont de Ponteau. Sa petite troupe était divisée en trois corps. Le colonel Mallet avait pris le commandement des trois compagnies de chasseurs formant la tête de colonne ; les lanciers polonais, commandés par le colonel Jermanwski, prirent la droite à côté de la route. Les officiers sans troupe, commandés par le major Pacconi, prirent la gauche ; Napoléon, à cheval et vêtu de sa redingote grise comme sur les champs de bataille, marchait entouré des généraux Bertrand, Drouot, Cambronne et de quelques autres officiers, au milieu de l'avant-garde du colonel Mallet. On s'avança dans cet ordre vers le village de Laffrey, à la sortie duquel la compagnie de voltigeurs du 5e de ligne était en bataille, à l'endroit où la route se resserre entre les lacs. Le moment était solennel. Les deux troupes étaient en vue avec les deux drapeaux. D'un côté, l'austère devoir, l'honneur militaire, la religion du serment ; de l'autre, les souvenirs avec leurs entraînements, la gloire avec son prisme, la grandeur malheureuse avec son prestige. Un profond silence régnait des deux parts dans les rangs. Napoléon, qui avait mis pied à terre, éleva la voix, et dit au colonel Mallet : « Colonel, faites mettre l'arme sous le bras gauche à vos chasseurs. » Il y eut chez le colonel Mallet, vieux soldat de l'armée d'Égypte, un moment d'hésitation. « Sire, répondit-il, n'y a-t-il pas du danger à faire un pareil mouvement en présence d'une troupe dont on ignore les dispositions et dont la première décharge peut être si funeste ? — Mallet, faites mettre l'arme sous le bras, » répéta l'Empereur, d'un ton de voix qui commandait l'obéissance. L'ordre fut exécuté. La petite troupe continua à marcher. Quand on fut à une portée de pistolet les uns des autres, on entendit le chef de bataillon du 5e de ligne commander : « En joue ! » D'un geste, Napoléon arrêta les siens, qui tenaient toujours l'arme sous le bras. Les esprits étaient dans l'attente, les respirations entrecoupées, et de nombreux groupes de paysans, que la nouvelle de l'arrivée de l'Empereur avait fait accourir, contemplaient de loin cette scène, des deux côtés de la route, d'un regard curieux et inquiet, mais sans intervenir. Napoléon continua seul à s'avancer ; Bertrand, Drouot, Cambronne ne le suivaient qu'à distance. Quand il eut marché quelques secondes encore, il s'arrêta à quelques pas à peu près du front de bataillon, porta la main à son chapeau, salua, et, d'une voix forte : « Eh bien ! comment se porte-t-on au 5e régiment ? Soldats, voilà votre général ; voilà votre Empereur ! que celui d'entre vous qui voudra le tuer fasse feu ! »

La grandeur de la scène, la hardiesse tranquille de l'action, la confiance qu'elle témoignait, les souvenirs du passé, le son de cette voix si connue, ce regard, ce geste produisirent un effet électrique, et un long cri de *vive l'Empereur* sortit des rangs. Les deux troupes se trouvèrent confondues à ce cri, répété bientôt dans le village par le reste du bataillon. C'était comme une ivresse. On fraternisait militairement. Le chef de bataillon restait seul triste, immobile, silencieux, comme un représentant austère de l'honneur militaire au milieu de l'égarement de l'enthousiasme. Napoléon lui fit signe d'approcher : « Qui vous a fait officier, lui dit-il ? — Vous,

NAPOLÉON A LAFFREY. — LE COMMANDANT DELESSART. 47

Sire. — Et lieutenant? — Vous, Sire. — Et capitaine? — Vous, Sire. — Et chef de bataillon? — Vous, Sire. — Je devais donc m'attendre à de la reconnaissance; cependant je ne vous en demande pas. Donnez vos épaulettes au premier capitaine du bataillon, et retirez-vous[1]. »

Napoléon ne disait pas que la marque de reconnaissance qu'il demandait à cet homme d'honneur c'était de forfaire à son devoir et à son serment. Le chef de bataillon se retira le front triste, mais calme. Il avait obéi à une voix qui parlait plus haut que celle de Napoléon dans tout le prestige de sa grandeur et de sa gloire, celle de la conscience à l'empire de laquelle il n'appartient à personne, quelque grand et quelque glorieux qu'il soit, de nous soustraire, car c'est de la voix de la conscience, et non de celle du peuple, qu'il est vrai de dire qu'elle est la voix de Dieu.

Les troupes envoyées contre Napoléon avaient arraché la cocarde blanche et arboré la cocarde tricolore qu'elles avaient dans leur sac. L'Empereur, avant de continuer sa marche vers Grenoble, fit ranger ses troupes en bataille et leur adressa ce discours, tout empreint des passions qu'il lui était utile d'accréditer pour renverser le trône des Bourbons :

« Soldats! je viens avec une poignée de braves, parce que je compte sur le peuple et sur vous.

« Le trône des Bourbons est illégitime, puisqu'il n'a pas été élevé par la nation; il est contraire à la volonté nationale, puisqu'il est contraire aux intérêts de notre pays, et qu'il n'existe qu'au profit de quelques familles. Demandez à vos pères; interrogez tous ces habitants qui arrivent ici des environs; vous apprendrez, de leur propre bouche, la véritable situation des choses. Ils sont menacés du retour des dîmes, des privilèges, des droits féodaux, et de tous les

---

1. *Mémoires du duc de Rovigo*, tome VII, page 352.

abus dont vos succès les avaient délivrés. N'est-il pas vrai, paysans ? »

Plusieurs des paysans qui, accourus de tous côtés, étaient les spectateurs de cette scène, répondirent : « Oui, Sire, on voulait nous attacher à la terre ; vous venez comme l'ange du Seigneur pour nous sauver. »

Cet appel aux paysans et leur réponse sont un trait de lumière jeté sur l'époque. Telles étaient les préventions, les haines, les appréhensions injustes que l'esprit de parti avait accréditées à l'aide de cette liberté de la presse que les Bourbons avaient apportée à la France. Napoléon invoquait ces craintes imaginaires et ces accusations iniques pour trouver un point d'appui dans la population dauphinoise, qui avait marché au premier rang dans les voies de la Révolution. Tout devenait pour lui une arme, et au retour de l'île d'Elbe il rallumait la passion révolutionnaire qu'il avait cherché à éteindre pendant toute la durée de l'Empire.

Après cette allocution, il donna à sa petite armée le signal de se remettre en marche vers Grenoble. Le dénoûment de son entreprise n'était plus douteux pour lui ; il avait fait l'épreuve de l'effet que produisait sa présence sur ses anciens soldats ; dès qu'ils le revoyaient, ils étaient à lui. Les trois compagnies de chasseurs de la garde formaient la tête de la colonne ; mais le bataillon du 5e de ligne et la compagnie du 3e régiment du génie qui venaient de faire défection demandèrent à marcher à l'avant-garde, et Napoléon acquiesça à leur vœu.

La ville de Grenoble était dans cet état de trouble et d'effervescence qui précède les catastrophes. Le général Marchand prenait toutes les dispositions militaires qui pouvaient être prises, et cherchait à agir sur le moral de ses troupes, ébranlé par le voisinage de Napoléon. Il leur adressait des ordres du jour, et les haranguait en personne pour les affermir dans leur devoir : « Soldats, leur disait-il, Bonaparte a débarqué sur nos côtes, il n'est plus qu'à quelques lieues de Grenoble et s'avance dans l'intérieur de la France. Souvenons-nous qu'il nous a dégagés de nos serments et que nous en avons prêté d'autres au Roi. Vous serez fidèles à l'honneur et à votre devoir, et cet orage sera bientôt dissipé. Si, au contraire, vous vous laissiez aller à des conseils perfides, tous les malheurs viendraient fondre sur nous ; la France serait encore envahie par les armées étrangères ; vos parents pillés, vos villages ravagés[1]. »

Ces paroles sévères comme la vérité, ces tristes prévisions ne faisaient qu'irriter les soldats, enivrés par la nouvelle de l'arrivée de Napoléon. Si la tendance des esprits avait été différente, les éléments de résistance n'auraient pas manqué à Grenoble. Outre la garnison ordinaire composée de deux régiments, moins le bataillon qui avait fait défection à Laffrey, le mouvement de concentration de troupes récemment exécuté sur les nouvelles du congrès de Vienne, et en vertu de la convention signée entre le cabinet de Paris et celui de Vienne pour l'éviction de Murat, avait réuni à Grenoble le 7e et le 11e de ligne venus de Chambéry, le 4e d'artillerie venu de Valence et le 4e de hussards de la Vienne. C'était un corps de six mille hommes, placé en ce moment sous le commandement du général Marchand. Celui-ci, en apprenant l'événement qui venait de se passer au défilé de Laffrey, donna l'ordre aux troupes envoyées au secours du bataillon du commandant Delessart de rétrograder sur Grenoble. Le colonel Labédoyère, qui commandait le 7e de ligne par une faveur particulière du Roi, qui l'avait préféré à plusieurs concurrents dont les titres reposaient sur des services plus anciens, désobéit ouvertement à cet ordre. Il fit reprendre à son régiment ses aigles qu'il avait

---

1. Voir au *Moniteur* la proclamation du général Marchand.

conservées [1], et le conduisit sur la route de Vizille au-devant de l'Empereur. La scène qui s'était produite peu de temps auparavant, lorsque le bataillon du 5ᵉ de ligne s'était mêlé à la troupe venue de l'île d'Elbe, se reproduisit sur une plus grande échelle : le 7ᵉ de ligne et les soldats qui accompagnaient l'Empereur fraternisèrent aux cris répétés de *vive l'Empereur, vive la garde,* et Napoléon, recevant le jeune colonel dans ses bras, lui dit : « Colonel, c'est vous qui me remettez sur le trône [2]. »

Toutes ces troupes réunies, et formant à peu près trois mille hommes, continuaient leur marche sur Grenoble, escortées de plusieurs milliers de paysans. Le général Marchand, craignant que l'exemple donné par le colonel Labédoyère n'entraînât le reste des troupes, avait fait fermer les portes de la ville. Il avait fait prendre les armes à la garnison, et avait ordonné de charger les pièces en batterie sur les remparts. Quoique accablé de fatigue, Napoléon, qui connaissait les dispositions de la ville et celles de la troupe par les rapports du capitaine Dumoulin, qui l'avait rejoint à Laffrey, et par ceux du colonel Labédoyère, attachait un grand prix à y entrer le soir même. C'était la première grande cité qu'il rencontrait, une ville fortifiée ; Grenoble

---

1. *Mémoires du duc de Rovigo,* tome VII, page 353.
2. Nous reproduisons ces paroles d'après la relation du capitaine de Mauduit, *Derniers Jours de la grande Armée,* tome Iᵉʳ, page 229. Le même historien donne le texte de la proclamation adressée par le colonel Labédoyère à l'armée pour décider sa défection :

« Soldats de tous les régiments ! disait-il, écoutez notre voix, elle exprime l'amour de la patrie ! Reprenez vos aigles, accourez vous joindre à nous. L'empereur Napoléon marche à notre tête, il nous a rendu notre cocarde, ce signe de la liberté ; elle vous est un gage que votre gloire ne sera pas oubliée. Camarades, vos faits d'armes étaient méprisés, des monuments devaient apprendre aux siècles à venir vos victoires, ils étaient interrompus ! Notre Légion d'honneur, qu'était-elle devenue ? le dernier ordre de l'État... L'empereur Napoléon n'a pu supporter cette humiliation... Avec lui vous retrouverez tout : considération, honneur et gloire. »

Cette proclamation était signée : *Le colonel du régiment,* LABÉDOYÈRE ; *les chefs de bataillon* FROMENT et BOISSIN, *et le lieutenant* CHAUVOT.

gagnée, il croyait avoir partie gagnée. Il précipitait sa marche, de crainte qu'un incident imprévu ne lui enlevât cette chance. Escorté seulement de son état-major et des lanciers polonais, il arriva sur les glacis de Grenoble vers huit heures du soir. Dans ce moment, une révolte militaire éclatait dans la garnison et les symptômes d'une insurrection populaire commençaient à se manifester. Cette nouvelle inopinée du retour de Napoléon, cette marche merveilleuse, la grandeur de l'homme, les souvenirs glorieux du passé, l'oubli de ses misères, l'imprévoyance de l'avenir, tout contribuait à exalter l'imagination du peuple et du soldat. Il y eut de l'étonnement d'abord, l'admiration vint ensuite, puis l'enthousiasme, qui a quelque chose de contagieux, passa des troupes dans le peuple, toujours séduit par les situations émouvantes et dramatiques : ceux qui ne partageaient pas l'opinion qui allait prévaloir s'éloignaient ou s'abstenaient. Les prétentions malavisées exprimées par quelques hommes, les alarmes répandues par la presse et la tribune, avaient indisposé les classes populaires contre la Restauration. Un petit nombre de voix crièrent: *Vive l'Empereur!* ce cri trouva de l'écho : le peuple le répéta, croyant crier *vive la liberté*, cri cher aux Dauphinois depuis 1789. Le mouvement se répandit de proche en proche. Le général Marchand, dont l'autorité était méconnue, se retira avec le préfet, M. Fourier, savant illustre, mais administrateur moins habile et surtout peu prévoyant [1];

---

1. M. Fourier écrivait le 4 mars au gouvernement royal que « la nouvelle du débarquement de Bonaparte avait excité la plus vive indignation parmi les habitants des campagnes voisines; que les chefs de la force armée, entre autres le général Marchand, s'étaient réunis à l'instant à l'hôtel de la préfecture; qu'ils y avaient combiné tous les moyens de défense, dans le cas très-improbable où le petit corps des brigands de Bonaparte songerait à se diriger sur la ville ; qu'une partie de la garnison avait été de suite mise en route pour marcher contre lui. »

Cette dépêche officielle du préfet contenait non-seulement des appréciations singulièrement démenties par les événements, mais des faits matériellement inexacts. Le préfet écrivait, à la date du 4 mars, que les troupes avaient été mises en mouvement, tandis que dans l'instruction écrite, remise au chef de bataillon ils sortirent par la porte opposée à celle de Beaune, devant laquelle Napoléon était arrivé. Le colonel du 11ᵉ, demeuré seul maître de son régiment, l'avait entraîné sur la route de Chambéry. Le reste de la garnison était répandu sur les remparts dans une confusion inexprimable. Les sapeurs du 3ᵉ du génie, les canonniers du 4ᵉ d'artillerie à pied, dans lequel Napoléon, souvenir qui augmentait leur enthousiasme, avait été vingt-cinq ans auparavant nommé capitaine; les cavaliers du 4ᵉ hussards, les fantassins des deux bataillons du 5ᵉ de ligne restés dans la ville poussaient de formidables cris de *vive l'Empereur*. La multitude joignait ses acclamations à ces vivat. De l'autre côté des murailles, le même cri retentissait parmi les troupes de Napoléon qui venaient de le rejoindre. C'était une scène étrange : une heure s'était écoulée ; il faisait nuit close ; on ne pouvait se comprendre au milieu de ce tumulte ; on s'entendait sans se voir au sein de ces ténèbres, et les portes fermées arrêtaient ceux qui voulaient entrer comme ceux qui voulaient sortir. Le colonel Labédoyère s'élança sur le chemin couvert, et, d'une voix retentissante qui domina sur un point le tumulte : « Soldats, dit-il, c'est moi, Labédoyère, le colonel du 7ᵉ, nous vous ramenons Napoléon ! Il est là. C'est à vous de le recevoir et de répéter avec nous l'ancien cri de ralliement des vainqueurs de l'Europe : *Vive l'Empereur !* »

Une immense acclamation annonça que cette harangue avait été entendue. Mais la difficulté restait la même. L'anxiété, l'impatience, la colère étaient à leur comble. Du dehors comme du dedans on affluait vers les portes, et ces deux flots humains, se précipitant l'un vers l'autre, cherchaient vainement à se rejoindre. C'est en vain que les sapeurs essayaient des deux côtés à renverser l'obstacle à coups de hache. Les cris d'en-

---

Delessart, on lit ce qui suit : « Il est ordonné à un chef de bataillon du 5ᵉ de ligne de partir aujourd'hui 6 mars, à deux heures de l'après-midi. » Les troupes n'avaient donc pas été mises en mouvement le 4 mars.

thousiasme devenaient des cris de fureur, et l'on ne peut dire ce qui serait advenu si le colonel du 5ᵉ de ligne, qui avait, dit-on, donné sa parole au général Marchand de lui laisser le temps de s'éloigner, n'avait livré les clefs des portes en apprenant que les habitants du faubourg s'avançaient avec des poutres pour les enfoncer. Quand les portes s'ouvrirent, trois mille soldats et quelques milliers de paysans entourant l'Empereur se pressèrent sur le pont-levis, au risque de l'étouffer pour entrer avec lui ; cinq mille soldats et la plus grande partie de la population de la ville se précipitèrent vers le même point au-devant de Napoléon. Des flambeaux et des torches allumées éclairaient à demi cette scène de délire. Ce fut avec peine que les soldats de l'île d'Elbe qui entouraient l'Empereur, le prenant dans leurs bras, se frayèrent un passage à travers cette multitude et le portèrent au milieu des vivat à l'hôtel Labarre, où il devait passer la nuit.

Napoléon, arrivé à Grenoble et maître de cette ville dans laquelle il trouvait une base d'opérations, des munitions, de l'artillerie, des vivres, une petite armée, avait traversé la phase la plus critique de son expédition. C'était du littoral de la Méditerranée jusqu'à Grenoble qu'étaient les grands périls et les grands obstacles, car c'était sur ce parcours qu'avec de faibles moyens il pouvait être accablé sous le poids de forces supérieures et d'une levée en masse des populations méridionales. Là aussi se trouvaient l'inconnu, le doute ; c'était sur cette ligne qu'il devait pour la première fois essayer sur l'armée son ancien ascendant. Au delà de Grenoble, son aventure devenait une entreprise dans laquelle il marchait avec des moyens puissants, la confiance d'un premier succès, et des chances de plus en plus favorables ; d'après une loi qui est vraie au moral comme au physique, chaque régiment qui se ralliait à lui rendait l'attraction plus puissante et plus irrésistible, et la résistance plus difficile pour le gouvernement royal. Or, jusqu'à Grenoble, le gouvernement n'avait pu donner aucun ordre à cause de l'insuffisance de l'organisation du service télégraphique, qui était telle à cette époque qu'il fallut envoyer par un courrier la nouvelle du débarquement de Napoléon de Marseille à Lyon [1] pour que le télégraphe de Lyon la transmît à Paris.

Dans tout le parcours de Cannes à Grenoble, c'est-à-dire sur la ligne où ses moyens étaient plus faibles, ses chances plus douteuses et ses périls plus grands, il n'avait donc eu affaire qu'à des administrateurs et à des chefs militaires surpris et livrés à leurs propres inspirations et à leur initiative individuelle, car ils n'avaient pu recevoir aucun ordre du gouvernement. Quand le gouvernement averti put agir, Napoléon avait traversé la phase la plus difficile de son entreprise et il ne pensait pas lui-même qu'on pût désormais lui résister, car il dit à ses officiers en se félicitant de son entrée à Grenoble : « Tout est décidé, nous sommes sûrs maintenant d'aller à Paris. »

Le lendemain, 8 mars, il commença à faire acte de souveraineté. Les députations civiles et militaires vinrent le haranguer. Il ordonna, par différents décrets, d'intituler en son nom les actes publics et les arrêts de la justice, et prescrivit l'organisation des gardes nationales des Hautes et Basses-Alpes, de l'Isère, de la Drôme et du Mont-Blanc. On aurait eu tort cependant de croire que c'était le premier Empire qui recommençait. Les idées avaient éprouvé des modifications profondes, et dans l'adresse que le maire de Grenoble remit à Napoléon, on retrouvait, au milieu de flatteries déclamatoires, l'empreinte de ces idées nouvelles, déjà visibles dans le rap-

---

1. La nouvelle partit de Marseille dans la nuit du 3 au 4 mars; elle ne fut expédiée de Lyon que le 4 mars par le télégraphe, et elle ne fut connue à Paris que le 5 mars. Ce ne fut donc qu'à Lyon que le gouvernement commença à tenter de résister.

IV

LA NOUVELLE DU DÉBARQUEMENT DE NAPOLÉON A PARIS.
PREMIÈRES MESURES. — PREMIÈRES IMPRESSIONS.

Il est temps de tourner les yeux vers Paris, où la nouvelle du débarquement de Napoléon était arrivée le 5 mars, entre une heure et deux heures de l'après-midi. Ce fut M. de Vitrolles qui, en sa qualité de ministre d'État ayant le télégraphe dans ses attributions, reçut des mains du directeur du télégraphe le pli cacheté qui contenait la traduction de la nouvelle. A l'expression de la physionomie de celui-ci et à son insistance à répéter qu'il s'agissait d'une affaire pressée, M. de Vitrolles, du moins il l'assure, soupçonna qu'il connaissait le contenu du paquet, et que ce contenu était grave. Il porta donc immédiatement au château le pli tout cacheté, et le remit au Roi. Le Roi l'ouvrit. Ses yeux demeurèrent fixés sur le papier au delà du temps nécessaire pour lire le peu de lignes qui y étaient tracées; puis, relevant les yeux, il dit à M. de Vitrolles, sans qu'aucune émotion fît trembler sa voix : « Vous ne savez pas ce que c'est? — Non, Sire. — C'est Bonaparte qui vient de débarquer sur les côtes de la Provence. » Il ajouta aussitôt, et avant que le ministre d'État fût remis du trouble où cette nouvelle l'avait jeté : « Il faut porter cela au ministre de la guerre. Il verra ce qu'il y a à faire. » Il demeura seulement convenu qu'envers le public on garderait un silence absolu, pour se donner vingt-quatre heures.

Le 5 mars était un dimanche. La voiture de M. de Vitrolles remontait au pas la rampe du pont Royal, beaucoup plus roide alors qu'elle ne l'est aujourd'hui, quand il aperçut au milieu de la foule qui, dans ce jour et dans cette saison, descend du faubourg Saint-Germain aux Tuileries pour se réchauffer aux premiers rayons du soleil, le maréchal Soult se rendant à pied au conseil que les ministres à département tenaient tous les dimanches chez le comte de Blacas. Il fit arrêter sa voiture, appela le maréchal, fit ouvrir, et, la portière ouverte, lui montra la dépêche, que celui-ci lut sans monter. L'étonnement et le doute se succédèrent sur sa physionomie. Quand il apprit que Louis XVIII lui renvoyait la dépêche, il demanda à être reçu par ce prince. Dans cette audience, qui fut courte, le maréchal renouvela l'expression du doute qu'il conservait sur la possibilité d'un pareil événement. Les pouvoirs admettent difficilement la réalité des faits qu'ils n'ont pas prévus, et un gouvernement existant a tant de forces apparentes que, lorsqu'il compare à ces forces la faiblesse des moyens avec lesquels on peut l'attaquer, il se sent naturellement rassuré. La teneur même de la dépêche favorisait cette impression [1].

Deux autres motifs contribuaient à augmenter cette fausse sécurité. Le comte Roger de Damas, dont le courage et le dévouement étaient connus, commandait à Lyon; il était absent, il est vrai, en ce moment, mais on comptait sur les mesures de précaution qu'il avait prises. La nouvelle télégraphique, en annonçant le point sur lequel Bonaparte était débarqué, faisait naître une autre espérance : les populations méridionales avaient montré, lors du passage de l'Empereur pour se rendre à l'île d'Elbe, une exaltation si passionnée

---

1. La nouvelle télégraphique était ainsi conçue : « Bonaparte a débarqué le 1ᵉʳ mars près de Cannes, dans le département du Var, avec douze cents hommes et quatre pièces de canon; il s'est dirigé sur Digne et Gap pour prendre, à ce qu'il paraît, la route de Grenoble. Toutes les mesures sont prises pour arrêter et déjouer cette tentative insensée. Tout annonce le meilleur esprit dans les départements méridionaux. La tranquillité publique est assurée. »

contre lui, qu'on avait craint pour sa vie ; on pouvait croire à une levée en masse de ces populations pour l'arrêter au passage. En outre, il ne faut point oublier l'enthousiasme qu'avait excité le retour des Bourbons, ces innombrables adresses qui, chaque jour encore, apportaient à Louis XVIII l'expression du dévouement et de la fidélité de toutes les communes, les protestations des généraux, et toutes les démonstrations de nature à persuader au gouvernement royal qu'il avait une base solide en France. Enfin, ce qu'il y avait de réellement téméraire et de peu sensé, quant au résultat définitif, dans l'entreprise de Bonaparte, qui, le congrès encore réuni, et toutes les troupes de la coalition sur pied, venait jeter le gant à toute l'Europe, et rejouer, dans les plus mauvaises conditions, une partie perdue, contribuait à produire une illusion d'optique ; on confondait le résultat momentané de l'entreprise avec son résultat définitif, et de ce que le succès définitif était impossible, on concluait à l'impossibilité d'une réussite momentanée. Cette illusion d'optique alla, dit-on, si loin pour quelques fonctionnaires, qu'ils se félicitèrent de la tentative de Bonaparte, comme d'une occasion d'en finir avec un péril toujours suspendu sur la Monarchie, tant que ce formidable voisin serait à l'île d'Elbe.

La conduite du gouvernement, dans la première journée où la nouvelle arriva, se ressentit sur un seul point de cette impression. Le maréchal Soult ne donna à Lyon, par le télégraphe, qu'un ordre positif, celui de faire venir quelques batteries de Grenoble, et annonça des ordres explicites pour le lendemain. On décida du reste, dans la soirée du 5 mars, plusieurs mesures préliminaires, sur les instances de M. de Vitrolles, à qui l'initiative de son esprit et l'audace de son caractère donnaient naturellement le rôle actif dans ces circonstances difficiles et troublées. Il fut arrêté d'abord que le comte d'Artois partirait pour Lyon dans la nuit même, et bientôt après que M. le duc d'Orléans, dont le nom avait été prononcé dans les combinaisons facticeuses de la nuance la plus avancée du parti constitutionnel, l'y suivrait. Le maréchal Macdonald reçut, dans la soirée du 6, à sa terre de Courcelles près Briare, l'ordre de se rendre à Lyon pour prendre le commandement de l'armée sous Monsieur. Il était en route le 7 mars. Le comte de Damas, en congé à Paris, partit sur-le-champ pour se rendre à son poste. On expédia un courrier à Bordeaux au duc d'Angoulême, pour lui prescrire de partir pour Marseille, et de prendre le commandement des troupes des cinq divisions militaires du Midi sur la rive droite du Rhône. Dans ces premiers moments, on songeait à envoyer le duc de Berry prendre le commandement des régiments réunis en Lorraine et en Alsace, afin de mettre des princes de la maison de Bourbon à la tête de toutes les agglomérations de troupes.

Le 6 mars, à une heure du matin, le comte d'Artois montait en voiture. Ses instructions étaient de marcher avec les troupes qu'il trouverait sur les lieux, continuellement fortifiées par celles qu'on avait mises en mouvement pour former à Chambéry un camp de vingt-quatre mille hommes qui devait, au besoin, coopérer en Italie à l'exécution de l'arrêt porté par le congrès contre Murat. On croyait à Paris qu'on pouvait arrêter Napoléon à Lyon. A Lyon, le général Brayer, qui commandait en l'absence du comte Roger de Damas, et M. de Chabrol, préfet du département du Rhône, croyaient qu'on pouvait l'arrêter à Grenoble; c'est-à-dire qu'on espérait lui résister partout où il n'était pas.

L'ensemble de ces mesures avait pour but d'appuyer le corps d'armée du comte d'Artois sur sa droite et sur sa gauche par deux corps d'armée commandés par ses deux fils, et d'enfermer Napoléon entre les Alpes et le Doubs, la Saône et le Rhône. Pour compléter cette série de combinaisons, il fut décidé, mais plus tard, que M. le duc Bourbon serait envoyé dans les départements de l'Ouest, que l'on considérait comme la réserve de la monarchie [1].

Le lendemain, 6 mars, une nouvelle dépêche télégraphique arriva. Elle était moins rassurante et plus positive que la première. Bonaparte, disait-elle, s'avançait par Digne et Gap sur Grenoble et sur Lyon. Quoique les optimistes du conseil cherchassent à prolonger la sécurité du Roi, il attacha dès lors plus d'importance à cette affaire que plusieurs de ses ministres, et, dans le conseil du 6 mars, il déclara que la hardiesse de la marche de Napoléon devait s'appuyer sur des intelligences nouées en France, et, voulant opposer une manifestation publique au complot dont il regardait l'existence comme certaine, il annonça, avec l'approbation unanime du conseil, sa résolution de convoquer les Chambres par une proclamation, qui parut dans la journée du 6 mars.

« Nous avions, le 30 décembre dernier, disait-il dans cette proclamation, ajourné les Chambres au 1er mai. Pendant ce temps, nous nous attachions à préparer les objets dont elles devaient s'occuper. La marche du congrès de Vienne nous permettait de croire à l'établissement d'une paix solide et durable, et nous nous livrions sans relâche à tous les travaux qui pouvaient assurer la tranquillité et le bonheur de nos peuples. Cette tranquillité est troublée, ce bonheur peut être compromis par la malveillance et la trahison. La promptitude et la sagesse des mesures que nous prenons confondront les coupables. Pleins de confiance dans le zèle et le dévouement dont les Chambres nous ont donné tant de preuves, nous nous empressons de les rappeler auprès de nous.

« Si les ennemis de la patrie ont fondé leur espoir sur les divisions qu'ils cherchent à fomenter, ses soutiens, ses défenseurs légaux renverseront ce criminel espoir par l'inattaquable force d'une union indestructible. »

1. Il n'arriva à Angers que le 14 mars.

Cette proclamation, qui appelait les Chambres d'urgence, sauf à indiquer, dès que leurs membres seraient en nombre à Paris, le jour de leur réunion, avait pour objet d'apporter à la royauté la force morale dont elles disposaient. On n'avait point oublié les éléments d'opposition qui s'étaient produits dans la session, mais on pensait que la gravité des circonstances rallierait toutes les nuances à la cause royale, et que cette preuve des intentions constitutionnelles du ministère, jusque-là révoquées en doute, lui concilierait les esprits. L'ordonnance de convocation des Chambres, arrêtée à l'unanimité dans le conseil dès le 6 mars, était suivie d'une ordonnance qui, déclarant Napoléon Bonaparte traître et rebelle, enjoignait à tous les gouverneurs de province et commandants de la force armée de lui courir sus et de le traduire devant un conseil de guerre, et, son identité constatée, de lui appliquer les peines portées par la loi. Tous les adhérents de Bonaparte qui ne l'auraient pas abandonné sous huit jours étaient enveloppés dans les mêmes peines.

La violence des termes de cette ordonnance dénonce la violence de la passion politique qu'excitait l'entreprise du redoutable évadé de l'île d'Elbe, cette espèce d'indignation qui naît de la surprise causée par une agression inattendue, et aussi l'émotion qui fait élever la voix aux hommes et aux pouvoirs faibles quand ils se sentent menacés, comme si, se rassurant eux-mêmes au bruit de leurs paroles, ils se persuadaient, en parlant haut, qu'ils sont en état de frapper fort. Au début, l'aventure du retour de l'île d'Elbe parut à tout le monde, amis ou ennemis, un acte de témérité, presque un acte de démence[1]; et rien n'irrite comme ces coups de folie qui viennent

---

[1]. Le comte de La Valette dit dans ses *Mémoires* que, lorsqu'il apprit la nouvelle, il marchait « comme un homme ivre, en se répétant : — Est-ce possible ! N'est-ce pas un rêve ou la plus cruelle des plaisanteries ! » Il continue ainsi : « Je donnai au duc de Vicence la nouvelle que je venais de recevoir. Mais lui,

détruire une sécurité chèrement achetée et récemment établie. On verra bientôt qu'on ne parla point dans le congrès de Vienne un langage plus modéré que dans les conseils de Louis XVIII. Napoléon, sorti de l'île d'Elbe et venant rallumer la guerre après une paix de dix mois, apparaissait à tous comme un ennemi public, comme un perturbateur du repos du monde. En outre, le gouvernement royal, qui ne pouvait s'expliquer sa tentative que par l'existence d'une vaste conspiration, cherchait à effrayer ceux qui y trempaient.

Il existait plus d'une conspiration, comme on l'a dit, et si cette circonstance ne faisait pas tout le succès de Napoléon, dû en grande partie à son ascendant personnel sur l'armée, elle l'avait du moins préparé. Les esprits des officiers et des soldats, travaillés par ces influences hostiles à la maison de Bourbon, cédaient plus facilement à l'entraînement qui les portait vers leur ancien général. Ainsi, l'Empereur bénéficiait de ces conspirations mêmes qui n'avaient pas pour objet son retour. Fouché, dont la main pleine de dextérité touchait à toutes les trames sans s'engager d'une manière décisive dans aucune, et qui songeait beaucoup plus à se servir du nom de Napoléon qu'à le servir lui-même, donna dans ce moment l'impulsion à un mouvement dont la répression facile contribua peut-être à faire illusion au gouvernement royal sur sa force réelle.

Le duc d'Otrante avait appris dans l'après-midi du 5 mars, chez la princesse de Vaudémont, le débarquement de Bonaparte à Cannes. Il se hâta d'avertir le général Lallemand, non pas de l'arrivée de l'Empereur, mais de la prétendue découverte du complot mi-impérialiste, mi-révolutionnaire, tramé pour forcer la main à Louis XVIII à l'ouverture des Chambres,

---

d'un caractère irascible et trop habitué à voir les choses du mauvais côté : — Quelle extravagance ! Quoi ! débarquer sans troupes ! Il sera pris ; il ne fera pas deux lieues en France ! Il est perdu ! Mais c'est impossible ! » (*Mémoires de La Valette*, tome II, page 144.)

et auquel le général Lallemand avait promis, comme plusieurs autres chefs militaires, le concours des troupes placées sous ses ordres. « Les mesures les plus rigoureuses, ajouta-t-il, allaient être prises ; il n'y avait pas un moment à perdre pour les prévenir, en avançant le mouvement et en se dirigeant à marches forcées sur Paris, afin de s'emparer de la personne du Roi. » Le général Lallemand partit de Paris le 6 mars, arriva le 8 à Lille, et se mit en communication avec le général Drouet d'Erlon qui y commandait ; celui-ci fit monter immédiatement ses grenadiers à cheval. Le général Lefebvre-Desnouettes, parti de Lille, courut à Cambrai, y arriva le 9 mars au matin, et, se mettant à la tête des chasseurs royaux, se dirigea immédiatement vers La Fère. Pendant ce temps, le général Lallemand avait pris la route de Soissons, afin de diriger vers le même point les dragons cantonnés dans le département de l'Aisne et placés sous ses ordres personnels. Toutes ces troupes filèrent silencieusement vers le point convenu. Le premier avis sur ce mouvement de troupes vint à Louis XVIII par le duc d'Orléans. Dans une explication qu'il eut avec le Roi, celui-ci se plaignit de retrouver le nom du prince dans la bouche de tous les mécontents ; le duc d'Orléans répondit qu'on le mêlait sans sa participation à toutes les trames, et pour prouver sa bonne foi il ajouta qu'on préparait en ce moment un soulèvement militaire à la tête duquel se trouverait le général Drouet d'Erlon. Ce peu de mots donna l'éveil ; presque aussitôt des avis plus positifs arrivèrent ; on sut qu'un mouvement de troupes s'exécutait dans les départements du Nord, sans qu'aucun ordre fût parti du ministère de la guerre. Aussitôt le Roi envoya en toute hâte le maréchal Mortier dans la direction du département du Nord, pour faire rétrograder cette cavalerie vers ses quartiers. Le maréchal atteignit les grenadiers à cheval à peu de distance de Lille, et les décida facilement à regagner leur garnison ; les colonels n'étaient point dans le secret, ils croyaient obéir à un ordre venu de Paris. Les chasseurs à cheval, conduits par les généraux Lefèvre-Desnouettes et Lallemand, et partis de Cambrai et de Noyon, devaient, d'après le plan concerté par les conjurés, se rendre à la Fère, s'emparer du parc d'artillerie, entraîner le régiment d'artillerie, dont on aurait donné le commandement au frère du général Lallemand, général de cette arme, se réunir à Noyon au général d'Erlon avec toutes les troupes des garnisons du Nord qu'il y aurait amenées, et de là marcher sur Paris. Le 9 mars au soir, les chasseurs se présentèrent devant la ville de la Fère avec une feuille de route du commandant de Lille et y passèrent la nuit. Le lendemain, 10 mars, les généraux Desnouettes et Lallemand se rendirent auprès du général d'Aboville pour lui demander de leur livrer son artillerie. Mais ils trouvèrent les portes de l'arsenal gardées avec du canon; le reste de la garnison était formé en bataille sur l'esplanade; les armes étaient chargées et les canons en batterie. Le général d'Aboville refusa formellement d'obtempérer à l'invitation des deux généraux. Ils firent en vain pousser le cri de *vive l'Empereur* par une partie de leurs soldats, les artilleurs répondirent par les cris de *vive le Roi*[1]. Le coup était manqué. Les généraux Lallemand et Desnouettes firent sortir avec précipitation leurs troupes de la ville de la Fère et se dirigèrent sur Noyon. Arrivés dans cette ville, ils ne trouvèrent ni le général d'Erlon, ni les troupes qu'il devait y amener. Alors le découragement commença à gagner les chefs de l'entreprise, et les soldats firent entendre des murmures. Les officiers, qui pour la plupart n'étaient pas dans le secret, demandèrent tout haut où on les conduisait. Le général Desnouettes leur avait dit plusieurs fois qu'il se trouverait à Noyon douze ou quinze mille

---

[1]. Lettre écrite par le général-major baron de Lions et insérée au *Moniteur* du 14 mars 1815.

hommes de toutes armes, et que de là on marcherait sur Paris. On arrivait à Noyon et l'on ne trouvait personne. Pour couper court aux soupçons et aux murmures, le général Lefèvre-Desnouettes fit sonner le boute-selle et se rendit à Compiègne à la tête de deux escadrons. Là il somma M. Talhouet, colonel du 6ᵉ régiment de chasseurs, de joindre ses troupes aux siennes. Celui-ci fit monter son régiment à cheval, et, vigoureusement secondé par le major Laîné, il le ramena intact au Bourget, après avoir repoussé les propositions des deux généraux. Les officiers, de plus en plus inquiets, adressèrent à ceux-ci de vives interpellations sur le but de cette marche inexplicable. Les généraux Lefèvre-Desnouettes et Lallemand ne purent faire que des réponses évasives, et finirent par leur proposer de se jeter en partisans du côté de Lyon. Alors les officiers, jugeant qu'ils étaient engagés dans une mauvaise affaire, leur signifièrent qu'ils n'iraient pas plus loin. Le général-major Lions, qui avait été le promoteur le plus énergique de cette résistance, prit le commandement du corps et le fit rétrograder vers Cambrai, après avoir tenu un conseil d'officiers où il fut décidé qu'on enverrait une adresse et une députation au Roi pour lui renouveler le serment de fidélité du corps. Les frères Lallemand et Lefèvre-Desnouettes n'eurent que le temps de s'enfuir; mais les deux premiers furent bientôt arrêtés, et l'on convoqua un conseil de guerre pour les juger.

Ainsi échoua cette tentative, dont les véritables mobiles ne furent pas connus à cette époque. Le gouvernement royal y vit une ramification du complot du retour de l'île d'Elbe, dont il croyait retrouver partout la trace depuis que chaque nouvelle télégraphique annonçait un nouveau progrès de Napoléon; et il est difficile encore, quarante-cinq ans passés après l'événement, d'évaluer d'une manière exacte la proportion dans laquelle l'élément bonapartiste entra dans ce mouvement. Il est vraisemblable que les généraux conspiraient pour une régence impériale, la seule combinaison qui leur parût possible à cause de l'éloignement de l'Empereur [1]. Fouché, toujours attentif à disposer ses plans de manière à suivre le cours des événements, quels qu'ils fussent, se mettait sans doute en mesure d'être maître de la situation à Paris, dans le cas où Bonaparte échouerait comme dans celui où il réussirait. Dans le premier cas, il suivrait sa pensée favorite qui était d'établir l'empire sans l'Empereur, ou un gouvernement semi-monarchique dans lequel les notabilités révolutionnaires auraient la haute main sous le nom du duc d'Orléans. Dans le second, il profiterait de sa position pour obliger Napoléon à compter avec lui, car il est peu vraisemblable, malgré l'opinion de quelques contemporains [2], qu'un homme d'un esprit aussi positif et aussi avisé ait conçu l'espoir peu sensé d'opposer les troupes qu'il avait réussi à mettre en mouvement à celles qui suivaient l'Empereur, et d'obtenir d'elles contre Napoléon le concours que n'obtenaient pas les Bourbons.

Quand la nouvelle du débarquement de Bonaparte fut connue à Paris, la première impression ne différa pas de celle du gouvernement, il y eut un moment de stupeur. On s'étonnait de la témérité de l'entreprise; on mesurait du regard cette longue route de cent cinquante lieues qui sépare de Paris le littoral du golfe Juan; on comptait les difficultés et les obstacles, et les amis mêmes de Napoléon commencèrent par ne pas croire au succès. Ce fut, on l'a vu, l'impression d'un des plus fidèles

---

[1]. C'est, on l'a vu, l'opinion du comte de La Valette, dans ses *Mémoires*, tome II, page 138.
[2]. Le duc de Rovigo dit dans ses *Mémoires* : « L'entreprise de M. Fouché fut manquée. Si elle avait réussi, il n'y a nul doute qu'il se serait déclaré pour le duc d'Orléans, parce que l'Empereur ne pouvant plus être laissé de côté, comme lorsqu'il était à l'île d'Elbe, M. Fouché n'aurait pas voulu la régence qui aurait ramené naturellement l'Empereur. Cette forme de gouvernement ne pouvait lui plaire qu'autant que l'Empereur serait mort ou à Sainte-Hélène. (*Mémoires du duc de Rovigo*, tome VII, page 364.)

serviteurs de l'Empire, le duc de Vicence (Caulaincourt) ; comme celle du maréchal Soult, ministre du gouvernement royal. La témérité, l'impossibilité de l'entreprise, voilà ce qui frappa d'abord tous les esprits. Les espérances vinrent ensuite pour les uns, les craintes pour les autres.

L'opinion publique à Paris était vivement contraire au retour de l'île d'Elbe. Elle avait pris goût aux débats du gouvernement représentatif, mais surtout et avant tout les intérêts étaient fortement attachés à cette paix encore si nouvelle, et que la présence imprévue de Napoléon venait compromettre ; elle saisissait toutes les occasions de manifester ses sentiments. Les troupes formant la garnison de Paris et les treize légions de la garde nationale, y compris la légion de cavalerie, furent réunies le 9 mars dans la cour des Tuileries et sur la place du Carrousel. Le duc de Berry, accompagné du général Maison et d'un nombreux état-major, les passa en revue, et les acclamations des troupes se mêlèrent à celles de la garde nationale et de la population qui se pressait aux abords de la place. Les troupes défilèrent ensuite au bruit des mêmes cris devant le Roi, debout sur le grand balcon. Quand le terrain resta libre, la foule fit irruption par toutes les issues, et, pénétrant dans la cour des Tuileries, elle se porta rapidement sous les fenêtres du Roi. Toutes les têtes étaient découvertes, toutes les mains tendues ; les cris de *vive le Roi* se succédèrent pendant plus d'un quart d'heure sans interruption. C'était un enthousiasme qui tenait du délire. Cet enthousiasme n'avait rien de ces flammes passagères qui brillent un moment pour s'éteindre. Chaque jour des foules immenses assiégeaient les Tuileries, avec le même empressement, la même anxiété, les mêmes clameurs. On avait ouvert des listes pour former un corps de volontaires royaux ; les inscriptions furent si nombreuses, qu'après les avoir fait recevoir aux Tuileries par les gardes du corps, il fallut dresser des tables dans la cour pour que chacun écrivît son nom. Dans ces premiers jours, on aurait pu mobiliser la moitié de la garde nationale. Pendant tout le temps de la crise, l'affluence de la multitude persista. Hommes, femmes, enfants, tous les âges comme toutes les classes de la société étaient représentés dans cette foule, tour à tour enthousiaste, émue, indignée, alarmée; c'était un cri perpétuel de *vive le Roi*. Un contemporain, un témoin oculaire, un acteur de ces journées pleines d'une émotion passionnée [1], a comparé, non sans raison, cette multitude qui, accourue le matin, ne quittait le château qu'à la tombée de la nuit, au chœur de la tragédie antique, mêlant ses sentiments, ses passions, ses joies, comme ses tristesses et ses larmes, à l'action du drame. Parfois des nouvelles qui naissaient et circulaient dans ces multitudes les exaltaient jusqu'au délire : Bonaparte avait été tué ; — il s'était enfui ; — non, il était prisonnier et on l'amenait dans une cage de fer. Puis, si quelque ministre, si quelque personne attachée au château venait à paraître à une croisée, les plus proches l'interrogeaient, et sur une réponse négative qui détruisait cette espérance, la joie tombait, les clameurs s'éteignaient peu à peu dans un morne silence.

Les manifestations des corps constitués n'étaient ni moins vives, ni moins promptes à se produire, en attendant l'arrivée des Chambres. Dès le 8 mars, le corps municipal de Paris votait une adresse dans laquelle il disait : « Depuis le retour de Votre Majesté, la France commençait à respirer ; la liberté publique et particulière assurée par une Charte solennelle, le crédit renaissant, nos ports rouverts au commerce, les bras rendus à l'agriculture, la certitude de la paix donnée à l'Europe, tout garantissait à notre pays le bonheur qu'il n'a connu que sous vos ancêtres. Et c'est le moment que cet étranger

---

1. M. de Vitrolles dans ses *Mémoires* inédits.

choisit pour souiller notre sol de son odieuse présence! Que veut-il de nous? Quels droits peut-il prétendre, lui dont la tyrannie nous aurait affranchis de tous les devoirs, et qui, d'ailleurs, par son abdication, a relevé les plus scrupuleux de leurs serments? Faut-il donc incendier une seconde fois l'univers pour appeler une seconde fois l'univers sur la France? »

Toutes les adresses, toutes les proclamations étaient rédigées dans cet ordre d'idées et sur ce ton un peu déclamatoire, qui est celui de la passion. Toutes exprimaient ces sentiments de surprise et de colère que faisait éprouver la conscience du péril auquel cette aventure exposait la tranquillité générale et la sécurité de chacun. Les adresses de la Cour de cassation, de la Cour des comptes, de la Cour royale portaient la trace des mêmes sentiments.

Le général Dessoles, major général des gardes nationales de France et commandant en chef de la garde nationale de Paris, publiait le 8 mars un ordre du jour dont le ton était aussi vif : « Bonaparte en France, disait-il, n'est plus aujourd'hui qu'un aventurier. Soit que les mesures adoptées au congrès de Vienne pour assurer la paix de l'Europe, en éloignant davantage le seul homme qui eût intérêt à la troubler, aient jeté ce même homme dans une entreprise désespérée, soit que des intelligences criminelles l'aient flatté de l'appui de quelques traîtres, ses partisans mêmes le connaissent et le serviront moins par affection qu'en haine ou en défiance du gouvernement établi. » Puis venaient les mêmes idées qu'avait exprimées le corps municipal sur la tranquillité de la France merveilleusement rétablie et criminellement troublée, et l'ordre du jour se terminait par ces mots : « Le Roi, la patrie et la Charte, voici les seuls cris de ralliement des Français. »

Le même jour, le maréchal Soult, ministre de la guerre, parlait à l'armée le même langage dans une proclamation qui, isolée des autres documents du temps et placée hors de son cadre, fait naître quelque surprise, mais qui, lorsqu'on la juge à la lumière de la situation générale, n'apparaît plus que comme l'expression du même sentiment, et de cette nécessité commune éprouvée par les anciens lieutenants de l'Empereur, de donner des gages au gouvernement royal et à l'opinion royaliste encore plus exigeante que lui, au moment où la lutte s'engageait entre le gouvernement et Napoléon, leur ancien Empereur, revenu de l'île d'Elbe. Cet ordre du jour était ainsi conçu :

« Soldats! cet homme qui naguère abdiqua aux yeux de toute l'Europe un pouvoir dont il avait fait un si fatal usage, Bonaparte est descendu sur le sol français qu'il ne devait plus revoir.

« Que veut-il? La guerre civile. Que cherche-t-il? Des traîtres. Où les trouverait-il? Serait-ce parmi ces soldats qu'il a trompés et sacrifiés tant de fois, en égarant leur bravoure? Serait-ce au sein de ces familles que son nom seul remplit d'effroi?

« Bonaparte nous méprise assez pour croire que nous pouvons abandonner un souverain légitime et bien aimé pour partager le sort d'un homme qui n'est plus qu'un aventurier. Il le croit, l'insensé, et ce dernier acte achève de le faire connaître.

« Soldats, l'armée française est la plus brave armée de l'Europe, elle sera aussi la plus fidèle.

« Rallions-nous autour de la bannière des lis, à la voix de ce père du peuple, de ce digne héritier des vertus du grand Henri. Il vous a tracé lui-même les devoirs que vous avez à remplir. Il met à votre tête ce prince, modèle des chevaliers français, dont l'heureux retour dans notre patrie a déjà chassé l'usurpation, et qui aujourd'hui va, par sa présence, détruire son seul et dernier espoir. »

On a dit, pour expliquer cet ordre du jour, qu'il avait été composé par un écrivain royaliste [1] et accepté par le maréchal Soult, aux précédents duquel la dureté de ce langage ne seyait guère. C'était plutôt le langage d'une situation que le langage

---

[1]. M. Michaud l'aîné, alors directeur de *la Quotidienne*, et plus tard membre de l'Académie française.

d'un homme. A défaut d'obstacles matériels, on multipliait les obstacles moraux sur la route de Napoléon, les malédictions, les imprécations, les serments, les proclamations, les adresses, les ordres du jour. On cherchait à rendre son succès moralement impossible à mesure qu'il devenait matériellement inévitable, et l'on ne réussissait qu'à apporter une preuve nouvelle à l'appui de cette ancienne vérité : c'est qu'on manque aussi bien le but en allant au delà qu'en restant en deçà. Cependant le duc de Berry, qu'on avait retenu à Paris contre son gré, afin de faire de lui le centre des officiers supérieurs, si nombreux dans cette ville, les voyait accourir ardents et empressés. Les généraux Haxo, Belliard, Guilleminot, se distinguaient dans cet empressement général.

Le parti constitutionnel se jetait dans ce mouvement et se portait avec vivacité au secours de la Restauration menacée. Après l'avoir attaquée sans bien calculer la portée de ses coups et les périls qu'il créait ainsi à la liberté, aussi nouvelle que le gouvernement, et par conséquent aussi faible que lui, il lui apportait un tardif mais loyal concours.

Madame de Staël, dont le salon était le centre de ce mouvement d'opinion, disait au comte de La Valette, le lendemain du jour où la nouvelle arriva à Paris : « Eh bien! le voilà de retour. Il arrivera, il sera ici dans peu de jours; je ne me fais pas d'illusion. Ah! mon Dieu! voilà donc la liberté perdue! Pauvre France! après tant de souffrances, malgré des vœux si ardents, si unanimes! Puisque son despotisme l'emporte, je m'éloigne de ce pays. » Puis elle ajoutait, après quelques plaintes contre le peu de disposition que les Bourbons avaient montré à suivre ses conseils : « Je les aime, je les regrette, parce qu'eux seuls ils peuvent me donner la liberté, et qu'ils sont honnêtes gens[1]. »

1. *Mémoires de La Valette*, tome II, page 147.

Tandis que madame de Staël parlait ainsi, les rédacteurs du recueil qui avait le plus sévèrement attaqué la Restauration, et par conséquent le plus contribué à la compromettre dans l'esprit des partisans des institutions nouvelles, MM. Comte et Dunoyer, alors au début de leur carrière de publiciste, dans *le Censeur*, retournaient vivement leurs batteries contre l'Empire qui s'acheminait à pas de géant du littoral de la Méditerranée vers Paris. On aurait dit qu'ils avaient besoin de revoir le despotisme en perspective, pour apprécier les libertés dont la Restauration faisait jouir la France. De toute part un rapprochement s'opérait entre les hommes de la légitimité dans le pouvoir et de la liberté dans les institutions. MM. de Chateaubriand, Hyde de Neuville, Lainé, MM. de Lafayette, Lanjuinais, Boissy d'Anglas, Benjamin Constant, ne formaient plus qu'un seul camp. On avait même vu, chose toute nouvelle, le général La Fayette aux Tuileries avec la cocarde blanche à son chapeau.

Dans la conduite que tenaient Louis XVIII et Napoléon au même moment, on trouvait la révélation du sentiment que l'un et l'autre avaient de l'esprit nouveau qui animait la France à cette époque. Tandis que Napoléon échangeait les formules impériales dont il se servait naguère contre des appellations plus modestes qui le faisaient reculer jusqu'au temps et au régime du Consulat, et que les mots d'*institutions libres* et de *citoyens* se retrouvaient sur ses lèvres, Louis XVIII se serrait contre la Charte qu'il avait donnée à la France et se rapprochait du parti constitutionnel. C'était donc là qu'était, au moins pour un temps, le mouvement des idées.

Les députés arrivaient peu à peu à Paris. Dès le 8 mars, ceux qui y étaient présents s'étaient réunis, au nombre de soixante-dix, dans le lieu de leurs séances, et le président de la Chambre leur avait rendu compte de la démarche qu'il avait faite la veille auprès du Roi, et de sa réponse à l'expression de la fidélité de la Chambre élective qu'il lui avait portée. « J'attends avec confiance, avait répondu le Roi, l'arrivée des députés des départements, et je compte sur leur fidélité comme sur celle de tous les Français. »

Dès le lendemain, 9 mars, la Chambre des pairs était réunie à deux heures de l'après-midi, et la session, interrompue le 31 décembre précédent, était ouverte par le chancelier. Après avoir exposé les périls renaissants de la France, dont les plaies avaient été si heureusement fermées par le Roi, il ajouta : « Le Roi veut s'entourer des deux Chambres, c'est à leur fidélité qu'il se confie, c'est à leur sagesse qu'il veut soumettre toutes les mesures que prescrivent l'intérêt et la sûreté de l'État. »

Après ces paroles, il communiqua à la Chambre la proclamation du 6 mars et l'ordonnance concernant les mesures de sûreté générale. La Chambre des pairs décida qu'une adresse serait présentée au Roi pour lui témoigner ses sentiments de dévouement à sa personne et d'inviolable fidélité à la constitution. Le soir même, cette adresse, rédigée par une commission formée des ducs de La Vauguyon, de Duras et de La Rochefoucauld, et des comtes de Fontanes et Garnier, était présentée au Roi. Elle était ainsi conçue :

« L'entreprise désespérée que vient de tenter cet homme qui fut longtemps l'effroi de l'Europe n'a pu troubler la grande âme de Votre Majesté. Mais, Sire, vous avez dû prendre des mesures fermes et sages pour la tranquillité publique. Nous admirons à la fois votre courage et votre prévoyance. Vous assemblez autour de vous vos fidèles Chambres. La nation n'a point oublié qu'avant votre heureux retour l'orgueil en délire osait les dissoudre et les forcer au silence dès qu'il craignait leur sincérité. Telle est la différence du pouvoir légitime et du pouvoir tyrannique.

« Sire, vos lumières vous ont appris que cette Charte constitutionnelle, monument de votre sagesse, assurait à jamais la force de votre trône et la sécurité de vos sujets. La nation reconnaissante se presse autour de vous. Nos braves armées et les chefs illustres qui les commandent vous répondent sur leur gloire qu'une tentative si folle et si criminelle sera sans danger. Les gardes nationales, qui maintiennent avec tant d'énergie 'ordre dans nos villes et dans nos campagnes, ne souffriront pas qu'il y soit troublé : celui qui fait de honteux calculs sur la perfidie pour nous apporter la guerre civile trouvera partout union, fidélité et dévouement sans bornes à votre personne sacrée.

« Jusqu'ici une bonté paternelle a marqué tous les actes de votre gouvernement. S'il fallait que les lois devinssent plus sévères, vous en gémiriez sans doute, mais les deux Chambres, animées du même esprit, s'empresseraient de concourir à toutes les mesures que pourraient exiger la gravité des circonstances et la sûreté de l'État. »

Au milieu de ces manifestations, Paris attendait chaque jour avec plus d'anxiété des nouvelles de la marche de Napoléon.

Dès le 9 mars, les proclamations de Bonaparte au peuple et à l'armée commençaient à circuler dans Paris. La confiance dont elles étaient remplies troublait les esprits, et les vives images par lesquelles il annonçait le retour de ses aigles volant de clocher en clocher jusqu'aux tours de Notre-Dame parlaient aux imaginations populaires. Pour combattre ces impressions, le gouvernement disait dans le *Moniteur* ce qu'il savait; mais il savait peu de chose dans ces premiers moments. Il avait fait publier dans le journal officiel du 8 mars, avec un calme qui n'était pas sans dignité, les détails exacts du débarquement de Napoléon, avec mille ou onze cents hommes, sur le littoral du golfe Juan, la tentative infructueuse d'un détachement de cette troupe sur Antibes, la ferme résistance du général Corsin, commandant cette place, l'arrestation de l'émissaire qui était venu tenter sa fidélité. Le 9 mars, le même journal, en annonçant le matin que les dépêches télégraphiques manquaient, à cause de l'état de l'atmosphère, donnait des nouvelles rassurantes arrivées par le courrier et parties de Grenoble à la date du 5 mars. A la nouvelle du débarquement de Bonaparte, un grand nombre d'habitants s'étaient portés vers l'état-major de la garde nationale pour se faire inscrire sur les contrôles, en demandant à faire un service actif; la cocarde blanche avait été spontanément reprise par les habitants, comme aux premiers jours de la Restauration, et les cris de *vive le Roi* avaient retenti : détails exacts et faciles à comprendre, car, dans une population nombreuse, il y a un personnel politique pour toutes les manifestations. Les lettres ajoutaient que les troupes de la garnison sympathisaient avec la population. Elles n'avaient en effet donné encore aucun signe de défection, elles ne s'étaient pas trouvées en face de l'Empereur.

Les nouvelles du Midi proprement dit étaient d'une couleur plus tranchée encore. A Marseille, un mouvement unanime s'était manifesté dans toutes les classes. Comme aux premiers jours de la Restauration, le drapeau blanc avait été arboré à toutes les fenêtres; la garde nationale avait pris spontanément les armes, en demandant à marcher. Telles étaient les nouvelles arrivées à Paris les 7 et 8 mars. Les populations ardentes de la basse Provence avaient pris, en effet, spontanément les armes, et s'étaient mises en marche dans l'espoir d'atteindre Bonaparte; mais sa marche était si rapide qu'il échappait à la poursuite et déconcertait la résistance. On commençait à douter qu'on pût l'atteindre; il fallait qu'un obstacle se rencontrât devant ses pas pour l'arrêter.

V

ENTRÉE DE NAPOLÉON A LYON. — EFFET DE CETTE NOUVELLE A PARIS. — LA CHAMBRE.

C'était sur Lyon qu'étaient fixés tous les yeux. Quel serait le résultat de l'arrivée du comte d'Artois, qui se rendait en toute hâte dans cette ville avec le duc d'Orléans et le maréchal Macdonald, tandis que Napoléon y courait de son côté, au sortir de Grenoble, dont on ignorait encore la défection à Paris?

Voici ce qui se passait à Lyon. Le comte d'Artois était arrivé dans cette ville le 8 mars à dix heures du matin, accompagné du comte Des Cars et du comte Jules de Polignac; le duc d'Orléans et le maréchal Macdonald, le 9 dans l'après-midi. « Monsieur a été reçu avec enthousiasme, » disait la dépêche télégraphique envoyée à Paris. La nouvelle était vraie pour l'immense majorité de la bourgeoisie lyonnaise. La nouvelle du débarquement de l'Empereur, arrivée à Lyon le 5 mars et connue par le public le 6 seulement, avait produit une stupeur profonde, suivie d'une anxiété générale. Dans la bourgeoisie, on aurait pu compter le petit nombre d'hommes mêlés jadis aux excès révolutionnaires, ou connus par leurs idées irreligieuses, qui gardaient un silence significatif. Le reste de la bourgeoisie, le commerce et la noblesse, manifestaient hautement leurs inquiétudes et leur douleur. Les affaires étaient en ce moment prospères; on prévit sur-le-champ la disparition de ces courtes prospérités, et la guerre civile et la guerre étrangère, sinistre perspective, apparurent à l'horizon. Ce fut l'impression presque universelle dans les classes moyennes et les classes élevées de la société; l'avènement des Bourbons en 1814 avait été accueilli par elles avec une joie à laquelle les protestants eux-mêmes avaient pris part. Ces sentiments n'avaient pas changé, et le mécontentement de ces classes à la nouvelle du péril que courait le gouvernement royal peut se mesurer à la joie qu'avait causée son retour. L'attitude du peuple fut moins expressive; les souvenirs militaires de l'Empire parlaient encore très-haut aux imaginations populaires. Les autorités civiles et militaires, M. de Chabrol de Crussol, préfet du Rhône; M. de Fargues, maire de la ville; M. le comte Roger de Damas, gouverneur de la division militaire, nouvellement arrivé, et le général Brayer, son lieutenant, reçurent, le 8 mars, le prince avec empressement. La garde nationale à cheval, composée de l'élite de la classe riche, d'hommes dévoués à la monarchie, et dont plusieurs avaient combattu contre la Révolution à l'époque du siège de Lyon, envoya un poste d'honneur au palais de l'archevêché, où le prince était descendu. La population, triste, inquiète, et à laquelle aucun appel préalable n'avait été adressé, attendait avec anxiété les mesures qui allaient être prises pour arrêter la marche de Napoléon, que, dès le 8 mars, on savait être aux portes de Grenoble. Dans cette journée même, des proclamations du comte d'Artois et des autorités furent affichées. Elles rappelaient les torts de Napoléon, le mal qu'il avait fait à la France, le mépris qu'il faisait de sa parole si récemment donnée et déjà violée, les calamités nouvelles qu'il allait attirer sur la patrie, et se terminaient par un appel aux armes adressé à tous les hommes de bonne volonté pour marcher contre l'ennemi commun. Mais cet appel demeurait sans effet possible, parce que aucune mesure pratique n'avait été prise pour y donner suite. Ceux qui étaient disposés à y répondre ne savaient où prendre ces armes auxquelles on les appelait. Ils couraient à la mairie, à la préfecture, il n'y en avait point. Le temps était bien court pour organiser la résistance, et l'on ne voyait nulle part la trace d'une de ces volontés énergiques et intelligentes qui savent l'improviser et dominer les situations. On battit le rappel dans tous les quartiers, pour réunir chaque bataillon de la garde nationale à pied sur sa place d'Armes. Là, on invita ceux qui voudraient marcher contre Napoléon à se faire inscrire. Quelques-uns donnèrent leur nom, mais ce fut le petit nombre. La plupart se turent, ou firent observer qu'il fallait indiquer sur-le-champ le lieu de réunion et le moment du départ, et qu'on s'y rendrait, refusant du reste de donner leur nom pour des listes d'adhésion dont la fortune pouvait, dès le lendemain, faire des listes de proscription. Ainsi l'appel aux armes avortait. Le dénoûment possible, probable même, commençait à apparaître aux imaginations, et chacun se mettait en garde dans la prévision de l'avenir. Il est rare que des appels de ce genre réussissent; à plus forte raison celui-ci devait-il échouer, car il avait été fait en dehors de toutes les conditions de succès. La garde nationale n'avait pas même été réunie pour une revue générale passée par le prince; on l'avait convoquée, bataillon par bataillon, dans chaque quartier.

Restait la garnison. Elle était peu nombreuse; elle se composait dans ce moment du 13ᵉ dragons et de quelques compagnies du 23ᵉ de ligne. Le général Brayer avait appelé le 20ᵉ de ligne qui se trouvait à Montbrison, ce qui porta à trois régiments à peu près l'effectif des troupes présentes à Lyon. Dans la journée du 8 mars, le comte d'Artois visita les casernes. Il fut froidement reçu, mais sans manifestation hostile. Il écrivait le lendemain matin au Roi : « Les populations sont généralement favorables, mais les troupes sont inquiètes et assez ébranlées. L'attitude pacifique de Bonaparte fait tomber les bras levés. On n'attaque guère qui passe auprès de vous sans vous heurter. Si Grenoble offre la résistance qu'on doit en attendre, nous surmonterons les difficultés; mais si la place est occupée par l'ennemi, le succès devient incertain. Les troupes sont encore retenues par le sentiment du devoir, mais elle n'ont ni affection ni entraînement [1]. » Ainsi à Lyon on comptait sur la résistance de Grenoble, comme à Paris sur la résistance de Lyon. Le 9 mars, le maréchal Macdonald arriva. Le comte d'Artois résolut, d'après son conseil, de passer la garnison en revue, pour savoir sur quoi il pouvait compter. Les troupes furent réunies dans la matinée sur la place Bellecour. Le prince était accompagné du maréchal, de ses aides de camp, et des autorités civiles et militaires; un détachement de la garde nationale à cheval lui servait d'escorte. Une foule nombreuse assistait à cette revue, dont l'objet était d'exciter l'ardeur des troupes et d'obtenir une démonstration de nature à agir sur l'armée en général et sur la population lyonnaise.

---

1. Cité par M. de Vitrolles dans ses *Mémoires* inédits.

Ce but fut encore manqué. En vain le comte d'Artois se montra-t-il affable, bienveillant, chaleureux. Les troupes gardèrent un silence glacial. Le prince ayant invité un vieux dragon à crier *vive le Roi*, celui-ci lui répondit : « Non, Monsieur. » A partir de cette revue, le comte d'Artois ne conserva plus aucun espoir. Il rentra triste et découragé à l'archevêché, et la conviction déjà formée dans son esprit fut confirmée par les détails qu'on lui apporta sur la manière dont les troupes avaient passé la nuit précédente. L'argent qu'il leur avait fait distribuer après sa visite aux casernes avait été employé à acheter du vin, qu'on avait bu à la santé de l'Empereur hautement acclamé. Les illusions n'étaient plus permises ; il n'y avait plus à compter sur la coopération des troupes. La présence de Napoléon produisait sur elles l'effet d'un aimant, l'attraction augmentait à mesure qu'il devenait plus proche.

On passa la soirée du 9 mars à proposer et à abandonner successivement tous les partis. Il n'y en avait plus de praticable. On venait d'apprendre l'entrée de Napoléon à Grenoble. Maître de cette ville, il marchait à la tête de sa garnison sur Lyon, dont la garnison lui appartenait d'avance. Le vieux comte de Précy, qui commandait les Lyonnais à l'époque du siége de leur ville par l'armée révolutionnaire, proposa de couper les ponts du Rhône pour arrêter les impériaux. On écarta cette proposition, que les troupes de la garnison n'auraient sans doute pas laissé mettre à exécution. La nuit était venue. On se sépara sans arrêter aucune résolution ; chacun emportait la conviction intime que la partie était perdue et que Napoléon serait à Lyon dès le lendemain. Le comte d'Artois, qui partageait cette conviction, avait pris la résolution de quitter Lyon dans la nuit même, pour ne point tomber dans les mains de Bonaparte. Dès neuf heures du soir, un officier d'ordonnance du comte Des Cars vint de la part du prince avertir M. Aynard Jordan, capitaine commandant le détachement de la garde nationale à cheval établi à l'archevêché, que le prince remerciait cette garde de ses bons services, mais que ne connaissant pas d'une manière positive la durée de son séjour à Lyon, et ne voulant pas la fatiguer sans raison, il la priait de se retirer. Évidemment le prince, qui avait pris la douloureuse résolution de partir la nuit même, ne voulait ni témoins du triste départ auquel le réduisait sa fortune, ni escorte de cavalerie, pour ne pas réveiller la ville au bruit du galop des chevaux. Le détachement, composé d'une douzaine d'hommes, se récria contre cet ordre bienveillant et persista à rester, en protestant que la garde nationale à cheval veillerait à la sûreté du prince tant qu'il serait dans les murs de Lyon. Après un intervalle de deux heures, vers minuit à peu près, un ordre itératif et cette fois formel fut apporté au capitaine commandant le poste ; il lui était prescrit de renvoyer immédiatement ses hommes chacun chez soi, sauf à les faire convoquer à domicile s'il lui était donné des ordres ultérieurs. Il fallut obéir. Les gardes nationaux à cheval se retirèrent la tristesse au cœur. A cinq heures du matin, le comte d'Artois monta en voiture pour partir. Un chef de bataillon de la garde nationale à pied qui n'avait pas reçu l'avis de se retirer avec sa troupe, M. Verdun, se trouvant là seul, monta à cheval et escorta le prince jusqu'au premier relai [1].

---

[1]. Nous avons pu, après une minutieuse enquête faite à Lyon même, rétablir ces faits travestis par un historien qui a écrit l'histoire de cette époque, après une lecture assez complète des documents, mais sans aucun esprit critique, et au contraire avec le parti pris d'accepter toutes les versions favorables à l'Empire, défavorables à la monarchie. Or, en dehors des faits vrais du retour de l'île d'Elbe, qui sont par eux-mêmes assez extraordinaires, il y a ce qu'on pourrait appeler la légende du retour de l'île d'Elbe. Cette légende se compose de tous les faits apocryphes inventés par la politique de l'Empereur ou accrédités par l'esprit de parti des écrivains du temps. L'historiette des gardes nationaux à cheval refusant de fournir une escorte au comte d'Artois est, on vient de le voir, complètement fausse. L'historiette de la décoration donnée par l'Empereur au seul d'entre eux qui suivit le comte d'Artois est également controuvée. Aucun ne suivit le prince, parce qu'aucun ne put le suivre. M. Verdun qui l'accompagna, n'était pas, on l'a vu, dans la garde nationale à cheval. Il était chef

Le maréchal Macdonald demeura quelques heures de plus dans la ville. Il vint dans la matinée du 10 mars visiter les avant-postes qui étaient établis derrière une palissade élevée à l'entrée du pont de la Guillotière. Les ouvriers de la ville étaient mêlés en assez grand nombre aux soldats et fraternisaient avec eux. Le maréchal fit ajouter quelques planches à ce simulacre de défense; puis, comme on signalait l'avant-garde des hussards de la Vienne, qui avaient quitté leur garnison pour venir rejoindre Napoléon, il se retira et quitta la ville vers midi, escorté par quelques dragons du 13ᵉ qui voulurent rendre ce dernier honneur à leur général. Le comte Roger de Damas, gouverneur de Lyon, ne quitta la ville qu'une demi-heure après lui et courut de grands risques. Arrivé sur le quai de Pierre-Encise, il fut atteint dans sa retraite par l'avant-garde des hussards, qui s'étaient mis à sa poursuite pour le faire prisonnier. Le comte de Damas, le pistolet au poing, tantôt se retournait pour les menacer, tantôt précipitait la course de son cheval. On ne peut dire comment les choses

---

de bataillon de la garde nationale à pied, et il ne fut pas décoré par l'Empereur, mais par Louis XVIII, à l'époque de la seconde Restauration, où il passa lieutenant-colonel. L'historiette des offres de service faites par la garde nationale à cheval à Napoléon après son entrée, et de la réponse faite par l'Empereur : « Nos institutions ne reconnaissent point la garde nationale à cheval, vous vous êtes si mal conduits d'ailleurs avec le comte d'Artois que je ne veux point de vous, » est une autre fable destinée, à l'époque où les journaux bonapartistes la publièrent, à flatter les instincts démocratiques et à jeter le déshonneur sur les royalistes, moyens que la politique impériale ne se refusait pas, on le sait, contre ses adversaires. La vérité est que pas un garde national à cheval ne fit d'offre à Napoléon, et qu'il n'eut pas la peine de refuser ce qui ne lui fut pas offert. Il y a des gens, et M. de Vaulabelle est malheureusement du nombre, qui ne veulent pas comprendre que la France est assez riche pour défrayer deux drapeaux de gloire et d'honneur, et qui oublient que, pendant que Desaix et Kléber étaient sous le drapeau tricolore, Cathelineau, Lescure et de La Rochejaquelein étaient sous le drapeau blanc. Jamais les fables que M. de Vaulabelle a accueillies n'ont obtenu un moment de crédit à Lyon, où l'on avait vu les hommes et les choses de près. C'est dans le tome II de son *Histoire de la Restauration*, page 208 et suivantes, que M. de Vaulabelle a consigné ces erreurs.

auraient fini si l'escorte de dragons qui revenait d'accompagner Macdonald, rencontrant le gouverneur de Lyon à la Pyramide Vaise, dans cette position critique, n'eût mis le sabre à la main en intimant sévèrement aux hussards l'ordre de s'arrêter. Ceux-ci obtempérèrent à cette sommation, et le comte de Damas put continuer sa route.

Au moment où cette scène se passait, la ville était depuis quelques minutes aux mains des impériaux. A la vue des hussards de la Vienne précédés d'un nombreux groupe d'officiers à demi-solde et des ouvriers du faubourg de la Guillotière, qui firent retentir sur l'autre rive du Rhône le cri de *vive l'Empereur*, les ouvriers mêlés aux troupes sur la rive où se trouvait la garnison de Lyon répondirent les premiers à ce cri. Puis les régiments le répétèrent. Alors des deux rives s'éleva la même clameur : « Aux palissades ! » et ceux qu'elles couvraient comme ceux qu'elles devaient arrêter s'élançant à la fois, elles furent jetées en un moment dans le Rhône.

On vit alors se reproduire les scènes qui avaient éclaté quelques jours auparavant à Grenoble; mais à Lyon, elles eurent un caractère particulier. Ceux qui auraient oublié qu'il y a plus d'une population dans une grande ville, et que celle-là seule remplit les rues qui est sympathique à la cause triomphante, tandis que l'autre reste renfermée dans les maisons, se seraient demandé où était la foule qui, peu de jours auparavant, saluait le comte d'Artois de ses sympathies. A trois heures, Lyon appartenait à Napoléon, et la garnison de cette ville se précipitait à sa rencontre. Napoléon arriva à sept heures du soir seulement. Il faisait nuit close; ce fut aux flambeaux qu'il fit son entrée à la Guillotière. Les classes élevées et les classes moyennes ne parurent presque nulle part dans cette journée et les journées suivantes. Une foule exaltée, composée d'hommes généralement mal vêtus, encombrait les rues et les places, et saluait de clameurs effrayantes l'Empereur de retour de l'île d'Elbe. Les imprécations et les menaces se mêlaient aux acclamations, et les cris de : *Mort aux royalistes! Mort aux prêtres! Vive l'Empire! Meurent les Bourbons!* aux cris de : *Vive l'Empereur!* La multitude, qui est le pire des tyrans, aime à imposer ses joies comme ses tristesses; elle se plaisait à effrayer de ses vociférations les classes aisées, et menaçait de mort quiconque n'illuminerait pas sur le parcours du cortége. Au milieu de cette ovation militaire la tête hideuse de la révolution se levait. Napoléon l'aperçut et s'en émut. Le second Empire allait-il donc déchaîner l'anarchie que le premier avait enchaînée?

Le préfet et le sous-préfet s'étaient éloignés. Ce fut le maire de la ville qui présenta les clefs à l'Empereur. La proclamation qu'il fit afficher sur les murs porte la trace des préoccupations que causait le déchaînement de la multitude en délire[1].

A Grenoble, Napoléon avait commencé à reprendre possession de l'Empire, il fit un pas de plus à Lyon. Il proportionnait son audace aux chances de sa fortune croissant avec ses succès. Les décrets rendus à Lyon, à la date du 13 mars, furent au nombre de neuf. Dans le premier, il annulait tous les changements opérés par le gouvernement royal dans les cours et les tribunaux inférieurs, et intimait aux individus appelés à y siéger de cesser à l'instant leurs fonctions. Dans le deuxième, il ordonnait à tous les généraux et officiers de terre et de mer introduits dans les armées depuis le 1er avril 1814 qui étaient émigrés, ou qui, n'ayant pas émigré, avaient quitté le service au moment de la première coalition, de cesser à l'instant leurs

---

[1] « Habitants de Lyon! disait le comte de Fargues, maire de la ville, vous revoyez en Napoléon celui qui vint, en l'an VIII, arracher notre belle patrie aux hommes de l'anarchie. Citoyens de toutes les classes, au milieu des transports qui vous animent, ne perdez pas de vue le maintien de la tranquillité. C'est le plus sûr moyen qu'il daigne vous continuer cette bienveillance dont tant de fois il vous multiplia les gages. »

fonctions, et de se retirer au lieu de leur domicile. Dans le troisième, il abolissait la cocarde blanche, la décoration du Lis, les ordres de Saint-Louis, du Saint-Esprit et de Saint-Michel, et rétablissait la cocarde et le drapeau tricolores. Dans le quatrième, il ordonnait qu'aucun corps étranger ne serait admis à la garde du souverain ; il rétablissait la garde impériale dans ses fonctions. Les cent-suisses, les gardes de la porte, les gardes suisses étaient supprimés, comme les gardes du corps, les mousquetaires, les chevau-légers et tous les corps de la maison militaire du Roi. Par un cinquième décret, il plaçait le séquestre sur tous les biens formant les apanages des princes de la maison de Bourbon, sur ceux qu'ils possédaient à quelque titre que ce fût, et sur tous les biens des émigrés qui leur avaient été rendus depuis le 1er avril 1814. Dans le sixième décret, il abolissait les titres de l'ancienne noblesse, et ne reconnaissait que ceux qu'il avait donnés lui-même. Dans le septième, il ordonnait aux émigrés rentrés en France depuis le 1er avril seulement, et qui n'avaient pas été rayés des listes par Napoléon ou les gouvernements précédents, de sortir sur-le-champ du territoire de l'Empire, sous peine, quinze jours après la promulgation du décret, d'être arrêtés et jugés conformément aux lois portées par les assemblées révolutionnaires, qui punissaient les émigrés de la peine de mort. Par le huitième décret, il annulait toutes les nominations faites dans l'ordre de la Légion d'honneur depuis le 1er avril 1814, en rétablissait les insignes tels qu'ils étaient avant cette date, et rendait à cet ordre les domaines qui lui étaient affectés sous le premier Empire. Par un neuvième et dernier décret, il dissolvait la Chambre des pairs et celle des députés, et convoquait les députés des colléges électoraux des départements de l'Empire à Paris pour le courant du mois de mai, en assemblée extraordinaire du champ de mai, afin de prendre des mesures convenables pour corriger et modifier les constitutions impériales selon l'intérêt et la volonté de la nation, et en même temps pour assister au couronnement de l'Impératrice et du roi de Rome.

Dans cette suite de décrets qui ne devaient être connus à Paris que dans la journée du 18 mars, la confiscation abolie par Louis XVIII reparaissait tête levée avec Napoléon, et l'exil recommençait pour toute une classe de Français. Du reste, ces mesures étaient combinées de manière à satisfaire les sentiments de l'armée et les passions de la révolution, et à créer dans la nation des illusions favorables à la cause de l'Empereur. La réunion des députés des colléges électoraux en champ de mai, pour modifier les constitutions de l'Empire, était une avance faite au parti constitutionnel et une concession aux idées nouvelles, avec lesquelles on reconnaissait qu'il fallait compter. L'annonce du couronnement de l'Impératrice et du roi de Rome au champ de mai était destinée à faire croire à un accord de Napoléon avec l'Autriche et au retour prochain de Marie-Louise et de son fils, faits de nature à rassurer les esprits alarmés pour la paix. Ainsi Napoléon, et c'était un présage des difficultés qui attendaient son succès, était obligé, pour se faire accepter, de donner à la France deux illusions que le lendemain allait dissiper. La première, c'est qu'il revenait d'accord avec l'Autriche qui, au contraire, restait étroitement unie à la coalition; la seconde, c'est que l'Empire, qui n'était autre chose que l'impulsion souveraine d'une volonté environnée d'obéissances passives et muettes, pouvait s'accommoder d'institutions constitutionnelles, et cela dans des circonstances critiques où, pour soutenir le poids de l'Europe au moment de se précipiter sur la France, il avait besoin plus que jamais du pouvoir absolu.

Du reste, pour ceux qui regardaient les choses de plus près, il n'était pas difficile d'apercevoir tout ce qu'il y avait d'illusion dans la seconde de ses espérances. Elle était déjà démentie par les faits. Le séquestre mis par simple ordonnance sur les biens des emigrés comme sur les apanages des princes de la maison de Bourbon, les exilés chassés de nouveau du territoire et menacés de la peine de mort en cas de résistance, les titres de l'ancienne noblesse abolis, la Chambre des pairs dissoute, formaient un ensemble de mesures qui, allant de la confiscation à la proscription, portaient tous les caractères de l'arbitraire. C'était la dictature exercée en fait en même temps que le gouvernement constitutionnel proclamé en droit. On remarqua aussi que le mot de *citoyens* disparaissait déjà des proclamations impériales; il ne dépassa pas Grenoble. Les instincts de pouvoir absolu revenaient à Napoléon avec la force. Il avait dit aux habitants de Gap et de Grenoble : « Citoyens; » il dit aux habitants de Lyon en les quittant, le 13 mars : « Lyonnais, je vous aime. »

La nouvelle des événements de Lyon répandit l'alarme aux Tuileries et dans Paris tout entier. Le gouvernement royal ne cacha pas les fâcheuses nouvelles qu'il avait reçues par le télégraphe le 10 mars. Dès le lendemain 11, la Chambre des pairs fut réunie pour recevoir une communication du chancelier. Il lui rendit compte de l'ordre donné par le Roi à Monsieur, comte d'Artois, de partir pour Lyon dans la nuit du 5 au 6 mars, de l'ordre expédié au duc d'Angoulême, afin qu'il se rendît à Nîmes et qu'il prît le commandement de l'armée du Gard, formée d'un noyau de quatre à cinq mille hommes, qui pouvait être porté à treize mille en y joignant les troupes éparses dans les huitième et neuvième divisions militaires. Les nouvelles venues par estafettes et arrivées dans les journées des 7 et 8 mars annonçaient chez les autorités du Var et des Basses-Alpes l'intention de résister. Mais une dépêche télégraphique de Grenoble du 8 mars, arrivée le 9 à Paris, annonçait que Bonaparte était attendu à Grenoble le soir même, et une dépêche télégraphique du préfet de Lyon du 10 mars à huit heures du matin, arrivée dans la même journée à Paris, portait ces seuls mots : « Les princes partent à l'instant. Bonaparte est attendu à Lyon ce soir. Je pars pour Clermont. » Le chancelier, après avoir donné ces détails à la Chambre des pairs, l'avertit laconiquement qu'on lui apportait à l'instant une lettre du préfet de Laon datée de la veille, et qui lui annonçait une nouvelle trahison tentée à la Fère, mais heureusement réprimée.

On comprend ce que ces nouvelles répandues par le *Moniteur* dans Paris y jetèrent de trouble et d'anxiété. Comme les détails manquaient, les imaginations travaillèrent, et l'on ajouta à la peur du mal réel ce mal de la peur qui fait grandir le danger en lui donnant des proportions fantastiques. Le retour du comte d'Artois revenu de Lyon en fugitif avec le maréchal Macdonald dans la journée du 13 mars, le lendemain de l'arrivée de M. le duc d'Orléans [1], produisit une impression fâcheuse. Les royalistes, très-nombreux dans toutes les classes, s'inquiétèrent vivement; les plus faibles commencèrent à se détacher peu à peu d'un parti dont le succès devenait douteux. La crainte et la défiance, ces deux mauvaises conseillères, qui étaient entrées dans les conseils du Roi par suite du retour forcé du comte d'Artois à Paris, allaient faire prendre de ces mesures extrêmes qui, tardivement adoptées, ne pouvaient qu'achever de désorganiser le gouvernement; au début, le ministère n'avait pas osé s'avouer, ou plutôt avouer la gravité de la situation. Aux yeux de beaucoup de gens, c'eût été presque désirer des revers que de les prévoir. Les membres de l'administration qui avaient servi sous l'Empire affectaient surtout une confiance qui, dans leur pensée, avait la portée d'une preuve de dévouement. L'impassibilité naturelle du Roi semblait avoir gagné son minis-

---

[1]. Nous prenons ces dates dans la minute de la note officielle envoyée après le départ du Roi aux puissances étrangères et à madame la duchesse d'Angoulême, pour leur expliquer la suite des événements jusqu'au 20 mars. (*Papiers politiques* de M. de Blacas.)

tère. Les nouvelles de Lyon changèrent complétement l'attitude des membres du gouvernement; leurs inquiétudes personnelles, la présence des Chambres, le mouvement de l'opinion, les précipitèrent dans une activité fébrile. Après avoir eu une confiance exagérée, on tombait dans un excès contraire.

Il faut le dire, ce terrible cri de trahison, qui équivaut en politique au cri de *sauve qui peut* sur le champ de bataille, retentissait dans les rues, dans les journaux, dans les salons, jusqu'aux Tuileries, autour des princes et sur les marches du trône. Au lieu d'attribuer à leurs causes naturelles l'indécision et la faiblesse des généraux et l'entraînement des troupes, on voulait voir partout les effets d'une vaste conspiration qui existait sur plusieurs points, mais qui n'était ni aussi générale ni aussi habilement combinée qu'on voulait le croire. Les soupçons, grossis et répétés par les échos, finirent par atteindre le maréchal Soult. Depuis qu'il était ministre de la guerre, il n'avait point marchandé les témoignages de dévouement; ses proclamations avaient été au niveau de la passion politique provoquée par le retour de l'île d'Elbe; toutes les mesures qu'il avait prises avaient été arrêtées en conseil des ministres et de concert avec M. de Bruges, et si l'on avait écouté ses avis, empreints de la jactance méridionale, au lieu de chercher une force morale dans l'opinion et de convoquer les Chambres, on aurait tenté de résoudre le problème de haute lutte et par le seul emploi de la force matérielle. N'importe. Comme les événements n'avaient point répondu à ses paroles, et que les troupes envoyées contre Bonaparte s'étaient ralliées au drapeau tricolore, on soupçonna d'abord, on dit ensuite tout bas et bientôt après tout haut que ces troupes avaient été échelonnées à dessein par la trahison sur toutes les étapes militaires que l'Empereur devait parcourir du golfe Juan à Paris. On reprochait aussi au maréchal d'avoir, par son ordonnance du 9 mars, convoqué et organisé provisoirement en corps les officiers à demi-solde dans les chefs-lieux de département. Le péril et le malheur rendaient injuste : on oubliait que le ministre de la guerre avait reçu l'ordre formel de disposer les troupes sur la ligne de Lyon pour repousser l'agression de Murat ou pour l'attaquer au besoin. Quant à l'organisation des officiers à demi-solde, il y a des circonstances difficiles où l'on n'a que le choix des fautes ; si les organiser c'était préparer des cadres à Napoléon, les laisser à eux-mêmes c'eût été les livrer à l'esprit de sédition.

Les têtes étaient tellement montées qu'il fallut ôter le portefeuille au maréchal Soult. Les soupçons contre lui s'élevant de sphère en sphère avaient fini par pénétrer dans l'esprit de M. de Blacas, auquel on répétait que l'année précédente le maréchal avait, le dernier de tous, soutenu, les armes à la main, la cause de Napoléon [1]. M. de Blacas communiqua à ses alentours ses défiances, en déclarant que s'il acquérait des preuves de cette trahison elle ne resterait pas impunie, et qu'il arracherait au maréchal sa démission les armes à la main s'il ne la donnait pas. Il songeait en même temps à ôter la police à M. Dandré, auquel il l'avait fait confier à cause des bons et fidèles services par lui rendus au Roi pendant son exil. « Avant tout, répétait-il, il faut assurer la sûreté du Roi et celle de l'État. » Les défiances de la foule arrivaient ainsi dans la sphère du gouvernement. Elles se portaient naturellement sur l'administration de la police, cet œil qui, dans les idées du vulgaire, doit tout voir, et qui n'avait pas vu venir l'Empereur, et sur l'administration de la guerre, qui représente la force, qui doit tout prévenir ou tout repousser, et qui n'avait pas arrêté la marche de Napoléon. Le maréchal Soult comprit qu'il ne pouvait plus rester utilement au pouvoir devant ce mouvement d'opinion. Il se rendit chez le Roi, et le supplia d'accepter sa démission,

---

1. *Papiers politiques* de M. de Blacas.

motivée par les bruits odieux qui couraient dans Paris; en même temps il déposa son épée aux pieds du Roi et lui demanda des juges. Louis XVIII accepta sa démission et lui rendit son épée, en lui disant qu'il était bien assuré qu'il ne la tirerait jamais que pour son service, et que ce jugement porté par le Roi lui-même était la marque la plus éclatante de satisfaction qu'il pût donner à sa conduite. M. Dandré ne fut destitué de ses fonctions que quelques jours plus tard. Il avait refusé de faire arrêter un certain nombre de personnages bonapartistes que le ministère regardait comme les membres actifs de la conspiration, et pour motiver son refus, il avait allégué que ces arrestations feraient éclater un soulèvement dans Paris. Ses opinions étaient trop connues pour qu'on l'accusât de trahison, mais on le taxait d'incapacité et de pusillanimité. Comme il arrive dans ces situations, trop fortes pour la volonté et le génie de ceux qui sont au pouvoir, on s'agitait sans agir, et l'on changeait d'hommes faute de pouvoir changer les choses.

Le *Moniteur* du 11 mars annonça la nomination du duc de Feltre au ministère de la guerre. C'était une preuve de dévouement que d'accepter ces fonctions dans l'extrémité des circonstances. Ce changement rassura pour un moment les esprits. On chercha en outre à les satisfaire en multipliant les ordonnances. Le 12 mars, le Roi signa l'ordre à tous les militaires de rejoindre leur corps; un ordre pour la formation de bataillons de réserve, composés dans chaque département de militaires rentrés dans leurs foyers après le 1er avril 1814; une ordonnance instituant, près de chaque corps d'armée et dans chaque chef-lieu de département, des conseils de guerre, chargés de juger suivant la rigueur des lois l'embauchage et la désertion; une ordonnance qui décrétait la mise sur pied de tous les gardes nationaux du royaume et leur armement; la formation de bataillons de volontaires partout où il s'en présenterait. En même temps, les ministres de l'intérieur et de la guerre étaient chargés de porter aux Chambres un projet de loi pour accorder des éloges publics à la garnison d'Antibes : le général Corsin, qui la commandait, recevait le grand cordon de Saint-Louis. Les mêmes éloges devaient être votés aux garnisons de Lille, Cambrai et La Fère. Des récompenses nationales étaient demandées aux Chambres pour les maréchaux Macdonald et Mortier. Enfin, la réunion des conseils généraux et leur permanence étaient proposées, et l'on voulait que leurs attributions extraordinaires s'étendissent à toutes les mesures nécessaires à la défense du pays. L'activité législative, impuissante contre une situation qui marchait si vite, débordait ; l'action militaire, qui pouvait seule trancher le nœud gordien, échappait au gouvernement.

Le gouvernement royal avait encore une espérance : il comptait sur le maréchal Ney. Nul homme de guerre n'avait autant d'ascendant sur le soldat, et ses combinaisons vives et hardies sur le champ de bataille pouvaient, en brusquant l'attaque, déconcerter les moyens par lesquels Napoléon avait jusque-là entraîné les troupes envoyées contre lui. De tous les maréchaux, c'était celui que Napoléon redoutait le plus[1]. Il était naturel que ce fût celui dans lequel Louis XVIII mît la plus grande confiance. A la nouvelle du débarquement de Napoléon, le maréchal Ney était accouru à Paris. Il avait offert au Roi son dévouement et son épée, et, en taxant de folie le retour de l'île d'Elbe, il avait dit avec beaucoup de chaleur à Louis XVIII, en lui baisant la main, que « s'il atteignait l'ennemi du Roi et de la France, il le ramènerait dans une cage de fer[2]. » Le maréchal avait été chargé par le Roi du comman-

---

1. « Il craignait, dit le duc de Rovigo en révélant ce fait, qu'il ne cherchât l'occasion de l'attaquer, et n'engageât la lutte ; aussi ne se borna-t-il pas à lui adresser la proclamation que l'on envoyait dans toutes les directions. » (*Mémoires du duc de Rovigo*, tome VII, page 356.)

2. Nous citons textuellement ces paroles d'après la note envoyée dans les

dement du corps d'armée qui se formait à Besançon, et à la tête duquel devait être envoyé le duc de Berry, pour agir de concert avec les corps d'armée placés sous les ordres du comte d'Artois et du duc d'Angoulême. Le comte de Bourmont, investi depuis l'année précédente du commandement de la sixième division militaire, et qui avait formé ce corps de troupes par les ordres du maréchal Soult, l'avait fait filer sur Lons-le-Saulnier, et s'y était rendu lui-même ainsi que le général Lecourbe. Depuis que l'armée de Lyon n'existait plus, on espérait encore que le maréchal Ney, se portant par un hardi mouvement de flanc sur Napoléon, parviendrait à l'arrêter. C'était donc sur ce point que les regards étaient fixés.

En attendant les événements, le ministère et les Chambres occupaient la scène politique sans la remplir, comme il arrive quelquefois au théâtre quand les principaux personnages laissent la première place aux confidents. Le ministère portait en lui-même un principe d'impuissance et d'inertie qui ajoutait aux difficultés déjà si graves de la situation; composé d'éléments hétérogènes, de caractères disparates rapprochés par le hasard des événements, et non par l'harmonie ou la transaction des idées, il n'était pas mû par un esprit unique, mais travaillé par les tendances contradictoires qui s'étaient manifestées avant la crise, et qu'elle avait rendues plus vives et plus tranchées. Personne dans son sein n'avait une supériorité assez marquée pour donner l'impulsion ; personne n'était assez modeste pour la recevoir. Louis XVIII n'avait pas cet esprit d'initiative et de direction politique qui aurait pu imposer sa pensée à un ministère désuni. Il n'entendait pas ainsi le rôle de la royauté; elle n'avait pas, selon lui, à tracer le plan à suivre,

---

derniers jours de mars 1815 aux puissances étrangères et à la duchesse d'Angoulême. (*Papiers politiques* de M. de Blacas.)

mais seulement à lui donner la force et l'exécution, quand le ministère se serait mis d'accord pour présenter ce plan. Alors ni l'énergie, ni le courage n'auraient fait défaut à Louis XVIII, qui poussait à un très-haut degré le respect de lui-même et de la royauté. Mais, loin de pouvoir se mettre d'accord sur la conduite à tenir, le ministère était plus que jamais livré à ses dissensions intestines.

Au milieu des nuances diverses dont il se composait, deux opinions contradictoires, deux volontés opposées, deux caractères irréconciliables, deux hommes qui s'étaient voué une mutuelle antipathie se heurtaient, c'étaient l'abbé de Montesquiou et le baron de Vitrolles. L'abbé de Montesquiou, sorti des assemblées des premiers temps de la Révolution, croyant à l'influence irrésistible des idées qui y avaient prévalu, absolu dans ses opinions, hautain, brusque, et supportant mal la contradiction, ne voyant de politique applicable que dans les satisfactions données, les concessions faites au parti constitutionnel, d'espoir que dans son concours dans les Chambres et hors les Chambres, appréhendait toutes les mesures qui mettaient en jeu l'élément purement royaliste, comme isolant la royauté de l'esprit général de la France. Dans des circonstances ordinaires, il aurait pu avoir raison, du moins quant aux idées qu'il émettait sur le danger de placer exclusivement dans un parti l'action de la royauté, qui doit être une force nationale; mais dans la crise où l'on se trouvait, ce qui importait c'était de trouver et de trouver vite un obstacle armé à la marche armée de Napoléon, et il était de fait qu'on ne pouvait guère trouver cette force que dans l'élément le plus passionnément engagé contre l'Empire, l'élément royaliste. C'était là la pensée sur laquelle insistait le baron de Vitrolles, à la fois homme de conseil et de main, qui avait contre M. de Montesquiou, outre la répulsion des deux caractères, l'antagonisme d'un homme d'action contre un homme de conseil. Il proposa de bonne heure de presser l'enrôlement des volontaires, et de faire des préparatifs sur la Loire, qu'il regardait comme la seconde ligne de défense de la monarchie. Au milieu de ces débats stériles, la direction politique tiraillée entre ces deux plans de conduite, et engagée sur deux voies, n'avançait sur aucune, les esprits demeuraient en suspens, et le temps et l'Empereur continuaient à marcher. Cependant on mit à exécution l'idée émise dès le début de la crise, et le duc de Bourbon partit pour l'Ouest. Le 14 mars, il était à Angers. Ce prince convenait à ces populations, parce que, depuis le début de la Restauration, il s'était tenu à l'écart de toute chose : or les populations de l'Ouest avaient vu avec un étonnement inquiet la forme sous laquelle la Restauration s'était accomplie. Elles s'accoutumaient difficilement à la pensée que le triomphe de la cause pour laquelle elles avaient versé le plus pur de leur sang aboutit à ce qu'elles regardaient comme un pacte avec la Révolution.

Les tiraillements qui existaient dans les régions gouvernementales, en neutralisant l'activité du pouvoir, produisaient une vive effervescence dans l'opinion royaliste. On s'agitait partout, parce qu'on n'agissait pas où il aurait fallu agir. C'étaient d'abord des récriminations sans fin et sans utilité contre un fait désormais irrémédiable, l'évasion de Bonaparte de l'île d'Elbe. Comment ne l'avait-on pas prévue pour la prévenir? Comment au moins n'avait-il pas été arrêté en débarquant? Un murmure général s'élevait contre l'incapacité et l'incurie du ministère, au moment où le pouvoir exécutif aurait eu besoin d'être investi plus que jamais de la confiance publique. Les soupçons et les défiances se mêlaient aux récriminations. Les imaginations vivement frappées voyaient partout les trames d'une vaste conspiration, et s'indignaient contre l'administration paresseuse ou inhabile à saisir des conspirateurs qui devaient être partout, puisque partout où Bonaparte se présentait il réussissait sans coup férir. Les plus méfiants étaient tout près d'accuser le *Moniteur* lui-même des mauvaises nouvelles qu'il donnait; il semblait qu'il livrait les villes, quand il annonçait que leurs portes s'étaient ouvertes devant les impériaux. On alla jusqu'à accuser le muet télégraphe, dont une foule inquiète observait les grands bras toujours en mouvement dans les airs. Pour qui ces signaux continuels, quand le gouvernement ne pouvait, ne devait transmettre des ordres et recevoir des dépêches que deux ou trois fois par jour? Il ne fallait pas en douter, le télégraphe transmettait des avis à l'ennemi public, et les directeurs, gagnés par les bonapartistes, étaient au nombre des conspirateurs. Ces rumeurs populaires ne trouvaient pas crédit dans les multitudes seulement, elles montaient de proche en proche jusque dans les salons politiques. Il y a des circonstances où tout le monde devient peuple pour soupçonner, craindre et dénoncer la trahison. M. de Vitrolles fit venir chez le Roi les frères Chappe, qui dirigeaient le télégraphe depuis la Révolution; ils expliquèrent que, dans les circonstances graves, on s'assurait de la présence des employés télégraphiques à leur poste d'observation et de leur vigilance, en donnant toutes les heures un *prenez garde à vous*, qui devait être répété sur toute la ligne et qui revenait au centre par un autre signe annonçant que chacun était à son poste. Cette explication plausible satisfit le Roi, mais on ne continua pas moins à répéter dans le public que le télégraphe trahissait [1]. Puis, comme on voyait que le gouvernement

---

1. Ces bruits étaient si accrédités que les frères Chappe écrivirent au *Moniteur* la lettre suivante, qui fut insérée à la fin du numéro du 17 mars :

« Paris, 15 mars 1815.

« Depuis que le gouvernement a fait placer un poste militaire à l'hôtel télégraphique, on répand dans Paris que les administrateurs des lignes télégraphiques ont été arrêtés. Je vous prie, Monsieur, de publier par la *voix* (sic) du *Moniteur* que ce bruit n'a aucun fondement et qu'il n'a été occasionné que par le placement d'un poste militaire à l'administration télégraphique pour protéger le télégraphe.

« *Signé* : Chappe frères. »

Napoléon Bonaparte hors des relations civiles et sociales, en ajoutant que, « comme ennemi et perturbateur du repos du monde, il s'était livré à la vindicte publique. » La déclaration se terminait en exprimant la ferme conviction que le concours promis par l'Europe « serait superflu, et que la France entière, se ralliant autour de son souverain légitime, ferait incessamment rentrer dans le néant la dernière tentative d'un délire criminel et impuissant. »

M. de Talleyrand partageait cette opinion, car il écrivait à la date du 12 mars à Louis XVIII : « Votre Majesté a donné sans doute l'ordre de faire marcher des troupes dans le Midi. Si j'osais exprimer un avis sur le chef qu'il me paraît le plus utile de leur donner, j'indiquerais le maréchal Macdonald comme étant un homme d'honneur à qui on peut se fier, comme ayant la confiance de l'armée, et parce qu'ayant signé pour Bonaparte le traité du 11 avril, son exemple en a plus de poids quand il marche contre lui. »

Pendant que M. de Talleyrand désignait ainsi Macdonald à Louis XVIII qui avait devancé son avis, et que l'Europe entière prononçait une excommunication politique contre Napoléon, celui-ci, sorti vainqueur d'une première épreuve à Grenoble et d'une seconde à Lyon, avait vu fuir devant lui Macdonald qui, ne pouvant conserver au Roi la fidélité des soldats confiés à son commandement, avait sauvegardé son honneur en maintenant sa propre fidélité envers, malgré et contre tous. Le 13 mars, vers midi, Bonaparte quittait Lyon. A trois heures, il était arrivé à Villefranche avec le bataillon de l'île d'Elbe et le 7ᵉ de ligne ; le soir il couchait à Mâcon.

Le gouvernement royal, que les événements de Lyon avaient d'abord consterné, reprenait, en présence des Chambres, cette activité stérile des pouvoirs qui tombent en cherchant à se cacher, par la multiplicité des choses inutiles qu'ils font, leur inaptitude ou leur impuissance à faire la seule chose efficace.

Le Roi donnait à tous l'exemple du calme. Il avait eu après l'entrée de Bonaparte à Lyon trois jours d'anxiété, puis il avait pris son parti, et se préparait à subir les événements, quels qu'ils fussent, avec cette gravité imperturbable qui faisait partie, à ses yeux, de la dignité royale. Il craignait les émotions et les évitait, et, par-dessus tout il voulait tomber en roi, sans se débattre contre une situation qui commençait à lui apparaître comme plus forte que lui. Les ministres expédiaient les affaires de leur département, et cherchaient à satisfaire l'opinion et les Chambres, se rassurant à demi au bruit des adresses de dévouement qui continuaient à affluer de tous les points du royaume. Le *Moniteur* en était encombré [1]. Ce n'étaient pas seulement les administrations municipales, les tribunaux, tous les corps constitués, mais tous les régiments, tous les gouverneurs militaires, les généraux, les officiers à demi-solde qui renouvelaient au Roi leur serment de vivre et de mourir pour lui. Jamais il ne fut plus parlé d'honneur et de fidélité que dans cette époque où la fidélité et l'honneur devaient recevoir des atteintes si profondes.

Pour satisfaire l'opinion qui voyait partout des conspirateurs, et les salons qui accusaient M. Dandré d'impéritie, on rétablit, le 14 mars, la préfecture de police de Paris, et on la confia à M. de Bourrienne; cet ancien camarade de Bonaparte à Brienne, plus tard secrétaire de l'Empereur, était devenu depuis son ennemi personnel [2]. La direction générale de la police, c'était désormais une sinécure, demeura au baron Dandré : on lui reprochait de n'avoir rien prévu, et il ne pou-

---

[1]. Voir les numéros du *Moniteur* des 10, 11, 12, 13, 14, 15, 16, 17, 18 et 19 mars.

[2]. L'ordonnance qui nommait M. de Bourrienne était ainsi conçue : « Sa Majesté, prenant en considération la multiplicité des occupations de M. le directeur général de la police, a décidé de rétablir la place de préfet de police de Paris; elle a nommé à cette place M. de Bourrienne. » Cette ordonnance, datée du 14 mars, fut insérée dans le *Moniteur* du 15.

vait, en effet, être très-exactement informé avec une administration de la police qui lui appartenait bien moins qu'à Fouché. Bourrienne, à son entrée en fonction, devait mettre à exécution une ordonnance qui prescrivait l'arrestation de vingt-cinq personnes regardées comme les chefs de la conspiration bonapartiste. Fouché, Davoust, Rovigo, Maret, Bouvier-Dumolard, Flahaut, Excelmans, Montalivet [1], étaient les personnages les plus importants inscrits sur cette liste. Les choses étaient si avancées qu'on ne pouvait guère compter, quand il s'agissait de mesures de vigueur, sur la coopération efficace de ceux qu'on employait. Ils songeaient tous à se ménager pour un avenir incertain, et ces rapides péripéties qui changeaient en un moment la scène politique, leur faisant craindre que les suspects du jour ne devinssent les maîtres du lendemain, ils se donnaient des titres éventuels à leur reconnaissance en évitant de les frapper. Ces ménagements réciproques sont le caractère des époques d'instabilité, d'incertitude et de transition.

Fouché, qui savait user avec ses adversaires de ces sortes de tempéraments, les obtenait à son tour. Se sentant compromis après l'entreprise des généraux Lallemand, Lefebvre-Desnouettes et Drouet d'Erlon, il avait commencé par payer d'audace et demandé une audience au comte d'Artois, qui revenait de Lyon. Le gouvernement était dans un de ces moments de découragement où l'on est disposé à écouter tout homme et à entendre toute chose, parce qu'on espère que l'idée de salut que l'on n'a pas rencontrée soi-même vous

---

[1]. Nous trouvons dans les *Papiers politiques* du duc de Blacas une autre liste de quarante noms qui, ajoutés à ceux qui viennent d'être cités, représentent assez bien ce qu'on pourrait appeler le personnel de la conspiration bonapartiste. Cette liste, dressée le 5 mars, jour où l'on apprit le débarquement de l'Empereur, porte les noms de : Fain, Étienne, Gourgaud, Norvins, Boulay, Tissot, La Valette, Regnault de Saint-Jean-d'Angély, Méchin, Vandamme, Hinguerlot, madame Hamelin, Quinette, etc.

viendra d'ailleurs. L'audience eut donc lieu chez la princesse de Vaudemont. Comme l'unique objet de Fouché était de détourner les soupçons qui pouvaient planer sur sa tête, il se borna à renouveler les conseils qu'il avait donnés dans son entretien avec M. de Blacas. Selon lui, il fallait à tout prix se rapprocher des hommes de la révolution. Il ajouta seulement que si Bonaparte réussissait, il ne resterait pas trois mois à Paris, et, en suppliant Monsieur de ne songer qu'à sauver le Roi, il promettait audacieusement de sauver lui-même la monarchie pourvu qu'on nommât M. le duc d'Orléans régent du royaume. Était-ce une idée que Fouché mettait en avant, comme un jalon pour l'avenir? N'était-ce pas plutôt une confidence incomplète murmurée à l'oreille du comte d'Artois pour atténuer l'importance des découvertes qu'on pouvait avoir faites dans ce sens, et donner aux intrigues et aux complots du duc d'Otrante la couleur d'un dévouement qui aimait mieux servir la monarchie que plaire au Roi? Cette explication, conforme à la tactique ordinaire de Fouché et aux habitudes de la police, est plus vraisemblable que la première.

Ses protestations de dévouement produisirent peu d'impression, car ce fut deux jours après l'entrevue que l'ordre de son arrestation fut signé. Mais il fut exécuté avec une négligence et une hésitation qui devaient en empêcher le succès. Fouché entrant en pourparlers avec les agents, et contestant la légalité de l'ordre dont ils étaient porteurs, eut le temps, pendant les allées et venues de son hôtel à l'état-major de la garde nationale où l'on alla quérir main-forte, et de l'état-major au château, de gagner par un corridor sombre, où il laissa les agents, un escalier dérobé qui le conduisit à une sortie du côté de la rue Taitbout, où l'attendait une voiture. Cette fuite, dont on fit honneur à son sang-froid et à son habileté, n'avait d'ailleurs rien de bien difficile, car les agents envoyés pour l'arrêter n'avaient guère plus envie de le prendre qu'il n'avait envie d'être pris. Du reste ce n'était plus là qu'était le péril. Avant le retour de l'île d'Elbe, l'arrestation de ceux qui entretenaient dans l'armée des dispositions hostiles au gouvernement royal, ou qui tramaient des complots révolutionnaires, pouvait avoir de l'importance; maintenant que Napoléon était sur la terre de France, en contact avec l'armée, et qu'il entraînait tout sur son passage, la question, le péril, tout était où était Napoléon.

Le ministère, avec ses divisions intestines et le défaut d'initiative qui en était la suite, n'avait pu prendre devant les Chambres une attitude ferme et décidée, propre à lui assurer la direction des esprits. Il semblait qu'il attendît d'elles les idées et le plan qui lui manquaient, et elles attendaient à leur tour de lui, avec plus de raison, un plan de conduite auquel elles auraient donné leur concours, car dans ces circonstances on marche dans les routes ouvertes. Il résultait de cette attente mutuelle quelque chose d'embarrassé dans ces rapports réciproques des deux pouvoirs.

La Chambre des députés, il ne faut pas l'oublier, car cette circonstance ajoutait à la faiblesse du gouvernement royal, était celle des dernières années de l'Empire. Elle avait protesté par la voix de M. Laîné contre l'absolutisme impérial dès la fin de 1813, et elle avait salué l'avénement de la Restauration plutôt encore comme l'inauguration d'un gouvernement parlementaire que comme le retour du principe de la légitimité royale. Depuis la promulgation de la Charte, elle s'était jetée avec plus d'ardeur que de réflexion dans la pratique du gouvernement constitutionnel, en poursuivant à outrance l'idéal du régime parlementaire, si séduisant pour un corps politique longtemps sevré d'action, d'influence et de bruit. L'unité d'origine et d'esprit qui avait manqué dans la session de 1814 aux deux grands pouvoirs de l'État, la royauté héréditaire et l'assemblée élue, allait leur manquer dans cette circonstance suprême. Du moment que Louis XVIII avait cru nécessaire de convoquer les Chambres pour leur demander un appui moral, il devait, pour remédier autant que possible à cet inconvénient, tenir compte de l'origine et de la composition du Corps législatif, formé surtout de deux nuances, les partisans des idées de 1789, les uns modérés, les autres excessifs, et les impérialistes; et comme c'était sur les premiers seulement qu'il pouvait s'appuyer, son langage et ses actes devaient être calculés de manière à satisfaire leurs aspirations politiques. Il était d'ailleurs naturel que, dans ces extrémités, il se fît un rapprochement entre les deux intérêts qui se sentaient surtout menacés, la légitimité royale et la liberté politique. Mais il aurait fallu, en même temps, se présenter devant la Chambre avec des idées nettes et arrêtées, afin de conserver cette direction qui ne saurait être exercée utilement que par le gouvernement. Quand les hommes les plus influents du parti constitutionnel virent que le ministère n'avait ni plan ni vues précises, ils conçurent l'espoir de profiter de cette crise pour étendre leur influence et pousser un cabinet de leur nuance aux affaires. Quelques-uns même trouvaient la circonstance favorable pour modifier la nature de la Charte, et lui donner le caractère contractuel que le Sénat voulait lui imprimer[1]. Ils voulaient bien appuyer la royauté, mais à condition de la mettre sous leur joug et de l'avoir à leur merci. Dans les réunions de cette nuance auxquelles assistèrent M. de La Fayette, accouru de sa terre de Lagrange, et MM. Benjamin

---

[1]. « J'avoue que la contre-révolution impériale, nécessairement incomplète à quelques égards et en discordance avec ses éléments, semblait ne devoir être que viagère ; mais celle des Bourbons eût été sans Bonaparte dans un péril encore plus prochain. D'ailleurs, si l'on avait pu les obliger à tirer leur Charte de l'ornière du 4 juin pour en faire un pacte national, on les aurait liés par des démarches et des institutions plus fortes qu'eux et leur parti, et de nature à les renverser eux-mêmes s'ils eussent tenté de les violer. » (*Mémoires du général La Fayette*, tome V, page 371.)

Constant, Flaugergue, de Broglie, d'Argenson, on résolut de demander au Roi la retraite de presque tous les ministres comme nécessitée par les circonstances où l'on se trouvait. On voulait aussi que le commandement de la garde nationale de Paris fût confié à M. de La Fayette. On parlait enfin de l'envoi de commissaires nommés par l'assemblée pour aller soutenir la fidélité chancelante des soldats : souvenir renouvelé des commissaires envoyés par la Convention auprès des armées républicaines. M. de La Fayette accepta une conférence chez M. Laîné. Il proposa d'écarter les neveux du Roi et de n'employer que le duc d'Orléans, « le seul des princes qui fût populaire, » ajouta-t-il, et ouvrit l'avis de faire « un appel immédiat des membres de toutes les assemblées nationales depuis 1789 qui se trouvaient à Paris, afin d'opposer une grande force morale à la force matérielle déjà décidée pour Bonaparte [1]. » Étrange proposition, qui aurait convié à la défense de la royauté le ban et l'arrière-ban des assemblées révolutionnaires, y compris les membres de l'assemblée régicide ; conseil du reste bien propre à donner une nouvelle preuve de l'esprit peu pratique du général La Fayette, qui n'apercevait pas la vanité de ces démonstrations rétrospectives, contre une force militaire peu soucieuse des souvenirs qui charmaient l'ancien commandant en chef de la garde nationale de 1789, en lui rappelant sa jeunesse. Au fond, les hommes excessifs du parti constitutionnel qui parlaient de l'impuissance du ministère n'étaient pas moins impuissants et moins stériles que lui, quand il s'agissait de trouver des moyens pratiques ; ils proposaient à la royauté un suicide moral qui ne l'aurait pas matériellement sauvée.

Sur ces dernières ouvertures, les réponses du gouvernement furent évasives. Mais on donna aux Chambres toutes les satis-

---

1. *Mémoires de La Fayette*, tome V, page 372. Le général ajoute assez naïvement : « Mon avis n'excita que l'effroi ou le soupçon. »

factions raisonnables. La proclamation du Roi du 11 mars allait sur ce point aussi loin qu'elles pouvaient le désirer, en maintenant la dignité de la couronne : « Après vingt-cinq ans de révolution, disait le Roi, nous avions ramené la France à un état de bonheur et de tranquillité. Pour rendre cet état durable et solide, nous avions donné à nos peuples une Charte qui assurait la liberté de nos sujets. Cette Charte était la règle journalière de notre conduite. L'amour de nos peuples était la récompense la plus douce de nos travaux. C'est à cet amour que nous en appelons avec confiance contre l'ennemi qui vient souiller le territoire français, qui veut y renouveler la guerre civile; c'est contre lui que toutes les opinions doivent se réunir. Tout ce qui aime sincèrement la patrie, tout ce qui sent le prix d'un gouvernement paternel et d'une liberté garantie par les lois, ne doit avoir qu'une pensée, celle de détruire l'oppresseur. Tous les Français, égaux par la Constitution, doivent l'être pour la défendre. Le moment est venu de donner un grand exemple, nous l'attendons d'une nation libre et valeureuse. »

C'était là, après tout, un noble et habile langage. On pouvait ne pas s'entendre complétement sur la mesure des facultés et des prérogatives parlementaires compatibles en France avec l'existence de l'ordre et d'un gouvernement fort. Mais enfin, sous ce nom de Charte, c'était la liberté politique qu'on opposait à la gloire militaire, et Louis XVIII montrait qu'il avait le sentiment vrai de sa situation en s'appuyant sur la première comme sur la seule force avec laquelle on pût résister à la seconde.

Le ministère ne fut pas heureux dans le développement de cette politique. Il courut au-devant des concessions qu'on pouvait lui demander avec l'empressement maladroit naturel aux hommes qui savent qu'ils ont beaucoup à faire pour calmer les défiances qu'ils ont excitées. Comme tout le monde se rappelait que la plupart des membres du ministère avaient été récemment peu favorables aux idées auxquelles on donnait actuellement de si amples satisfactions, ces promesses d'une extension de la liberté de la presse et des droits d'élection qu'on murmurait à l'oreille des impatients, celle du rétablissement des prérogatives de la Légion d'honneur qu'on proclamait tout haut, et de toutes les concessions que l'opposition réclamait vainement quelques mois plus tôt, produisirent une impression défavorable. On est reconnaissant envers un pouvoir fort de ce qu'il donne, parce qu'on le doit à sa volonté, mais les concessions les plus larges des pouvoirs faibles sont payées d'ingratitude, parce qu'on les attribue à leur situation.

VI

COURTE SESSION DE LA CHAMBRE. — DISCUSSIONS ET MESURES LÉGISLATIVES. — ÉVÉNEMENTS DE LONS-LE-SAULNIER.

Il faut raconter cette session de dix jours. On verra s'y refléter la situation générale, on y suivra les progrès de l'agonie de la Monarchie, car le gouvernement vit en perpétuelles communications avec les Chambres, qui sont en quelque sorte en permanence, et derrière les choses qu'il dit on aperçoit à demi celles qu'il cache ; on y démêlera d'abord les bonnes dispositions, ensuite les espérances d'ambition, et les appétits de pouvoir du parti constitutionnel se mêlant au désespoir qui finit par tout emporter dans les derniers jours.

Au début, le 10 mars, la Chambre des pairs, après avoir reçu les communications faites par le chancelier, disait dans son adresse au Roi : « La nation n'a point oublié qu'avant votre heureux retour, l'orgueil en délire osait dissoudre les Chambres et les forcer au silence dès qu'il craignait leur sincérité. Telle est la différence du pouvoir légitime et du pouvoir tyrannique. »

La Chambre des députés répondait de son côté, le lendemain, à une communication semblable par la voix éloquente de M. Laîné, son président : « L'intérêt de la patrie, disait-il, celui de la couronne, tout ce qui est cher à la nation, l'honneur et la liberté, nous appellent autour du trône pour le défendre et en être protégés ; si quelques mains françaises osaient s'armer du glaive de la guerre civile, nous sommes sûrs que les chefs et les soldats de nos armées, qui ont si longtemps défendu la France contre ses ennemis extérieurs, prêteraient encore à leur pays le secours de leurs épées. Les gardes nationaux seront leurs nobles émules, et ce beau royaume ne donnera pas à l'Europe étonnée le honteux spectacle d'une nation trahie par ses propres enfants. Quelles que soient les fautes commises, ce n'est pas le moment de les examiner. Nous vous conjurons, Sire, d'user de tous les pouvoirs que la Charte constitutionnelle et les lois ont mis dans vos mains. Les Chambres, que votre confiance a convoquées, ne manqueront ni au monarque ni au peuple français ; elles seront, Sire, vos fidèles auxiliaires pour donner au gouvernement la force nécessaire au salut de l'État. »

Le 13 mars, les députés, qui étaient en nombre pour délibérer, reçurent des communications qui leur furent apportées par les ministres de l'intérieur et de la guerre, l'abbé de Montesquiou et le duc de Feltre. L'abbé de Montesquiou déroula devant les députés le tableau de la situation des départements. C'était une amplification oratoire sans précision et sans portée, conçue au point de vue d'un optimisme absolu. Il n'y était question que « du bon esprit des départements, de leur courage, de leur dévouement à la cause du Roi et à celle de la liberté. » La ville de Marseille « avait répondu à l'appel de son préfet avec cet élan de liberté et de reconnaissance dont elle avait donné tant de preuves. » Quant à la Drôme, « elle avait publié son indignation dans une adresse au Roi. » L'entrée de Bonaparte à Lyon inspirait au ministre de l'intérieur cette apostrophe : « Le département du Rhône, sans armes, sans défense, s'est vu envahi, mais Bonaparte peut-il douter du patriotisme des Lyonnais ? Quelle ville surpasse Lyon en générosité ? » Enfin le ministre ajoutait que tous les départements qui avaient eu le temps de faire parvenir leurs adresses « envoyaient à l'envi d'admirables témoignages de leur fidélité. » — « Nous sommes occupés, ajoutait-il, de réunir toutes ces adresses pour consacrer à jamais le monument du courage et de la haine de la tyrannie. »

C'était avec cette absence de vues et ce défaut de gravité dans le langage que le ministre de l'intérieur rendait compte de la situation du royaume, en présence d'une crise si dangereuse. Tout le mal se bornait selon lui « à l'égarement de quelques guerriers sur lequel il fallait gémir. » Après avoir exalté la gloire de nos armées, il s'écriait : « Pourquoi faut-il que cette race de héros compte des infidèles ? » Puis il se hâtait de dissiper les appréhensions que ces paroles, si insuffisantes pour exprimer les périls de la situation, pouvaient avoir excitées, en faisant un éloge emphatique de tous les gouverneurs militaires et de tous les généraux. « Le duc de Trévise a instruit son corps d'armée de la perfidie de nos ennemis... Le maréchal Ney réunit ses légions et porte dans cette cause cette fermeté de caractère et de principes qui l'ont toujours illustré[1]... Le maréchal Macdonald, après avoir fait des prodiges à Lyon et tenté l'impossible, revient porter au Roi ses talents... Le maréchal Oudinot est à la tête de cette vieille garde si renommée dans toute l'Europe, fidèle à son Roi et à son chef. Le duc d'Albuféra n'a besoin que d'être nommé. » Cette espèce de dithyrambe ministériel se terminait par ces paroles, auxquelles

---

1. La date de cet éloge donné au maréchal Ney doit être rappelée. C'était le 13 mars que M. de Montesquiou s'exprimait ainsi, et on retrouve cette même date du 13 mars au bas de la proclamation impérialiste du maréchal, à Lons-le-Saulnier.

les événements de Grenoble et de Lyon donnaient un si éclatant démenti, et qu'on a besoin de relire au *Moniteur* pour croire qu'elles aient été prononcées : « Tout le royaume ne voit donc que des défenseurs. Les provinces, les villes, les campagnes, les généraux, les officiers, les soldats, tous repoussent l'ennemi qui nous porte la guerre étrangère, la guerre civile, la servitude et la mort. C'est à vous, Messieurs, à seconder cette noble ardeur. Ordonnons ou plutôt confirmons cette levée générale des amis de la liberté. »

Ce mot de liberté revenait sous toutes les formes dans les dernières phrases de l'abbé de Montesquiou, qui cherchait ainsi à concilier au gouvernement l'appui du parti constitutionnel. Ce tableau si peu exact de la situation servait de préambule à des projets de lois, tous datés du 13 mars, et présentés aux Chambres pour déclarer que les garnisons de La Fère, de Lille, de Cambrai, d'Antibes, avaient bien mérité de la patrie, ainsi que les maréchaux Macdonald et Mortier. L'excès des récompenses proposées pour une action aussi naturelle à des gens de cœur que le refus de coopérer à la trahison étonna l'âme naturellement haute du duc de Tarente. Il refusa de les accepter, exemple suivi par le duc de Trévise ; et la sécurité qui respirait dans les paroles du ministère se trouva ainsi démentie par ses actes, qui trahissaient le trouble et l'anxiété du gouvernement.

Le duc de Feltre, qui prit la parole après M. de Montesquiou, abonda dans le même sens. Il donna des renseignements favorables sur la fidélité et le dévouement des corps destinés à couvrir Paris. Interpellé par un député sur les dispositions des troupes de l'ancienne garde cantonnées à Metz et à Besançon, il déclara qu'il ne saurait en parler avec trop de confiance. Enfin il compléta ces communications en affirmant que les dernières dépêches télégraphiques transmises étaient très-rassurantes.

A peine avait-il fini de parler, qu'un député, M. Delhomme, proposa d'ajouter comme préambule aux lois que le ministère venait de présenter un article ainsi conçu : « La Chambre des députés déclare que le dépôt de la Charte constitutionnelle et de la liberté politique est confié à la fidélité et au courage de l'armée, de la garde nationale et de tous les citoyens. » L'abbé de Montesquiou se hâta de déclarer, au nom du Roi, que le gouvernement adoptait complétement l'addition proposée, et la Chambre prit à l'unanimité en considération l'amendement de M. Delhomme. L'article de la Charte qui établissait que le ministère ne pouvait accepter d'amendement sans en référer au Roi se trouvait ainsi de fait infirmé dans cette espèce d'ahurissement général, et infirmé sans motif sérieux, pour donner à la Chambre l'occasion d'une de ces déclarations solennelles qui plaisent aux assemblées délibérantes, mais qui n'exercent aucune action sur les faits. Aussitôt après, un député de la Seine, M. Lajard, fit également prendre en considération par la Chambre une proposition tendant à assurer le payement de la pension des militaires membres de la Légion d'honneur. C'était toujours le même système d'avances tardives à l'armée. La séance se termina par la lecture de la pétition des élèves de l'École de droit qui demandaient à marcher pour la défense du souverain et de la Constitution : « Nous ne voulons plus de fers, s'écriaient ces jeunes gens, nous voulons la liberté. Nous l'avons, on vient nous l'arracher, nous la défendrons jusqu'à la mort. Vive le Roi ! Vive la Constitution ! »

Ce fut le sens des délibérations de la Chambre dans les journées qui suivirent. Dans le comité secret du 13 mars, le lieutenant général Desfourneaux proposa de payer la solde entière aux officiers à demi-solde, et sa proposition fut renvoyée au ministre de la guerre. M. Lajard demanda qu'on payât les arrérages dus aux membres de la Légion d'honneur. Dans la séance du 14 mars, M. Faget de Baure présenta le rapport sur les projets de récompenses nationales, rapport rempli d'emphatiques éloges prodigués aux généraux et aux soldats restés fidèles. La loi fut immédiatement votée. On supprima le délai de trois jours exigé ordinairement pour la distribution des rapports, comme si l'on avait la conscience qu'il fallait se hâter, car le temps allait manquer.

Aussitôt après le vote, l'abbé de Montesquiou vint apporter les nouvelles du jour à la Chambre. Il parla du maréchal Ney qui, très-satisfait du bon esprit de ses troupes, s'avançait sur Lyon par Lons-le-Saulnier; du général Dupont, qui se dirigeait vers le même point par Montargis et se louait également de ses troupes. Il ajouta que le maréchal Oudinot avait reçu l'ordre de s'avancer vers Paris avec la vieille garde, à laquelle le ministre prodiguait de nouveaux éloges. « Il est à remarquer, disait-il, que depuis dix mois qu'elle ne fait plus la guerre, pas une réprimande n'a été méritée par aucun officier ni aucun soldat de cet immense corps, composé de plus de trois mille braves. » L'abbé de Montesquiou terminait en disant que, pour accélérer l'effet des propositions discutées dans la Chambre au sujet de la Légion d'honneur, il apportait un projet de loi pour le payement de tous les arrérages. Ce projet de loi fut immédiatement voté.

Dans la séance du 15, le président lut la lettre par laquelle le maréchal Macdonald refusait la récompense nationale qui lui était assignée, et l'abbé de Montesquiou vint avertir la Chambre que la séance royale, fixée d'abord au 15 mars, n'aurait lieu que le 16.

Louis XVIII désirait, par une démarche solennelle, faire tomber les dernières défiances du parti constitutionnel, et agir à la fois sur les Chambres et sur l'opinion. Il avait donc accueilli la pensée d'une séance royale dans laquelle l'union de la royauté et des Chambres serait scellée aux yeux de la France entière.

On interrogeait le même jour les dernières espérances de la monarchie. Le comte Dessoles, dans un ordre du jour du 15 mars, inséré au *Moniteur* du jeudi 16, annonçait que ce jour-là même Monsieur « désirait voir la garde nationale parisienne et connaître dans cette masse de citoyens s'il en était à qui leurs affaires et leurs convenances personnelles permissent de marcher avec le colonel général contre l'ennemi de la France et de l'Europe. » Le reste de cet ordre du jour, froidement et maladroitement rédigé, nuisit au succès de la démarche du comte d'Artois, en mettant à l'avance ce succès en doute. « Le prince sait, disait-on, que l'âge, l'état et les intérêts de famille ne permettent à la plus grande masse de la garde nationale que le service sédentaire. Mais s'il se trouvait dans les légions de la garde nationale des citoyens à qui leur âge et leur situation permettent de se livrer à l'impulsion de leur patriotisme, Son Altesse Royale les invite à sortir des rangs et à se présenter à elle pour former sous ses ordres la légion du colonel général. Le prince désire que cette déclaration soit libre et raisonnée et ne soit pas l'effet d'une impression passagère. » Ce n'est pas avec des paroles qui semblent mettre les hommes en garde contre l'entraînement de leur enthousiasme qu'on les remue et qu'on les enlève. On eût dit que l'on craignait de réussir.

Les légions furent réunies, non sur un seul point et dans une revue générale qui aurait contribué à augmenter l'élan de la garde nationale, en lui donnant une grande idée de sa force et en provoquant le dévouement de chacun par la contagion de l'exemple général, mais sur quatre points différents. Les trois premières légions et la légion de cavalerie furent passées en revue à onze heures sur la place Vendôme ; les 4e, 5e et 6e à midi sur le boulevard du Château-d'Eau ; les 7e, 8e et 9e sur la place Royale ; les 10e, 11e et 12e à deux heures au Luxembourg. Cet appel, mal combiné et tardivement adressé à la garde nationale, à une époque où son premier élan était ralenti par la gravité toujours croissante de la situation, et où la préoccupation d'un avenir prochain refroidissait l'ardeur du moment, réussit peu. Il y eut de nombreuses acclamations, quelques dévouements isolés, dont le comte Henri de Brévannes, chef de la 7ᵉ légion, le major baron de Quélen et le chef de bataillon Bucquet donnèrent l'exemple [1], mais le nombre de ceux qui sortirent des rangs fut si petit qu'on ne put en former que quelques compagnies [2]. Après la revue, le comte Dessoles consulté s'expliqua de manière à ne laisser d'autre idée que celle d'amalgamer avec les troupes de ligne le petit nombre de volontaires qui s'étaient présentés pour contenir celles-ci dans le devoir [3].

La séance royale avait été fixée à trois heures, pour donner au comte d'Artois, qui devait y assister, le temps de passer les légions en revue. La Chambre des pairs avait été invitée à assister en corps à la séance royale; elle occupait la moitié de l'enceinte circulaire de la salle, l'autre moitié était remplie par les députés. A trois heures, le canon annonça que le Roi sortait des Tuileries. Il entra bientôt dans la salle, entouré des princes de sa maison, des maréchaux et des grands officiers de la couronne; la troupe de ligne et la garde nationale faisaient le service intérieur.

Quand le Roi entra dans la salle, une acclamation unanime s'éleva parmi les membres des deux Chambres et les spectateurs des tribunes. Ces cris se prolongèrent pendant quelques minutes. Louis XVIII, dont le visage était triste, mais calme, monta lentement les degrés du trône, au bas duquel se rangèrent les princes, les maréchaux et les capitaines des gardes.

---

1. *Moniteur* du 17 mars. — Ordre du jour du duc de Feltre, daté du 16.
2. *Mémoires* inédits du baron de Vitrolles.
3. *Papiers politiques* de M. de Blacas.

tueusement. Alors Louis XVIII attira son frère dans ses bras, et les deux frères restèrent quelque temps unis dans cette mutuelle étreinte, au bruit des applaudissements réitérés de l'assemblée [1].

A peine la famille royale était-elle sortie de la salle, au milieu des acclamations de l'assemblée, que M. Lainé, renouvelant par les accents de son ardente parole l'émotion générale, l'adjura de répondre à l'appel du Roi. « De même, s'écria-t-il, que le Roi attendait que les représentants et les pairs fussent réunis autour de lui pour faire la déclaration qui vient de rassurer le peuple français, nous attendions que la plupart des députés de la France fussent arrivés pour faire entendre le cri de la nation sur les événements qui la troublent. Il faut tourner tous nos efforts contre celui qui veut tenter de renverser jusqu'à l'espoir de l'homme civilisé. Ce n'est plus de la cour que peuvent venir les inquiétudes sur la liberté et les droits méconnus. Il s'est avancé sur quelques villes françaises, celui qui veut nous ravir non-seulement la liberté, mais qui nous apporte tous les maux qui dégradent l'homme et désoleraient à jamais notre patrie... La plupart des familles pleurent encore, et le murmure des malédictions qu'il avait provoquées en France et en Europe n'a pas encore achevé de retentir. Mais ce n'est pas la douleur des maux passés, c'est la perspective des désastres qu'il traîne à sa suite qui doit nous exciter. Le despotisme est l'impérieux besoin de son caractère, et quand il aurait appris que le despote lui-même y trouve sa ruine, il serait encore maîtrisé par sa position. Notre patrie ressemblerait dans peu à ces gouvernements qui, sur

---

1. C'est par erreur que M. de Chateaubriand dit dans les *Mémoires d'outre-tombe* que les princes de la maison de Condé assistèrent à cette séance; le duc de Bourbon au moins ne pouvait y être le 16 mars, car le *Moniteur* annonce que, dès le 14, il passait une revue de gardes nationaux et de volontaires à Angers.

les côtes d'Afrique, excitaient naguère le courroux des peuples civilisés. Au contraire, dès que la France en sera délivrée, nous aurons toutes les garanties qui assurent à jamais la liberté des peuples. Non-seulement le Roi, mais les princes qui sont assis sur les marches du trône, ont fait des promesses solennelles; ils n'auront jamais ni la volonté ni le pouvoir de les violer.

« Il ne s'agit pas seulement de ces libertés dont les peuples sont si jaloux; il s'agit d'écarter de nos têtes un opprobre que les siècles n'effaceraient jamais. De quels traits nous peindrait l'histoire si nous laissions enlever du milieu de nous ou périr sur cette terre un Roi que le ciel semblait nous avoir envoyé pour nous reposer de nos sanglantes fatigues et nous relever à la suite d'une longue oppression !

« Le monde s'étonne de la profonde paix qui a suivi la Restauration. Il serait impossible d'indiquer aucune époque de la monarchie où la liberté du sujet ait été plus respectée, où les tribunaux aient joui de plus d'indépendance. La bonté du monarque nous préparait de longs jours de bonheur, lorsque tout à coup une incroyable apparition a étonné les esprits. Parmi les calamités dont notre pays se voit menacé, celle dont son cœur tout français est le plus vivement ému, c'est la crainte que les armées étrangères se préparent à venger des infractions inattendues et à porter le fer et la flamme au milieu de nous pour en préserver leurs peuples encore mal rassurés. Dieu ! à quelles calamités notre pays ne serait-il pas en proie ! L'âme la plus stoïque s'en effraye, car les imaginations sont encore éclairées par l'incendie de Moscou, et j'en vois la fatale lumière réfléchie sur les colonnes du Louvre ! Mais non, nous ne subirons ni devant la postérité, ni devant le Dieu des nations une accusation si terrible. Non, la France ne laissera périr ni son Roi, ni sa liberté ! »

Enfin la grandeur de la situation trouvant de dignes interprètes, les âmes semblaient s'élever avec ce noble langage du Roi qui avait puisé tout son discours dans son cœur royal, et de M. Laîné qui lui répondait avec l'accent d'un grand citoyen d'un pays libre. Quand il cessa de parler, en proposant à la Chambre de voter une respectueuse adresse pour exprimer au Roi les sentiments de ses fidèles sujets et les vœux de la France, l'assemblée, se levant tout entière, adhéra à cette proposition avec enthousiasme. Un long cri de *vive le Roi* éclata dans la salle et dans les tribunes. Les femmes, si favorables à la Restauration, se mêlaient à ces démonstrations.

Ces scènes pathétiques remuaient profondément les âmes. Au dehors, la séance royale du 16 mars eut un grand retentissement. On vit dans la démarche du Roi l'union étroite de la maison de Bourbon avec la liberté politique, dont l'attrait nouveau enivrait la jeunesse et une partie de la nation. Paris, du 14 au 17 mars, fut chaque jour le théâtre de manifestations royalistes, et l'esprit public se prononçait hautement en faveur des Bourbons. Les élèves des Écoles de droit et de médecine, M. Odilon Barrot en tête, s'étaient enrôlés en foule parmi les volontaires royaux, ainsi que de jeunes hommes sortis des maisons du haut commerce, et on les voyait se montrer en bon nombre dans les promenades publiques sous un uniforme improvisé [1]. A leur vue, les fenêtres se garnissaient de spectateurs et surtout de spectatrices qui les saluaient de leurs acclamations. Ces processions politiques se multiplièrent après la séance du 16 mars. On voyait de longues files d'hommes de toutes les classes parcourir les rues avec le drapeau blanc en criant : *Vive le Roi ! A bas le tyran !* agitations désordonnées et presque révolutionnaires qui remplaçaient l'action, comme il arrive quand le ressort d'une horloge venant à se détendre, l'aiguille parcourt en quelques minutes, avant de s'arrêter,

---

1. *Les Cent-Jours, souvenirs contemporains*, par M. Villemain, page 4.

tout le tour du cadran. En même temps on pressait convulsivement l'organisation des volontaires, négligée et différée dans les premiers jours, et les généraux de Vioménil et de Latour-Maubourg les passaient en revue à Vincennes, lieu marqué pour devenir leur quartier général. Mais leur nombre était moins grand dans ces circonstances extrêmes qu'il ne l'eût été si l'on eût profité de leur premier élan, avant que la situation eût été aussi désespérée. Le dernier espoir du gouvernement était de raffermir la fidélité chancelante des troupes, en mêlant à leurs rangs le petit nombre des volontaires royaux qu'on avait réunis, et les corps de cavalerie de la maison du Roi [1].

Le *Moniteur* continuait à publier chaque jour les adresses des villes, des départements, des régiments, de la gendarmerie, des tribunaux, des officiers à demi-solde, des fonctionnaires de tous ordres, sans compter les proclamations du Roi, les ordres du jour à l'armée, à la garde nationale, les proclamations aux Parisiens rédigées par les généraux et par le conseil municipal. Toutes ces pièces respiraient la haine de Bonaparte et l'amour des Bourbons [2]. On eût dit qu'à la manière de ces peuples qui poussent de grands cris et entre-

---

1. *Papiers politiques* de M. de Blacas.
2. Les officiers à demi-solde résidant à Mamers (Sarthe) s'exprimaient ainsi dans leur adresse du 15 mars : « Nous répétons à Votre Majesté le serment de verser pour elle jusqu'à la dernière goutte de notre sang. » (*Moniteur* du 17 mars.) Le général Bordesoulle disait dans une autre adresse : « Nous n'avons pas vu sans indignation que Bonaparte, pour dernier présent, eût la folie de croire qu'il pouvait nous apporter la guerre civile. » (*Moniteur* du 15 mars.) Les officiers en non activité de la Haute-Loire disaient : « Bonaparte a osé mettre le pied sur le sol français, un tel excès d'audace et de démence a excité l'indignation de l'armée, elle demande la mort d'un homme qui ne peut plus être regardé que comme un chef de brigands. » (*Moniteur* du 17 mars.) Dans un numéro du *Moniteur* nous avons compté quarante-sept adresses. Tous les numéros du 10 au 20 mars en sont littéralement remplis. Le conseil municipal de Paris disait dans sa proclamation du 16 mars : « Vous avez à défendre votre Roi, votre patrie, l'honneur de votre capitale... Toutes les villes se lèvent contre la tyrannie qui nous apporte la guerre civile et la guerre étrangère..... » (*Moniteur* du 17 mars.)

choquent leurs armes pendant les éclipses de soleil pour mettre en fuite les ténèbres, l'on espérait par ce bruit de paroles, de serments et de malédictions arrêter la marche de Napoléon. Les actes du gouvernement, se succédant avec une précipitation fébrile, remplissaient en outre les colonnes du journal officiel. C'étaient, dans le *Moniteur* du 17 mars, les lois de récompenses nationales pour les garnisons de La Fère, Lille, Cambrai, Antibes, et les maréchaux ducs de Tarente et de Trévise; la loi concernant le payement des arrérages de la Légion d'honneur, l'ordonnance royale suspendant l'article 8 de l'ordonnance du 17 février, portant fixation des grades dans cet ordre. Puis venaient de nombreuses promotions, récompenses données à la fidélité de quelques-uns, et plus souvent provocations adressées à la fidélité des autres. Des ordonnances individuelles accordaient de l'avancement et quelques titres de noblesse aux officiers qui s'étaient distingués dans les garnisons de La Fère et de Cambrai. Le *Moniteur* des 18 et 19 mars renfermait cent cinquante-trois nominations d'officiers de la Légion d'honneur et neuf cent cinquante-quatre nominations de chevaliers, prodigalité qui dénonçait le péril en voulant y porter remède, et ne faisait que multiplier sur les poitrines les insignes de cet honneur militaire qu'il aurait fallu placer dans les cœurs.

Au milieu de ces mesures extrêmes, les Chambres présentèrent au Roi, le 17 mars, des adresses pour le remercier d'être venu dans leur sein. Celle de la Chambre des pairs restait dans les généralités du dévouement au Roi et à la Constitution. Dans l'adresse de la Chambre des députés, on sentait transpirer, à travers l'expression du dévouement, le projet et l'espoir du parti constitutionnel de pousser au pouvoir un cabinet de sa nuance, et le désir de presser le succès de la négociation entamée.

« Nos larmes ont coulé, disait-elle, lorsque Votre Majesté,

s'exprimant en père et en roi, a parlé de couronner sa carrière en mourant pour son peuple. Dans ce moment terrible et doux, il n'est aucun de nous qui n'eût désiré vous consacrer sa vie, pour répondre à vos généreux sentiments. Organe de la nation, la Chambre répond au noble appel de son Roi : plus les peuples ont la garantie de leurs droits, plus ils sont pénétrés de la sainteté de leurs devoirs. Pour sauver la France des mains qui la menacent, Votre Majesté demande que le concours des deux Chambres donne à l'autorité toute la force qui lui est nécessaire. Déjà Votre Majesté a pris contre l'oppresseur des mesures de sûreté publique, et quel Français pourrait reconnaître les titres et les droits d'un souverain dans Napoléon Bonaparte, cet ennemi de la France et du monde? Oui, Sire, les deux Chambres viendront vous entourer..... Découvrons la trahison partout où elle se cache, frappons-la partout où elle existe. Comblons d'honneurs et de reconnaissance l'armée généreuse qui, défendant son chef et notre liberté qui est aussi la sienne, va combattre ces soldats égarés..... Sire, ces protestations du cœur ne suffiraient pas, et nous supplions Votre Majesté de proposer à son intime confiance des moyens que nous croyons propres à ranimer de plus en plus l'espérance publique. Tandis que les Chambres prêteront ainsi au gouvernement la force de la nation tout entière, vos fidèles sujets sont convaincus que le gouvernement concourra au salut public, en se confiant à des hommes à la fois énergiques et modérés dont les noms mêmes seront une garantie pour tous les intérêts, une réponse à toutes les inquiétudes, à des hommes qui, ayant été à diverses époques les défenseurs des principes de justice et de liberté qui sont dans le cœur de Votre Majesté et forment le patrimoine de la nation, sont tous également solidaires de la stabilité du trône et des principes que l'ennemi public veut anéantir. »

Le Roi répondit d'une manière générale et avec dignité :

« Je reçois avec une vive satisfaction l'expression des sentiments de la Chambre des députés et du concours qu'elle me promet dans ces circonstances difficiles. De mon côté, elle peut être sûre que les instruments que j'emploierai seront toujours dignes de la patrie et de moi. » Mais des discussions s'élevèrent dans le sein du conseil, qui trahirent le secret des négociations entamées par l'abbé de Montesquiou avec les chefs du parti constitutionnel, et les espérances qu'il leur avait données. Le soir même de la séance royale, le 16 mars, il dit aux ministres réunis en conseil : « Nous avons suivi le Roi avec dévouement malgré la diversité de nos vues. Il nous reste un service à lui rendre, c'est de déclarer que nous ne pouvons le servir, parce que la popularité nous manque, et de laisser la place à des hommes qui peuvent lui concilier les opinions populaires, comme MM. Lainé, Lally-Tollendal, d'Argenson, qui peuvent lui apporter la force incalculable de la popularité. » Tout le monde se taisait, quand l'antagoniste habituel de l'abbé de Montesquiou, le baron de Vitrolles prit la parole pour faire remarquer que « l'ennemi était à cinq jours de Paris. Le ministère nouveau proposé par M. de Montesquiou l'arrêterait-il? Alors il fallait le constituer à l'instant. Sinon, un homme raisonnable ne pouvait proposer de former une administration nouvelle quand il n'y avait plus à gouverner qu'un naufrage. »

Ainsi tomba la proposition de M. de Montesquiou, qui n'avait trouvé dans le reste du conseil ni objection ni assentiment, chacun s'étant contenté d'exprimer la disposition où il était de faire abnégation de tout intérêt personnel. Elle tomba à titre d'inutile. Dès le 16 mars au soir, on croyait donc dans le conseil que le naufrage de la monarchie était commencé. Cette conviction tenait à un événement grave, qui

1. *Mémoires* inédits du baron de Vitrolles.

renouvelait la catastrophe de Lyon en l'aggravant. On a vu qu'après la nouvelle de la défection de l'armée à Grenoble et à Lyon, les espérances s'étaient reportées sur le corps du maréchal Ney, réuni à Lons-le-Saulnier, dans le département du Jura, et sur le maréchal lui-même. Le Roi dans ses réponses officielles, le ministère dans ses communications aux Chambres, n'avaient cessé de présenter le maréchal comme l'obstacle le plus puissant à la marche de Napoléon. Louis XVIII, répondant le 14 mars à la députation du conseil municipal de Besançon, disait en propres termes : « J'ai déjà eu des preuves du zèle et du dévouement des Francs-Comtois sous la direction de M. le prince de la Moskowa [1]. « L'abbé de Montesquiou lui avait prodigué à la Chambre des éloges sans restriction. Le *Moniteur* soutenait ces espérances par des articles fréquents. « Des lettres de Lyon, disait-il le 16 mars, annoncent que Bonaparte, aussitôt qu'il a été instruit de la marche du maréchal Ney, a retiré précipitamment ses avant-postes de Mâcon, et les a fait replier sur Lyon. Le maréchal se dirige sur Bourg, à la tête d'un corps de dix mille hommes de troupes de ligne et de gardes nationales. Ces troupes sont animées d'un esprit excellent, de cette énergie et de ce courage que le maréchal Ney ne pouvait manquer de leur inspirer. » Le *Moniteur* annonçait même que le 13ᵉ dragons, après avoir fait un instant défection, s'était rallié au maréchal, et que cet événement avait fait une grande impression sur la petite troupe de Bonaparte, plus que jamais inquiète et consternée. Le 17 mars, le *Moniteur* annonçait encore que les discours du maréchal Ney avaient pénétré les militaires et les habitants des sentiments dont il était animé. « Il est parti à la rencontre de l'ennemi, ajoutait-il, et il brûle de l'exterminer. » Le journal officiel disait le même jour : « Les nouvelles les plus récentes font

---

1. *Moniteur* du 15 mars.

présumer que Bonaparte est sorti le 13 mars de Lyon, se dirigeant sur Mâcon. Le maréchal Ney est en grande marche pour le suivre. Enfin, le 18 mars, le *Moniteur*, en annonçant que des mouvements révolutionnaires avaient éclaté à Mâcon, Dijon, Châlons, Autun, ajoutait que le 6ᵉ hussards, appartenant au corps du maréchal Ney, et, venant de Vesoul, avait rétabli l'ordre à Dijon, et que, d'après des bruits accrédités, l'autorité du Roi aurait été rétablie à Lyon par le maréchal en personne.

Ainsi le ministère comprenait que le maréchal Ney tenait dans ses mains la dernière carte de la Restauration. Quelle était donc la position réelle, la conduite du maréchal Ney?

Le 14 mars, Napoléon était à Mâcon, à cent trois lieues sud-est de Paris. Ce jour-là même, le maréchal Ney était à sept lieues de sa droite, un peu en arrière, à Lons-le-Saulnier, où il était arrivé dès le 11 mars, à dix heures du soir. L'Empereur, qui, comme on l'a vu, appréhendait son impétuosité, lui avait adressé une lettre écrite sous sa dictée par le maréchal Bertrand, pour l'exhorter à prendre garde à ce qu'il allait faire; il le rendait responsable de la moindre goutte de sang répandu, et l'avertissait que le retour de l'île d'Elbe n'était pas un coup de tête, mais une entreprise mûrement réfléchie, dont le succès était certain, quoi que pût faire le maréchal pour l'empêcher [1]. A cette lettre du maréchal Bertrand, portée par des émissaires sûrs et choisis parmi les personnes les plus propres à exercer une influence sur le maréchal, était jointe une lettre autographe de l'Empereur, ainsi conçue : « Mon cousin, mon major général vous expédie l'ordre de marche. Je ne doute pas qu'au moment où vous avez appris mon arrivée à Lyon, vous n'ayez fait reprendre à vos troupes le drapeau tricolore. Exécutez les ordres de Bertrand, et venez me joindre à Châ-

---

1. Ces détails sont empruntés aux *Mémoires du duc de Rovigo*, tome VII, page 356.

lons. Je vous recevrai comme le lendemain de la bataille de la Moskowa. »

Le maréchal Ney, tout porte à le croire, était arrivé à Lons-le-Saulnier avec l'intention de combattre Bonaparte, et de remplir la promesse faite au Roi. Le 11 mars, il disait au sous-préfet de Poligny « que la chose serait bientôt finie, que ce n'était qu'un trac à faire, qu'il fallait courir droit à la bête, et que malgré le pas avancé qu'avait fait Bonaparte, il parviendrait à l'atteindre et à l'amener dans une cage de fer [1]. » Plus tard encore, le 13 mars, à Lons-le-Saulnier même, il avait écrit deux lettres, l'une au lieutenant général Mermet, commandant la division militaire de Dijon, l'autre au maréchal duc d'Albuféra, gouverneur de l'Alsace, et toutes deux indiquaient qu'il était encore dans la ligne du devoir : « Il faudrait, disait-il au second, faire arriver les troupes en poste, et leur faire parcourir quatre à cinq étapes par jour, car ce n'est qu'à la vitesse de la marche de Bonaparte qu'il faut attribuer ses premiers succès. Tout le monde est étourdi de cette rapidité, et malheureusement la classe du peuple l'a servi en divers lieux de son passage. La contagion est à craindre parmi les soldats; les officiers se conduisent généralement bien, et les autorités civiles montrent du dévouement au Roi. J'espère, mon cher maréchal, que nous verrons bientôt la fin de cette folle entreprise, surtout si nous mettons beaucoup de célérité et d'ensemble dans la marche des troupes. »

Dans la nuit du 13 au 14 mars arrivèrent les émissaires chargés des lettres de Napoléon et du maréchal Bertrand. La scène qui se passa cette nuit dans l'auberge de la Boule-d'or, où était descendu le prince de la Moskowa, est restée un secret entre sa conscience et celle de ses interlocuteurs. Seulement

---

1. Déposition de M. de Boussiac, sous-préfet de Poligny, à la Chambre des pairs. (*Moniteur*.)

de ceux-là même qui n'y avaient pas cru¹. Il avait l'art de parler au peuple comme aux soldats ; les louanges qu'il donna aux Châlonnais, comme les reproches qu'il adressa aux habitants de Mâcon, quelques croix d'honneur bien placées, ses paroles qu'on répétait de proche en proche, sa vue seule, car aux prestiges de tant de victoires venait s'ajouter le prestige de son retour, en fallait-il tant pour remuer ces populations qui avaient souffert de l'invasion de 1814 et se trouvaient naturellement disposées à regarder le retour de l'île d'Elbe comme une première revanche contre l'étranger.

Ce fut à Auxerre que l'entrevue entre Napoléon et le maréchal Ney eut lieu. Ce dernier, arrivé à huit heures du soir dans cette ville, le même jour que Napoléon, c'est-à-dire le 17 mars, lui amenait ses troupes à marches forcées. Il demanda d'abord à voir le maréchal Bertrand. Le prince de la Moskowa était embarrassé ; il avait de la peine à mettre d'accord son passé avec son présent ; les souvenirs de sa dernière entrevue à Fontainebleau avec l'Empereur et peut-être ceux de sa dernière entrevue aux Tuileries avec Louis XVIII lui revenaient à la mémoire, et il commençait à éprouver un trouble qu'il n'avait jamais connu, celui d'une conscience qui n'est point en paix avec elle-même. Il dit au maréchal Bertrand qu'avant de se présenter devant l'Empereur il voulait recueillir ses idées et justifier par écrit la conduite qu'il avait tenue avant et depuis les événements de Fontainebleau. Napoléon repoussa l'idée d'une explication aussi embarrassante pour celui qui devait la recevoir que pour celui qui voulait la donner. Il répondit qu'il n'avait pas besoin

---

1. M. Fleury de Chaboulon, qui avait rejoint Napoléon à Lyon, raconte dans ses *Mémoires* que l'un des adjoints du maire de Mâcon ayant adressé à l'Empereur un discours fort embrouillé, celui-ci dit : « Vous avez donc été bien étonné d'apprendre mon débarquement ! — Ah ! parbleu oui, répondit l'orateur. Quand j'ai su que vous étiez débarqué, j'ai dit à tout le monde : il faut que cet homme-là soit fou ! »

de justification : « Dites-lui, ajouta-t-il, que je l'aime toujours, et que je l'embrasserai demain. » En effet, dès que Napoléon aperçut le prince de la Moskowa : « Embrassez-moi, mon cher maréchal, lui dit-il, je n'ai pas besoin d'explication ou de justification ; je vous ai toujours honoré et estimé comme le brave des braves. — Sire, répondit le maréchal, les journaux ont avancé une foule de mensonges que je voulais détruire. Ma conduite a toujours été celle d'un bon soldat, d'un bon Français. — Je le sais, aussi je n'ai jamais douté de votre dévouement. — Vous avez eu raison, Sire, Votre Majesté pourra toujours compter sur moi quand il s'agira de la patrie.... car c'est pour la patrie que j'ai versé mon sang, et je suis encore prêt à le verser pour elle jusqu'à la dernière goutte. Je vous aime, Sire, mais la patrie avant tout ; avant tout ! répétait le maréchal. — C'est le patriotisme qui me ramène aussi, dit l'Empereur en l'interrompant. J'ai su que la patrie était malheureuse, et je suis venu pour la délivrer des émigrés et des Bourbons ; je lui rendrai tout ce qu'elle attend de moi[1]. »

C'est ainsi que cherchaient à se faire illusion ces deux hommes séparés par d'insurmontables souvenirs : l'Empereur qui, après dix mois, venait redemander le sceptre qu'il avait résigné par un acte solennel et les serments qu'il avait rendus ; et le lieutenant qui, après avoir violemment contribué à l'abdication de son ancien souverain, et récemment encore juré au Roi de lui ramener Bonaparte dans une cage de fer, livrait à Napoléon l'armée que le Roi lui avait confiée pour le combattre. Ils calculaient leurs paroles, évitaient de réveiller leurs sentiments et leurs idées, qui se seraient élevés entre eux; ils craignaient toute allusion au passé, et par un accord tacite couvraient tout du grand nom de la patrie, dont le sein allait être déchiré.

1. Récit de M. Fleury de Chaboulon, témoin de cette entrevue.

Les troupes réunies à Auxerre formaient quatre divisions. L'infanterie fut embarquée sur l'Yonne, de manière à pouvoir arriver à Fontainebleau dans la matinée du 20 mars. Napoléon monta en calèche le 18 mars pour se rendre à cette résidence. Il avait dans sa voiture les généraux Bertrand et Drouot ; quelques officiers l'accompagnaient à cheval, dans la crainte qu'en approchant de Paris il ne courût le danger d'être enlevé.

VII

DERNIÈRES JOURNÉES. — LE ROI QUITTE PARIS ET LA FRANCE. NAPOLÉON A PARIS.

Les précautions prises par les impériaux étaient presque inutiles, la confusion et l'épouvante étaient à Paris; la défection sur la route de Paris à Auxerre. Depuis l'événement de Lons-le-Saulnier, il n'y avait plus aucun fond à faire sur les troupes ; on envoyait à Napoléon celles qu'on dirigeait contre lui[1]. Chaque heure, presque chaque minute aggravait cette situation. La stupeur, le trouble, l'incertitude sur les faits, l'hésitation et la controverse sur les mesures à prendre, la défiance contre les hommes, le découragement dans les choses, tous les sentiments qui précèdent, accompagnent ou précipitent les catastrophes, régnaient dans les conseils du gouvernement. Le ministère cachait au public les événements de Lons-le-Saulnier[2], mais il ne pouvait se les cacher à lui-même.

---

1. *Papiers politiques* de M. de Blacas.
2. Le *Moniteur* du 19 mars publiait sous la date du 18 les phrases suivantes : « Bonaparte, qui est parti d'Autun le 16, continue à répandre sur sa route le mensonge et la corruption, l'appel au parjure et la calomnie. Tantôt il accuse l'honneur des maréchaux dont la loyauté est la plus connue et la mieux assurée, et dont il ose publier de prétendues proclamations ; tantôt il débite les fables les plus absurdes, telles que le départ du Roi de Paris et le soulèvement de la

Depuis la soirée du 16, ou au plus tard dans la matinée du 17 mars [1], il avait appris la défection du maréchal Ney par le comte de Soran, aide de camp du comte d'Artois, qui revenait de ses terres de Franche-Comté. Il prenait, à tout événement, les dernières mesures qui pouvaient être prises. Le général comte Maison, commandant la première division militaire, donnait l'espoir que l'armée formée sous Paris tiendrait contre Bonaparte. Appelé plusieurs fois dans le conseil, il avait garanti sur sa tête que les troupes feraient feu. « Je sais bien comment on les engage, s'était-il écrié ; on arrache le fusil du premier grenadier, on fait feu, et il n'y a personne qui s'y refuse. » Le général Dessoles parlait dans le même sens. Mais on commençait à douter de l'exactitude de ses renseignements, depuis que la revue de la garde nationale parisienne avait fourni si peu de volontaires, au lieu du tiers des hommes présents sous le drapeau qu'il avait promis.

Le 18 mars, le Roi adressa une nouvelle proclamation à l'armée : « Officiers et soldats, disait-il, j'ai répondu de votre fidélité à toute la France, vous ne démentirez pas la parole de votre Roi ; songez que si l'ennemi pouvait triompher, la guerre civile serait aussitôt allumée parmi nous, et qu'à l'instant même plus de trois cent mille étrangers fondraient de tous les côtés sur notre patrie. Vaincre ou mourir pour elle, que ce soit là notre cri de guerre. Et vous qui suivez, en ce moment, d'autres drapeaux que le mien, je ne vois en vous que des enfants égarés. Abjurez donc votre erreur, et venez vous jeter

---

capitale. Ailleurs il essaye de faire circuler le bruit qu'il est appuyé par quelqu'une de ces mêmes puissances qui ont déjà prononcé son arrêt, et qui, en ce moment, oubliant au congrès les discussions personnelles dont elles s'étaient préoccupées, se réunissent toutes dans la seule pensée d'écraser l'ennemi des nations et le fléau de l'humanité. »

1. Les *Mémoires* inédits du baron de Vitrolles indiquent la date du 16 mars au soir. La date donnée par la relation rédigée au nom du Roi pour les puissances est celle du 17 mars. (*Papiers politiques* de M. de Blacas.)

dans les bras de votre père; et, j'y engage ma foi, tout sera sur-le-champ oublié. Comptez sur toutes les récompenses que votre fidélité et vos services vous auront méritées. »

Le même jour, le maréchal Macdonald, désigné par le Roi pour prendre le commandement de l'armée de Paris sous le duc de Berry, établissait son quartier général à Villejuif. Le général Belliard était major général de cette armée; le lieutenant général Maison commandait le premier corps, le lieutenant général Rapp le deuxième; la cavalerie était sous les ordres du lieutenant général duc de Valmy, l'artillerie sous ceux du lieutenant général comte de Rully; le général Haxo commandait le génie. D'après un ordre du jour du général Maison, commandant la première division militaire, tous les corps devaient se regarder comme en campagne à partir du 18 mars, et le mouvement en avant devait immédiatement commencer. On allait jusqu'au bout de l'épreuve, comme on va jusqu'au bout d'un devoir, mais l'on était sans espérance. Les troupes de Paris ou restaient muettes ou laissaient voir le désir d'abandonner leur drapeau [1].

Au milieu de ces suprêmes préparatifs, la Chambre des députés continuait ses séances. Les assemblées politiques ont une puissance d'optimisme peu commune. L'activité législative qu'elles conservent jusqu'à la fin les trompe elles-mêmes, parce qu'elles ne peuvent s'avouer que les lois, qui sont tout dans les circonstances régulières, soient moins que rien dans les crises où tout se décide à la pointe de l'épée. Le gouvernement avait favorisé cette illusion en mettant toutes ses espérances de salut dans un constitutionnalisme à la fois tardif et un peu outré. La Chambre en général, et le parti constitutionnel en particulier, en avaient conclu que la force était dans la Chambre, puisqu'on venait la lui demander. Le 18 mars,

---

1. *Papiers politiques* de M. de Blacas.

elle s'occupait encore, sur la proposition d'un de ses membres, d'améliorer le sort de l'armée, surtout celui des sous-officiers, auxquels il était question d'attribuer législativement le tiers des sous-lieutenances vacantes. Quant aux officiers en activité au 1ᵉʳ avril 1814 [1], la même proposition, prise en considération par la Chambre, demandait pour eux un droit précieux, celui de ne pouvoir être réformés sans traitement qu'en vertu d'un jugement rendu d'après les formes établies par les lois. L'auteur de la proposition, M. Sarleton, ajoutait, comme si l'objet de sa proposition n'eût pas été assez évident par lui-même, « que les officiers de l'armée sachent combien l'armée nationale vous est chère! »

Dans la même séance, le comte d'Augier, maréchal de camp, après de longues récriminations contre Bonaparte, proposa un projet de loi empreint de toutes les préoccupations du moment, et où le désordre des mots et des idées représentait assez exactement le désordre des choses. L'article premier appelait tous les Français à prendre les armes, en stipulant que les employés conserveraient leur traitement et reprendraient leur place à leur retour. Il n'y avait pas d'article 2, ou du moins le *Moniteur*, rédigé à la hâte au milieu de la perturbation générale, a omis de l'enregistrer. L'article 3 ordonnait la surséance des poursuites des tribunaux civils et des tribunaux de commerce contre ceux qui répondraient à l'appel. L'article 4 promettait aux élèves des écoles que le temps passé sous les drapeaux leur serait compté comme un temps d'étude. L'article 5 requérait tous les citoyens de saisir les embaucheurs. L'article 6 promettait des récompenses nationales à l'*avenir* (probablement à l'armée, car, dans le trouble où l'on était, on s'inquiétait peu de ce qu'on écrivait). Les mêmes

---

[1]. L'indication de cette date avait pour objet de ne pas étendre le droit aux officiers émigrés que la faveur avait introduits dans les cadres.

récompenses étaient promises à tous les citoyens qui se dévoueraient à la patrie et au trône. L'article 7 arrêtait que cette campagne serait comptée triple pour l'avancement. L'article 8 annonçait qu'une médaille commémorative serait frappée, et qu'elle serait décernée à tous les militaires et à tous les citoyens qui auraient combattu. L'article 9 décrétait que tout discours tenu dans les réunions ou lieux publics, tout placard ou écrit ayant pour objet de porter atteinte à l'irrévocabilité des biens nationaux, ou d'inspirer des craintes ou des inquiétudes aux possesseurs ou aux acquéreurs, ou de provoquer le rétablissement des droits féodaux, de la dîme ou des rentes seigneuriales, seraient considérés comme un attentat ou un complot tendant à exciter la guerre civile, et punis de la réclusion ou du bannissement. L'article 10 déclarait que tout fonctionnaire qui, engagé dans la révolte, ferait sa déclaration de repentir serait réintégré dans ses fonctions. Enfin, d'après l'article 11, il devait être pris dans le budget de 1815 des moyens pour assurer des indemnités aux militaires dont les dotations se trouvaient perdues.

Rien ne peint mieux le cours des idées de la Chambre à la fin de cette crise que ce projet de loi. Cette prodigalité de récompenses promises à l'armée attestait à la fois le besoin qu'on avait d'elle et le peu de fond qu'on mettait dans son concours. On élevait la prime de la fidélité, parce que la fidélité devenait rare. En même temps, on essayait de gagner et d'apaiser les intérêts révolutionnaires, en rangeant au nombre des attentats punissables de la réclusion ou du bannissement, non-seulement les entreprises directes et positives contre le principe de l'irrévocabilité des biens nationaux, mais de simples propos de nature à inspirer des inquiétudes ou des craintes aux possesseurs. Un membre demanda que, dans le nombre des droits dont le général Augier voulait qu'une mesure législative empêchât à jamais le retour, on ajoutât le droit de champart. Ainsi les efforts législatifs tentés en faveur de la Restauration tournaient contre elle; la défiance perçait jusque dans l'adhésion, et l'on semblait profiter de la circonstance pour prendre des garanties contre elle, en lui portant secours.

Le ministère gardait devant ces propositions un silence approbatif ou du moins respectueux. Le système de M. de Montesquiou, qui consistait à satisfaire à tout prix les exigences du parti constitutionnel, prévalait dans ces derniers instants. Il allait partout, répétant : « Tout est perdu; il n'y aurait pas d'extrémité à laquelle le Roi ne se soumît, pas de répugnance qu'il ne surmontât. — Quoi! lui répondit-on, même La Fayette? — Oui, s'écria-t-il en s'en allant, La Fayette lui-même [1]! » C'est ce qui a fait dire au contradicteur habituel de sa politique dans le conseil : « Il jetait tout par les fenêtres comme dans une maison qui brûle, et il aurait fini par y jeter le sceptre et la couronne [2]. »

Il y avait des membres de la Chambre qui lui épargnaient ce soin. Au moment où l'assemblée allait voter la prise en considération de la proposition de M. Augier, M. Barrot (de la Lozère) demanda la parole. « Je pense, dit-il, qu'il serait convenable de faire précéder la proposition que le préopinant vous propose de quelques considérants, afin que tous les citoyens puissent connaître les motifs qui l'ont déterminée. Permettez-moi de vous soumettre ceux que j'avais rédigés pour une proposition dont les principales dispositions se retrouvent dans celle qui vient de vous être présentée. Voici de quelle manière ces dispositions me paraissent devoir être motivées :

« La Chambre des députés, considérant que Bonaparte s'avance sur la capitale suivi d'une poignée de soldats, avec la prétention de remonter sur le trône de France; qu'une stu-

---

1. *Mémoires de La Fayette*, tome V, page 374.
2. *Mémoires* inédits du baron de Vitrolles.

peur inconcevable et des trames criminelles ont secondé sa marche; qu'il est instant de l'arrêter pour prévenir une guerre civile des plus affreuses et les entreprises que les puissances voisines pourraient tenter contre la France, sous prétexte et à la faveur de nos dissensions;

« Considérant que la nation française s'est levée en masse en 1789, pour reconquérir, de concert avec son Roi, les droits naturels et imprescriptibles qui appartiennent à tous les peuples; que la jouissance lui en était assurée par les constitutions qu'elle a librement acceptées en 1791, en l'an V et en l'an VIII; que la Charte de 1814 n'est que le développement des principes sur lesquels ces constitutions étaient basées;

« Considérant que depuis 1791, tous les gouvernements qui ont méconnu les droits de la nation ont été renversés, et que nul gouvernement ne peut se soutenir qu'en suivant la ligne des principes constitutionnels; que Bonaparte les avait tous méconnus et violés, au mépris des serments les plus solennels; que le vœu général et spontané avait rappelé au trône une famille que la France était accoutumée à vénérer et un prince qui, à l'époque de notre régénération, seconda puissamment les efforts de son auguste frère pour opérer cette régénération, la Chambre des députés déclare nationale la guerre contre Bonaparte. »

C'est ainsi qu'éclatait jusque dans le concours prêté à la royauté l'inconvénient des deux origines diverses : celle de la Chambre élue, héritage de l'Empire et expression du mouvement de l'opposition parlementaire qui s'était manifestée dans ses derniers temps; celle du pouvoir royal, dont le droit remontait à tout le passé de notre histoire, et dont le retour était le résultat de la situation nouvelle faite à la France par les événements du mois de mars 1814. Ce n'était plus seulement la liberté politique qui venait s'affirmer à côté de la tradition monarchique, comme c'était son droit, c'était la tradition révolutionnaire de 1791, c'est-à-dire celle de toutes les assemblées qui avaient rendu la monarchie impossible ou qui l'avaient détruite. La forme était respectueuse, mais le fond demeurait inacceptable.

Cependant le gouvernement ne repoussa point ce concours. Le 18 mars 1815, il entendait sonner le glas de son agonie, et, comme aux malades qui vont mourir, tout lui devenait acceptable ou indifférent. On était arrivé à ces heures désespérées où les combattants saisissent toutes les armes mises à leur portée, même ces armes à la poignée tranchante qui, déchirant la main à laquelle elles s'offrent, la blessent avant qu'elles puissent s'en servir. La Chambre décida sans opposition que la proposition de M. Augier, précédée des considérants indiqués par M. Barrot, serait imprimée et envoyée dans les bureaux pour y être délibérée de suite, ainsi que celle de M. Sarleton. La Chambre se sépara après ce vote en fixant sa prochaine réunion à huit heures du soir le même jour, et en convenant qu'elle tiendrait séance le lendemain, 19 mars, à midi. Ce fut son dernier acte de vie; le temps allait lui manquer.

Le parti constitutionnel, excité par les concessions qu'on lui avait déjà faites et celles qu'il espérait obtenir, ne marchandait pas son appui. Une agitation fiévreuse mêlée d'anxiété régnait dans les salons de Paris où il dominait. Madame de Staël, le général La Fayette, le général Mathieu Dumas, M. Alexandre Lameth, le poëte Lemercier, toute la génération de 89 renaissant à ces luttes qui l'avaient charmée à l'aurore de la révolution, et, à sa suite, la jeunesse lettrée, « alors sous l'enchantement du premier amour des arts et de l'éloquence[1], » étaient aussi ardents dans leur colère et leur opposition contre le retour de l'île d'Elbe que le parti royaliste proprement dit. Benjamin

---

1. *Les Cent-Jours, souvenirs contemporai..,* par M. Villemain, page 26.

du golfe Juan et aux décrets de Grenoble et de Lyon. Les esprits, surtout parmi la jeunesse qui croit aux nobles choses, s'exaltaient encore à ces fiers accents qui augmentaient l'enthousiasme public dont ils étaient l'écho. On eût dit l'effet de la trompette sur une armée au moment d'une charge décisive. L'énergie et la fermeté de ce langage finissaient par produire une illusion d'optique dans les intelligences, et la distance morale des sentiments et des idées s'ajoutant à la distance matérielle des lieux, Napoléon qui se rapprochait d'heure en heure, paraissait encore éloigné, et le dénoûment qui était déjà presque inévitable semblait impossible. On se disait que la scission du parti constitutionnel avec l'Empire devenait irrévocable après un pareil manifeste, et que le publiciste qui l'avait écrit devait avoir eu la certitude qu'il y avait d'autres barrières entre le despote et Paris que les phrases d'un journal. En un mot, on se serrait les uns contre les autres, on s'animait mutuellement, et à force de désirer on finissait par espérer.

Cependant le gouvernement, obligé de calculer non les bruyantes manifestations de l'opinion, mais les ressources réelles, pesait ses dernières chances. Depuis l'événement de Lons-le-Saulnier, le ministère avait cessé d'être exactement informé par les moyens réguliers; la machine administrative détraquée ne fonctionnait plus. Dans cette pénurie de nouvelles, on fut obligé d'adopter le moyen proposé par le comte de Semallé : des royalistes dévoués, choisis parmi les gardes du corps, formèrent une longue ligne de vedettes qui, s'étendant de Paris jusqu'au point le plus voisin de celui où se trouvait l'Empereur, et se repliant les unes sur les autres à mesure qu'il avançait, se communiquaient de proche en proche ce qu'elles avaient appris sur sa marche. Cette chaîne d'un nouveau genre n'arrêtait pas l'incendie, mais elle avertissait au moins de ses progrès. A partir de ce moment, le conseil des ministres fut exactement informé. Il était plus facile encore de connaître l'étendue du mal que de trouver le moyen d'y pourvoir. Comme il arrive dans les maladies désespérées pour lesquelles il n'y a pas de remède efficace, chacun arrivait avec sa recette particulière, et la diversité des expédients aurait seule suffi à révéler l'absence d'une bonne solution.

Les deux systèmes contraires qui n'avaient cessé de s'entrechoquer dans le conseil, celui de l'abbé de Montesquiou et celui du baron de Vitrolles, venaient se heurter encore dans ces derniers moments. Dans la soirée du 18 mars, les membres du ministère avaient été contraints de s'avouer entre eux qu'on pourrait être contraint de quitter Paris. Le duc de Berry avait visité le jour précédent les casernes; dans plusieurs il avait été reçu au cri de : *Vive le Roi!* mais dans d'autres le cri de : *Vive l'Empereur!* avait retenti. Il n'y avait donc plus à compter sur les troupes.

Ce que l'on commençait à reconnaître alors tout haut, on l'avouait déjà tout bas quelques jours avant. Nous trouvons, en effet, dans les documents du temps la trace des lettres de change fournies par MM. Laffitte et Perregaux sur l'Angleterre, sur Hambourg et sur Vienne, contre les fonds de la liste civile, et ces lettres de change, qui, pour l'Angleterre seule, s'élèvent à 2,575,509 francs, sont des 16, 17 et 18 mars 1815. Dès le 16 mars donc, on prévoyait la possibilité du départ.

Le baron de Vitrolles n'avait cessé d'insister pour que, le cas d'une retraite nécessaire échéant, le Roi se rendit dans les provinces de l'Ouest. Il était un de ceux qui avaient demandé qu'on se ménageât d'avance des ressources d'argent. Il fut décidé qu'outre les fonds de la liste civile en lettres de change ou en espèces, on emporterait les diamants de la couronne [1].

---

1. Le baron de Vitrolles dit dans ses *Mémoires* que M. Hue partit pour Calais avec les diamants de la couronne, et que le roi Louis XVIII lui donna pour

Le baron de Vitrolles aurait voulu qu'on fît conduire, à tout événement, 20 millions à la frontière belge; mais le baron Louis, qui commençait sans doute à craindre pour sa responsabilité, objecta que le transport était impossible. La pensée fixe du baron de Vitrolles, l'objet de ses observations incessantes dans le conseil, c'était la nécessité d'organiser la défense royaliste dans les provinces de l'Ouest, c'est-à-dire dans l'Anjou, le Poitou, la Vendée, la Bretagne et une partie de la Normandie. Il fallait, disait-il, faire transporter au delà de la Loire, toute l'artillerie disponible et 40 ou 50 millions que le trésor royal et la liste civile pourraient facilement réaliser. On donnerait rendez-vous aux volontaires à Orléans, Blois, Tours, Saumur et Angers, de manière à défendre le cours de la Loire. Si les événements démontraient l'impossibilité de se défendre à Paris, le Roi se retirerait à La Rochelle dont les fortifications étaient faciles à relever. Les pairs et les députés y seraient convoqués. Cette position était inattaquable, l'armée qui voudrait s'en emparer serait obligée de s'avancer au milieu de populations ennemies. Il y avait toute raison de croire que l'on relierait à ce système de défense le Limousin, le Périgord, la Gascogne, la Flandre, le Languedoc, la Provence. En cas de revers, la personne du Roi ne courrait aucun risque ; il pourrait, en effet, toujours s'embarquer à La Rochelle.

Le Roi avait écouté plusieurs fois avec intérêt le développement de ce plan, avant que les circonstances fussent devenues aussi critiques, mais il avait gardé un silence sans approbation

---

instruction de s'embarquer s'il apprenait que le Roi avait été obligé de quitter Paris. Cette version est difficile à concilier avec une note de M. Hue, que nous trouvons dans les papiers de M. de Blacas. Dans cette note, datée du 1er avril 1815 et écrite à Gand, M. Hue reconnaît avoir reçu à Gand, à cette date du 1er avril 1815, tous les fonds appartenant à la maison militaire du Roi, lesquels fonds M. Hue avait apportés à M. de Blacas, suivant ses ordres, le 19 *mars précédent*. Au moment du départ du Roi, M. Hue était donc encore à Paris.

exprimée comme sans objection. Louis XVIII comprenait la royauté comme un principe et non comme une action. Dans sa pensée, je l'ai déjà dit, c'était à ses ministres à arrêter un plan ; quand ils seraient d'accord, il l'adopterait. Or les ministres ne pouvaient se mettre d'accord. L'abbé de Montesquiou combattait avec une vivacité voisine de la violence le plan de son antagoniste habituel. « On perdrait le Roi, répétait-il, en lui donnant une couleur vendéenne ; c'était le meilleur moyen de lui aliéner l'esprit de la France entière ; le roi de la Vendée ne serait jamais le roi de la France ; l'erreur de M. de Vitrolles était de croire qu'il y avait encore des royalistes en France ; sauf quelques esprits incorrigibles, comme l'abbé de Montesquiou et le baron de Vitrolles, il n'y en avait plus [1]. » Il proposait que le Roi se retirât à Lille, dont on disait la garnison sûre. Enfermé dans cette place forte, il pourrait en toute sécurité attendre la fin de la tourmente. Pour achever de décréditer l'opinion du baron de Vitrolles, l'abbé de Montesquiou ne l'appelait dans le conseil que le *ministre-chouan*. Celui-ci prenait sa revanche en annonçant que la garnison de Lille ne demeurerait pas plus fidèle au Roi que le reste de l'armée ; il ajoutait que le départ du Roi pour Lille ne serait qu'une première étape vers l'exil, et que la seconde le conduirait hors de France. Il terminait en faisant observer qu'il fallait mieux donner au Roi une couleur vendéenne qu'une couleur étrangère.

Le temps se perdait ainsi en discussions stériles dans lesquelles chaque membre s'attachait à démontrer l'impossibilité de l'avis présenté par ses collègues. C'était chose facile, parce que la situation devenait inextricable, de sorte que le Roi, de quelque côté qu'il se tournât, ne rencontrait plus que l'impossible.

1. *Mémoires* inédits de M. de Vitrolles.

Alors une troisième opinion fut mise en avant. En face de l'impuissance et de l'inaction du gouvernement, toutes les imaginations fermentaient. Dans les réunions qui se tenaient chez M. Laîné, président de la Chambre, et auxquelles assistaient des hommes venus des deux bouts de l'horizon politique, un plan hardi fut agité. Laîné, Chateaubriand, approuvés par La Fayette et appuyés par le maréchal duc de Raguse, qui acceptait la responsabilité militaire du plan, proposaient au Roi de s'entourer des deux Chambres et d'attendre Bonaparte dans les Tuileries mêmes, en fortifiant cette position avec du canon. La maison du Roi, la garde nationale, qui n'aurait point été obligée de sortir de ses murs, et le peu de régiments restés fidèles et sur lesquels aurait agi l'opinion de la capitale, l'auraient environné. Monsieur fût allé au Havre, le duc de Berry à Lille, le duc de Bourbon était dans la Vendée, le duc d'Orléans aurait été envoyé à Metz, tandis que le duc et la duchesse d'Angoulême, déjà dans le Midi, eussent continué à soulever ces départements contre l'usurpateur. Si Bonaparte avait essayé d'entrer à Paris de vive force, on aurait accepté la bataille. « Résistons seulement trois jours, disait Chateaubriand, et la victoire est à nous. Que Bonaparte bombarde Paris s'il veut et s'il a des mortiers, qu'il se rende odieux à la population tout entière, et nous verrons le résultat de son entreprise. Le Roi se défendant dans son château causera un enthousiasme universel. Enfin s'il doit mourir, qu'il meure digne de son rang et que le dernier exploit de Napoléon soit l'égorgement d'un vieillard [1]. »

Le duc de Raguse insistait vivement auprès du Roi pour qu'il s'arrêtât à ce dernier parti : chaque soir il revenait à son plan. « Je suis du métier, disait-il au Roi, et je prends l'engagement, si on me donne tout pouvoir et avec les ressources que présente Paris, de mettre en cinq jours les Tuileries et le

---

1. *Mémoires d'outre-tombe*, tome VII, page 317.

Louvre dans un état de défense convenable ; tel, en un mot, qu'il exige l'établissement d'une batterie de brèche. Il faut placer dans le château des vivres pour deux mois, et s'y enfermer avec trois mille hommes. La maison du Roi, sans instruction pour le service de campagne, sera excellente pour cet objet. Elle est composée de gens de cœur, et chacun briguera l'honneur d'être associé à cette défense ; munis de vivres, on ne serait pas obligé, au bout de huit jours, de se rendre à discrétion. Il faut que le Roi s'enferme dans cette espèce de forteresse avec tout ce qui constitue la majesté du gouvernement, avec les ministres, les Chambres, mais qu'il y soit seul de sa famille. Une résolution si magnanime réagirait sur les troupes de la manière la plus puissante.... Voyez quel est l'état de l'opinion dans les trois quarts de la France ? Les départements de l'Est exceptés, et sauf quelques mécontents épars, partout elle nous est favorable. Les masses dans l'Ouest, en Normandie, en Picardie, en Flandre, vous sont toutes dévouées. Les gardes nationales sont à vous. Donnez-leur le temps de se lever, il ne leur faudra pas deux mois pour venir vous délivrer..... Je réclame l'honneur de m'enfermer avec vous, soit comme chef, soit comme soldat [1]. »

Ce plan, par ce qu'il avait de grandiose, plaisait à Louis XVIII, jusqu'au cœur duquel la frayeur n'avait jamais pénétré. Il trouvait que c'était se maintenir ou finir en digne petit-fils de Louis XIV [2]. Il disait encore dans son conseil le 18 mars : « Je resterai aux Tuileries, je veux voir en face l'homme qui prétend s'asseoir sur mon trône. Je compte toujours sur mon peuple après l'accueil que j'en ai reçu. »

Malheureusement le plan du duc de Raguse n'était pas plus que les autres à l'abri de la critique, et il ne réunit point la

---

1. *Mémoires du duc de Raguse*, tome VII, page 87.
2. *Mémoires d'outre-tombe*, par Chateaubriand, tome III, page 317.

majorité des opinions. M. de Vitrolles faisait observer que dans l'application il serait irréalisable. « Bonaparte, disait-il, s'emparerait du reste de Paris, tiendrait le Roi bloqué aux Tuileries; puis, maître de la capitale et de la France entière, le recevrait à discrétion quand les vivres du château seraient épuisés. »

C'est ainsi que tout plan proposé venait se briser contre une objection, de sorte que l'on ne prenait aucun parti, faute d'en trouver un bon. Dans ces derniers instants, les imaginations en travail mirent en avant les expédients les plus extraordinaires. Le comte de Blacas proposa, dit M. de Vitrolles dont le récit paraît suspect, « que le Roi sortît de Paris en plein midi, dans son carrosse, environné de la Chambre des pairs et de la Chambre des députés, à cheval, et marchât résolûment ainsi au-devant de Bonaparte [1]. — Par quelle barrière sortira le Roi? demanda M. de Vitrolles. — Par la barrière de l'Étoile, répondit M. de Blacas. — Qu'adviendra-t-il donc si Bonaparte, tenu comme il l'est au courant de vos démarches, fait son entrée à Paris par la barrière du Trône? » Cette simple objection aurait fait tomber l'idée d'opposer un cortége à une armée, idée dont la témérité inapplicable aurait, du reste, été rachetée par le projet bien arrêté de M. de Blacas de prendre sa place, comme grand officier de la couronne, dans le carrosse du Roi quand il irait tenter cette aventure.

M. de Vitrolles, acteur mêlé à ces dernières scènes, raconte encore que, vingt-quatre heures avant la fin, le duc de Raguse lui fit demander un rendez-vous chez madame la duchesse des Cars, afin de lui proposer un moyen aussi inefficace et plus impossible encore : il s'agissait d'embarquer de force M. de Blacas ou de le mettre en charte privée, et d'annoncer au *Moniteur*, avec ou sans le consentement du Roi, que tous les pouvoirs politiques étaient réunis dans les mains de M. de Vitrolles;

1. *Mémoires* inédits du baron de Vitrolles.

tous les pouvoirs militaires dans les mains du maréchal. C'était une révolution de palais. Comme M. de Vitrolles se récriait contre un projet inadmissible en principe et qui n'aurait en fait pour résultat que de soulever les Chambres, d'indigner la famille royale, d'autoriser la défection de l'armée, le duc de Raguse lui répondit que la nécessité justifiait tout, et que ceux qui prendraient cette initiative seraient acceptés comme les sauveurs d'une cause désespérée.

Le spectacle des agonies politiques est triste. Il arrive un moment où cette dissolution physique qui nous frappe dans les corps et soulève toutes nos répugnances se reproduit par analogie dans les choses morales. Parmi les généraux qui s'étaient chargés de défendre la royauté, il y en eut deux qui, alléguant le triomphe possible de Bonaparte et la ruine probable de leur famille, mirent à prix la continuation de leurs services, et tarifèrent leur dévouement à 200,000 francs. Ces 200,000 francs, dit M. de Vitrolles qui rapporte leurs noms, leur furent immédiatement comptés par le trésorier de la couronne; la royauté, devenue taillable et corvéable à merci, payait ainsi sa rançon, sans se racheter d'une ruine inévitable. Les convoitises se hâtent auprès des règnes qui vont finir. Un peu plus tard encore, et quand toutes les espérances militaires furent perdues, quelques hommes sinistres, prétextant l'ordonnance qui invitait tous les Français à courir sus à Bonaparte, se présentèrent : c'étaient des hommes de la première révolution, encore dégouttants de crimes, des aventuriers ardents à la curée, ou quelques hommes de passion politique. Aucun n'osa demander à faire sa proposition au Roi ou au prince qui auraient repoussé jusqu'à l'idée d'un pareil dessein. Les ministres auxquels ils s'adressèrent refusèrent de les écouter [1]. Tout tenait cependant à la vie de celui

---

1. *Mémoires* inédits du baron de Vitrolles.

qui revenait en violant les traités et les lois, mais les ministres de la Restauration pensèrent qu'un gouvernement n'a que deux manières de se défendre : les lois ou les armes ; le guet-apens n'est pas un moyen, c'est un crime.

A mesure que Napoléon s'approchait de Paris, l'ébranlement qu'avait causé sa présence à toutes les troupes qu'il avait rencontrées se communiquait aux régiments réunis devant la capitale. Dans la nuit du 18 au 19 mars, un détachement de gardes du corps, chargé de défendre le pont de Montereau avec le concours d'un régiment de lanciers, se présenta aux Tuileries. A l'approche de l'Empereur, les lanciers, montant à l'improviste à cheval, avaient chargé leurs auxiliaires sans défiance et s'étaient rendus maîtres du pont pour le livrer à Bonaparte, et ce n'était qu'après une retraite plusieurs fois troublée que les gardes fidèles avaient pu atteindre Paris. En même temps, les nouvelles les plus alarmantes arrivaient de tous côtés. Le corps formé de la vieille garde, et qui était commandé par le maréchal de Bellune, s'était mutiné et avait méconnu la voix de son chef bien-aimé ; la vie de celui-ci avait couru les plus grands dangers. Quelques officiers, envoyés au camp formé sous Villejuif, revinrent en disant que les soldats prenaient ostensiblement la cocarde tricolore, et parlaient de se mettre en marche pour aller au-devant de Bonaparte qui devait être à Fontainebleau. Les généraux en chef, interrogés, déclarèrent eux-mêmes qu'ils ne pouvaient répondre de leurs troupes, sur lesquelles ils n'avaient conservé aucun ascendant. La vérité apparaissait dans toute la lumière de l'évidence ; là où se présentait Bonaparte on ne pouvait compter sur la fidélité d'un seul régiment. Il fallait donc accepter la situation telle qu'elle était, et si l'on persistait à se défendre, on n'avait plus à opposer à l'armée que la maison du Roi et la population.

L'espèce de conseil qui se tenait en permanence chez M. de Blacas, et auquel assistaient les personnages les plus influents de l'ordre militaire et administratif, qui venaient, chaque jour, apporter ou chercher des nouvelles en ce lieu, n'adopta point ce parti qui parut désespéré. Il était cependant encore appuyé par l'autorité militaire du maréchal de Raguse et par celle du général de Bourmont, qui, arrivé de Lons-le-Saulnier dans la nuit du 18 au 19 mars seulement, insistait sur la possibilité de combattre, et développait ses idées à ce sujet dans le cabinet de Louis XVIII, le 19 mars, à sept heures du matin [1]. Quel que fût le résultat de cette résolution, elle était politiquement préférable à une retraite sans coup férir. Il est beau de combattre, même avec la certitude de la défaite. On sauve souvent les causes en périssant pour elles, et tout valait mieux pour Louis XVIII qu'un départ clandestin qui devait laisser la capitale à Napoléon, sans que le Roi eût protesté en mêlant le sang des Bourbons à celui des Français, prêts encore à mourir pour leur cause. D'autres considérations prévalurent. On allégua les calamités qu'on pouvait attirer sur la capitale en acceptant la lutte contre l'armée, et ce motif, si puissant sur le cœur des Bourbons, décida Louis XVIII à partir, comme il avait décidé jadis Louis XVI à mourir.

Restait à choisir la route par laquelle on se retirerait et le

---

[1]. *Notice pour servir à la biographie de M. le maréchal comte de Bourmont.* Caen, 1846. (Publiée par son fils, M. Charles de Bourmont.)

M. de Bourmont, au sortir de son audience, le 19 mars vers sept heures du matin, était occupé dans le cabinet du général Dessolle, commandant de la garde nationale, à tracer le plan le plus propre à défendre Paris contre Bonaparte, lorsque M. de Vitrolles, alors ministre d'État, entra dans l'appartement et lui dit : « Tout est fini, mon cher général ; je quitte les princes. On ne pense plus qu'à faire ses paquets ; on a persuadé au Roi de partir, et S. M. quittera Paris la nuit prochaine. On empêche le Roi de tenter les chances d'un combat. »

Ces quelques lignes, extraites de la notice ci-dessus citée (pages 98-99), servent à fixer d'une manière exacte le jour et l'heure où la résolution de quitter Paris fut adoptée. M. de Bourmont avait été reçu par le Roi à sept heures du matin le 19 mars ; c'est deux heures après la fin de son audience que M. de Vitrolles lui tenait ce langage. C'est donc entre huit et neuf heures du matin, le 19 mars, que la résolution de quitter Paris fut prise.

lieu de la retraite. Il fallait se hâter, car Bonaparte, déjà à Fontainebleau, pouvait être le lendemain à Paris. M. de Vitrolles proposa de nouveau La Rochelle. Le 19 mars au matin, il représentait au Roi que cette position où il se trouverait placé, entre les départements de l'Ouest et ceux du Midi, aurait l'avantage de mettre la royauté au centre des forces vives de l'opinion royaliste. On pourrait de là donner la main au duc d'Angoulême opérant dans le Midi, et au duc de Bourbon opérant dans la Vendée. Si, malgré de légitimes espérances, les chances tournaient mal, on aurait la ressource suprême de s'embarquer pour l'Espagne ou l'Angleterre.

« Vous êtes seul de votre avis, » lui dit le Roi. — « Qu'importe, répliqua M. de Vitrolles, si le Roi l'adopte et si l'honneur le commande ? » Louis XVIII, se rangeant à l'opinion de la majorité du conseil, avait adopté le parti proposé par le duc de Feltre et soutenu par MM. de Blacas et de Montesquiou : il était résolu à se rendre à Lille. Il n'aimait pas qu'on ébranlât dans son esprit une résolution arrêtée. Il parla du bon esprit de la population, de la fidélité de la garnison qu'on lui garantissait. Son séjour à Lille serait une station momentanée pendant une tourmente qui ne pouvait pas être longue.

On cherchait évidemment pour le Roi une situation où il fût en communication avec l'Europe par la frontière. « Je vais à la frontière, disait Louis XVIII au comte Dessolle, pour trouver un point d'appui où je puisse réunir mes amis et les troupes qui me resteront fidèles. Si cela se peut, c'est là qu'il faut se rendre. » On avait donné au Roi cet espoir pour le décider à partir ; mais le comte Dessolle prévoyait que l'on ne s'arrêterait point à Lille et que l'on dépasserait la frontière [1]. C'était donc un nouvel exil.

---

1. Il disait au général Bourmont dans la matinée du 19 mars : « Il y a lieu de croire que le Roi ne s'arrêtera pas même en Flandre. Je suivrai le Roi jusqu'à

Après avoir pris cette détermination, le Roi rédigea la proclamation adressée aux pairs et aux députés, et qui parut le lendemain dans le *Moniteur* du 20 mars :

« La divine Providence qui nous a rappelé au trône de nos pères permet que ce trône soit ébranlé par la défection d'une partie de la force armée qui avait juré de le défendre. Nous pourrions profiter des dispositions fidèles et partiotiques de l'immense majorité des habitants de Paris pour en disputer l'entrée aux rebelles, mais nous frémissons des calamités de tout genre qu'un combat sous ses murs attirerait sur la capitale! Nous nous retirons avec quelques braves que l'intrigue et la perfidie ne parviendront point à détacher de leurs devoirs; et puisque nous ne pouvons point défendre notre capitale, nous irons plus loin rassembler des forces et chercher sur un autre point du royaume, non pas des sujets plus aimants et plus fidèles que nos bons Parisiens, mais des Français plus avantageusement placés pour se déclarer pour la bonne cause. La crise actuelle s'apaisera ; nous avons le doux pressentiment que les soldats égarés, dont la défection livre nos sujets à tant de dangers, ne tarderont pas à reconnaître leurs torts, et trouveront dans notre indulgence et dans nos bontés la récompense de leur retour. Nous reviendrons bientôt au milieu de ce bon peuple à qui nous ramènerons encore une fois la paix et le bonheur.

« A ces causes nous avons déclaré et déclarons, ordonné et ordonnons ce qui suit :

Article premier. La session de la Chambre des pairs et celle de la Chambre des députés des départements pour l'année 1814 sont déclarées closes. Les pairs et les députés qui les composent se sépareront à l'instant.

« Art. 2. Nous convoquerons une nouvelle session de la Chambre des pairs et la session de 1815 de la Chambre des députés.

« Les pairs et les députés des départements se réuniront le plus tôt possible au lieu que nous indiquerons pour le siége provisoire de notre gouvernement.

« Toute assemblée de l'une et l'autre Chambre qui aurait lieu ailleurs sans notre autorisation est, dès à présent, déclarée nulle et illicite.

« Donné à Paris le 19 mars de l'an de grâce 1815 et de notre règne le vingtième. »

---

la frontière, parce que je suis ministre d'État ; mais la partie est perdue, on ne se battra pas. » (*Notice* déjà citée, page 99.)

On fit pendant toute la journée les préparatifs de départ. Le Roi, dans l'intention où il était de s'établir à Lille, avait voulu se ménager les moyens de fournir à la subsistance de la petite troupe qui devait devenir le noyau d'une action royaliste. Il emportait 4 millions en or sur les fonds de la liste civile, 1,400,000 francs en or sur les fonds qui étaient entre les mains de M. Hue pour la maison militaire, 102,000 francs en or sur les fonds particuliers; en billets de banque sur les fonds provenant également de la caisse de M. Hue, 800,000 fr. C'était donc une somme de 6,302,000 francs en numéraire ou en billets de banque. On emportait en outre les diamants de la couronne et une somme de 6 millions en lettres de change sur Londres, Vienne et Hambourg; mais il faut déduire de cette dernière somme une lettre de change de 2 millions tirée sur Londres, et qui ne put être payée parce que MM. Perregaux ayant remis au lendemain l'enlèvement des fonds qui étaient dans les caves des Tuileries, leurs agents, quand ils se présentèrent dans la journée du 20, ne furent pas admis à prendre possession de cette somme [1]. Ceci réduisait à environ 10 millions la somme emportée par le Roi.

Le secret du départ du Roi fut gardé pendant toute la journée du 19 mars. Le *Moniteur* publié ce jour-là même démentait la rumeur qui s'était répandue à ce sujet, et la présentait comme un mensonge absurde, accrédité par les esprits malintentionnés. Était-ce que dans la journée du 18 mars, pendant laquelle le numéro du *Moniteur* avait été imprimé, on n'avait pas encore pris un parti [2]? ou bien voulait-on

---

1. *Papiers politiques* de M. de Blacas.
2. Un passage de la note officielle envoyée à madame la duchesse d'Angoulême et aux puissances étrangères semble appuyer cette explication. « Dans la matinée du 19 mars, y est-il dit, on sut qu'il n'y avait pas en avant de Paris un seul régiment sur lequel on pût compter. Rien ne pouvait donc arrêter Bonaparte, et il ne restait plus au Roi qu'à se retirer avec sa maison militaire. » (*Papiers politiques* de M. de Blacas.)

cacher jusqu'au bout la pénible nécessité à laquelle le Roi était réduit? Le 19 mars, à neuf heures du matin, le Roi, dont le parti était pris, fit appeler le duc de Raguse qui avait le commandement général de sa maison militaire, et sans lui communiquer encore le but de son voyage, lui remit un petit carré de papier sur lequel était écrit l'ordre de régler son départ à minuit, et de le transporter à Saint-Denis où il se réservait de lui donner ses ordres ultérieurs. Sur l'observation du maréchal que le Roi ne pouvait certainement songer à s'arrêter à Saint-Denis, et qu'il devait par conséquent étendre au delà le service de son escorte et la marche de sa maison, Louis XVIIII écrivit, sur un autre carré de papier, l'ordre de le transporter de Saint-Denis à Beauvais, et le remit au maréchal. Il se plaisait à conserver ainsi, au milieu de toutes les crises, cette régularité impassible de l'étiquette qui lui semblait faire partie de la dignité royale; il ordonnait une fuite comme, quelques semaines avant, une promenade.

A midi, le Roi passa, au Champ de Mars, la revue de sa maison militaire. Il fut accueilli par les acclamations de ce corps d'élite, qui espérait encore combattre, et par celles de la population. Chose étrange et nouvelle peut-être sous le soleil de l'histoire pour laquelle il y a si peu de choses nouvelles! cette royauté malheureuse condamnée à fuir était saluée par les acclamations réservées d'ordinaire aux avénements. C'est qu'elle succombait, non sous l'hostilité de la population qui lui restait sympathique, mais sous la défection de l'armée entraînée par l'ascendant tout-puissant de son ancien chef. Le reste de la journée s'écoula en préparatifs troublés de quart d'heure en quart d'heure par les nouvelles qu'on recevait de l'approche de Bonaparte. Il fut décidé que les ministres suivraient le Roi : quelques-uns d'entre eux, en particulier le duc de Feltre, ayant une fortune personnelle très-bornée, Louis XVIII fit payer par le trésor de la couronne cent mille francs à chacun des ministres qui devaient l'accompapagner. La résolution de partir avait été prise d'une manière si soudaine, et le secret en avait été si bien gardé, que tous les services fonctionnèrent au château comme à l'ordinaire. On venait prendre et on exécutait les ordres. Ce jour-là même, à cinq heures, les valets dressaient, dans une salle du rez-dechaussée du château, un magnifique couvert de vingt-cinq personnes pour le traitement que devait faire le premier maître d'hôtel, au nom du Roi, à l'ambassadeur d'Espagne [1]. Il y avait pour ceux qui savaient que tout était fini, quelque chose d'étrange à voir les choses suivre leur train accoutumé.

Vers neuf heures du soir, le capitaine des gardes prévint le commandant de la garde nationale présent au château que le Roi partirait vers minuit. A onze heures, le baron de Vitrolles, qui croyait suivre le Roi à Lille, se rendait auprès de lui lorsqu'il rencontra, dans la petite pièce qui précédait son propre cabinet, le comte d'Artois et le chancelier Dambray. Le prince exprima à M. de Vitrolles l'opinion que sa présence dans le Midi pouvait être plus utile, et comme celui-ci s'empressait de se mettre à ses ordres, Monsieur entra chez le Roi avec le chancelier pour lui en parler. A onze heures et demie, Louis XVIII demanda le baron de Vitrolles. Le Roi tenait une petite lettre qu'il venait d'écrire : « Vous allez partir pour Bordeaux, pour Toulouse, lui dit-il, vous y ferez ce que vous inspirera votre zèle pour le bien de mon service; vous remettrez cette lettre à ma nièce. Vous lui direz de tenir à Bordeaux le plus longtemps qu'elle pourra. » Comme M. de Vitrolles exprimait au Roi son regret de partir sans instructions, le Roi lui répondit avec cet à-propos de mémoire qui ne l'abandon-

---

1. Le *traitement* était un repas donné au nom du Roi par le premier maître d'hôtel à un personnage de distinction.

naît jamais : *Mitte sapientiam ut nihil dicas.* Puis il écarta de même l'objection de M. de Vitrolles, qui regrettait de partir sans pouvoirs : « Vous n'en avez pas besoin, dit-il, vous êtes mon ministre. D'ailleurs vous serez autorisé par la présence de mon neveu et de ma nièce. » En quittant le Roi pour aller faire ses préparatifs de départ, M. de Vitrolles retrouva le comte d'Artois, qui lui promit d'aller le rejoindre dans le Midi, dès qu'il aurait mis le Roi en sûreté.

A minuit, on vit les voitures de voyage venir se ranger dans la cour du Carrousel, au bas de l'escalier du pavillon de Flore. Le bruit du départ du Roi se répandit en un instant ; aussitôt les nombreux gardes nationaux, les gardes du corps de service, les employés du château accoururent de toutes parts. Les escaliers, le vestibule du pavillon de Flore, les salles d'attente furent encombrés d'une foule qui, troublée et émue, venait assister à cette scène d'adieu, et voir une dernière fois le vieux Roi condamné par la fortune à quitter encore la demeure de ses aïeux, où, depuis dix mois à peine, il était de retour. Les visages étaient tristes et mornes, et malgré le trouble et le désordre qui régnaient, cette foule gardait un silence respectueux en attachant ses regards sur la porte des appartements intérieurs par laquelle le Roi devait sortir.

Au bout d'un peu de temps, cette porte s'ouvrit et le Roi parut. Les années et les infirmités appesantissaient sa marche. Il s'appuyait péniblement sur le bras du comte de Blacas et sur celui du duc de Duras ; mais son visage était ferme et plein d'une majestueuse sérénité. Le frère de Louis XVI n'était point à son apprentissage de l'adversité et de l'exil. A sa vue, il y eut comme un mouvement électrique parmi les assistants, et un grand nombre de personnes tombèrent à genoux. Les gardes nationaux et les gardes du corps étendaient vers lui les bras, et le suppliaient de rester. A l'aspect de ces témoignages d'affection, le visage du Roi, qui était demeuré ferme devant le péril, se troubla. En continuant à descendre les degrés d'un pas lent et difficile, il adressait, d'une voix entrecoupée d'émotion, ces paroles aux sujets fidèles qui lui donnaient cette suprême preuve de dévouement : « Épargnez-moi, mes amis. Mes enfants, votre attachement me touche et me tue; je ne vous dis point adieu pour jamais, nous nous reverrons. » Tout le monde pleurait, et le comte d'Artois et le duc de Berry, présents à cette scène, mêlaient leurs larmes à celles des assistants. Le Roi, marchant au bruit des sanglots, n'arriva point sans peine à sa voiture, en se frayant un passage à travers les rangs de ses serviteurs qui se serraient autour de lui. La nuit était affreuse; la pluie qui tombait par torrents, le vent qui soufflait par violentes rafales, éteignaient les flambeaux, qui jetaient une clarté douteuse sur cette scène de désolation. Enfin le Roi put monter avec le prince de Neufchâtel, le duc de Duras et le comte de Blacas, dans le carrosse qui l'attendait, et qui partit avec une simple escorte d'honneur. Il n'avait pas voulu que l'on s'occupât de sa sûreté, et il n'en avait pas besoin. Dans la plupart des villes qu'il traversa, il fut accueilli par des acclamations, dans toutes avec respect. « Le désespoir de voir tomber un gouvernement doux et paternel, dit un témoin peu suspect, était exprimé sur toutes les figures et dans toutes les paroles. Jamais souverain renversé de son trône n'a reçu un pareil accueil et des témoignages plus vrais, plus évidemment sincères que Louis XVIII en cette circonstance. L'espoir d'un prompt retour était si hautement exprimé, et l'opinion était alors si fortement prononcée en faveur de l'ordre de choses qui croulait, la haine pour ce qui l'avait précédé si énergique, que le concours des étrangers dans nos affaires ne présentait rien d'odieux aux yeux du peuple. Les ennemis, aux yeux des trois quarts des habitants de ces départements, étaient ceux qui renversaient le Roi de son trône et allaient rallumer la guerre [1]. »

La maison militaire du Roi avait été réunie au Champ de Mars à l'heure même où le Roi quittait Paris. Avec elle se trouvaient quelques détachements de troupes, les volontaires de l'École de droit, au nombre de plusieurs centaines, et un assez grand nombre d'officiers, formant ensemble un effectif de quatre mille hommes environ, cavalerie et infanterie. A deux heures du matin, le comte d'Artois, le duc de Berry et, sous eux, le duc de Raguse, vinrent prendre le commandement de la colonne. Elle se mit en marche, les grenadiers de La Rochejaquelein à l'avant-garde et les mousquetaires noirs à l'arrière-garde, traversa le pont d'Iéna, l'allée des Veuves, les Champs-Élysées jusqu'à la barrière de l'Étoile ; arrivée là, elle contourna Paris par le boulevard extérieur, et prit la route de Saint-Denis, en se dirigeant, par la route de Beauvais, vers Saint-Pol, dans la direction de Lille, où le Roi avait marqué le rendez-vous général.

Elle devait arriver à sa destination après plusieurs jours d'une marche pénible, que le mauvais temps rendait plus difficile encore en défonçant les routes. Nulle disposition n'avait été prise pour assurer les vivres et les logements de cette troupe ; mais l'exemple de Monsieur et du duc de Berry, qui partageaient les privations et les fatigues de leurs compagnons, soutint tous les courages. A chaque instant on annonçait, et plusieurs fois on rencontra des troupes impériales. A Abbeville, à Béthune surtout où l'on arriva le 23 mars, on crut qu'on allait en venir aux mains. Un régiment de chasseurs à cheval et un détachement de la garde impériale, venant d'Arras où ils avaient arboré la cocarde tricolore, se présen-

---

1. *Mémoires du duc de Raguse*, tome VII, page 100. Madame la comtesse Dupont raconte que de Paris à Dunkerque elle rencontra les mêmes manifestations et les mêmes sympathies pour la cause du Roi. (Voir son récit que j'ai publié dans les *Souvenirs de la Restauration*, page 96.)

tèrent à Béthune pour y prendre leur logement, et se trouvèrent face à face avec les grenadiers de La Rochejaquelein et les autres corps de la maison du Roi, qui, au bruit de leur approche, s'étaient mis en bataille sous les ordres du duc de Berry. Le prince allait donner le signal de la charge, lorsque l'officier qui commandait les chasseurs, reconnaissant le duc de Berry, s'avança et l'assura respectueusement qu'il demandait seulement passage pour conduire sa troupe à Lillers. Le prince refusant de livrer passage à une troupe marchant sous le drapeau tricolore, le chef bonapartiste donna aux siens l'ordre de rétrograder vers Arras. A cette vue, les cris de *vive le Roi* ayant éclaté dans les rangs des troupes royales, les chasseurs et les grenadiers firent volte-face aux cris de *vive l'Empereur*. Déjà l'on se mesurait des yeux à quelques pas seulement de distance, et le duc de Berry, le sabre à la main, au milieu des grenadiers de La Rochejaquelein, se préparait à charger, lorsqu'une de ces scènes fréquentes dans les guerres civiles empêcha une effusion de sang inutile. Un officier bonapartiste reconnut dans un des officiers des grenadiers de La Rochejaquelein son ami le plus cher, et s'écria que rien au monde ne l'obligerait à tremper les mains dans son sang. A l'accent de cette voix, les cœurs s'émurent, l'horreur de la guerre civile apparut à ces hommes, un moment auparavant sur le point de s'entretuer. Les officiers de la troupe bonapartiste profitèrent de cette émotion, lui firent tourner bride et l'entraînèrent vers Arras. Quelques voix s'élevèrent encore dans les rangs des grenadiers de La Rochejaquelein pour demander qu'on fît un exemple; mais le duc de Berry contint leur ardeur, et commanda de remettre le sabre au fourreau et de relever les fusils : « Soldats, ne tirez pas, dit-il, nous sommes tous Français. Comment voulez-vous tuer des gens qui ne se défendent pas [1] !»

1. On frappa dans la seconde Restauration une médaille au duc de Berry. Elle

Cette scène se passait le 24 mars. Ce fut à la hauteur de Béthune qu'on apprit les événements de Lille. Le 22 mars, à une heure après midi, le Roi avait fait son entrée dans cette ville, aux acclamations de la garde nationale et de la population. Mais le maréchal Mortier avait pris une mesure dont le Roi n'était pas instruit, et qui pouvait déconcerter ses espérances et ses plans de résistance ; il avait cru devoir faire rentrer dans la ville la garnison, qui était campée au dehors [1]. Si les troupes n'étaient point rentrées, la garde nationale et la maison du Roi, secondées par les habitants, pouvaient assurer à Louis XVIII ce dernier asile sur le territoire français. Avec une garnison nombreuse et mal disposée, ce dessein paraissait d'une exécution difficile ; le Roi persista à la tenter. Les habitants, ardemment sympathiques à la cause royale, se portaient partout sur les pas de Louis XVIII et faisaient tous leurs efforts pour émouvoir les soldats, en répétant les cris de *vive le Roi*. Ceux-ci, sombres et menaçants, gardaient un morne silence, présage d'une prochaine défection. En effet, le 23 mars, c'est-à-dire le lendemain même de l'arrivée du Roi, le duc de Trévise lui déclara qu'il ne pouvait répondre de la fidélité des troupes placées sous ses ordres, et que le Roi devait quitter la ville s'il voulait prévenir de grands malheurs. Le Roi répondit, avec cette fierté qui ne l'abandonna jamais dans les plus cruelles épreuves : « Eh bien ! si la troupe veut aller rejoindre Bonaparte, qu'on lui ouvre les portes, la garde nationale et ma maison militaire suffiront, à son défaut, pour assurer au roi de France un dernier asile sur le territoire français. » L'insubordination ayant continué à se manifester pendant la journée

---

porte au revers les paroles du duc de Berry et cette date : *Béthune, 24 mars 1815.*

1. Tous ces détails sont empruntés à la relation officielle dont nous avons trouvé l'original dans les *Papiers politiques* de M. de Blacas.

parmi les soldats, qu'on voyait parcourir les rues dans un état d'ivresse, le maréchal revint à la charge. Il déclara à M. de Blacas que, sur le bruit de l'approche du duc de Berry à la tête de deux régiments suisses et de la maison militaire, on parlait dans les quartiers de prendre les armes et de se soulever. Il n'était plus possible, ajouta-t-il, de soustraire les troupes de Lille à l'influence du mouvement qui entraînait toute l'armée vers Bonaparte. Les ducs de Bellune et de Reggio avaient en vain tenté de retenir dans le devoir les troupes de la cinquième division militaire et les garnisons de Metz et de Nancy. Rien ne pouvait résister désormais au torrent. Quant à faire sortir la garnison de la ville, ce n'était pas une chose en son pouvoir. Il espérait encore, en escortant lui-même le Roi, imposer aux soldats, mais si l'on tardait un instant, cette dernière chance de salut allait échapper. Le Roi, avant de se résigner à prendre un parti pour lequel il avait une si vive répugnance, voulut consulter le loyal Macdonald et le maréchal Berthier, qui, tous deux, lui conseillèrent la retraite; le duc d'Orléans se rangea à leur avis. Cependant le Roi ne renonça point encore à maintenir le drapeau blanc levé en France. Il résolut de se retirer à Dunkerque en passant par Ostende, et, sortant de Lille le 23 mars à trois heures de l'après-midi, il annonça qu'il allait se mettre en route vers ce port de mer, accompagné du duc d'Orléans, des maréchaux Mortier, Macdonald et Berthier, après avoir envoyé un courrier à Monsieur pour lui prescrire de diriger la maison militaire vers Dunkerque. Le duc d'Orléans et le maréchal Mortier quittèrent le Roi au sortir de la ville et rentrèrent dans la place pour prévenir les désordres que pourrait commettre la garnison, mais le duc de Tarente et le prince de Neufchâtel continuèrent à accompagner Louis XVIII. Le premier ne devait le quitter qu'aux portes de Menin, fidèle jusqu'au bout à son serment envers le Roi comme il avait été fidèle, dix mois auparavant, à son serment envers l'Empereur;

le second devait dépasser la frontière avec lui[1]; un piquet de la garde nationale de Lille, un détachement de cuirassiers et de chasseurs du roi suivirent Louis XVIII jusqu'à la frontière. Le Roi était à Ostende le 24 mars. On ne saurait douter que sa ferme résolution ne fût de se rendre en France, comme le témoigne le passage d'une lettre adressée ce jour même par le comte de Blacas à lord Castlereagh : « Le Roi est venu ici dans l'intention d'attendre des nouvelles de sa maison militaire. Dans cette attente, le Roi ne peut prendre aucune détermination ultérieure, mais l'intention de Sa Majesté est de tenter tous les moyens pour aller de nouveau en France, animer par sa présence ses fidèles sujets[2]. » Le 26 mars, à huit heures du soir, Louis XVIII allait partir pour se rendre à Dunkerque, lorsqu'il apprit que Monsieur lui-même était entré sur le territoire belge avec une faible partie de sa colonne. Ce fut avec un inexprimable serrement de cœur que Louis XVIII renonça à sa résolution de demeurer en France : « J'avais espéré, répétait-il, mourir dans ma patrie ! » Il se dirigea alors vers Gand.

Le comte d'Artois et son fils avaient appris le 24 mars au matin que le Roi avait quitté Lille, mais sans recevoir la dépêche

---

1. Le duc d'Orléans resta plusieurs heures à Lille après le Roi, et faillit être arrêté, comme l'indique la lettre suivante écrite par ce prince à Louis XVIII, et dont l'original est sous nos yeux : « Sire, disait-il, c'est un soulagement pour mon cœur, au milieu des malheurs qui nous accablent, que d'avoir à faire connaître à Votre Majesté un beau trait de plus du duc de Trévise. Avant votre départ, une dépêche télégraphique lui enjoignait de faire arrêter tous les Bourbons. Peu après votre départ, il arriva devant Lille un officier d'état-major que le maréchal se fit amener. Cet officier était chargé de s'assurer de nos personnes et en portait l'ordre officiel du nouveau ministre de la guerre prince d'Eckmühl. Mais le maréchal s'assura de la sienne (*sic*) jusqu'à ce qu'il m'eût su loin des frontières. Je les ai passées ce matin à trois heures et quart, et je suis heureusement arrivé à Tournay. »
Cette lettre est datée de Tournay, le 24 mars 1815. (*Papiers politiques* de M. de Blacas.)
2. *Papiers politiques* de M. de Blacas.

qui leur prescrivait de se diriger sur Dunkerque. Apprenant l'entrée du Roi sur le territoire belge et n'ayant aucun ordre, les princes et le maréchal Marmont considérèrent la partie comme perdue, puisque le Roi avait quitté le territoire français, et se résignèrent eux-mêmes à sortir de France. Il fallait se hâter si l'on voulait ne pas être coupé par les partis impériaux dont on annonçait de tous côtés l'approche, et par la cavalerie du général Excelmans, qui n'avait cessé de suivre la colonne. On résolut de se diriger vers Ypres ; c'était la ville belge la plus voisine. La route la plus courte traverse le pays de Lalleu, ancien marais mal desséché ; malgré l'avis des autorités et des habitants, qui s'accordaient à représenter ce chemin comme impraticable, surtout dans cette saison, on se détermina à le prendre. La colonne fut partagée en deux corps. La cavalerie, au nombre de quinze cents chevaux à peu près, se mit en mouvement la première, et s'engagea le 25 mars, à la première heure du jour, dans la route de la Gorgue et d'Estaires. Bientôt l'avant-garde envoya avertir les princes que les difficultés du chemin augmentaient à mesure qu'on avançait. Ceux-ci ne voulurent pas reculer ; cependant, convaincus par leurs propres yeux et par le témoignage de plusieurs officiers qui avaient fait les campagnes de Pologne et de Russie, et qui affirmaient n'avoir jamais rien vu de semblable, ils envoyèrent donner contre-ordre à l'infanterie restée à Béthune. La petite armée royale se trouva réduite ainsi à la cavalerie. On cheminait péniblement sur un terrain fangeux, dans lequel hommes et chevaux s'enfonçaient à mi-jambes. Toutes les voitures y restèrent. Les nouvelles devenaient si alarmantes qu'on ne crut point pouvoir prendre, comme on l'avait espéré, quelque repos à Estaires. Le lendemain, de grand matin, la colonne arriva à Nieppe, sur l'extrême frontière. Là elle fut rejointe par trois ou quatre cents volontaires, la plupart élèves de l'École de droit, qui s'étaient fait ouvrir les portes de Béthune en menaçant de faire feu si on ne leur livrait pas passage. Ce fut une lueur de joie au milieu de la tristesse générale. On avait devant soi la chaussée qui mène à Ypres. Le comte rassembla dans une chaumière les premiers officiers de chaque corps, et il les chargea de remercier les compagnies de leur dévouement. « Forcés pour le moment de passer la frontière et n'ayant aucun moyen d'existence à leur offrir, nous ne voulons rien leur demander, ajouta-t-il. Nous recevrons avec reconnaissance ceux qui voudront nous suivre, et nous partagerons notre dernier morceau de pain avec eux. »

Ces remercîments étaient mérités. Il ne dépend pas des hommes de ranger la fortune du côté de la cause qu'ils servent, ils ne peuvent qu'honorer par leur conduite l'adversité de leur drapeau. C'est ce que firent pendant cette marche pénible et périlleuse ces hommes inconnus les uns aux autres la veille, braves officiers sortis des armées impériales, vieillards venus de l'émigration, jeunes gens de la maison du Roi nouvellement engagés dans le métier des armes, volontaires de l'École de droit, tous animés par des mobiles peut-être différents, mais également respectables : l'austère devoir, l'honneur français, la fidélité au serment et le dévouement à la liberté politique s'unissant dans les jeunes cœurs au dévouement envers la royauté.

Les chefs de corps allèrent reporter à leurs compagnies les paroles du comte d'Artois. Comme il arrive aux hommes engagés dans un grand acte de dévouement, tous s'écrièrent d'abord qu'ils voulaient suivre les princes. Puis la réflexion vint. On se dit que, les ressources manquant, on serait pour eux au dehors plutôt une charge qu'une force. Au dedans, au contraire, on serait plus à portée de servir la royauté, soit dans l'Ouest, soit dans le Midi, si le drapeau blanc y était maintenu. Le duc de Berry parla à tout le monde dans ce sens ; il aimait mieux laisser à la royauté des auxiliaires en France que de donner des compagnons à son exil. La plus grande partie de la maison du Roi rétrograda jusqu'à Armentières pour y être licenciée; il ne resta guère auprès des princes que cinq cents hommes décidés à passer avec eux en Belgique.

Après de tristes adieux, on s'achemina vers Ypres. En arrivant à Neuve-Église, on entendit quelques coups de fusil; c'était un détachement de troupes impériales qui cherchait à forcer le pont jeté sur la Lys, afin de couper le chemin aux princes. Le poste belge résista et la petite colonne royaliste put continuer sa route. A l'approche d'Ypres, il y eut une nouvelle alerte. Les paysans vinrent avertir qu'il y avait un corps français devant la place et que la garnison belge était sous les armes. On reconnut bientôt que c'était un détachement de la petite armée royale arrivé devant Ypres par une autre route, et devant lequel les portes de la ville étaient demeurées fermées. On parlementa avec le gouverneur de cette place, et l'on apprit que ses instructions ne l'autorisaient à recevoir que les princes. Il fut convenu que le détachement royaliste camperait aux portes d'Ypres, et le prince, aussitôt entré dans la place, expédia un courrier au roi des Pays-Bas, afin de lui demander un asile sur le territoire belge pour ceux qui l'avaient suivi. Le roi Louis XVIII, alors à Ostende, avait fait de son côté une démarche analogue. La réponse arriva le lendemain, elle était favorable. Les débris de la colonne purent donc entrer dans Ypres. Les deux princes les passèrent en revue le lendemain, ils étaient réduits au nombre de trois cents hommes environ. Gand, où Louis XVIII allait se rendre, leur fut assigné pour séjour.

VIII

ARRIVÉE DE NAPOLÉON A PARIS.

Tandis que les dernières épaves du naufrage de la royauté se trouvaient jetées sur le territoire belge, Napoléon, devant qui les chemins étaient ouverts, continuait sa marche sur Paris. La physionomie de cette ville, dans la matinée du 20 mars, avait quelque chose d'étrange. La nouvelle du départ du Roi, répandue dans la matinée, avait surpris tout le monde et rencontré bien des incrédules. Les personnages politiques qui avaient le droit de se croire compromis, ou qui, par prévoyance ou par honneur, craignaient de se commettre avec le nouvel Empire, se hâtaient de quitter Paris. Madame de Staël était partie la veille. M. Laîné se rendait à Bordeaux pour y rejoindre la duchesse d'Angoulême. M. de Chateaubriand ne se mit en route que le 20 mars à quatre heures du matin, après avoir acquis la certitude matérielle que le Roi avait quitté les Tuileries et se dirigeait vers la frontière du Nord. M. de Montesquiou se rendait à Londres, où M. Bellart, proscrit d'avance par l'acte d'amnistie de Lyon, allait de son côté chercher un refuge. M. de Fontanes se rendait dans un port de la Normandie, résolu à se tenir à l'écart du gouvernement impérial renaissant et à mettre la mer entre lui et Napoléon s'il faisait mine de l'appeler. M. Bourrienne quittait la capitale à la hâte, et M. Ferrand, directeur des postes, recevait de M. de La Valette, qui s'était rendu au siége de son ancienne administration pour avoir, disait-il, des nouvelles de Napoléon, un permis de poste pour s'éloigner de Paris [1].

---

[1]. C'est l'explication que M. de La Valette donne dans ses *Mémoires*.

Comme il arrive dans ces heures de transition, où l'on se trouve entre un gouvernement qui n'est plus et un gouvernement qui n'est pas encore, les journaux, pâles et vides, parlaient de tout excepté des grands événements du jour, le départ du Roi et l'approche de Napoléon. Ils connaissaient cependant, ou du moins ils pressentaient l'un et l'autre, car aucun d'eux ne reproduisait le violent manifeste publié la veille dans le *Journal des Débats* par Benjamin Constant. C'était un lundi. Comme à l'ordinaire, la population remplissait les rues. On put bientôt remarquer que le grand courant de cette population se dirigeait vers les Tuileries. Elle manifestait une curiosité mêlée d'intérêt. Peu à peu les nouvelles qu'on avait cachées les jours précédents et celles de la veille se répandirent. On sut la défection du maréchal Ney, la marche rapide de Bonaparte, son arrivée à Fontainebleau, et bientôt la défection des troupes de l'armée de réserve réunies aux portes de Paris. En effet, les troupes de cette armée, qui avaient reçu l'ordre de se replier sur Saint-Denis et de suivre la marche du Roi vers le Nord, n'avaient pas tardé à se mutiner; les Suisses seuls exécutèrent le mouvement. Les cris de *vive l'Empereur* s'étaient fait entendre. Le général Maison, dont le quartier général était à Saint-Denis, voulut intervenir, mais alors la révolte prit un caractère plus décidé, et le général n'eut que le temps de se jeter sur le cheval d'un lancier d'ordonnance pour échapper à la fureur de cette soldatesque qui menaçait sa vie. Les officiers à demi-solde réunis à Saint-Denis avaient eu une grande part à ce mouvement. Entraînant avec eux plusieurs détachements d'infanterie, une batterie d'artillerie et un escadron de cuirassiers, ils se dirigèrent sur Paris, conduits par le général Excelmans, qui, après avoir pris la cocarde tricolore, s'était mis à leur tête.

Quand ils y arrivèrent, il était environ deux heures après midi. Une foule immense continuait à stationner devant les

Tuileries; l'aspect général de cette foule était le même que le matin, seulement quelques groupes hostiles disséminés çà et là faisaient entendre des cris de mauvais augure. D'autres groupes se prononçaient en sens contraire, et les collisions éclataient dans cette multitude, quelques heures auparavant silencieusement inquiète. Plusieurs individus peu suivis demandèrent l'ouverture des grilles du Carrousel, fermées depuis le matin. La garde nationale, qui n'avait pas quitté les Tuileries après le départ du Roi, n'obéissant pas à cette sommation, on entreprit de les forcer, mais les grilles résistèrent. Alors les plus hardis voulurent les escalader. Les gardes nationaux les repoussèrent vivement et demeurèrent maîtres du terrain. Les esprits s'animaient. On commençait à échanger des injures et des menaces. Un conflit allait éclater lorsqu'on entendit un grand bruit dans le lointain.

C'était la colonne commandée par le général Excelmans et qui, grossie par un certain nombre d'ouvriers recrutés dans les faubourgs, s'avançait vers les Tuileries. La garde nationale tenait bon et n'ouvrait pas les grilles; mais le général Excelmans, ayant demandé à parlementer, fit comprendre aux défenseurs du château ce qu'il y avait de peu raisonnable dans une lutte désormais sans but, puisque le Roi était parti et l'armée passée tout entière sous les drapeaux de Napoléon. Alors les portes furent livrées, les gardes nationaux se retirèrent, et l'on vit bientôt le drapeau blanc disparaître, et le drapeau tricolore se relever sur le dôme des Tuileries, aux applaudissements de la colonne venue à la suite du général Excelmans et des groupes bonapartistes qui stationnaient dans la cour du Carrousel.

Ainsi l'entreprise de Bonaparte conservait jusqu'au bout son caractère. C'était la force militaire qui l'avait commencée sur le littoral du golfe Juan; c'était encore la force militaire qui l'avait accueillie et aidée devant Grenoble, à Lyon, à Lons-le-Saulnier, partout; c'était encore la force militaire qui lui ouvrait les Tuileries.

Peu à peu la foule s'éloigna. Il ne resta dans la cour du Carrousel que les officiers à demi-solde du général Excelmans, au nombre de cinq à six cents, quelques centaines d'ouvriers et un petit nombre de spectateurs attardés. Paris, ordinairement si curieux, se tenait éloigné du lieu où allait se passer la dernière scène du retour de l'île d'Elbe [1]. Une stupeur générale pesait sur les esprits, étonnés du présent et pleins de sombres pressentiments sur l'avenir.

Au milieu du désarroi général, un seul fonctionnaire de la Restauration avait cru devoir rester à son poste : c'était M. de Chabrol, préfet de la Seine, que la nature toute municipale de ses fonctions autorisait à préserver avant tout les intérêts de la capitale. Ailleurs les serviteurs les plus intimes et les plus hardis de l'Empire s'établissaient d'eux-mêmes dans les fonctions publiques restées vacantes. On a vu, dès le matin du 20 mars, M. de La Vallette se rendre à l'Hôtel des postes et donner un permis de chevaux à M. Ferrand. Il avait fait plus : rentrant dans cette administration comme dans son domaine, et trouvant tous les employés, dont le gouvernement royal avait respecté les positions, sympathiques aux opinions bonapartistes et prêts à les servir, il avait expédié, à sept heures du matin, un courrier à Fontainebleau pour avertir Napoléon du départ du Roi et lui demander ses ordres. En les attendant, il avait ordonné de suspendre le départ du *Moniteur* et des autres journaux qui contenaient la proclamation du Roi. De son côté, M. Regnault de Saint-Jean-d'Angely signait et envoyait au *Moniteur* l'ordre de publier les proclamations du golfe Juan et tous les actes officiels de Napoléon. Le comte de Montesquiou remplaçait le général Dessolle

---

1. Voir les *Mémoires de M. de La Valette*, tome II, page 160.

dans le commandement de la garde nationale. Ce fut avec lui que M. de Chabrol se concerta pour faire protéger la Banque et le Trésor, et M. de La Vallette pour empêcher le pillage des caisses de la poste, car la lie de la populace commençait à fermenter.

En même temps, la belle-fille et la belle-sœur de Napoléon, la reine Hortense et la femme de Joseph Bonaparte, rentraient aux Tuileries, dont les appartements s'étaient rouverts devant elles, et elles venaient y attendre l'Empereur. Peu à peu les salons se remplirent par l'arrivée de leurs dames de service et de celles de l'impératrice; puis des femmes et des filles des généraux et des dignitaires de l'Empire; enfin de quelques hommes de la haute banque; la cour impériale se reformait d'elle-même. Les lustres s'allumèrent comme par magie et éclairèrent cette cour brillante, qui, resplendissante de pierreries, semblait attendre l'Empereur au retour d'une de ses campagnes. Quelques-uns de ceux qui assistaient à cette scène féerique ont dit, dans la naïveté égoïste de leur joie, que la Restauration leur paraissait un mauvais rêve qui se dissipait tout à coup au contact de la réalité[1] : le rêve avait été moins mauvais pour la France, délivrée en quelques jours d'une invasion formidable, rendue à la paix dont elle était privée depuis tant d'années et jouissant d'une liberté politique qui lui avait été jusque-là inconnue. Une des femmes de la cour impériale avait remarqué qu'une fleur de lis se détachait de l'immense tapis qui couvrait la salle du Trône; elle acheva de l'enlever, et l'abeille impériale que la royale fleur de lis recouvrait reparut; aussitôt toutes les femmes présentes se mirent à l'ouvrage et le tapis fleurdelisé redevint en quelques moments un tapis aux abeilles : image assez exacte de la rapidité avec laquelle

---

1. « Il nous semblait que ce règne de onze mois n'était qu'un mauvais rêve de quelques heures. » (*Mémoires du comte de La Valette*, tome II, page 160.)

d'Elbe; non pas la rentrée d'un souverain dans sa capitale; mais la rentrée de César porté dans les bras de ses légions. Le peuple qui l'y accueillit, ce fut son peuple militaire, l'armée; les acclamations qui l'y saluèrent, sortirent des poitrines de ses anciens compagnons d'armes. Ce fut une scène de famille entre les soldats et leur général; — Paris n'y assista pas. Cette entrée nocturne et presque furtive, cette absence de la population allaient produire sur l'opinion de la France et de l'Europe une impression défavorable à la cause de Napoléon. Puisqu'il entrait ainsi de nuit à Paris, c'était donc qu'il craignait de laisser voir à la France et à l'Europe la manière dont il y aurait été reçu en plein jour! S'il ne conviait point la population parisienne à la fête de son retour, c'était donc qu'il se défiait de ses dispositions! Il y avait là un fâcheux présage pour la suite de son entreprise.

Ainsi se terminait le retour de l'île d'Elbe, cette aventure exaltée par les uns comme un coup de génie, qui, favorisé par l'assentiment unanime de la population, ramenait Napoléon en vingt-deux jours de l'île d'Elbe aux Tuileries, sans qu'une amorce eût été brûlée, sans qu'une goutte de sang eût été versée; dénoncée par l'opinion contraire comme le résultat d'une conspiration tramée de longue main et à laquelle la plupart des fonctionnaires et des chefs de corps avaient d'avance adhéré. La vérité historique n'est ni dans l'un ni dans l'autre de ces deux extrêmes. La conspiration exista, mais elle ne fut point aussi générale qu'on l'a dit, et les complicités préméditées furent beaucoup moins nombreuses que les complicités spontanées. La témérité de l'entreprise de Napoléon était plus apparente que réelle. Il descendit avec mille hommes seulement sur le sol de France pour reconquérir le trône, mais ces mille hommes étaient à lui à la vie et à la mort, et dans cette armée nombreuse que l'Empire avait prêtée à la Restauration, sans la lui donner, il n'y avait pas une seule compagnie d'infanterie, un seul escadron de cavalerie dont Louis XVIII pût être sûr en la présence de Napoléon. Cette troupe de l'île d'Elbe, si faible en apparence, était donc en réalité plus forte que l'obstacle militaire que Louis XVIII pouvait lui opposer. Quant au reste de la nation, on sait ce que pèse le nombre inorganisé devant une minorité organisée, la faiblesse devant la force, et Napoléon, sans se laisser étourdir par quelques acclamations, jugeait sainement la part que la nation avait prise à son succès, lorsque, le lendemain même de son retour, il disait à M. Mollien, qui le félicitait de l'assentiment unanime avec lequel il avait été accueilli sur son passage : « Assez, assez, mon cher, le temps des compliments est passé ; ils m'ont laissé arriver, comme ils les ont laissés partir. »

Quant à la Restauration, elle commit plutôt encore des fautes d'imprévoyance avant le commencement de l'entreprise que des fautes de conduite dans l'action. Il aurait fallu prévoir que Napoléon ne se résignerait pas à demeurer longtemps à l'étroit sur un îlot de la Méditerranée, entre la France et l'Italie qu'il avait gouvernées quatorze ans, et qu'il prendrait un jour ou l'autre son vol pour s'abattre sur notre rivage. Une croisière de surveillance mieux organisée, assez puissante et assez nombreuse pour rendre son passage plus difficile, car avec la liberté de navigation et l'indépendance de pavillon dont jouissait Napoléon comme souverain de l'île d'Elbe, nul ne pouvait répondre de le rendre impossible ; une force tirée de la maison du Roi, ou formée de volontaires de l'Ouest et du Midi et des régiments suisses, et placée sous les ordres d'un homme d'énergie et de décision sur le rivage qui regarde la plage de l'île d'Elbe, dans la prévision que les soldats qui avaient combattu si longtemps sous les ordres de Bonaparte ne résisteraient pas à son ascendant ; une ligne télégraphique établie sur les points principaux du littoral et venant se relier à celle de Lyon ; voilà à peu près les seuls obstacles que la prévoyance pût opposer au retour de l'Empereur. La dernière surtout était de la plus haute importance, car si Napoléon tentait un débarquement, le gouvernement avait un intérêt capital à être averti dès le premier moment, pour l'accabler avant qu'il eût fait des progrès et des recrues.

Cette ligne télégraphique n'ayant pas été établie, une fois que Bonaparte eut le pied sur le territoire français, le gouvernement royal se trouva à la merci du zèle, de l'énergie et de la capacité des chefs qu'il avait investis de sa confiance, du golfe Juan à Grenoble, c'est-à-dire dans le parcours où il était encore possible d'arrêter Napoléon, et ceux-ci se trouvèrent à la merci du concours douteux de leurs soldats. En effet, quand les premiers ordres venus du centre, après la nouvelle du débarquement, arrivèrent, et quand les premières mesures de défensive purent être prises par le gouvernement, Bonaparte était maître de Grenoble; il était bien tard s'il n'était pas déjà trop tard pour l'arrêter, car il avait derrière lui une petite armée, et il y avait une bataille à livrer. La faute commise par le gouvernement royal dans cette seconde phase fut une erreur d'appréciation ; il ne comprit pas que les colonnes qu'on enverrait en détail contre Napoléon ne résisteraient pas à sa toute-puissante attraction, et qu'il ne restait aux Bourbons qu'une chance, c'était d'aborder l'Empereur avec des masses et à engager l'affaire à distance avec le canon, en faisant replier toutes les garnisons devant lui jusqu'à ce qu'elles rencontrassent toutes les forces disponibles, troupes de ligne, garde nationale, maison militaire du Roi, Suisses, volontaires, mis rapidement en mouvement sous le commandement des maréchaux les plus fidèles, accompagnés du comte d'Artois et du duc de Berry, tandis que le duc de Bourbon serait envoyé, à la première nouvelle, dans l'Ouest. Au lieu de cela, on envoya à Lyon Macdonald qui fut abandonné, et à Lons-le-Saulnier Ney, qui fit défection. Restait, après cette défection de Lons-le-Saulnier, une suprême chance : on ne pouvait plus vaincre, mais on pouvait encore mourir à Paris, au milieu de la garde nationale, des volontaires et de la maison militaire, en obligeant Bonaparte à ensanglanter son retour. La politique le conseillait et l'âme vraiment royale de Louis XVIII était au niveau de cette résolution. Mais ses entrailles s'émurent, comme jadis celles de son aïeul Henri IV, à la pensée des calamités qu'il appellerait sur sa capitale, et il s'éloigna pour la sauver.

Telles furent les causes qui empêchèrent Napoléon de trouver une résistance sérieuse sur le parcours de Cannes à Paris. Il avait obtenu sans coup férir un succès qui peut paraître surprenant, presque impossible à ceux dont les regards s'arrêtent à la surface des choses, mais qui s'explique facilement pour ceux qui regardent plus profondément. L'armée, seule force organisée en France, avait acclamé son ancien général; la nation, selon ses propres paroles, l'avait laissé passer. Ainsi s'était accompli ce grand changement. Maintenant Louis XVIII était à Gand, Napoléon à Paris.

Le vulgaire pouvait croire que, dès lors, l'Empereur en avait fini avec toutes les difficultés. Pour les esprits clairvoyants et surtout pour Napoléon, mieux placé que tous pour juger sa situation, elles allaient commencer.

IX

EFFORTS SUPRÊMES DE LA RÉSISTANCE ROYALISTE DANS LES DÉPARTEMENTS. — BORDEAUX : LA DUCHESSE D'ANGOULÊME. — TOULOUSE. — OUEST, LE DUC DE BOURBON. — LE DUC D'ANGOULÊME.

Avant d'aborder l'exposé de cette situation nouvelle, il convient de rapporter comment les derniers éléments de la défense monarchique disparurent du sol français, c'est-à-dire comment la première Restauration acheva de tomber. Quand le Roi partit des Tuileries, le duc et la duchesse d'Angoulême étaient dans les départements du Midi. Le prince et la princesse avaient quitté Paris le 27 février, six jours avant que la nouvelle du débarquement de Napoléon y fût connue, pour se rendre à Bordeaux afin d'y célébrer l'anniversaire du 12 mars. Leur voyage avait été une longue ovation : Orléans, Bourges, Châteauroux, Issoudun, Limoges, Périgueux, les avaient reçus avec acclamation et sous des arcs de triomphe. La conduite du duc d'Angoulême dans le Midi, l'année précédente, les souvenirs touchants et douloureux attachés à la fille de Louis XVI expliquaient cet enthousiasme, que d'ailleurs la présence des princes de la maison de Bourbon excitait alors dans toutes les provinces de France rendues à la paix. Le 5 mars, le duc et la duchesse, portés dans une gondole richement ornée et précédée et suivie d'une multitude d'embarcations, firent leur entrée à Bordeaux en descendant le cours du fleuve. Ils furent accueillis par les démonstrations de l'allégresse publique. Quand le prince et la princesse descendirent de leur gondole sur la rive gauche du fleuve, ce fut une clameur immense, universelle. Vingt jeunes gens et autant de jeunes filles vêtues de blanc et couronnées de lis se présentèrent pour traîner la calèche dans laquelle la fille de Louis XVI monta pour faire son entrée. Les rues étaient jonchées de verdure, les maisons tapissées, et l'on jetait les fleurs à pleines corbeilles sous les pas du cortége. C'était, dans la population, une de ces joies attendries par les larmes qui touchent profondément le cœur. Quand on arriva au château royal, l'orchestre joua le grand chœur d'*Iphigénie*, air que la reine Marie-Antoinette avait tant aimé. Ce ne furent, pendant plusieurs jours, que revues, bals, spectacles, réjouissances publiques auxquels le prince et la princesse assistèrent, sans que la population, toujours aussi ardente dans ses manifestations, pût se rassasier de leur vue.

Le 9 mars, ils devaient se rendre à une fête donnée par le commerce bordelais. Dans la matinée, le duc d'Angoulême reçut le courrier, expédié le 5 au soir par M. de Vitrolles, avec des dépêches qui lui apprirent les graves événements encore ignorés dans le département; à ces nouvelles était joint l'ordre qui prescrivait au duc d'Angoulême, nommé lieutenant général du Roi dans les départements du Midi, de se rendre dans la ville de Nîmes afin de prendre le commandement de l'armée, composée des cinq divisions militaires. Le duc et la duchesse décidèrent que, pour ne pas troubler la fête convenue, ils ne laisseraient rien transpirer des dépêches, et se rendirent au bal. Ils y parurent calmes et fermes, sans que leur visage trahît leurs secrètes préoccupations. A cinq heures du matin, en sortant du bal, le duc d'Angoulême monta dans une chaise de poste, avec un aide de camp, et prit en toute hâte la route de Nîmes. La duchesse, que les événements en s'aggravant trouvaient à leur hauteur, avait répondu de Bordeaux à son mari. Le lendemain elle réunit les autorités de la ville, leur apprit la nouvelle, forma une espèce de conseil de gouvernement dans lequel figuraient MM. Ravez, de Marcellus, Peyronnet, Martignac, Gautier, de Puységur, commandant de la garde nationale, de Montmorency, chevalier d'honneur de la princesse, et dont M. Laîné, qui avait quitté Paris en même temps que le Roi, allait devenir l'âme. La nouvelle, dans les premiers moments, effraya moins qu'elle ne surprit. Cependant on prit, avec une grande activité, les mesures de sûreté nécessaires. Une liste de volontaires se couvrit de signatures, une souscription ouverte pour leur armement fit espérer le versement de 1 million. Les préfets des départements voisins, accourus à Bordeaux pour saluer le prince et la princesse, retournèrent immédiatement à leur poste.

Ainsi le duc d'Angoulême allait prendre la direction de la défense monarchique à Nîmes ; madame la duchesse d'Angoulème se chargeait, avec un courage viril, de donner l'impulsion à Bordeaux et à toutes les contrées voisines. M. le duc de Bourbon était parti le 10 mars pour Angers, afin de prendre la direction du mouvement de l'Ouest, et l'on a vu M. de Vitrolles partir, dans la nuit du 19 au 20 mars, pour Toulouse avec une mission du Roi.

C'était le plan de M. de Vitrolles qui allait être appliqué *in extremis,* mais avec moins d'unité, moins de force, et par conséquent moins de chances que si le Roi s'était rendu lui-même au centre de cette action royaliste avec les ressources militaires et financières qui lui restaient. D'abord il était bien difficile de réagir contre la constitution matérielle, politique et morale d'un pays depuis si longtemps gouverné du centre à la circonférence, et dont les habitudes, les lois, les routes même ont été dirigées dans ce sens. On avait vu déjà, dans la première révolution, le soulèvement d'un grand nombre de départements contre la force révolutionnaire maîtresse de Paris se terminer par leur défaite. Or le ressort de la centralisation, tendu par la main vigoureuse de Napoléon, était plus fort en 1815 qu'en 1793 et 1794, où l'esprit des anciennes provinces réagissait encore contre la domination centrale. En outre, il y avait plusieurs causes qui rendaient, dans les circonstances données, la résistance très-difficile et son succès à peu près impossible. L'élément militaire, la seule force organisée, autour de laquelle il aurait fallu grouper les forces inorganisées des départements, subissait partout l'attraction qui entraînait l'armée vers Napoléon, et cette attraction croissait, par une espèce de progression géométrique, à mesure que le noyau de troupes dont il était entouré grossissait, et que ce noyau, toujours grossissant, approchait de Paris. Non-seulement on ne pouvait compter sur la troupe, dans les départements où il s'agissait d'organiser la résistance, mais il était vraisemblable qu'on l'aurait contre soi. L'argent, cet instrument de toute chose, manquait aussi aux organisateurs de cette résistance; et Louis XVIII, à son départ, laissait à Paris dans les caisses du Trésor 35 millions qui auraient pu être utilisés dans les départements où l'on essayait de lutter, et l'on n'avait que la ressource limitée et précaire des souscriptions volontaires. Enfin le temps, qui n'est guère moins nécessaire que l'argent quand il s'agit d'organiser, manquait comme le reste. Tels étaient les obstacles qui devaient presque inévitablement paralyser les bonnes dispositions des populations.

M. de Vitrolles qui, en vertu des pouvoirs que lui avait confiés le Roi et de la mission qu'il tenait de l'activité de son esprit et de l'énergique audace de son caractère, allait devenir l'organisateur de cette défense royaliste, se rendit d'abord à Bordeaux. Parti de Paris le 20 mars, à cinq heures du matin, il rencontra un peu avant Chartres le maréchal Gouvion Saint-Cyr, dont les dispositions étaient bonnes et qui se rendait à son gouvernement d'Orléans. Il ne dissimula point à M. de Vitrolles qu'il trouvait les choses bien avancées, mais il promit de faire son devoir, de ne rien négliger pour ramener les troupes qui avaient déjà arboré les couleurs tricolores, et de couvrir, autant qu'il lui serait possible, la rive gauche de la Loire. Arrivé à Poitiers le 22 mars, M. de Vitrolles écrivit à M. le duc de Bourbon, qui devait être à Angers où il organisait les forces de l'Ouest, pour lui communiquer son plan, les bonnes dispositions du maréchal Gouvion Saint-Cyr, et lui indiquer le rôle que l'Ouest avait à jouer dans la défense commune.

A mesure que M. de Vitrolles s'enfonçait dans les provinces méridionales, il trouvait les sentiments royalistes plus prononcés et plus énergiques. Les populations de ces contrées avaient pris les armes d'instinct et elles exerçaient une inquiète surveillance. Ce ne fut pas sans peine qu'il arriva à Bordeaux, le 23 mars, à neuf heures du matin. Il descendit de voiture à la porte du palais de la duchesse d'Angoulême; suivant de près l'huissier qui devait l'annoncer, il entra en même temps que lui dans les appartements de la princesse. La fille de Louis XVI était agenouillée devant son prie-Dieu ; c'était là qu'elle puisait cette sérénité et ce courage qui étonnaient tous ceux qui avaient à traiter avec elle. Elle tourna la tête au bruit des pas de M. de Vitrolles, se leva et vint vivement à lui. Celui-ci lui remit la lettre du Roi, lui raconta la triste scène de son départ, indiqua en quelques mots les causes qui l'avaient amené, parla de son intention de s'enfermer à Lille, et passa sans transition à l'exposé du système de défense qu'il convenait d'essayer. Il comptait sur l'occupation de la rive gauche de la Loire par les troupes du maréchal Gouvion Saint-Cyr et par celles du duc de Bourbon, et désigna à la princesse Toulouse comme le centre naturel de l'organisation royaliste qu'il fallait établir. Une fois là, on mettrait en mouvement toutes les forces monarchiques qu'on pourrait réunir de Nantes à Marseille, et on les enverrait successivement au secours du duc d'Angoulême, du duc de Bourbon et du maréchal Gouvion Saint-Cyr. Ces forces, sorties du sein de la population, étaient le seul appui certain qui restât à la royauté, et il faudrait même, dès qu'on le pourrait, licencier les régiments dont on avait à attendre plus de périls que de secours.

Tandis que M. de Vitrolles exposait ces idées, le cœur de la princesse s'ouvrait à l'espérance, et son visage s'épanouissait à la pensée de cette gloire à laquelle elle devait arriver à travers des périls. Son interlocuteur, qui craignait de lui avoir donné une confiance trop grande dans un succès sur lequel il comptait peu lui-même, ne lui dissimula pas combien il appréhendait que tous ces efforts ne fussent inutiles. La princesse l'interrompit avec un ton de mécontentement et de reproche : « Ce qui est bien conçu, dit-elle, doit bien s'exécuter. » Son instinct de femme avait ici raison contre les doutes politiques de M. de Vitrolles. Pour lutter, il faut espérer. Madame la duchesse d'Angoulême rendit compte à son tour au conseiller que son oncle lui envoyait de l'état des affaires dans le Midi ; le duc d'Angoulême organisait ses forces à la hâte pour prendre l'offensive et marcher sur Lyon. Quant à Bordeaux, elle pouvait compter sur le concours le plus ardent et le plus actif de la population : la garde nationale était excellente; les volontaires demandaient à marcher ; l'armée était sans enthousiasme, mais rien n'autorisait à soupçonner qu'elle hésitât à faire son devoir. Les généraux Decaen et Harispe montraient les meilleures dispositions et se conduisaient en gens d'honneur.

La princesse voulut que M. de Vitrolles annonçât lui-même aux autorités de Bordeaux la nouvelle qu'il apportait. Il y eut donc, le jour même, une convocation des autorités civiles, militaires et judiciaires. Près de quatre cents personnes se trouvaient ainsi réunies dans la grande salle du palais. La duchesse d'Angoulême leur présenta M. de Vitrolles, en leur disant qu'il était investi par le Roi de tous les pouvoirs pour maintenir le gouvernement dans le Midi et organiser l'administration des provinces fidèles. Ensuite la princesse se retira, et M. de Vitrolles eut à raconter les dernières circonstances du séjour du Roi à Paris, sa résolution de se renfermer dans Lille, sa confiance dans ses fidèles provinces du Midi et de l'Ouest. Il termina en annonçant la prochaine arrivée de Monsieur. Pendant cette narration animée, l'émotion de l'assemblée ne cessa de se manifester par des cris de *vive le Roi,* qui soutenaient la verve naturelle de l'orateur, à qui l'auditoire renvoyait la passion royaliste qu'il recevait de lui.

A la fin de cette séance, M. de Vitrolles eut avec le général Decaen une conférence intime sur les moyens d'organiser la défense royaliste. Ces entretiens se renouvelèrent plusieurs fois en présence de la princesse. M. de Vitrolles, averti par l'expérience qu'on venait de faire sur tant de points, proposait de disloquer les régiments et de les disséminer en petits détachements pour éviter les mouvements spontanés. Il insistait même pour qu'on les licenciât, si la chose était possible, sauf à incorporer dans les cadres des volontaires royaux les soldats de bonne volonté. Le général Decaen, qui avait d'abord combattu cette idée comme peu militaire, l'accepta ensuite comme politique, en reconnaissant qu'il n'était pas possible de répondre de la fidélité des troupes si l'on en venait à une lutte armée ; mais, après avoir pressenti les officiers, il revint bientôt dire qu'il la regardait comme encore plus impraticable qu'utile. Il était convaincu en effet que si on tentait de l'appliquer, on provoquerait le soulèvement militaire qu'on voulait prévenir. Il fallut se borner à des palliatifs. On convint que l'on diminuerait de cinq cents hommes la garnison du fort de Blaye, et qu'on y ferait entrer un nombre à peu près égal de gardes nationaux. On résolut d'opérer le même changement dans la garnison du fort de Bordeaux, mais les événements marchèrent si vite que ces résolutions ne furent qu'à demi exécutées ou demeurèrent en projet. Un courrier de l'ambassade d'Espagne traversait Bordeaux se rendant à Madrid, on lui remit des dépêches pour M. de Laval, ambassadeur de France, auquel on prescrivait de réclamer du roi d'Espagne, à titre de parent et d'allié, l'envoi d'un corps d'armée de quinze à vingt mille Espagnols, destiné à opérer de concert avec les troupes royales. Le général Decaen, d'abord contraire à cette mission, finit par s'y rallier. Dans la crainte que l'argent ne manquât, on fit une démarche pour obtenir du consul d'Angleterre une somme de 800,000 francs déposée en ses mains jusqu'à la décision de l'autorité administrative, parce qu'elle résultait de droits litigieux payés sous toutes réserves par ses nationaux pour l'entrée de leurs marchandises. Ce consul n'hésita pas à remettre cette somme sur l'invitation de madame la duchesse d'Angoulême, qui appuyait de sa forte volonté toutes les mesures adoptées.

M. Lainé, arrivé de Paris le 24 mars, assistait aux dernières réunions où fut arrêté l'ensemble du plan de défense ; il prêta aux résolutions prises le concours de ses lumières, de son caractère énergique, de sa grande position à la Chambre, et la juste autorité attachée à son nom. Il fut convenu qu'on chercherait à maintenir les troupes, qu'on prescrirait l'organisation des volontaires, que M. de Vitrolles écrirait au nom de la duchesse d'Angoulême aux quarante préfets des départements de la rive gauche de la Loire et de la rive droite du Rhône, pour leur annoncer qu'il allait établir à Toulouse, selon les ordres du Roi, le centre de l'administration des provinces restées fidèles, et que le comte d'Artois viendrait bientôt y prendre la direction des affaires. C'était tout ce qu'on pouvait faire dans ces circonstances extrêmes. Madame la duchesse d'Angoulême, qui soutenait par son grand cœur les autorités civiles, arrachait l'admiration des autorités militaires et excitait l'enthousiasme de la population, qui la regardait comme le drapeau vivant de la monarchie, demeura à Bordeaux. M. de Vitrolles partit pour Toulouse le 25 mars.

A Agen, à Montauban, il trouva les populations ardentes et bien disposées, les autorités administratives énergiques et dévouées, et n'arriva à Toulouse que dans la nuit du 25 au 26 mars. M. de Saint-Aulaire était préfet de la ville. C'était un homme d'un esprit élevé, d'un caractère honorable, mais qui, par ses précédents politiques aussi bien que par sa nature calme et un peu froide, restait étranger à la passion royaliste dont les populations qu'il administrait étaient animées. Dans les circonstances où l'on se trouvait, ce défaut d'unité entre l'administrateur et les administrés était un inconvénient. Il s'expliqua franchement avec M. de Vitrolles, ne surfit point son dévouement, et ne lui donna que la parole qu'il voulait tenir, celle d'être ferme jusqu'au bout dans la ligne de son devoir tracée par son serment au Roi. Il ne dissimula pas du reste à M. de Vitrolles les difficultés de sa mission. Celui-ci s'aperçut bientôt que le préfet du département de la Haute-Garonne n'avait rien exagéré. Le lendemain même de son arrivée, M. de Vitrolles voulut, comme à Bordeaux, réunir les autorités judiciaires, militaires et civiles. Il espérait, en leur adressant de vives et chaleureuses paroles, les préparer à lui donner un utile concours; mais il ne retrouva pas à Toulouse l'enthousiasme et l'ardeur qu'il avait trouvés à Bordeaux. La nouvelle du départ du Roi quittant Paris pour se rendre à la frontière avait glacé tous les courages officiels, en faisant tomber les espérances. La population seule conservait l'ardeur de ses sentiments royalistes, et regardait d'un œil de défiance les autorités, sur la fermeté desquelles elle comptait peu. Les paroles de M. de Vitrolles, confiantes au début, finirent par se ressentir de la froideur avec laquelle elles étaient accueillies par cet auditoire de fonctionnaires. Il éprouvait cette gêne qui, à la longue, paralyse l'élan de l'orateur quand l'assemblée n'est sympathique ni à ses sentiments ni à ses idées, et son accent prenait malgré lui un caractère offensif. Un morne silence succéda d'abord à ce discours, puis le général Delaborde, commandant la division militaire, articula quelques paroles vagues et sans suite, dans lesquelles il promit la fidélité de l'armée, mais en ajoutant d'une voix plus élevée : « Nous ne voulons pas de guerre civile. » M. de Vitrolles lui demanda vivement s'il entendait par guerre civile la défense légitime du gouvernement du Roi attaqué par l'usurpateur. Les esprits commençaient à s'échauffer, et une vive altercation semblait sur le point de naître, lorsque M. de Saint-Aulaire, serrant légèrement le bras de M. de Vitrolles, l'avertit de ne pas se laisser aller à sa juste impatience. Celui-ci ramena la conversation à des termes généraux, et congédia l'assemblée, après avoir enjoint au général Delaborde de se rendre dans son cabinet pour lui donner des renseignements sur les ressources militaires de sa division. Cette conversation acheva de le convaincre qu'il n'y avait pas à compter sur le concours effectif du général, et qu'on devait même prévoir sa défection pour le jour où elle serait favorisée par les circonstances. C'est ainsi que l'élément militaire manquait partout à la défense que tentaient les royalistes.

M. de Vitrolles, sans se laisser abattre, se promit de surveiller de près le commandant de la division militaire, et un peu plus tard il réussit, autant que possible, à diminuer les fâcheux effets de sa mauvaise volonté, en déterminant le maréchal Pérignon, qui habitait une terre à quinze lieues de Toulouse, à se rendre dans cette ville et à accepter le titre de commandant en chef des forces royalistes. La présence de cet ancien militaire, dont la capacité n'égalait pas le dévouement, permit au moins de prendre vis-à-vis des troupes quelques mesures qui n'auraient pas été acceptées si le maréchal n'y avait pas mis son attache. Malgré ce concours, la tâche de M. de Vitrolles était hérissée de difficultés. Il apportait la nouvelle du succès complet de celui qu'il s'agissait de combattre; il lui fallait à la fois enthousiasmer et organiser les populations, deux choses bien différentes sinon tout à fait inconciliables. Il agissait au nom de M. le duc d'Angoulême, qu'il n'avait pas même pu consulter, car le temps lui manquait. Il publiait, dans un *Moniteur* improvisé pour la circonstance, des mesures politiques et des actes publics au nom du prince, sans pouvoir soumettre à son approbation les pièces qui paraissaient revêtues de sa signature. Il y avait dans tout ce qu'on faisait quelque chose d'anormal et de hasardeux qui sentait l'aventure. C'était une gageure que l'audace et l'énergie pouvaient offrir à l'inévitable cours des choses, mais qu'elles ne pouvaient gagner.

Au lieu des quarante-cinq préfets du Midi et de l'Ouest avec lesquels M. de Vitrolles espérait lier des rapports, il ne put guère en rattacher que dix ou douze à l'organisation tant bien que mal ébauchée à Toulouse. Des receveurs généraux auxquels il écrivait lettre sur lettre pour leur prescrire de diriger des fonds sur Toulouse, hésitaient devant la responsabilité financière et même politique qu'ils craignaient d'encourir, car ils recevaient des ordres directement contraires de Paris. On ne recevait point de réponse du duc d'Angoulême, tout entier à la lutte active qui avait déjà commencé. Les nouvelles qui arrivaient chaque jour aggravaient cette situation déjà si mauvaise ; les espérances tombaient et l'élan se ralentissait.

C'est ici le moment de raconter l'écroulement successif de toutes les parties de cette organisation plus idéale que réelle, sur laquelle M. de Vitrolles avait essayé de compter pour autoriser à ses propres yeux son plan de résistance.

Le maréchal Gouvion-Saint-Cyr était parvenu à ressaisir un moment l'autorité sur les troupes à Orléans, et leur avait fait quitter la cocarde tricolore, qu'elles avaient déjà arborée. Mais peu de temps après, quand la nouvelle du départ du Roi et celle de l'arrivée de Bonaparte à Paris furent connues, il lui fut impossible de maintenir ses soldats, et il échappa à grand'peine à leurs armes tournées contre lui.

Le duc de Bourbon était arrivé à Angers le 14 mars, et sa présence y avait excité un vif enthousiasme. Les chefs des vieilles guerres avaient reparu autour de lui. Le prince était arrivé sans argent, et là comme partout il fallut recourir à l'expédient précaire et insuffisant des dons volontaires. Les membres du conseil général de Maine-et-Loire et beaucoup de propriétaires engagèrent la totalité de leur fortune pour répondre des sommes qui seraient fournies au prince. Les villes semblaient disposées à se déclarer en faveur de la cause royale. Cependant les provinces de l'Ouest n'étaient point dans des conditions aussi favorables pour une prise d'armes qu'à l'époque des grandes luttes contre la Révolution [1]. L'aspect des populations n'avait pas changé ; mais désarmées successivement sous le Directoire, l'Empire, et récemment sous le ministère du maréchal Soult, par les ordres du gouvernement, qui avait craint des troubles dans l'Ouest, jamais elles n'avaient manqué à ce point d'armes et de munitions. En outre, depuis 1803, la conscription avait enlevé à ces provinces, comme au reste de la France, l'élite de leurs enfants. On ne pouvait donc guère compter, en 1815, que sur les vieux soldats des armées royales, tous mariés et pères de famille, et sur le petit nombre de militaires qui se détacheraient de leurs corps pour suivre le drapeau blanc, recrues mal préparées au genre de guerre que faisaient les paysans.

A ces difficultés, inhérentes à la situation, les instructions données au duc de Bourbon par le gouvernement en ajoutaient de nouvelles. Elles portaient l'empreinte des préoccupations de la plus grande partie du cabinet, qui, à l'exemple de l'abbé de Montesquiou, ne voyait de chances de salut qu'en se jetant dans les bras du parti constitutionnel, et craignait de se compromettre auprès de lui en faisant un appel à la Vendée militaire. D'après ces instructions, le prince ne devait employer que des moyens indiqués à l'avance pour lever les volontaires royaux, et le commandement de ces levées ne devait être confié qu'à des officiers de ligne. Il donna donc l'ordre, en arrivant à Angers, de lever dix-huit mille volontaires royaux, de les réunir, de les organiser dans les chefs-lieux, et de les diriger sur Orléans pour rejoindre l'armée du maréchal Gouvion Saint-Cyr. Ces levées devaient avoir lieu par catégories, d'abord les soldats en congé ou rentrés dans leurs foyers, puis

---

[1]. Nous suivons pour toute cette partie les documents contemporains et les *Mémoires* inédits du général comte d'Andigné, que nous avons sous les yeux, et dont nous devons l'obligeante communication à la bienveillance de madame la comtesse d'Andigné, sa veuve.

les hommes de bonne volonté, enfin quelques recrues de chaque canton.

Les auteurs de ce plan avaient profondément méconnu le caractère des circonstances, qui imposaient la nécessité d'agir vite, la nature du milieu dans lequel il fallait agir, et la nécessité d'approprier l'action à la population sur laquelle elle devait s'exercer. Il y avait un moment favorable qu'il fallait saisir pour faire un appel en masse aux populations, et grouper sur-le-champ autour du duc de Bourbon un noyau imposant de forces qui, donnant des chances de succès à son entreprise, aurait multiplié autour de lui les adhérents. Au lieu de cela, on employait des moyens méthodiques et lents, applicables ailleurs, inapplicables sur cette terre de passion royaliste et de résistance armée à la Révolution. Les soldats des vieilles guerres voulaient, pour marcher, suivre leurs anciens chefs, au sang desquels ils avaient mêlé leur sang sur les champs de bataille. Le duc de Bourbon ayant consulté un d'entre eux, le général d'Andigné, qui arriva vingt-quatre heures après lui à Angers, sur la conduite à tenir, celui-ci proposa au prince de réunir à Angers le plus promptement possible les armes et les munitions qu'on pourrait se procurer, et s'engagea, si le prince voulait lui donner des pouvoirs pour lever des hommes dans les départements de Maine-et-Loire, de la Mayenne, de la Sarthe et de la Loire-Inférieure, à lui amener en quatre jours quatre mille vieux soldats. « M. d'Autichamp, ajoutait-il, en réunira facilement de son côté un pareil nombre sur la rive gauche, ce serait un noyau d'hommes armés et équipés autour duquel il serait facile de rallier tous les paysans capables de porter un fusil. Votre Altesse se trouverait ainsi entourée, en peu de jours, d'une armée sur laquelle elle pourrait compter. » Le comte de Reuilly fit observer qu'on ne pouvait faire de levée que par des moyens constitutionnels. Il en résulta que, ne pouvant faire la seule chose qu'il y eût à faire, on ne fit rien.

A mesure que les chances de la monarchie s'affaiblissaient, on voyait diminuer le zèle des autorités, qui d'abord avait été très-vif; elles appréhendaient de se compromettre auprès du gouvernement du lendemain; et, comme il arrive à tous les pouvoirs dans des circonstances semblables, c'était au moment où le concours énergique et franc des fonctionnaires eût été le plus nécessaire au duc de Bourbon, qu'il pouvait le moins y compter. La garnison de la ville donnait de graves sujets d'inquiétude. Lorsque la nouvelle de l'entrée de Bonaparte à Paris arriva à Angers, un abattement profond remplaça parmi les royalistes l'enthousiasme que la présence du prince avait fait naître. Les soldats commençaient à prendre ostensiblement la cocarde tricolore; les volontaires n'étaient pas armés : la résistance devenait donc impossible. Le duc de Bourbon crut devoir se retirer à Beaupréau, pour y attendre les munitions et les armes dont le pays manquait. La lettre que M. de Vitrolles lui avait écrite de Poitiers ne lui parvint pas; quand elle arriva à Angers, le prince en était parti; elle tomba dans les mains du colonel Noireau, commandant la gendarmerie, qui l'envoya à Paris, et aussitôt qu'elle fut mise sous les yeux de l'Empereur, l'ordre d'arrêter le duc et la duchesse d'Angoulême, ainsi que M. de Vitrolles, fut expédié par le télégraphe.

L'entrée de M. le duc de Bourbon en Vendée semblait calculée de manière à y porter plutôt le découragement que l'espoir. Le prince arriva à Beaupréau de nuit et par des chemins détournés, comme un fugitif et non comme un chef militaire qui vient faire appel au courage d'une population éprouvée. Il voulait cependant adresser cet appel. Mais, à la différence des populations méridionales, les populations de l'Ouest, plus tenaces dans la résistance, ont besoin de plus de temps pour se mettre en mouvement. Les chefs vendéens qui connaissaien le mieux leur province, et parmi eux le comte d'Autichamp, qui avait rejoint le prince le 24 mars, ne voyaient pas, dans l'état de consternation où le départ du Roi et l'entrée de Bonaparte à Paris avaient jeté les esprits, de chances immédiates de mettre les Vendéens sur pied. Ces deux événements, qui contristaient et décourageaient les populations des campagnes, exaltaient l'enthousiasme des troupes, et une partie des habitants des villes favorables aux idées de la Révolution formaient des détachements de volontaires et se joignaient aux soldats pour fouiller le pays. En présence de cette situation, les chefs vendéens reconnurent qu'il fallait laisser passer ce premier moment de découragement, et remettre la prise d'armes à un instant plus propice. « Je pouvais en quatre jours soulever tout le pays, disait le général d'Andigné au prince, je ne le pourrais plus en moins de six semaines. » Il l'engageait donc à se séparer de sa suite et à rester caché dans la campagne. Entouré d'une soixantaine d'hommes déterminés, et dans une contrée peuplée de gens dévoués et sûrs, il mettrait constamment en défaut toutes les recherches, mais il lui faudrait braver beaucoup de fatigues et quelques dangers, et changer souvent de gîte par des marches nocturnes. La rive droite de la Loire lui offrirait les mêmes ressources que la rive gauche. Les Vendéens, momentanément abattus, se ranimeraient promptement à la nouvelle des dangers bravés par un membre de la famille royale; on parviendrait à se procurer dans les villes les armes et les munitions nécessaires, et le duc de Bourbon serait à portée de saisir les circonstances favorables.

Le prince parut d'abord disposé à accepter ce parti : la pensée chevaleresque d'associer sa destinée à celle de la Vendée, qui avait tant combattu, tant souffert pour la maison de Bourbon, semblait lui sourire; il témoigna seulement la crainte que sa présence n'attirât de grands maux sur le pays. La conversation s'était prolongée fort avant dans la nuit, et quand le général d'Andigné quitta le prince, celui-ci n'avait pas encore arrêté d'une manière définitive sa résolution. Son entourage était contraire à la généreuse pensée qui l'avait séduit; il voyait avec une sorte de jalousie l'influence des anciens chefs dans les campagnes; cette guerre d'un nouveau genre, qu'on ne peut faire sans une parfaite connaissance des localités, lui répugnait. Le lendemain, le général d'Andigné apprit par le comte de Reuilly que la vie errante qu'on avait proposée au duc de Bourbon n'avait pas paru convenir à un prince du sang, et que Son Altesse s'était décidée à quitter la France. Elle avait même envoyé le comte d'Auteuil, un de ses aides de camp, demander au colonel de gendarmerie Noireau, qui avait pris le commandement à Angers après le départ du général d'Autichamp, les passe-ports que cet officier de gendarmerie lui avait fait offrir pour sortir de France avec sa suite.

Comme il arrive dans les circonstances difficiles, les avis les plus contradictoires se produisaient. Le maréchal de camp Chauvigny de Blot, commandant l'École de La Flèche, proposait que tous les gentilshommes du pays montassent à cheval et escortassent le prince jusqu'à la frontière d'Espagne, les armes à la main, réminiscence chevaleresque, mais impraticable, des chevauchées féodales. Le général d'Andigné insista sur le danger de se confier aux passe-ports venus d'Angers; il n'eut pas de peine à démontrer l'impossibilité de l'autre proposition. Il conseilla au duc de Bourbon de se séparer de sa suite le plus tôt qu'il pourrait, et, tandis qu'elle continuerait ostensiblement sa route vers la frontière d'Espagne, de ne garder avec lui que le comte de Reuilly, et de s'embarquer pour l'Espagne, en se reposant sur M. de Suzannet, l'homme qui connaissait le mieux la côte, du soin de préparer son départ. M. de Suzannet se mit aussitôt à la disposition du prince, en faisant observer que le plus strict incognito était une condition essentielle pour le succès. La fausse nouvelle de la marche des dragons d'Ancenis décida le duc de Bourbon à partir de Beaupréau dans la nuit du 24 au 25 mars 1815, à deux heures du matin, le jour même de Pâques : le château de Beaupréau, appartenant à la maréchale d'Aubeterre, resta gardé jusqu'à dix heures du matin comme si le prince y eût encore été. Les passe-ports arrivèrent dans la matinée, apportés par un chef d'escadron de gendarmerie, et la suite se mit alors en route. Conduit de château en château par des serviteurs dévoués qui ne le faisaient voyager que de nuit, le duc de Bourbon arriva le 29 au soir au château de Hibaudière, auprès de Nantes, près de la fonderie d'Indret, et le 31 mars un bateau le transporta dans la rade de Paimbœuf, où il s'embarqua sur un bâtiment portugais. Son départ fut si secret que six semaines plus tard, le gouvernement impérial le faisait encore chercher. Avant de quitter la France, le duc de Bourbon exprima au général d'Andigné sa résolution de reparaître en Vendée dès que les Vendéens auraient pris les armes. Il lui donna des pouvoirs qui s'étendaient, sur la rive droite, aux départements de Maine-et-Loire, de la Mayenne, de la Sarthe, de la Loire-Inférieure, et aux départements adjacents; mais il lui prescrivit, en même temps, de ne rechercher personne pour ses opinions, et de ne pas imposer les biens nationaux plus que les autres. Le général d'Andigné représenta au prince que de tels ordres l'empêcheraient de rien faire d'important : c'était, en effet, lui fermer les greniers où il avait coutume de puiser et lui enlever le secours de la passion politique, c'est-à-dire l'aliment le plus puissant des guerres civiles. Toutefois le prince ayant réitéré ses ordres au nom du Roi, le chef vendéen promit de s'y conformer scrupuleusement [1].

Ainsi tombait l'obstacle le plus considérable que pût rencontrer le retour de Napoléon, la résistance de la Vendée militaire. On put croire à Paris les populations de l'Ouest soumises;

1. *Mémoires* inédits du général d'Andigné.

elles n'étaient qu'étonnées. Mais le plan de la défense de la rive gauche de la Loire n'en était pas moins déconcerté.

Madame la duchesse d'Angoulême, avec son grand cœur, n'en continuait pas moins à faire à Bordeaux tout ce qu'il était humainement possible de faire pour honorer au moins les nouvelles infortunes de sa maison. Elle pressait l'organisation des volontaires, entretenait une active correspondance avec M. de Vitrolles, qu'elle conjurait de presser le départ des secours promis au duc d'Angoulême, et cherchait à soutenir la fidélité des troupes par de fréquentes revues. Mais déjà cette fidélité fléchissait. Le lendemain du départ de M. de Vitrolles pour Toulouse, c'est-à-dire le 26 mars, les troupes, parmi lesquelles le bruit des projets de licenciement et même de désarmement avaient circulé, parurent avec leurs shakos généralement dépouillés des plaques aux armes royales. C'était comme une transition entre leur serment de la veille et celui du lendemain; il semblait qu'ayant déjà cessé d'être au Roi, elles devenaient plus libres de passer à l'Empereur. Ces dispositions des troupes frappaient d'impuissance toutes les mesures essayées. Les généraux n'étaient plus maîtres de leurs soldats; ils perdaient leur confiance dans le droit du commandement, en même temps que ceux-ci perdaient le sentiment du devoir de l'obéissance. Le changement qu'on avait projeté dans la garnison de Blaye ne put être effectué. Le commandant de la garnison refusa, sous un prétexte plus ou moins plausible, de recevoir les gardes nationaux qu'on lui envoyait, et le bataillon de troupes de ligne qui devait sortir de cette ville pour se rendre à Libourne ne voulut point partir. On apprit en même temps que le général Clausel, nommé par l'Empereur commandant de la onzième division militaire, se dirigeait vers Bordeaux.

En apparence, il n'avait aucun moyen de s'en emparer. A son départ d'Angoulême, le 28 mars, il n'était suivi en effet que de deux aides de camp, et la duchesse d'Angoulême, qui avait encore sous son drapeau les troupes de la onzième division militaire, était en outre vivement appuyée par les sympathies des populations. Cependant le général Clausel continuait à s'avancer avec une pleine confiance, qui était de nature à alarmer le gouvernement royaliste encore établi à Bordeaux. Cette confiance était justifiée. Qu'avait-il besoin d'amener avec lui des troupes ? Il devait trouver à Blaye, à Bordeaux même celles dont il aurait besoin. Sans doute la population était contraire à Bonaparte, sympathique aux Bourbons ; mais la question n'était plus là ; il s'agissait de savoir si la population voulait et pouvait faire prévaloir par les armes son opinion sans la troupe, malgré elle et contre elle. Dans cette circonstance critique, on avait cherché à prendre les mesures propres à arrêter la marche du général Clausel. Il avait à passer le cours de la Dordogne et celui de la Garonne. Les forces qu'il avait ralliées en marchant étaient peu nombreuses, il n'avait que trois cents hommes environ. Mais on hésitait à faire sortir la garde nationale contre lui, dans la crainte que le départ de la garde nationale ne devînt le signal d'une révolte ouverte dans la garnison. Au fond, les troupes de Bordeaux, au lieu de défendre la cause royale, tenaient en échec ses défenseurs. Il y avait eu, il est vrai, un banquet en plein air auquel la garde nationale et l'armée avaient assisté, et de chaleureux toasts avaient été portés au devoir et à la fidélité par le général Decaen, et contre la trahison, par le général Donadieu, qui arrivait de Tours, où il n'avait pu maintenir ses troupes dans le devoir. Des acclamations les avaient accueillis. Mais comment distinguer, dans une réunion si nombreuse, de quelles bouches elles partaient? Le bruit fait par les approbations pouvait avoir couvert le silence de l'indifférence ou les murmures de la défection. Comment, en outre, fonder une espérance sur de vaines clameurs excitées par la chaleur d'un banquet, provoquées par les manifestations populaires? Ne fallait-il pas tenir compte aussi de l'hypocrisie des adversaires les plus décidés, qui, craignant que le silence ne les dénonçât, acclamaient plus haut que leurs camarades la cause qu'ils étaient résolus à trahir?

Cependant on se hasarda à faire sortir de Bordeaux cinq cents volontaires. Ils allèrent occuper, avec quelques pièces de canon, sur la Dordogne et sur la Garonne, les points sur lesquels il était le plus facile de passer ces deux rivières : Cubzac Saint-André sur la rive droite de la Dordogne, le bourg situé de l'autre côté sur la rive gauche, à six lieues nord-est de Bordeaux. La réserve de ce petit corps prit position à Carbon-le-Blanc, à deux lieues nord-est de cette ville, sur la rive droite de la Garonne. Il y eut un premier engagement à Cubzac, dans lequel le général Clausel eut l'avantage et fit quelques prisonniers. Les volontaires royaux se replièrent alors sur la rive gauche. Le pont volant de la Dordogne, malgré les ordres donnés, car on n'est jamais pressé d'obéir aux gouvernements qui tombent, n'avait pas été ramené sur la rive gauche, mais il fut mis hors de service. Il y eut à cette occasion un nouvel engagement. Les soldats et les volontaires royaux se rencontrèrent sur le pont volant, où le drapeau tricolore avait été arboré. Il y eut plusieurs hommes mis hors de combat, mais le pavillon tricolore planté sur le pont volant fut abattu et l'avantage resta aux volontaires royaux, qui demeurèrent maîtres de la rive gauche. Le lendemain, la garnison de la citadelle de Blaye, à laquelle le général Clausel avait envoyé un de ses aides de camp, entrait en pleine révolte et arborait le drapeau tricolore. Cette défection était un précédent pour la garnison de Bordeaux, un échec grave et la menace d'une ruine définitive pour la cause royale. Néanmoins les volontaires de la garde nationale de Bordeaux demeuraient maîtres de la rive gauche de la Dordogne. Le général Clausel, qui s'était établi sur la rive droite, dans la petite ville de Saint-André de Cubzac, demanda qu'on lui envoyât un officier auquel il remettrait les prisonniers qu'il avait faits dans l'attaque de la ville. C'était un prétexte pour entrer en relation; il agissait sur ces prisonniers en cherchant à leur démontrer que la duchesse d'Angoulême devait désigner un parlementaire avec lequel il traiterait, pour éviter une effusion de sang inutile. Il promettait une amnistie générale, mais il en exceptait M. Lynch, maire de la cité. Bordeaux était à lui, disait-il, il y entrerait, s'il le voulait, dès le lendemain. M. de Martignac, alors avocat dans cette ville, et que l'avenir devait appeler à une haute fortune politique, fut accrédité par M. de Pontac, chef des volontaires royaux, dans les rangs desquels il servait, pour recevoir les prisonniers royalistes. Après une longue conférence, dans laquelle le général Clausel chercha à le convaincre que toute résistance était impossible, il accepta, sur ses instances pressantes, la mission de porter ses dépêches à Bordeaux, sommé de reconnaître dès le lendemain l'autorité de l'Empereur. M. de Martignac y mit la condition expresse qu'elles seraient remises aux autorités en présence de la princesse. Le général lui parla comme si Bordeaux eût été déjà à lui. Il avait voulu, ajouta-t-il, différer son entrée dans cette ville, pour laisser à la princesse le temps de s'éloigner. Le général Clausel n'avait aucun motif d'animosité personnelle contre la Restauration, qui l'avait nommé grand'croix de la Légion d'honneur, chevalier de Saint-Louis et inspecteur d'infanterie; il s'exprima donc en termes pleins de respect sur madame la duchesse d'Angoulême et sur le prince son mari, qu'il avait reçu l'année précédente à Toulouse; mais en même temps il regardait la cause de la Restauration comme irrévocablement perdue, celle de l'Empereur comme définitivement gagnée. Quant à lui, il parlait, il agissait comme s'il avait déjà été établi dans son gouvernement de Bordeaux. Cette assurance qui contrastait avec la position du général Clausel, séparé de la métropole de la Guyenne par deux cours d'eau militairement gardés, ne pouvait s'expliquer que par les intelligences secrètes qui lui répondaient de la connivence de la garnison.

M. de Martignac, en se rendant à Bordeaux, s'aperçut qu'on avait rempli le bateau de proclamations et d'ordres du jour destinés à appeler les troupes à la révolte. Il les fit lacérer et jeter à l'eau, mais la mission qu'il avait acceptée suffisait pour donner un nouvel ébranlement à la cause royale, déjà si compromise. Si l'on voulait tenter la lutte, il fallait l'engager de prime abord, sans hésiter. De même que la confiance du général Clausel jetait le trouble dans le camp royaliste, l'hésitation qu'on laissait paraître dans ce camp redoublait la confiance de ce général et de ceux qui étaient d'intelligence avec lui, en détruisant les dernières espérances des royalistes les plus énergiques, qui voyaient qu'on négociait au moment de combattre.

La duchesse d'Angoulême eut l'intelligence de cette situation. Elle voulait que, sans même répondre au message du général, on marchât contre lui. Il n'y avait en effet que ce parti à prendre, si l'on voulait tenter la défense de Bordeaux.

On en jugea autrement dans le conseil politique dont la princesse était entourée; on pensa qu'il y avait intérêt à tenir la négociation ouverte, ne fût-ce que pour savoir quelles défections on avait à craindre dans la ville, en surprenant, à travers les réticences du général Clausel, l'indication des appuis sur lesquels il comptait. Des voix nombreuses s'élevèrent pour proposer de traiter, avant tout, la question de la sûreté personnelle de la princesse. Elle s'y opposa formellement. « Il ne s'agit pas de moi, dit-elle, mais de Bordeaux. Est-il possible ou non de conserver cette ville à l'autorité royale, sans vouer ses habitants à la ruine, voilà la seule question? Je reste si Bordeaux se défend, je pars s'il capitule. »

Elle voulut que cette question fût résolue par Bordeaux même. On rassembla, par ses ordres, le conseil municipal de cette ville, les conseils d'arrondissement et le conseil général du département à l'hôtel de la Préfecture, et M. de Martignac fut invité à communiquer à cette assemblée les dépêches du général Clausel. Ces conseils réunis ne prirent aucune détermination; ils alléguaient qu'il fallait, avant tout, s'assurer des moyens de défense que réunissait la garde nationale, et ils renvoyèrent à Madame et aux autorités supérieures la décision à prendre sur la conduite et le sort de Bordeaux.

Comme il arrive dans les circonstances extrêmes, personne ne voulait accepter l'initiative et la responsabilité. Il y avait au fond un sentiment qui pesait sur les meilleures intentions et qui détendait les ressorts des volontés, le sentiment instinctif de l'impossibilité de la défense de Bordeaux devant l'Empereur déjà maître de Paris, avec la présence d'une garnison ralliée de cœur au drapeau tricolore. Les esprits les plus froids commençaient à se l'avouer, les cœurs les plus chauds se le dissimulaient encore; ils parlaient de vaincre ou de mourir, mais combien peu de gens sont résolus à mourir pour une cause, quand ils ont entièrement perdu l'espoir de vaincre! Il n'y a pas de sentiment plus puissant sur la nature humaine que celui de l'impossible, qui dénoue l'étreinte désespérée avec laquelle le naufragé serre l'épave qui le soutient encore au-dessus de la vague prête à l'engloutir.

La question de la défense de Bordeaux s'engagea donc devant la duchesse d'Angoulême. Elle répéta qu'elle ne permettait pas que la question de sa sûreté personnelle fût posée. Croyait-on sa présence utile, elle restait avec joie pour encourager les efforts et partager le périls des Bordelais. Fallait-il, pour éviter à cette ville une destruction imminente, s'éloigner de ses murs; ce serait pour elle une profonde douleur que de quitter sans combattre la France et une cité française où elle avait reçu, où elle recevait encore journellement des marques si touchantes de dévouement et d'affection, mais elle ferait au salut de Bordeaux ce douloureux sacrifice. M. Lainé, profitant de l'émotion excitée par les fières paroles et l'énergique accent de la princesse, interpella vivement le général Decaen sur les moyens de défense de Bordeaux. Sur quoi pouvait-on compter? Qui devait-on craindre? Le général Decaen répondit sans détour que Bordeaux n'avait à compter pour sa défense que sur sa garde nationale. Les soldats ne marcheraient pas contre leurs frères d'armes. Le général n'osait pas même répondre que, si la lutte s'engageait entre les volontaires royaux et les troupes du général Clausel, la garnison ne vînt pas en aide à ces derniers.

En vain M. Lainé, dont l'âme ardente et courageuse ne pouvait pas plus que celle de Madame s'accoutumer à la pensée d'une retraite sans combat, pressait le général Decaen de ses vives interpellations, en le sommant, lui et le général Harispe, d'engager par écrit leur parole que si la garde nationale livrait bataille aux troupes du général Clausel, la garnison observerait au moins la neutralité : le général Decaen baissait tristement la tête, et opposait à ces sommations d'inflexibles refus. Il lui était interdit, disait-il, d'engager sa parole, qu'il n'était point sûr de pouvoir faire tenir par ses soldats. Cette scène se prolongeait d'une manière pénible : c'était la lutte de volontés généreuses qui se raidissaient contre l'inévitable force des choses. Personne ne pouvait résoudre ce problème qui pesait sur tout le monde, ni les magistrats de Bordeaux, partagés entre la douleur d'avouer à la princesse leur impuissance pour la cause royale, et la crainte d'engager leur ville dans une lutte qui ne présentait aucune chance de succès ; ni la princesse, qui ne pouvait prendre l'initiative de cette lutte funeste pour Bordeaux sans être avantageuse pour la cause royale, et qui ne devait point cependant donner le signal de déserter le combat et de quitter le poste du péril tant que quelqu'un y resterait ; ni le représentant de la force militaire, à qui il était impossible d'apporter l'assurance d'un concours ou même d'une neutralité que, dans sa conviction intime, on n'obtiendrait pas des soldats.

Il était minuit, et l'on n'avait encore rien décidé. Madame la duchesse d'Angoulême demanda à M. de Martignac s'il était sûr que le passage de la Dordogne serait défendu. M. de Martignac, témoin le matin même des bonnes dispositions des volontaires, répondit affirmativement. Alors la princesse lui ordonna de partir immédiatement à franc étrier pour les avant-postes, et de se borner à faire dire au général Clausel que les autorités de Bordeaux n'avaient encore fait aucune réponse. On gagnait ainsi un jour, et la duchesse d'Angoulême se promettait de l'employer pour juger par elle-même du concours qu'on pourrait obtenir de la garde nationale, et surtout des dispositions de l'armée.

Pendant ces négociations, la situation respective des deux partis, restés en présence sur la rive droite et sur la rive gauche de la Dordogne, avait éprouvé de graves changements. Quand une cause l'emporte et quand une autre succombe, tout vent qui souffle apporte aux partisans de la première l'initiative, la confiance et l'audace, et aux partisans de la seconde l'hésitation, les alarmes et la désorganisation. De fausses alertes, de sourdes rumeurs propagées sur les derrières de la petite troupe royaliste, le retard dans l'envoi des munitions promises, ce cri proféré par les émissaires du général Clausel sur la rive gauche de la Dordogne, et bientôt répété par les hommes les plus faibles de la garde nationale : « Tout est perdu ! nous sommes coupés ! » amenèrent, dans la nuit du 30 au 31 mars, l'évacuation de la rive gauche de la Dordogne à Saint-Vincent, puis bientôt après l'évacuation de la rive droite de la Garonne au Carbon-Blanc, à deux lieues N.-E. de Bordeaux. C'était une panique, un sauve-qui-peut général, la déroute militaire amenée au fond par le sentiment de la déroute politique du parti.

Quand la duchesse d'Angoulême apprit par les gardes nationaux eux-mêmes, qui revenaient en désordre du dernier poste qu'ils avaient occupé, que le drapeau tricolore paraissait sur la rive droite de la Garonne, elle voulut faire marcher à l'instant la garde nationale pour l'attaquer. Le général Decaen, à qui elle adressa cet ordre, répondit qu'il était impossible de l'exécuter, et comme la princesse lui demandait le motif de cette impossibilité : « Madame, reprit le général, nous serions infailliblement pris entre deux feux, celui de la troupe du général Clausel et celui de la garnison. »

La princesse releva vivement la tête. L'obstacle qu'elle avait si souvent rencontré depuis le commencement de la lutte se dressait encore une fois devant elle. Elle était résolue d'aller cette fois au fond de l'objection et de juger la disposition des troupes par ses propres yeux. « Monsieur, dit-elle au général Decaen, je désire que les troupes soient immédiatement réunies dans leurs casernes ; j'irai les voir. — Madame, répliqua le général Decaen, je demande à Votre Altesse Royale la permission de ne pas lui obéir. Elle n'a pas songé aux conséquences possibles d'une pareille visite dans un pareil moment. — Général, je le veux. S'il y a des conséquences fâcheuses, j'en prends la responsabilité. — Mais Madame ignore sans doute, ajouta un général présent à cet entretien, qu'il y a eu ce matin une distribution de cartouches faite sans l'ordre du gouvernement. » La princesse tourna vers lui ses yeux où perçait, à travers une inaltérable sérénité, une nuance de dédain. « Je ne force personne à me suivre, lui dit-elle. C'est assez. J'ai donné un ordre ; je veux être obéie. »

A deux heures, elle partit en calèche découverte pour se rendre à la caserne de Saint-Raphaël. Le général Decaen était à cheval à la portière de droite. Un état-major assez nombreux l'entourait. Un piquet de gardes nationaux à cheval formait l'escorte. Arrivée devant la caserne, la princesse mit pied à terre et y entra. La troupe se tenait en bataille sur deux rangs qui se faisaient face. La princesse passa lentement devant chaque ligne, sans qu'un seul cri se fît entendre. La troupe immobile gardait un silence glacial. Alors elle se plaça sur le front de bataille et fit signe qu'elle voulait parler. Les officiers s'avancèrent et formèrent le cercle autour d'elle : « Messieurs, dit-elle, vous n'ignorez pas les événements qui se passent. Un étranger vient s'emparer du trône de votre roi légitime ; Bordeaux est menacé par une poignée de révoltés ; la garde nationale est déterminée à défendre la ville. Voici le moment de montrer que vous êtes fidèles à vos serments. Je viens vous les rappeler et juger par moi-même des sentiments de chacun pour le Roi. Parlez. Êtes-vous disposés à seconder la garde nationale? Je veux une réponse franche et catégorique. Je l'attends. »

Les officiers baissaient la tête sans répondre ; leur attitude trahissait leur trouble, et leur silence parlait pour eux. La princesse, élevant de nouveau la voix : « Auriez-vous donc déjà oublié le serment que vous avez renouvelé, il y a si peu de temps, entre mes mains? » s'écria-t-elle. Puis, comme le même silence continuait à régner : « S'il y a encore parmi vous quelques hommes qui se souviennent de leurs serments, et qui restent fidèles à la cause du Roi, qu'ils sortent du rang, qu'ils se montrent. » On vit alors sortir du rang un petit nombre d'officiers, et quelques mains courageuses agitèrent leur épée. « Vous êtes en bien petit nombre, reprit la princesse avec un accent profond. N'importe ; on sait au moins sur qui l'on peut compter. »

Dans ce moment, plusieurs officiers entourèrent la duchesse d'Angoulême, et, comme pour réhabiliter leur conduite à leurs propres yeux, ils l'assurèrent qu'elle pouvait compter sur eux pour la défense de sa personne. « Il ne s'agit pas de moi, reprit-elle avec calme, mais du service du Roi. Voulez-vous le servir ? » Un de ces officiers prit alors la parole, et dit qu'ils obéiraient à leurs chefs dans tout ce qui leur serait commandé pour le service de la patrie. « Nous ne voulons pas de guerre civile, ajoutaient d'autres officiers; jamais nous ne nous battrons contre nos frères. — Vos frères! répliqua la princesse avec sévérité, vous oubliez que ce sont des rebelles! » et, les couvrant d'un regard de reproche, elle se retira.

C'était la première épreuve. Elle avait été longue et cruelle, mais elle n'avait pas épuisé le courage de la fille de Louis XVI. Elle remonta en voiture, et, malgré les représentations de ceux qui l'entouraient, elle déclara qu'elle voulait être conduite à la seconde caserne. Les soldats, plus mal disposés encore que dans celle de Saint-Raphaël, la reçurent avec un sourd frémissement. Dès qu'elle éleva la voix, ses paroles furent couvertes par des cris frénétiques de *vive l'Empereur*. Elle tint, pendant plusieurs minutes, tête à l'orage, et si elle ne put ramener à l'obéissance cette soldatesque mutinée, elle la força au respect.

Restait une dernière caserne à visiter, c'était le château Trompette, forteresse de la ville. La princesse déclara au général Decaen qu'elle entendait y être immédiatement conduite. Le général la supplia instamment de renoncer à ce projet. Tous les autres généraux unirent leurs instances aux siennes. Elle avait fait tout ce qu'elle devait, plus qu'elle ne devait. Elle venait de juger par ses propres yeux des dispositions des troupes. Que voulait-elle de plus? Celles des soldats casernés au château Trompette étaient plus mauvaises que celles de tous les autres corps. Elle courait donc inutilement au-devant d'un péril manifeste. La princesse fut inflexible. Elle avait résolu dans son cœur que l'épreuve serait complète; il fallait qu'elle le fût. Le péril imminent dont on lui parlait n'était pas pour elle une objection contre l'accomplissement d'un devoir. On se mit en marche. Les sentinelles arrêtèrent la voiture à la première enceinte de la forteresse. Le commandant averti n'osa point en refuser l'entrée à Madame; mais il lui fit notifier qu'elle devait laisser son escorte sur le glacis extérieur, et qu'elle ne serait admise qu'avec deux généraux et son écuyer, M. de Lur Saluces. La duchesse d'Angoulême n'hésita pas à poursuivre sa route; elle accepta ce duel offert au courage d'une femme contre toute une garnison. Cette forteresse où elle entrait seule pouvait devenir pour elle une prison, un tombeau peut-être. Cette idée ne la fit ni reculer, ni pâlir. La princesse s'engagea sous de sombres voûtes, et trouva, sous la dernière, le commandant du château Trompette, qui l'attendait. On voyait dans la cour la garnison rangée en bataille; son attitude était sombre et menaçante. La duchesse, isolée des siens, ne pouvait compter que sur elle-même. Sa fermeté ne fléchit pas. « Pourquoi, dit-elle sévèrement au commandant, vous êtes-vous permis de refuser l'entrée de cette forteresse aux personnes qui me conviennent et à mon escorte? —Je tiens mon commandement du Roi, balbutia l'officier, qui avait déjà livré sa forteresse au lieutenant de l'Empereur [1], et je ne dois prendre d'ordres, pour tout ce qui y est relatif, que du Roi.—Vous êtes un insolent, reprit avec fierté la princesse, je vous ferai casser. » Elle passa outre, et se présenta devant le front des troupes rangées en bataille. Leur aspect était hostile, et il courait dans les rangs un sourd frémissement. Mais Madame était comme électrisée par la lutte morale qu'elle soutenait depuis le matin. Ces soldats appartenaient pour la plupart au régiment d'Angoulême; cette circonstance lui fournit un mouvement d'éloquence. Elle marche vers eux;

---

1. « Un officier d'ordonnance de l'Empereur, chargé des ordres de Napoléon et du ministre de la guerre pour les principaux chefs de la place et de la garnison, s'était mis en rapport avec ces derniers, et il se trouvait dans l'enceinte du château Trompette, lorsque la duchesse d'Angoulême y était encore. » (*Histoire de la Restauration*, par A. de Vaulabelle, tome II, page 266.)

et sans être arrêtée par leurs murmures : « Eh quoi ! s'écriat-elle, ne me reconnaissez-vous pas ? Je vous reconnais, moi, vous êtes le régiment d'Angoulême ! Avez-vous oublié les serments si récemment prêtés entre mes mains ? Ne vous souvenez-vous plus de celui que vous nommiez votre prince ? Et moi, ne m'appeliez-vous pas votre princesse ? » Elle parlait au milieu d'un silence profond, et les fronts obstinés se détournaient d'elle. Des larmes d'indignation jaillirent de ses yeux. Puis, comme elle crut voir quelques officiers ébranlés : « Eh bien ! dit-elle, me reconnaissez-vous ? » Tous se turent. Il y avait un parti pris. Cette parole ardente les torturait comme un reproche, mais sans changer leur résolution. La fille de Louis XVI, arrivée au plus haut degré de l'exaltation de la douleur et au paroxysme de cette indignation courageuse qu'excite, dans une âme décidée à lutter jusqu'au bout, la conviction acquise que les derniers éléments de la résistance lui échappent, se livra à son désespoir, et éclatant en sanglots, dans lesquels on entendait comme les brisements de son cœur : « Mon Dieu ! s'écriat-elle, en prenant publiquement à témoin de la plus grande douleur de sa vie le témoin secret qu'elle avait eu au Temple, après vingt ans de malheurs et d'exil, il est bien cruel de s'expatrier encore ! Je n'ai pourtant jamais cessé de faire des vœux pour la France, j'en fais toujours moi, car je suis Française ; mais vous, vous n'êtes plus Français, retirez-vous ! »

Des murmures éclatèrent, des menaces retentirent, des injures s'y mêlaient. Les soldats, hors d'eux-mêmes, brandissaient leurs armes et juraient de faire feu sur la garde nationale. La princesse, ne pouvant les toucher, avait voulu les punir, elle y avait réussi ; sa parole, aiguë comme la pointe d'une épée, était enfin arrivée jusqu'à ces cœurs qui s'étaient promis de rester impassibles. Les murmures grossissaient de moment en moment, la colère s'exaltait, le péril devenait imminent, et le général Decaen suppliait la princesse de s'éloigner pendant qu'elle le pouvait encore. Elle le repoussa du geste, et resta calme, froide, immobile, méprisante en face de cette soldatesque mutinée, toisant le danger du regard, seule, il est vrai, mais forte de son droit en face de cette troupe qui, tout en désertant son devoir, ne pouvait l'avoir oublié. Peu à peu les murmures tombèrent; ces Français égarés, qui étaient après tout de braves soldats, s'aperçurent qu'ils étaient en face d'une femme, et rougirent de l'avoir menacée. Le calme se rétablit. La cause royale était perdue, mais la fille de Louis XVI venait de remporter, dans le naufrage de la fortune de sa maison, une dernière victoire. Le péril ne la retenait plus, elle pouvait partir; elle fit un geste d'adieu et se retira lentement. Un long roulement de tambour, dernier honneur militaire rendu à la digne fille des vaillants et des forts, salua son départ.

Cette épreuve avait fixé ses idées. Bordeaux ne pouvait être défendu, il fallait le quitter. Elle sortait du château Trompette avec cette résolution prise. La garde nationale avait été convoquée par les ordres de la princesse pendant qu'elle visitait les troupes de ligne. Madame, avant de se rendre sur le quai de la Garonne, où elle devait la passer en revue, fit appeler M. de Martignac. Elle voulait lui donner une nouvelle mission pour le général Clausel, dont on apercevait les troupes à la Bastide, de l'autre côté de la Garonne; il n'y avait plus que la rivière entre lui et la ville, et il pouvait d'un moment à l'autre arriver. « Tout est fini, dit la princesse à M. de Martignac, les troupes ont refusé formellement de combattre. J'en remercie Dieu. Si elles avaient fait des promesses, elles ne les auraient pas tenues, et Bordeaux eût été victime de ma confiance. Vous allez vous rendre immédiatement auprès du général Clausel; vous lui direz que, dans un temps plus heureux, je l'avais distingué. Il m'a souvent assurée alors de son dévouement et de son affection; je lui en demande aujourd'hui une seule preuve en faveur de la ville de Bordeaux, c'est de remettre son entrée à demain. S'il voulait passer aujourd'hui la rivière, la garde nationale résisterait, il y aurait une collision qui amènerait de grands malheurs. Partez, et dites-lui que je lui tiendrai compte de ce qu'il fera pour les Bordelais, plus que si c'était pour moi-même. »

M. de Martignac se mit immédiatement en route pour remplir sa mission. La princesse sortit presque en même temps du château royal pour se rendre sur le quai de la Garonne. Elle avait une dernière tâche à remplir. Après avoir inutilement tenté de décider la troupe à combattre, il fallait obtenir de la garde nationale qu'elle renonçât à une lutte désormais inutile. Quand Madame parut, des acclamations unanimes s'élevèrent parmi les gardes nationaux et dans la population qui couvrait au loin les quais. Les volontaires brandissaient leurs armes et demandaient à combattre. L'enthousiasme était à son comble; c'était la contre-partie de la visite dans les casernes. Debout dans sa calèche, la princesse fit signe qu'elle voulait parler. Les cris continuèrent encore pendant quelques instants, les émotions étaient si vives et la passion royaliste tellement enflammée que le silence ne pouvait s'établir. Madame monta sur les coussins de sa calèche pour être vue et entendue de plus loin. Alors tous se turent. « Bordelais, s'écria-t-elle d'une voix forte, je veux vous demander une nouvelle preuve de dévouement, un dernier sacrifice; mais d'abord, et avant tout, jurez de m'obéir. » Toutes les mains furent étendues, et une formidable clameur sortit de toutes les poitrines : « Nous le jurons. — Je reçois votre serment. D'après ce que j'ai vu de mes propres yeux, nous ne saurions compter sur le secours de la garnison. La résistance devient impossible. Je vous défends de combattre. Vous avez assez fait pour l'honneur. Conservez au Roi des sujets fidèles pour des temps plus heureux. Je prends tout sur moi. — Non! non! criait-on de toutes parts; nous voulons combattre et mourir pour le Roi et pour vous! » Et il y avait des voix qui répétaient, en rappelant un grand événement, car les échos s'éveillent aussi dans l'histoire : « Mourons pour Marie-Thérèse ! »

La princesse laissa ces transports se calmer; puis, d'une voix qui dominait les transports de la foule : « J'ai reçu votre serment. Ce n'est pas vous, fidèles Bordelais, qui descendriez jamais au parjure. La nièce de votre Roi le commande, obéissez. Il faut renoncer à combattre. Je vous quitte; recevez mes adieux. »

A ces mots, il s'éleva un bruit inexprimable dans lequel se fondaient les sanglots des femmes, les gémissements ou les cris de fureur des hommes, suivant les sentiments dont chaque spectateur de cette scène était animé. Des officiers venaient briser aux pieds de la princesse leur épée dont elle leur défendait de se servir. Des volontaires jetaient devant elle leurs armes avec un geste de désespoir. D'autres se précipitaient sur ses mains qu'ils couvraient de larmes. Des clameurs discordantes s'élevaient dans les rangs, car, au milieu de ces passions enflammées, tous n'étaient pas d'accord. Le plus grand nombre voulait obéir à Madame, mais il y en avait qui, exaltés par la colère, voulaient à tout prix combattre. Dans ce désordre, des coups de feu retentirent. Le mot de trahison commençait à circuler. Des gardes nationaux fusillèrent leurs officiers soupçonnés d'avoir trahi la cause royale; une compagnie essuya le feu d'une compagnie voisine et riposta. Le général Clausel qui, de l'autre rive, voyait ce désordre et ce tumulte sans pouvoir s'en rendre compte, et qui apercevait toutes les fenêtres du quai pavoisées de drapeaux blancs, crut qu'une collision s'engageait entre la garnison et la garde nationale, et fit rouler des canons sur la rive opposée pour foudroyer la rive gauche. A quelques jours de là il disait à un volontaire royal qui assistait à la revue : « C'est madame la duchesse d'Angoulême qui vous a tous sauvés. Jamais je n'ai pu me décider à faire tirer à mitraille sur la princesse, pendant qu'elle écrivait la plus belle page de son histoire [1]. »

Néanmoins cette démonstration augmenta encore le désordre. Dans cet instant, le drapeau tricolore parut tout à coup sur le château Trompette. Des voix s'élevaient et répétaient de proche en proche : « On tire sur la garde nationale, nous sommes trahis! » Quelques-uns, craignant une décharge dont l'effet eût été meurtrier, car on n'était qu'à une demi-portée de canon, s'éloignèrent. Le plus grand nombre demeura immobile. Madame, toujours au milieu d'eux, les adjurait de ne pas se livrer aux transports d'une aveugle colère. Enfin, pour dissoudre la réunion, elle quitta le quai et rentra au château royal, escortée par toute la population. Le général Decaen, qui était dans sa calèche, y entra avec elle. A peine les portes étaient-elles refermées, qu'un cri redoutable s'éleva parmi les volontaires royaux, qui étaient les plus exaspérés : « Fusillons le général Decaen! c'est un traître! » La multitude furieuse répéta ce cri, et demanda par des clameurs réitérées que le général lui fût livré. La fille de Louis XVI, si souvent victime elle-même, ne pouvait vouloir faire des victimes, et repoussait avec horreur cet holocauste teint du sang français qu'on voulait lui offrir. Elle pouvait seule défendre le général; elle le défendit. Du haut du balcon elle parla à cette foule égarée par son désespoir, la ramena à des sentiments moins violents, et lui épargna un crime.

Cependant M. de Martignac était revenu de sa mission. Il avait obtenu du général Clausel ce que souhaitait la princesse. Ce général n'entrerait à Bordeaux que le lendemain. C'était lui qui avait fait arborer le drapeau tricolore sur le château Trompette par un signal convenu, afin de convaincre M. de Marti-

---

[1]. Renseignements fournis par M. de Saint-Cirgues.

gnac qu'il était maître de la garnison, et qu'il dépendait de lui d'être maître de la ville quand il le voudrait. Du reste il avait répondu aux pressantes recommandations qui lui avaient été faites en faveur de Bordeaux, au nom de madame la duchesse d'Angoulême, qu'il était inutile d'insister sur ce point, car ses devoirs d'accord avec ses sentiments lui faisaient une loi d'assurer à Bordeaux toute protection et toute sécurité.

Pendant que Madame recevait ce message, des députations de volontaires royaux se succédaient, de moment en moment, au château royal, en demandant à combattre. La princesse les fit introduire : « Messieurs, leur dit-elle, je vous prie de ne plus songer à la défense de Bordeaux. Vos efforts seraient inutiles, j'en ai acquis la triste certitude. Je répondrai au Roi du sacrifice, aussi pénible pour mon cœur que pour le vôtre, que je suis obligé d'exiger de vous, comme le seul moyen qui me reste de sauver une ville qui lui est chère et de conserver aussi des sujets qui, je l'espère, lui prouveront dans peu leur amour. » Puis, se retournant vers les généraux qui l'entouraient : « Vous, messieurs, leur dit-elle, vous me répondez de la sûreté de la ville et de ses habitants. Maintenez vos troupes, et préservez Bordeaux de tout désordre. A partir de ce moment il est en votre pouvoir. — Nous le jurons! s'écrièrent-ils. — Ah! encore des serments, interrompit-elle avec un inexprimable sentiment de lassitude morale; je n'en veux plus. C'est un ordre que vous donne la nièce de votre Roi, le dernier que vous recevrez d'elle. Obéissez. » Ils s'inclinèrent en se retirant.

Le sacrifice de Madame était fait, elle pensa que, dans l'intérêt de Bordeaux, il fallait se hâter de l'accomplir. A chaque instant, les nouvelles les plus alarmantes lui arrivaient de la ville. Bordeaux était tombé dans cet état d'agitation fiévreuse qui accompagne les grands changements. Une fermentation menaçante régnait dans les casernes. La population n'était pas moins animée contre la troupe que la troupe contre la population, et il était à craindre que le séjour de Madame, en se prolongeant, n'amenât une collision. La princesse déclara qu'elle partirait à l'approche de la nuit, et fit rédiger la proclamation suivante, qui fut affichée sur tous les murs. Elle portait la date du 1er avril 1815 :

« Braves Bordelais, votre fidélité m'est connue ; votre dévouement sans bornes ne vous laisse entrevoir aucun danger ; mais mon attachement pour vous, pour tous les Français, m'ordonne de les prévoir. Mon séjour plus longtemps prolongé dans votre ville pourrait aggraver votre position et faire tomber sur vous le poids de la vengeance. Je n'ai pas le courage de voir des Français malheureux et d'être la cause de leurs malheurs. Je vous quitte, braves Bordelais, pénétrée des sentiments que vous m'avez exprimés, et vous donne l'assurance qu'ils seront fidèlement transmis au Roi. Bientôt, avec l'aide de Dieu, dans des circonstances plus heureuses, je vous témoignerai ma reconnaissance et celle du prince que vous chérissez. »

Tels furent les adieux de Marie-Thérèse à Bordeaux. Dans la soirée, un violent ouragan s'éleva. C'était un péril de plus, il n'arrêta pas la princesse. A la tombée de la nuit, elle se mit en route pour Pauillac, petite ville située sur la rive gauche de la Gironde, à quatre lieues S.-E. de Lesparre. Tout avait été disposé par les soins du consul anglais pour la conduire au *Wanderer*, sloop de guerre de vingt canons, où elle était attendue. Une escorte de gardes nationaux à cheval voulut la suivre jusqu'au point d'embarquement pour la protéger au besoin. On avança lentement, sous une pluie froide et par un vent violent et glacial, dans des chemins peu praticables, et l'on n'arriva à Pauillac qu'à huit heures du matin, le 2 avril. Au moment où la princesse descendait de voiture, on vit deux chaloupes montées par des soldats de la garnison de Blaye se diriger vers le point d'embarquement. Les manœuvres des bâtiments anglais les obligèrent à s'éloigner. Alors commença la triste scène des adieux. Le capitaine du *Wanderer*, qui attendait la duchesse d'Angoulême dans sa chaloupe, insistait sur la nécessité de ne pas mettre de retard à l'embarquement. Les Français qui l'avaient suivie l'arrêtèrent quelques moments avec leurs démonstrations : ils ne pouvaient se résoudre à la quitter. Elle monta enfin dans la chaloupe, et ils se portèrent en même temps dans des embarcations pour l'accompagner, malgré le mauvais temps, vers le sloop qui l'attendait. Au moment de mettre le pied sur l'échelle, Marie-Thérèse, profondément émue de ces derniers témoignages d'affection qui s'adressaient à sa personne et non à sa fortune alors désespérée, se retourna vivement, et arracha au milieu des cris et des gémissements le panache blanc et les rubans dont se composait sa coiffure, elle les jeta à ces Français fidèles comme un souvenir d'adieu, comme une promesse de retour : « Adieu ! adieu encore ! leur cria-t-elle. Rapportez-moi ces souvenirs dans des temps meilleurs. Je vous reconnaîtrai tous. » Le sloop mit alors à la voile, et commença à s'éloigner. Il y avait un an vingt-deux jours que, dans le même mois d'avril, la fille de Louis XVI débarquait à Calais au milieu des acclamations d'un peuple enivré du bonheur de la revoir.

Le 2 avril au soir, le *Wanderer* jetait l'ancre au bas de la rivière de la Gironde. Le mauvais temps, qui avait commencé dans la soirée du 1er avril, continua pendant toute la semaine, et le *Wanderer*, qui avait pris la mer, courait des bordées en vue de la côte d'Espagne, sans pouvoir en approcher. Pendant cette longue tempête, il éprouva des avaries, et ne parvint à entrer dans le port du Passage que le samedi 8 avril. A peine débarquée, Madame reçut une lettre du roi Ferdinand, qui lui offrait un asile; mais les détails que lui donnèrent les généraux espagnols sur l'état de leur armée et sur son impuissance à se mettre en mouvement lui ayant ôté l'espoir qui l'avait amenée en Espagne, celui de venir en aide, avec une force espagnole, aux opérations militaires du duc d'Agoulême, elle se rembarqua le 11 avril pour se rendre en Angleterre, et, contrariée par la direction du vent et les circonstances de la mer, elle n'arriva à Plymouth que le 19 avril.

Le comte de Lynch, excepté de l'armistice, le général Donnadieu et le duc et la duchesse de Lévis, embarqués sur un autre bâtiment, l'y avaient précédée. M. Laîné était resté en France, et, avant de quitter Bordeaux, il avait fait publier la protestation suivante, datée du 28 mars.

« Au nom de la nation française et comme président de la Chambre de ses représentants, je déclare protester contre tous les décrets par lesquels l'oppresseur de la France prétend prononcer la dissolution des Chambres. En conséquence, je déclare que tous les propriétaires sont dispensés de payer des contributions aux agents de Napoléon Bonaparte, et que toutes les familles devront se garder de fournir par voie de conscription ou de recrutement quelconque des hommes pour sa force armée. Puisqu'on attente d'une manière aussi outrageante aux droits et à la liberté des Français, il est de leur devoir de maintenir individuellement leurs droits. Depuis longtemps dégagés de tout serment envers Napoléon Bonaparte et liés par leurs vœux et leurs serments à la patrie et au Roi, ils se couvriraient d'opprobre aux yeux des nations et de la postérité s'ils n'usaient pas des moyens qui sont au pouvoir des individus. Chaque histoire, en consacrant une reconnaissance éternelle pour les hommes qui, dans tous les pays libres, ont refusé tout secours à la tyrannie, couvre de son mépris les citoyens qui oublient assez leur dignité d'homme pour se soumettre à ses méprisables agents. C'est dans la persuasion que les Français sont assez convaincus de leurs droits pour m'imposer un devoir sacré, que je fais publier la présente proclamation, qui, au nom des honorables collègues que je préside et de la France qu'ils représentent, sera déposée dans des archives à l'abri des atteintes du tyran, pour y avoir recours au besoin.

« Comme le duc d'Otrante, se disant ministre de la police, m'outrage assez pour me faire savoir que je puis rester en sûreté à Bordeaux et vaquer aux travaux de ma profession, je déclare que si son maître et ses agents ne me respectent pas assez pour me faire mourir pour mon pays, je les méprise trop pour recevoir leurs outrageants avis. Qu'ils sachent qu'après avoir lu, le 20 mars, dans la salle des séances, la proclamation du Roi, au moment où les soldats de Bonaparte entraient dans Paris, je suis venu dans le pays qui m'a député, que j'y suis à mon poste sous les ordres de madame la duchesse d'Angoulême, occupé à conserver l'honneur et la liberté d'une partie de la France, en attendant que le reste soit délivré de la plus honteuse tyrannie qui ait jamais menacé un grand peuple. Non, je ne serai jamais soumis à Napoléon Bonaparte, et celui qui a été honoré de la qualité de chef des représentants de la France aspire à l'honneur d'être la première victime de l'ennemi du Roi, de la patrie et de la liberté, s'il était réduit (ce qui n'arrivera pas) à l'impuissance de les défendre. »

Cette protestation, empreinte de la passion ardente du temps, ne pouvait rien empêcher, elle n'empêcha rien. Le cours irrésistible des événements emportait tout, et le 2 avril, au moment où la duchesse d'Angoulême s'embarquait à Pauillac, le général Clausel entrait à Bordeaux. La démonstration du 28 mars n'en était pas moins un de ces actes de courage individuel que M. Laîné demandait en en donnant l'exemple. Cet homme intrépide demeura quelque temps dans les environs de Bordeaux sans se cacher, puis il quitta la France.

La chute de la cause royale à Bordeaux détermina, par un contre-coup facile à prévoir, sa chute à Toulouse. La duchesse d'Angoulême, avant de quitter la France, avait envoyé M. Berthier de Sauvigny à M. de Vitrolles, pour l'adjurer de tenir aussi longtemps que possible, afin de seconder et de couvrir M. le duc d'Angoulême. Mais M. de Vitrolles était déjà aux abois. Le cercle se rétrécissait autour de lui. Les nouvelles de Paris, des départements du centre et de ceux de l'Ouest, où le gouvernement impérial était reconnu, arrivant successivement, refroidissaient le zèle et épouvantaient le courage des fonctionnaires. Ils craignaient pour leur place, pour leur fortune, quelques-uns pour leur vie. L'influence irrésistible de Paris, et l'habitude invétérée de se soumettre à tout ce qui s'y établit, frappaient d'impuissance les efforts de M. de Vitrolles. Il en était déjà réduit à ces moyens extrêmes et arbitraires qui prolongent à peine de quelques heures la vie factice des gouvernements destinés à périr. Il cachait à ses administrés la véritable situation des choses, et pour cela il faisait arrêter les malles-poste et emprisonner les courriers, de peur qu'ils ne parlassent, et supprimait les correspondances dans la crainte qu'elles n'éclairassent les populations sur l'état réel du reste de la France. On commençait à murmurer contre ces moyens violents et vexatoires, dont les intérêts particuliers et les rapports de famille souffraient, et les royalistes eux-mêmes, avides d'apprendre ce qu'on leur cachait, fût-ce la ruine de leur cause, se plaignaient d'être conduits un bandeau sur les yeux. Il y eut à Montauban un commencement d'émeute populaire, et l'on entendait retentir ce cri : « A bas le dictateur de Toulouse! » M. de Vitrolles ne rencontrait pas dans les hommes les mieux posés du pays un concours décidé pour soutenir l'aventureuse gageure qu'il poursuivait comme une de ces affaires d'honneur que l'on conduit jusqu'au bout, quel qu'en puisse être le dénoûment. D'après l'avis de M. de Saint-Aulaire, il voulut voir M. de Villèle, encore inconnu à Paris, mais déjà l'homme le plus influent de son département, dont il présidait le conseil général. Ces deux hommes si différents sortirent de cette conférence assez peu contents l'un de l'autre. M. de Vitrolles, esprit ardent aux aventures, qui cherchait à dominer les circonstances par l'audace, et qui aimait la difficulté parce qu'elle mettait les ressources de son caractère en relief, trouva M. de Villèle froid et circonspect. M. de Villèle, esprit pratique et prudent, qui se plaçait toujours au point de vue des choses possibles, trouva M. de Vitrolles téméraire, et, jugeant dès lors qu'il s'engageait dans une entreprise sans issue, il ne lui parla que de la difficulté qu'éprouvaient les étrangers à réussir dans le département, et repartit pour sa terre de Morville.

Si la persistance passionnée de M. de Vitrolles avait son côté généreux, l'appréciation de M. de Villèle était raisonnable; les événements ne tardèrent pas à le prouver. M. de Vitrolles lui-même, à mesure qu'ils se succédèrent, sentit le terrain de la résistance se dérober sous ses pieds. La nouvelle du départ du Roi, obligé de quitter Lille et de se réfugier en Belgique, diminua ses espérances. Il avait cherché à conserver l'illusion que le Roi était encore sur le territoire français, afin d'avoir le droit de la répandre au moyen de son *Moniteur*. Le démenti donné à l'espoir qu'il avait conçu et accrédité affaiblit sa confiance et son crédit. Il ne songeait plus à envoyer au duc d'Angoulême les compagnies de volontaires qui s'organisaient d'ailleurs lentement; il fallait désormais les garder pour la défense de Toulouse. Les points les plus voisins de celui où il avait essayé d'établir le centre d'un gouvernement royaliste commençaient à se détacher de lui. Le préfet d'Albi fit, d'accord avec les autorités militaires, un mouvement qui rangea cette ville sous le gouvernement de l'Empereur. M. de Vitrolles comprit que si cet exemple voisin demeurait impuni, il deviendrait bientôt contagieux pour Toulouse. Il résolut donc d'envoyer un corps expéditionnaire de volontaires royaux pour rétablir l'autorité royale à Albi. Il se préparait à faire saisir et enlever le général et le préfet, afin de les envoyer devant une des commissions militaires qu'il avait instituées pour juger prévôtalement les crimes politiques, seul moyen, dans ces circonstances extrêmes, dans des temps de violence et dans des localités passionnées, d'empêcher les populations ardentes du Midi de se faire justice de leurs propres mains.

Ce fut au milieu de cette crise qu'il reçut la nouvelle du départ de madame la duchesse d'Angoulême et de l'entrée du général Clausel à Bordeaux. Cette nouvelle donna le coup de grâce à son autorité. Le préfet du département, M. de Saint-Aulaire, qui, ainsi que M. de Malaret, maire de la ville, lui avait prêté jusque-là un concours froid, mais loyal, lui remontra que si les gardes nationaux ne s'étaient pas battus à Paris pour le Roi, à Bordeaux pour Madame, à plus forte raison ne se battraient-ils pas à Toulouse pour soutenir M. de Vitrolles. Le commissaire du Roi s'était lui-même convaincu de l'exactitude du raisonnement en interrogeant les chefs de la garde nationale sur ses dispositions, et ceux-ci lui avaient unanimement répondu que leurs hommes étaient dévoués, qu'ils combattraient s'ils étaient soutenus par d'autres forces, mais que, dans le cas contraire, ils se borneraient à maintenir l'ordre.

A partir de ce moment, M. de Vitrolles ne s'occupa plus que d'une chose, c'était de tomber avec dignité. M. de Saint-Aulaire s'était entremis pour amener une transaction entre le commissaire du Roi et le général Delaborde, qui avait reçu par le général Chartran, nouvellement arrivé de Paris et clandestinement entré à Toulouse, les instructions de l'Empereur; mais on ne put parvenir à s'entendre. M. de Vitrolles attendit donc les événements. Mais tout concourait à précipiter sa chute. Le duc d'Angoulême venait de renvoyer à Toulouse un régiment d'artillerie dont les dispositions lui étaients suspectes, et M. de Vitrolles, craignant à son tour la présence de ce régiment, avait fait ordonner par M. le maréchal de Pérignon au général Delaborde de l'éparpiller, par petits détachements, à Narbonne et dans les environs de cette ville. Le général envoya au contraire des officiers au-devant du régiment pour hâter sa marche vers Toulouse. Il voulait se procurer de l'artillerie pour imposer à la population, dont la grande majorité était royaliste. Dans la nuit du 3 au 4 avril, les hôtels qu'occupaient M. de Vitrolles, le maréchal Pérignon, et M. de Damas-Crux, chef des volontaires royaux, furent cernés par la troupe, et ces trois personnages arrêtés. C'était, comme à Paris et à Bordeaux, un coup de main militaire exécuté contre l'opinion des populations. Le traitement réservé à chacun de ces trois prisonniers devait être très-différent. Le maréchal de Pérignon fut libre, dès le lendemain, de retourner dans sa terre ; M. de Damas-Crux dut seulement sortir de la ville ; mais M. de Vitrolles, arrêté par le général Delaborde en personne, fut retenu captif dans une caserne de la ville, jusqu'à ce que l'Empereur eût disposé de son sort. On craignait l'activité et l'esprit entreprenant de cet homme de parti. Menacé d'abord d'être fusillé [1], puis conduit à Vincennes, il devait passer toute la durée du second Empire dans des prisons d'État, où la sollicitude de sa famille et de ses nombreux amis, dont les inquiétudes étaient justement éveillées, s'employa à le faire oublier. Ce coup de main s'exécuta sans obstacle, mais la population y était évidemment contraire, et M. de Saint-Aulaire, qui avait donné sa démission, reprocha, sans hésiter, au général Delaborde d'avoir pris des mesures violentes qui amèneraient inévitablement de sanglantes réactions. La ville se trouvait en effet placée sous le joug d'une minorité turbulente, appuyée par la force armée et les officiers à demi-solde ; et l'émotion des esprits était si vive, que M. de Saint-Aulaire crut devoir, quelques jours après, adresser à la population une proclamation, bien qu'il eût résigné ses fonctions préfectorales. Il cherchait à la convaincre que les Bourbons étaient pour toujours descendus du trône, afin de lui ôter toute idée de résistance, en lui enlevant tout espoir de succès ; démarche qui n'était ni dans le droit d'un ancien fonctionnaire royal, ni dans ses devoirs, et qui compromettait sa situation dans l'avenir.

Bordeaux, Toulouse, étaient retombés sous le régime impérial ; au commencement d'avril, il ne restait plus qu'un drapeau blanc levé en France, celui du duc d'Angoulême. Le duc d'Angoulême, en quittant Bordeaux, s'était porté à Mont-

---

1. « M. le duc de Vicence, qui était présent quand cet ordre fut donné, fit observer que les Bourbons avaient régné près d'un an sans verser une goutte de sang, et que le premier qu'on ferait couler sans légalité, sans nécessité, serait reproché au pouvoir comme un acte de violence odieux. » (*Mémoires* inédits de M. de Vitrolles.)

pellier, puis à Nîmes, où il avait établi son quartier général. Il avait formé avec discernement son état-major. Il était difficile qu'il échappât entièrement à l'erreur commune qui avait déterminé tous les chefs militaires à chercher leur principal appui dans les forces régulières. Cependant la petite armée dont il disposait contenait, à côté de l'élément militaire, l'élément fourni par l'enthousiasme populaire du Midi. Marseille avait à lui seul levé cinq cents volontaires royaux; Nîmes, Montpellier, Béziers, Montauban avaient envoyé les leurs. L'effectif des forces sous les ordres du duc d'Angoulême se montait environ à treize mille hommes. Le plan conçu par le prince était un plan d'offensive. Son armée devait se concentrer au Pont-Saint-Esprit, petite ville située sur la rive droite du Rhône, et là se partager en trois corps. Le premier, opérant sous les ordres directs du prince, devait se diriger sur Valence, et, par Valence, sur Lyon, en continuant à suivre la rive gauche du Rhône, et en traversant successivement deux cours d'eau, la Drôme et l'Isère, qui viennent se jeter dans ce fleuve. Il devait être flanqué sur sa gauche par le corps aux ordres du général Rey, dont la mission était de le protéger de ce côté contre les attaques de flanc en longeant la rive droite du Rhône. Un autre corps marchant plus avant encore sur la gauche, sous les ordres du général Compans, devait s'acheminer à travers le Cantal, la Haute-Loire et la Loire, et donner la main, s'il y avait lieu, à la prise d'armes de l'Ouest. Pendant ce temps, une colonne devait se réunir à Sisteron, sous les ordres du général Ernouf, de là remonter vers Grenoble, et, Grenoble une fois occupé, marcher sur Lyon, qui était le point objectif de toutes les opérations.

Dans ce moment de rapides changements de scène, les plans vieillissaient vite. Celui du duc d'Angoulême était, on le voit, d'occuper derrière Bonaparte toutes les villes et tous les départements que l'Empereur avait traversés, de manière à le prendre en queue, tandis que les forces envoyées de Paris l'attaqueraient de front, et que les populations de l'Ouest l'inquiéteraient sur son flanc droit. Mais toutes les conditions étaient changées, quand, le 27 mars, le prince put commencer son mouvement. Le Roi avait quitté Paris depuis sept jours et avait passé la frontière; la prise d'armes de l'Ouest était manquée ou au moins avait été suspendue; Napoléon était maître de Paris et de la plus grande partie de la France. Enfin le général Compans, qui devait prendre le commandement du corps destiné à agir sur l'extrême gauche, était allé rejoindre l'Empereur. Le duc d'Angoulême n'en donna pas moins l'ordre au général Ernouf de marcher sur Grenoble, et se dirigea lui-même vers Valence.

Le corps d'armée du général Ernouf, parti de Sisteron le 27 mars, ne s'avança pas beaucoup au delà de Gap. Dès que le 58ᵉ et le 83ᵉ de ligne, seules forces régulières dont il se composât, furent en contact avec les forces bonapartistes, ils passèrent au drapeau tricolore avec le général Gardanne qui les commandait. Trois mille volontaires marseillais, conduits par le général Loverdo, voulurent combattre malgré cette défection; mais, attaqués par les troupes venues de Grenoble avec du canon et les gardes nationaux de l'Isère, ils ne purent tenir devant des forces supérieures, et furent dispersés après un engagement assez vif qui leur coûta cent cinquante hommes mis hors de combat. Les généraux Ernouf et Loverdo, demeurés fidèles, se retirèrent à Marseille.

Le duc d'Angoulême avait commencé au même moment son mouvement vers Pont-Saint-Esprit en remontant la rive gauche du Rhône. Ses forces, qui s'élevaient à quatre mille hommes environ, se composaient du 10ᵉ de ligne commandé par le comte d'Ambrugeac, du 1ᵉʳ régiment étranger formé par Napoléon des débris de l'armée de Condé rentrés en France, c'est-à-dire de soldats allemands ou belges commandés par des officiers émigrés, et qui ne comptait sous le drapeau qu'un petit bataillon, enfin de volontaires spontanément levés dans les départements du Gard, de l'Hérault et de Vaucluse, et formant un corps d'environ quinze cents hommes. Les régiments de ligne qui se trouvaient dans le Midi ne cachaient pas leur disposition à passer au drapeau tricolore. Mais le royal-étranger et le 10ᵉ de ligne faisaient exception. Ce dernier corps, guidé par son colonel, le comte d'Ambrugeac, annonçait hautement sa résolution de combattre pour la cause du Roi. Venu de Perpignan, et accueilli sur sa route avec enthousiasme par les populations royalistes du Roussillon et du bas Languedoc, ce régiment arrivait le 28 mars à Nîmes où il fut acclamé et fêté par le peuple de cette ville, si ardente dans ses affections comme dans ses inimitiés. L'esprit de la population agissant sur celui de la troupe, le duc d'Angoulême se hâta de diriger ce jour même son avant-garde sur Montélimart. Il en avait confié le commandement au colonel vicomte Des Cars, son aide de camp ; elle était composée de huit petits bataillons de volontaires de l'Hérault, du Gard et de Vaucluse, montant ensemble à quinze cents hommes; de quatre compagnies du royal-étranger, commandées par le colonel de Montferré ; de quarante volontaires royaux à cheval, commandés par le marquis de Montcalm; d'un escadron du 14ᵉ régiment de chasseurs et de quatre pièces d'artillerie légère. L'avant-garde était le 28 mars à Donzères, et le 29, le colonel Des Cars, laissant à Donzères le commandant d'Hautpoul avec quatre cents hommes et deux pièces de canon, occupait sans violence Montélimart. Il s'établit militairement en avant de cette ville, et ayant appris que le général Debelle, qui commandait pour Bonaparte les départements de la Drôme et de l'Isère, marchait contre lui avec le 39ᵉ de ligne et une assez nombreuse réunion de gardes nationaux, il envoya au commandant d'Hautpoul l'ordre de le rejoindre au plus tôt. Le lendemain 30 mars, au point du jour, cet ordre était exécuté, lorsque le marquis de Montcalm, envoyé en reconnaissance sur la route de Valence, annonça, vers sept heures du matin, qu'il avait rencontré sur la grande route le corps du général Debelle, formant une longue colonne qu'il évaluait à deux ou trois mille hommes de toutes armes. Ce corps marchait sur Montélimart, il n'en était plus qu'à une lieue. Vers neuf heures, un officier d'état-major se présenta en parlementaire aux avant-postes, et le colonel Des Cars s'y rendit aussitôt. L'officier était porteur d'une lettre du général Debelle qui engageait la petite armée royale à reconnaître l'Empereur pour arrêter la guerre civile. A cette lettre étaient joints les bulletins et les proclamations de Napoléon depuis son débarquement. Le colonel Des Cars répondit que la responsabilité de la guerre civile retomberait sur ceux qui l'avaient provoquée, et invita l'officier d'état-major à se retirer au plus vite. Peu de temps après, l'attaque commença. Les tirailleurs du général Debelle furent chaudement reçus par les tirailleurs royaux. Une colonne d'attaque lancée sur le centre du colonel Des Cars fut accueillie par le feu bien nourri de deux compagnies du royal-étranger; quelques coups de canon arrêtèrent cette colonne, et plusieurs obus éclatant au milieu des gardes nationaux de l'Isère et de la Drôme jetèrent le désordre dans leurs rangs. Le général Debelle, renonçant dès lors à l'espoir d'entamer les troupes royales, donna l'ordre de la retraite, que le colonel Des Cars ne put inquiéter que faiblement, faute de cavalerie. En effet, vers le milieu de l'action, l'escadron du 14e chasseurs, qui au lieu d'être sur les ailes avait été mis en réserve à l'entrée de la ville, parce que ses dispositions étaient suspectes, abandonna son poste à l'instigation de deux officiers, traversa au galop la ville de Montélimart derrière la ligne de l'armée royale, et rejoignit le général Debelle dans la nuit suivante. N'ayant plus que les quarante cavaliers du marquis de Montcalm, le vicomte

Des Cars dut attendre le duc d'Angoulême qui était au Pont-Saint-Esprit.

Le 1ᵉʳ avril, le duc d'Angoulême était à Montélimart. Il visita l'avant-garde dans ses bivouacs, décerna des éloges à ceux qui avaient bien mérité, distribua des décorations et des grades et nomma le colonel Des Cars maréchal de camp. Le 10ᵉ régiment de ligne étant arrivé ce jour-là même de Pont-Saint-Esprit, et montrant les meilleures dispositions, le prince mit en mouvement son petit corps d'armée, le 2 avril, à la pointe du jour, dans la direction de Valence. Le maréchal de camp Des Cars prit les devants avec son avant-garde suivie du 10ᵉ de ligne. Le général Debelle avait reçu des renforts. Il se trouvait en position à trois lieues de Montélimart avec le 39ᵉ de ligne, une colonne de gardes nationaux de la Drôme et de l'Isère, deux pièces de canon servies par le 4ᵉ régiment d'artillerie à cheval, de la gendarmerie, le dépôt du 4ᵉ hussards et un certain nombre de jeunes gens du pays. A l'approche de l'avant-garde de l'armée royale, le général Debelle se retira sur la rive droite de la Drôme, couvert par une forte arrière-garde qui cédait le terrain en tiraillant. A onze heures du matin, l'avant-garde royale arrivait sur la Drôme, après avoir occupé le bourg de Loriol, à un kilomètre sud de la Drôme, et elle put apercevoir les forces impérialistes occupant le bourg de Livron, situé sur le penchant méridional d'une colline que la Drôme côtoie, et défendant le pont de cette rivière avec deux pièces de canon, soutenues par un bataillon d'infanterie. Le pont de la Drôme est large, bien construit et remarquable par deux rangées d'arbres qui, formant allée, l'abritent dans toute sa longueur. Le duc d'Angoulême, qui s'était arrêté auprès de Loriol pour donner aux soldats le temps de faire la soupe, vint en personne reconnaître le pont. Jugeant qu'on pouvait y éprouver une vive résistance, il envoya le colonel Montferré avec son bataillon du royal-étranger et un bataillon de volontaires royaux passer la

Drôme à un gué situé à deux kilomètres au-dessus de Livron, pour menacer de tourner la gauche de l'ennemi, pendant que le 10ᵉ de ligne et le reste des volontaires royaux tenteraient d'enlever le pont de vive force. Un de ces hasards de guerre qui souvent remplacent ou déconcertent les combinaisons termina l'affaire d'une manière différente, plus rapide et inattendue.

Pendant les deux heures de repos que le prince donnait aux troupes pour laisser au colonel Montferré le temps de passer la Drôme et d'arriver sur le point où il devait agir, trois compagnies d'élite du 10ᵉ de ligne vinrent fortifier l'avant-garde affaiblie par cette diversion; c'étaient deux compagnies de grenadiers commandées par les capitaines Dupuy et Mouton, et une compagnie de voltigeurs commandée par le capitaine Isnard. Les deux premières furent placées derrière un moulin touchant au pont sur la rive gauche de la Drôme, et attenant à la culée. Les voltigeurs avaient engagé quelques-uns de leurs hommes sur le pont, et comme les arbres étaient déjà assez gros pour servir d'abri, ils s'avançaient d'arbre en arbre sans courir de grands risques et se rapprochaient ainsi insensiblement de la rive droite. Le capitaine Isnard les faisait appuyer successivement par d'autres voltigeurs tirés de la réserve, et peu à peu les plus avancés se trouvèrent à portée d'échanger des paroles avec les troupes opposées qui les invitaient à venir fraterniser avec elles. Le capitaine Isnard, s'apercevant qu'il avait laissé ses soldats aller trop loin, s'avança lui-même sur le pont pour les rappeler et mettre un terme à des communications qui pouvaient devenir dangereuses.

Dans ce moment le vicomte Des Cars, qui venait de prendre les ordres du duc d'Angoulême, arrivant à l'extrémité opposée du pont, aperçut et entendit les voltigeurs qui, de l'autre côté, parlaient à très-haute voix d'une manière animée avec les artilleurs impériaux et les soldats du 39ᵉ. Il jugea la circonstance critique, et appelant les capitaines Dupuy et Mouton, il leur dit : « Vos camarades les voltigeurs sont trahis sur la rive opposée; formez promptement vos sections sur le pont et allons les délivrer. » Cet ordre fut rapidement exécuté. Quatre sections se formèrent à demi distance sur le pont, les tambours battirent la charge, et les grenadiers du 10e, sous la conduite du maréchal de camp Des Cars, marchèrent au pas accéléré. A mesure qu'ils avançaient, ils entendaient les officiers impériaux leur crier : « Venez, camarades, réunissez-vous à nous et crions : *Vive l'Empereur !* » Au milieu de ce tumulte, on démêlait la voix du capitaine Isnard, qui, prisonnier des impériaux, criait à ses soldats : « Voltigeurs, vengeons-nous de ces traîtres. » La colonne du vicomte Des Cars arriva rapidement de l'autre côté du pont. La résolution avec laquelle elle engagea l'affaire consterna les impériaux. Ils firent peu de résistance. Les deux pièces de canon furent prises. Les voltigeurs, dont plusieurs étaient déjà entourés et désarmés, reprirent l'offensive. Quelques artilleurs furent tués sur leurs pièces. Le colonel Noël, leur chef, fut grièvement blessé. Le corps entier du général Debelle, déconcerté par la promptitude et par la vigueur de cette attaque, fut mis en déroute, et l'avant-garde royale poursuivit les impériaux la baïonnette dans les reins à travers la grande rue de Livron. Cependant le général Debelle réussit à rallier les fuyards à la sortie du village, et l'avant-garde royale dut attendre des renforts pour continuer la poursuite.

Le colonel d'Ambrugeac, qui était au repos avec son régiment à un kilomètre du pont, entendit battre la charge et avertit le duc d'Angoulême qu'il se passait quelque chose d'extraordinaire. Le prince mit immédiatement sa colonne en marche, arriva au pont qu'il trouva évacué et y rencontra un officier envoyé pour le prévenir de ce qui venait d'arriver. Le pont fut traversé au pas accéléré. La colonne réunie reprit l'offensive sous le commandement du duc d'Angoulême, qui fit son devoir en brave soldat, et les troupes impériales en désordre se mirent en retraite. Plusieurs charges furent exécutées sur cette masse désorganisée, tant par les volontaires à cheval de M. de Montcalm, auxquels se joignirent plusieurs officiers d'état-major, que par un détachement de vingt-cinq chasseurs du 14e, qui servait d'escorte à M. le duc d'Angoulême, et qui demeurèrent fidèles jusqu'au dernier moment. Dans ces charges, les royaux ramassèrent plusieurs centaines de prisonniers. Le commandant de Laborde y fut grièvement blessé, et le vicomte Des Cars y eut un cheval tué sous lui : il se releva promptement, protégé par le comte de Montcalm, officier des gardes du corps, et par le comte Gaston de Lévis, son aide de camp. Si le duc d'Angoulême avait eu assez de cavalerie pour couper la retraite aux impériaux, il ne se serait pas échappé un seul homme de ce corps d'armée. La poursuite dura jusqu'à la nuit et ne s'arrêta qu'à deux lieues de Valence. Ce fut là que le détachement du comte de Montferré, qui avait été fort retardé par la difficulté des chemins, rejoignit les bivouacs de l'armée royale [1].

Le 3 avril, le duc d'Angoulême occupa Valence évacuée par le général Debelle, qui s'était replié derrière l'Isère, en emmenant avec lui les bacs qui servaient au passage. Le pont le plus rapproché du point où se trouvait la petite armée royale était celui de Romans. Le vicomte Des Cars y fut envoyé avec son avant-garde, et réussit à s'en emparer au moment où l'on allait y mettre le feu. Le duc d'Angoulême se trouvait maître

---

1. Nous sommes entrés dans quelques détails sur cette affaire du pont de la Drôme parce qu'il était resté de l'obscurité sur ce fait historique. On fit même une enquête pendant les Cent-Jours sur la conduite du 10e, accusé d'avoir agi par trahison. La relation qu'on vient de lire, et qui a été écrite avec les notes qu'a bien voulu nous communiquer M. Des Cars (aujourd'hui duc Des Cars), présente cette affaire dans son véritable jour. Du reste, l'enquête de 1815 se termina par un hommage rendu à la loyauté militaire du 10e.

du passage de l'Isère par la possession de ce pont, qui lui était essentielle pour continuer sa marche vers Lyon.

Ainsi le prince, parti du Gard, avait traversé l'Ardèche et la Drôme en poussant devant lui les impériaux. Il avait eu de brillants engagements. Il avait fait battre la troupe de ligne sous le drapeau blanc contre le drapeau tricolore. Il était maître de la route de Lyon, et il venait d'être rejoint à Valence par trois escadrons du 14ᵉ chasseurs. Ce début était satisfaisant ; mais il fallait, pour que le duc d'Angoulême pût continuer raisonnablement son mouvement offensif, que la colonne d'expédition qui s'était dirigée de Sisteron sur Grenoble fût arrivée à la hauteur de cette ville. Il attendit le 4 avril de ses nouvelles, et reçut avis, dans la nuit du 4 au 5, de la défection des troupes de ligne du corps du général Ernouf et de la dispersion des volontaires marseillais. Dès lors, son succès était entraîné dans la déroute générale de la cause royaliste. Son flanc droit n'était plus protégé, et déjà le 58ᵉ et le 83ᵉ de ligne, venus de Grenoble, descendaient le cours de l'Isère pour le menacer, tandis que des levées de gardes nationales faites à Lyon et dans le Rhône, Saône-et-Loire et le Jura, et marchant avec cet entrain qu'excite le succès, s'avançaient, sous les ordres du général Grouchy, pour l'attaquer de front. L'avant-garde de cette armée parut dès le 5 avril sur les bords de l'Isère, et commença à tirailler avec les troupes royales. La marche sur Lyon devenait impraticable, et les nouvelles qui arrivaient de tous côtés ne tardèrent pas à convaincre le prince que le séjour à Valence, où il avait d'abord concentré ses troupes après avoir détruit le pont qui unit à Romans les deux rives de l'Isère, n'était pas moins impossible. Ces nouvelles étaient désastreuses. Outre la défection des troupes de ligne du général Ernouf et la dispersion de toute sa colonne, le prince apprit, le 6 avril au matin, par les dépêches du général qu'il avait laissé avec quelques troupes à

Pont-Saint-Esprit pour assurer sa retraite en cas d'insuccès, que le général Gilly avait soulevé les deux régiments de ligne qui occupaient Montpellier et Nîmes, et qu'il marchait sur Pont-Saint-Esprit pour s'emparer de cette position que l'on craignait de ne pouvoir lui disputer. Si cette position était occupée par les impériaux, les communications du prince avec la Provence étaient rompues. Il donna l'ordre de la retraite. Elle commença le 5 avril à deux heures du matin. Il arriva le 6 avril au soir à Montélimart, et trouva le pont de la Drôme occupé par le royal-étranger. Il avait appris en chemin le renversement du gouvernement royal à Bordeaux et le départ de la duchesse d'Angoulême pour l'Espagne, les événements de Toulouse et l'arrestation de M. de Vitrolles; il achevait de tomber par toutes ces chutes. La route de Marseille était encore libre, et le drapeau blanc flottait sur cette ville; c'était donc sur ce point que, d'après l'indication militaire, devait être dirigée la retraite. Mais la situation politique dominait la question militaire. Le sentiment de l'anéantissement des dernières chances de la cause royale était dans tous les esprits, et on l'abandonnait avec cet empressement que mettent la plupart des hommes à déserter les causes perdues. Les soldats du 10ᵉ de ligne commençaient eux-mêmes à déserter en grand nombre, depuis qu'on rétrogradait au lieu d'avancer. Il n'y avait aucune espérance d'arrêter ce mouvement que tout précipitait. Le duc d'Angoulême était donc disposé à traiter pour éviter une effusion de sang inutile. A Montélimart, il reçut des propositions du général Gilly, et envoya vers lui son chef d'état-major, le général d'Hautane, et le baron de Damas qui lui était adjoint. Les deux négociateurs rencontrèrent le général Gilly entre Nîmes et Pont-Saint-Esprit, et revinrent avec lui vers cette dernière ville.

Le duc d'Angoulême partit de Montélimart le 7, s'arrêta à Pierrelatte (13 kilomètres sud de Montélimart), où il attendit longtemps la réponse du général Gilly. Il aurait pu facilement ce jour-là gagner Mornas ou même Orange, et arriver le 8 avril sur la Durance. Le passage était libre, car Pont-Saint-Esprit était encore occupé par le comte Eugène de Vogüé, commandant des volontaires royaux de l'Ardèche, qui n'évacua ce poste que le 7 au soir. Mais le prince voulait assurer par une convention la sûreté de ceux qui s'étaient dévoués à sa fortune. Il attendit donc le retour de ses négociateurs qui revinrent dans l'après-midi, en lui apportant un projet de traité qui parut acceptable. Il y était dit que le duc d'Angoulême, désirant mettre fin à une guerre devenue inutile, consentait à se retirer en Espagne par Cette. Les volontaires royaux seraient licenciés, rendraient leurs armes, et, protégés par les autorités, rentreraient dans leurs foyers sans être inquiétés. Les troupes de ligne feraient leur soumission au nouveau gouvernement, et les officiers ne seraient point recherchés pour leur fidélité à Louis XVIII.

Le duc d'Angoulême accepta ces conditions et les exécuta fidèlement. Il se rendit avec ses troupes à La Palud, bourg muré du département de Vaucluse, situé sur la rive gauche du Rhône, à sept kilomètres nord-est de Pont-Saint-Esprit, et y passa les journées du 8 et du 9 avril. Le 8, il fit ses dispositions préparatoires, et donna quelques récompenses à ceux qui s'étaient le plus distingués ; car, au milieu du naufrage de la cause royale, il n'avait pas perdu l'espoir pour l'avenir. Le 9 avril, il licencia ses troupes et renvoya chez eux les volontaires royaux munis de passe-ports signés par le général Gilly. Il partit lui-même en poste le 9 avril à huit heures du soir pour Cette ; là il devait s'embarquer pour Barcelone.

Les conditions furent moins loyalement exécutées par les impériaux. Au moment où le duc d'Angoulême s'arrêtait à Pont-Saint-Esprit pour relayer, un aide de camp du général Grouchy se présenta à la portière du prince, annonça que son général, arrivé de Paris dans la nuit, venait de prendre le commandement; qu'il avait ordre de l'Empereur d'annuler la capitulation de La Palud et de faire arrêter M. le duc d'Angoulême, qui fut conduit dans la maison de M. de Renoyer avec sa suite militaire, le duc de Guiche, le baron de Damas, le vicomte Des Cars, le comte Gaston de Lévis.

Le général Grouchy ne faisait en effet qu'exécuter l'injonction expresse qu'en partant de Paris il avait reçue de l'Empereur [1]. Ce fut une dépêche télégraphique envoyée de Lyon par le maréchal Suchet qui annonça à Paris la convention de La Palud et la captivité du prince. Le premier mouvement de Napoléon fut terrible; il parla de faire fusiller immédiatement le duc d'Angoulême, mais, sur les représentations et les instances du duc de Bassano, il consentit à autoriser la ratification de la capitulation, à la condition que le prince souscrirait la promesse de la restitution des diamants de la couronne emportés par le Roi Louis XVIII. Le duc de Bassano se hâta

1. On trouve dans l'*Histoire du comte d'Hauterive*, par le chevalier Artaud de Montor, de curieux détails sur cet épisode de 1815. M. Artaud avait puisé ces détails dans les papiers du comte d'Hauterive qui les tenait du duc de Bassano (Maret), et il en avait trouvé lui-même la confirmation dans le récit du duc de Bassano, avec lequel il avait eu des relations obligées en 1817, étant chargé d'affaires de France à Vienne, et ayant reçu la mission de prendre des informations sur la situation où se trouvait le duc, réfugié à Gratz, et qui demandait à rentrer en France.

Le général Grouchy avait d'abord reçu de la bouche d'un des hommes de confiance de l'Empereur l'ordre de partir pour le Midi, où le duc d'Angoulême faisait la guerre, de le prendre et de le faire fusiller sur-le-champ. Il s'était récrié contre cette commission, en disant qu'il ferait la guerre en homme d'honneur, et non en sauvage, et qu'avant de partir il verrait l'Empereur pour le lui dire. Il le vit et le lui déclara. L'Empereur ne manifesta ni mécontentement ni surprise, il n'avoua ni ne désavoua l'ordre : « Vous irez, dit-il, dans le Midi, vous acculerez le prince à la mer jusqu'à ce qu'il s'embarque. Partez. » Puis il rappela M. de Grouchy et, d'un ton assuré et ferme, lui dit : « Souvenez-vous surtout de l'ordre que vous recevez de moi: si vous prenez le prince, gardez-vous bien qu'il lui tombe un cheveu de la tête. » Après un moment et le signe d'une profonde réflexion : « Non, vous prendrez le prince et le retiendrez jusqu'à ce que je sois informé et que vous receviez mes ordres. » Le général partit. (*Vie du comte d'Hauterive*, page 398. Paris, 1839.

d'expédier la dépêche; mais, par un de ces contre-temps qui déterminent quelquefois les événements les plus déplorables, une nouvelle dépêche arriva du quartier général du Languedoc, annonçant qu'une fermentation menaçante régnait parmi les populations des environs du lieu où le prince était détenu, et que la garde nationale se montrait très-agitée. Le directeur du télégraphe de Paris, en envoyant cette nouvelle dépêche au duc de Bassano, lui écrivait qu'il avait cru devoir suspendre la transmission des ordres qu'il était chargé d'expédier pour le Midi, et qu'il lui renvoyait, afin de s'assurer si ces ordres ne seraient pas modifiés. Tout se trouvait donc remis en question. Napoléon allait de nouveau être exposé aux suggestions de ce mauvais génie qui, se penchant vers l'oreille des gouvernements condamnés à périr, leur conseille d'employer les derniers moments de leur puissance à exercer sur leurs ennemis à leur discrétion d'impitoyables vengeances. Comme un loyal serviteur, le duc de Bassano prit sur lui d'épargner à son maître cette tentation. Après quelques instants de réflexion, il fit ordonner au directeur du télégraphe de Paris d'expédier immédiatement la dépêche qui prescrivait la ratification de la convention de La Palud, en le réprimandant sévèrement d'avoir osé en suspendre l'envoi. Il ne rendit compte que le soir à Napoléon de l'arrivée de la dépêche du quartier général, et quand il était trop tard pour révoquer la confirmation de la capitulation : celui-ci, après un premier mouvement donné à la colère, finit par approuver son ministre [1].

---

[1] D'Hauterive, en achevant le récit des événements qui précèdent, fait parler ainsi le duc de Bassano : « Après ce qui s'était passé entre l'Empereur et moi, je me présentai le soir sans concevoir une inquiétude sérieuse à l'égard des impressions fort diverses que je m'attendais bien à produire successivement sur Napoléon.—Voilà, Sire, lui dis-je, une seconde dépêche télégraphique que j'ai l'honneur de remettre à Votre Majesté. Je ne dissimule pas qu'en la lisant sa physionomie prit un caractère plus sombre. Cette disposition ne fut que passa-

Le duc d'Angoulême, demeuré pendant ce temps prisonnier, avait appris par le général Grouchy qu'on attendait les ordres de l'Empereur pour disposer de son sort. Sa captivité se prolongea pendant six jours, et prit par moments un aspect assez sombre. Le 11 avril, un officier de gendarmerie fut installé dans sa chambre avec ordre de ne pas le perdre de vue. Des cris de menaces proférés par les clubs révolutionnaires et les fédérés retentirent avec fureur autour de la maison où il était détenu. Il n'en parut pas ému. Il avait agi en soldat tant qu'il avait eu les armes à la main ; captif, il écrivit à Louis XVIII la lettre suivante, datée du Pont-Saint-Esprit le 10 avril : « Me voici ici résigné à tout et bien occupé de ceux qui me sont chers : mais je demande et j'exige même que le Roi ne cède rien pour me délivrer. Je ne crains ni la mort, ni la prison, et tout ce que Dieu m'enverra sera bien reçu. »

Le 15 avril, le télégraphe transmit l'ordre de reconduire le prince jusqu'à la côte. Il partit avec ceux qui avaient partagé sa prison, s'embarqua à Cette et arriva sans autre incident à Barcelone. Ainsi, la capitulation de La Palud recevait, quoique tardivement, son exécution pour le prince. Mais les volontaires royaux, à qui la capitulation garantissait, par une dis-

---

gère, et se tournant vers moi d'un air de doute : — *J'espère que notre première dépêche télégraphique n'a pas été expédiée.* — Je vous demande pardon, Sire, elle l'a été et elle doit être actuellement parvenue. — Mais très-probablement (ici sa figure prit une teinte de sévérité et d'ironie très-marquée) celle-ci n'est arrivée qu'après le départ de l'autre? — Je vous demande pardon, Sire, répondis-je d'un ton ferme et assuré. Il ne me regarda pas. Ses regards tombèrent et se fixèrent sur le tapis. Le caractère de sa figure avait quelque chose d'indécis qui me laissa flotter entre l'inquiétude et un sentiment de pitié tendre et douloureuse. Enfin il se releva comme d'une espèce d'abattement moral ; il se tourna vers moi, porta la main sur mon bras, le serra affectueusement et me dit : *Vous avez bien fait.* » (*Histoire du comte d'Hauterive*, page 404.)

Cette version nous paraît plus vraisemblable que celle du duc de Rovigo, qui assure qu'une nouvelle dépêche partit de Paris pour prescrire de retenir le duc d'Angoulême qui était déjà parti, et dit que le général Grouchy fit courir après lui sans pouvoir l'atteindre. (Voir les *Mémoires du duc de Rovigo*, tome VIII.)

position expresse, pleine et entière sûreté pour leurs personnes et pour leurs biens, devinrent sur plusieurs points victimes d'agressions à main armée. Les vieilles haines qui, dans ces pays de luttes séculaires, prennent tantôt la forme religieuse, tantôt la forme politique, avaient reparu. Des bandes de protestants profitèrent de la chute de la cause royale pour traquer comme des bêtes fauves les catholiques, leurs adversaires, qui, pour la plupart, s'étaient enrôlés dans les volontaires royaux. Au Pont-Saint-Esprit, plusieurs de ces derniers, habitants de la ville de Nîmes, furent assaillis à coups de sabre et de baïonnette, les uns tués, les autres laissés pour morts par les protestants bonapartistes qui occupaient le pont, et jetés par-dessus les parapets : au nombre de ceux qui échappèrent blessés et sanglants à cette boucherie, était l'homme qui devait exercer quelques mois plus tard de terribles représailles et donner une célébrité sinistre au sobriquet de Trestaillon.

Les populations de la Gardonnengue [1], terre classique du protestantisme, et les habitants d'Arpaillargues, bourg entièrement peuplé de protestants, ne se montrèrent pas moins impitoyables. Soixante-quatre volontaires royaux, la plupart habitants de Nîmes, furent d'abord sommés de rendre les armes à l'entrée de ce village, et quand ils les eurent rendues, devinrent le point de mire d'une décharge générale qui en mit quatre par terre. Ceux-ci, restés aux mains de leurs meurtriers, furent torturés avec des raffinements de barbarie qu'on ne rencontre que dans les plus mauvaises journées de la révo-

---

1. M. de Castelnau, capitaine de frégate, écrivait au *Conservateur* en 1820 : « J'habite la Gardonnengue, terre classique du protestantisme, et je suis moi-même protestant. C'est une vérité immuable que les auteurs des assassinats d'alors (de 1815, après la seconde Restauration) étaient des hommes de la lie du peuple qui, trop fidèles aux funestes maximes des gens de leur classe, regardaient comme le plus incontestable de leurs droits les vengeances individuelles qu'ils exerçaient sur leurs pareils, à raison des excès dont ceux-ci s'étaient rendus coupables dans les Cent-Jours. »

lution [1]. Les autres furent poursuivis à travers champs, traqués, sabrés, fusillés partout où on put les atteindre. Dans ce pays de passions violentes et d'ardentes représailles, ce sang versé devait plus tard appeler une nouvelle effusion de sang, et ces crimes commis par les hommes les plus exaltés du parti

1. Nous empruntons ces détails, non aux récriminations toujours suspectes des hommes de parti, mais aux documents judiciaires. Les crimes commis après la capitulation de La Palud dans le village d'Arpaillargues furent dénoncés devant la cour royale de Nîmes, et le procureur général s'exprimait ainsi dans son réquisitoire général du 11 juillet 1816 : « La capitulation de La Palud fut signée le 8 avril 1815. L'armée royale était licenciée et les volontaires royaux devaient rentrer dans leurs foyers. Une disposition expresse garantissait à ces derniers pleine et entière sûreté pour leurs biens et surtout pour leur personne. Soixante-quatre gardes royaux, la plupart habitants de Nîmes, en se retirant dans leur famille avaient pris la route qui passe à Arpaillargues. Les habitants d'Arpaillargues exigèrent d'eux qu'ils remissent leurs armes.

« À peine furent-ils désarmés qu'une fusillade en renversa quatre. Les volontaires royaux épargnés par les premiers coups de feu cherchent leur salut dans la fuite. Ils sont poursuivis à travers champs, fusillés, assassinés, on leur donne la chasse comme à des bêtes féroces. Quatre d'entre eux, Fournier, Calvet, Chambon et Charrai avaient été abattus et étaient restés au pouvoir de leurs assassins. Lorsqu'on s'apercevait que le malheureux Fournier faisait quelque mouvement, on se hâtait de lui donner des coups de fourche dans toutes les parties du corps. Une femme lui enfonça si profondément sa fourche dans le ventre qu'elle fut obligée d'employer tous ses efforts pour la retirer. Une autre lui lança des coups de ciseaux dans le visage. On le mit nu (le procès-verbal de la levée du cadavre le constate), on le jeta au coin d'une rue... Il conservait cependant encore un reste de vie, et il en donna quelques signes pendant la nuit; on lui écrasa la tête avec une grosse pierre.

« Calvet, habitant de Nîmes et marié depuis peu, avait été aussi blessé à mort. Étendu à terre et baigné dans son sang, il reçut encore plusieurs blessures. Un homme que les témoins n'ont pas reconnu le déchira avec sa faux et lui enleva la paupière supérieure; une femme, un monstre, la Coulourgole, lui enfonçait de temps en temps une fourche de fer dans le corps. Sur les dix heures du soir, il fut jeté dans une charrette et expira bientôt sur les genoux de Chambon. Fournier et Calvet ne furent pas les seuls qui perdirent la vie dans cette funeste journée; mais il n'a pas été possible de faire le dénombrement exact des volontaires royaux qui n'ont pas reparu, et qui, par conséquent, sont présumés avoir péri. Claude Chambon se sauvait à travers champs après avoir échappé à la première fusillade, lorsqu'il fut arrêté par un habitant d'Arpaillargues. D'autres habitants armés l'investirent bientôt; l'un lui donna deux coups de baïonnette; un autre un coup de broche; un autre un coup de fourche dans les reins; un autre habitant lui tira un coup de fusil qui lui perça la cuisse droite. Pierre Nouvel a reçu une balle à la cuisse, il est mort de cette blessure, etc., etc. »

bonapartiste et protestant, provoquer des crimes parmi les hommes les plus exaltés du parti opposé et les expliquer sans les justifier.

Ainsi le premier effet du retour de Napoléon en France avait été de rallumer dans le Midi ces luttes violentes qui, dans les temps passés, avaient déjà ouvert si souvent les veines de la patrie par les mains de ses enfants. Les majorités royalistes, qui avaient essayé un moment de soutenir le drapeau de la monarchie renversé ailleurs, avaient été bientôt accablées par la supériorité militaire des forces régulières sur des populations étrangères au maniement des armes et manquant de discipline et de cohésion. Trois semaines seulement après la rentrée de Napoléon à Paris, les derniers vestiges de la résistance royaliste disparaissaient avec M. le duc d'Angoulême qui avait fait flotter le dernier drapeau blanc sur le territoire continental de la France. Il ne serait pas juste de mesurer la hardiesse et le courage de cette résistance à son succès. Un arbitre compétent dont la sentence ne sera récusée par personne, Napoléon lui-même, devait quelque temps plus tard rendre à la résistance royaliste une justice que d'autres lui ont refusée. Un jour, un officier lui dit en parlant du retour de l'île d'Elbe, « que cet événement merveilleux avait offert aux regards de l'Europe attentive le contraste de ce qu'il y avait de plus faible et de plus sublime : les Bourbons abandonnant une monarchie tout entière pour s'enfuir à l'approche d'un seul homme qui avait la magnanime audace d'entreprendre à lui seul la conquête de l'Empire. — Monsieur, lui dit l'Empereur, vous êtes dans l'erreur, vous avez mal saisi le sens de l'affaire. Les Bourbons n'ont pas manqué de courage, ils ont fait tout ce qu'ils pouvaient faire. M. le comte d'Artois a volé à Lyon, madame la duchesse d'Angoulême s'est montrée à Bordeaux en amazone, M. le duc d'Angoulême a marché en avant tant qu'il a pu. Si, malgré cela, ils n'ont pu venir à bout de rien, c'est moins leur faute que la force des circonstances; c'est qu'à eux seuls ils ne pouvaient davantage; la contagion, l'épidémie avaient gagné tout le monde [1]. »

Cette résistance royaliste, quoique vaincue, laissait derrière elle des résultats. Les provinces du Midi, maîtrisées plutôt que soumises, frémissaient sous la domination d'une minorité d'autant plus intolérante qu'elle sentait sa faiblesse et comprenait la nécessité de se faire craindre pour se faire obéir. Au lieu d'apporter un concours et un secours au second Empire, le Midi lui apportait des embarras et des sollicitudes qui diminuaient sa liberté d'action et ses forces disponibles au dehors. L'Ouest, qui n'avait point encore fait sa prise d'armes, était sombre, plein de menaces, et semblait se recueillir comme au moment de l'action.

La royauté française, en disparaissant du territoire, ne laissait donc plus à Napoléon la France telle qu'il l'avait possédée après les années fécondes du Consulat. D'un côté, la monarchie un moment restaurée, et les souvenirs puissants et les vives sympathies qu'elle avait ranimées; de l'autre, la liberté politique qu'elle avait montrée à la France, et les ardentes espérances, et l'espèce de fièvre intellectuelle que cette liberté avait excitées, suscitaient au dedans à Napoléon de graves préoccupations, des obstacles et des périls, au moment où il aurait eu besoin de réunir toutes les forces vives de son génie et toutes celles du pays pour aborder la lutte inégale qu'il allait avoir à soutenir au dehors.

---

[1]. Je transcris textuellement ce passage du *Mémorial de Sainte-Hélène*, tome II, page 243 (édition Bourdin). C'est à Longwood (Sainte-Hélène) que cette conversation eut lieu.

LIVRE SIXIÈME

LES CENT-JOURS

I

DIFFICULTÉS DE LA SITUATION DE NAPOLÉON A SON ARRIVÉE AUX TUILERIES.

On lisait en tête du *Moniteur* du 21 mars 1815 la nouvelle suivante, datée du 20 mars : « Le Roi et les princes sont partis cette nuit; » puis, immédiatement à la suite, cette autre nouvelle : « Sa Majesté l'Empereur est arrivée ce soir à huit heures dans son palais des Tuileries. » Cette rapide succession de nouvelles, de noms et de dates, représente assez bien la rapidité des événements.

Le lendemain de son arrivée, Napoléon réunit dans la cour des Tuileries et le Carrousel une partie des troupes qu'il avait enlevées dans sa course du golfe Juan à Paris, et celles de l'armée de Paris, sur laquelle Louis XVIII avait compté pour le combattre. Il était de sa politique de refaire autour de lui l'unité de l'armée et d'effacer les distinctions créées par les derniers événements entre ceux qui avaient contribué à les produire et ceux qui s'étaient bornés à les accepter. Il était à l'aise au milieu de sa famille militaire. Une immense acclamation salua sa présence. « Soldats, dit-il, je suis venu avec six cents hommes en France, parce que je comptais sur l'amour du peuple et sur les souvenirs des vieux soldats. Je n'ai pas été trompé dans mon attente, soldats, je vous en remercie. La gloire de ce que nous venons de faire est toute au peuple et à vous. La mienne se réduit à vous avoir connus et appréciés... Soldats, le trône des Bourbons était illégitime, puisqu'il avait été relevé par les mains étrangères, puisqu'il avait été proscrit par le vœu de la nation exprimé dans toutes nos assemblées nationales. Le trône impérial peut seul garantir les droits du peuple et surtout les droits de votre gloire. Soldats, nous allons marcher pour chasser de notre territoire ces princes auxiliaires de l'étranger. La nation, non-seulement nous secondera de ses vœux, mais même suivra notre impulsion. Le peuple français et moi, nous comptons sur vous. Nous ne voulons pas nous mêler des affaires des autres; mais, malheur à qui se mêlerait des nôtres! »

Cette harangue avait deux objets. Le premier, de montrer au peuple l'armée ralliée autour de ses aigles; le second, de rassurer en même temps la France sur la paix, et les puissances étrangères sur les intentions de Napoléon, tout en semblant les défier. Il circonscrivait, en effet, la lutte entre lui et les Bourbons, et promettait de ne point se mêler des affaires des autres si on ne se mêlait point des siennes.

Une scène pleine d'une émotion théâtrale succéda à cette harangue. On vit le général Cambronne, qui commandait les grenadiers de l'île d'Elbe, s'avancer vers l'Empereur avec ses officiers, et Napoléon étendant vers lui la main, comme pour le présenter aux troupes : « Voici les officiers du bataillon qui m'a accompagné dans mon malheur, dit-il, ils sont tous mes amis. Toutes les fois que je les voyais, ils me représentaient les différents régiments de l'armée, car dans ces six cents braves, il y a des hommes de tous les régiments. Tous me rappelaient ces grandes journées dont le souvenir est si cher, car tous sont couverts d'honorables cicatrices reçues à ces batailles mémorables. En les aimant, c'est vous tous, soldats de l'armée française, que j'aimais. Ils vous rapportent ces aigles. Qu'elles vous servent de ralliement. En les donnant à la garde, je les donne à toute l'armée. La trahison et des circonstances malheureuses les avaient couvertes d'un voile funèbre; mais, grâce au peuple français et à vous, elles reparaissent resplendissantes de toutes les gloires. Jurez qu'elles se trouveront partout où la patrie les appellera. Que les traîtres et ceux qui voudraient envahir notre territoire n'en puissent jamais soutenir les regards ! »

Les premiers rangs qui seuls purent entendre ces paroles les saluèrent d'acclamations. Les autres acclamaient la grandeur de la scène, le geste, l'accent, la physionomie à la fois ardente et recueillie de l'Empereur, qui, revenu de la veille, semblait présenter le bataillon de l'île d'Elbe à l'armée. Pendant plusieurs minutes le cri de *vive l'Empereur* retentit. C'était comme un long serment de mourir pour lui. Napoléon, qui revenait de si loin pour livrer de nouveau toutes ces vies au hasard de la guerre, paraissait ému. L'humanité est remplie de contrastes. « Il avait, a dit M. Thiers, fait mutiler par les boulets plus de deux millions d'hommes, il lui restait à en faire mutiler quelques centaines de mille, et cependant il pleura à la vue de Duroc mourant. » C'est ainsi que Napoléon se sentait ému à l'aspect de ces intrépides soldats qui saluaient César, à la veille d'aller mourir.

J'ai dit que, pour les esprits perspicaces, les grandes difficultés commençaient à l'arrivée de Napoléon aux Tuileries : c'est ici le lieu d'en exposer la raison. L'Empereur revenu de l'île d'Elbe n'était plus celui qui, après 1804, avait gouverné la France avec une volonté qui ne connaissait pas d'obstacle, une bonne fortune qui ignorait encore les revers, entouré d'hommes soumis à l'ascendant souverain de son génie, de partis acceptant sa dictature ou réduits à la subir, ayant seul la parole, l'action, l'initiative, la vie. Il revenait affaibli par le souvenir d'une première défaite et d'une première déchéance. Non-seulement son pouvoir avait été contesté, mais renversé. Vaincu par l'Europe, flétri et détrôné par son propre Sénat, abandonné par ses lieutenants et contraint par eux à abdiquer, il avait perdu son double prestige de vainqueur et de tout-puissant. Enfin la presse, qu'il avait pendant quatorze ans tenue enchaînée et muette au pied de son trône, avait gravé d'ineffaçables stigmates sur ce front dominateur qu'elle avait été si longtemps contrainte à respecter. Dans le premier et dans le dernier mois de la Restauration surtout, toutes les voix, celles des administrateurs, des généraux, comme celles des écrivains, avaient épuisé contre lui les formules du blâme, de la haine et du mépris. Quoi qu'il fît, il ne pouvait abolir en un jour un passé si récent. Il ne dépendait de lui ni de l'effacer de sa propre mémoire pour retrouver son autorité et sa confiance, ni de l'effacer de la mémoire des autres pour leur rendre leur ancien respect.

Ce qui achevait de compliquer la situation, c'est qu'à son retour Napoléon ne retrouvait pas la France moins changée que lui. Dix mois de liberté politique avaient tranformé les idées et les goûts de la nation. Elle s'était habituée à discuter le pouvoir et ses actes. La tribune et la presse l'avaient comme enivrée. Toute cette partie de la société qui, mettant avant tout la sécurité des intérêts, avait, quinze ans auparavant, accueilli avec enthousiasme l'avénement du Consulat, regrettait les Bourbons comme une garantie et déplorait le retour de l'île d'Elbe comme une menace. Tous les partis de la révolution, depuis celui de 1789 jusqu'à celui de 1792, que l'Empereur avait réduits au silence sous le premier Empire, se retrouvaient debout pour faire des conditions au second.

« Les onze mois de règne du Roi, dit un des plus intimes confidents de l'Empereur, nous avaient rejetés en 1792 [1]. »

Il avait lui-même pressenti cette situation en mettant le pied sur le sol français, et ses proclamations à Cannes, à Grenoble et même à Lyon portaient, on l'a vu, la trace de ses préoccupations à ce sujet. En outre, sauf le petit nombre d'hommes demeurés fidèles à ses adversités, soit par dévouement, soit faute d'avoir trouvé place dans l'organisation du gouvernement monarchique, il n'y avait pas un de ses anciens serviteurs qu'il pût regarder en face, dans l'administration ou dans l'armée, sans éprouver un malaise moral et sans le lui faire ressentir, à cause des souvenirs récents qui s'élevaient entre eux. L'armée elle-même, quoiqu'elle eût rendu le retour de l'île d'Elbe possible, en se ralliant à Napoléon au lieu de le combattre, n'était plus la même qu'avant les événements de 1814. Elle pouvait se faire illusion un moment à la vue de son général, mais la réalité devait bientôt prendre le dessus. L'esprit nouveau avait pénétré dans ses rangs, les officiers les plus dévoués à Napoléon, Labédoyère même, n'avaient pas résisté à cette influence. Il faut ajouter que l'armée, depuis ses revers de la fin de l'Empire, n'avait plus la même prépondérance dans le pays, et qu'épuisée par les dernières campagnes de Napoléon, inquiète et au fond mécontente d'elle-même depuis sa désertion en masse, qui l'avait fait repasser en un jour du drapeau blanc au drapeau tricolore, le nombre, le prestige, la confiance morale lui manquaient « pour faire taire, ainsi qu'on l'a dit, la France au dedans, en la montrant invincible au dehors [2]. »

Enfin les royalistes tenaient dans le pays une toute autre place que sous le premier Empire. Ils avaient traversé récem-

---

1. *Mémoires de La Valette*, tome II, page 169.
2. *Les Cent-Jours*, par M. Villemain, page 114.

DIFFICULTÉS DE LA SITUATION. 247

ment le pouvoir et interrompu ainsi la prescription de l'exil. Ils s'étaient recrutés d'une nouvelle nuance, celle des royalistes constitutionnels qui, représentés par M. Laîné leur chef, ne devaient pas tous céder aux événements. Le royalisme populaire des provinces du Midi et de l'Ouest s'était ravivé, et si le retour de l'île d'Elbe avait été trop rapide pour leur laisser le temps de concerter la résistance, on pouvait prévoir que ces deux régions de la France ne fourniraient aucune ressource à Napoléon pour soutenir la guerre. Ce serait à coup sûr une lacune dans son système de défense, ce pouvait être un obstacle et même un péril.

Pour achever d'exposer les difficultés de la situation, il faut ajouter que l'Europe n'était pas moins changée que la France et l'Empereur. Ce n'était plus cette Europe divisée et craintive qu'il avait si longtemps conduite, c'était l'Europe unie, menaçante, décidée à lui faire une guerre à outrance. Napoléon, en arrivant en France, avait trouvé l'Europe rassemblée au congrès de Vienne; la première dépêche adressée au gouvernement de Louis XVIII que l'Empereur ouvrit à Paris fut la déclaration du 13 mars, par laquelle le congrès le mettait au ban de l'Europe. « Le retour de Bonaparte en France, disait la déclaration, n'est pas un fait de guerre, c'est un attentat contre l'ordre social par lequel, en rompant la convention qui l'avait établi à l'île d'Elbe, Bonaparte a détruit le seul titre légal auquel son existence se trouvait attachée. En revenant en France avec des projets de trouble et de bouleversement, il s'est privé lui-même de la protection des lois et a manifesté, à la face de l'univers, qu'il ne saurait y avoir avec lui ni paix ni trêve. Les puissances déclarent en conséquence que Napoléon Bonaparte s'est placé hors des relations civiles et sociales, et que, comme ennemi et perturbateur du repos du monde, il s'est livré à la vindicte publique. » Cette pièce se terminait par la promesse spontanée de tous les souverains de « donner au Roi de France ou à tout autre gouvernement attaqué, les secours nécessaires, dès que la demande en serait faite. »

Difficultés de toute nature au dedans, menaces et périls prochains au dehors, tel était donc le résumé de la situation de l'Empereur à son entrée aux Tuileries.

Napoléon entreprit de résoudre ou d'éluder les difficultés intérieures par des transactions, et de dissimuler les dangers du dehors en gagnant du temps pour les conjurer par des négociations s'il était possible de le faire, pour réunir les forces nécessaires à la lutte si les négociations ne réussissaient pas.

II

POLITIQUE INTÉRIEURE. — TRANSACTION AVEC LES PARTIS.

Son premier acte de gouvernement fut la nomination d'un ministère. Le soir même de son arrivée, les noms des membres de ce ministère étaient arrêtés dans sa pensée, et l'ordonnance parut, le lendemain 21 mars, dans le *Moniteur*. C'étaient Cambacérès à la justice, le duc de Gaëte (Gaudin) aux finances, le comte Mollien au Trésor, le prince d'Eckmuhl à la guerre, Decrès à la marine, et Fouché à la police. Les ministères de l'intérieur et des affaires étrangères restaient vacants. Le premier fut donné à Carnot, le second en quelque sorte imposé au dévouement du duc de Vicence, qui lutta pendant deux jours pour ne pas l'accepter. Convaincu, disait-il, que l'Europe n'accorderait ni paix ni trêve à l'Empereur, il demandait à combattre dans l'armée, au lieu d'être placé dans un poste où il n'y avait aucun service à rendre. Ce fut ainsi que la nomination de Carnot parut dans le *Moniteur* du 22 mars et celle du duc de Vicence dans celui du 23 seulement. Le duc vaincre que Benjamin Constant, parce qu'il avait moins envie d'être persuadé. Il avait déjà, dans une correspondance avec ce dernier, exprimé ses doutes sur la réalisation des espérances que celui-ci lui avait communiquées : « Je suis convaincu bien à regret, lui écrivait-il, que le gouvernement de l'Empereur avec ses talents et ses passions offre le moins de chances à l'établissement d'une véritable liberté. Je souhaite de toute mon âme me tromper, alors j'en conviendrai avec autant de bonne foi que de plaisir. En attendant, je crains que l'homme auquel il a suffi autrefois pour attraper tant de gens d'esprit de signer : *membre de l'Institut, général en chef*, qui aujourd'hui vient de soulager tant d'amours-propres et d'intérêts, ne finisse par tromper, comme il y a quinze ans, l'honnête espérance des patriotes. On ne peut être chef actif d'un peuple libre que dans une république, où, soit comme président, soit comme directeur, on est soumis à une critique continuelle et à une responsabilité légale ; on ne peut être monarque constitutionnel qu'en étant inviolable, c'est-à-dire inactif, et seulement électeur des ministres responsables et par conséquent juges des ordres qu'ils reçoivent du Roi. La première situation est sans doute préférable, non-seulement pour Napoléon, mais pour tout homme qui aime l'action et la gloire..... Pensez-vous qu'une de ces manières d'être puisse convenir longtemps au caractère le plus impétueux, le plus entreprenant et le plus impatient de contradiction?... Je vous offre mon incrédulité. »

Ce fut à peu près le même ordre d'idées que le général La Fayette développa dans la conférence qu'il eut avec Joseph Bonaparte. Il alla même jusqu'à lui dire qu'à ses yeux « Napoléon n'était qu'un chef provisoire, un soldat venu de corps de garde en corps de garde jusqu'aux Tuileries, où il s'était établi pour combattre les ennemis et gouverner la France jusqu'à ce qu'elle pût être organisée par une assemblée de représentants. » Cependant, malgré ces paroles, malgré son incrédulité, le général La Fayette, depuis si longtemps descendu de la scène politique, se laissait aller à la pensée de jouer un rôle dans cette assemblée dont il réclamait la convocation. « Je m'unirai cordialement à vos efforts, disait-il à Joseph, pour repousser les puissances étrangères et les Bourbons qui les ont appelées. Jusque-là vous pouvez compter sur moi ; mais ce sera, je dois le dire franchement, avec le désir que si le gouvernement de l'Empereur continue d'être ce que je crains, il dure le moins longtemps possible [1]. »

Ainsi le parti constitutionnel, du moins dans la nuance avancée, se séparait des Bourbons, chose grave pour lui-même et grave aussi pour le pays, et au lieu de se réserver pour l'avenir, il se compromettait dans l'échauffourée du second Empire. Après tant de paroles de fidélité prodiguées par ses organes dans la Chambre de 1814 et dans la presse au représentant du principe traditionnel de la monarchie, il allait, par l'impatience de jouer un rôle, afficher une complète indifférence en matière de gouvernement, pourvu que ses théories constitutionnelles reçussent une apparence de satisfaction, comme si un gouvernement pouvait s'appuyer uniquement sur une théorie, comme si la forme pouvait se passer du fond, l'édifice de base !

Quant à l'Empereur, ce n'était plus seulement Fouché et Carnot qu'il était obligé d'introduire dans son conseil, comme ses garants auprès des deux nuances de la Révolution : c'était Benjamin Constant, cet insulteur de la veille, qu'il chargeait de travailler à la Constitution du lendemain ; c'était La Fayette, qu'il avait toujours regardé comme un rêveur et un idéologue, dont il faisait solliciter l'alliance et qui allait devenir son surveillant à la Chambre des représentants, à la tête du parti constitutionnel qui exigeait aussi ses garanties.

1. *Mémoires* du général La Fayette, tome V, page 416.

Il fallait naturellement que les paroles et au moins quelques-uns des actes publics de Napoléon fussent en harmonie avec la situation qui lui imposait ces démarches. Aussi les premiers jours qui suivirent son arrivée furent-ils marqués par des décrets ou des discours qui étaient dans ce sens. Le 25 mars parut un décret qui supprimait la direction générale de la librairie et de l'imprimerie, ainsi que les censeurs, et donnait, au moins en apparence, une liberté absolue à la presse. Le 26 mars, l'Empereur, pour inaugurer le retour de sa puissance, reçut solennellement aux Tuileries le ministère et des députations des corps constitués qui lui présentèrent des adresses. L'adresse du ministère, présentée par Cambacérès, donnait le signal des manifestations libérales et constitutionnelles : « L'Empereur, disait cette adresse, a tracé à ses ministres la route qu'ils doivent tenir. Point de guerre au dehors, point de réaction au dedans, point d'actes arbitraires. Sûreté des personnes, sûreté des propriétés, libre circulation de la pensée : tels sont les principes que vous avez consacrés. » L'adresse du conseil d'État, rédigée par le conventionnel Thibaudeau, qui, ainsi qu'il l'a dit depuis, « n'avait pas tardé à reconnaître que l'Empereur n'était pas changé, et que la liberté et l'Empire, rapprochés momentanément, étaient incompatibles [1], » avait quelque chose de plus solennel. Elle avait été délibérée par le conseil d'État et portait les signatures de tous ses membres, sauf trois qui avaient refusé de signer, MM. Molé, de Gérando et de Hauterive. L'objet de cette délibération, lue par M. Defermon, doyen du conseil, était double. L'adresse s'attachait d'abord à établir « que la souveraineté résidait dans le peuple, seule source légitime du pouvoir, et que Napoléon tenant la couronne du peuple, le Sénat n'avait pas eu le droit de la lui enlever et

---

1. *Histoire du gouvernement parlementaire en France*, par M. Duvergier de Hauranne, tome II, page 481 ; — *Histoire de l'Empire*, par Thibaudeau.

le règne de Louis XVIII était nul de droit. » Elle ajoutait même, assertion diamétralement contraire à la vérité, que l'étranger « avait forcé la minorité des sénateurs, contre leur mission et leur volonté, à renverser le trône impérial. » Après avoir fait le procès des Bourbons et la satire du gouvernement de Louis XVIII, elle prenait des garanties contre Napoléon en énumérant toutes les libertés qu'il était appelé à assurer à la France : « L'Empereur, disait-elle, est appelé à garantir par des institutions (et il en a pris l'engagement dans ses proclamations au peuple et à l'armée) tous les principes libéraux, la liberté individuelle et l'égalité des droits, la liberté de la presse et l'abolition de la censure, la liberté des cultes, le vote des contributions et des lois par les représentants de la nation légalement élus, les propriétés nationales de toute origine, l'indépendance et l'inamovibilité des tribunaux, la responsabilité des ministres et de tous les agents du pouvoir. Pour mieux consacrer les droits et les obligations du peuple et du monarque, les institutions doivent être revues dans une grande assemblée des représentants, déjà annoncée par l'empereur. »

Les adresses de la cour de cassation, de la cour des comptes, de la cour impériale de Paris, de l'Institut, du conseil municipal de Paris, portaient l'empreinte du même esprit.

L'Empereur n'avait eu aucune objection contre ces adresses, qui lui avaient été d'avance communiquées. Seulement ses réponses, pendant ces premières journées, restèrent dans le vague ; toutes les fois qu'il fut question de la Constitution, il se bornait à donner une couleur libérale à son langage. C'est ainsi qu'il répondait au conseil d'État : « Les princes sont les premiers citoyens de l'État ; leur autorité est plus ou moins étendue selon l'intérêt des nations qu'ils gouvernent. La souveraineté elle-même n'est héréditaire que parce que l'intérêt des peuples l'exige. Hors de ces principes, je ne reconnais pas de légitimité. J'ai renoncé aux idées du grand Empire, dont, depuis quinze ans, je n'avais encore que posé les bases; désormais le bonheur et la consolidation de l'Empire français sont l'objet de toutes mes pensées. »

Ces adresses du ministère, du conseil d'État et des cours souveraines devinrent un signal qui, d'un bout du royaume à l'autre, fut entendu et compris. Ce flot d'adhésions, de promesses, de manifestations, de serments de vivre et de mourir pour le gouvernement royal, qui, depuis plusieurs mois, ne cessait d'arriver aux Tuileries, au nom des corps constitués et des régiments, ne s'arrêta pas; il changea seulement d'adresse : le nom de Napoléon remplaça celui de Louis XVIII dans la suscription; mais trop souvent les signatures demeurèrent les mêmes. Certes il est arrivé souvent dans l'histoire que la parole humaine, changeant avec les événements, se soit tristement démentie, mais jamais d'une manière si flagrante et à des intervalles si rapprochés. A deux jours de distance, ces deux défilés de serments ou plutôt de parjures se succédaient dans le *Moniteur*, et l'on eût dit qu'au lieu de se heurter, ces adhésions et ces promesses contradictoires de la magistrature, de l'administration, de l'armée, se continuaient, tant elles étaient rapprochées! Jamais la conscience humaine n'eut plus à souffrir que dans cette circonstance. Le respect du serment et la notion de l'honnête en furent affaiblis dans les cœurs; l'honneur, cet or moral, fut prodigué comme une vile monnaie, et de cette époque data peut-être une défiance et une mésestime pour les fonctionnaires publics, qui devaient être une des armes de l'opposition et une des difficultés du gouvernement dans les temps suivants [1]. Le clergé seul se dis-

---

[1]. La lecture du *Moniteur* des premiers mois de l'année 1815 attriste le cœur. Nous citerons seulement la proclamation du maréchal Augereau et l'adresse de la Cour de cassation, qu'on pourra comparer à la manifestation des sentiments de ce chef militaire et de cette cour souveraine quelques jours auparavant. « Égarés par la magnanimité de l'Empereur, » disait Augereau qui récem-

tingua, en gardant un silence plein d'une prévoyante dignité.

Pour ajouter à l'illusion que ces adresses écrites étaient destinées à produire au dehors et au dedans, on cherchait à exciter dans Paris des manifestations en contradiction avec celles dont les derniers jours de la Restauration avaient été témoins. Il y eut le 1er avril un dîner donné, au Champ de Mars, par la garde impériale à la garde nationale et aux troupes de la garnison. Quand les têtes furent échauffées, un officier se leva en tenant un buste de Napoléon, et l'on se rendit tumultueusement aux Tuileries et à la place Vendôme, dont on salua la colonne par des vivat et des acclamations. Il y eut des toasts avec des serments de vaincre ou de mourir. Pour que Napoléon, naturellement plein d'aversion pour tout ce qui ressemblait au désordre, tolérât ces manifestations tumultuaires, il fallait qu'il eût le sentiment profond de l'extrémité de sa situation. L'aspect de Paris, pendant les premiers jours du nouvel Empire, n'était donc pas très-différent de ce qu'il avait été pendant les derniers jours de la Restauration. On n'avait fait que changer de crise.

Du reste, les réponses que fit l'Empereur aux premières adresses n'engagèrent pas beaucoup son gouvernement sur les questions de fond. Tandis que ceux qui s'arrêtaient aux signes extérieurs s'en montraient satisfaits, les esprits plus difficiles ou plus au courant des choses opposaient aux mani-

---

ment avait si injurieusement traité Napoléon, « nous fîmes serment de défendre d'autres droits que les siens. Ces droits sont imprescriptibles. Il les réclame aujourd'hui. Jamais ils ne furent plus sacrés pour nous... Arborons donc les couleurs de la nation. »

La Cour de cassation disait : « Qu'ils soient à jamais oubliés ces jours d'un interrègne préparé par la trahison, établi par la force étrangère. La nation n'a pu se lier dans ce court intervalle, vos droits n'ont pu être éteints, la légitimité de votre gouvernement n'a pu être altérée, parce que le peuple n'était pas libre, parce que les autorités étaient asservies. »

On fit faire des adresses par tous les corps administratifs, civils, militaires, qui en avaient fait au gouvernement royal.

festations extérieures du gouvernement impérial les sentiments secrets, les conversations intimes de Napoléon, et aux apparences de liberté les réalités du despotisme.

Sans doute, il avait écouté sans opposition l'adresse du conseil d'État où la souveraineté du peuple était invoquée; mais il avait accueilli avec faveur l'excuse de M. Molé, qui, pour ne pas signer cette adresse, avait précisément allégué que le principe de la souveraineté du peuple portait une grave atteinte aux droits du trône[1]. Il laissait parler de la souveraineté du peuple, mais il continuait à prendre le titre d'Empereur par la grâce de Dieu. Le reproche qu'on avait fait à Louis XVIII de compter dans son règne les années de son exil, Napoléon l'encourait à son tour en affichant dans ses actes publics la prétention d'avoir régné sur la France pendant les onze mois qu'il avait passés à l'île d'Elbe. Puis venaient des reproches plus graves. Il avait, il est vrai, supprimé la direction de la librairie et de l'imprimerie et les censeurs, mais la presse était beaucoup moins libre que sous la Restauration. D'autres décrets, en effet, maintenaient provisoirement les lois et les règlements concernant la profession d'imprimeur et de libraire. Les journaux de Paris étaient en outre placés sous la surveillance du ministère de la police; ceux des départements sous la surveillance des préfets, et chaque gazette était soumise à un rédacteur général désigné par le ministre, de sorte qu'au lieu d'être censurés par les censeurs officiels, les journaux se trouvaient

---

1. *Mémoires de La Fayette*, tome V page 402. « M. Molé imagina, dit-il, de faire appel aux véritables sentiments de l'Empereur en prétendant que sa conscience ne lui permettait pas de reconnaître la souveraineté du peuple. » Benjamin Constant rapporte le même fait dans ses *Mémoires sur les Cent-Jours*. La Valette ajoute : « M... me dit le lendemain qu'il n'avait pas cru devoir donner sa signature, et comme je m'en étonnais, il me dit en confidence : « Mais l'Empereur ne l'a pas trouvé mauvais. » Je lus alors cette pièce avec attention, et je vis qu'effectivement elle n'avait pas dû plaire au souverain. (*Mémoires de La Valette*, tome II, page 174.)

rédigés par eux. Quant aux livres et aux brochures, ils pouvaient paraître librement si le libraire et l'imprimeur consentaient à affronter la ruine, ou si le ministre de la police consentait à tolérer les libertés qu'ils prenaient. On parlait de garanties données à la liberté individuelle; les ministres s'écriaient : « Point de réaction au dedans, point d'actes arbitraires, sûreté des personnes, sûreté des propriétés; » et pendant que ces paroles retentissaient, un décret du 25 mars remettait en vigueur les lois de l'époque la plus néfaste de la Révolution contre les princes de la maison de Bourbon, bannissait de Paris tous ceux qui avaient accepté des fonctions ministérielles sous Louis XVIII, ou qui avaient fait partie de sa maison civile ou militaire, leur enjoignait à la première réquisition de prêter serment à l'Empereur, sous peine, en cas de refus, d'être exilés, emprisonnés ou mis en surveillance, selon le bon plaisir du gouvernement [1]. Napoléon allait plus loin. Il antidatait, en le supposant rendu à Lyon, un décret de proscription contre treize personnes au nombre desquelles étaient le duc de Raguse, le prince de Talleyrand, MM. Bellart, de Jaucourt, Bourienne, de La Rochejaquelein, de Vitrolles, le duc de Dalberg et l'abbé de Montesquiou. D'après ce décret, elles devaient être traduites devant les tribunaux comme coupables d'avoir tramé ou favorisé le renversement des constitutions de l'Empire, et le séquestre était apposé sur leurs biens. Ce fut en vain que Napoléon demanda au dévouement du général Bertrand de contre-signer ce décret, écrit aux Tuileries depuis l'arrivée de l'Empereur et daté de Lyon; l'honneur de

---

[1]. M. de La Fayette dit dans ses *Mémoires*, tome V, page 404 : « Les militaires de la garde du Roi eurent ordre de s'éloigner à quarante lieues de Paris, et comme d'avoir été particulièrement attaché au gouvernement de Louis XVIII n'était pas une occasion bien agréable de s'engager une fois de plus envers l'Empereur, mes deux gendres, quoique autorisés particulièrement par le ministre à rester à Lagrange, s'en absentèrent pendant quelque temps. »

Bertrand parla plus haut que son dévouement, et il refusa. Le duc de Bassano refusa de même, et le décret ne put trouver le contre-seing d'aucun ministre pour paraître. Il fut l'objet du blâme général, même aux Tuileries. Le colonel de Labédoyère, qui le premier avait conduit à l'Empereur son régiment lorsque Napoléon s'était présenté devant Grenoble, dit assez haut pour être entendu de lui : « Si le règne des séquestres et des proscriptions recommence, tout sera bientôt fini [1]. »

C'est ainsi que la volonté de Napoléon, se trahissant à travers ce vernis de libéralisme dont elle se couvrait, allait aux actes de dictature comme par sa pente naturelle. Il y eut même des mesures qu'on essaya d'exécuter dans les départements, sans oser insérer immédiatement au *Moniteur* le décret qui les prescrivait, tant elles étaient opposées au courant de l'opinion publique ! « Napoléon, dit le général La Fayette, ordonna que les volontaires royaux du Midi fussent enrôlés de force dans les régiments, et que les sommes souscrites par les particuliers pour le service du duc d'Angoulême fussent versées au Trésor. Ce décret, non publié à Paris, fut envoyé secrètement dans plusieurs départements ; l'opinion publique en arrêta l'exécution. » Il faut ajouter, pour être entièrement exact, que ce décret, qui, par une étrange ironie, imposait, comme un tribut dû à l'Empereur, les sommes offertes par dévouement au Roi, et qui condamnait au service militaire dans les armées impériales ceux qui avaient voulu combattre pour la cause royale, fut rendu à la date du 19 avril et envoyé secrètement à cette époque dans les départements, et qu'il fut publié à Paris le 18 mai suivant.

Cet ensemble de mesures, faisant suite aux décrets de Lyon, du 13 mars, qui excluaient en masse de l'armée française tous les généraux et officiers anciens émigrés qui y avaient été in-

---

1. *Histoire du gouvernement parlementaire*, par M. Duvergier de Hauranne.

troduits, mettaient le séquestre sur les biens des émigrés et sur ceux des princes de la maison de Bourbon, expulsaient du territoire tous les émigrés non rayés ou amnistiés avant le 1er janvier 1814, et les renvoyaient devant les tribunaux pour être jugés selon la rigueur des lois révolutionnaires, si, quinze jours après la publication du décret, ils se trouvaient en France, répondent suffisamment, ce semble, à la question de ceux qui se sont demandé si la conversion de Napoléon à la liberté était sincère. Il y avait une lutte continuelle entre ce caractère impérieux et absolu, et une situation plus impérieuse encore. A chaque instant, dans les conversations comme dans la pratique des affaires, cette lutte recommençait. L'Empereur disait à La Valette, dans une conversation dont le sujet était l'esprit de liberté qui s'exprimait partout avec une grande énergie : « Tout cela durera deux ou trois ans. — Que Votre Majesté se détrompe, lui répondit celui-ci, tout cela durera toujours[1]. » Le duc de Rovigo dit dans ses *Mémoires* : « Le cri de *constitution* était partout. On ne prétendait recevoir l'Empereur que comme le levier qui avait déplacé la maison de Bourbon ; on voulait bien se servir de lui en cas de guerre, mais on prétendait le brider pour le reste. » Si l'on ajoute à ces paroles celles de La Valette, confident intime et dévoué : « L'Empereur était épouvanté de l'énergie de tout ce qui l'entourait ; il ne retrouva plus ni la soumission, ni le profond respect, ni l'étiquette impériale, » on aura une idée vraie de l'état des choses.

L'Empereur revenait avec le même caractère, mais sa situation, celle de la France, celle de son propre parti, de son entourage même, étaient profondément changées. Tantôt il subissait l'empire de cette situation, tantôt il essayait de le secouer. Fouché et Carnot lui faisaient continuellement obstacle

---

1. *Mémoires de La Valette*, tome II, page 170.

partout le temps de les soustraire[1]. Ainsi les journaux, placés par un décret sous la surveillance de la police et la direction d'un rédacteur officiel, durent attaquer les Bourbons et exalter l'Empire; mais ils purent en même temps parler de la liberté, de la Constitution, de la Révolution, et en mêler l'éloge à celui de Napoléon, parce qu'il entrait dans la politique de Fouché de tolérer et même d'encourager cette tendance. Les brochures et les livres que Fouché, par la loi qui mettait la fortune des imprimeurs et des libraires à sa merci, aurait pu empêcher de paraître, si l'on n'avait pas été sûr de sa tolérance, purent impunément conserver des allures plus vives, plus hardies, et un ton plus sincère.

Cela donnait, à cette époque, un caractère singulier de despotisme dans les tendances du souverain et dans ses décrets, tempéré par l'indépendance des idées, l'anarchie dans les faits et la tolérance calculée du duc d'Otrante. L'Empereur avait surpris le pays dans un accès de constitutionnalisme, et il était, au fond, obligé de se présenter comme le successeur de Louis XVIII, venu pour donner la réalité des constitutions dont, selon l'école révolutionnaire, les Bourbons n'avaient donné que l'ombre. Fouché, adoptant cette thèse, souffrait qu'on adressât à Napoléon, dans cet ordre d'idées, les plus dures vérités. « Les courtisans et les journaux, écho de ces courtisans, lui disait-on dans un de ces écrits[2], ont tort de vous dire que la France entière soupirait après votre retour. La vérité, la voici : votre départ a causé à la France tant de joie qu'elle nous a fait oublier que l'ennemi occupait la capitale. Jamais, en votre absence, nos vœux ne se sont tournés vers vous. » Puis la brochure ajoutait que la France, oublieuse de

---

1. *Mémoires de La Fayette*, tome V, page 404. Le général avait, on l'a dit, deux de ses gendres dans la garde.
2. Cité par M. Duvergier de Hauranne, dans son *Histoire parlementaire*, tome II, page 483.

tous les torts de Napoléon, les lui pardonnerait s'il travaillait de concert avec elle à une constitution vraiment libérale. Mais elle faisait observer que malheureusement il avait déjà violé cette promesse solennelle, en demandant arbitrairement des séquestres et des exils.

Parmi ces écrits, il y en eut un qui fit une assez grande sensation pour que Napoléon ordonnât à Carnot de lui en rendre compte. C'était une brochure déclamatoire de M. Joseph Rey, de Grenoble, qui ne contenait rien de bien remarquable[1]. L'auteur, prenant l'Empereur à partie, lui déclarait qu'il était perdu s'il songeait à s'imiter lui-même, et, lui reprochant d'avoir cru qu'on ne pouvait gouverner les hommes sans les corrompre, lui annonçait qu'il ne pouvait réparer le passé qu'en rétablissant les principes de la révolution de 1789. C'était un de ces écrits sans valeur réelle dont les circonstances font la fortune. Mais moins il avait de valeur en lui-même, plus son succès était significatif. Il le devait tout entier à la situation, et Carnot, dans le rapport qu'il fit à l'Empereur, ne manqua pas de présenter M. Rey comme l'organe de l'opinion publique, et d'insister sur la nécessité de donner satisfaction aux idées qu'il exprimait.

Dans la presse périodique, il y avait, on l'a vu, moins de liberté. Les journaux royalistes avaient été complétement privés de la parole. Le *Journal des Débats*, le plus accrédité d'entre eux, avait de nouveau vu envahir sa propriété; M. Étienne remplaçait, par ordre du ministre de la police, les frères Bertin, qui avaient suivi le Roi à Gand, et donnait à cette feuille une forte impulsion bonapartiste, avec un mélange de libéralisme qui était dans le courant des idées de l'époque et dans les vues de Fouché. La *Quotidienne* avait pris le nom de *Feuille du jour*, et c'est à peine si on lui

---

1. Cette brochure parut le 4 avril sous ce titre : *Adresse à l'Empereur.*

permettait quelque allusion lointaine. La *Gazette de France*, arborant comme paratonnerre la pavillon de M. de Jouy, l'auteur de l'*Ermite de la Chaussée-d'Antin*, courait des bordées en évitant les écueils. Le *Journal de Paris* avait changé de rédaction, comme le *Journal des Débats*, dans la nuit du 19 au 20 mars. Le *Journal général*, dont la direction morale était dans les mains de M. Royer-Collard, avait sacrifié, dans les premiers moments, quelque chose aux difficultés de sa situation, en brûlant un encens imprévu devant le génie de l'Empereur, puis il avait pris peu à peu le ton d'une discussion prudente et modérée. Le *Nain jaune*, qui avait fait à la Restauration une redoutable guerre d'épigrammes et qui avait exploité contre elle l'esprit de liberté comme les souvenirs de gloire, montrait par son attitude qu'il regardait sa mission comme terminée. Sa polémique émoussée avait perdu son aiguillon, et révélait assez que son libéralisme d'emprunt n'était qu'une machine de guerre.

L'attitude du *Censeur*, qui avait été le plus redoutable des adversaires sérieux de la Restauration, comme le *Nain jaune* avait été son plus dangereux ennemi dans la presse armée à la légère, était toute différente. Deux écrivains consciencieux, MM. Dunoyer et Comte, rédigeaient, on l'a dit, cette revue périodique; l'illusion de ces esprits honnêtes, mais enivrés de leurs théories, était de ne s'occuper que des institutions, sans assez étudier la société à laquelle il s'agissait de les appliquer. Ils avaient fait une guerre ardente au gouvernement de la Restauration, qu'ils ne voulaient pas renverser cependant, mais qu'ils ne trouvaient ni assez constitutionnel ni assez libéral, et ils ne s'étaient pas alors demandé si les gouvernés étaient bien capables de toutes les libertés qu'ils exigeaient des gouvernants, et si les fautes qu'ils n'attribuaient qu'aux seconds n'étaient pas au moins partagées. Quand ils avaient vu la Restauration menacée, ils s'étaient loyalement portés à son secours. Ils avaient regardé comme une calomnie l'imputation d'avoir trempé dans le retour de l'île d'Elbe, à tel point que la *Quotidienne* leur ayant reproché ce tort, ils l'actionnèrent devant les tribunaux comme les ayant diffamés. La cause était pendante devant les juges quand arriva le 20 mars, et, avec cette inflexibilité honorable et candide qui, dans nos temps de révolution et de changement à vue, fait naître le sourire sans diminuer l'estime, ces deux esprits tout d'une pièce exigeaient la réparation à laquelle ils avaient droit, sans comprendre que les juges qui allaient rendre, le 21 mars, la justice au nom de l'Empereur, hésitassent à déclarer le 19 que c'était une diffamation que d'avoir accusé à tort deux écrivains de complicité dans son retour. Ils persistèrent même après le 20 mars dans cette prétention. Ce seul trait suffit à les peindre avec ce culte des idées qui était leur grandeur, et cette ignorance ou ce mépris des faits qui était leur côté défectueux.

Ils devenaient dans la presse un grand embarras pour le gouvernement impérial. Comme ils n'avaient d'attache avec aucun parti, on ne pouvait les atteindre sous prétexte de royalisme, et comme ils avaient toujours revendiqué les principes constitutionnels et libéraux sous les auspices desquels on était obligé de se placer, ils trouvaient dans la situation une force avec laquelle on était obligé de compter, et dans les hommes mêmes du parti constitutionnel que le gouvernement avait appelés pour lui servir de caution devant l'opinion, un concours forcé. Fouché, disposé à prendre le niveau des cœurs à la hauteur du sien, et encouragé peut-être par la facilité avec laquelle on avait séduit Benjamin Constant, les manda devant lui et leur proposa d'abord la direction du *Moniteur*, puis une place à leur choix dans l'administration ou la magistrature. En même temps, avec cet art des insinuations et des réticences dans lequel il excellait, il leur faisait sentir, à travers les phrases les plus caressantes, la pointe d'une menace.

Fouché s'était mépris. Les deux publicistes déclinèrent toutes les propositions et demandèrent à continuer leur œuvre. Le cinquième cahier du *Censeur* devait paraître le 6 avril, dirent les deux stoïques, et ils n'avaient pas un moment à perdre pour donner la dernière main à la correction de leurs épreuves.

Ce jour-là même, on saisit l'édition tout entière, et les deux publicistes furent invités à se rendre dans le cabinet du préfet de police, le comte Réal, puis envoyés par lui, après beaucoup d'exclamations sur sa douleur et sur sa surprise, chez le ministre de la police, avec lequel il les supplia de transiger. Comte et Dunoyer répondaient à cela : « Si nous nous sommes trompés, qu'on nous réfute; si nous sommes coupables, qu'on nous juge. » Après un long débat, ils consentirent à subir quelques suppressions, mais à la condition expresse qu'ils seraient autorisés à faire connaître au public le fait de la saisie et des retranchements exigés d'eux. Ce n'était point là l'affaire du gouvernement impérial, qui ne voulait pas être accusé devant l'opinion d'avoir exercé la censure après l'avoir supprimée. L'arrangement tomba donc, et la saisie fut maintenue. Alors les deux publicistes s'adressèrent aux partisans de l'Empereur, qui s'étaient rendus auprès d'eux les cautions du libéralisme de leur maître. Ceux-ci, au nombre desquels était Labédoyère, comprirent la responsabilité morale qu'ils encouraient, et s'entremirent avec tant d'ardeur, qu'ils firent révoquer la saisie. Le gouvernement impérial pensa sans doute, et avec raison, que la situation étant donnée, il y avait encore moins d'inconvénients pour lui à laisser paraître le *Censeur*, sauf à ajouter quelques idées de plus aux idées qui gênaient sa route, qu'à mécontenter profondément, en suspendant ce recueil, le parti constitutionnel dont on avait besoin.

L'article qui avait excité les susceptibilités du gouvernement n'est pas difficile à reconnaître : c'était une réponse à un écrit du sénateur Lambrecht sur les *Principes publics*, écrit dans lequel cet ancien sénateur, exclu de la pairie par la Restauration, soutenait que Louis XVIII n'avait pas été un seul jour roi légitime, attendu qu'au lieu d'accepter la constitution du Sénat, il avait octroyé la Charte, et n'avait point obtenu d'un vote formel du peuple la sanction de son usurpation. Dunoyer, dans un article revêtu de sa signature, répondait qu'il serait bien difficile d'indiquer une époque où le vœu de la nation eût été constaté régulièrement. Sept gouvernements avaient été acceptés par le peuple de 1789 à 1814. Qui oserait dire que cette acceptation eût été faite librement, avec connaissance de cause, et que la réponse n'eût pas été impérieusement dictée par la manière même dont la question était posée. « Nous avons vu, disait l'écrivain, que le peuple souverain pouvait sanctionner des conditions très-peu favorables à la liberté, et se donner des chaînes au moment même où il usait de sa toute-puissance. Nous avons vu que des temps où l'on rendait le plus pompeux hommage à sa souveraineté étaient aussi ceux où il était opprimé avec le plus de violence. Notre constitution de l'an VIII qui fut, dit-on, acceptée par le peuple, est, sans contredit, la plus mauvaise que la France ait eue; celle de 1814, dont Louis XVIII nous a fait concession et octroi, est certainement la plus sage qui nous ait gouvernés. » Le publiciste concluait qu'il fallait bien moins s'occuper de la forme que du fond.

Deux autres articles corroboraient le premier. L'un était intitulé : « Observations générales sur le gouvernement de la France et sur la proclamation de Napoléon au peuple français, le 1er mars 1814; » l'autre : « De la convocation des colléges électoraux en Champ de Mai. » Le publiciste s'autorisait des luttes livrées à ceux qui, invoquant le droit divin, repoussaient comme illégitimes tous les gouvernements établis entre 1792 et

1814, pour combattre ceux qui accusaient, au nom de la souveraineté du peuple, le gouvernement de Louis XVIII d'illégitimité. Il affirmait qu'il était faux que la France eût eu la main forcée en 1814 par les puissances étrangères. « Lorsque les armées coalisées sont entrées à Paris, disait-il, les Français étaient réduits à un tel état d'oppression, d'avilissement et de misère, qu'ils n'ont pas senti d'abord ce qu'avait d'humiliant la présence de leurs ennemis dans la capitale. Le gouvernement impérial qui pesait sur eux s'est écroulé, et, comme Carnot l'a reconnu, ils en ont vu la chute avec une joie unanime... En proclamant le renversement du gouvernement impérial, le Sénat et le Corps législatif ont été les organes fidèles de l'opinion publique, et c'est la première fois peut-être, depuis douze ans, qu'ils ont pris une délibération conforme aux vœux des citoyens. Si donc il est vrai que la souveraineté réside dans le peuple, comme l'a dit le conseil d'État, il est incontestable que le gouvernement impérial a été légitimement renversé. » Le publiciste admettait que les Bourbons, d'abord accueillis par la sympathie publique, avaient vu diminuer cette sympathie par suite de leurs fautes. Mais en résultait-il un droit pour le gouvernement impérial? En aucune façon. De deux choses l'une, ou le peuple français était une proie livrée au premier occupant, ou le gouvernement actuel était essentiellement provisoire. « Peu importe que Napoléon ait été proclamé empereur par l'armée ou par les habitants du pays où il a passé, continuait l'intraitable publiciste; peu importe que les puissances coalisées aient tenu ou non les conventions qu'elles avaient faites avec lui : la France n'appartient ni aux habitants qui se sont trouvés sur la route de Cannes à Paris, ni aux armées coalisées. » Le *Censeur* recherchait ensuite comment on pouvait passer du provisoire au définitif, de l'arbitraire à la légalité, et, faisant allusion aux manifestations révolutionnaires que Fouché provoquait, aux associations de fédérés, aux assemblées de clubs [1], il disait que, ni les chants frénétiques dont retentissaient les rues, ni les phrases sonores et vides ne pouvaient avoir cette vertu, et que la nation seule, librement consultée, aurait ce pouvoir, parce que seule elle avait ce droit. Il arrivait ainsi à examiner la composition de ce Champ de Mai, qu'on donnait comme l'expression de la nation, et il n'avait pas de peine à faire justice de cette prétention. Les vieux colléges électoraux à vie de l'Empire, composés par les préfets, à leur fantaisie, n'avaient aucune qualité pour engager la nation. D'ailleurs ce n'était pas une délibération qu'on prétendait demander à ces quelques milliers d'électeurs réunis au Champ de Mai, c'était une acclamation en faveur d'une constitution arrêtée *à priori*. C'était le vieux procédé de 1804, mais les temps étaient changés, et une assemblée élue avec le mandat spécial de faire une constitution nouvelle avait seule l'autorité suffisante pour accomplir cette œuvre.

Les deux rédacteurs du *Censeur*, offensés de la saisie momentanée pratiquée sur leur livraison d'avril, ne s'étaient point contentés de ne rien retrancher et de ne rien adoucir; leur rancune avait ajouté quelques-unes de ces épigrammes cuisantes qui vont à un plus grand nombre d'esprits que les longs raisonnements. « L'ordre de l'éteignoir étant tombé en même temps que l'ordre du lis, lisait-on à la fin de leur livraison, ne serait-il pas possible de le remplacer par un autre qui, sans être moins avantageux au progrès des ténèbres, serait

---

[1]. Le général La Fayette dit dans ses *Mémoires* : « La grande réunion du Champ de Mai, annoncée avec emphase, était bien évidemment une jonglerie pour éviter la convocation d'une assemblée délibérante et pour se faire attribuer par acclamation les pouvoirs que Napoléon jugeait à propos d'exercer. Cependant tout ce mouvement populaire, cet enthousiasme des soldats, cette opposition à l'ancien régime, ces déclarations de 1789, cet appel au patriotisme contre le renouvellement de Pilnitz et Coblentz, ces assemblées de clubs qui même tournaient au jacobinisme, tout cela formait le prestige d'une atmosphère patriotique. » (*Mémoires de La Fayette*, tome V, page 405.)

cependant plus analogue aux circonstances... Il nous semble que l'ordre du sabre aurait ce double avantage. » Puis, on lisait quelques lignes plus loin : « Un rédacteur du *Mercure* s'occupe d'un ouvrage qui, vu les circonstances, ne peut manquer de faire une grande sensation. Il a pour titre : *De l'influence de la moustache sur le raisonnement et de la nécessité du sabre dans l'administration.* »

On aurait une très-fausse idée de cette époque si l'on concluait de ces hardiesses de paroles risquées d'un côté, subies de l'autre, que la France jouissait alors d'une liberté complète et réglée. Il y avait certaines choses qu'on pouvait dire parce qu'elles étaient dans le courant général d'une opinion que le gouvernement avait intérêt à ménager. Il y avait certaines personnes qui pouvaient dire des vérités hardies, parce qu'elles tenaient au parti constitutionnel dont le gouvernement ne croyait pas pouvoir se passer. Mais ce n'était point là un droit commun, c'était un privilége de position. Dans cette époque pleine de constrastes et mêlée de despotisme et d'anarchie, où les extrêmes se touchaient, il y avait, à côté de décrets et d'actes profondément arbitraires, une liberté, presque une licence soufferte plutôt qu'autorisée, et qui résultait de la force de la situation et de la faiblesse du gouvernement.

Fouché, dans une conversation qu'il eut avec M. de La Valette, expliquait assez bien cette situation : « Demain, disait-il, je pourrais faire pendre devant ma porte vingt personnes que l'opinion réprouve, et je ne pourrais faire mettre en prison pendant vingt-quatre heures une personne que l'opinion favorise[1]. » Mais Fouché ne disait pas devant M. de La Valette ce qu'il ajoutait d'obstacles par ses intrigues aux difficultés déjà si grandes qui entouraient l'Empereur. Il s'ouvrait plus facilement quand il se trouvait en tête à tête soit avec un adversaire

---

1. *Mémoires de La Valette*, tome II, page 184.

du gouvernement impérial, soit avec un indifférent ou avec un politique. Cet oiseleur de police mettait alors une forfanterie cynique à laisser apercevoir les mailles du filet dans lequel il enveloppait sa grande proie. « Cet homme-ci est revenu plus fou qu'il n'était parti, » disait-il dans une de ces conversations rapportées par un contemporain, et qui contient la substance de toutes. « Il s'agite beaucoup, mais il n'en a pas pour trois mois. C'est un calcul d'arithmétique morale ; il a choisi pour son expédition le moment le plus malencontreux. Toute l'Europe est toujours en armes ; il n'y avait pas un soldat licencié, et les rois et les ministres siégeaient encore en séance de congrès. On a changé le mot d'ordre, on a refait les feuilles de route, et il y a maintenant sept cent cinquante mille hommes qui sont de premier enjeu en marche pour la France, outre la Vendée que j'ai priée d'attendre en lui disant que ce ne serait pas long. Cet homme fera comme il l'entend et de son mieux : il recevra l'ennemi à la frontière, ou bien il ira le chercher en Belgique, dans nos faubourgs. Il peut gagner une ou deux batailles, finalement il ne peut pas vaincre. Il aura, outre les défections, les retards, les défauts de zèle qui ne manquent jamais quand le maître faiblit, quatre ou cinq armées sur le dos, et il éprouvera que le Dieu des armées est toujours pour les gros bataillons quand ils ne sont pas trop follement menés. En attendant, nous le surveillons nationalement. Pendant qu'il fouille les arsenaux appauvris, qu'il bat le rappel, on lui prépare une chambre de représentants où il y aura de tout. Je ne lui épargnerai pas même Barrère et Cambon, ni, comme vous le pensez bien, La Fayette. Cela forme le caractère. Le temps des exclusions est passé, et aujourd'hui de pareils hommes sont une garantie pour nous autres hommes avancés de la première révolution [1]. »

1. *Les Cent-Jours*, par M. Villemain. M. Duvergier de Hauranne, achevant

SITUATION INEXTRICABLE DE L'EMPEREUR. 275

Ainsi parlait Fouché avec ce bon sens cynique, puissant et trivial qui jetait à pleines mains la lumière sur la situation. On voit ici à l'œil nu les périls et les misères morales de Napoléon, obligé d'accepter, comme moyens, des hommes qui étaient pour lui des embarras et des difficultés, quand ils n'étaient pas des obstacles, et enlacé dans des liens qu'il ne pouvait ni délier ni rompre. Cependant on ne saurait plaindre ce puissant génie qui se débattait ainsi contre l'impossible. Il rencontrait ce qu'il était venu chercher de si loin. Il était clair, quand il quitta l'île d'Elbe, que s'il arrivait à Paris, il y subirait les servitudes qui l'y attendaient : Fouché, Carnot, La Fayette, le parti constitutionnel, le parti révolutionnaire étaient, comme la guerre, dans la fatalité de sa situation, et cette situation, il l'avait acceptée. Il discutait avec Benjamin Constant, auquel il avait adjoint plusieurs ministres et plusieurs conseillers d'État, entre autres M. Simonde de Sismondi, le projet de la nouvelle constitution qu'il avait été obligé de promettre à la France. Benjamin Constant, avec cet optimisme qui était dans son rôle, affectait dans le salon de M. Suard, ouvert aux quatre vents de l'opinion, de se montrer content de son redoutable écolier en libéralisme et en constitutionnalité. Il répétait que peut-être l'Empereur n'avait été despote que par accident, et qu'il fallait s'en prendre au Sénat, au Corps législatif et au conseil d'État, qui avaient gâté son bon naturel par leurs flatteries. Maintenant qu'il appelait auprès de lui des hommes en état de lui faire comprendre les vrais principes, il montrait pour le gouvernement représentatif, sinon un goût très-vif, au moins une résignation exem-

---

de lever le voile dans son *Histoire parlementaire*, révèle le nom de l'interlocuteur ou plutôt de l'auditeur de Fouché dans cette circonstance; c'était le baron Pasquier, qui, préfet de police en 1814, refusait d'accepter des fonctions sous le second Empire. Les *Mémoires* de M. le duc Pasquier, dont M. Villemain a eu connaissance, confirment, dit-on, pleinement cette anecdote.

plaire[1]. Au ton dont ces choses étaient dites par ce sceptique, il était difficile de deviner si le rédacteur de l'acte additionnel se moquait de lui-même, de son élève impérial ou de ses auditeurs. Benjamin Constant ajoutait, pour se mettre en mesure avec les événements, qu'il ne voudrait pas garantir que ces excellents principes constitutionnels tiendraient contre une grande bataille gagnée.

Il y avait eu des points sur lesquels l'Empereur avait cédé sans combat; l'acte additionnel contenait à peu près les mêmes institutions que la Charte, en y ajoutant même quelques satisfactions de plus données aux idées qui avaient dicté, en 1814, le projet de constitution du Sénat : le pouvoir des assemblées; le vote des impôts, des levées d'hommes et des lois par les deux Chambres; la Chambre des représentants réélue en entier tous les cinq ans, au lieu d'être renouvelée par cinquième; la liberté de la tribune et de la presse; la liberté des cultes, avec la suppression de l'article qui conférait au catholicisme le titre de religion de l'État; la responsabilité des ministres, l'inviolabilité des juridictions, les délits de la presse déférés sans exception au jury, l'interprétation des lois rendue au pouvoir législatif. Mais l'acte constitutionnel avait tranché la question des colléges électoraux que la Charte avait laissée sans solution, et il l'avait tranchée de telle manière, que la Chambre élue, qui devait être la garantie de tout le reste, n'offrait elle-même aucune garantie. Les colléges électoraux à vie de l'an X, qui présentaient naguère les candidats au Sénat, et que M. Dunoyer avait attaqués avec tant de raison comme l'expression arbitraire et toute bureaucratique du choix des préfets, étaient maintenus, avec cette seule modification que les assemblées de canton devaient être appelées à remplir les vides que la

---

1. Ces conversations sont rapportées dans *les Cent-Jours*, par M. Villemain, qui, habitué du salon de M. Suard, les entendit lui-même.

mort faisait dans leurs rangs, et que les colléges de département et d'arrondissement nommaient les députés. L'Empereur n'avait pas fléchi sur ce point. Il avait opposé une assez vive résistance sur la question de l'hérédité de la pairie, et les arguments qu'il avait donnés étaient demeurés sans réponse plausible. Les éléments d'une aristocratie, avait-il dit, n'existaient pas en France; cinq ou six noms historiques ne suffisaient pas à créer une aristocratie; sans souvenirs, sans éclat historique, sans grandes propriétés, sur quoi sa pairie héréditaire ferait-elle souche ? « Celle d'Angleterre est tout autre chose, continuait-il; elle est au-dessus du peuple; mais elle n'a pas été contre le peuple. Ce sont les nobles qui ont donné la liberté à l'Angleterre. La grande Charte vient d'eux; ils ont grandi et ne font qu'un avec elle. Mais d'ici à trente ans, mes champignons de pairs ne seront que des soldats ou des chambellans; l'on ne verra en eux qu'un camp ou une antichambre [1]. » Ces raisons étaient fortes, mais ce n'étaient pas des arguments que l'Empereur avait à combattre, c'étaient des vanités et des intérêts; il céda, pour ne pas se les aliéner.

Comme un habile général d'armée, il abandonnait les positions qu'il n'espérait pas pouvoir garder, pour couvrir celles qu'il voulait conserver à tout prix. Il y en avait d'assez importantes à ses yeux pour qu'il fût décidé à les défendre envers et contre tous. Quand on en vint à discuter l'article sur l'abolition de la confiscation, que Benjamin Constant avait emprunté à la Charte pour le transférer dans l'acte additionnel, tous les membres de la commission, ministres ou conseillers d'État, furent unanimes à l'appuyer. Cette unanimité n'ébranla point la résolution de Napoléon, elle l'irrita. « On me pousse, s'écria-t-il, dans une route qui n'est pas la mienne; on m'affaiblit, on m'enchaîne. La France me cherche et ne me trouve

---

1. *Histoire parlementaire*, par M. Duvergier de Hauranne, tome II, page 498.

plus. L'opinion de la France était excellente; elle est exécrable. La France se demande ce qu'est devenu le vieux bras de l'Empereur, ce bras dont elle a besoin pour dompter l'Europe. Que me parle-t-on de bonté, de justice abstraite, de lois naturelles. La première loi, c'est la nécessité; la première justice, c'est le salut public. »

Le comité de la constitution n'était pas convaincu, mais il resta atterré sous cette parole passionnée, impérieuse, absolue. L'Empereur reparaissait tel qu'il était avant 1814, ne supportant pas l'objection, dictant des ordres et voulant être obéi. Le silence se refaisait autour de lui. Benjamin Constant, encore terrifié de cette allocution, disait peu de jours après à M. Beugnot, en la lui racontant : « La voix de l'Empereur était altérée, sa main se contractait et s'étendait par des mouvements convulsifs, et il me semblait voir la patte du lion qui aiguisait ses griffes. Personne ne fut de son avis, mais tout le monde se tut et l'article fut rayé. » En sortant de l'Élysée, Benjamin Constant se rendit chez le général La Fayette, et, sans doute pour se mettre en mesure avec les éventualités de l'avenir, il lui donna un avertissement officieux : « Je vois l'Empereur revenir par moments à d'anciennes habitudes qui m'affligent, lui dit-il; surveillez-le, et si jamais il vous paraît marcher au despotisme, ne croyez plus ce que je vous dirai dans la suite; ne me confiez rien, agissez sans moi et contre moi-même [1]. » C'est ainsi que Benjamin Constant dénonçait l'Empereur aux soupçons déjà fort éveillés du général La Fayette, en excitant celui-ci à une résistance dont il lui laissait à la fois l'honneur et le péril.

Quand il fut question de savoir par quelle autorité la Constitution serait acceptée, l'Empereur désigna les anciens colléges électoraux de l'Empire. « Une assemblée constituante n'était

1. Benjamin Constant, *Lettres sur les Cent-Jours.*

pas possible, selon lui, dans les circonstances critiques où se trouvait le pays. Il fallait se hâter de mettre un terme à sa propre dictature qui se prolongerait tant que la Constitution ne serait pas acceptée. Le fond devait passer avant la forme. » Quelques voix se hasardèrent à faire observer que l'acclamation de l'ancien corps électoral formé d'électeurs nommés à vie et bureaucratiquement institués, dont on connaissait le peu d'initiative et le peu d'indépendance, ne serait pas une garantie suffisante pour l'opinion devenue difficile. Le vote individuel qu'on parlait de faire donner sur des registres ouverts dans tous les secrétariats d'administration, dans tous les greffes des tribunaux et des justices de paix et chez les notaires était décrédité, et l'on savait que, de cette manière, on faisait voter tout ce qu'on voulait. Ces réclamations furent vaines. L'Empereur était résolu à ne pas soumettre la Constitution à une assemblée.

Il y eut une autre question sur laquelle Napoléon se montra également intraitable, ce fut celle de son passé impérial. Il n'avait pas comme Louis XVIII une tradition de dix siècles à revendiquer, mais il se montra au moins également jaloux de sa tradition de onze ans. Benjamin Constant aurait voulu qu'au moment d'entrer dans le système représentatif il se débarrassât du bagage des constitutions impériales et qu'il creusât ainsi un fossé entre son passé et son avenir. Telle n'était point l'intention de l'Empereur. « Ce n'est pas là ce que j'entends, lui dit-il; vous m'ôtez tout mon passé, je veux le conserver; que faites-vous donc de mes onze ans de règne? j'y ai quelques droits, je pense; l'Europe le sait. Il faut que la nouvelle Constitution se rattache à l'ancienne, elle aura ainsi plusieurs années de gloire et de succès. » L'Empereur, qui, on le voit, prétendait avoir régné pendant qu'il était dans l'exil et que Louis XVIII était aux Tuileries, ajouta que la plupart des lois civiles, administratives, judiciaires, financières, s'appuyaient sur les constitutions impériales et les sénatus-consultes organiques. Une fois encore les membres de la commission cédèrent devant une volonté absolue, exprimée d'un ton qui n'admettait point de réplique.

Le jour où le projet de constitution, complétement rédigé par la commission, fut soumis au conseil d'État réuni en assemblée générale, une vive opposition s'éleva contre ce dernier article. Carnot, Fouché, Caulaincourt lui-même furent au nombre des opposants. Ils firent observer que si, au lieu de présenter une Constitution nouvelle, on ne présentait qu'un acte additionnel, cet acte ne serait pas pris au sérieux; on soupçonnerait toujours, en effet, que ce lien établi entre l'avenir et le passé, était comme un pont que l'Empereur laissait derrière lui pour remonter, dès que les circonstances le lui permettraient, au pouvoir absolu.

La seule promesse qu'on put arracher à l'Empereur, ce fut celle de réfléchir. Les raisons mêmes qu'on faisait valoir contre le titre et le caractère de l'acte additionnel l'y attachaient. Cet acte parut le lendemain sans changement. Napoléon réservait au conseil d'État une surprise. Entre la dernière délibération de la commission et la réunion du conseil d'État, un article avait surgi : c'était l'article 67, par lequel le peuple français interdisait formellement aux autorités constituées, et s'interdisait à lui-même la faculté de proposer le rétablissement des Bourbons ou d'aucun prince de cette famille sur le trône, même en cas d'extinction de la dynastie impériale. Il y avait quelque chose de trop personnel et de trop direct dans cet article pour qu'il fût discuté. La passion révolutionnaire des uns l'accepta comme une manifestation contre les Bourbons, tout illogique qu'il fût de faire poser par la souveraineté du peuple des limites à son omnipotence; le dévouement bien nouveau des constitutionnels récemment ralliés à l'Empire, craignant de devenir suspect s'il hésitait, se hâta de donner le gage qu'on lui demandait, tout impuissante que fût cette garantie contre la mobilité de l'opinion et l'omnipotence des événements, ou peut-être parce qu'elle était impuissante. L'acte additionnel se termina donc par cet article qui proscrivait en bloc le retour de la maison de Bourbon et de la féodalité, calomnie politique doublée d'une calomnie historique, car la féodalité n'était plus, depuis longtemps, qu'un souvenir, et c'était la maison de Bourbon qui, par la main de Henri IV, de Louis XIII aidé de Richelieu et par celle de Louis XIV, en avait effacé les derniers vestiges. Mais il s'agissait peu dans l'acte additionnel de faire de la justice ou de l'histoire.

Les réserves que Napoléon avait maintenues dans la discussion de cet acte sont remarquables. Il avait cédé sur les idées, et il avait proclamé en principe toutes les libertés; mais, dans la pratique, il avait gardé plusieurs positions très-fortes qui pouvaient, après une bataille gagnée, lui rendre tout le reste. Il avait défendu opiniâtrément les communications entre le premier Empire et le second, de manière, comme le disaient Fouché, Carnot et Caulaincourt lui-même, à remonter au pouvoir absolu qui était dans toutes les constitutions et tous les sénatus-consultes de 1804 à 1814. La Constitution impériale de 1815 n'étant qu'une annexe pouvait être modifiée dans le sens du système auquel elle venait s'ajouter. Il avait refusé de soumettre cet acte à une assemblée constituante, et il avait gardé pour juge de l'acte additionnel, comme pour générateur des assemblées délibérantes, le corps électoral viager et bureaucratique du premier Empire, auquel il pouvait tout demander, sûr d'être obéi s'il était heureux sur le champ de bataille. Il conservait l'arme redoutable de la confiscation dont il tenait la pointe au corps de ses adversaires. Enfin il niait la souveraineté du peuple en la proclamant, puisqu'il lui refusait la faculté de rappeler la maison de Bourbon.

L'opinion publique ne s'y trompa pas. Quand le 24 avril 1815 le *Bulletin des lois* publia l'acte additionnel, suivi du décret qui réunissait le corps électoral en Champ de Mai, afin de voter solennellement les soixante-sept articles ajoutés aux constitutions de l'Empire, et qui annonçait l'ouverture des registres destinés à recevoir les votes individuels, la surprise et le mécontentement furent universels. Un témoin peu suspect, Thibaudeau, a dit [1] : « L'effet fut prompt comme la foudre ; à l'enthousiasme des patriotes succéda incontinent un froid glacial; ils tombèrent dans le découragement, ne prévirent que malheurs et s'y résignèrent. » Un Anglais, présent alors à Paris, et qui, en sa qualité d'étranger, était un spectateur impartial du mouvement des idées et des faits, M. Hobhouse, d'ailleurs favorable à Napoléon, rend le même témoignage : « Je ne me rappelle pas, dit-il, avoir vu dans l'opinion un changement pareil à celui qui eut lieu à Paris, lorsque parut l'acte additionnel. » Le parti constitutionnel et le parti révolutionnaire se montrèrent également déçus dans leur attente, également mécontents. Les royalistes profitèrent des armes qu'on leur donnait, et reproduisirent contre l'acte additionnel les reproches qu'on avait naguère élevés contre la Charte de Louis XVIII. Les bonapartistes demeurèrent déconcertés par l'unanimité de cette réprobation. Le général La Fayette, à peu près seul, témoigna à Joseph Bonaparte, qui lui demanda son opinion sur l'acte additionnel, sa satisfaction relative à ce sujet. « Je lui dis que cet acte était apprécié fort au-dessous de sa valeur réelle, écrit-il dans ses Mémoires [2], non que je n'eusse des objections à lui faire. J'exprimai entre autres mes sentiments sur le dernier article, qui était une insulte au droit de la nation de se choisir des chefs ; je demandai pourquoi la confiscation n'était pas abolie. Je lui dis que les préventions

---

1. *Histoire de l'Empire*, par Thibaudeau.
2. *Mémoires de La Fayette*, tome V, page 420.

et le mécontentement qui empêchaient le public de goûter ce que la rédaction offrait de libéral et d'utile avaient été à bon droit causés par l'adjonction de cet acte au fatras des constitutions de l'Empire, produit de despotisme et de servitude, par ce mode d'acceptation individuelle qui excluait toute délibération et prêtait à toutes les fraudes, tandis qu'il eût fallu le faire composer ou du moins délibérer par les représentants du peuple, et accepter ensuite par les assemblées primaires. J'ajoutai que l'hérédité de la pairie était impopulaire en France, qu'on était choqué du sentiment d'égoïsme qui avait dicté le dernier article ; mais je convins que cet acte valait beaucoup mieux que sa réputation du jour, et j'en tirai un argument de plus pour que les constitutions fussent immédiatement soumises à la délibération d'une Chambre des représentants. »

Dans cette pénurie d'approbation, l'assentiment mêlé de blâme du général La Fayette fut porté au palais des Tuileries par Joseph Bonaparte comme une bonne nouvelle, et reçu comme une bonne fortune politique inespérée. L'Empereur était découragé par l'accueil fait à l'acte additionnel. « Hé bien ! dit-il à Benjamin Constant dans la soirée du lendemain de la publication, la nouvelle Constitution ne réussit pas ? — C'est que l'on n'y croit guère ; faites-y croire en l'exécutant. — Sans qu'elle soit acceptée ? Ils diront que je me moque du peuple. — Quand le peuple verra qu'il est libre, qu'il a des représentants, il sentira bien que ce n'est pas se moquer de lui [1]. »

La Fayette comme Benjamin Constant, les constitutionnels indépendants comme les constitutionnels ralliés, les révolutionnaires qui avaient entrée dans le conseil, et ceux du dehors se réunirent dès lors pour arracher à l'Empereur un décret qui convoquât immédiatement la Chambre des représentants.

[1]. *Lettres sur les Cent-Jours,* par Benjamin Constant.

Les uns comprenaient que c'était leur arme défensive, les autres leur arme offensive contre Napoléon; tous, même ses serviteurs les plus dévoués, La Valette et Regnault de Saint-Jean-d'Angely alléguaient que c'était le seul moyen de ramener l'opinion. L'acte additionnel, voté par le corps électoral de l'ancien Empire, et même accepté individuellement par tous les Français, demeurait à l'état de lettre morte, tant que l'Empereur restait seul et sans contrôle sur la scène politique. Mais s'il y avait une assemblée convoquée, au lieu d'avoir un droit théorique on aurait une force vivante et agissante, on aurait le pied sur la scène où se faisaient les événements. Tous comprenaient donc le parti qu'ils pouvaient tirer d'une assemblée : aussi tous insistaient pour l'obtenir.

Les motifs mêmes de cette insistance étaient, pour Napoléon, des motifs de refus. Il comprenait, de son côté, que la plupart de ceux qui réclamaient la présence de cette assemblée la demandaient contre lui. Pendant la lutte elle serait un obstacle, et, s'il lui arrivait un échec, un péril. Sa répugnance à laisser derrière lui une assemblée qui pouvait se déclarer assemblée constituante était grande, et ses plus intimes conseillers ne la cachaient point [1]. Napoléon, sous la fatalité de sa situation, se débattait entre deux écueils. Refuser la convocation de cette assemblée, c'était s'aliéner le parti révolutionnaire et le parti constitutionnel dont il sentait qu'il ne pouvait se passer. En prolongeant ce refus, il abandonnait la ligne qu'il avait suivie depuis son départ de l'île d'Elbe, il perdait tout le fruit de ses concessions s'il n'en faisait pas une de plus; il ôtait toute confiance à ses nouveaux et douteux auxiliaires, toute espérance et toute activité à ses anciens amis, qui ne voyaient de salut que dans une alliance étroite avec le parti révolution-

---

1. *Mémoires de La Fayette*, tome V, page 417. Joseph Bonaparte en fit l'aveu au général.

naire et le parti constitutionnel, au point que les ministres menaçaient de donner leur démission si l'Empereur ne cédait pas ; que les hommes les plus dévoués, comme Regnault, tenaient le même langage, et que Joseph Bonaparte, son frère, s'était mis à la tête de la ligue qui réclamait cette mesure avec une insistance toujours croissante, à titre de nécessaire.

La nécessité, c'était là le mot qui tranchait la question. Nécessité périlleuse sans doute, car l'unité de la direction morale et politique allait se trouver scindée. Appeler une Chambre dans l'état où se trouvaient les esprits et en face des éventualités du lendemain, c'était un commencement d'abdication. Mais toute périlleuse que fût cette nécessité, elle n'en était pas moins impérieuse, et puisque Napoléon devait être contraint de l'accepter, il eût été politique de mieux cacher sa répugnance et de moins prolonger sa résistance, qui ôtait tout le prix de son sacrifice, et excitait contre lui des défiances nuisibles. On sait peu de gré, en effet, aux gouvernements des concessions qu'on leur arrache. Napoléon céda donc, et Benjamin Constant put écrire à La Fayette, à la date du 1er mai 1815, le billet suivant : « Enfin, le décret ordonnant la réunion des députés a passé. Voilà donc, dans trois semaines, la nation maîtresse de faire marcher la Constitution. Ce sera certes sa faute si elle n'en profite pas, car il n'y en a jamais eu de plus libérale. Je suppose que vous allez, mon cher général, vous faire élire, et je regarde votre élection comme un grand pas vers notre ordre constitutionnel. Si, quand vous et tout ce qui vous intéresse avant moi sera nommé, il reste une place, je la réclame parce que je serais bien content d'être votre collègue. Je m'en remets à votre amitié et à votre connaissance de moi pour cela, s'il y a possibilité. J'aurai moins de moyens que je n'en aurais eu si la présidence des collèges électoraux eût été conservée aux nominations de l'Empereur. Mais je suis charmé qu'on ait rendu ce droit de plus au peuple. Ce n'est pas que je sois sans inquiétude. Si les Chambres sont très-divisées, si le Midi nous envoie beaucoup de royalistes, et il nous en enverra, je crains bien des orages. Mais au moins nous aurons fait notre devoir. Adieu, mon cher général, il me semble avoir un poids de moins sur le cœur depuis que je vois l'époque des élections. Oh ! si j'étais sûr que nous donnerons à l'Europe un grand et imposant spectacle ! Écrivez-moi si vous êtes satisfait. »

Benjamin Constant avait raison de douter que l'Assemblée qui allait être convoquée donnât à l'Europe un noble spectacle. Ce sont les grands sentiments qui font les grandes assemblées comme les grands hommes, et, dans ce conflit de calculs contradictoires et de prétentions rivales, dans cette lutte entre deux arrière-pensées : celle de l'Empereur qui attendait la victoire pour secouer le joug des partis et rentrer dans la plénitude de sa puissance, et celle des partis qui attendaient le concours des événements pour achever de dominer l'Empereur, la véritable grandeur manquait partout.

Le général La Fayette ne tarda pas à répondre à Benjamin Constant pour se féliciter avec lui de la victoire qui venait d'être remportée sur Napoléon : « Oui, je suis content, lui répondit-il, et j'aime à vous le dire. La convocation immédiate d'une assemblée de représentants me paraît, comme à vous, l'unique moyen de salut. On y joint la nomination des présidents par les collèges, des officiers municipaux par les communes. Ceux qui ne veulent que le bien et la liberté de notre pays doivent convenir que cette direction est sur la ligne droite. J'aurai beaucoup plus de plaisir à m'en mêler que je n'en aurais eu il y a deux jours. »

III

POLITIQUE EXTÉRIEURE. — ESSAIS DE TRANSACTION AVEC L'EUROPE. — RÉSOLUTIONS DES PUISSANCES.

Les difficultés de la situation intérieure seule n'auraient pas déterminé Napoléon à cette grave concession. La situation du dehors, que nous avons laissée un moment à l'écart, pour ne pas troubler l'unité du récit et ne point interrompre l'exposition des difficultés intérieures et de la politique avec laquelle Napoléon essaya de les conjurer, pesa d'un poids plus lourd encore sur sa répugnance et le força à plier. Avant même d'arriver à Paris, et à peine entré dans les murs de Lyon, l'Empereur, comptant dès lors sur le succès de son entreprise, et prévoyant que le grand obstacle viendrait du dehors, essaya de préparer l'Europe au second Empire. Son frère Joseph, alors retiré à Zurich, fut chargé de faire connaître officieusement aux ministres d'Autriche et de Russie près la Diète, que Napoléon s'avançait vers Paris avec la ferme résolution d'adhérer au traité du 31 mai et d'accepter la France réduite à ses frontières de 1792. Aussitôt arrivé à Paris, l'Empereur profita de ce que les ambassadeurs d'Autriche et de Russie n'avaient pu quitter cette ville, faute de passe-ports, et chargea M. de Caulaincourt de leur exprimer ses intentions pacifiques.

Sous l'influence de la déclaration du 13 mars, qui mettait Napoléon hors des relations sociales, les deux ministres étrangers ne voulurent voir M. de Caulaincourt ni au ministère des affaires étrangères, ni dans leurs hôtels, mais ils consentirent à se rencontrer avec lui en maison tierce. Le baron Vincent reçut les communications de M. de Caulaincourt sans observation, et promit de les porter à la connaissance de sa cour à titre de renseignement ; seulement il laissa entrevoir, dans le courant de la conversation, que l'Autriche, opposée d'une manière absolue au renouvellement du règne de Napoléon, n'exclurait peut-être pas d'une manière aussi positive celui de son fils. Ces paroles murmurées à l'oreille de M. de Caulaincourt étaient-elles une promesse ? Ne devenaient-elles pas plutôt un leurre en autorisant les alentours de l'Empereur, dans une circonstance donnée, à le pousser à une abdication qui, en sacrifiant sa cause, paraîtrait sauvegarder les intérêts des personnages influents de l'Empire ?

Auprès de M. Boudiakeen, ambassadeur de Russie, M. de Caulaincourt était chargé de faire valoir un argument puissant. Dans le désordre et le trouble d'un départ précipité, plusieurs papiers secrets et précieux avaient été oubliés sur la table du Roi, entre autres l'exemplaire authentique du traité de triple alliance signé entre l'Angleterre, l'Autriche et la France, traité défensif qui, dans un cas prévu, pouvait devenir offensif contre la Russie. M. Boudiakeen laissa paraître une vive émotion à l'aspect de cette preuve authentique d'un fait soupçonné par la Russie ; il reçut une copie certifiée de la convention du 3 janvier 1815, et promit de la remettre à son maître. Le lendemain il partit, ainsi que le baron Vincent. Les deux diplomates avaient hâte de s'éloigner d'un gouvernement frappé d'une excommunication européenne et dont le contact leur paraissait en quelque sorte contagieux.

Napoléon suivait au dehors, vis-à-vis des puissances étrangères, la même politique qu'il suivait à l'intérieur à l'égard du parti révolutionnaire et du parti constitutionnel : c'était une politique d'atermoiement, de transaction et de concession. Il parlait de paix au dehors, de liberté au dedans, c'était pour lui une double nécessité ; il avait besoin que la France crût qu'il allait garantir, d'une manière plus sûre, la liberté politique, et que son retour ne compromettait pas une paix devenue nécessaire après de si longues guerres. C'est pour cela qu'il avait rédigé ses proclamations de Lyon de manière à faire croire qu'il revenait avec l'assentiment de l'Autriche, et que notamment, en fixant l'époque du Champ de Mai, il avait annoncé que l'Impératrice et son fils seraient couronnés, ce qui ne pouvait se faire sans la connivence du gouvernement autrichien. Il avait réussi à persuader à son ministère qu'il revenait de l'île d'Elbe d'accord avec les cours de Vienne et de Saint-Pétersbourg, et, avec cette audace d'affirmation qui lui était habituelle, il avait promis au duc de Vicence des papiers qui étaient, disait-il, dans les mains de son frère Joseph, et qui établissaient la réalité de cette entente [1]. Ceci suffisait pour démontrer combien le retour de l'île d'Elbe était contraire au courant général des faits et des idées. Napoléon était, au fond, le pouvoir absolu et la guerre; ses précédents, sa nature même, le condamnaient à ce rôle, et il disait en arrivant : « Je suis la paix et la liberté. »

De même qu'il n'avait pas épargné les avances envers Carnot, Fouché, Benjamin Constant, La Fayette, il n'omit aucune des démarches qu'il jugea de nature à lui concilier l'Autriche et la Russie en particulier, ou à fléchir en général la coalition. La reine Hortense, à laquelle l'empereur Alexandre avait montré une bienveillante courtoisie, lors de son séjour à Paris en 1814, et pour laquelle il avait demandé à Louis XVIII le titre de duchesse de Saint-Leu, lui écrivit, sur les instances de Napoléon, une lettre où elle lui parlait de l'affection et de la confiance de l'Empereur, son beau-père, pour le czar, et cher-

---

[1] « Sa dissimulation fut telle que son ministre des affaires étrangères, le duc de Vicence, y fut trompé le premier. Les détails donnés par l'Empereur, les papiers promis, tout était si positif, que le ministre ne fut détrompé que plusieurs jours après, lorsque demandant au prince Joseph, devant son frère, les pièces que celui-ci prétendait lui avoir remises, il fallut bien que la vérité se découvrît ; mais Bonaparte n'éprouva pas le moindre embarras. » (*Mémoires de La Fayette*, tome V, page 400.)

chait à le ramener aux sentiments de Tilsitt. Le prince Eugène et la grande-duchesse Stéphanie de Bade étaient sollicités à agir dans le même sens. Napoléon ignorait encore que le prince Eugène, à la nouvelle du retour de l'île d'Elbe, avait été invité à s'éloigner de Vienne, et qu'on lui avait assigné pour séjour la ville forte de Bareuth, dans laquelle il était tenu en surveillance, et comme dans une demi-captivité. Enfin, pour donner une satisfaction et un argument aux membres de l'opposition qui, dans le Parlement anglais, pouvaient s'opposer à la guerre, un décret portant la date du 30 mars déclarait la traite des noirs abolie.

Ces démarches, ces avances, ces communications étaient vaines. La partie était si fortement liée en Europe, et la présence de Napoléon à Paris si menaçante pour les puissances coalisées, que rien ne pouvait rompre la coalition. L'empereur Alexandre éprouva un mouvement d'irritation et d'humeur en lisant la copie du traité qui constatait la triple alliance formée contre la Russie et la Prusse. Mais cette émotion d'un moment n'exerça aucune influence sur sa conduite. Elle était dictée par des intérêts impérieux, communs à l'Europe, et supérieurs à tous les dissentiments particuliers. Le grand courant de guerre qui emportait l'Europe était semblable à ces torrents irrésistibles qui se grossissent des obstacles qu'on leur oppose. Le gouvernement anglais avait été un moment inquiet de l'effet que pouvait produire sur l'esprit du czar la découverte de la convention du 3 janvier 1815. Dès le 27 mars, lord Castlereagh écrivait au duc de Wellington : « Mon cher lord, il est à présumer que, dans le *bhourvari* du départ, le cabinet des affaires étrangères, à Paris, n'a pas été vidé de tout son contenu par les ministres du Roi, et, par conséquent, que notre traité secret avec la France et l'Autriche, aussi bien que toute la correspondance du prince de Talleyrand, tomberont dans les mains de Bonaparte. Il essayera naturellement d'en faire son profit, d'abord pour semer sous main la discorde, et, s'il ne réussit pas à cela, il publiera le tout dans le *Moniteur*. J'ai prié Charles Stuart de s'assurer près de Blacas où la chose en est, et je laisse à votre jugement de choisir ce que vous croirez le plus à propos de faire pour conjurer toute impression défavorable. Je me flatte que ceci ne peut produire aucune fâcheuse impression sur l'empereur de Russie, après tout ce qu'il a su depuis longtemps. Il doit être assuré que l'affaire, en gros, venait de dissidences actuellement arrangées, et d'une très-indiscrète déclaration du prince de Hardenberg [1]. »

Peu de jours après l'arrivée de cette lettre de lord Castlereagh à Vienne, une réponse du comte de Nesselrode, datée du 2 avril, l'assurait de la ferme résolution de l'Empereur son maître de donner son dernier homme et son dernier rouble pour le succès de la coalition, en ajoutant qu'Alexandre l'avait chargé d'insister pour que la force de l'armée anglaise en Belgique fût augmentée. Preuve évidente que toutes les démarches de Napoléon avaient échoué. La coalition répondait à ses protestations pacifiques en mettant en mouvement ses armées, et déjà les yeux des souverains s'attachaient, avec un pressentiment prophétique, sur le champ de bataille où devait avoir lieu le choc suprême entre l'Europe et son grand ennemi. Ce n'était pas en vain que la déclaration du 13 mars l'avait placé hors des relations sociales. Il était privé de toute communication avec le dehors. Ses courriers, arrêtés aux frontières par un blocus infranchissable, qui se resserrait chaque jour comme un cercle de fer, ne pouvaient pénétrer en Europe. Pour faire arriver un paquet à Londres, ce tout-puissant empereur, dont les ordres volaient jadis sans obstacle d'Anvers à Naples et de Cadix à Dantzick, fut obligé de recou-

1. *Correspondances de lord Castlereagh.*

rir au général La Fayette, qui le fit passer sous son couvert en se servant de l'intermédiaire de M. Crawford, ministre des États-Unis [1].

On imagina un étrange moyen pour publier, sans l'avouer comme officielle, la déclaration du 13 mars et pour y répondre. Le ministre de la police la dénonça au conseil d'État, comme une pièce apocryphe inventée par la « légation du comte de Lille à Vienne, qui avait ajouté, disait-il, au crime de provoquer à l'assassinat celui de falsifier la signature des souverains de l'Europe. » Elle ne pouvait émaner des souverains qui n'auraient point parlé ainsi de l'Empereur, auquel les uns étaient unis, comme l'empereur d'Autriche, par les liens du sang, et que les autres, comme l'Angleterre, honorée par un gouvernement libre, n'auraient point désigné au poignard des assassins. C'est ainsi qu'on traduisait la mise hors des relations sociales.

Cette espèce de remontrance à l'Europe signée du nom de Fouché, érigé en professeur de moralité et de dignité politique, n'avait pas une très-grande portée, et l'on ne sait si ce tricheur qui dédaignait les fourberies simples, et se plaisait dans les trahisons en partie double, n'avait pas l'intention de faire connaître à la France la déclaration du 13 mars, en ayant l'air de faire connaître à l'Europe l'incrédulité du gouvernement impérial à l'égard de ce document. Il s'en vanta du moins [2], et cet homme, qui ne devait être cru qu'avec précaution quand il accusait les autres, pouvait l'être hardiment quand il se vantait de ses traîtrises. Pour donner un peu plus de poids à la remontrance de Fouché, on forma une commission com-

---

1. *Mémoires de La Fayette*, page 422.
2. « Fouché, dans ses confidences particulières, appelait cette accusation de faux *un mode de publication* à l'usage des badauds, pour nous faire connaître impunément ce qui se passait hors de France. » (M. Villemain, *Les Cent-Jours*, page 129.)

posée des présidents des sections du conseil d'État, et on la chargea de proposer les éléments d'une délibération.

Cette commission admit, comme Fouché, la fiction de l'origine prétendue apocryphe de la déclaration du 13 mars, pour se donner le droit de la flétrir et d'injurier ses auteurs. Cette froide et stérile comédie ne trompa personne, pas même ceux qui la jouaient. A partir du jour où la réponse que l'Empereur avait demandée au conseil d'État parut dans le *Moniteur*, à la suite du manifeste européen, personne en France ne douta plus de la guerre. Elle était commencée par le choc des manifestes, et elle allait se continuer avec des armes plus sérieuses. Tout le monde le sentait bien : pour que Napoléon fît réfuter ce manifeste avec tant de solennité, il fallait qu'il fût authentique, et dès lors, les injures et les récriminations dont la réfutation était remplie paraissaient un commencement d'hostilités. Il y avait d'ailleurs dans cette réfutation une allégation fondamentale dont l'absurdité palpable frappait tous les esprits. L'Europe tout entière en armes avait jugé, en 1814, que le maintien de Napoléon sur le trône était incompatible avec la paix du monde, elle n'avait posé les armes que le jour de son abdication; et le conseil d'État alléguait que le retour de Napoléon ne modifiait en rien la situation ni pour la France, ni pour les puissances alliées, du moment qu'il adhérait au traité du 31 mai [1]. Mais il avait fait offrir, le 31 mars 1814, par le duc de Vicence, d'accepter toutes les clauses écrites depuis dans ce traité, ainsi cette adhésion n'avait rien de nouveau, elle n'avait rien changé alors à la ferme détermination de l'Europe de ne pas traiter avec lui; elle ne pouvait rien y changer en 1815.

1. « Que veut Napoléon ! disait le conseil d'État. L'indépendance de la France, la paix intérieure, la paix avec tous les peuples, l'exécution du traité de Paris du 31 mai 1814. Qu'y a-t-il donc de changé à l'état de l'Europe et dans l'espoir de repos qui lui était promis? Il n'y a rien de changé..... » (*Moniteur* du 13 avril 1815.)

La suite de la délibération du conseil d'État était un appel au droit, étrangement placé dans la bouche d'un chef militaire qui avait tranché toutes les questions par la force. On y rappelait que, « d'après les lois des nations, le prince le moins fort par l'étendue et la population de ses États jouit, quant à son caractère politique et civil, du droit du monarque le plus puissant; » l'on y oubliait comment l'Empereur, aux jours de sa toute-puissance, déclarait que les Bourbons de Naples avaient cessé de régner, détrônait les Bourbons d'Espagne en leur tendant le guet-apens de Bayonne, annexait par un décret les États du pape à son Empire et retenait Ferdinand à Valençay, Pie VII lui-même captif à Fontainebleau. Puis venait un parallèle entre les Bourbons qui, le 9 mars, avaient mis Bonaparte hors la loi, et Bonaparte qui avait laissé les Bourbons sortir du territoire, sans rien entreprendre contre leur personne ; parallèle maladroit, qui éveillait dans toutes les mémoires le tragique souvenir du duc d'Enghien, non pas mis verbalement hors la loi, mais réellement mis à mort.

Le fond de l'argumentation du conseil d'État reposait sur cette allégation que ce n'était pas Napoléon, mais l'Europe, qui avait violé les conditions du traité de Fontainebleau. On avait séparé violemment de l'Empereur, l'Impératrice et son fils ; Napoléon savait déjà à quoi s'en tenir sur cette prétendue violence faite à l'Impératrice. Puis venait une longue liste de griefs jetés pêle-mêle ensemble, quelques-uns réels, d'autres supposés, l'affaire de Maubreuil, les insultes populaires auxquelles Napoléon avait été en butte à Orgon, en allant s'embarquer pour l'île d'Elbe, le séquestre mis sur les biens de sa famille au mois de décembre 1814, au moment où les intrigues bonapartistes commençaient déjà à attirer les yeux du gouvernement; de prétendues tentatives d'assassinat pratiquées contre lui à l'île d'Elbe ; le retard du payement des sommes qui lui avaient été allouées à lui et aux siens, il est vrai, mais sans qu'il fût clair par le traité que le payement de ces sommes incombât complétement à la France; les duchés de Parme et de Plaisance donnés à d'autres qu'à l'Impératrice; enfin la résolution prise par le congrès de l'enlever lui-même de l'île d'Elbe et de le reléguer dans une île plus éloignée. Puis, comme il comprenait que ces griefs personnels, vrais ou supposés, parmi lesquels ses intérêts d'argent et ceux de sa famille tenaient une si grande place, ne l'autorisaient point à commettre l'existence de la France dans une lutte inégale avec l'Europe entière, il cherchait à trouver dans une sphère plus élevée et plus générale des motifs à son retour. Louis XVIII n'avait pas respecté la souveraineté du peuple; il n'avait pas accepté la Charte du Sénat, il en avait imposé une; il n'avait pas même gouverné conformément aux principes de cette Charte.

L'étrangeté de ces reproches, la nouveauté du spectacle que présentait Napoléon s'érigeant en défenseur de la souveraineté du peuple, de la Constitution du Sénat et de la liberté politique contre Louis XVIII, et revenant de l'île d'Elbe probablement pour que la Charte de 1814 devînt une vérité, ne fut pas ce qui frappa le plus les esprits. Ce qu'on lut par-dessus tout, ce fut la déclaration du 13 mars, par laquelle le congrès mettait Napoléon hors des lois civiles et sociales, et que le *Moniteur* publiait entre le rapport de Fouché et la délibération du conseil d'État. Rien n'infirmait la valeur de cet acte. Le retour de Napoléon, c'était la guerre. Que ce retour eût trouvé un prétexte dans l'inexactitude des puissances européennes ou du gouvernement français à exécuter plusieurs des clauses du traité de Fontainebleau, ou qu'au contraire le gouvernement français et les puissances eussent pu se croire autorisés à suspendre l'exécution du traité par les menées du parti bonapartiste, le résultat pratique était le même : la guerre universelle, inévitable, imminente, inégale, de tous les peuples contre la France. Au point de vue moral, on pouvait rechercher si, alors même que les clauses du traité de Fontainebleau eussent été inobservées, il était licite de troubler la paix du monde et de compromettre la sécurité et l'existence de la France dans l'intérêt d'un seul homme; et si d'ailleurs cet homme n'eût pas dû, préalablement, adresser ses réclamations à l'Europe réunie au congrès de Vienne et au gouvernement français, avant de prendre une résolution grosse de désastres. Napoléon, qui se plaignait qu'on eût manqué aux conditions du traité, les avait-il observées? Avait-il quitté le trône et la France sans esprit de retour? N'avait-il pas, au contraire, entretenu des agents et des correspondances en France, pour préparer l'exécution de ses desseins? Ses frères, la reine Hortense restée à Paris, n'avaient-ils pas travaillé dans ce sens? Si l'on avait songé à l'éloigner de l'île d'Elbe, n'était-ce point parce que, de l'île d'Elbe, il menaçait Paris? Il y avait là des vraisemblances voisines de l'évidence. Mais le public s'en occupa peu, absorbé par la question de guerre, qui dominait à ses yeux toutes les autres questions.

Il est d'une haute probabilité que Napoléon n'avait jamais eu le plus léger doute sur ce point. On a vu qu'en arrivant il avait cherché à donner le change à ses ministres en leur affirmant qu'il revenait de concert avec l'Autriche et la Russie. Carnot, caractère ferme, mais esprit naïf, prit au sérieux ces assurances, et il attendait de jour en jour l'Impératrice et le roi de Rome [1]. Le duc de Vicence, moins crédule, parce qu'il connaissait mieux la situation de l'Europe et le caractère de Napoléon, ne crut qu'un instant à cette fable. Néanmoins, Napoléon prolongea le plus longtemps qu'il put l'illusion de la paix, et affecta de la partager pour la donner. D'abord, à Lyon, dans sa proclamation du 13 mars, il annonça l'arrivée de l'Im-

---

1. « Notre persuasion générale, dit Carnot, était que l'Empereur n'avait pu quitter l'île d'Elbe qu'avec l'assentiment d'une partie des membres du congrès de Vienne, et que sous peu de jours nous reverrions l'Impératrice et son fils. »

pératrice et du roi de Rome, comme une chose convenue et assurée ; puis il fit des démarches pour l'obtenir, comme s'il avait eu l'espérance de réussir dans ces démarches. Il comptait ainsi satisfaire la France, endormir l'Europe, et, à défaut d'autre chose, gagner du temps ; le temps, cet élément si nécessaire à ses préparatifs de résistance. A la dernière extrémité, il prendrait avantage des efforts apparents qu'il faisait afin de maintenir la paix, pour jeter la responsabilité de la conflagration universelle sur les coalisés, comme si sa présence sur le territoire français n'était pas une déclaration de guerre.

C'est à la lumière de ces idées qu'il faut étudier sa conduite pour la comprendre. Après les démarches préliminaires de Joseph Bonaparte à Zurich, la démarche tentée par M. de Caulaincourt auprès des ambassadeurs russe et autrichien, à Paris, le lendemain de l'arrivée de l'Empereur, et l'envoi d'une dépêche à Londres sous le couvert de M. de La Fayette, étaient venues des tentatives officielles. Des courriers, porteurs de la notification du retour de Napoléon en France, avaient été envoyés aux puissances, le 30 mars ; ils n'avaient pu franchir les frontières. Alors Napoléon avait lui-même écrit aux souverains une lettre autographe dont la teneur pacifique contrastait, non-seulement avec son caractère et tout son passé, mais avec la situation de l'Europe, où tout était en armes. Il semblait que plus les événements étaient à la guerre, plus il avait voulu que ses paroles fussent à la paix.

« Monsieur mon frère, disait-il dans cette lettre, datée du 4 avril 1815, vous avez appris dans le cours du mois dernier mon retour sur les côtes de France, mon entrée à Paris et le départ de la famille des Bourbons. La véritable nature de ces événements doit être connue maintenant de Votre Majesté ; ils sont l'ouvrage d'une irrésistible puissance, l'ouvrage de la volonté unanime d'une grande nation qui connaît ses devoirs et ses droits. La dynastie que la force avait rendue au peuple français n'était point faite pour lui. Les Bourbons n'ont voulu s'associer ni à ses sentiments ni à ses mœurs. La France a dû se séparer d'eux. Sa voix appelait un libérateur. L'attente qui m'avait décidé au plus grand des sacrifices avait été trompée. Je suis venu, et du point où j'ai touché le rivage, l'amour de mes peuples m'a porté jusqu'au sein de ma capitale. Le premier besoin de mon cœur est de payer tant d'affection par le maintien d'une honorable tranquillité. Le rétablissement du trône impérial était nécessaire au bonheur des Français : ma plus douce pensée est de le rendre en même temps utile à l'affermissement du repos de l'Europe. Assez de gloire a illustré tour à tour tous les drapeaux ; les vicissitudes du sort ont fait succéder de grands revers à de grands succès. Une plus belle arène est ouverte aujourd'hui aux souverains, et je suis le premier à y descendre. Après avoir donné au monde le spectacle de grands combats, il sera plus doux de ne connaître désormais d'autre rivalité que celle des avantages de la paix, d'autre lutte que la lutte sainte de la félicité des peuples.

« La France se plaît à proclamer avec franchise ce noble but de tous ses vœux. Jalouse de son indépendance, le principe invariable de sa politique sera le respect le plus absolu pour l'indépendance des autres nations. Si tels sont, comme j'en ai l'heureuse confiance, les sentiments personnels de Votre Majesté, le calme général est assuré pour longtemps, et la Justice, assise aux confins des divers États, suffira pour en garder les frontières. »

Ce panégyrique de la paix, placée dans une telle bouche et venant à s'élever au milieu d'une situation toute retentissante du bruit des armes, produisit l'impression d'une dissonance. Napoléon, en dépassant le but qu'il voulait atteindre, avait prêté le flanc au ridicule, et M. de Talleyrand, passé maître dans ce genre d'escrime, n'épargna pas les railleries à ce qu'il appelait « les bergeries impériales. » Cette image de « la Justice, assise aux confins de tous les États, » et suffisant pour en garder les frontières, et l'invitation à cette « lutte sainte de la félicité des peuples, » au moment où, de toutes parts, les bataillons s'ébranlaient pour prendre leur poste de combat, était le sujet de ses intarissables épigrammes. Le contraste entre les paroles et les faits, et aussi entre le langage et celui qui le tenait, avait, il est vrai, ici, quelque chose de choquant. On eût dit une cruelle ironie jetée à la face des nations qui, par suite du retour de l'île d'Elbe, allaient encore une fois lever les unes contre les autres leurs mains sanglantes.

Cette lettre n'arriva pas plus à sa destination que les dépêches du duc de Vicence. La mise de Napoléon hors des relations civiles et sociales n'était pas un vain mot. Il était en Europe comme s'il n'y était pas; ses lettres autographes, ses dépêches, ses ambassadeurs, tout était arrêté aux frontières par la ligne d'un infranchissable blocus. Il avait essayé quelques démarches du côté de l'impératrice Marie-Louise, et l'ambassadeur d'Autriche, en quittant Paris, s'était chargé de lui remettre une lettre. Mais l'archiduchesse, qui était le plus noble butin de ses victoires, lui avait échappé avec le succès. « L'Empereur, dit Thibaudeau, savait à quoi s'en tenir sur Marie-Louise; il n'ignorait pas qu'en 1814, à Rambouillet, elle tremblait que son père ne l'envoyât à l'île d'Elbe. » Un témoin qui a vu de près les faits, et dont le témoignage est naturellement favorable à l'Impératrice, rapporte qu'à la nouvelle du débarquement de Napoléon au golfe Juan, elle s'entendit, dès le 11 mars, avec le comte de Neiperg, pour rédiger une déclaration dans laquelle elle annonçait au prince de Metternich qu'elle était tout à fait étrangère à l'entreprise de Napoléon, et qu'elle se plaçait sous la protection des alliés. En vain M. de Menneval, qui raconte ces détails et qui était alors auprès de Marie-Louise en qualité de secrétaire de ses commandements, la pria-t-il de demeurer neutre. Elle répondit qu'elle n'était plus maîtresse de ses actions; que, placée sous la sauvegarde des alliés, elle était irrévocablement résolue à ne jamais se réunir à l'Empereur, son père lui en donnât-il l'ordre. Quelque chose de plus, le 18 mars, avant l'arrivée de Napoléon à Paris, elle se rendit chez l'empereur d'Autriche, son père, pour le prier d'assurer à son petit-fils la succession des États de Parme, en demandant au roi de France son assentiment comme prix de l'appui qu'il allait lui donner. Ces faits étaient de notoriété publique à Vienne. On y connaissait aussi l'influence que le comte de Neiperg exerçait sur elle, et qui avait augmenté son antipathie pour Napoléon. Le bruit en avait retenti jusqu'à Paris, et, d'ailleurs, M. de Menneval, revenu en France le 8 avril, racontait tous ces détails au duc de Vicence. Un peu plus tard, une lettre adressée de Vienne à M. de La Valette, et lue par Napoléon, les confirmait. L'Empereur ne pouvait donc mettre aucune espérance dans l'Impératrice; c'était une ennemie de plus qu'il avait à Vienne. Ainsi, tous ces projets de faire couronner Marie-Louise et le roi de Rome au Champ de Mai tombaient, non-seulement devant le refus de l'Autriche de laisser partir Marie-Louise, mais devant le refus de Marie-Louise de quitter Vienne pour venir à Paris.

Au dehors comme au dedans, aucune épreuve ne devait manquer à Napoléon. Après les démarches officielles vinrent les missions clandestines. L'Empereur, qui avait été obligé de transiger en France avec Fouché, essaya de transiger à l'étranger avec le prince de Talleyrand. De tous les sacrifices qu'il fit, nul ne dut plus lui coûter. Après avoir en vain tenté d'aborder les souverains de l'Europe, descendre jusqu'à envoyer au plénipotentiaire de Louis XVIII un ambassadeur furtif, choisi parmi les familiers de ce diplomate; faire porter de bonnes paroles à l'homme qui avait le plus contribué à sa première chute, et avait été le promoteur de sa déchéance, ce devait être une cruelle souffrance morale pour l'âme altière de

Napoléon. Il faut que le pouvoir soit bien cher à ceux qui l'ont exercé pour qu'ils l'achètent à ce prix! A cette première humiliation vint s'en ajouter une seconde, non moins profonde. M. de Montrond, que l'Empereur avait jadis exilé deux fois de Paris, parce qu'il le regardait comme un des agents les plus actifs des intrigues de M. de Talleyrand, était en ce moment chargé d'une mission de Fouché pour M. de Metternich; l'Empereur le savait ou le soupçonnait, et, quoiqu'il se défiât autant de Fouché que de M. de Montrond, il acceptait cet ambassadeur indivis dans l'espoir que cette seconde mission faciliterait la première, et ouvrirait au négociateur le chemin de Vienne. Ce fut en effet l'ambassadeur de Fouché qui fit passer l'ambassadeur de Napoléon. Telle était l'extrémité jusqu'à laquelle l'ancien dominateur de l'Europe était descendu!

M. de Montrond, qui, avec son esprit sceptique, était le premier à se moquer de son ambassade, aborda M. de Talleyrand en lui disant qu'il avait trouvé piquant d'être envoyé par l'Empereur à Vienne pour y porter des nouvelles de France. Puis, avec cette loyauté moqueuse de l'avocat d'une cause perdue, qui donne les arguments qu'il y a à faire valoir sans avoir l'air de compter lui-même sur leur succès, il exposa la rapidité du succès de l'Empereur, maître incontesté de tout le territoire de France, rappela les efforts et les sacrifices qu'il faudrait faire désormais pour le renverser. Enfin, arrivant à la question personnelle, il répéta avec affectation que Bonaparte regrettait beaucoup que M. de Talleyrand ne fût pas à Paris, parce qu'il le regardait comme « l'homme qui, après tout, connaissait le mieux ce siècle et le monde, les cabinets et les peuples. » Napoléon, en effet, dans le désarroi de sa fortune, avait eu soin de placer plusieurs fois l'éloge de M. de Talleyrand dans ses conversations, pour donner cet argument à M. de Montrond. Les Mémoires d'un de ses ministres, M. Mollien, en font foi : « Parmi tous les personnages avec qui

Napoléon avait eu des rapports suivis, dit-il, M. de Talleyrand était celui dont il aurait le plus désiré la présence pendant les Cent-Jours, celui dont le nom revenait le plus souvent dans ses entretiens, je dirai même dans ses regrets. » Le prince de Talleyrand écouta quelque temps son ancien agent, qui semblait chercher à se convaincre lui-même, plutôt qu'à persuader le diplomate près duquel on l'avait envoyé; puis, il l'arrêta tout court par ces paroles, mêlées d'indulgence pour l'ambassadeur et de sévérité pour la mission : « Mon cher Montrond, lui dit-il, prenez garde de vous tromper de porte comme Bonaparte s'est trompé d'heure. Il n'y a ici qu'une indomptable et facile volonté d'attendre un dénoûment infaillible, qui ne tardera pas trois mois [1]. »

On a parlé souvent des outrages qu'essuya Napoléon dans son trajet de Fontainebleau à l'île d'Elbe, quand il traversa la Provence. A bien peser les choses, il semble que ceux qui lui étaient réservés après son retour de l'île d'Elbe étaient encore au-dessus. A Orgon, les injures venaient le chercher sans être arrêtées par la grandeur de son victorieux passé et la profondeur de sa chute; ici, il semblait venir de lui-même s'offrir aux dédains.

Après tant de démarches inutiles, il ne pouvait plus se faire illusion à lui-même, et il renonçait à peu près à faire illusion au public sur la possibilité de maintenir la paix. Il résolut donc de faire au moins connaître à la France les efforts qu'il avait tentés dans ce sens. Le *Moniteur* publia par son ordre, dans le numéro du 13 avril 1815, la délibération par laquelle le conseil d'État répondait à la déclaration du 13 mars. Le numéro du lendemain contenait un long rapport du duc de Vicence, qui énumérait toutes les démarches tentées pour le maintien de la paix, publiait le texte de plusieurs dépêches

---

[1]. *Les Cent-Jours*, par M. Villemain, page 229.

envoyées pour assurer les puissances étrangères des dispositions pacifiques de Napoléon, enfin le texte de la lettre autographe qu'il avait adressée aux souverains. C'était, en même temps, le seul moyen qui lui restât de la faire parvenir sous leurs yeux, car les frontières européennes, fermées devant les courriers, restaient ouvertes au *Moniteur*.

Le duc de Vicence, dans ce rapport, daté du 14 avril, ne dissimulait guère que toutes les espérances de paix étaient évanouies. « Quoique aucune notion positive, disait-il, ne constate jusqu'à ce jour, de la part des puissances étrangères, une résolution formellement arrêtée qui doive nous faire présager une guerre prochaine, les apparences autorisent suffisamment une juste inquiétude. Des symptômes alarmants se manifestent de tous côtés à la fois. La voix de Votre Majesté n'a pu encore se faire entendre. Un inconcevable système menace de prévaloir chez les puissances, celui de se disposer au combat sans admettre d'explications préliminaires avec la nation qu'elles paraissent vouloir combattre. » Le duc de Vicence relatait ensuite tous les efforts faits, depuis le 20 mars, pour entrer en communication avec les puissances européennes, et constatait leur inutilité. Il annonçait qu'en Autriche, en Russie, en Prusse, dans toute l'Allemagne, en Italie, partout enfin il y avait d'immenses armements. Le prince régent venait en outre de déclarer qu'il donnait des ordres pour augmenter les forces britanniques sur terre et sur mer. Enfin la guerre maritime avait recommencé sans déclaration préalable. Le duc de Vicence citait les rapports des commandants de port qui annonçaient la perte de plusieurs navires attaqués à l'improviste par les Anglais, et pris en vue de la côte.

Après cette publication, il n'y avait plus à en douter, c'était la guerre.

Le moment est venu, après avoir exposé l'état des choses en France, de reporter les regards vers l'Europe et vers le congrès de Vienne, où sa pensée était en ce moment centralisée. Dix jours après l'arrivée de Napoléon à Paris, il s'était produit en Italie un fait grave, qui, sans être le motif déterminant de la résolution de l'Europe, puisqu'il fut postérieur à la déclaration du 13 mars et au traité du 25, la confirma dans la voie où elle était entrée. Murat, qui en 1814 s'était séparé de la fortune de Napoléon à son déclin, et avait espéré, au milieu du mouvement de restauration de tous les trônes, fonder sa propre dynastie à Naples, avait complétement perdu cet espoir au commencement de 1815. Avec cette mobilité d'esprit et cette faiblesse de caractère qui s'alliaient chez lui à une éclatante bravoure, il se jeta dans l'idée opposée. Il avait noué des relations avec l'île d'Elbe, et il fut un des premiers instruits du départ de Napoléon et de son arrivée sur le sol de la France. Alors il n'hésita plus. Il était dans sa destinée de nuire presque autant à l'Empereur en 1815, en se ralliant à sa cause, qu'il lui avait nui en 1814 en l'abandonnant. En effet, au lieu d'attermoyer et d'attendre les événements comme Napoléon allait le faire en France, il se précipita dans la guerre, tandis que l'Empereur cherchait à faire croire à ses intentions pacifiques. Dès le 31 mars, il lançait une proclamation pour appeler l'Italie à l'unité, à la liberté et à l'indépendance, et convoquait d'avance les députés de l'Italie affranchie, pour le 8 du mois de mai, dans la ville de Rome, destinée à devenir la capitale du royaume Italique. Il était impossible que les puissances ne vissent pas dans ce décret daté de Naples un écho du décret daté de Lyon, par lequel Napoléon convoquait la France au Champ de Mai. L'accord, le concert entre Napoléon et Murat se dénonçaient ici d'eux-mêmes, et la proclamation du second, qui déclarait l'indépendance et l'unité de l'Italie et avait ainsi la valeur d'une déclaration de guerre contre l'Autriche, achevait d'ôter tout crédit aux déclarations pacifiques de Napoléon, trop invraisemblables d'ailleurs pour être crues.

Avant même cette proclamation de Murat, l'Europe avait pris son parti. Elle agissait avec une rapidité qui exclut toute idée d'indécision. Certes, si quelque chose avait pu modifier sa résolution première, c'était le départ du Roi, obligé de chercher un refuge sur le territoire étranger. La déclaration du 13 mars promettait le concours de l'Europe à un roi assis sur son trône et non à un monarque détrôné et fugitif. Cependant les puissances n'hésitèrent pas un moment. La nouvelle de la sortie du Roi du territoire français arriva à Vienne le 24 mars, et dès le 25 l'Angleterre, l'Autriche, la Prusse et la Russie signaient un traité stipulant que « les alliés réuniraient toutes les forces de leurs États respectifs pour maintenir les dispositions du traité de Paris du 30 mai, ainsi que celles arrêtées par le congrès de Vienne, dans le but de les garantir contre toute atteinte, particulièrement contre les desseins de Napoléon Bonaparte. A cet effet, elles s'engageaient à diriger tous leurs efforts contre lui et contre tous ceux qui se seraient déjà ralliés à sa faction ou qui s'y réuniraient dans la suite, afin de le mettre hors d'état de troubler à l'avenir la paix et la tranquillité générales. Elles s'obligeaient à tenir constamment en campagne chacune une armée de cent cinquante mille hommes, dont un dixième au moins de cavalerie, avec une juste proportion d'artillerie. Elles ne poseraient les armes que d'un commun accord et seulement lorsque l'objet de la guerre, désigné en l'article 1er, aurait été atteint. Toutes les puissances seraient invitées à accéder au traité, spécialement Sa Majesté Très-Chrétienne, qui ferait connaître, dans le cas où elle devrait requérir les forces stipulées dans l'article 2, quels secours les circonstances lui permettront d'apporter à l'objet du présent traité. »

Six jours après la signature du traité du 25 mars, les mêmes puissances signaient une convention militaire dans laquelle elles convenaient de la formation de trois armées : la première de trois cent quarante-quatre mille hommes, commandée par le prince de Schwartzenberg; la seconde de deux cent cinquante mille hommes, commandée par le duc de Wellington et par le feld-maréchal Blucher; la troisième de deux cent mille hommes; c'était le contingent de l'empereur Alexandre qui marchait à leur tête.

Cette rapide succession de dates, l'espèce d'impassibilité avec laquelle l'Europe suivait la route où elle était entrée, sans que les changements intervenus dans la situation modifiassent en rien sa résolution, doivent être ici rapprochées des hésitations et des doutes que laissait paraître Napoléon. Le 13 mars, paraît la déclaration qui le met hors les relations civiles et sociales comme un ennemi public. Le 25 mars, le lendemain même du jour où on apprend qu'il est à Paris et que Louis XVIII a passé la frontière, le traité offensif et défensif des puissances, qui doit diriger contre lui les forces de l'Europe entière, est signé; six jours après, le 31 mars, vient la convention militaire, qui est la réalisation pratique du traité, et qui met en mouvement sept cent cinquante mille hommes contre la France [1].

L'Autriche, la Prusse et la Russie, étant trois pays où le souverain agissait sans contrôle, pouvaient signer sans aucun inconvénient le traité du 25 mars et la convention du 31. Mais il n'en était pas de même de l'Angleterre. Il est de principe en Angleterre que jamais on ne doit employer les forces nationales à imposer un gouvernement à un autre pays, et quoique ce principe ait souvent fléchi devant l'intérêt politique, dont

---

1. Cela répond suffisamment à l'allégation d'un historien (M. de Vaulabelle) qui prétend qu'il existait des chances de paix positives, et qui met au nombre de ces chances la révélation du traité secret du 3 janvier qui pouvait arriver à temps, et les négociations entamées avec l'Autriche qui, d'après M. le général Gourgaud, écrivant la *Campagne de 1815* à Sainte-Hélène, aurait rompu les négociations quand elle fut attaquée par Murat. Ces trois dates de la déclaration du 13 mars, du traité offensif et défensif du 25 mars et de la convention militaire du 31 mars, toutes trois antérieures à l'agression de Murat, mettent à néant cette allégation dont l'objet est de justifier ou d'excuser l'entreprise de Napoléon.

l'influence est toujours prépondérante [1] sur le cabinet de Saint-James, on tourne plutôt le principe qu'on ne le heurte de front. Le ministère anglais, pour ne point laisser à l'opposition l'argument qu'elle aurait pu tirer, dans le Parlement, du texte du traité du 25 juillet, prescrivit à lord Clancarthy, un de ses plénipotentiaires à Vienne, chargé d'échanger les ratifications du traité du 25 mars, de faire ses réserves sur l'article 8. D'après cette réserve, l'article 8, en vertu duquel Louis XVIII était invité à accéder au traité, « devait être entendu comme liant les puissances contractantes, sous des principes de sécurité mutuelle, à un commun effort contre la puissance de Napoléon Bonaparte, en exécution de l'article 3 du traité; mais il ne devait pas être entendu comme obligeant S. M. Britannique à poursuivre la guerre, dans le but d'imposer à la France aucun gouvernement particulier. Quelque sollicitude que le prince régent doive apporter au rétablissement de S. M. T.-C. sur le trône, et quelque désir qu'il ait de contribuer avec ses alliés à un événement aussi heureux, il se croit néanmoins appelé à faire cette déclaration, au moment de l'échange des ratifications, tant par considération de ce qui est dû aux intérêts de S. M. T.-C. en France, que conformément aux principes sur lesquels le gouvernement anglais a invariablement réglé sa conduite. »

Armé de cette réserve, le ministère anglais ne craignit point de paraître devant le Parlement, dès le 7 avril, avec le message du prince régent, qui annonçait « qu'en vue des événements qui menaçaient la tranquillité et l'indépendance de l'Europe, il avait donné des ordres pour l'augmentation des forces de terre et de mer de S. M. Le prince régent avait cru pareillement de son devoir de ne pas perdre de temps pour entrer en

---

[1] Tout récemment encore, en 1832, dans la lutte entre les deux princes de la maison de Bragance, don Pedro et don Miguel.

communication avec les alliés de S. M., afin de former tel accord qui pût garantir efficacement la sécurité générale et permanente de l'Europe. »

Chaque gouvernement a ses servitudes : dans le gouvernement parlementaire, le contrôle légal des assemblées entrave quelquefois la rapidité d'action nécessaire dans les circonstances impérieuses et pressantes; alors, comme il faut avant tout que les affaires soient faites à leur heure, les ministres prennent sur eux la responsabilité de l'action, sauf à demander plus tard un bill d'indemnité. C'est ce que faisait le ministère anglais dans cette grave occurrence. Il se contentait d'indiquer comme possible la guerre déjà arrêtée, et comme en voie de négociation le traité défensif et offensif déjà signé. Ce fut sur ce terrain que lord Liverpool se plaça devant la Chambre des pairs pour répondre à ceux qui attaquaient la politique ministérielle.

Il rappela que l'Angleterre, qui n'avait jamais reconnu Napoléon comme Empereur, n'avait qu'un lien avec lui, le traité de Fontainebleau, qui lui reconnaissait la souveraineté de l'île d'Elbe, sous la condition expresse et absolue qu'il renonçait pour lui et sa famille au trône de France; et ce traité, Napoléon venait de le briser, et d'après ses proclamations mêmes, il n'était pas possible de douter qu'il l'eût brisé, non pour l'inexécution de quelques-unes de ses clauses, mais par la volonté bien arrêtée de remonter sur le trône auquel il avait renoncé. La France, si elle l'avait rappelé, se trouverait complice de cette violation. Mais, tout au contraire, pour reprendre le pouvoir, Bonaparte avait agi contre toutes les autorités qui sont l'expression légale des volontés de la nation. Dans toutes les révolutions précédentes, il y avait eu au moins, sinon la réalité, au moins l'apparence d'une autorité civile et légale. Ici, tout s'était passé militairement, c'était au moyen de la force armée que Bonaparte s'était emparé du pouvoir au mépris de toutes les autorités constituées du pays. Il avait donc donné à l'Angleterre une cause légitime de guerre, et bientôt il y aurait à considérer si cette guerre, incontestablement juste en principe, était opportune et utile en fait aux intérêts de la Grande-Bretagne, et ce qu'il lui convenait de faire, avec la connaissance et le souvenir qu'elle avait du caractère et des actes de la personne placée actuellement à la tête du gouvernement français, de l'invasion de tant d'États indépendants, de l'impossibilité si souvent constatée de maintenir des relations de paix avec elle. Quant à présent, tout ce que le ministère demandait à la Chambre, c'était une réponse favorable au message du régent. »

Il n'y eut pas à la Chambre des pairs d'opposition réelle au message. Le péril que faisait courir à l'Angleterre le retour de Napoléon en France était trop évident, et la nécessité d'augmenter les forces de terre et de mer, dans la prévision d'une collision si probable, trop impérieuse, pour que toute considération ne fléchît pas devant ce grand intérêt national, dans une assemblée à la fois si patriote et si intelligente.

Lord Castlereagh se plaça sur le même terrain dans la Chambre des communes. Seulement ses paroles se nuancèrent d'un reflet de son caractère plus inflexible, plus ardent et plus dur. Il n'admit pas le doute sur la question de savoir si le repos de l'Europe était remis en question par les derniers événements de France. La révolution qui venait d'avoir lieu dans ce pays n'était point une révolution nationale, c'était une révolution militaire. Cela menait droit au rétablissement du système militaire en France. Ce système ne pouvait s'établir et vivre que par la guerre, la guerre était dans les intérêts de l'armée et de son chef : l'Europe était donc à la veille de retomber dans cette situation redoutable d'où elle était récemment sortie par un effort désespéré. Tout en ne demandant que des mesures de précaution, comme lord Liverpool, lord Castlereagh laissait échapper contre Napoléon des paroles si amères qu'on entrevoyait que sa résolution était prise. Profitant de ce que les premières proclamations de Bonaparte, destinées à agir sur l'imagination des masses, n'alléguaient pour motiver sa venue en France aucun des motifs un peu mesquins qu'il tira plus tard de la violation du traité de Fontainebleau, quand il s'agit de se mettre en règle avec l'Europe : « Bonaparte, s'écria-t-il, n'a fait lui-même aucun usage des excuses qu'on a données ici de sa conduite. Il a avoué, sans rougir, les principes qui l'ont dirigé. Au lieu de se plaindre de quelques infractions aux engagements pris avec lui, grief dont je démontrerais la fausseté s'il l'avait allégué, il a, de prime abord, affiché un mépris absolu de tout traité. Il n'a point dissimulé au monde que nulle restriction, nulle limite, ne borneraient son pouvoir, hormis celles que lui imposerait l'épuisement de ses moyens d'action. Quant à lui, il a prouvé une fois de plus qu'il était impossible de le contenir par des traités. Il a brisé tous les liens, et en tenant une conduite profondément contraire à la loi morale, il s'est placé lui-même sur le pavois ; il a orgueilleusement avoué ses actes ; il s'intitule lui-même : EMPEREUR DE FRANCE, et il ajoute avec une insolence impie *par la grâce de Dieu;* et il ne se croit gêné dans l'exercice de son autorité par aucun des actes publics auxquels il a momentanément adhéré pour tromper le monde. Plutôt que de répandre encore une goutte de sang français, déclarait-il naguère, il préférait quitter la France et sa famille, et malgré cette promesse solennelle, il rentre dans le même pays, non pour répondre à un appel que ce pays ne lui a pas fait, non par suite d'aucune violation des engagements contractés avec lui, mais au mépris des stipulations les plus précises que pouvait combiner la prévoyance humaine. »

Ces redoutables invectives laissaient transpirer la pensée déjà arrêtée de lord Castlereagh à travers la prudence de la proposition ministérielle, qui ne demandait que des préparatifs éventuels. Quelques membres de l'opposition répondirent et firent valoir, ceux-ci les protestations pacifiques de Napoléon, ceux-là le décret d'abolition de la traite des noirs. Mais le bon sens britannique, aiguisé par la clairvoyance de la haine, ne pouvait se laisser prendre à ce leurre. Deux cent vingt voix contre trente-sept votèrent, en réponse au message, une adresse de confiance au régent. Après les paroles si vives et si péremptoires de lord Castlereagh, un pareil vote, rendu à une majorité aussi forte dans les communes, annonçait que la guerre ne rencontrerait pas plus d'obstacles au Parlement d'Angleterre que dans les conseils politiques de Vienne. Ainsi la tentative que Napoléon avait faite sur l'opinion en Angleterre échouait comme celles qu'il avait faites sur les cabinets. Dès le milieu d'avril, la guerre apparaissait donc comme inévitable, et si les puissances laissaient du temps à Napoléon, c'était pour en prendre elles-mêmes, attendu qu'avec les ressources immenses dont elles disposaient, comparées à ses ressources si réduites, le temps leur profitait plus qu'à leur adversaire.

C'est sous le coup de cette situation extérieure que l'Empereur avait consenti à faire aux constitutionnels la concession la plus considérable qu'il pût leur faire, celle de la convocation d'une assemblée qu'il laisserait derrière lui en partant pour une campagne dont l'imminence commençait à frapper tous les yeux. Il était venu en cherchant à persuader à la France que sa présence ne troublerait pas la paix et ajouterait des garanties à ses libertés. Il ne pouvait pas, dans l'état de l'opinion, refuser les concessions qu'on réclamait au nom de la liberté, surtout au moment où il devenait clair pour tous que son retour rapportait la guerre à la France. En effet, on en aurait conclu qu'incapable de rien faire pour la paix, et résolu à ne rien faire pour la liberté, il n'avait, en quittant l'île d'Elbe, qu'un but égoïste, le rétablissement de sa puissance personnelle. Il avait, par les publications faites au *Moniteur* les 13 et 14 avril [1], à peu près confessé son impuissance à conserver au pays le premier de ces deux biens que la Restauration lui avait rendus. Dans la revue de la garde nationale qu'il passa le 16 avril, et dans laquelle il lui annonça que le télégraphe de Lyon venait de lui apprendre que le drapeau tricolore flottait à Antibes et à Toulon depuis le 12 avril, il ajouta : « Cent coups de canon tirés sur toutes nos frontières apprendront à l'étranger que nos dissensions civiles sont terminées. Je dis l'étranger, parce que nous ne connaissons pas encore d'ennemis. » C'était avouer que l'on s'attendait à en connaître bientôt. Napoléon avait espéré que l'acte additionnel suffirait aux exigences du parti constitutionnel et du parti révolutionnaire, et leur ferait accepter l'imminence de la guerre, qu'il renonçait à cacher. Quand il vit l'acte additionnel soulever une réprobation presque unanime, il comprit la nécessité de faire une concession de plus. Alors il signa la convocation des colléges électoraux appelés à nommer la Chambre des représentants, et marqua la session de cette Chambre immédiatement après le Champ de Mai, qui avait lieu le 1er juin, et auquel elle était invitée à assister. Il était dit dans le préambule de ce décret que, si le temps l'eût permis, l'acte additionnel eût été discuté et délibéré par les assemblées électorales des départements, que « le désir de ne pas prolonger la dictature dont les circonstances et la confiance du peuple l'avaient investi pouvait seul décider l'Empereur à abréger les formes qu'il se proposait de suivre, et que l'acte additionnel déterminant le mode de la formation de la loi, cet acte contenait dès lors en lui-même le principe de toute amélioration conforme au vœu de la nation. »

1. La délibération du conseil d'État sur la déclaration du 13 mars, et le rapport du duc de Vicence sur la situation extérieure.

Pour réparer le mauvais effet produit par cette constitution donnée *proprio motu*, Napoléon la déclarait ici implicitement sujette à la révision de la Chambre des représentants [1]. En outre, il attribuait, pour cette fois, aux assemblées électorales de département et d'arrondissement, malgré la disposition contraire inscrite dans l'acte additionnel, le droit de nommer leur président. Enfin, un décret publié à la même date, en réservant à l'Empereur la nomination des maires des grandes communes, attribuait la nomination des maires, et des adjoints des communes dont les municipalités étaient à la nomination des préfets, à tous les citoyens ayant droit de voter dans les assemblées primaires. On reconnaît ici l'influence des idées de Carnot, qui avait fait prévaloir les principes de l'Assemblée constituante. Il cherchait le plus qu'il pouvait à entraîner Napoléon dans les voies de cette époque. L'Empereur résistait en cédant. Il ne donnait pas tout ce qu'on lui demandait, mais il donnait de plus en plus, à mesure que la situation extérieure s'aggravait.

Dans ce *Moniteur* de la fin du mois d'avril, qui contenait tant de concessions, on voit apparaître, pour la première fois, le compte rendu de la fédération bretonne. L'Empereur, opposé par système, comme par caractère, à toute agitation irrégulière qui se produisait en dehors de l'action du gouvernement, ne croyait plus pouvoir se passer de ces moyens révolutionnaires, ou plutôt encore de la révolution, dont le mécontentement et la défiance se seraient accrus si on les avait refusés.

---

1. Carnot avait demandé à l'Empereur de reconnaître positivement aux représentants le droit de modifier l'acte additionnel de concert avec l'Empereur. Mais celui-ci refusa de donner cette précision à la promesse un peu vague que contenait l'acte additionnel. (*Mémoires de Carnot*.)

IV

PRÉPARATIFS DE GUERRE. — L'OUEST. — RUPTURE AVOUÉE AVEC L'EUROPE. — GAND. — LE PARLEMENT D'ANGLETERRE. — LE CHAMP DE MAI.

Nous entrons dans la seconde période des Cent-Jours. Six semaines se sont écoulées depuis le retour de l'île d'Elbe. Le nuage qui voilait à demi la situation se dissipe chaque jour de plus en plus. Les positions sont plus nettement dessinées. Des deux côtés on se prépare ouvertement à un choc suprême. Nous verrons les puissances européennes écarter elles-mêmes le rideau qui cache encore à demi leur projet, et parler à leur tour à l'opinion, comme Napoléon, car, à cette époque où les populations se levaient d'elles-mêmes en Europe et où il s'agissait de les faire lever en France, l'opinion jouait un grand rôle, et le canon semblait craindre de faire retentir sa voix tonnante avant qu'elle eût fait entendre la sienne. Louis XVIII, de son côté, essaya, du fond de sa petite cour de Gand, de parler à l'Europe et à la France. A peu de jours de distance, le Parlement à Londres, la Chambre des représentants à Paris, se réunissaient, et l'on verra la différence qui existe entre une assemblée qui a sa place faite dans la situation, dans les mœurs, dans la constitution du pays, et une assemblée qui a la sienne à faire. Au milieu de ces débats, de ces appels, de ces préparatifs militaires, et du bruit croissant des clubs, des fédérations, de la presse, deux épisodes militaires prennent place : la rapide campagne de Murat contre les Autrichiens et la prise d'armes de la Vendée. Les intrigues diplomatiques de Fouché se mêleront à cet ensemble de faits si variés et si nombreux, quoique contenus dans un temps bien court, que jamais peut-être il ne fut plus difficile de tracer la route des événements généraux à travers la complication des circonstances de détails.

Napoléon n'avait pas attendu un seul jour pour commencer ses préparatifs militaires, nouvelle preuve que les assurances de paix qu'il donnait en arrivant n'avaient rien de sincère. Dès le 21 mars, il faisait venir aux Tuileries le lieutenant général Évain, directeur de l'artillerie au ministère de la guerre; il passait la nuit avec lui pour se faire rendre compte de la situation des arsenaux et des ressources que pouvaient fournir les manufactures d'armes. Le 23, il écrivait au prince d'Eckmuhl, ministre de la guerre, et lui annonçait la signature du décret pour la commande des fusils. Il veut qu'il y en ait quatre cent mille fabriqués dans l'année. En même temps, il prend des mesures pour la réparation des vieux fusils. Il exige qu'il y ait constamment cent mille fusils à Vincennes et cent mille sur la Loire. Le 25 mars, il prescrit par un décret, au nom de l'Empereur et de la patrie, à tous les officiers et soldats en semestre, en congé limité ou illimité, qui ne sont pas dans le cas d'obtenir un congé absolu, de rejoindre sur-le-champ les dépôts des corps auxquels ils appartenaient. Le 26 mars, l'Empereur ordonne au lieutenant général Mouton-Duvernet de se rendre à Lyon pour se porter aux frontières, si cela devient nécessaire, avec les 36e et 49e régiments de ligne et tout ce qu'il avait avec lui, et de se tenir prêt à partir en emmenant deux batteries. Les jours suivants, il ne cesse d'activer la fabrication des armes; il prescrit d'en acheter, s'il est possible, jusqu'à deux cent mille, soit en Angleterre, soit en Suisse[1]; ordre qu'il retirera quelques jours plus tard. Il écrit au ministre de la guerre, à la date du 1er avril : « Songez que dans la situation actuelle, le salut de l'État est dans la quantité de fusils dont nous pourrons nous armer. » Le 11 avril, cette

1. Ordre du 26 mars.

phrase revient sous sa plume : « Dans les circonstances où nous nous trouvons, écrit-il, la fabrication des armes est le premier moyen de salut de l'État. Il faut calculer comme si l'ennemi devait nous déclarer la guerre à peu près du 1er au 15 mai. » Puis il écrit encore au prince d'Eckmuhl, à la date du 15 avril : « Si le choix des locaux était un obstacle, prenez les Tuileries, les casernes, prenez les églises, les anciennes salles de spectacle[1]. » En même temps, l'Empereur s'occupe de la formation des corps d'armée et de quatre divisions de réserve ; il presse l'armement des places fortes, il forme des comités de défense, il passe sans cesse des revues. Malgré tous les soucis du gouvernement, on dirait qu'il n'est que général.

Vous reconnaissez la présence du génie de la guerre dans cette activité qui s'élève à l'ensemble et redescend au détail. Mais, malgré cette activité et cette faculté d'organisation, Napoléon ne pouvait faire l'impossible. Il revenait, il faut s'en souvenir, dans un pays décimé et épuisé par la guerre, et les champs de bataille avaient dévoré la meilleure partie de ces armées à la tête desquelles il avait dicté des lois à l'Europe. Les arsenaux avaient subi la visite des coalisés vainqueurs. La Restauration, autorisée à désarmer par les longues perspectives de paix qui s'ouvraient devant la France, obligée de désarmer par la désastreuse situation des finances que lui laissait l'Empire, avait réduit l'effectif militaire à deux cent vingt-trois mille[2] hommes, chiffre suffisant dans la situation

---

[1]. Nous prenons ces textes dans le livre du capitaine Mauduit, intitulé : *Les Derniers Jours de la grande armée*. On y trouve *in extenso*, de la page 296 jusqu'à la fin du premier volume, la correspondance de Napoléon avec le ministre de la guerre et les chefs de service.

[2]. Un état dressé au 1er janvier 1815 au ministère de la guerre constatait que l'infanterie avait à cette époque 118,000 hommes prêts à partir, la cavalerie 23,000. En ajoutant à ce chiffre celui de l'artillerie et du génie, on arrive à près de 160,000 hommes. Les dépôts comptaient au moins 40,000 hommes. L'appel du 9 mars 1815 avait grossi l'armée de 23,000 hommes, ce qui porte le

où se trouvait l'Europe au moment de cette réduction. En calculant les non-valeurs ordinaires et les pertes que la dislocation du gouvernement, à l'époque du 20 mars, avait fait subir à l'armée, on pouvait l'évaluer entre cent soixante-dix et cent soixante-quinze mille hommes. Malgré les efforts de Napoléon, il ne put, dans le court espace de temps qui sépara le 20 mars du mois de juin, époque où il entra en campagne, porter le chiffre de l'armée au delà de deux cent soixante-seize mille hommes, dont cent quatre-vingt-dix-huit mille disponibles pour la guerre : encore la garde elle-même n'était-elle pas complétement équipée. Cependant, l'Empereur avait voulu former sous ses yeux cette puissante réserve de son armée. Il décréta la formation de quatre régiments de grenadiers et de quatre régiments de chasseurs à pied de vieille et de moyenne garde. Les deux beaux régiments du corps royal des grenadiers et chasseurs à pied de France devinrent le noyau de ces huit régiments. Pour compléter leur personnel, Napoléon ordonna que chaque régiment de ligne ou d'infanterie légère dirigerait à marches forcées, sur Paris, vingt-cinq à trente hommes, choisis parmi les sous-officiers ou soldats ayant au moins douze ans de service. Les soldats de la vieille garde rentrés dans leurs foyers furent également rappelés. Chacun de ces régiments eut deux bataillons; chaque bataillon, trois compagnies, dont l'effectif variait de cent cinquante à deux cents hommes. On formait en même temps douze régiments de la jeune garde [1]. La garde, ainsi recrutée et augmentée, s'éleva à un effectif total de vingt mille cent-vingt hommes, dans lequel on comptait treize mille fantassins, trois mille huit cents cavaliers, seize cents artilleurs, quinze cents sol-

---

chiffre total, comme le constate un état dressé au ministère de la guerre à la date du 1er avril, à 223,000 hommes.

1. Le 9 mai, un décret en créa quatre nouveaux, ce qui porta le chiffre des régiments de la jeune garde à seize.

dats du train, et deux cent vingt hommes du corps du génie. On n'eut le temps d'équiper complétement, dans la vieille et moyenne garde, que le premier et le second régiments dans les grenadiers et les chasseurs. Les autres régiments, à partir du troisième, présentèrent le plus singulier bariolage d'uniformes. Plusieurs portaient leur giberne suspendue à des ficelles, faute de fourniment ; d'autres avaient conservé leur shako de la ligne, ou le chapeau à trois cornes. Il ne se trouvait peut-être pas vingt hommes par compagnie, dans les deux derniers régiments, dont la tenue fût complétement uniforme [1]. Cela n'ôtait rien, sans doute, au courage de ces braves soldats; mais ce fait témoigne de la précipitation avec laquelle on était obligé d'agir. Le temps manquait à l'Empereur. Il ébauchait au lieu d'achever.

Sa situation politique, si complexe et si équivoque, finit par peser sur son génie. « Il semblait, dit M. de Menneval, que la foi dans sa fortune, qui l'avait porté à former l'entreprise hardie de l'île d'Elbe et qui l'avait soutenu dans sa marche à travers la France, l'eût abandonné à son entrée à Paris ; il sentait qu'il n'était plus secondé par ce zèle ardent et dévoué auquel il était accoutumé, et que son allure, gênée par les entraves qu'il s'était laissé imposer, n'avait plus la même liberté. » C'est que du golfe Juan à Paris, sa marche n'était que difficile ; à Paris il venait heurter l'impossible. M. Mollien, témoin plutôt suspect de partialité favorable que de partialité contraire, ajoute : « Ses plans étaient moins arrêtés, ses commandements moins absolus et moins énergiques. Dans les conseils, au lieu de notifier ses résolutions en style de consigne, il proposait des doutes, il présentait des questions. On trouvait peu de traces

---

[1]. *Les Derniers Jours de la grande armée*, par le capitaine Mauduit, tome 1er, page 331. L'auteur faisait, à cette époque, partie de la garde impériale, et fit la campagne de Waterloo.

de son audace des premiers temps... Il était le premier à dire que le destin était changé pour lui, et qu'il perdait là un auxiliaire que rien ne pouvait remplacer. » Ce n'était point le destin qui était changé, c'était sa situation. En 1800, Napoléon était le moyen; en 1815, l'obstacle.

Il réunit cependant les éléments de huit armées actives ou corps d'observation : l'armée du Nord, c'était celle sur laquelle se concentraient tous ses soins, car c'était de ce côté, il le prévoyait déjà, que seraient portés les coups décisifs; l'armée de la Moselle, l'armée du Rhin, le corps d'observation du Jura, dont le point de réunion était Béfort; l'armée des Alpes, dont le point de réunion était Chambéry; le corps d'observation du Var, qui se formait à Antibes; le corps d'observation des Pyrénées, à Perpignan et à Bordeaux; enfin l'armée de réserve, à Paris et à Lyon. La disproportion entre ces corps et l'armée du Nord, concentrée sur les frontières de la Belgique, était considérable. Les 1er, 2e, 3e, 4e et 6e corps, dont celle-ci se composait, formaient ensemble, y compris la garde, un effectif de cent vingt-huit mille hommes, traînant trois cent quarante-quatre bouches à feu, tandis que les sept autres corps ne réunissaient ensemble que soixante mille baïonnettes ou sabres. Il y en avait dix-neuf mille dans la direction de Strasbourg sous les ordres de Rapp, pour protéger le Rhin; neuf mille environ vers les Alpes du côté de Chambéry, sous les ordres de Suchet; quatre mille quatre cent quarante-six sous le général Lecourbe, en observation vers Béfort pour surveiller le Jura; le corps d'observation du Var, réuni d'abord à Antibes, puis à Toulon sous le maréchal Brune, comptait un peu plus de quatre mille hommes; le général Decaen était à Toulouse pour observer les Pyrénées, avec environ quatre mille hommes; corps évidemment insuffisant, tant à cause du voisinage de l'Espagne, que de l'esprit de la population, fortement prononcé contre l'Empire. Le corps d'observation du Midi, placé à Bordeaux sous les ordres du général Clausel, et comptant le même nombre de soldats, était dans les mêmes conditions. Enfin, il était devenu nécessaire de concentrer plus de quinze mille hommes dans les provinces de l'Ouest, sous le commandement du général Lamarque, aux dépens de l'armée de réserve [1].

Cette dispersion de forces, qui affaiblissait Napoléon sur le théâtre principal de l'action, était indispensable. La France n'était pas menacée sur un seul point. Les coalisés, dont les forces s'élevaient à plus d'un million d'hommes, d'après le tableau présenté dans le mois de mai au Parlement d'Angleterre par lord Castlereagh, pouvaient nous assaillir à la fois sur le Rhin, sur la Moselle, sur les Alpes, sur les Pyrénées, sur le Jura, avec des forces quintuples de celles que nous avions à leur opposer, tout en conservant du côté de la frontière de Belgique des forces quintuples de celles que Bonaparte y avait concentrées. En outre, les provinces du Midi obligeaient Napoléon, par l'esprit qui y régnait, à distraire cinq mille hommes de la défense des frontières; les provinces de l'Ouest, plus belliqueuses, en attiraient à elles quinze mille, nécessaires pour surveiller un foyer d'insurrection qui commençait à jeter des flammes. C'était donc à peu près en tout cinquante-cinq mille hommes que Napoléon avait distraits de son armée principale, pour défendre cette longue ligne de frontières qui s'étend du Rhin aux Alpes, des Alpes aux Pyrénées, et en ayant devant lui ce monde d'ennemis, il n'était sûr, derrière lui, ni du Midi, ni des provinces de l'Ouest. Voilà, après le tableau de sa situation politique, le tableau de sa situation militaire.

Aussi, plus on allait, plus il était obligé de céder aux idées de Carnot, qui disposé, comme tous les hommes, à croire à

---

[1]. Les situations constatant l'exactitude de ces chiffres au 1er juin existent au ministère de la guerre : 10,000 hommes étaient en route pour rejoindre. C'est ainsi qu'on arrive au chiffre de 198,000.

l'efficacité des moyens qu'il avait employés avec succès dans sa jeunesse, proposait décrets sur décrets pour faire lever en masse les populations, armer les gardes nationales et les ouvriers. C'était en effet un de ces hommes de 1789 qui, avec l'éternelle jeunesse de leur esprit, oubliaient que l'enthousiasme qui avait alors produit des merveilles s'était éteint dans le sang des générations dont tant de guerres avaient moissonné la fleur héroïque, et que l'expérience qui finit les révolutions ressemble peu à l'espérance qui les commence. Napoléon décréta la formation de trois mille cent trente bataillons de grenadiers et de chasseurs de gardes nationales actives, destinées à protéger les frontières et à défendre les places. C'était plus de deux millions d'hommes qu'il s'agissait de mettre sur pied. Il décréta aussi la formation de corps francs appelés à faire la guerre de partisans. Ces organisations, restées presque partout à l'état de théorie, servirent peu. Ce qu'on ne pouvait décréter, c'était cette ardeur et cette confiance de 1792 qui donnaient une âme à la résistance nationale. Cette redoutable puissance d'unité et de direction qui s'était centralisée dans le comité de salut public ne manquait guère moins. Chose étrange ! Carnot, l'un des anciens membres de ce formidable comité, ne s'apercevait point que son impulsion, contrariant celle de l'Empereur, le privait de la condition de force qui avait fait le salut de la République. Napoléon paralysé, d'un côté par les scrupules et les convictions politiques de Carnot, de l'autre par les intrigues de Fouché, perdait la moitié de sa force dans ce continuel frottement.

Il faut ajouter que comme l'unité manquait dans le conseil suprême, elle ne manquait pas moins dans l'ensemble de l'administration, frappée à la triple effigie de Napoléon, Carnot et Fouché. En effet, ce second Empire était au fond un consulat bien moins absolu que le premier; car, cette fois, l'Empereur n'avait pas choisi ses deux collègues, il les avait subis. Les trois nuances qui se trouvaient au sommet se retrouvaient à tous les degrés de la hiérarchie. Si l'on ajoute à cela la classe toujours nombreuse des fonctionnaires, qui, interrogeant de l'œil l'avenir, songeaient à ne pas se rendre impossibles dans la prévision d'un nouveau changement, on aura l'idée d'un pouvoir bien mal servi. Il était mal servi en effet, et quand on songe que, sauf vingt-deux préfets de la Restauration qu'on avait conservés, les autres étaient à peu près par moitié ou bonapartistes purs, ou choisis dans la couleur dont les deux nuances étaient représentées par Carnot et Fouché, on comprend facilement que l'anarchie qui était dans la tête était descendue dans les membres.

Napoléon avait essayé de neutraliser cet inconvénient en autorisant plusieurs chefs militaires, sur le dévouement desquels il comptait, à destituer, dans le cas où ils le croiraient nécessaire, les fonctionnaires civils dont le choix lui paraissait douteux. Mais aussitôt les scrupules constitutionnels de Carnot s'émurent, il protesta contre cette immixtion des pouvoirs militaires dans l'administration civile. Il fallut y renoncer. L'Empereur avait eu aussi recours au moyen des commissaires extraordinaires; mais ce moyen échoua comme le premier, par une raison qu'il faut dire. Les deux grands courants politiques de cette époque étaient révolutionnaires ou royalistes; là où l'on voulait sortir du second, il fallait se jeter dans le premier. Or l'Empereur ne craignait guère moins le premier que le second. Il avait cédé, à contre-cœur, aux importunités de Carnot, en autorisant les fédérations qui, d'abord nées en Bretagne, parmi les populations des villes, s'étaient bientôt propagées dans la Bourgogne, la Lorraine, l'Alsace, le Dauphiné, et dans plusieurs autres départements. Mais cette agitation révolutionnaire, que l'ancien membre du comité de salut public prenait pour de l'action, ne faisait pas illusion à Napoléon. Il y voyait peu de force pour le présent, et y prévoyait de grands périls pour l'avenir, si l'avenir lui demeurait. Aussi contrariait-il les tendances de Carnot, tandis que Carnot contrariait les siennes, double cause d'affaiblissement pour son gouvernement.

Il avait fini par consentir à ce qu'on formât des bataillons de fédérés à Lyon et à Paris; il consentit même à passer les fédérés parisiens en revue dans la cour des Tuileries, le 14 mai, mais sans armes. Ils lui en demandèrent la cause : « Sire, disaient-ils dans leur adresse concertée avec les ministres, la plupart d'entre nous ont fait sous vos ordres la guerre de la liberté et celle de la gloire. Nous sommes tous d'anciens défenseurs de la patrie ; la patrie doit remettre avec confiance des armes à ceux qui ont versé leur sang pour elle. Donnez-nous des armes, Sire, en son nom ; nous jurons entre vos mains de ne combattre que pour sa cause et pour la vôtre. Nous ne sommes les instruments d'aucun parti, les agents d'aucune faction. *Vive la nation! Vive la liberté! Vive l'Empereur!* » L'Empereur ne leur refusa pas de bonnes paroles. « Soldats fédérés des faubourgs Saint-Antoine et Saint-Marceau, leur dit-il, je suis revenu seul parce que je comptais sur le peuple des villes, sur les habitants des campagnes et sur les soldats de l'armée, dont je connaissais l'attachement à l'honneur national. Vous avez justifié ma confiance, j'accepte votre offre; je vous donnerai des armes. Vos bras robustes et faits aux plus pénibles travaux sont plus propres que les autres au maniement des armes. Soldats fédérés, je suis bien aise de vous voir. J'ai confiance en vous. *Vive la nation!* »

Cette confiance n'était pas aussi absolue que semblait l'indiquer le langage de l'Empereur. En effet, on trouve dans la correspondance du ministre de la guerre avec le général Évain les trois passages suivants. D'abord il écrit à la date du 29 mai : « L'Empereur ne veut pas que l'on désarme la garde nationale sédentaire. Il voit qu'il y a quinze mille fusils dans les 9e, 10e, 11e et 12e divisions militaires, ce qui n'est pas suffisant pour armer soixante bataillons, puisqu'il en faudrait au moins trente, mille. Il pense que c'est une nouvelle considération pour ménager les fusils, en ne les donnant point aux ouvriers de Paris et de Lyon, à qui on ne pourrait plus les retirer. » A la date du 9 juin, le prince d'Eckmuhl écrira encore au même général : « L'Empereur pense que rien ne presse encore de donner des armes aux fédérés. Sa Majesté désire avoir l'état de la situation de ses régiments. Peut-être pourrait-on donner par bataillon cent fusils, qui seraient chez le chef de bataillon et qui passeraient alternativement entre les mains des différents soldats et serviraient à les dégrossir. Ce serait l'emploi de deux mille quatre cents fusils. » Enfin, dans une lettre datée du 11 juin, le même ministre écrira dans le même sens : « Sa Majesté me marque que son intention est qu'il ne soit pas donné plus de trois mille fusils pour le moment aux fédérés, qui sont quatorze mille. »

On voit combien la pensée de l'Empereur était persévérante à cet égard. Cette même pensée et la crainte que lui avait inspirée la tendance des idées révolutionnaires à Paris vinrent s'exprimer dans une lettre adressée au ministre de la guerre, dès le 1er mai, pour lui ordonner de préparer le travail des fortifications de Paris. Après avoir dit qu'il veut que les généraux Haxo et Rogniat tracent immédiatement quatre redoutes sur les hauteurs de Montmartre, qu'ils fassent placer des jalons pour le tracé de tous les ouvrages qu'ils jugeront indispensables sur les hauteurs de Ménilmontant et de Belleville, et qu'ils suivent par Saint-Denis et autres points les reconnaissances des positions à fortifier pour compléter la défense de Paris, il ajoute : « J'ai deux buts, l'un de faire voir que nous ne nous dissimulons pas le danger, l'autre de profiter du moment pour avoir ces ouvrages qui, si nous avons la paix, se trouveront faits et pourront, dans différentes circonstances, être utiles. »

Ainsi l'Empereur, en fortifiant Paris contre une attaque

possible des armées étrangères, songeait à l'usage qu'il pourrait tirer des fortifications contre un autre péril que le premier empire avait fait oublier, que le second faisait renaître. La révolution semblait s'être, en effet, réveillée à la voix de Carnot et de Fouché. Ses vétérans reprenaient la parole : Méhée de Latouche, tristement célèbre depuis les massacres de septembre, publiait le *Patriote de* 1789, qu'on appela bientôt le *Journal de la lanterne;* Barère, l'apologiste des meurtres de la Convention, se faisait publiciste pour défendre l'Empire et la révolution indivis. Un autre membre de la Convention, Félix Lepelletier, que l'Empereur avait exilé en 1802 comme terroriste, était au nombre des commissaires extraordinaires, et parlait dans ses proclamations « de séparer l'ivraie du bon grain, » paroles menaçantes dans une telle bouche.

Paris et une partie des villes des départements présentaient, dans le courant du mois de mai 1815, un spectacle étrange. Il semblait que les images de la révolution sortissent des sépulcres de l'histoire. Des processions de fédérés, parties des faubourgs, traversaient la capitale et effrayaient les habitants paisibles, qui croyaient voir se lever le spectre de 93. « Nous voulons, disaient les ouvriers du faubourg Saint-Antoine et du faubourg Saint-Marceau, dans une lettre adressée à leurs camarades, et insérée au *Moniteur* du 12 mai, frapper de terreur par notre attitude les traîtres qui pourraient une fois encore désirer l'avilissement de la patrie. » Pour ceux qui se souvenaient des exécutions sanglantes dont, vingt ans plus tôt, des paroles analogues avaient donné le signal, un pareil langage, écho sinistre d'un passé homicide, semblaient l'augure d'un triste avenir. Le *Nain jaune,* au langage duquel ses allures vivement bonapartistes et ses rapports connus avec le gouvernement donnaient la valeur d'une confidence ou d'une indiscrétion, était loin de rassurer les esprits quand il disait, dans son numéro du 25 mai : « Il est vrai que les fédérations des faubourgs de la capitale peuvent avoir des suites très-fâcheuses, mais c'est la conséquence forcée de la fédération de certains salons. » Ainsi le gouvernement, ne pouvant compter sur les classes aisées, se servait des faubourgs comme d'un épouvantail qui l'épouvantait lui-même. Il était entre tous les mouvements d'opinion, sans être complétement dans aucun, ce qui est la pire des situations politiques.

On cherchait à provoquer un rapprochement entre la troupe et le peuple, à faire fraterniser le peuple et l'armée, pour parler le langage de la première révolution. Les fortifications qu'on élevait autour de Paris devinrent un moyen d'atteindre ce but. On invita la population à venir prendre part à ces travaux, et l'on vit les hommes et les femmes des faubourgs, souvenir de l'époque de la fédération du Champ de Mars, se mêler aux bataillons de la garde impériale appelés chaque jour, à tour de rôle, pour manier la pioche et la pelle dans les travaux de terrassement, que l'on poussait avec une grande activité sur les hauteurs de Montmartre, de Chaumont et de Ménilmontant [1]. On ne négligeait aucun moyen de passionner l'opinion. La musique des régiments reçut l'ordre de jouer la *Marseillaise*. Le *Ça ira*, ce chant des proscriptions, proscrit depuis longtemps, retentit pendant le défilé des troupes dans la cour des Tuileries. On afficha aux portes de l'École de médecine des adresses des braves des faubourgs aux braves des Écoles. On racontait dans les journaux que des lycées avaient demandé à défiler devant l'Empereur, qui les avait passés en revue. Ces démonstrations, moins sincères et aussi vaines que celles qui

---

[1]. « Un bataillon de la vieille garde, à tour de rôle, était appelé chaque jour à payer son tribut comme terrassier; là, nous nous trouvions en quelque sorte pêle-mêle avec la population mâle et *femelle* des faubourgs; car les femmes mêmes faisaient trêve aux soins du ménage ou de leur commerce pour nous aider dans nos travaux militaires. Mais laissons la population parisienne à ses démonstrations patriotiques, dont elle aura bientôt assez... » (*Les Derniers Jours de la grande armée*, tome Ier, page 450, par le capitaine Mauduit.)

avaient marqué les dernières journées de la Restauration, ne servaient qu'à révéler la pénurie des moyens et l'extrémité des périls. Ce n'était pas la première révolution avec son énergie sauvage, c'en était la parodie. Il n'y avait là que des passions de reflet, et Fouché, le grand metteur en scène de tous ces spectacles révolutionnaires, songeait peut-être déjà au parti qu'il pourrait en tirer pour agir sur un autre gouvernement, après la fin du drame dont il prévoyait le dénoûment. L'Empereur, dans les épanchements involontaires ou calculés de sa colère, répétait bien à ses alentours : « Que les nobles et les prêtres y prennent garde ! si je leur lâche le peuple, ils seront dévorés en un clin d'œil. » Mais au fond, comme ses plus dévoués et ses plus intimes confidents l'ont raconté[1], l'Empereur craignait, autant que qui que ce fût, ces dangereux auxiliaires, ces fédérations départementales qui créaient une action en dehors de la sienne, n'ajoutaient son nom à leurs manifestes que pour être tolérées, et pouvaient trouver dans les corps francs une force qui ne dépendrait pas de lui ; il craignait par-dessus tout les fédérations des grandes villes, celles de Paris et de Lyon. Il n'accordait là que strictement ce qu'il ne pouvait pas refuser. Il avait de fréquentes altercations avec Carnot et Thibaudeau au sujet des clubs, que la tolérance systématique de Fouché avait laissés s'ouvrir. Son esprit, habitué à n'employer que la force organisée et disciplinée, éprouvait une vive répugnance pour tout ce qui ressemblait au désordre et à l'anarchie. Il était cependant condamné à faire des concessions. Parmi celles qui durent le plus lui coûter, on doit sans doute compter la tolérance des scènes nocturnes du café Montansier, où la licence des opinions n'était guère corrigée que par la licence des mœurs. On y voyait chaque soir des sous-officiers et même des officiers de l'armée s'asseoir pêle-mêle avec les

---

[1]. M. Fleury de Chaboulon.

filles perdues du Palais-Royal qui, dans les toilettes cyniques de cette époque, venaient vociférer avec eux des refrains mi-bachiques, mi-politiques, entonnés souvent du haut d'une table, par un chanteur portant le casque et l'épée, pendant que le punch enflammé, coulant dans les verres et hors des verres, « tachait ou brûlait les robes et les uniformes [1] : » scènes compromettantes pour les glorieux uniformes de l'armée française, exaltées cependant dans des récits semi-officiels par les écrivains accrédités du gouvernement. C'est vraisemblablement après avoir lu de pareils récits que Napoléon prononça cette parole conservée par M. Molé : « Je n'aurais jamais quitté l'île d'Elbe si j'avais prévu à quel point, pour me maintenir, j'aurais besoin de complaire au parti démocratique. »

Ces manifestations révolutionnaires, qui à Paris n'avaient que la valeur d'une démonstration ou d'une menace, contenues qu'elles étaient par le regard et le bras de l'Empereur, prenaient un caractère plus grave dans les départements. Dans le Midi surtout, où la majorité de la population était royaliste, mais où elle se trouvait en face d'une minorité révolutionnaire d'autant plus ardente qu'elle connaissait son infériorité numérique et la nécessité d'imposer par la terreur, d'autant plus hardie qu'elle se sentait appuyée par la force armée et par le gouvernement, la persécution alla jusqu'au sang. Les volon-

---

1. M. Duvergier de Hauranne, dans son *Histoire parlementaire*, remarquable par la scrupuleuse étude de toutes les sources, cite à ce sujet un article publié par M. de Jouy, qu'il qualifie avec beaucoup d'esprit et d'indulgence « d'indulgent moraliste. » M. de Jouy, *l'Ermite de la Chaussée-d'Antin*, qui, sous le nom de *Guillaume le franc-parleur*, publiait des articles dans la *Gazette de France*, assurait que le fond du caractère français, mélange de gaieté, de bravoure et de turbulence, trouvait son expression la plus vraie dans les soirées du café Montansier : « La beauté, ajoute l'ermite de la Chaussée-d'Antin, ne perd point ses droits au café Montansier; les femmes, à quelque classe qu'elles appartiennent, y sont entourées de soins et d'hommages; si la protection des braves qui les admettent à leurs jeux ne peut appeler sur elles une considération que la plupart de ces dames n'ambitionnent pas, du moins leur assure-t-elle les égards qu'on doit à leur sexe. » (*Gazette de France*, 22 avril 1815.)

taires royalistes du Gard, des Bouches-du-Rhône, de Vaucluse, en se retirant après la capitulation de la Palud, avaient été, on l'a vu, traqués comme des bêtes fauves; un assez grand nombre d'entre eux avaient été tués ou blessés en traversant les villages dont la population professait des opinions opposées[1]. Ce ne fut pas la fin de leurs tribulations. Ceux qui arrivèrent dans leur pays trouvèrent leurs vignes arrachées, leurs oliviers coupés par le pied, leur maison pillée, dévastée, quelques-uns leur famille victime de violences plus graves. Les passions politiques, dont les flammes étaient attisées par celles des passions religieuses, ne furent point satisfaites par ces premiers excès. Les fédérés, composés des hommes les plus révolutionnaires de chaque département, dominaient par la terreur les majorités désarmées.

A Toulouse, deux royalistes accusés d'avoir arraché les proclamations du gouvernement furent immédiatement mis à mort, sans autre forme de procès[2]. Il y eut, en outre, de nombreuses arrestations opérées parmi les personnes notoirement connues par leurs opinions royalistes, et surtout parmi les volontaires royaux. La population était opprimée et vexée par une minorité violente et armée. A ces arrestations, à ces avanies vinrent se joindre des ordres d'exil. M. Gleizes, avocat royaliste distingué, fut interné dans un autre département. Un des grands

---

1. Nous avons sous les yeux un tableau nominatif des victimes du Gard, dressé par M. de Surville, père du dernier député de ce nom à l'Assemblée législative de 1849, un des hommes les plus considérables et les plus honorés de Nîmes. La date et le lieu des assassinats sont relatés. A Arpaillargues seulement il y eut, dans les journées des 11 et 12 avril, vingt-quatre personnes tuées ou blessées grièvement. A la fin de cet état nominatif de trente-neuf personnes, on lit ce qui suit : « Il y a encore bien des individus qui ont péri, dont il a été impossible de constater la mort. » J'ai donné plus de détails dans les *Souvenirs de la Restauration*.

2. Ce fait, qui eut lieu le 4 mai, et les faits suivants qui se passèrent dans la ville de Toulouse, ont été notés par M. de Villèle sur son carnet, où il consignait les événements de chaque jour. Ce ne furent pas les seuls meurtres commis à Toulouse.

vicaires fut enlevé par les ordres des autorités et transféré à Dijon. Il y eut, en outre, des emprunts forcés levés sur les plus forts contribuables ; les moins taxés le furent à 11,000 fr.; les plus taxés à 15,000.

A Marseille, ville d'un ardent royalisme, il y eut des destitutions en masse, des arrestations multipliées, des exils. Une liste de personnes suspectes fut dressée, et ceux dont les noms y furent inscrits, anciens magistrats, avocats, commerçants, personnes notables, durent s'éloigner de leur domicile. Ce ne fut pas tout. La ville fut déclarée en état de siége par le maréchal Brune, nommé par Napoléon gouverneur des départements du Midi. Un contemporain, qui vit de près ces événements, décrit ainsi l'état de la cité : « A défaut de respect et d'amour, on voulut au moins obéissance et résignation ; un grand appareil militaire fut déployé ; Marseille est aussitôt convertie en place de guerre, il devient le quartier général de l'armée du Var. La ville est déclarée en état de siége, et par là l'autorité civile et municipale se trouve annihilée. Dès ce moment, les soldats, à demi contenus jusqu'alors, cessent de se contraindre, et traitent les habitants en peuple conquis [1]. »

Les troupes impériales, dont les sentiments bonapartistes s'exaltaient en raison même de la froideur des habitants, firent, le 26 mai, une démonstration politique à laquelle on donna le nom de *Champ de Mai*. Le 35ᵉ régiment de ligne et le 14ᵉ chasseurs à cheval défilèrent sur le cours. Un escadron de chasseurs à cheval, le sabre au poing, s'élança vers un poste de grenadiers de la garde nationale et lui enjoignit de crier *vive l'Empereur*. La garde nationale refusa. Les sabres se levèrent et les baïonnettes se croisèrent ; on put craindre un engagement meurtrier. A la fin du jour, une espèce de cohue formée de sous-of-

---

[1]. M. Hilarion Desoliers, *Marseille depuis 1789 jusqu'en 1815, par un vieux Marseillais* (Marseille, 1844), tome II, page 385.

ficiers, de mameluks et de nègres (ces mameluks et ces nègres égyptiens, lie de la population marseillaise, avaient accompagné notre armée à son retour de l'expédition d'Égypte, et habitaient des masures), promenèrent en triomphe un buste de Napoléon. Cette troupe obligeait les passants à se découvrir et à crier *vive l'Empereur*. On ordonna ensuite une illumination générale, et ceux qui tardèrent à céder à cette injonction eurent leurs vitres cassées. Le sang coula. Un vieillard royaliste fut tué dans un quartier solitaire, et des femmes royalistes furent blessées. Le 27 mai, le désarmement général des habitants fut ordonné; une proclamation annonçait que ceux qui n'auraient pas déposé leurs armes avant la fin du jour seraient traduits devant un conseil de guerre. Pendant toute la durée des Cent-Jours, la ville fut ainsi tenue en alerte par les soldats qui jour et nuit parcouraient la ville, en insultant et en molestant les habitants. Des trésors de colère s'amassaient dans le cœur des classes populaires de Marseille soumises à mille avanies, et les haines du présent venaient raviver celles du passé, dans une ville où, comme à Toulouse, les souvenirs des excès de la première révolution étaient encore récents.

Avignon eut aussi sa part de souffrances, mais ce fut surtout dans le département du Gard que les violences furent poussées aux derniers excès.

Là, comme on l'a dit, les antipathies religieuses étaient en présence. Les protestants abattirent des croix, les cimetières catholiques furent profanés. Des bandes armées parcoururent les campagnes et les dévastèrent, brûlant les maisons et mettant les propriétaires à mort quand ils les rencontraient; des hommes appartenant aux classes moyennes sortaient armés de leur carabine pour faire la chasse aux miquelets[1], comme

---

[1]. C'est ainsi qu'on appelait les volontaires qui revenaient de l'armée du duc d'Angoulême.

s'il se fût agi de bêtes fauves. Dans les villes, les personnes notoirement connues pour leurs opinions royalistes ne pouvaient se montrer dans les rues sans être insultées, poursuivies, menacées par les fédérés. Apercevait-on une jeune fille parée d'un ruban blanc ou vert, elle était aussitôt décoiffée, souffletée et souvent soumise à une correction encore plus humiliante [1]. On arrachait la croix du col des jeunes femmes, et l'on allait jusqu'à insulter les prêtres portant le viatique aux malades. Il y eut enfin de déplorables profanations commises; des têtes furent arrachées de cercueils récemment enfouis dans la terre, et jetées devant la porte de deux églises. Si l'on ajoute à cela les meurtres dont, on l'a vu, le nombre fut considérable, on aura l'idée d'un pays livré au pire des despotismes, celui de l'anarchie, et dans lequel le sang versé préparait une moisson de sanglantes représailles.

Dans les provinces de l'Ouest, les choses se passèrent différemment. On avait pris d'abord à leur égard une mesure qui rappelait les violences de l'époque révolutionnaire. Tous les gentilshommes avaient été mandés à Nantes avec injonction de prêter serment à l'Empereur. Ceux qui manqueraient à cet appel devaient être considérés comme émigrés, et à ce titre, bannis du royaume ou incarcérés, au choix du préfet, et leurs biens confisqués. Cette mesure avait excité une si grande fermentation, qu'un ordre envoyé à la hâte de Paris l'avait révoquée. Mais l'effet était produit. En outre, l'impulsion donnée aux campagnes au moment de la venue du duc de Bourbon subsistait; la nouvelle inopinée du départ du Roi pour Lille et de l'arrivée de Bonaparte à Paris avait pu suspendre le mouvement; mais elle n'avait pas changé les dispositions du pays. Des symptômes d'agitation se manifestaient sur plusieurs points. Les paysans refusaient de payer l'impôt aux percep-

---

1. *Révolutions de Nîmes et d'Uzès*, par A. de Pontécoulant.

teurs impériaux ; ils plaçaient des drapeaux blancs sur le faîte des arbres, et les gendarmes ne pouvaient se hasarder dans la campagne sans essuyer des coups de fusil. Partout les prêtres refusaient de prier pour l'Empereur.

Le général Travot, envoyé dans ce pays où il avait déjà fait la guerre, le traversa à la tête d'une colonne mobile en poursuivant une bande de déserteurs. Il fut frappé de l'attitude fière et menaçante des populations, et annonça à Paris l'imminence d'un soulèvement.

Vers la fin du mois d'avril et avant de passer sur la rive droite de la Loire, M. d'Andigné s'était concerté avec MM. Auguste de La Rochejaquelein, de Suzannet et de La Besnadière. Il avait été convenu qu'on agirait sur les deux rives avec ensemble ; que l'on préparerait les hommes en silence, tout en réunissant le plus de munitions possible : dans le cas où des circonstances imprévues obligeraient l'un des chefs à prendre les armes, les autres suivraient immédiatement son exemple. C'était la solidarité des deux rives de la Loire qui venait d'être arrêtée dans cette conférence. Deux motifs retardèrent la prise d'armes. Le premier fut le manque de fusils et de munitions ; jamais les deux rives de la Loire n'avaient été aussi au dépourvu. Le second fut la crainte d'attirer toutes les forces impériales sur les provinces de l'Ouest, si elles levaient le drapeau avant que la guerre extérieure eût éclaté. Le retour de l'île d'Elbe, en effet, avait fait perdre à la France cette unité que le premier Empire semblait avoir rétablie ; Napoléon devait avoir fait entrer ce péril dans ses prévisions lorsqu'il était venu ressaisir le sceptre. La Loire n'était point sûre derrière lui. Les provinces de l'Ouest ne pouvaient renoncer facilement à la royauté, pour laquelle elles avaient jadis si longtemps combattu et qui leur avait été récemment rendue ; pour ces populations, aux yeux desquelles le succès ne constitue pas le droit, Napoléon était un ennemi. Le 13 mai, le marquis Louis de

La Rochejaquelein envoya aux chefs vendéens un officier pour leur annoncer qu'il arriverait sous peu de jours d'Angleterre avec un premier convoi de munitions et de fusils. Dès lors toute hésitation cessa, et du 15 au 22 mai, le tocsin sonna sur les deux rives de la Loire, appelant les campagnes aux armes afin de protéger le débarquement.

La rive gauche de la Loire donna le signal : comme à l'époque de la grande guerre, elle était partagée en quatre divisions : la Vendée maritime, sous les ordres de M. de Suzannet; la Vendée centrale, sous M. de Sapinaud; la division du haut Poitou, sous M. Auguste de La Rochejaquelein ; la division du haut Anjou, sous M. d'Autichamp. On évaluait à vingt mille le nombre des hommes qu'on pouvait faire lever sur la rive gauche de la Loire; mais on attendait des armes pour compléter le mouvement. L'exemple de la rive gauche fut presque immédiatement suivi sur la rive droite. Les campagnes se levèrent avec un grand ensemble : « Ce fut un spectacle touchant, a dit plus tard le chef de ce mouvement de la rive droite, de voir paysans, bourgeois, gentilshommes, anciens officiers et soldats des armées royales ou volontaires qui n'avaient pas encore vu le feu, se lever à la fois depuis dix-sept jusqu'à soixante ans. La plupart de ces hommes, mariés et pères de famille, quittaient sans hésiter leur femme et leurs enfants, et accouraient presque tous mal armés et presque sans munitions pour obéir à la voix de l'honneur et à l'appel du Roi absent [1]. » Le nombre des hommes levés sur la rive droite était à peu près égal au nombre de ceux qui avaient arboré le drapeau blanc sur l'autre rive. Ils étaient commandés par les anciens capitaines de paroisses et par les officiers sortis de la maison du Roi et de l'armée, accourus dans l'Ouest sur le conseil du duc de Berry, après le licenciement de Béthune. Au même instant, le général de Sol de Grisolles levait le dra-

---

1. *Mémoires* inédits du général d'Andigné.

peau dans le Morbihan, et les écoliers du collége de Vannes s'échappaient en masse des murs de leur collége pour aller verser, avec les anciens compagnons de Georges Cadoudal, leur sang au cri de vive le Roi, tandis que les élèves de l'École de droit de Paris suivaient le Roi à Gand, et que les élèves de l'École polytechnique s'apprêtaient, encore une fois, à servir l'artillerie de Paris contre les étrangers. Comme les étudiants allemands, ces jeunes Morbihannais, dont les plus vieux étaient des adolescents, avaient leur barde pour les animer au combat, et pour célébrer leurs victoires si Dieu leur en envoyait. Un souffle d'enthousiasme passait à cette époque sur toute la jeunesse de l'Europe ; l'héroïsme, l'esprit de dévouement et de sacrifice étaient partout.

Plusieurs raisons devaient empêcher cette insurrection d'avoir une influence directe et décisive sur les événements : d'abord le manque d'armes; le tiers à peine des hommes avait des fusils. M. de La Rochejaquelein en avait amené deux mille seulement, et les Anglais, qui se préparaient à débarquer un convoi beaucoup plus considérable, attendaient avec leur esprit de calcul ordinaire un grand succès qui leur garantît l'utile emploi de leur argent. Les munitions ne manquaient guère moins que les armes. Sur la rive gauche, M. Louis de La Rochejaquelein, qui avait l'ardeur et l'intrépidité des hommes de sa race, put débarquer huit cent mille cartouches, mais sans pouvoir en faire pénétrer la plus grande partie dans l'intérieur du pays. Sur la rive droite, M. d'Audigné n'eut à distribuer à ses hommes, pendant toute la campagne, que trois cartouches par expédition. Avec de si faibles ressources on ne pouvait rien faire de considérable. En outre, le grand nombre d'officiers et de soldats sortis de l'armée qui avaient pris place dans les rangs, entre autres le général Canuel qui voulut servir comme simple soldat, ne permit pas de suivre la tactique de 1799, qui remontait à la grande guerre. A cette époque, les Vendéens se précipitaient sur l'ennemi avant qu'il eût eu le temps de se reconnaître, et le poursuivaient ou faisaient prompte retraite, selon qu'ils éprouvaient plus ou moins de résistance. Il fut impossible d'agir ainsi avec des officiers et des soldats étrangers au pays, habitués à se battre en ligne, et qui mettaient leur point d'honneur à ne pas céder le terrain. Il faut ajouter à ces obstacles les divisions des chefs, leur défaut d'entente, la rapidité des mesures prises par le gouvernement impérial et les forces qu'il déploya.

Les troupes impériales qui se trouvaient en Vendée au début de la prise d'armes se montaient à peu près à cinq mille hommes. La meilleure partie de ces troupes, au nombre de dix-huit cents hommes, était concentrée à Chollet; le reste distribué à Bourbon-Vendée, à Chemillé, à Nantes, à Angers, à Saumur, et dans quelques autres villes. La gendarmerie départementale était la seule cavalerie dont on pût disposer. On pouvait ajouter à cela des détachements d'officiers à demi-solde et les gardes nationaux des villes qui professaient des opinions révolutionnaires. Le général Delaborde commandait le département; le général Travot, qui avait l'expérience de cette guerre, conduisait, nous avons dit, la colonne expéditionnaire à travers le pays. Mais quand la nouvelle de la prise d'armes arriva à Paris, Napoléon vit d'un coup d'œil le péril militaire que lui créerait la Vendée en armes sur ses derrières, et le fâcheux effet moral que produirait pour sa cause cette nouvelle répandue en Europe. Il résolut aussitôt de former une armée de trente mille hommes sur la Loire, afin d'accabler l'insurrection à son début, et il donna au général Lamarque le commandement de cette armée. Sa correspondance avec le ministre de la guerre atteste l'importance qu'il mettait à cette affaire : « Faites partir pour Angers, lui écrivait-il à la date du 20 mai, sur-le-champ, de l'endroit le plus proche, deux batteries à pied que vous enverrez au général Delaborde. Qu'elles marchent en toute diligence. Envoyez en poste deux officiers d'artillerie pour Saumur. Envoyez aussi de l'artillerie de l'endroit où vous en avez le plus près. Indépendamment d'une batterie qu'on fera partir de Rennes, faites-lui envoyer d'ici une ou deux batteries d'artillerie en poste. Qu'une batterie de six pièces de canon et une compagnie d'artillerie suivent le mouvement des deux régiments de tirailleurs qui vont en poste. » Chaque jour, les lettres de l'Empereur se succèdent. Le 21 mai, il écrit encore : « Envoyez trente mille fusils à Angers, Nantes, Niort, Saumur et Poitiers. Il faut à Nantes quarante canons et trente pièces de campagne. » Le même jour, il écrit de nouveau : « Il est très-important d'armer cette partie de la population sur laquelle on peut compter. Il sera formé à Nantes deux compagnies de canonniers et de gardes nationaux pour le service de la ville; il sera en outre pris à Lorient quelques compagnies de canonniers de marine pour être employées à Nantes. Quatre compagnies seront prises à Rennes pour être envoyées à Nantes et à Angers. » A la date du 22 mai vient une lettre dans laquelle on lit ce qui suit : « Il faut armer le château de Saumur et celui d'Angers. Il faut avoir un bon nombre de pièces de canon pour garnir le pont de Cé. » Le même jour, l'Empereur écrit encore : « Je vous ai fait connaître par le major général que je désirerais qu'il fût formé une armée de la Loire, commandée par le général Lamarque. Envoyez-y un général d'artillerie et un général de génie, qui partiront dans la journée pour se rendre à Angers avec des officiers de leurs armes. La garde nationale de Nantes sera complétée à quatre mille hommes. Il y aura à Angers une division de gardes nationales ayant une batterie de canons. » Enfin, le 24 mai, Napoléon résumait ainsi ses instructions : « Armer le pont de Cé; faire une tête de pont avec fraises et palissades et un blockhaus au centre; disposer cet ouvrage de manière que cinquante hommes puissent le garder. Armer la ville de Nantes, c'est-à-dire établir des têtes de pont à tous les ponts et des barricades aux avenues, y placer des canons comme si la ville devait être assiégée ; armer les Sables ; prévenir la marine pour qu'elle mette son artillerie et ses munitions à l'abri d'un coup de main, en les faisant entrer à Nantes. Il convient aussi qu'elle ait deux petits bâtiments armés dans la Loire, afin qu'on soit maître de la rivière jusqu'à son embouchure. »

La rapide succession de ces ordres, la grandeur de ces préparatifs, ces régiments de la jeune garde, ces batteries d'artillerie envoyées en poste, ces fortifications ordonnées pour protéger Nantes, Angers, le pont de Cé, cet armement de la garde nationale, tout annonce les graves préoccupations de Napoléon. L'image de la Vendée militaire de 1793 s'était levée devant lui, il n'avait pas cru pouvoir lui opposer moins de trente mille hommes commandés par un des généraux les plus distingués de son armée ; ces trente mille hommes devaient lui manquer au moment où il faisait ses préparatifs pour aller combattre la coalition formidable dont les troupes se réunissaient sur les frontières. C'était là une des fatalités de la situation qu'il avait acceptée.

La rapidité de ces mesures, jointe aux causes que nous avons indiquées, empêcha l'insurrection de prendre tout son développement. Le défaut d'ensemble entre les chefs, cet écueil contre lequel s'était brisé l'effort des Vendéens dans les premières guerres, contribua aussi à plusieurs échecs qu'ils éprouvèrent. Le marquis Louis de La Rochejaquelein était arrivé du dehors avec le titre de général en chef, et voulait diriger les opérations comme dans les guerres régulières. Les choses n'avaient jamais été ainsi en Vendée, pays d'initiative individuelle, d'indépendance de caractère et d'action, où tout se fait plutôt par persuasion et confiance que par commandement et par obéissance. Les contradictions que ce chef militaire éprouva le portèrent à se jeter seul dans le Marais avec son corps, après l'échauffourée de Nizenay, où périt le jeune Charette, digne par sa bravoure du nom de son oncle, et dans laquelle les divisions La Rochejaquelein, Sapinaud et Suzannet, surprises au milieu des ténèbres de la nuit par le général Travot, au moment où elles se dirigeaient sur Bourbon-Vendée, se rejetèrent les unes sur les autres, et, sans avoir fait de pertes notables, se dispersèrent en partie. MM. d'Autichamp, de Suzannet et Sapinaud, qui connaissaient mieux le pays et ce genre de guerre, proposaient un plan d'après lequel on aurait engagé dans le Marais, pour protéger le débarquement d'un convoi de munitions et d'armes, de simples détachements, en plaçant les corps sur des points où ils pouvaient surveiller les colonnes sorties de Nantes et de Bourbon-Vendée, et combiner leurs efforts pour les attaquer. M. de La Rochejaquelein persista à exécuter seul le plan qu'on ne voulait pas appliquer sous lui. Il fut accablé par des forces supérieures, et mourut le 4 juin 1815, avec le courage héroïque qui poussait son frère Henri, vingt ans plus tôt, au milieu des rangs ennemis, plutôt en volontaire qu'en général. A peu de temps de là les généraux Suzannet, d'Autichamp, et Hubert nommé commandant du corps du général Sapinaud, reconnu depuis la mort de Louis de La Rochejaquelein comme général en chef, furent attaqués et battus l'un après l'autre par le général Lamarque, au moment où ils cherchaient à se concentrer à la Rocheservière. Suzannet fut blessé à mort dans cette action qui termina la guerre, sur la rive gauche de la Loire.

Sur la rive droite, le comte d'Andigné, moins bien fourni encore en armes et en munitions que les chefs de la rive gauche, puisqu'il était plus éloigné de la mer, avait adopté pour tactique de parcourir le pays avec de fortes colonnes, et de tenir ses adversaires partout en échec, sans accepter d'engagement sérieux. Avec des soldats qui n'eurent, pendant presque toute cette campagne, que trois cartouches, il comprenait qu'il était hors d'état de soutenir un combat à fond ou de poursuivre un succès, s'il en obtenait un. Tantôt parlementant avec les généraux bonapartistes, tantôt combattant, toujours en marche et en armes, changeant chaque jour de cantonnement et paraissant sur les points où il n'était pas attendu, il entretenait la guerre plutôt qu'il ne cherchait à la décider par un coup décisif. Cette tactique avait moins d'éclat que celle des chefs de la rive gauche, mais elle était plus appropriée à la position des royalistes dans l'Ouest, elle faisait durer la guerre, et elle devait permettre de prolonger l'action sur la rive droite de la Loire. Cependant le comte d'Andigné, qui avait parcouru les petites villes de Craon et de Pouancé à la tête d'une colonne, et qui occupait le bourg de Cossé, fut surpris de nuit le 29 mai 1815, dans ce bourg, par un chef de bataillon appelé plus tard à obtenir une belle renommée militaire en Afrique, et à mourir à Paris dans d'autres luttes civiles [1]. Averti par un exprès des habitants de Cossé, presque tous révolutionnaires, le chef de bataillon Duvivier se présenta à l'improviste avec un détachement en remonte à Laval, la gendarmerie de la ville et une colonne de gardes nationaux, formant en tout cinq à six cents hommes. Le poste avancé, placé dans une auberge à l'entrée du bourg et commandé par M. d'Armaillé, averti par le cri de la sentinelle, tint bon; quelques officiers accoururent aux coups de fusil, entre autres le brave de la Poterie [2]; le général d'Andigné lui-même, un moment entouré par les gendarmes, eut son cheval tué sous lui, mais parvint à se dégager. Un officier distingué, M. de Saint-Sauveur, fut mortellement atteint; un autre, M. de Bodard, ancien garde du corps, et remplissant les fonctions d'adjudant-major, fut mis par terre

---

1. Le chef de bataillon Duvivier, nommé sous le gouvernement de Louis-Philippe lieutenant-général en Afrique, dans les guerres de 1830 à 1840, tué dans les journées de juin 1848, à Paris.
2. Plus tard colonel du 4e de la garde.

avec neuf blessures [1]. Pendant ce temps la colonne royaliste se ralliait à l'autre extrémité du bourg, et le chef de bataillon Duvivier, voyant le jour poindre, se hâta de donner le signal de la retraite, dans la crainte d'être coupé. Cette échauffourée, qui ne coûta que quelques hommes, eut son importance, parce qu'elle empêcha le chef royaliste de s'emparer de Laval, ville ouverte où il aurait trouvé des armes et des munitions.

Au découragement qu'avait produit dans l'Ouest cette succession d'échecs, était venu se joindre un nouveau motif de cesser ou de suspendre la lutte : c'était l'approche des événements du dehors. Enfin un homme dont on retrouve la main dans tous les événements de cette époque et dont les intrigues, par une singulière faculté d'ubiquité, se faisaient sentir à la fois à Paris, à Londres, à Vienne, avait entrepris d'exercer aussi une action sur la Vendée. Fouché, il faut bien le nommer par son nom, quelque étrange que soit le rapprochement de ce nom avec celui de la Vendée, Fouché, sans arriver jusqu'à la véritable grandeur qui n'appartient qu'à la vertu, éleva pendant cette

---

[1]. M. de Bodard guérit de ses blessures, et obtint plus tard le grade de capitaine au 4ᵉ de la garde royale. Il était neveu du brave officier du même nom qui fut tué le 25 mars 1796 au combat de Saint-Michel, à côté de Charette, et dont il est parlé dans la lettre de M. le comte d'Artois à Charette, écrite de l'Ile-Dieu, à la date du 5 octobre 1795, et que nous empruntons à la *Correspondance secrète de Charette, Stofflet, etc.*, composée de lettres saisies par les républicains sur des officiers vendéens, et publiée par eux chez Buisson, an VII (tome I, page 36) :
« Nous sommes ici depuis trois jours et nous n'avons encore aucune nouvelle de vous. M. de Rivière a été mis à terre le 30. Il avait donné rendez-vous au bâtiment qui l'avait débarqué, mais, depuis ce temps, il n'a plus été possible d'avoir aucune communication avec le continent. Dans cette pénible circonstance, j'ai accepté le dévouement de plusieurs gentilshommes poitevins, qui m'ont offert de se jeter sur la côte et de tout risquer pour pénétrer jusqu'à vous... Je vous demande, je vous ordonne même de me marquer un point quelconque sur la côte où vous puissiez porter à jour nommé un corps de quelques centaines de chevaux. Je m'y trouverai sans faute, avec un petit nombre de personnes, et je m'y réunirai à votre intrépide armée. M. de Bodard, qui vous remettra cette lettre, est chargé de vous communiquer verbalement des détails qu'il me serait impossible de placer ici.
« Charles-Philippe. »

période le génie de l'intrigue jusqu'à en faire une puissance. Quand il vit les provinces de l'Ouest se soulever, il en éprouva un dépit et une contrariété faciles à comprendre si l'on pénètre le fond de sa politique. On a souvent demandé qui Fouché trahissait à cette époque, et qui il servait, tant il était difficile pour les contemporains de voir clair dans sa politique. Fouché servait et trahissait tout le monde, selon l'occasion, ou plutôt il trahissait tour à tour tout le monde, pour ne servir que lui-même. Arbitre, non pas désintéressé, mais impartial à force d'indifférence, il jouait son jeu avec toutes les cartes que lui fournissait la fortune. Le chef-d'œuvre de son habileté était de faire assez pour obtenir, dans une certaine mesure, la confiance de chaque parti sans se livrer à aucun, de manière à attendre, dans une forte position, le dénoûment au service duquel il était très-décidé à s'enrôler, quel qu'il fût. Ainsi il était, depuis le 20 mars, le protecteur officieux des personnes les plus compromises du faubourg Saint-Germain ; il arrêtait les foudres de l'Empereur quand elles se dirigeaient de ce côté, où il les égarait. Souvent, il faut le dire, il exagérait le péril couru, pour augmenter le mérite du service rendu et surexciter la reconnaissance ; aussi avait-il acquis une véritable popularité dans les salons, et toutes les lettres adressées à Gand, tous les nouveaux arrivés dans cette ville, parlaient de lui avec une gratitude singulière. C'était lui qui s'était entremis pour faire oublier à Vincennes M. de Vitrolles, que la première pensée de l'Empereur avait été de faire fusiller après son arrestation à Toulouse. Il en résulta que lorsque madame de Vitrolles partit pour Gand afin d'émouvoir l'intérêt de l'Europe et celui de la maison de Bourbon en faveur de son mari, dont la vie paraissait alors sérieusement menacée, elle ne crut pas pouvoir donner de trop grands éloges au duc d'Otrante, et devint ainsi le premier intermédiaire entre lui et la petite cour de Gand.

A la nouvelle du soulèvement de la Vendée, Fouché se trouva dans une grande perplexité. En effet, si la lutte se prolongeait, il allait être fatalement amené à employer contre les provinces de l'Ouest des mesures d'extermination qui devaient le brouiller avec le faubourg Saint-Germain et avec Gand. Il imagina donc de se poser en médiateur entre les provinces de l'Ouest et l'Empereur, dont il était ministre. Il manda trois hommes dont il connaissait les rapports avec les royalistes de l'Ouest : MM. de Malartic, de La Béraudière et de Flavigny, et voici le langage qu'il leur tint : « La Vendée vient de se soulever sans avoir les moyens de soutenir son soulèvement. Vous ne pouvez décider la question qui s'agite et vous nous embarrassez d'autant plus que vous allez nous mettre dans la nécessité de rendre des lois de terreur qui donneront à Bonaparte plus de force que nous ne voudrions lui en donner. Rendez-vous auprès des chefs vendéens et chouans, engagez-les à traiter; qu'ils m'envoient les conditions qu'ils désirent obtenir et je ferai en sorte qu'ils soient satisfaits [1]. »

Il y avait dans ces paroles un fond de bon sens qui fit, à cette époque, la puissance de Fouché. Dans toutes ses propositions, en effet, il cherchait à obtenir de chaque parti la concession dont il avait besoin, en la rendant utile à ceux auxquels il la demandait. Les provinces de l'Ouest ne pouvaient espérer prévaloir par l'ascendant de leurs seules forces contre Napoléon; en leur demandant les conditions auxquelles elles voulaient traiter, Fouché leur offrait le temps, en ralentissant des deux côtés la guerre; il leur donnait par conséquent la faculté d'attendre en armes les événements. Les propositions de Fouché, portées d'abord sur la rive gauche de la Loire par MM. de Malartic, de Flavigny et de La Béraudière, qui arrivaient après les premiers échecs essuyés, n'obtinrent pas une adhésion im-

---

1. *Mémoires* inédits de M. d'Andigné.

médiate, mais il y eut cependant des bases posées [1]. Elles furent portées ensuite sur la rive droite, où M. d'Andigné formula à son tour des conditions : il demanda des garanties, déclara qu'il resterait en armes jusqu'à ce qu'elles fussent données, réclama 300,000 francs pour acquitter les frais de guerre, mais ne trouva pas convenable de signer un armistice ; il se contenta de faire savoir verbalement qu'il n'attaquerait pas s'il n'était pas attaqué, ce qui n'empêcha pas qu'il y eut encore des engagements, parce qu'on était en présence. Les choses devaient demeurer dans cet état sur la rive droite de la Loire jusqu'aux événements décisifs.

[1]. Ce point d'histoire a soulevé de grandes discussions. Tour à tour on a dit que c'était la rive gauche qui avait traité la première, et que c'était la rive droite qui avait accédé d'abord au système de temporisation proposé par les négociateurs. Il semble que cette question se trouve tranchée par un fait et par un témoignage. Le fait, c'est que les négociateurs se présentèrent sur la rive gauche avant de passer sur la rive droite. Le témoignage, c'est celui du général Lamarque, témoin naturellement impartial entre ses adversaires des deux rives. On lit ce qui suit dans la *Défense* qu'il fit paraître lorsqu'il se vit compris dans l'ordonnance du 24 juillet 1815. (Voir cette *Défense*, Bibliothèque de la rue Richelieu, n° 3475.) « MM. de Flavigny, de Malartic et de La Béraudière, revinrent avec les bases de la pacification qui a été adoptée depuis ; je les autorisai à se rendre auprès de M. d'Andigné, qui, plus audacieux et plus entreprenant que les autres, menaçait les environs d'Angers. Deux jours après ils partirent pour Paris, et un aide de camp du ministre m'apporta le 9 juin une approbation pure et simple de tous les articles. Je me hâtai de les envoyer à ceux qui les avaient proposés et demandés ; mais de nouveaux événements avaient amené de nouvelles résolutions, et je fus obligé de passer à la hâte la Loire pour aller joindre le général Travot, qui luttait depuis longtemps et toujours avec succès contre des forces inégales. Après la bataille de La Roche-Servière, je fis de nouvelles propositions, et le 24 juin, le général, M. de Sapineau, m'adressait la lettre suivante :

« Monsieur le général, j'ai l'honneur de vous prévenir qu'au reçu de votre lettre, j'ai réuni les généraux et les officiers, qui ont accepté en majorité les bases du traité dont vous m'avez donné connaissance, etc., etc.

« De Sapineau, *général en chef.* »

Ainsi il y eut des bases arrêtées d'abord sur la rive gauche, puis sur la rive droite. Mais comme dans tous ces pourparlers il n'y avait rien de définitif, il n'y eut pas de solutions immédiates et les combats recommencèrent sur la rive gauche, tandis qu'il y avait aussi sur la rive droite de nouveaux engagements.

V

LOUIS XVIII A GAND. — MOUVEMENT DES IDÉES ET DES INTÉRÊTS. — RAPPORTS AVEC LA FRANCE ET AVEC L'EUROPE.

Pendant que la France était dans cette situation; que la Révolution semblait reparaître à Paris avec ses cris de ralliement, et quelques-uns des anciens acteurs de ses sanglantes tragédies; qu'au bruit des clubs et des discussions de la presse, si nouveau sous l'Empire, l'Empereur organisait tout pour une guerre imminente; que le Midi était en proie à des excès révolutionnaires, que les provinces de l'Ouest se levaient en armes, Louis XVIII s'était établi à Gand, avec Monsieur, qui avait passé quelques jours à Bruxelles. Le duc de Berry commandait à Alost le petit corps français qui avait passé la frontière avec les princes.

Le 27 mars 1815, le Roi était encore à Ostende, où deux de ses ministres seulement l'accompagnaient, MM. de Blacas et de Jaucourt; le duc de Feltre les rejoignit. C'est de cette ville et à cette date que le comte de Blacas écrivait, par ses ordres, au comte de Castlereagh pour l'informer des motifs qui avaient obligé son maître à quitter Lille, et du contre-temps qui l'empêchait de se rendre à Dunkerque, Monsieur, comte d'Artois, n'ayant pas reçu la dépêche par laquelle le Roi donnait dans ce port français rendez-vous à sa maison militaire. Le 30 mars, le Roi était à Gand. Toutes les opinions qui s'étaient disputé la confiance du Roi ou la direction des affaires se trouvèrent bientôt représentées dans cette ville, à la cour de la royauté fugitive.

Le malheur n'avait pas mis d'accord les réfugiés de Gand: comme il arrive après les naufrages, on discutait sur les causes qui avaient amené la perte du navire. Quelques-uns des amis du comte d'Artois l'attribuaient à la conduite du ministère ; plusieurs membres du ministère insinuaient au contraire qu'il fallait en accuser les entraves qu'avaient mises à la politique ministérielle les amis du comte d'Artois ; tous ensemble, pour échapper à la responsabilité commune, devaient bientôt la concentrer sur la tête de M. de Blacas, que l'on sacrifiait d'avance à l'opinion. A côté des récriminations sur le passé venaient les compétitions pour l'avenir. Ces misères sont de toutes les époques et de tous les exils ; l'homme est par lui-même un mélange de grandeur et de petitesse, et ce mélange se reflète dans toutes ses œuvres. Rien de plus difficile en outre à soutenir que le rôle d'une royauté spéculative condamnée par les événements à l'inaction, ou tout au moins à l'impuissance, au milieu du mouvement immense de la diplomatie et des armées, et qui, cependant, a besoin de ne pas se laisser oublier. Faute de pouvoir agir il faut qu'elle parle, et ce bruit de paroles, cette agitation stérile, prêtent facilement à la moquerie.

Ceux qui ont fouillé dans les souvenirs de cette époque, quelques-uns même de ceux qui furent admis alors dans les conseils de Louis XVIII, ont trouvé matière à sarcasmes dans les tiraillements inévitables et les côtés faibles de cette petite cour [1]. Cependant l'attitude de Louis XVIII, en la prenant dans son ensemble, fut intelligente et digne ; il se montra à Gand toujours préoccupé des intérêts de la France, plein du sentiment de la grandeur de sa race et de la force morale de son droit. Si les hommes qui l'entouraient furent imparfaits comme tous les hommes, les paroles officielles et publiques auxquelles aboutirent leurs débats, et la diversité même d'origine des personnages qui, le suivant dans son nouvel exil, formaient son conseil, étaient de nature à faire impression sur l'opinion. Là se trouvaient M. de Jaucourt, ministre par intérim des affaires

---

[1]. M. de Chateaubriand dans ses *Mémoires*.

étrangères, M. Dambray, chancelier de France, le duc de Feltre, ministre de la guerre, M. Beugnot, ministre de la marine, le baron Louis, ministre des finances, M. de Blacas, ministre de la maison du Roi. M. de Chateaubriand, MM. de Lally Tollendal, Anglès et Dandré s'étant rencontrés à Bruxelles avec Monsieur, comte d'Artois, ce prince s'entretint avec eux des affaires publiques, et écrivit au Roi qu'il croyait utile de s'aider de leurs conseils. Le Roi, encore sous le coup du mécontentement que lui avait fait éprouver le refus de M. Dandré d'opérer les arrestations décidées en conseil à la nouvelle du retour de l'île d'Elbe, n'adhéra pas à l'avis de Monsieur pour ce dernier, mais il admit les trois autres personnages politiques indiqués à assister à son conseil [1]. M. de Beurnonville, accouru de son côté à Gand, y obtint aussi ses entrées. Sauf M. de Montesquiou, émigré en Angleterre, et qui fut remplacé par M. de Chateaubriand, chargé par intérim de l'Intérieur, c'était le personnel tout entier du ministère d'avant le 20 mars, grossi d'adjonctions qui en faisaient une sorte de conseil privé. On admettait en outre les arrivants de France, dont on prenait les avis. Le baron Mounier, M. de Rayneval, M. de Vaublanc, M. Guizot, vinrent ainsi successivement à Gand. Le maréchal Victor, ce type de l'honneur, s'y trouvait avant eux. Le maréchal Marmont, après y être resté quelque temps, s'était rendu à Aix-la-Chapelle; le maréchal Berthier avait cherché un asile en Allemagne, et le maréchal Macdonald, fidèle jusqu'au bout à son serment au Roi, comme il avait été fidèle jusqu'au bout à son serment envers l'Empereur, demeurait en France, mais refusait de servir Napoléon après son retour de l'île d'Elbe. Ainsi la royauté conservait jusque dans son exil plusieurs de ses nouveaux amis. L'Empire, même au moment de son succès, ne reconquérait point

---

1. Lettre du comte de Blacas à madame la duchesse d'Angoulême. (*Papiers politiques* de M. de Blacas.)

sur elle tous ceux qu'il avait perdus. Les hommes qui restaient ainsi fidèles à la monarchie n'étaient point de simples individus, ils représentaient des nuances tout entières.

Le Roi et le conseil dont il s'était entouré ne manquèrent point d'occupation à Gand. D'abord, il fallait expliquer aux divers cabinets, qui tous avaient accrédité des représentants dans cette ville [1], les derniers événements, et s'assurer des dispositions des grandes puissances après le 20 mars. Puis, dans ces premiers jours, on s'efforça de procurer des secours à madame la duchesse d'Angoulême, à Bordeaux; à M. le duc d'Angoulême, dans les Pyrénées-Orientales; à M. le duc de Bourbon, qu'on croyait en Vendée. Plus tard, quand ces suprêmes espérances se furent dissipées, on eut des correspondances nombreuses et des émissaires dans le Midi, l'Ouest et le Nord, afin de provoquer une action royaliste à l'intérieur, pour ne pas tout devoir aux étrangers et pour les obliger à compter avec la royauté armée d'une force qui lui fût propre. A mesure que la politique des cabinets se dessina, il y eut des négociations à suivre avec les puissances, soit pour leur donner les explications qu'elles demandèrent, soit pour rendre la guerre moins onéreuse à la France, en leur rappelant que dans la déclaration du 25 mars, elles s'étaient engagées à traiter le Roi, et par conséquent son royaume, en alliés; soit enfin pour déjouer les intrigues que certains partis, et surtout le parti révolutionnaire, qu'on soupçonnait de vouloir substituer le duc d'Orléans au Roi, pouvaient essayer de nouer à Vienne ou à Londres. Enfin il fallut parler à la France, lui rappeler le passé, lui donner le programme de l'avenir, et arrêter les principales mesures qu'il y aurait à prendre lorsque le Roi remonterait

---

1. M. de Blacas écrivait le 1er avril 1815 à madame la duchesse d'Angoulême, alors encore en France : « Déjà le Roi a vu accréditer à Gand auprès de lui le chevalier Stuart au nom de l'Angleterre, le comte Pozzo au nom de la Russie, M. Fagel au nom du roi des Pays-Bas. » (*Papiers politiques* de M. de Blacas.)

sur son trône. Cette nécessité de prendre un parti sur le langage à tenir se présentait avec un caractère d'urgence d'autant plus marqué, que presqu'en arrivant à Gand, c'est-à-dire dans la première quinzaine d'avril, on avait fondé un journal sous le nom de *Moniteur*, dont la direction avait été confiée aux deux frères Bertin, obligés de fuir devant l'Empire renaissant. Il est vrai que, sur la réclamation du gouvernement des Pays-Bas, qui avait représenté qu'il ne pouvait y avoir deux *Moniteurs* dans son royaume [1], on avait remplacé le premier titre par celui de *Journal universel*, mais ce n'en était pas moins l'organe officiel de Louis XVIII.

Le roi avait auprès des grandes puissances des représentants naturels : à Vienne, le prince de Talleyrand, qui assistait au congrès au moment du 20 mars; à Londres, le comte de la Châtre, ambassadeur de France, et le prince de Castelcicala, ambassadeur du roi des Deux-Siciles, chargé de suivre auprès du gouvernement anglais une négociation active pour le déterminer à consentir à la déchéance de Murat, réclamée par la France et l'Autriche, négociation qui venait d'être couronnée de succès peu de temps avant le 20 mars. Bientôt madame la duchesse d'Angoulême, arrivant en Angleterre, prit la suprême direction de tous les rapports qu'eut la cour de Gand avec le gouvernement anglais. A Madrid, le prince de Laval, ambassadeur de Louis XVIII près la cour d'Espagne, devint l'intermédiaire naturel des instances de la cour de Gand auprès de Ferdinand VII pour qu'il envoyât une force auxiliaire à madame la duchesse d'Angoulême à Bordeaux; puis, quand elle eut été obligée de quitter la France, au duc son mari. Lorsque

---

1. M. de Fagel écrivait à ce sujet à M. de Blacas : « Le conseil général de l'intérieur trouve des difficultés à la publication d'un journal qui contiendrait des actes officiels qui ne seraient pas ceux du gouvernement du pays où il s'imprime. C'est la seule objection au projet dont Votre Excellence m'a fait l'honneur de m'entretenir. » Cette lettre est datée du 7 avril 1815.

le duc d'Angoulême, réduit à son tour à sortir de France, fut arrivé en Espagne, ce fut lui qui devint l'intermédiaire des rapports du roi son oncle avec Ferdinand VII.

Dès l'origine, il fut clair qu'on n'obtiendrait rien de la lenteur espagnole. Le 3 avril 1815, le prince de Laval écrivait au comte de Blacas pour lui annoncer qu'il avait fait en vain les plus grands efforts pour décider l'Espagne à accorder à madame la duchesse d'Angoulême les secours qu'elle demandait, en insistant sur la nécessité de publier un manifeste dans lequel on déclarerait la guerre à Bonaparte sans la déclarer à la France, et l'on ajouterait que la plus exacte discipline serait maintenue; qu'on observerait, quand l'armée espagnole entrerait en France, tous les égards dus à un pays ami, et que la couleur blanche s'unirait sur les drapeaux de cette armée auxiliaire à la couleur rouge de l'Espagne. « Cevallos, qui montrait, quelques jours auparavant, des sentiments si animés pour le Roi, ajoutait tristement le prince de Laval, devient froid au moins en action. Il oppose le manque d'argent, conteste l'authenticité de la déclaration de Vienne (celle du 25 mars), attend les dépêches du comte de Labrador et les résolutions des puissances européennes [1]. »

Des efforts de la même nature furent aussi infructueusement tentés pour obtenir les secours dont le duc d'Angoulême avait besoin dans les Pyrénées-Orientales. Le roi Louis XVIII avait écrit le 18 avril 1815 une lettre de sa main, dans laquelle il disait à Ferdinand : « Le duc d'Angoulême peut seul indiquer à Votre Majesté les véritables moyens de conduire la guerre d'après les principes solennellement adoptés par les États qui veulent agir comme mes alliés, et par conséquent comme des amis à l'égard de mes sujets. C'est ce caractère que l'âme de Votre Majesté et la générosité de la nation espagnole donneront

1. *Papiers politiques* du comte de Blacas.

volontiers à cette guerre de délivrance. » Ces instances devaient demeurer inutiles. « J'ai fait tout ce qui était en mon pouvoir, écrivait, quelque temps après, le prince de Laval, pour réclamer, au nom du Roi, le concours d'un corps de troupes espagnoles pour soutenir les efforts magnanimes de M. le duc d'Angoulême vers les Pyrénées-Orientales; toutes mes demandes ont été inutiles. Le cabinet de Madrid avait décidé, dans sa circonspection, que les troupes espagnoles ne se compromettraient pas avant qu'il eût connaissance de ce qui se passait au congrès. »

Enfin le duc d'Angoulême, obligé de quitter la France, arriva lui-même en Espagne. Son premier soin fut d'écrire au roi son oncle, et dans sa lettre datée de Barcelone, le 20 avril 1815, il lui disait : « Le baron de Damas porte à Votre Majesté le récit de ce qui m'est arrivé depuis le 24 mars jusqu'au 17 avril. Il m'est essentiel de connaître le plus tôt possible, et avant d'entrer en France, les principes sur lesquels sera basé le gouvernement de Votre Majesté. La Charte constitutionnelle sera-t-elle maintenue? Que décidera-t-on relativement à l'armée? Quels seront ceux parmi les employés qui seront conservés, pardonnés ou condamnés? Quel est le plan des puissances alliées? » Une lettre écrite presqu'à la même date, et adressée par le prince au comte de Blacas, portait ce qui suit : « J'ai fait tout ce qui a dépendu de moi pour ne pas quitter notre patrie, mais j'y ai été forcé; j'espère que ce ne sera pas pour longtemps. Les sentiments des habitants du Midi sont excellents. »

Les instructions du Roi ne se firent pas attendre; elles arrivèrent avant la fin du mois d'avril. Il renouvelait à son neveu les pouvoirs qu'il lui avait conférés, lui prescrivant « de faire tous ses efforts pour obtenir de la cour de Madrid le commandement de quinze à vingt mille hommes. L'intention du Roi était, ajoutait-on, de maintenir les lois qu'il avait données.

Néanmoins il prendrait, à son arrivée, les mesures de sûreté publique, en vertu de l'article 14. »

Les efforts de M. le duc d'Angoulême pour obtenir du cabinet de Madrid un concours effectif échouèrent, comme ceux du prince de Laval, contre cette force d'inertie qui est plus puissante en Espagne que partout ailleurs. Il écrivit au roi Ferdinand, fit mettre des notes à M. Cevallos et au général Ballasteros, ministre de la guerre, auxquels il demandait qu'une armée espagnole passât la frontière en se présentant comme alliée du roi de France, qu'on envoyât deux régiments à Marseille avec le marquis de Rivière, et qu'on fixât des lieux de rassemblement pour les volontaires des provinces du Midi qui voudraient s'y organiser : Figueras ou Rosas en Catalogne, Pampelune ou Tolosa, en Navarre ou en Biscaye. Il y avait plusieurs nuances dans le ministère espagnol : Cevallos se montrait froid, Ballasteros et le duc de San-Carlos plus chaleureux, mais le résultat était le même. Le duc d'Angoulême fut reçu à merveille à Madrid, le roi lui donna le grand cordon de Charles III : « Je suis comblé des bontés de Sa Majesté Catholique, écrivait le prince à Gand, mais sans avoir pu obtenir un mot de réponse à mes notes. »

Le comte de Blacas, dans une lettre adressée au prince de Laval, à la date du 17 avril, lui expliquait le motif de l'insistance qu'il lui prescrivait : « Notre principal motif, lui disait-il, est de donner au Roi une force qui lui soit propre, dans la crainte de l'ascendant que cherche à prendre un parti dont Bonaparte a été obligé de se faire un appui. Ce parti peut compliquer la situation d'une manière funeste, en présentant une troisième chance aux pervers et aux tièdes. » Il s'agit évidemment ici du parti révolutionnaire. Quant aux fins de non-recevoir opposées par le cabinet de Madrid à ces vives sollicitations, on en trouve également l'explication dans les documents intimes du temps. Un mois plus tard, le 1er juin, le comte de Damas écrivait de Madrid : « Je n'ai jamais vu un pays aussi au dépourvu de tout. Aussi est-ce une des raisons qu'ils allèguent pour justifier leur lenteur à se mettre en action. Je n'ai pas pu encore obtenir un village où je puisse ébaucher un rassemblement. En vain notre ambassadeur et ceux de Russie et d'Angleterre, de Prusse et d'Autriche, se réunissent-ils pour tirer M. de Cevallos de sa léthargie. » Cette léthargie n'était pas tout à fait volontaire ; tout manquait en Espagne : les troupes, les munitions, l'argent. Un émissaire de M. de Vitrolles en Espagne, le colonel Pyrault, lui écrivait du quartier général d'observation de l'armée espagnole à Tolosa, après une longue conversation avec le comte Juan Carlos de Arcizaga, que « les seules troupes disponibles étaient celles qui étaient placées sous les ordres de ce général, au nombre de neuf mille hommes, et que ce chef militaire ne pouvait faire aucun mouvement dans la crainte d'être coupé, Bayonne étant occupé par des troupes notoirement favorables à la cause de Napoléon. » Dans cette inertie du cabinet espagnol, il y avait donc moins de mauvais vouloir que d'impuissance.

Le cabinet avec lequel la cour de Gand eut les rapports les plus intimes et les plus suivis pendant les Cent-Jours fut le cabinet anglais. Il y avait entre Louis XVIII et le prince régent une sincère amitié ; le second avait vu avec une joie véritable la restauration du prince qui avait été si longtemps l'hôte de son pays, et toujours, en toute occasion, la sympathie personnelle du Régent était allée au delà du bon vouloir de son gouvernement. Aussi a-t-on vu qu'à peine arrivé à Ostende, le Roi prescrivit au comte de Blacas d'écrire en Angleterre : c'était là qu'il espérait trouver le concours le plus actif ; c'était donc là surtout qu'il s'empressait d'atténuer le mauvais effet que devait avoir produit son départ forcé de Lille. Comme le Roi le prévoyait, l'impression produite à Londres par la nouvelle de sa sortie de France fut d'abord très-défavorable. Le prince de Castelcicala écrivait de Londres à M. de Blacas, à la date du 30 mars : « On souhaitait primitivement, quand je suis arrivé ici, que le le Roi ne vînt pas en Angleterre, et lord Bathurst déclarait que tout serait perdu s'il commettait cette faute. On souhaitait qu'il s'établît à Lille ou dans quelque autre place forte de son royaume, et lord Bathurst avait dit : *Nous ferons tout pour le Roi pourvu qu'il ne sorte pas de France.* Il paraît maintenant qu'on veut soutenir la légitimité sans condition ; mais il importe de ne pas oublier les premières vues et les premières craintes, car elles peuvent revenir. M. le prince de Galles est en vérité le pilier de la bonne cause et le plus ferme appui du Roi. Il m'a annoncé qu'il pouvait entièrement compter sur lui. » C'est dans le même sens que le comte de la Châtre, ambassadeur de France à Londres avant le 20 mars, écrivait le 28 mars 1815 à M. de Blacas : « La perte de Lille est inappréciable. Le gouvernement anglais en est affecté sans en être abattu. Il ne craint qu'une chose, c'est que le Roi vienne en Angleterre ; lord Castlereagh vient de me le dire à l'instant : Il faut à tout prix éviter cette fausse démarche. »

On trouve une expression encore plus nette et plus vive de cette situation dans la correspondance inédite du comte Gain de Montaignac, gentilhomme dévoué, mais d'un caractère indépendant, alors agent secret du Roi à Londres ; soit que, n'étant pas homme de cour comme le comte de la Châtre et le prince de Castelcicala, il écrivît plus crûment les choses, soit que le gouvernement anglais fût plus disposé à sortir avec lui de sa réserve officielle. M. Gain de Montaignac écrivait donc de Londres à M. de Blacas, à la date du 3 avril 1815 : « M. de la Châtre pensait, et j'ai vérifié depuis que cette opinion était juste, qu'il y avait incertitude parmi les membres du conseil sur le parti à prendre ; que lord Liverpool penchait pour traiter ; que lord Castlereagh était incertain, mais que le prince régent, le chancelier lord Harrowby, lord Bathurst, étaient très-vifs pour les intérêts du Roi. Le 1ᵉʳ avril, à midi précis, je me rendis chez lord Castlereagh, j'y trouvai lord Liverpool. Je vis bien que l'objection principale était celle-ci : *Qui nous assurera, si on aide le Roi à reconquérir ses États, que, dans un an, pareille chose n'arrivera pas ?* Je tâchai d'y répondre. Le 2 avril, je fus conduit par lord Castlereagh chez le prince régent. Je restai avec ce prince depuis deux heures et demie jusqu'à plus de six heures. Je le trouvai dans les meilleures dispositions, plein de dévouement pour le Roi, convaincu qu'avec Bonaparte il n'y avait plus de repos pour l'Europe, mais partageant avec son conseil l'idée de l'impossibilité de s'assurer qu'une crise nouvelle ne se renouvellerait pas après le retour du Roi. »

Quand ce premier moment de stupeur que causa à Londres la nouvelle du 20 mars fut passé, et que le gouvernement anglais, convaincu comme le Régent qu'il n'y avait pas de repos à espérer avec l'empereur Napoléon, se fut décidé à lui faire la guerre, Louis XVIII fit suivre à Londres auprès du cabinet de Saint-James, ou suivit lui-même en Belgique avec sir Charles Stuart et le duc de Wellington, plusieurs négociations particulières, sans préjudice des rapports publics qu'il continua à entretenir, par l'entremise de M. de Talleyrand, avec la réunion des grandes puissances assemblées à Vienne. Il convient d'énumérer ici ces négociations. La première qu'il suivit avec le duc de Wellington en personne avait un objet analogue à celui pour lequel il avait noué une négociation en Espagne. L'esprit des départements du Nord était, comme celui des départements du Midi, très-favorable à la cause royale ; le Roi y avait conservé de nombreuses intelligences, et il aurait désiré que, sans attendre l'effet général de la coalition, le duc de Wellington mît à sa disposition une force auxiliaire à l'aide de laquelle on pût développer un mouvement royaliste dans l'Artois, la Flandre et la Picardie, ce qui aurait permis de faire intervenir la France dans le rétablissement de la royauté. En même temps, le Roi faisait négocier à Londres, afin d'obtenir des armes et des munitions pour la Vendée. En outre, il faisait faire au cabinet de Saint-James des représentations énergiques et réitérées, afin qu'on prît des mesures pour rendre la guerre le moins onéreuse possible à la France. Enfin il se trouvait amené, par une publication que Napoléon fit dans le *Moniteur* du 16 avril, à donner des explications à l'Angleterre sur l'origine des pièces qui avaient motivé l'acquiescement secret du cabinet de Saint-James à la déchéance de Murat. On ne saurait entrer que dans des détails très-sommaires sur ces diverses négociations, sur lesquelles il importe cependant de jeter quelque lumière.

La négociation que le comte de Blacas ouvrit avec le duc de Wellington pour obtenir une force auxiliaire qui favorisât une levée de boucliers dans les départements du Nord datait d'Ostende même; continuée à Gand, elle ne put aboutir. En vain le ministre de Louis XVIII assura que les rapports qu'on recevait de ces contrées et les intelligences qu'on y avait nouées donnaient la certitude qu'en fournissant au pays un point d'appui, on obtiendrait un soulèvement général. En vain lui écrivait-il, à la date du 15 mai 1815 : « Des députés des communes d'Armentières, d'Aire, d'Hazebrouck, de Cassel, sont venus offrir au Roi leur sang et leur fortune. Les habitants de ces fidèles contrées sont impatients d'arborer le drapeau blanc. Ils se sont cotisés pour avoir une caisse; ils ont des cartouches, des fusils; ils s'engagent à former, au premier signal, un corps de quinze mille hommes. Je reçois également du Boulonnais, de l'Artois, de la Picardie, une correspondance qui m'apprend que la présence de trois régiments suffirait pour soulever tout le pays. Vous concevez combien il serait important que ce mouvement précédât l'entrée des armées alliées, quelle impulsion il donnerait au parti royal, et, je le dirai avec confiance au duc de Wellington, quelle force cet appui prêterait à Sa Majesté dans ses relations avec les autres cours. Je n'hésite donc pas, mylord, à vous demander cinq à six mille hommes, et j'ose vous protester que l'autorité légitime sera bientôt proclamée dans deux ou trois provinces. » Dans une lettre écrite le lendemain, le comte de Blacas proposait de faire déclarer Calais et Dunkerque, en insistant toujours sur les avantages que la cause royale tirerait de ces manifestations faites en France en sa faveur.

A ces considérations politiques, le duc de Wellington opposait des considérations militaires : « Je n'entre pas en discussion, écrivait-il à la date du 20 mai 1815, sur l'état intérieur de la France. Quel qu'il soit, il est impossible de risquer l'entrée d'un corps de troupes étrangères, à moins qu'il ne soit assez fort, non-seulement pour se soutenir, mais pour continuer des opérations majeures sans s'arrêter. Le retard des troupes est malheureux, mais il est dans la nature des choses. On ne peut faire venir des troupes de tous les points de l'Europe sans qu'il se passe du temps. Pour les places fortes, il faut que je m'explique : si une place forte de première ligne se rendait au Roi par les efforts de la population ou de la garnison, je mettrais mon armée en mesure de l'appuyer, et je lui donnerais tous les secours en mon pouvoir. Je puis promettre la même chose pour une place qui est port de mer, mais il m'est impossible de prendre le même engagement pour une place de seconde ligne. » Au fond, le duc de Wellington, avec sa raison froide et son esprit sans illusion, sa confiance dans la force organisée et son dédain pour la multitude, croyait peu à la possibilité de faire quelque chose d'utile avec le concours de la population contre l'armée. « Je vous prie de réfléchir, écrivait-il encore à M. de Blacas, sur l'axiome que je vais poser : la puissance de Napoléon en France est fondée exclusivement sur le militaire ; il faut détruire ou comprimer le militaire avant que le peuple puisse ou même ose parler. Pour opérer efficacement contre le militaire français en France, il faut des armées nombreuses, qui ne laissent pas un doute sur l'issue de la lutte : alors le peuple pourra parler et agir sans craindre d'être écrasé. Si, pour favoriser une insurrection dans les communes ou même dans les provinces dont vous me parlez, j'entrais maintenant en France, même soutenu et aidé par l'armée prussienne, j'aurais tout de suite sur les bras[1] quatre corps d'armée, peut-être cinq, et la garde, c'est-à-dire une force évaluée de cent dix à cent vingt mille hommes, sans compter les gardes nationales. Croyez-moi, pour faire les affaires du Roi, il lui faut non-seulement les cœurs et les bras de son peuple, mais, pour que celui-ci se déclare, il lui faut toute la force que l'Europe alliée peut faire marcher à son secours. »

La négociation nouée avec l'Angleterre pour obtenir une force militaire qui devînt le pivot d'un soulèvement de la population échouait donc, comme la négociation ouverte avec l'Espagne pour le même objet. Louis XVIII, qui prévoyait tous les inconvénients d'une restauration dans laquelle une force nationale ne serait pas intervenue, se débattait encore contre la fatalité de la situation. Soit que le duc de Wellington craignît, selon ses paroles, de se commettre devant un général comme Napoléon, en engageant en France, sur l'espoir qu'on lui donnait d'une prise d'armes royalistes, un corps de troupes trop faible pour se maintenir par sa propre force; soit qu'il entrât dans les idées des puissances de tout faire par l'ascendant des armes de la coalition, pour ne pas avoir à compter avec Louis XVIII, toujours est-il que l'Angleterre opposait une fin de non-recevoir aux propositions du Roi. Tout ce qu'il put

---

[1]. Nous transcrivons cette curieuse lettre sur l'original daté du 19 mai, et qui est au nombre des *Papiers politiques* laissés par M. de Blacas. Il y a même quelques idiotismes dans cette lettre, écrite en français. Le duc de Wellington dit : « J'aurais tout de suite *sur les mains*, » pour : *sur les bras*.

obtenir, dans ce sens, fut un envoi d'armes et de munitions en Vendée, envoi qui, sur ses instances, partit de Londres dans le commencement de mai [1], avec une flottille qui devait jeter M. de La Rochejaquelein et plusieurs officiers royalistes sur la côte.

Concurremment avec cette négociation, le comte de Blacas en suivit de bonne heure une autre par les ordres du Roi. Les grandes puissances avaient désiré que Louis XVIII adhérât au traité du 25 mars qui, par ce fait même, prenait le caractère d'un traité offensif contre Napoléon et la force militaire qui l'avait acclamé, et que l'on distinguait de la nation, regardée comme involontairement replacée sous la puissance napoléonienne. En partant de cette donnée, qui mettait le Roi dans une position favorable pour stipuler plus tard au nom des intérêts de la France, le prince régent eut l'idée de faire appeler dans chaque grande armée européenne un prince français [2], pour montrer clairement aux populations que la guerre n'était point faite à la France, mais à Napoléon et à son armée. Louis XVIII chercha à tirer de cette pensée ce qui pouvait en sortir d'utile pour son peuple. Il fit écrire aussitôt au prince de Castelcicala de ne rien négliger « pour faire comprendre aux Anglais combien il serait inconséquent d'admettre qu'il y a un parti royaliste en France, et de maltraiter indistinctement tous les Français, surtout si l'on prétend placer un prince de France auprès de chacune des armées qui doivent vivre aux dépens de la France. Ruiner la France au nom du souverain légitime n'est pas le moyen d'y éteindre les factions. Le dessein du Roi étant de demeurer en France, les puissances coalisées ne peu-

1. « M. de La Rochejaquelein a appareillé hier matin de Portsmouth pour la Vendée sur la frégate l'*Astica*. (Lettre du 3 mai 1815.)
2. « Le prince régent a fait écrire pour qu'un prince français soit dans toutes les armées, idée que j'ai fort approuvée. » (Lettre du prince de Castelcicala au comte de Blacas. Londres, 29 avril 1815.)

vent l'aider à y rentrer qu'en se présentant comme des libérateurs, et en se montrant les véritables alliés d'un monarque dont la rentrée doit être un bienfait; mais pour cela, il faut éviter avec un soin extrême de blesser la nation.[1] » Le prince de Castelcicala remplit avec zèle la mission qui lui était confiée. Dès les premiers jours du mois d'avril 1815, il avait eu une conversation avec le prince régent à ce sujet, et lui avait exprimé, de la part de Louis XVIII, la crainte que lui faisait éprouver une ouverture de M. de Lieven, d'après laquelle il semblait que l'Angleterre voulût refuser des subsides aux puissances alliées, dès lors obligées de faire la guerre comme Bonaparte la faisait, aux dépens du pays occupé. « Je représentai au prince de Galles les inconvénients de ce système, continue le prince de Castelcicala. Il commença par me dire qu'il croyait qu'il y avait une équivoque. Lorsqu'en 1814 le duc de Wellington entra en France, il paya tout argent comptant, croyant par là mieux servir la cause du Roi : on était maintenant décidé à suivre un autre système. Il fallait faire voir à la France le tort qu'elle avait eu d'embrasser le parti de Bonaparte, et l'en punir. Les armées qui entreraient sur son territoire vivraient à ses dépens; on payerait les réquisitions avec des billets que le Roi remettrait aux puissances et qui seraient payables par la France. Mais il n'en résultait aucunement qu'on ne donnerait pas aux troupes étrangères les subsides nécessaires pour entrer en campagne et pour arriver aux frontières de France. » Après avoir rapporté sa conversation avec le prince de Galles, le prince de Castelcicala ajoutait, non sans raison : « Voilà le système; il mérite une sérieuse attention, car il tend à ruiner et à désespérer la France. »

Par les ordres du Roi, le prince de Castelcicala aborda de nouveau cette question dans une conférence avec lord Castle-

---

1. Lettre du comte de Blacas au prince de de Castelcicala, Avril 1815.

reagh et le pria de réfléchir sérieusement à la décision qu'on allait prendre : « Voulait-on rétablir le Roi ; il ne fallait pas présenter son retour comme un sujet de terreur et comme une cause de vexations et de ruine, et mettre les actes de ses alliés en contradiction avec ses paroles. » Lord Castlereagh répondit froidement « que les coalisés ne pouvaient agir autrement, et que tout l'argent de l'Europe ne suffirait pas si l'on voulait adopter une autre méthode [1]. »

Louis XVIII, quoique le prince de Castelcicala l'avertît que toute insistance sur ce point serait inopportune et pourrait empêcher le mouvement des armées européennes, voulut cependant insister. Tout fut inutile, et il fallut se borner à tenter d'adoucir, en les régularisant, les mesures qu'on ne pouvait prévenir ; c'est ce que Louis XVIII essaya de faire, comme on le verra plus tard quand il s'agira des rapports généraux de la cour de Gand avec les puissances. Mais il convient de parler d'abord d'une négociation particulière qu'il fallut encore suivre avec l'Angleterre, à l'occasion d'un incident qu'il importe d'expliquer.

Le départ du Roi, de Paris, avait été si précipité, que plusieurs portefeuilles importants furent oubliés aux Tuileries. Parmi ces portefeuilles, il y en avait un contenant des copies des pièces remises en original par les ordres du Roi au prince de Castelcicala, pour l'aider dans la négociation qu'il suivait à Londres, concurremment avec M. de la Châtre, afin d'obtenir l'adhésion de l'Angleterre à la convention signée entre la France et l'Autriche, résolues à renverser en Italie la domination de Murat, comme incompatible avec un ordre de choses régulier. L'empereur Napoléon, toujours habile à se servir de la presse et cherchant naturellement les moyens

---

[1]. Lettre du prince de Castelcicala au comte de Blacas. Avril 1815. (*Papiers politiques* déjà cités.)

de diviser les puissances, fit publier dans le *Moniteur* un article dans lequel on divulguait ces négociations secrètes, en niant l'authenticité des documents fournis à l'Angleterre. Le ministère anglais, craignant de se trouver compromis dans le parlement ou l'opposition, ne négligea pas d'employer cette arme qu'on lui offrait, demanda des explications au prince de Castelcicala et les éléments d'une réponse à M. de Blacas. La lettre dans laquelle le prince de Castelcicala faisait part au comte de Blacas de cet incident était ainsi conçue : « Quand je vins ici de France, j'ai informé lord Castlereagh que vous m'aviez confié les originaux des neuf pièces que vous lui avez envoyées relativement à la conduite de Murat vis-à-vis des alliés. Vous avez vu l'usage que mylord a fait des pièces certifiées que vous lui avez fait tenir, et vous avez vu actuellement ce que Bonaparte a eu l'audace de publier dans le *Moniteur* du 15 mai sur lesdites pièces. Lord Castlereagh m'a invité à passer chez lui ce matin avec mes originaux et nous les avons collationnés avec les pièces certifiées; le tout a été trouvé parfaitement conforme, à l'exception de la date de l'année 1814. qui manque dans les pièces certifiées, au numéro 3 de mes pièces de la lettre de Bonaparte à sa sœur, la femme de Murat. Mylord est également parfaitement convaincu de l'originalité des pièces en ma possession, qui renferment des lettres de Fouché, de la sœur de Napoléon, Élisa, du duc de Feltre et d'Eugène Beauharnais à Bonaparte. Les deux lettres de Bonaparte à Murat, et celle du même à sa sœur, femme de Murat, ne sont qu'en minute, et j'ai fait remarquer à mylord qu'il ne pouvait pas en être autrement, attendu qu'on savait que Bonaparte dictait ses lettres et ne les écrivait pas. Lord Castlereagh me charge de vous écrire pour vous prier de lui envoyer tous les éclaircissements possibles sur ces pièces, principalement sur les minutes des lettres de Bonaparte. Il serait important de savoir de quelle main ces minutes sont écrites, probablement de la main de quelque secrétaire de Bonaparte. Si vous le savez, écrivez-le-moi sans délai. Une des lettres de Bonaparte est prouvée par la lettre de M. de Feltre dont je vous envoie copie. Lord Castlereagh pense qu'il serait convenable que Sa Majesté m'autorisât à passer au gouvernement anglais une note officielle qui certifiât que les originaux des pièces sont entre mes mains. »

Le comte de Blacas donnait les explications suivantes dans une lettre écrite de Gand, et datée du 23 mai 1815 :

« J'avais demandé à un employé des archives de m'apporter la collection des correspondances les plus récentes. Il m'en remit en effet plusieurs liasses, dans lesquelles je fis chercher par un de mes secrétaires. Après avoir parcouru la plupart de ces pièces, ce dernier me donna celles que vous avez entre les mains et dont je fis tirer des copies par l'abbé de Fleuriel, un autre de mes secrétaires. Quelques-unes de ces copies ont été envoyées à lord Castlereagh. J'en avais gardé d'autres pour moi, en vous en remettant les originaux, et en quittant Paris j'avais ordonné de me les apporter ou de les brûler. Cet ordre n'ayant pas été exécuté, on les a trouvées sans doute aux Tuileries avec le billet de lord Wellington, et la minute de la lettre écrite par moi à lord Castlereagh. Ce qu'il y a de certain, c'est que dans toutes les pièces que j'ai vues, il n'y en a pas une de la main de Bonaparte. »

Comme lord Castlereagh, préoccupé des embarras que cette affaire pouvait lui susciter dans le parlement, insistait pour qu'on l'armât contre l'opposition, le comte de Blacas passa la note suivante au prince de Castelcicala, avec autorisation de la communiquer et d'en laisser une copie à lord Castlereagh, avec cette réserve que ce dernier n'en ferait usage et surtout ne la publierait que dans le cas d'absolue nécessité. Le motif apporté à l'appui de cette réserve était celui-ci : il était dangereux d'ouvrir une guerre de plume avec Napoléon, qui avait en main tant de correspondances très-véritables relatives aux négociations du congrès, dans lequel on avait été loin d'être toujours d'accord, et à des choses toutes personnelles au Roi. « Je suis certainement fort intéressé à repousser les inculpations dont je suis l'objet, disait M. de Blacas en terminant sa lettre, mais vous savez mes sentiments et combien l'intérêt du Roi m'a souvent prescrit le silence, en laissant le champ libre aux détracteurs. » Voici quelle était la teneur de la note, dont copie fut laissée à lord Castlereagh :

« Le soussigné, apprenant que l'authenticité des pièces relatives à Murat, et dont les copies ont été communiquées à lord Castlereagh, a été contestée, a pris les ordres du Roi pour faire communiquer à Sa Seigneurie les originaux de ces pièces, que Sa Majesté avait ordonné de déposer entre les mains du prince de Castelcicala. Son Excellence se rappelle dans quelle circonstance elle fit connaître à Sa Majesté le désir qu'il fût fait des recherches dont le résultat pût contribuer à constater les dispositions récentes de Murat subséquemment au traité conclu par lui avec les puissances alliées, et venir ainsi à l'appui des griefs que motivaient l'inexécution de ses engagements et les intrigues fomentées en Italie. Le soussigné s'occupa de faire chercher dans les archives où se trouvaient les papiers du cabinet de Bonaparte tout ce qui pouvait être relatif à cet objet, et adressa au duc de Wellington le fruit de ses premières recherches. Lord Castlereagh étant ensuite revenu en Angleterre, le soussigné eut l'honneur de lui envoyer les copies de ce qui avait été découvert depuis et avant les communications faites au duc de Wellington, entre autres d'une lettre du ministre de la guerre, et des minutes des consuls français propres à jeter un grand jour sur la stagnation des troupes napolitaines; il en fit tirer quelques autres copies qui ont été trouvées aux Tuileries et qui ne paraissaient pas importantes à soustraire. Un seul examen des lettres autographes suffira pour démontrer qu'elles ne peuvent avoir été falsifiées. Quant aux minutes, on sait que rien n'est plus facile que de les désavouer par une simple dénégation. L'autorité de pareilles pièces dépend toujours de la source d'où elles émanent. »

Cette note satisfit le ministère anglais, et d'ailleurs la question devait se fermer bientôt d'elle-même devant les événements. Murat, qui savait, à n'en pouvoir pas douter, que sa chute avait été résolue avant, le 20 mars 1815, dans le conseil des puissances européennes, convaincues qu'on ne pouvait faire aucun fond sur sa bonne foi, allait bientôt lever le drapeau, et, après une échauffourée plutôt qu'après une bataille, se voir réduit à quitter l'Italie pour chercher un refuge en France; et le 3 juin 1815, en effet, le comte Pozzo di Borgo écrivait à M. de Blacas, en lui annonçant le dénoûment de cette aventure, ces lignes caractéristiques : *La comedia è finita.*

Il reste à parler des deux grandes préoccupations de la cour de Gand : l'attitude à prendre envers la France, les négociations à suivre avec l'ensemble des puissances réunies à Vienne.

La composition même du conseil du Roi et l'établissement du *Journal universel*, publié, comme on l'a dit plus haut, aux frais de Louis XVIII, indiquaient suffisamment que, dès le début, les idées constitutionnelles prévalaient dans le conseil. Il y avait cependant une dissidence, non sur la nature du gouvernement, mais sur la part de pouvoir que conserverait la royauté sous la forme constitutionnelle, sur la conduite à tenir au moment où le Roi rentrerait en France. Le Roi rentrerait-il en vertu de son droit héréditaire, ou d'une espèce d'appel du peuple? Maintiendrait-il la charte qu'il avait donnée, ou accepterait-il une charte qui lui serait imposée? En rentrant, devrait-il pourvoir, en vertu de l'article 14 de la Charte, aux premières nécessités de la situation et appeler ensuite les Chambres, ou devrait-il s'entourer immédiatement des deux assemblées, et gouverner avec les moyens ordinaires, dans la situation extraordinaire où il allait se trouver? Fallait-il parler immédiatement et dater d'une ville étrangère une déclaration royale, ou devait-on attendre qu'on mît le pied sur le sol français, où, pendant les premières semaines de ce nouvel exil, on eut l'espoir de rentrer presque aussitôt en s'appuyant sur les sympathies des provinces du Nord, avec un faible noyau de troupes étrangères? M. de Chateaubriand, qui avait eu avec le comte d'Artois un long entretien politique à Bruxelles avant d'être appelé dans le conseil du Roi, insistait même, avant d'y entrer, sur la nécessité de parler à la France. « Notre silence, écrivait-il de Bruxelles à M. de Blacas, à la date du 31 mars, est la chose la plus fatale. Il faut à tout prix que le Roi gouverne et parle [1]. » Le silence se prolongea pendant toute la première quinzaine du mois d'avril, et deux motifs contribuèrent à le faire durer jusqu'à cette époque. Le Roi voulait, dans sa déclaration, parler des dispositions des puissances étrangères, et, par suite, du traité du 25 mars, qui renouvelait le traité de Chaumont : « Or les ratifications de ce traité n'étant pas échangées, et la révélation prématurée des mesures convenues entre les hautes parties contractantes pouvant être préjudiciable à leurs vues et surtout embarrasser le gouvernement anglais dans ses communications parlementaires, le duc de Wellington pria instamment Louis XVIII de garder le plus profond secret à cet égard. » Le comte de Blacas, à la correspondance duquel ces

---

[1]. Voici la fin de cette lettre, dont nous avons trouvé l'original dans les *Papiers politiques* de M. de Blacas : « Je ne doute pas de la chute de Bonaparte; mais si nous ne prenons pas des mesures convenables, il se présentera à sa mort des difficultés nouvelles et peut-être de dangereux héritiers. Pourquoi laisser s'éloigner tout ce qui porte un nom, tout ce qui peut jeter quelque éclat sur notre fuite? Pourquoi M. le duc de Richelieu s'en va-t-il? Pourquoi l'évêque de Nancy, le général Maison, le prince de Wagram se dispersent-ils, comme si tout était perdu sans ressource et que le Roi donnât son congé au reste de ses serviteurs! Formons un gouvernement qui agisse avec concert et vigueur. »

détails sont textuellement empruntés, avertissait madame la duchesse d'Angoulême, alors encore en France [1], que cette circonstance obligeait le Roi « à retarder la déclaration qu'il ne pouvait faire à ses sujets sans leur parler, en même temps, des dispositions et des préparatifs de l'Europe. » Ces objections furent plus d'une fois renouvelées, et on les voit persister jusqu'à la veille de la publication du manifeste rédigé par M. de Lally-Tollendal, et délibéré dans le conseil du Roi, qui parut le 24 avril, car deux jours seulement auparavant, le 22 avril, lord Stuart, qui en avait eu connaissance, écrivait de Bruxelles au comte de Blacas : « Le duc de Wellington et les ministres du roi des Pays-Bas sont d'avis de quelque retard. La moitié de l'effet de cette pièce doit dépendre de sa date sur un point du territoire français [2]. » C'est vraisemblablement cette circonstance, et en particulier l'opposition du gouvernement des Pays-Bas, qui empêchèrent le manifeste rédigé par M. de Lally-Tollendal de paraître dans le *Journal universel*, publié à Gand, et déterminèrent le Roi à le faire imprimer à part, pour concilier les exigences de la raison politique avec ses devoirs envers la cour qui lui donnait l'hospitalité. Ce manifeste donnait déjà d'amples satisfactions aux partisans des idées constitutionnelles. « L'Europe, y lisait-on, sait qu'excepté une poignée d'ambitieux sans mérite, la nation française tout entière est dévouée au Roi, et que partout des cris d'amour et d'admiration l'ont suivi et le rappellent. Comment en serait-il autrement quand l'unique pensée du Roi, depuis son retour, a été le bonheur des Français, le rétablissement de la paix intérieure et extérieure, celui de la justice, des lois....., l'inviolabilité

---

[1]. *Papiers politiques* de M. de Blacas. La date de cette lettre, dont la copie est sous nos yeux, se trouve ainsi fixée au plus tard aux premiers jours d'avril, car c'est le 3 avril que Madame quitta Bordeaux.

[2]. Lettre de lord Stuart au comte de Blacas. (*Papiers politiques* de ce dernier.)

de toutes les propriétés existantes sans aucune exception, l'emploi de toutes les vertus et de tous les talents sans autre distinction, la diminution des impôts, enfin la fondation de la liberté publique et individuelle, l'institution et la perpétuité d'une Charte qui garantit à jamais à la nation française ces biens inappréciables. »

La forme était diffuse et portait le cachet habituel de l'auteur, mais les choses essentielles étaient dites. S'il n'y avait pas de divergence dans le conseil sur les questions de principe, on ne trouvait pas la même harmonie sur les questions d'influence. Les amis de Monsieur auraient voulu que ce prince et ses fils eussent leur entrée dans le conseil; M. le duc d'Orléans avait des prétentions analogues. Dans ces premiers essais du gouvernement constitutionnel, on ne voyait pas clairement les entraves qu'un pareil système eût apportées à la marche régulière du gouvernement, et à la liberté d'action des ministres, inséparable de leur responsabilité. M. de Talleyrand avait à Gand son parti, qui voulait obtenir pour lui la présidence effective du conseil, et cette combinaison excluait naturellement M. de Blacas qui, le premier dans la faveur du Roi, ne pouvait être le second dans le ministère. Les partisans de l'autre combinaison voulaient exclure M. de Talleyrand du ministère en le maintenant à l'ambassade de Vienne, ce qui aurait permis à M. de Blacas de demeurer ministre. Les chances étaient évidemment pour la première combinaison contre la seconde, d'abord en raison de la grande situation qu'occupait M. de Talleyrand dans la politique, par suite du rôle qu'il venait de jouer au congrès, de la confiance que sa capacité présumée inspirait aux puissances, et, en second lieu, parce que les tiraillements qui s'étaient fait sentir dans le ministère de la première Restauration, l'incohérence des actes et des paroles de ses divers membres, faisaient désirer un ministère homogène dans ses tendances, dont tous les actes concertés fussent l'expression d'une politique sérieusement délibérée, et personnifiée et résumée dans un président du conseil.

Ce fut là le véritable terrain du débat engagé à Gand, et qui devait se prolonger jusqu'au dernier jour de l'exil. En attendant qu'il fût vidé, M. de Blacas demeura le principal représentant du Roi pour la politique intérieure comme pour la politique étrangère : c'était à lui que s'adressaient les ministres des cours, les envoyés et les émissaires du Roi auprès des puissances étrangères, comme les correspondants et les visiteurs qui avaient à entretenir le Roi de la situation de la France et des mesures qu'il était opportun de prendre. La question ministérielle, demeurée en suspens, n'empêchait pas les questions de gouvernement d'être mises à l'étude et résolues.

Parmi les conseillers qui eurent action sur les déterminations prises à Gand, il en est un dont l'histoire a ignoré jusqu'ici le nom, célèbre alors cependant, car il venait de jouer un grand rôle dans la Chambre des députés, dont il avait été président, puis à Bordeaux où il avait accompagné Madame la duchesse d'Angoulême : c'était M. Laîné. Cet homme d'un cœur si haut, servi par une parole si éloquente, n'avait pu, quoi qu'on ait dit, demeurer avec sécurité en France, après la protestation qu'il avait publiée à Bordeaux contre le retour de Napoléon, et l'appel au refus d'impôt qu'il avait jeté aux contribuables. Il noua dès les premiers jours d'avril une correspondance avec M. de Blacas, dans laquelle il offrait au Roi ses services et exposait ses motifs pour quitter la France sans se rendre à Gand, où il servirait moins bien que partout ailleurs la cause royale [1]. « Le Roi a auprès de lui, disait-il, plusieurs serviteurs fidèles et éclairés, et peut-être convient-il que le rédacteur de ces notes soit réservé pour continuer, au premier

---

1. J'ai sous les yeux les originaux des lettres de M. Laîné : elles font partie de la collection des *Papiers politiques* de M. de Blacas.

moment, les fonctions qui lui sont dévolues[1]. Son crédit et son influence diminueraient beaucoup en France s'il se trouvait dans les lieux d'où les armées se dirigent contre la France, quoiqu'elles ne soient envoyées que contre son oppresseur. Ceux qui l'ont engagé à se soustraire momentanément à la tyrannie, l'ont pressé de vivre ailleurs dans la retraite comme ignoré, afin de se réserver pour le Roi et pour la France. » Cependant M. Laîné, outre le concours de ses lumières, proposait ses services actifs pour toutes les négociations dans lesquelles il pourrait servir utilement la cause du Roi, sans compromettre le prestige moral de sa position. Voulait-on le charger d'une négociation avec l'Angleterre pour obtenir que les bâtiments pris sur les négociants de Bordeaux fussent restitués à leurs correspondants? Préférait-on l'accréditer à Londres auprès de Madame la duchesse d'Angoulême, qui l'avait honoré de sa confiance, et le charger de suivre une négociation afin d'obtenir que la Martinique et les autres colonies françaises fussent immédiatement placées sous le gouvernement d'un prince français qui s'y rendrait, ce qui ôterait aux Anglais la tentation de s'en emparer? il était prêt. Il irait partout ailleurs qu'à Gand, parce que, utile ailleurs, il devenait inutile au centre des préparatifs et des armements européens.

Il parut cependant à Gand, mais personne, sauf M. de Blacas, ne fut dans la confidence de cette courte et mystérieuse apparition. Le samedi 29 avril, le comte de Blacas recevait la lettre suivante, discrètement apportée à l'hôtel qu'il habitait avec le Roi : « Arrivé ici depuis quelques heures, ma première prière est de vous conjurer de ne pas dire en voyant ma signature que je suis à Gand. Il importe fort au service du Roi, et peut-être au bien de mon pays, que le président de la Chambre des députés soit ignoré et ne se trouve pas ici. Aussi bien ma des-

---

[1]. Celles de président de la Chambre des députés.

tination n'était pas pour Gand. Je suis parti de Bordeaux par mer, croyant aborder bien plus loin, mais des circonstances particulières m'ont porté à Ostende, d'où je me suis acheminé vers le but de mon voyage. Je désirerais avoir un entretien avec vous sur plusieurs objets d'intérêt public. J'attends votre réponse à votre porte ; si vous n'êtes pas libre de répondre, je vous prie d'écrire à l'hôtel du Lion-d'Or, chambre 9, à M. Henri Bauman ; c'est le nom que je porte et à l'aide duquel je suis parvenu à me soustraire à ce qu'on exigeait de moi. Je vous répète qu'il est de la dernière importance de cacher ma présence ici. »

Cette lettre était signée Lainé.

L'entretien eut lieu et une correspondance active s'établit entre M. Laîné, qui se rendit d'abord à Anvers, puis à Amsterdam [1], et le comte de Blacas, qui le consulta sur les errements politiques à suivre. Cette visite de M. Laîné précéda de douze jours le Rapport au Roi du 12 mai, que Louis XVIII fit paraître dans le *Journal universel*, et il est indiqué que les avis du président de la dernière Chambre des députés ne furent pas sans influence sur la teneur et la publication de cette pièce.

Le Roi avait alors moins de ménagements à garder avec les puissances qui, à l'occasion de l'échange des ratifications, avaient singulièrement modifié, on le verra, la position qu'elles avaient prise au début à l'égard du gouvernement royal. Les amis de l'intérieur insistaient pour qu'on donnât satisfaction aux aspirations constitutionnelles de la classe moyenne que Napoléon s'efforçait d'attirer à lui, en préparant une constitution à peu près calquée sur la Charte et en réunissant le Champ de Mai. Ils alléguaient que le manifeste rédigé par M. de Lally-Tollendal n'avait pas porté l'attache officielle que

---

[1]. A Amsterdam, M. Laîné avait pris le nom de Frazer, et recevait ses lettres sous le couvert de la maison Goll et compagnie.

le *Rapport au Roi* recevrait par son insertion dans le *Journal universel*. Enfin, M. de Chateaubriand auteur du rapport, insistait sur l'opportunité de cette publication, en s'autorisant de l'expérience qu'il avait de ce qui peut influencer l'opinion pour demander avec instance qu'on ne retardât pas l'apparition de ce document [1].

Le *Rapport au Roi*, écrit dans une langue plus littéraire que politique, était précédé d'une partie critique rédigée avec cette passion véhémente et ce style éclatant qui ont donné tant de vogue aux pages politiques sorties à cette époque de la plume de M. de Chateaubriand. Il flétrissait en passant ceux qui, « sujets rebelles, mauvais Français, faux chevaliers, ont baisé le matin la main royale qu'ils ont trahie le soir, et qui, le serment qu'ils venaient de faire au Roi à peine expiré sur leurs lèvres, sont allés jurer pour ainsi dire le parjure. » Puis, après avoir récapitulé les actes de la politique impériale depuis le 20 mars, il la caractérisait ainsi : « Le but de Bonaparte est d'endormir les puissances au dehors par des protestations de paix, comme il cherche à tromper les Français au dedans par le mot de liberté. Cette paix c'est la guerre, cette liberté c'est l'esclavage. »

Quant aux fautes reprochées au gouvernement royal, le rapport du 12 mai en attribuait, non sans raison, la plus grande partie à la difficulté des circonstances, et à la brièveté

---

[1]. « Je suis désolé, monsieur le Comte, écrivait-il dans une lettre datée du 12 mai 1815, et dont l'original est sous mes yeux, de vous importuner encore au sujet du *Rapport au Roi*. Toutes les lettres de l'intérieur prouvent que, dans quelques jours, il serait extrêmement utile; mais, dans quelques semaines, la marche rapide des événements lui ôtera tout intérêt. Veuillez donc supplier le Roi de vouloir bien m'indiquer les corrections. Je ne puis avoir ici d'autre motif que le bien de son service. Je ne suis nullement pressé de donner quelques pages de plus au public, mais je connais, par une longue expérience, l'influence qui s'exerce sur l'opinion, et je suis sûr, sans être aveuglé par mon amour-propre, qu'un rapport signé de mon nom ne laissera pas les Français indifférents. » (*Papiers politiques* du comte de Blacas.)

du temps. « Sire, disaient les ministres, vous vous apprêtiez à couronner les institutions dont vous aviez posé la base. Vous aviez déterminé une époque pour le commencement de la pairie héréditaire ; le ministère eût acquis plus d'unité ; les ministres seraient devenus membres des deux Chambres, selon l'esprit même de la Charte ; une loi eût été proposée afin qu'on pût être élu membre de la Chambre des députés avant quarante ans, et que les citoyens eussent une véritable carrière politique. On allait s'occuper d'un code pénal pour les délits de la presse, après l'adoption de laquelle loi la presse eût été entièrement libre, car cette liberté est inséparable de tout gouvernement représentatif. »

Le rapport se terminait par une déclaration qui en était la partie principale, puisqu'elle fixait d'avance la conduite du Roi, et donnait un gage à ces aspirations vers la liberté politique qui étaient le courant des idées de l'époque, et avec lesquelles le Roi comptait à Gand, comme Bonaparte à Paris : « Sire, disait le rapport, et c'est ici l'occasion d'en faire la protestation solennelle : tous vos ministres, tous les membres de votre conseil sont inviolablement attachés aux principes d'une sage liberté..... Sire, qu'il nous soit permis de vous le dire, nous sommes prêts à verser pour vous la dernière goutte de notre sang, à vous suivre jusqu'au bout de la terre, à partager avec vous les tribulations qu'il plaira au Tout-Puissant de vous envoyer, parce que nous croyons devant Dieu que vous maintiendrez la Constitution que vous avez donnée à votre peuple, que le vœu le plus sincère de votre âme royale est la liberté des Français. S'il en avait été autrement, Sire, nous serions toujours morts à vos pieds pour la défense de votre personne sacrée, parce que vous êtes notre seigneur et maître, le roi de nos aïeux, notre souverain légitime ; mais, Sire, nous n'aurions été que vos soldats, nous n'aurions été ni vos conseillers ni vos ministres. »

Ce fut là l'acte décisif de Louis XVIII à Gand. Il était de nature à produire beaucoup d'impression en France ; il ôtait en effet au gouvernement impérial, déjà démenti par les événements dans sa promesse de maintenir la paix, la ressource de dire qu'il était venu pour sauvegarder la liberté politique. Le retour de Bonaparte apparaissait dans son véritable jour : c'était un effet sans cause. Le gouvernement impérial comprit l'influence que devait exercer ce manifeste inséré dans le *Journal universel*, et qui par là acquérait un caractère officiel ; il le fit falsifier dans un écrit qui le reproduisait par lambeaux, honneur rendu par le Directoire aux *Mémoires de Cléry*, à l'époque où ils parurent. Le rapport du 12 mai était censé proposer au roi Louis XVIII le rétablissement des droits féodaux, des dîmes pour le clergé, et le retour des biens nationaux à leurs anciens propriétaires. « On avait besoin d'un mensonge d'une heure, » a dit M. de Chateaubriand [1]. On eut la honte du mensonge, sans même en recueillir les fruits. Un imprimeur de Paris, M. Lenormand, eut le courage de réimprimer le rapport du 12 mai, qui fut répandu dans toute la France. L'Empire, qui se sentait faible sur le terrain des idées contre la Restauration, avait besoin de la calomnier pour l'attaquer. Il falsifiait les pensées et travestissait les personnes. Le *Moniteur* publia des correspondances dans lesquelles on montrait M. le duc d'Angoulême comme ayant été sans courage dans sa rapide campagne du Midi, et où madame la duchesse d'Angoulême, dans un récit dont les paroles contradictoires se démentaient elles-mêmes, était représentée comme « en proie à une terreur qu'elle ne pouvait

---

1. *Mémoires d'outre-tombe*, tome III, page 334. M. de Chateaubriand ajoute : « Le pseudonyme chargé de ce pamphlet sans sincérité était un militaire d'un grade assez élevé ; il fut destitué après les Cent-Jours. Ses amis me prièrent de m'interposer pour qu'un homme de mérite ne perdît pas ses seuls moyens d'existence. J'obtins du ministre de la guerre une pension pour cet officier. »

cacher, lorsqu'elle alla visiter les casernes de Bordeaux[1]. »

Si le rapport du 12 mai fut l'acte principal de Louis XVIII à Gand, trois autres affaires assez importantes cependant vinrent le chercher dans son exil. On a vu que le nom de M. le duc d'Orléans s'était trouvé mêlé dans la conspiration qui avait mis en mouvement les garnisons du Nord. Ce prince avait protesté devant le Roi contre toute participation et contre tout consentement de sa part à ces menées séditieuses. Cependant une ombre était restée dans la pensée de plusieurs sur la conduite de M. le duc d'Orléans dans cette circonstance, surtout à cause de la proposition faite par Fouché de le nommer lieutenant général du royaume, comme si c'eût été le seul moyen de lutter efficacement contre Bonaparte. Aussi, au moment du départ du comte d'Artois pour Lyon, on lui avait adjoint M. le duc d'Orléans, sur la proposition du baron de Vitrolles, qui représenta l'inconvénient de laisser à Paris, dans ces circonstances critiques, un prince dont le nom se retrouvait dans la bouche des factieux et des ennemis de la royauté. Quelques jours plus tard, Louis XVIII avait emmené avec lui le duc d'Orléans à Lille, et en quittant cette ville le 23 mars, le premier prince du sang avait adressé au maréchal Mortier et aux autres généraux une lettre pour leur recommander, en leur témoignant son regret de se séparer d'eux, de faire « tout ce que leur jugement et leur patriotisme leur suggéreraient de mieux dans l'intérêt de la France. » On avait dit à Paris que, dans cette lettre, il avait délié les troupes du serment de fidélité. Le journal officiel de Louis XVIII démentait ce bruit « comme une impos-

---

1. Voici le passage du *Moniteur* (avril 1815) : « La duchesse d'Angoulême, en proie à une terreur qu'elle ne pouvait cacher, promit au général Clausel qu'elle quitterait Bordeaux dans la matinée du 1er avril. C'est ce qui détermina le général à s'arrêter à la Bastide. Elle profita de ce délai pour ne pas tenir sa parole. Elle se porta aux casernes et fit réunir les troupes... La duchesse se retira *l'effroi dans l'âme* et *la menace à la bouche*. Elle était tremblante. »

ture absurde. » Cependant on remarquait à Gand, avec un sentiment de défiance, cette affectation à séparer le nom de M. le duc d'Orléans du nom des princes de la branche aînée, affectation à laquelle celle que semblait mettre M. le duc d'Orléans à rester éloigné de Gand donnait une nouvelle importance. Le prince n'avait point consulté le Roi sur le projet qu'il avait d'aller chercher un asile en Angleterre, et la nouvelle de son arrivée à Londres avait mécontenté Louis XVIII [1]. Les ministres anglais eux-mêmes l'avaient désapprouvé; il leur avait paru que sa présence en Angleterre [2] ferait un mauvais effet en France et sur le continent : lord Castlereagh refusa même d'envoyer à Helvoershey le petit bâtiment que le duc demandait pour se rendre à Londres. En outre, le langage de celui-ci, qui affectait toujours la forme de la critique et du blâme quand il s'agissait du gouvernement du Roi, n'était pas de nature à servir la cause royale. Il laissait dire autour de lui, s'il ne le disait pas lui-même, que les choses n'en seraient pas venues au point où elles en étaient si Louis XVIII avait mis plus de confiance en lui, et le bruit de ces paroles d'opposition, traversant les mers, allait accroître les inquiétudes et les défiances de la petite cour de Gand. Il faut ajouter qu'un jour-

1. « Le voyage du duc d'Orléans à Londres, fait sans demander l'assentiment du Roi et contre la marche évidente des circonstances, m'a fort affligé. » (Lettre du comte de Blacas au prince de Castelcicala. Gand, 1 avril 1815.)

2. Lettre du prince de Castelcicala, 30 mars 1815. Voici le passage textuel de la lettre du prince de Castelcicala : « Quant à M. le duc d'Orléans, sans aller trop loin sur son compte, car je souhaiterais de toute mon âme lui voir rendre des services au Roi, et pouvoir lui en rendre moi-même, car il est l'époux de la fille de mon maître, et vraiment d'une vertueuse princesse, ce système de blâme et de censure générale attaché à lui tout ce qui blâme et censure le gouvernement du Roi, ce qui ne s'appelle pas du tout le soutenir. Le duc de Kent est venu dire devant moi à madame la duchesse d'Orléans qu'il était fâcheux que le Roi n'eût pas placé plus de confiance dans M. le duc d'Orléans, car sans cela tout ne serait pas allé ainsi. Lord Castlereagh a fait dire à madame la duchesse d'Orléans qui lui avait envoyé la lettre de son mari, qu'il n'approuvait pas ce voyage, et qu'il ne lui enverrait pas de bâtiment. »

nal anglais, le *Morning-Chronicle*, présenta bientôt le duc d'Orléans à l'opinion comme le seul prince capable de réunir les esprits en France. Le duc, sans repousser la position qu'on lui faisait, donnait à entendre qu'il était à Londres avec l'autorisation du Roi, et qu'il en partirait quand il y aurait quelque chose à faire pour son service [1]. En réalité, il s'était borné à avertir le Roi de son arrivée en Angleterre par une lettre datée du 4 avril. Le Roi, en lui accusant réception de cette lettre, l'avait averti qu'il le manderait auprès de lui dès que l'on commencerait à agir, et lui avait recommandé de tenir à Londres un langage diamétralement contraire à celui que tenait, on vient de le voir, le premier prince du sang [2]. On ne saurait précisément dire que le duc d'Orléans exerçât une action contraire à celle du Roi, mais il se tenait au moins dans une inaction séparée.

Cette séparation prit un caractère plus marqué à la suite d'une correspondance ouverte entre Louis XVIII et le duc d'Orléans, au sujet de la pensée qu'avait eue d'abord le Roi d'entrer en France à la tête d'un corps français, au moment où éclaterait la guerre. Le chef de la maison de Bourbon, agissant comme signataire du traité du 25 mars, répondait ainsi à l'espèce de mise en demeure que lui avait adressée le congrès de Vienne, en lui demandant quel concours il pourrait apporter à l'exécution de ce traité. Le Roi, dans cette

[1]. Lettre du comte de La Châtre au comte de Blacas. Londres, 7 avril 1815.
[2]. « Dans l'attente où je suis des grands événements qui se préparent, écrivait Louis XVIII à son neveu, à la date du 12 avril, je n'ai rien de nouveau à vous mander pour le moment. Mais dès qu'il se présentera une occasion d'agir, je ne tarderai pas à vous rappeler auprès de moi, où je vous verrai avec autant de plaisir que de confiance. C'est avec les mêmes sentiments que je m'en remets à votre zèle et à vos lumières pour éclairer M. le prince régent et la nation anglaise sur tous les faits dont vous avez été témoin. En leur montrant l'irrésistible et funeste effet d'une défection qui m'a forcé de quitter jusqu'au dernier asile où vous êtes venu me joindre, vous leur ferez voir jusqu'à quel point la nation française désavoue une pareille trahison. »

éventualité, se considérant comme marchant pour délivrer son royaume livré à Bonaparte par une insurrection militaire, voulait avoir autour de lui tous les princes de sa maison, et y appelait d'une manière formelle le duc d'Orléans.

Ce fut le 16 mai 1815 que le baron de Montalembert, désigné par le comte de La Châtre, porta la lettre du Roi au duc d'Orléans, qui était à Richemond : « Monsieur de Montalembert a remis en main propre la lettre de Sa Majesté à M. le duc d'Orléans, écrivait M. de La Châtre au comte de Blacas, à la date du 18 mai. Celui-ci ne l'a point ouverte, m'a dit le baron, a causé un quart d'heure ou environ d'une manière indifférente sur les événements du moment, et l'a congédié. Je crains, et j'ai de fortes raisons pour craindre que le prince ne se rende pas à Gand. L'affaire est délicate; il est difficile de prendre un parti, parce qu'il n'y a pas assez de preuves pour sévir et qu'il y a trop d'indications pour ne pas surveiller et craindre. Mais comment surveiller dans un pays où il n'y a pas de police? Mandez-moi comment le Roi veut que je me conduise. Puis-je faire quelque ouverture au gouvernement britannique, voir même le régent ouvertement ou confidentiellement? Je sens la responsabilité qui pèserait sur moi si ce prince, appelé en France par un parti, partait, et que je n'eusse pas mis obstacle au départ. Au moment où je ferme ma lettre, on m'en apporte une de M. le duc d'Orléans pour le Roi, la voici. »

Telle était donc la situation des choses le 18 mai 1815. Selon le mot de M. le comte de La Châtre, qui résumait très-bien cette situation, « il n'y avait pas assez de preuves pour sévir, il y avait trop d'indications pour ne pas surveiller et craindre. » Comme il l'avait prévu, le duc d'Orléans, dans sa lettre, alléguait un motif pour ne pas se rendre à Gand, et il maintint son refus dans les nombreuses lettres qu'il écrivit depuis à Louis XVIII, à M. de Talleyrand ou à M. de Lally, qui voulait lui faire offrir l'épée de connétable, enfin au duc de

Wellington et à sir Charles Stuart, par lesquels il cherchait à faire approuver sa résistance au Roi. Un des prétextes allégués dans sa lettre au Roi, c'était l'importance de ne pas faire assumer à la maison de Bourbon la responsabilité de l'invasion européenne, et de ne pas engager des Français contre des Français; objection nouvelle dans la bouche d'un prince qui avait brigué, en 1808, le commandement d'une armée espagnole qui combattait l'armée française. Aussi le Roi pensa-t-il que cette objection cachait d'autres motifs.

Dans ses lettres à M. de Talleyrand, à sir Charles Stuart, au duc de Wellington, le duc d'Orléans alléguait, en effet, d'autres raisons [1]. « Ni le Roi, ni les princes de la famille royale n'avaient confiance en lui; à Gand se renouvelleraient les ombrages et les distinctions offensantes dont à Paris il avait souffert. » Il ajoutait dans une lettre écrite à M. de Talleyrand : « Si le Roi vous fait premier ministre, comme on me l'affirme et comme je le désire, j'espère que vous ne permettrez pas qu'on appelle le premier prince du sang aussi lestement et surtout sans le mettre dans le secret de ce à quoi on le destine ou de ce qu'on veut qu'il fasse. Si on ne le destine qu'à faire cortége ou tapisserie, il est mieux dans sa retraite. »

Tout ce qui précède montrait seulement chez le duc d'Orléans une susceptibilité ombrageuse à l'endroit de son importance personnelle; une tendance à discuter les ordres de Louis XVIII, tandis qu'il eût convenu à un prince de la maison de Bourbon de les suivre; un désir de se faire une situation à part, désir suspect dans les circonstances où l'on se trouvait. Voici quelque chose de plus grave. Le duc d'Orléans, après avoir combattu le plan qu'il supposait être celui du Roi, présentait

---

[1]. Nous empruntons ces derniers détails à l'*Histoire du gouvernement parlementaire* de M. Duvergier de Hauranne, qui a pu lire les correspondances échangées à cette époque, et qui ne peut être suspecté de partialité contre M. le duc d'Orléans.

le sien. Non-seulement il voulait qu'on rompît avec le congrès de Vienne, qu'on licenciât la petite armée d'Alost, mais il ajoutait que « peut-être y avait-il quelque chose d'utile à tenter en France. C'était d'entrer secrètement en communication avec l'assemblée nouvelle, de s'assurer de ses vues, de sonder ses projets, et de savoir à quelles conditions on pourrait la déterminer à se déclarer contre Bonaparte. Si Bonaparte était vainqueur dans la lutte prochaine, il détruirait certainement l'assemblée, et celle-ci ne l'ignorait pas ; mais s'il était vaincu, il suffirait d'un décret pour le pulvériser. Peut-être ce décret pouvait-il même être obtenu avant la guerre et la rendre inutile. C'est à cela que la cour de Gand devait travailler [1]. »

Quand on considère que Fouché était à cette époque en correspondance avec M. le duc d'Orléans ; que l'on songe à la composition du Corps législatif, qui, par la force des choses et en raison même des instructions données par le Roi aux royalistes, devait renfermer en majorité des constitutionnels excessifs et hostiles à la branche aînée de la maison de Bourbon, et des révolutionnaires ardents [2] ; lorsqu'on vient à se souvenir en outre de l'ascendant exercé par Fouché sur cette assemblée, de la tentative qu'il avait faite au commencement de mars 1815 pour donner à un mouvement militaire le nom de M. le duc d'Orléans comme mot de ralliement, des ouvertures qui, à cet instant même, étaient faites à l'empereur Alexandre, dans la pensée de le faire consentir à la substitution du chef de la branche cadette au chef de la branche aînée sur le trône de France, on est obligé de convenir que cette proposition de tout remettre à

---

[1]. Ces lignes sont littéralement empruntées à l'*Histoire du gouvernement parlementaire* de M. Duvergier de Hauranne, tome II, page 585.

[2]. Le Roi, dans son manifeste du 24 avril, rédigé sur le rapport de M. de Lally-Tollendal, disait aux électeurs royalistes : « Méfiez-vous des piéges qu'on veut vous tendre et des rôles qu'on voudrait vous désigner dans les élections de ces assemblées, dont la parodie n'a pour but que de vous rendre la proie du plus vil et du plus odieux esclavage. »

l'arbitrage d'une assemblée dont les préférences pour le duc d'Orléans et les antipathies pour la branche aînée ne pouvaient être douteuses, faisait sortir M. le duc d'Orléans de cette inaction séparée où nous le montrions tout à l'heure, et durent inspirer des défiances profondes à Louis XVIII. Aussi, vers cette époque, madame la duchesse d'Angoulême, qui avait paru un moment à Gand, retourna-t-elle en Angleterre pour y représenter les intérêts du Roi contre les tentatives qui pourraient être faites auprès du cabinet anglais. Lord Wellington et sir Charles Stuart exprimèrent au duc d'Orléans leur désapprobation au sujet du système de conduite politique qu'il adoptait. Dans une dépêche du 20 mai, le duc de Wellington écrivait au prince de Metternich : « J'ai souvent dit à Votre Altesse, et chaque jour me confirme dans cette opinion, que la seule chance de paix pour l'Europe consiste dans la restauration en France de la dynastie légitime des Bourbons, et que tout autre établissement, soit dans la personne de *** (sans doute le duc d'Orléans), soit dans une régence au nom du jeune Napoléon, soit sous la forme républicaine, doit conduire au maintien de grands établissements militaires, établissements ruineux pour l'Europe, jusqu'au jour où il conviendrait au gouvernement français de recommencer la lutte contre vous ou contre d'autres..... Je suis convaincu que la pénétration de Votre Altesse lui a déjà montré le danger de toutes ces combinaisons, et que vous les ferez échouer, en adhérant fermement, et d'accord avec nous, à une ligne de conduite qui, en définitive, assurera le rétablissement du seul gouvernement qui puisse maintenir la paix en Europe, du gouvernement légitime. »

Ces recommandations pressantes n'étaient pas sans utilité. Peu de jours après, le czar demanda tout à coup en plein congrès s'il ne conviendrait pas d'examiner en quoi M. le duc d'Orléans pourrait convenir comme roi à la France et à l'Europe [1]. Lord Clancarty fit échouer la proposition russe en répondant qu'il n'avait pas de pouvoirs pour traiter une question aussi grave. « Quant à moi, dit-il, en opinant comme simple particulier, je pense que mettre M. le duc d'Orléans sur le trône de France serait remplacer une usurpation militaire par une usurpation de famille, plus dangereuse aux monarques que toutes les autres usurpations. »

Ainsi échoua cette intrigue, mais en échouant elle laissa dans l'esprit de Louis XVIII de longs souvenirs et une pensée de juste surveillance sur M. le duc d'Orléans.

Une autre affaire retentit à Gand, ce fut une nouvelle intrigue de Fouché. Il nouait partout ses fils, comme un homme qui, ne pouvant prévoir d'une manière certaine l'avenir, jouait sur toutes les chances pour être sûr de gagner. Pendant qu'il était en correspondance avec le duc d'Orléans, comme on vient de le voir, et qu'il envoyait un émissaire au prince de Metternich, comme on le verra bientôt, pour traiter de l'établissement d'une régence napoléonienne, moyennant une abdication qu'il espérait arracher à l'Empereur, il envoyait à Gand M. Gaillard, ancien oratorien et son ami intime, afin de se faire accepter comme le seul homme capable d'assurer la restauration de Louis XVIII. L'ambassadeur de Fouché avait été précédé à Gand par de nombreuses lettres venues de France, dans lesquelles on louait le ministre de la police du mal qu'il ne faisait pas et de celui qu'il empêchait l'Empereur de faire. « Quand je me rendais chez Monsieur, dit M. de Chateaubriand, son entourage m'entretenait, à paroles couvertes et avec maints soupirs, d'un

---

[1] « C'est peut-être une des choses les plus surprenantes de ces temps extraordinaires, dit M. de Chateaubriand, et peut-être est-il plus extraordinaire encore qu'on en ait si peu parlé. M. de Talleyrand rendit compte à Louis XVIII (dans une dépêche que j'ai vue et qui portait le n° 25 ou 27) de l'étrange séance du congrès ; il se croyait obligé d'informer S. M. d'une démarche aussi exorbitante, parce que cette nouvelle, disait-il, ne tarderait pas à retentir aux oreilles du Roi. » (*Mémoires d'outre-tombe*, tome III, page 349.)

homme qui, il fallait en convenir, se conduisait à merveille : il entravait toutes les opérations de l'Empereur, il défendait le faubourg Saint-Germain. » Quelques lignes plus bas, M. de Chateaubriand ajoute : « Un jour une voiture s'arrête à la porte de mon auberge ; j'en vois descendre madame de Vitrolles ; elle arrivait chargée des pouvoirs du duc d'Otrante ; elle remporta un billet écrit de la main de Monsieur, par lequel le prince déclarait conserver une reconnaissance éternelle à celui qui sauverait M. de Vitrolles. Fouché n'en voulait pas davantage. Armé de ce billet, il était sûr de son avenir en cas de restauration. »

Ainsi l'on abusait du bon cœur du comte d'Artois, et l'on spéculait sur la crainte légitime qu'il éprouvait pour la vie d'un serviteur dévoué. Cependant le roi Louis XVIII n'avait pris aucun engagement, quoiqu'on parlât beaucoup autour de lui des immenses obligations que l'on avait au duc d'Otrante, et de la difficulté, presque de l'impossibilité de rentrer en France sans ses bons offices. « L'embarras, selon le mot de Chateaubriand, était de faire goûter au Roi le nouveau rédempteur de la monarchie. » Ce qu'on n'eut pas de peine à obtenir de Louis XVIII, ce fut qu'il mît à la disposition de madame de Vitrolles les moyens nécessaires pour acheter la liberté de son mari, si l'argent pouvait ouvrir les portes de sa prison [1]. Le Roi ne s'engagea à rien au delà.

---

1. M. de Blacas adressait, à la date du 6 mai, à madame de Vitrolles, une lettre remplie des témoignages de l'intérêt du Roi pour son mari. Plus tard, madame de Vitrolles recevait l'engagement suivant : « Le comte de Blacas, après avoir pris les ordres du Roi, déclare que S. M. a mis à sa disposition la somme de 150,000 fr., qui seront payés à vue par M. Harman et Compagnie à Londres, aussitôt que M. de Vitrolles, mis en liberté et sorti de France, pourra indiquer la personne qui devra toucher ladite somme.

« Gand, 17 juin 1815.

« Blacas d'Aulps,
« *Ministre de la maison du Roi.* »

Au milieu de ces sollicitudes, les deux questions que l'on a vues surgir dès l'arrivée du Roi à Gand, la question de la conduite politique à tenir, et celle du choix des hommes appelés à diriger les affaires, au moment où la Restauration s'accomplirait, continuait à occuper les esprits.

Sur la première, M. de Blacas prenait, en dehors du ministère, les avis de M. Laîné, avec lequel il était en correspondance suivie. Il est curieux de retrouver, dans cette correspondance intime, les idées agitées dans le secret du conseil du Roi à Gand, pendant que les puissances coalisées d'un côté et Napoléon de l'autre organisaient les masses armées qui allaient se heurter sur les champs de bataille.

Dans le premier de ces mémoires, envoyé d'Anvers et qui ne porte point de date, mais dont il est facile de fixer approximativement l'envoi par les faits auxquels il fait allusion et qui se passèrent dans la première quinzaine de mai, M. Laîné résumait ainsi son opinion sur ce qu'il y avait à faire dans la situation : « Si le Roi rentre en France avant que les Chambres de Bonaparte soient organisées, ne convient-il pas, en fermant les yeux sur la conduite de quelques membres, de convoquer les Chambres faites selon la Charte? Si le Roi rentre plus tard, ne convient-il pas de gouverner par ordonnance comme la Charte y autorise, en s'entourant des conseils généraux, jusqu'à ce que la situation des choses soit plus fixe et plus sûre? Au premier moment favorable, on convoquera une nouvelle Chambre en vertu de la Charte, qui a établi des conditions pour être électeur et éligible, et conformément à ses dispositions. Peut-être le Roi pourrait-il convoquer en outre les députés des cours de justice, des principales chambres de commerce, des universités ou académies et de quelques corporations libérales. Il rentrerait ainsi un peu dans la formation des états généraux, véritable constitution de la France. Si ce moyen n'était pas jugé assez populaire, on pourrait convoquer, comme vient de le faire Bonaparte, les colléges des départements, ceux d'arrondissements et les chambres de commerce. Ce serait aussi un grand moyen de popularité que de suivre les formes de la constitution de l'an IV pour la convocation du conseil des Cinq-Cents. Il n'en fut guère de plus libre et de plus national. »

A ces conseils qui regardaient l'avenir, M. Laîné en ajoutait d'autres qui regardaient le présent. Il serait bon que le Roi fît une ordonnance pour interdire à tous les Français de se réunir sous le nom de Chambre des pairs ou de représentants, sous peine d'être regardés comme complices de la rébellion et punis comme tels. Ceux des pairs nommés par le Roi qui rempliraient des fonctions publiques du gouvernement impérial cesseraient de plein droit d'être pairs. Les mesures de rigueur conseillées par un tel homme, dans la suite de cette note, annonçaient l'indignation profonde qu'inspiraient les dernières défections aux esprits vraiment libéraux et le sentiment du droit comme du devoir de les punir, et elles arrivaient d'Anvers toutes libellées en ordonnance : « Nous faisons interdiction à tout fonctionnaire, était-il dit dans le projet de M. Laîné, d'exécuter les actes qualifiés de décrets, arrêtés, contre aucun de nos sujets pour avoir favorisé la restauration de notre pouvoir. Ceux qui auraient exécuté de tels actes seraient poursuivis selon la rigueur des lois. Les ministres de Bonaparte, les commissaires généraux qui ont accepté leurs commissions, seront déclarés rebelles et poursuivis selon la rigueur des lois. » M. Laîné ajoutait en note l'observation suivante : « Quelque chose de plus utile, ce serait que les alliés proclamassent en leur nom que les biens des ministres, conseillers d'État, commissaires généraux désignés dans les départements, généraux en chef, membres des deux Chambres de Bonaparte, seront affectés aux dépenses de la guerre que nécessite la violation des traités et l'invasion du territoire. Il sera facile de motiver cette résolution et d'expliquer pourquoi on la borne à ceux-là ; les autres, militaires ou civils, sont considérés comme réduits à l'obéissance passive. Si les alliés ne font point cette déclaration, le Roi ne devrait-il pas la faire en entrant en France ? Il y donnerait, entre autres motifs, celui que le poids de la guerre doit retomber sur ceux qui l'ont rendue nécessaire. »

Ainsi M. Laîné, dont l'âme généreuse s'élevait naturellement, en raison de sa profession même, aux idées de justice comme aux idées de liberté, se montrait préoccupé d'une double nécessité : celle d'assurer à la France la jouissance des institutions libérales qui lui avaient été promises, et celle de poursuivre le châtiment de ceux qui se maintiendraient en rébellion contre le gouvernement royal. C'était là le point de départ de toute une politique qui est développée dans une suite de lettres, témoignage des idées de M. Laîné sur les principes à suivre, et de son entente complète avec M. de Blacas. « Les notes que vous m'avez fait passer me paraissent remplies d'idées justes, » écrivait celui-ci à son correspondant d'Amsterdam, à la date du 21 mai, et M. Laîné écrivait de son côté à M. de Blacas, à la date du 17 juin : « Votre lettre me paraît d'une prudence consommée. » Tous deux reconnaissaient que, dans la confusion où l'on se trouverait au moment du rétablissement du gouvernement royal, il n'y aurait qu'un terrain solide sur lequel pût se placer la Charte. S'il était possible de conserver les Chambres de la première Restauration, on les rappellerait. Si parmi leurs membres il y en avait trop qui eussent consenti à figurer dans les Chambres du gouvernement impérial, pour qu'on pût rappeler deux corps dépeuplés et énervés par les défections, on ferait une loi d'élection provisoire, en se tenant le plus près possible des principes posés par la Charte, et M. Laîné exprimait à cette occasion le regret que « la Charte n'admît qu'un mode d'élection *de plano*, car le corps intermédiaire était tellement dans son sentiment, que projet était tout prêt[1]. » Enfin, il y aurait des actes de juste sévérité à exercer en rentrant pour satisfaire la conscience publique et diminuer le fardeau du pays, en le rejetant sur ceux qui étaient les auteurs ou les complices de la catastrophe. Ni l'un ni l'autre des deux correspondants ne calculait que l'immensité des ressources de la France pourrait seule suffire à l'immensité du fardeau qui lui serait imposé en cas d'invasion.

Tandis que M. de Blacas entretenait avec M. Lainé cette correspondance qui témoignait qu'il n'avait pas abdiqué l'espoir de continuer à siéger dans les conseils du Roi, ses adversaires ne négligeaient aucun moyen de préparer et de précipiter sa chute. L'idée de faire peser sur lui la responsabilité collective des fautes commises pendant la première Restauration datait presque du 20 mars. Violemment attaqué dans les journaux anglais et dans des brochures publiées à Londres, il avait songé à répondre et avait consulté à ce sujet un de ses amis les plus dévoués, le prince de Castelcicala, qui lui transmettait ainsi son avis, à la date du 9 mai, dans une lettre destinée à demeurer secrète[2] : « Je vous ai dit que le temps n'était pas opportun pour la publication que vous vouliez faire dans les gazettes. Je crois qu'il y a une conspiration pour vous faire sortir du ministère et peut-être pour vous éloigner du Roi. On sait sa fermeté, et l'on veut vous dégoûter. Il y a un changement dans l'opinion du régent et dans celle de lord Castlereagh à votre égard. Les rapports de sir Charles Stuart ne vous sont pas favorables. Toutes les accusations reviennent

---

1. Lettre d'Amsterdam, 19 juin 1815.
2. J'ai sous les yeux cette lettre. Il y a en tête quelques mots de tendresse écrits par madame de Blacas à son mari. La date est soulignée selon la convention faite entre le prince et M. de Blacas quand une partie de la dépêche doit être écrite à l'encre sympathique, et l'on a fait revenir l'encre avec le procédé ordinaire.

à dire qu'on ne peut rien faire avec vous. J'en ai tiré la conséquence que votre crime est d'être trop Français et trop attaché à votre maître, de vous opposer à la ruine de votre pays, et de ne pas vouloir laisser jouer à votre souverain un rôle peu digne de lui. Ne quittez pas le conseil, mais défendez-vous de tout ce qui sent le premier ministre et la faveur. Faites en sorte que dans toutes les affaires importantes les opinions de vos collègues soient mises par écrit, afin qu'ils ne puissent pas tout rejeter sur vous. »

Quelques lignes de cette lettre étaient, on a pu le voir, une allusion aux démarches que le comte de Blacas avait renouvelées, jusqu'à se rendre importun, pour obtenir qu'immédiatement après le 20 mars on favorisât, par la marche rapide d'un petit corps de troupes, un effort tenté à l'intérieur, qui aurait prévenu l'invasion en la rendant inutile, et, un peu plus tard, pour qu'on traitât la France en alliée et non en ennemie, en ne mettant point à sa charge les frais d'une guerre qu'on disait exclusivement dirigée contre Napoléon. Trop de causes militaient contre le personnage investi de la faveur particulière de Louis XVIII pour qu'il ne finît point par succomber. Il appréciait lui-même de bonne heure assez exactement sa situation, et dans une lettre, qui ne peut avoir été écrite que dans les derniers jours d'avril[1], il en rendait compte à madame la duchesse d'Angoulême. Après avoir donné quelques détails sur l'intérieur du conseil du Roi, sur le parti qui voulait que, de prime abord, on s'enfermât en arrivant en France dans les formes constitutionnelles, sur celui qui comprenait qu'en raison des circonstances extraordinaires auxquelles il faudrait pourvoir, on gouvernât par extraordinaire

---

1. Cette lettre en effet commence par une phrase dans laquelle M. de Blacas parle des craintes qu'on vient d'éprouver pour M. le duc d'Angoulême, et il ajoute : *Heureusement on est rassuré maintenant.* Or, la première lettre adressée de Barcelone au Roi par le duc d'Angoulême est datée du 20 avril.

jusqu'à la session de la Chambre, comme la Charte y autorisait, et qu'on prît des mesures énergiques, il poursuivait ainsi : « M. de Chateaubriand, avec plus de talent que M. de Lally et des vues plus saines ou plus aisément rectifiées, paraît être dans une fort juste mesure à l'égard des conseils énergiques que le Roi doit exclusivement écouter à son retour. M. de Jaucourt, plus que tout autre, répugne à ces conseils comme à ceux qui les donnent ; le duc de Feltre est au contraire dans les idées les plus sages. C'est dans cette disposition des hommes qui entourent S. M. qu'ils ont vu arriver le comte Alexis de Noailles porteur d'une longue dépêche de M. de Talleyrand, dans laquelle ce dernier rendait compte des fortes préventions de l'empereur Alexandre contre la conduite intérieure du gouvernement du Roi. Dans cette lettre, M. de Talleyrand fait le récit d'une conversation entre S. M. I. et lord Clancarty, dans laquelle Alexandre a désigné Monsieur, les princes et surtout moi comme étant les obstacles contre lesquels était venue échouer l'Europe dans ses efforts pour rendre à la France un gouvernement fort et durable. Dans la longue liste des griefs que la lettre plaçait tous dans la bouche de l'Empereur, quelques-uns ont été en effet énoncés dans cet entretien ; le reste, comme je l'ai su d'une manière positive, est une fiction de M. de Talleyrand. Une autre partie de la dépêche explique la teneur énigmatique d'une lettre que le prince m'a écrite et dans laquelle il me parle d'un sacrifice que les fidèles serviteurs du Roi doivent rendre facile à S. M. Ce sacrifice paraît être celui de conseils jusqu'à présent suivis par le Roi pour y substituer ceux des hommes qui, dans l'opinion des souverains, donneraient plus d'ensemble et de solidité au ministère. M. de Talleyrand ne les désigne pas ; mais des renseignements donnés par M. de Pozzo, le chevalier Stuart et le duc de Wellington répandent le plus grand jour à ce sujet. Madame sait qu'un nommé Montrond est allé à Vienne avec une mission annoncée d'abord comme lui ayant été donnée par Bonaparte, désavouée dans un article subséquent du *Moniteur*, où il est présenté comme un fugitif porteur de quelques papiers importants envoyés à M. de Talleyrand par ses amis. On a su que Montrond avait logé trois jours chez M. de Talleyrand où M. de Noailles a dit qu'il avait couché une seule nuit sans que le prince en fût informé. On a su en outre par madame de Vitrolles venue à Gand, retournée à Paris et revenue ici en moins de huit jours, pour traiter de la délivrance de son mari, que M. Fouché lui avait parlé en très-bons termes de la famille royale, qu'il avait affecté de l'intérêt, et que peut-être même il avait fait des ouvertures qui cependant ne sont pas arrivées jusqu'au Roi, et l'on a lieu de soupçonner qu'une correspondance à Vienne avec MM. de Talleyrand et Dalberg, suivie peut-être ici par M. de Jaucourt, a pour but éventuel le plan d'un nouvel amalgame dont les éléments présenteraient la garantie qui, par une fatalité singulière, paraîtrait à la fois aux souverains alliés et à une partie du ministère du Roi le seul moyen d'affermissement qui reste à l'autorité légitime. »

En terminant cette note, qui jette un grand jour sur les mouvements intérieurs de la petite cour de Gand, M. de Blacas disait à madame la duchesse d'Angoulême que les cours étrangères s'étaient montrées tout à coup imbues des plus fortes préventions contre lui, que le duc de Wellington avait été même chargé par son gouvernement d'exprimer au Roi ce sentiment, en même temps qu'une vive opposition aux conseils de Monsieur; notification politique tempérée par des marques non équivoques de l'estime et de la confiance personnelle du généralissime des forces anglaises. Le ministre de la maison du Roi ne dissimulait pas à la princesse qu'en présence de cette situation, sa retraite pouvait, d'un moment à l'autre, devenir nécessaire, quoiqu'il n'eût pas jusque-là donné sa démission par respect pour la volonté du Roi.

C'est ainsi que se développait la situation qui, dès le 20 mars, se dessinait contre M. de Blacas. La commodité pour le public de personnifier la responsabilité des fautes du gouvernement et des malheurs de l'État dans un homme, la pente naturelle des esprits à choisir pour bouc émissaire de cette responsabilité l'homme le plus avant dans la confiance du Roi, celui qui, s'il n'avait pas tout fait, aurait pu beaucoup faire s'il avait usé de son crédit; les rancunes du parti constitutionnel qui trouvait que M. de Blacas avait taillé la part trop large aux hommes de cour et d'ancien régime, aux émigrés, qui s'adressaient naturellement à lui comme à un des leurs; le mécontentement des hommes de cour et des émigrés, dont M. de Blacas n'avait pu satisfaire tous les désirs et réaliser toutes les espérances, et qui ne comprenaient pas qu'un d'entre eux étant au ministère, il ne les introduisît point partout où ils voulaient entrer [1]; la conviction des cabinets étrangers que le 20 mars avait été facilité en partie par le défaut d'unité et d'homogénéité, et conséquemment par le défaut d'action et d'initiative du ministère, et le sentiment de la nécessité d'ou-

---

1. On trouve dans les apologies inédites de M. de Blacas, concertées et rédigées sous ses yeux, des indications qui jettent du jour sur les attaques dont il était l'objet. Dans une de ces apologies on fait remarquer « qu'il n'était ni ministre de la guerre, ni ministre de la marine, ni ministre de l'intérieur, ni directeur de la police, ni directeur des postes; ce n'était donc pas lui qui avait été la cause immédiate des événements. Il ne pouvait empêcher que M. de La Valette, chef du bureau secret (l'oncle du directeur des postes sous l'Empire), se trouvât seul chargé de surveiller, c'est-à-dire de laisser passer, sans surveillance, la correspondance de l'île d'Elbe. Est-ce indirectement ! Il n'a influé sur aucun choix, et le Roi lui-même avait accepté les ministres du gouvernement provisoire. En deux mots, M. de Blacas n'a été pour rien dans le choix des hommes, pour rien dans les mesures politiques. Ce n'est pas lui qui a substitué le maréchal Soult à M. Dupont, qui a mis M. Beugnot à la marine. Dans cette défense on reconnaissait que des fautes avaient été commises, et l'argumentation à l'aide de laquelle on déchargeait M. de Blacas n'était pas sans réplique. Si M. de Blacas, dont le crédit était si grand sur l'esprit du Roi, n'en avait point usé pour prévenir ces fautes, c'était donc qu'il n'avait pas vu ce qu'il y avait à faire, ou qu'il n'avait pas la résolution nécessaire pour le faire, deux grands défauts en politique.

vrir la seconde Restauration avec un ministère homogène, uni, actif, vigoureusement organisé dans son chef et ses membres; l'impossibilité de placer M. de Blacas comme premier ministre dans un ministère parlementaire, aggravée par l'impossibilité d'assigner le second rang dans le ministère à l'homme qui avait le premier rang dans la faveur du Roi, tout concourait à exclure M. de Blacas des affaires. Pour ne rien omettre, il faut se souvenir de ce que lui écrivait un homme qui fut activement mêlé aux négociations de ce temps, le comte de Montaignac, qui, adressant au comte de Blacas lui-même le résumé de la conférence qu'il avait eue avec lui la veille, s'exprimait ainsi le 16 mai 1815. « Je vous l'ai dit hier, vous pouvez, vous devez même rester près du Roi. Vous sentez vivement que le Roi doit tenir au principe de la légitimité héréditaire, qu'il doit conserver en entier le principe monarchique, qu'il doit maintenir en rentrant la Charte qu'il a donnée, et ne pas souffrir qu'on lui en fasse accepter une. Vous sentez qu'il est de l'honneur et de l'intérêt du Roi, comme de l'honneur et de l'intérêt de la nation, que le parti royaliste se lève en France, pour que l'étranger ne se targue pas d'avoir seul rétabli le Roi par la force de ses armes. Voilà de grandes idées, ce sont les vôtres. Restez auprès du Roi pour les défendre envers et contre tous; mais n'y restez pas comme ministre. Il s'est élevé en France contre vous une opinion très-forte ; elle s'est grossie à l'étranger. M. de Talleyrand, qui est votre ennemi, aura sans doute aggravé dans les conseils des souverains tout ce qui se dit de vous. Malheureusement l'Europe ne vous connaît que par une année de ministère dont la fin a été le 20 mars. M. de Talleyrand va venir à Gand; s'il y arrive, quelque chose que vous fassiez, il sera le ministre dirigeant. Nul homme en Europe n'est assez fort pour lutter contre tous. Votre plus grande faute, c'est d'avoir méconnu cette vérité. Sous le règne du Roi, vous avez gardé avec tout le monde un air de dignité froide que le cardinal de Richelieu et lord Chatam auraient eu peut-être tort de prendre au plus haut degré de leur puissance. »

On ne pouvait mieux apprécier les causes qui allaient obliger M. de Blacas à quitter les affaires. Ce judicieux correspondant ne commettait qu'une erreur, celle de croire qu'on laisserait auprès du Roi M. de Blacas comme revêtu d'une des grandes charges de la cour, en se contentant de sa démission comme ministre. Il ne pouvait entrer dans un ministère, et pour qu'un ministère se formât sans qu'il y tînt une place ou qu'il le paralysât, il fallait qu'il s'éloignât. M. de Talleyrand était un trop habile homme pour laisser, entre le Roi et le ministère qu'il dirigerait, l'influence d'un favori.

Il est impossible, en suivant les progrès de cette lutte, dont la petite cour de Gand était le théâtre, et qui présente de l'intérêt parce qu'on s'y disputait, non l'impuissance du présent, mais le pouvoir de l'avenir, de n'être pas frappé d'un symptôme moral : c'est la conviction profonde et universelle parmi des hommes venus de tous les points de l'horizon, que cet avenir appartient à la royauté. MM. Lainé, de Talleyrand, de Chateaubriand, de Blacas, Lally-Tollendal, Louis, Jaucourt, proposent des systèmes, discutent des plans et des lois comme si la succession de l'Empire était ouverte. Ce n'est plus pour eux une question de fait, mais une question de date. Ils ne se demandent point : « Rentrerons-nous en France? » Ils se demandent : « Que ferons-nous en y rentrant? »

VI

ADHÉSION DES PUISSANCES AUX RÉSERVES DE L'ANGLETERRE. — MANIFESTE EUROPÉEN DU 12 MAI. — OBSERVATIONS DE LOUIS XVIII. — NÉGOCIATION DE FOUCHÉ AVEC LE PRINCE DE METTERNICH. — ÉCHAUFFOURÉE DE MURAT. — DÉBATS DU PARLEMENT D'ANGLETERRE. — OUVERTURE DES CHAMBRES EN FRANCE. — DÉPART DE NAPOLÉON POUR L'ARMÉE.

Pendant que la question de la politique intérieure excitait ainsi de graves préoccupations à Gand, la question de la politique étrangère venait aussi y retentir. On a vu quelle avait été d'abord l'attitude du congrès de Vienne vis-à-vis de Louis XVIII. Le traité du 25 mars, signé par les puissances, avait été une nouvelle déclaration de guerre européenne contre Napoléon, et la notification de ce traité à Louis XVIII, avec l'invitation de faire connaître quel concours il pourrait apporter à l'alliance commune, avait eu pour effet moral de placer le Roi de France au nombre des confédérés, en lui donnant la position d'un prince régnant de fait comme de droit, mais obligé de sortir momentanément de ses États par suite d'une insurrection militaire. C'était en vertu de cette position que le Roi avait songé à rentrer en France avec les princes de sa maison, en se mettant à la tête du petit corps français qui avait passé la frontière, et que de nombreux volontaires seraient bientôt venus grossir. On a également vu que les ratifications de ce traité n'avaient pas été échangées et que le chevalier Stuart avait insisté pour que le Roi n'y fît pas allusion dans ses proclamations, parce que lord Castlereagh craignait le parti que pourrait tirer l'opposition dans le Parlement de stipulations qui, contre toutes les traditions de la politique anglaise, semblaient engager le gouvernement britannique dans une guerre d'intervention ayant pour objet le renversement d'un gouvernement et son remplacement par un gouvernement nouveau. Les choses en étaient là, lorsqu'on apprit par M. de Talleyrand qu'une grave modification s'était opérée dans les dispositions des puissances.

L'Angleterre seule, au moment où l'on discutait dans le congrès le traité du 25 mars, avait fait une réserve, plutôt de forme que de fond. La lettre de lord Wellington au prince de Metternich prouve que, malgré cette déclaration destinée à armer le ministère contre l'opposition, le gouvernement anglais ne faisait aucun doute de la nécessité du rétablissement de la légitimité en France; il avait fait même expliquer à Louis XVIII cette précaution. Le 8 avril 1815, lord Castlereagh écrivait au duc de Wellington : « En invitant le roi de France, surtout lorsqu'il se trouve hors de son royaume, à accéder au traité, nous regardons comme nécessaire de bien marquer que l'objet de l'alliance est de détruire le pouvoir de Bonaparte et non d'imposer à la France un souverain particulier ou une certaine forme de gouvernement. » Le même jour, le ministre anglais écrivait à lord Clancarty, ambassadeur d'Angleterre à Vienne : « Vous apprécierez combien il importe qu'on ne puisse pas dire que Louis XVIII étant notre allié contre Bonaparte est devenu membre de la coalition pour sa propre restauration. S. M. ne peut pas désirer que nous sentions, plus que nous ne le sentons, à quel point sa restauration est importante. Nous ferons tous nos efforts pour que la guerre conduise à ce résultat, mais nous ne pouvons en faire un *sine quâ non*, cela est une délicatesse parlementaire, et il paraît, d'après une dépêche de sir Charles Stuart, que le Roi comprend très-bien la distinction. »

Il était facile en effet de comprendre que le cabinet anglais se tînt dans cette mesure à cause de son parlement, mais il était difficile de concevoir que l'Autriche, la Prusse et la Russie prissent une précaution que la nature de leur gouvernement ne rendait pas nécessaire. Cependant on vit l'Autriche, conduite par un motif que l'on connaîtra tout à l'heure, adopter en ces termes la réserve de l'Angleterre dans la conférence du 12 avril : « L'interprétation donnée par le gouvernement britannique est entièrement conforme aux principes sur lesquels S. M. I. se propose de régler sa politique dans le cours de la guerre actuelle. L'Empereur est convaincu que le devoir qui lui est imposé par l'intérêt de ses sujets et par ses propres principes ne lui permettra pas de poursuivre la guerre, pour imposer à la France un gouvernement particulier. »

L'Angleterre et l'Autriche, liées avec Louis XVIII peu de mois auparavant par le traité du 2 janvier, étaient naturellement les puissances le plus favorablement disposées pour la Restauration. La réserve faite par le gouvernement anglais à cause du parlement et l'adhésion imprévue de l'Autriche à la réserve anglaise devaient facilement entraîner la Russie et la Prusse, qui n'avaient pas oublié que le traité du 2 janvier avait été signé contre elles. La situation prise par l'Europe dans le traité du 25 mars, se trouvait par là notablement modifiée. Dans ce traité, en effet, elle agissait comme portant secours au roi de France, son allié, en vertu de la déclaration du 13 mars, contre l'agression armée de Bonaparte sur son territoire. Deux mois après cette déclaration, six semaines après avoir conclu le traité du 25 mars, et au moment d'échanger les ratifications, les puissances semblaient se raviser.

Ce ne fut pas tout encore. Dans un temps où l'opinion jouait un si grand rôle, les manifestes se mêlaient naturellement aux préparatifs militaires. Les puissances crurent nécessaire de répondre à l'espèce de consultation de droit politique que Napoléon avait demandée à son conseil d'État, et d'exposer les mobiles de leur conduite. Le comité des puissances nomma donc une sous-commission pour examiner les deux questions suivantes : « La situation de Bonaparte vis-à-vis les puissances de l'Europe a-t-elle changé par le premier succès de son entreprise ou par les événements intervenus depuis son arrivée à Paris; l'offre qu'il fait de sanctionner le traité de Paris du 30 mai 1814 peut-elle modifier les dispositions des puissances? »

Le comité adopta la conclusion motivée de la sous-commission : « Les événements qui ont conduit Napoléon à Paris, et qui lui ont rendu pour le moment l'exercice du pouvoir suprême, ont changé sans doute sa position première, mais ces événements, amenés par des intelligences coupables et des conspirations militaires, constituent un fait et non un droit. Le consentement réel ou factice, explicite ou tacite de la nation française au rétablissement du pouvoir de Bonaparte n'a pu opérer dans la position de celui-ci, vis-à-vis des puissances, aucun changement légal, ni former un titre obligatoire pour ces puissances. La liberté dont jouit une nation de changer son système de gouvernement a de justes limites, et si les puissances étrangères n'ont pas le droit de lui prescrire l'usage qu'elle doit faire de cette liberté, elles ont celui de protester contre l'abus qu'elle pourrait en faire à leurs dépens. Pénétrées de ces principes, les puissances, tout en ne se croyant pas autorisées à imposer un gouvernement à la France, ne sauraient renoncer au droit d'empêcher qu'à titre de gouvernement, il ne s'établisse en France un foyer de désordre et de bouleversement incompatible avec leur propre sûreté et la tranquillité générale de l'Europe. »

C'était la doctrine de l'intervention, motivée, non par le droit toujours litigieux de se mêler des affaires des autres, mais par le droit de se protéger soi-même et de préférer la guerre à la paix, quand la première qui tranche les questions paraît préférable, malgré les sacrifices qu'elle impose et les chances qu'elle fait naître, à une paix trompeuse et grosse de menaces et de périls. Les signataires de la déclaration du 12 mai ajoutaient à cet argument général un argument particulier. Les rapports renaissants de l'Europe avec la France étaient, d'après le texte positif du dernier traité, subordonnés à la cessation du pouvoir de Bonaparte. Son abdication avait été le point de départ et la condition *sine quâ non* du traité de Paris. La France, en supposant qu'elle fût libre, unie, et que son vœu fût pleinement constaté, ne pourrait, sans violer ce traité et sans changer complétement sa situation vis-à-vis de l'Europe, revenir sur une déchéance irrévocable, objet d'engagements publics et réciproques. Elle n'avait pas le droit de refaire à elle seule ce qu'elle avait détruit de concert avec l'Europe. Une adhésion formelle de la France au rétablissement de Bonaparte équivaudrait à une déclaration de guerre aux puissances. Donc tout ce qui s'était passé depuis le débarquement de Bonaparte au golfe Juan n'avait pas virtuellement changé de droit sa position vis-à-vis des puissances; elle était identiquement la même qu'après son abdication.

La seconde question était résolue dans le même sens. L'offre de ratifier le traité de Paris était appréciée comme étant au fond l'offre de le refaire; loin qu'il n'y eût rien de changé, en effet, tout l'était au contraire, les personnes qui demandaient à être reçues parties intervenantes au traité, comme la situation. La question de droit disparaissait donc, et l'on se trouvait en face d'une question d'appréciation et d'intérêt politique. La substitution de garantie proposée par Bonaparte était inacceptable. « L'homme qui proposait de ratifier le traité du 30 mai 1814 était le même qui, pendant quinze ans, avait ravagé l'Europe au moyen d'un système de guerre perfidement entremêlé de suspensions d'armes pendant lesquelles il préparait de nouvelles entreprises. C'est ainsi qu'il s'était emparé du Piémont, de Parme, de Gênes, de Lucques, des États de Rome, de la Hollande et des territoires entre le Rhin et l'Elbe, et qu'il avait formé par des empiétements successifs ce qu'il appelait le grand Empire. C'est à la faveur d'une paix semblable, du moins avec le continent, qu'il commença l'envahissement du Portugal et de l'Espagne, avec un mélange d'astuce et d'audace à l'aide duquel il espérait achever la conquête de ces deux pays sans prévoir la résistance héroïque et désespérée qui allait devenir le signal du salut de l'Europe. Aujourd'hui le même homme, au moment où il vient d'usurper de nouveau le trône auquel il avait solennellement renoncé, n'a d'autre garantie à offrir à l'Europe que sa parole. Qui aurait la témérité, après quinze années d'une cruelle expérience, d'accepter cette garantie? Avec un semblable gouvernement, cette prétendue paix ne serait qu'un état provisoire et précaire rempli d'incertitude, d'anxiété et de périls, pendant lequel l'Europe alarmée ne cesserait de prévoir et d'attendre une nouvelle agression. Une guerre immédiate et ouverte valait mieux. »

Ainsi l'Europe, qui n'avait pas voulu avoir avec Napoléon des rapports diplomatiques et personnels, répondait publiquement à ses paroles publiques. Il avait fait dire par le conseil d'État que rien n'était changé; elle répondait que tout l'était, et elle en exposait la raison. Bonaparte proposait de ratifier le traité du 30 mai; elle lui répondait que par son retour de l'île d'Elbe il l'avait rompu. Bonaparte déclarait qu'il voulait rester en paix avec l'Europe; il montrait la justice assise sur les frontières des États et leur servant seule de gardienne; l'Europe, en résumant l'histoire sanglante du passé qui donnait un si cruel démenti à ces paroles, répondait que la réapparition de Bonaparte sur le trône de France, malgré sa promesse solennelle, équivalait à une déclaration de guerre; qu'il n'y avait jamais eu, qu'il n'y avait pas de paix possible avec lui, et qu'on préférait commencer dès aujourd'hui cette guerre inévitable que de l'attendre. Ainsi tous les rapports se trouvaient rompus; la guerre existait de fait comme de droit; il ne s'agissait plus que de savoir qui frapperait les premiers coups.

Le comité des huit puissances signa ce manifeste, auquel adhérèrent tous les États coalisés, au nombre de seize. Parmi les signatures des plénipotentiaires, on remarqua celle de M. de Talleyrand, qui acceptait ainsi la situation nouvelle faite à Louis XVIII. Il crut devoir expliquer ainsi la nouvelle position créée au roi de France : « Vous remarquerez, écrivit-il aux agents du Roi à l'étranger, que l'Europe ne se présente pas comme faisant la guerre pour le Roi et sur sa demande, mais qu'elle la fait pour elle-même, parce que son intérêt le veut, parce que sa sûreté l'exige; c'est l'exacte vérité, et c'est aussi ce qui est le plus convenable pour le Roi et, de plus, favorable à sa cause. » Il était exact que les puissances rendaient leur langage plus conforme à leurs dispositions vraies, en déclarant qu'elles faisaient la guerre pour elles-mêmes et non pour le rétablissement des Bourbons. Mais il était douteux que la situation nouvelle valût mieux pour les Bourbons et pour la France que celle qui résultait du traité du 25 mars. En effet, l'indifférence réelle de plusieurs de ces puissances, l'indifférence apparente de toutes, à l'endroit de la Restauration, devait avoir pour effet inévitable d'encourager les intrigues du parti révolutionnaire, qui nourrissait l'espoir peu sensé d'exclure à la fois Bonaparte et les Bourbons, et de rendre plus difficile un dénoûment cependant nécessaire, si la fortune des armes prononçait contre Napoléon. En outre, dans cette supposition, les coalisés, ne se présentant plus en alliés du roi de France, mais en ennemis et en vainqueurs, pouvaient user plus rigoureusement de la victoire.

Louis XVIII et son conseil avaient été vivement frappés des inconvénients de cette modification, et, avec les habiletés du langage diplomatique, M. de Jaucourt avait rédigé deux notes, l'une destinée à l'Angleterre en particulier, l'autre à toutes les puissances indifféremment, dans lesquelles il avait essayé de faire toucher du doigt, et de prévenir, s'il était possible, les fâcheuses conséquences de cette mesure : « Les hautes puissances contractantes, était-il dit dans la première de ces notes, paraissent évidemment s'être imposé l'obligation, non de faire recevoir à la France telle ou telle forme de gouvernement, puisque la forme de gouvernement qu'elle veut et doit conserver y est invariablement et légalement fixée, mais de soutenir par les armements les droits du gouvernement légitime contre Bonaparte et son parti. La déclaration de Son Altesse Royale le prince régent n'a pour objet que de manifester le véritable sens des articles 4 et 8 du traité du 25 mars, et non d'infirmer cette conséquence naturelle des stipulations qu'il renferme. Sa Majesté Très-Chrétienne est d'autant plus empressée d'adresser cette réponse à Son Altesse Royale le régent d'Angleterre, que toute autre interprétation jetterait l'opinion publique dans une dangereuse incertitude. Ce n'est, en effet, qu'en proclamant les droits de Sa Majesté que les puissances signataires du traité peuvent se présenter comme alliées de la France, à laquelle elles garantissent ainsi son indépendance, tandis que, soit en rétablissant l'autorité royale sans proclamer cette intention, soit en ne se proposant qu'un but éventuel et indéterminé, elles autoriseraient toutes les défiances et provoqueraient toutes les oppositions. »

A la date du 23 avril, une note rédigée dans le même sens était adressée à toutes les puissances. On y faisait observer « que le Roi était intervenu au traité du 25 mars; que par l'acte même de cette intervention, provoquée par les cabinets, il avait exercé un droit de souveraineté dont cette invitation serait la reconnaissance la plus authentique, lors même que des rapports politiques non interrompus ne constitueraient pas suffisamment les rapports dans lesquels Sa Majesté se trouve avec toutes les puissances. Il est également à remarquer que l'article 1er du traité, contenant l'engagement formel de *préserver contre toute atteinte l'ordre des choses si heu-*

reusement établi en Europe, et l'article 3, par lequel les hautes parties contractantes s'obligent *à ne pas déposer les armes avant que l'objet de la guerre, désigné dans l'article 1er, ait été atteint*, seraient sans objet s'ils ne se rapportaient à l'entreprise de Napoléon Bonaparte contre les droits légitimes de Sa Majesté Très-Chrétienne, laquelle ne pouvait être invitée à donner son adhésion qu'autant que le traité serait dirigé, ainsi que l'exprime l'article 8, contre Napoléon Bonaparte et ses adhérents. »

Cette réserve faite, dans l'intimité des rapports diplomatiques, à l'occasion des clauses interprétatives du traité du 25 mars, ne changeait pas l'état extérieur de la question. Comme l'écrivait le prince de Castelcicala au comte de Blacas : « Ces limitations embrouillaient les idées dans les têtes, et l'on comprenait mal que s'il était permis de faire la guerre pour ôter un pays des mains d'un usurpateur, il ne fût pas permis de la faire pour lui rendre son souverain légitime. »

Louis XVIII ne put pas longtemps douter que les puissances étrangères, en prenant cette position nouvelle, se réservaient vis-à-vis de lui et de la France une latitude d'action qui devait tourner au détriment du gouvernement royal et du pays. En effet, dans la première position que les grandes puissances avaient prise, elles se présentaient comme les alliées du Roi et de la France contre une insurrection militaire qui, sans changer de droit le gouvernement du pays, l'avait, contre son vœu, livré à une dictature armée. La question restant ainsi posée, les factions de l'intérieur n'avaient aucun espoir de faire prévaloir une intrigue contre un principe, après la chute de Napoléon, et la situation territoriale de la France demeurait fixée par le traité de Paris, sans qu'elle eût à appréhender

---

1. Lettre du prince de Castelcicala datée de Londres, 27 avril 1815.

aucune diminution de territoire. Mais, d'après les modifications introduites à l'occasion des ratifications, la question du gouvernement restant au moins en apparence indécise et contestable, même aux yeux des alliés de Louis XVIII, les espérances et les menées des factions intérieures se trouvaient autorisées, et les puissances ne demeuraient plus engagées à maintenir à la France l'intégrité du territoire qui lui avait été reconnu par le traité de Paris. Cette dernière conséquence ne fut pas longtemps douteuse pour le roi Louis XVIII, car il apprenait par une lettre confidentielle écrite de Londres, à la date du 17 mai, par le prince de Castelcicala au comte de Blacas, que le comte d'Aglié avait signé avec le duc de Wellington un traité de subsides, au nom du roi de Sardaigne, pour un effectif de quinze mille hommes, et qu'on avait dit à ce prince « qu'il pouvait les porter en Savoie quand les hostilités commenceraient, et reprendre les parties de ce duché qui avaient été cédées à la France par les stipulations du traité de Paris [1]. »

Ainsi, en même temps qu'on cessait de considérer la royauté de Louis XVIII comme incontestable, on cessait de considérer la France comme amie, les stipulations territoriales du traité de Paris comme obligatoires, et l'on rétrécissait déjà par les conventions militaires arrêtées avec le roi de Sardaigne, les frontières qui, en 1814, avaient été fixées à notre pays.

Le moment est venu d'expliquer le revirement de l'Autriche qui amena cette modification dans l'attitude de l'Europe. Le duc d'Otrante, dont on a vu la main apparaître partout depuis le commencement des Cent-Jours, avait noué aussi une partie

---

[1]. Le prince de Castelcicala, en donnant cette nouvelle, ajoutait : « Je vous confie ceci avec toute réserve, en vous priant que ceci reste entre vous et le Roi. » Puis, il indiquait le chiffre du subside : « L'Angleterre donne au roi de Sardaigne 11 livres sterling 2 schellings pour chaque homme par an, pour quinze mille hommes. » (*Papiers politiques* de M. de Blacas.)

à Vienne. Des émissaires clandestins, M. de Montrond, M. de Saint-Léon, avaient cherché en son nom à faire entrer dans une de ses trames M. de Metternich. L'audace de Fouché croissant avec les embarras de l'Empereur, il osa concevoir l'espoir et le projet d'arrêter les armées coalisées sur les frontières, comme il avait arrêté la prise d'armes de la Vendée, en se chargeant de mettre un terme au second Empire par des moyens intérieurs. Il proposait de contraindre Napoléon à abdiquer si les coalisés renonçaient de leur côté au rétablissement des Bourbons. On ne saurait scruter les intentions des hommes, mais ce qu'il y a de certain, c'est que M. de Metternich ne repoussa pas les ouvertures de Fouché. Que ce fût, comme on l'a dit, pour séparer le parti républicain de l'Empereur, pour désintéresser les constitutionnels, pour ébranler même le dévouement des bonapartistes en leur montrant une chance distincte de celle de Napoléon, ou que le cabinet autrichien fût réellement disposé à accepter en France toute espèce de gouvernement, excepté celui de Bonaparte, toujours est-il que M. Werner, accrédité par M. de Metternich pour se rencontrer à Bâle en Suisse avec l'émissaire de Fouché, déclara de la manière la plus formelle que l'Autriche était prête à accepter en France le gouvernement du fils de Napoléon, celui du duc d'Orléans, ou même un gouvernement fédératif, au choix de ceux qui arracheraient à l'Empereur son abdication. Ce fait est demeuré hors de doute, parce que l'Empereur, qui soupçonnait les trames de Fouché, et qui, au milieu de ses embarras et de ses occupations, était encore obligé de soutenir une guerre de police et de contre-police avec son ministre, surprit le secret de cette négociation clandestine. Un de ses hommes de confiance, M. Fleury de Chaboulon, qui était allé le chercher à l'île d'Elbe, se rendit à Bâle, muni du mot de passe et des signes de reconnaissance saisis sur un émissaire, et se mit en relation avec M. Werner, qui, le croyant envoyé par Fouché, lui communiqua les dispositions de M. de Metternich[1]. L'Empereur sut donc, à ne pouvoir pas en douter, que son ministre entretenait une correspondance secrète avec Vienne, et que l'objet de cette correspondance était de le forcer à abdiquer. Il eut avec lui une vive explication, que le lendemain il racontait en ces termes à M. de La Vallette, en lui laissant ignorer toutefois la manière dont il avait surpris le secret de Fouché : « Je soupçonnais, dit-il, que le misérable était en correspondance avec Vienne. J'ai fait arrêter un commis banquier qui arrivait de cette ville ; il a avoué qu'il avait apporté à Fouché une lettre de Metternich, et que la réponse devait être envoyée à une époque fixée à Bâle, où un homme attendrait le porteur sur le pont. J'ai fait venir Fouché l'autre jour, je l'ai tenu trois heures dans mon jardin, espérant que, dans une causerie intime, il me parlerait de cette lettre : il ne m'a rien dit. Enfin hier au soir j'ai ouvert l'entretien sur ce sujet. Je lui ai montré la lettre et je lui ai dit posément : *Vous êtes un traître. Pourquoi rester ministre de la police, si vous voulez me trahir ? Il ne tiendrait qu'à moi de vous faire pendre, et tout le monde applaudirait.* Il m'avoua effectivement qu'il avait reçu cette lettre, mais qu'elle n'était pas signée et qu'il la regardait comme une mystification, et il me l'a montrée ; or cette lettre était évidemment une réponse dans laquelle on lui déclarait de nouveau

---

[1]. C'était le 11 mai que cette conférence à Bâle avait lieu. M. Werner donnait à M. Fleury de Chaboulon des assurances entièrement conformes à celles qui devaient être insérées dans la déclaration du 12 mai. « Nous entrâmes sur-le-champ en matière, dit M. Fleury de Chaboulon. — J'ai rapporté à M. de Metternich, me dit M. Werner, la conversation franche et loyale que j'ai eu l'honneur d'avoir avec vous. Il s'est empressé d'en rendre compte aux souverains alliés, et les souverains ont pensé qu'elle ne devait rien changer à la résolution qu'ils ont prise de ne jamais reconnaître Napoléon pour souverain de la France, et de n'entrer personnellement avec lui dans aucune négociation ; mais, en même temps, je suis autorisé à vous déclarer formellement qu'ils renoncent à rétablir les Bourbons sur le trône et qu'ils consentent à vous accorder le jeune prince Napoléon. »

qu'on ne voulait plus entendre parler de l'Empereur, mais que sans lui, on s'accorderait sur tout le reste. »

Deux jours après, La Valette eut occasion de voir Fouché, qui, présumant que l'Empereur lui avait parlé de la scène de l'avant-veille, lui adressa négligemment ces paroles que nous avons déjà en partie citées : « L'Empereur, dit-il, s'aigrit de la résistance qu'il rencontre et s'en prend à moi. Il ne sait pas que je ne suis fort que par l'opinion publique. Demain, je pourrais faire pendre devant ma porte vingt personnes que l'opinion repousse, et je ne pourrais faire mettre en prison pendant vingt-quatre heures une seule personne que l'opinion favorise. » Cette menace de gibet, revenant à deux jours de distance dans la bouche de Napoléon et dans celle de Fouché, frappa profondément le serviteur de l'Empereur. Après avoir fait ce rapprochement, il laisse échapper une parole qui a la valeur d'une révélation et qui achève de caractériser ce temps et la situation déplorable que Napoléon était venu chercher de si loin et à travers tant de périls. « Je réfléchis au mot de l'Empereur sur Fouché, ajoute-t-il, et je trouvai singulier le rapprochement de ces deux propos. Le maître pouvait faire pendre son ministre aux acclamations publiques, et celui-ci faire pendre.... que sais-je? jusqu'au maître lui-même avec le même succès! Je crois que l'un et l'autre avaient raison, tant l'opinion publique, si juste à l'égard de Fouché, s'était égarée à l'égard de l'Empereur [1]. »

Si M. de Metternich, en accueillant l'idée de l'abdication de Napoléon et celle de la libre disposition du trône de France laissée à ceux qui l'obligeraient à renoncer au pouvoir, avait voulu diviser les esprits et désorganiser la résistance, il avait atteint son but. Cette idée de l'abdication ne cessa d'occuper les esprits pendant le mois de mai. Les serviteurs même les

---

1. *Mémoires de La Valette,* tome II, page 184.

plus dévoués de l'Empereur auraient désiré qu'il abdiquât en faveur de son fils, tant son maintien au pouvoir paraissait impossible ! — « J'étais aussi de cet avis, dit La Valette, mais de la part de Fouché ce conseil n'était pas sans danger pour celui auquel il le donnait. Puisqu'il avait été repoussé, il était du devoir du ministre ou de ne plus y penser, ou de donner sa démission. » Ainsi La Valette lui-même aurait voulu que l'Empereur abdiquât ! Tout le monde le désirait autour de lui, et cela se comprend. On était déjà las de son pouvoir en 1814. On aurait trouvé commode de reprendre, au moyen de son retour de l'île d'Elbe, la chance de régence qui souriait à tant d'esprits dix mois auparavant, et de remplacer le despotisme solitaire de l'Empereur par une oligarchie impériale ; d'autant plus heureux, qu'au lieu de se sacrifier à l'Empereur comme il fallait le faire s'il restait au pouvoir, c'était l'Empereur, lui-même qu'on sacrifiait aux ambitions qu'il avait si longtemps reléguées sur le second plan de la scène.

Cette idée, qui réussissait dans l'entourage même de Napoléon, devait encore bien mieux réussir dans le parti constitutionnel. Ce parti, on l'a vu, jouissait, par la protection de Fouché, qui, en le protégeant ainsi avait ses desseins, d'une liberté à peu près absolue en matière de presse. Il en profita pour répandre et vulgariser l'idée de l'abdication. Deux écrivains que nous avons déjà rencontrés et qui continuaient à user largement de la liberté qu'on était obligé de leur laisser, MM. Dunoyer et Comte, exprimèrent hautement cette pensée dans *le Censeur*, dont la vogue était grande à cette époque : « Si Napoléon abdiqua en 1814, disaient-ils, pour prévenir la guerre civile et mettre un terme à la guerre étrangère, pourquoi en 1815, lorsque la guerre civile est près d'éclater et que la France est menacée de l'invasion de tous les peuples de l'Europe, retient-il sa puissance ? Sa patrie lui est-elle moins chère cette année que l'année dernière, ou une abdication en faveur des Bourbons lui semble-t-elle préférable à une abdication en faveur de son fils ? »

Ainsi l'idée de l'abdication faisait son chemin. On la rencontrait aux Tuileries, dans le conseil même de l'Empereur, dans la presse, partout. Si la résistance absolue de Napoléon empêchait cette idée de prévaloir actuellement, elle était entrée dans les esprits, et elle devait apparaître dès que les circonstances la favoriseraient. Déjà les partis et les politiques faisaient leurs calculs dans cette prévision. Chacun s'habituait à séparer sa cause de celle de Napoléon. On acceptait d'avance, on sollicitait même le sacrifice qu'il n'offrait pas encore. Dans la situation où se trouvaient la France et les puissances européennes, il y avait quelque chose de grave dans cette disposition.

Au milieu de ces préoccupations, une nouvelle de mauvais augure vint attrister encore Napoléon. Murat, avec l'impétuosité naturelle de son caractère, n'avait pas écouté les conseils de temporisation que lui faisait parvenir l'Empereur, même avant son arrivée à Paris. Le 31 mars, ce compromettant auxiliaire avait appelé l'Italie aux armes par un manifeste daté de Rimini, où il lui promettait l'indépendance : « Italiens, disait-il, vous avez été jadis les maîtres du monde, et vous avez expié cette gloire par vingt siècles d'oppression. Mettez aujourd'hui votre ambition à ne plus avoir de maîtres. Des mers, des montagnes inaccessibles, voilà votre limite. Il s'agit de décider si l'Italie sera libre, ou si vous accepterez la servitude étrangère. J'appelle à moi tous les braves de l'Italie. » Commençant ainsi la guerre pendant que Napoléon protestait encore de sa ferme résolution de maintenir la paix, Joachim Murat s'avança vers le Milanais en s'emparant de Modène, après avoir repoussé une division autrichienne commandée par le général Bianchi. En même temps des corps détachés de son armée occupaient Rome et Florence, et le pape, rentré la veille dans ses États, était obligé d'en sortir en fugitif. Ainsi, à peine Napoléon était-il de retour en France que les agitations et les bouleversements de l'Europe recommençaient. L'Autriche alarmée fit, dit-on, offrir à Murat de lui garantir le royaume de Naples en Italie s'il voulait se joindre à la coalition. Mais le beau-frère de l'Empereur, plein du souvenir des dangers qu'avait courus sa frêle royauté dans le congrès de Vienne, enivré en outre d'un succès facile obtenu par surprise, et exalté par les cris de *Vive Joachim l'Italique ! Vive l'indépendance italienne*, répondit fièrement : « Il est trop tard, » et continua à marcher en avant avec une armée brillante, mais sans solidité et sans cohésion. L'Autriche, tout en négociant, avait fait filer à la hâte des troupes vers l'Italie. Au milieu du mois d'avril, le général Bianchi était en état de prendre l'offensive, et aucune des espérances de Murat ne s'était réalisée. Le soulèvement, au lieu d'être général, n'avait été que partiel ; cette mobilité d'esprit qui, dans la même année, lui avait fait abandonner Napoléon pour l'Autriche et l'Autriche pour Napoléon, éloignait de lui toute confiance. On n'avait foi ni dans son caractère, ni dans sa capacité, et plusieurs allaient même jusqu'à l'accuser d'avoir dénoncé à l'Autriche les menées des partisans de l'indépendance de l'Italie à l'époque de son intimité avec le cabinet de Vienne. Quoiqu'il eût marché vers le Pô, l'Italie du Nord, c'est-à-dire la partie la plus belliqueuse de la Péninsule, ne bougea pas. Dès lors son entreprise était manquée. Le général Bianchi, vainqueur une première fois près d'Occhio-Bello, força l'armée napolitaine à repasser précipitamment la Secchia pour se diriger vers Bologne. Vivement suivi dans sa marche rétrograde par le général Niepperg, tandis que le général Bianchi était allé l'attendre à l'entrée des États romains dans une forte position, sur les hauteurs de Tolentino, Murat attaqua dans ses retranchements ce dernier, dont les troupes étaient moins nombreuses, avec l'espoir de s'ouvrir une route vers ses États.

La double attaque qu'il tenta successivement à Tolentino, puis, quelques lieues plus loin, à Maurata, échoua. L'armée napolitaine, intrépidement conduite par Murat et un petit nombre d'officiers français, avait mollement suivi cette initiative. Elle se dispersa sans honorer sa facile défaite par son courage et sans ensanglanter la victoire des Autrichiens. Ce fut une déroute. Murat dut fuir à son tour, afin de ne pas rester seul sur ce champ de bataille où personne ne voulait mourir pour lui. Désormais sans armée, sans trésor, sans espérance, il erra quelques jours dans les plaines, et le 19 mai il arrivait seul de nuit à Naples, où il vit pour la dernière fois sa femme, la sœur altière de Napoléon, qui l'avait peut-être précipité par ses conseils dans cette aventureuse entreprise. Les Autrichiens approchaient; il n'y avait pas de temps à perdre si on voulait leur échapper. Dès le lendemain, Murat sortait clandestinement de Naples, où une insurrection commençait à gronder, et se réfugiait à Ischia, d'où un bâtiment marchand le conduisit à Toulon. Peu d'heures après, sa femme, Caroline, parlementait avec le chef de l'escadre anglaise qui stationnait devant Naples, pour obtenir d'être reçue sur un de ses vaisseaux avec quelques-unes des épaves de sa fortune et débarquée à Trieste.

L'arrivée de Murat, ainsi détrôné et fugitif, sur la côte de France, était à la fois pour l'Empereur un fâcheux présage et un échec matériel. Il perdait son unique allié, et la coopération d'une armée qui, arrêtant les Autrichiens en Italie, concourait à défendre de ce côté les frontières de la France. Le maréchal Suchet allait avoir à couvrir cette longue frontière de soixante lieues avec huit mille hommes de troupes de ligne et environ quinze mille gardes nationaux mobilisés, qui devaient occuper les débouchés du mont Blanc, du Simplon, du mont Genèvre, et la lisière du pays de Gex, en ayant pour seconde ligne la Saône, depuis Châlons jusqu'à Lyon qu'on faisait fortifier à la hâte.

Nul événement ne produisit une plus vive et plus pénible impression sur l'Empereur, qui se préparait en ce moment à se rendre au Champ de Mai. Sa propre destinée semblait lui être apparue. Punissant l'ancienne trahison de Murat sur ses malheurs récents, il lui interdit sévèrement de paraître devant lui, et lui prescrivit de demeurer à Toulon. Il craignait la contagion du malheur, et ne voulait pas qu'on vît auprès de lui au Champ de Mai ce vaincu et ce détrôné de mauvais augure.

Au moment même où la catastrophe de Murat parvenait à Paris, les débats du Parlement anglais s'ouvraient sur la question de guerre et de paix, et les élections d'où allait sortir la Chambre des représentants s'achevaient en France. Le 23 mai, en effet, le ministère anglais vint apporter un nouveau message du prince régent, qui demandait aux deux Chambres, non plus d'autoriser des armements de prévoyance, mais « d'accorder leur cordial appui à toutes les mesures qu'il serait nécessaire d'adopter, de concert avec les alliés de S. M., contre l'ennemi commun. » A la Chambre des pairs, lord Liverpool traita la question avec une hauteur de vues et une fermeté de franchise bien rares dans les assemblées politiques. Il établit le droit qu'avait l'Angleterre de faire la guerre en raison de la violation évidente du traité de Fontainebleau, en s'appuyant sur les mêmes motifs qu'avait fait valoir le comité des huit puissances dans son manifeste du 12 mai. Pour établir l'utilité et l'opportunité de la guerre, il allégua que, d'après les autorités militaires les plus compétentes, jamais les chances n'avaient été plus favorables à la coalition dont les forces immenses étaient réunies, et que d'ailleurs, si l'on ne voulait pas faire la guerre, on serait condamné à une paix armée, sans sécurité, sans durée possible, aussi coûteuse, mais plus dangereuse, parce qu'elle épuiserait le pays, sans résoudre le problème ouvert. Il ne cacha point ses sympathies personnelles pour la maison de Bourbon et son vif désir de la voir rétablie sur le trône, et il ajouta que ce n'était pas chez lui purement une affaire de sentiment, mais qu'il voyait dans cet événement la meilleure garantie de repos pour l'Europe. D'après les informations les plus sûres, le nord, le midi et l'ouest de la France étaient complétement favorables à ce dénoûment de la crise européenne. Il reconnaissait du reste que l'Europe n'avait pas le droit d'intervenir pour imposer à un peuple un gouvernement, mais il revendiquait pour elle le droit de s'opposer à l'établissement d'un gouvernement incompatible avec sa tranquillité. L'Angleterre ne voudrait pas encourir la responsabilité d'une politique égoïste, qui entraverait l'effort de l'Europe pour s'affranchir du plus redoutable fléau qui eût pesé sur l'humanité.

Ces paroles exprimaient trop bien les sentiments de cette fière aristocratie qui luttait depuis tant d'années, sur les mers par ses vaisseaux, sur le continent par ses subsides et ses alliances, contre Napoléon, pour qu'on pût les contredire avec quelque chance de succès. Lord Grey l'essaya. Mais le système d'attente qu'il conseillait avait été d'avance battu en brèche par lord Liverpool. L'espoir qu'il donnait de voir la situation nouvelle de Napoléon changer la politique était trop incertain pour dissiper les craintes, que lord Grey augmentait encore en montrant la France animée tout entière de l'esprit de l'armée, et prête à se lever à la voix de Napoléon et de Carnot. Cent voix contre quarante-quatre sanctionnèrent par une adresse la politique du ministère.

La lutte fut plus vive aux Communes, sans que le résultat fût plus douteux. Lord Castlereagh, arrivant par la passion politique jusqu'à l'éloquence, commença par tracer cet effrayant portrait de Napoléon : « Dans l'adversité comme dans la prospérité, il a gardé l'inflexibilité de son caractère. Pour lui, le revers comme le succès n'ont été qu'un point de départ d'où il s'est lancé à de nouvelles entreprises. On dirait qu'il est prédestiné à une incessante activité contre le repos et le bonheur du monde. Au faîte de la fortune, après Tilsitt, il n'a plus d'ennemis ; il vient de s'unir à l'une des maisons royales les plus illustres du continent ; il ne lui reste qu'à s'asseoir et à jouir de sa prospérité : eh bien ! alors même, arrivé, ce semble, au but, il n'est pas moins impatient de son sort, pas moins décidé à ne respecter l'indépendance d'aucun peuple, qu'à son point de départ. Et quand la démence de son ambition l'eut précipité du faîte des prospérités dans un abîme de maux ; quand il fut chassé de la Russie, expulsé de l'Allemagne, vaincu en France, assiégé par d'invincibles difficultés, que fit-il ? Acceptat-il sincèrement un plan de pacification qui, en assurant la tranquillité au monde, l'aurait sauvé lui-même des conséquences de ses propres fautes ? Non, il chercha à gagner du temps pour reprendre son élan contre l'Europe. »

L'intérêt et la passion politique de l'Angleterre trouvèrent un interprète plus éloquent encore dans l'Irlandais Grattan, qui, placé comme un chaînon intermédiaire entre Burke qui n'était plus et O'Connell qui n'était pas encore, semblait tenir de l'un et de l'autre de ces deux grands orateurs. Grattan, qui avait toujours siégé à côté des whigs, renouvela la célèbre scission de Burke brisant avec Fox une amitié de vingt ans, quand la question révolutionnaire vint se poser devant le Parlement. Dès que l'amendement pacifique de lord Cavendish eut été proposé, il se leva pour le combattre, et soutint l'opinion favorable à la guerre avec une puissance de bon sens, une abondance de preuves, un éclat d'images, une variété d'accents et de mouvements oratoires qui, égalant la grandeur de la parole à la grandeur du sujet, mettent son discours au nombre des monuments de l'éloquence parlementaire : « Je désirerais, s'écria-t-il, que la question fût celle de l'alternative entre la paix et la guerre, mais malheureusement pour le pays, et au grand dommage de tout le monde, la paix ne dépend pas de notre choix; la véritable question est de savoir si nous ferons la guerre maintenant que tous nos alliés sont réunis, ou si nous livrerons bataille quand ces mêmes alliés seront dispersés. Le gouvernement français, c'est la guerre. Ses armées vivent pour combattre et combattent pour vivre. Leur constitution a pour essence la guerre, et l'objet de cette guerre est la conquête de l'Europe. Ce qu'un homme tel que Bonaparte, président à une telle constitution, doit faire, nous pouvons en juger par ce qu'il a fait. D'abord, il a pris possession de la plus grande partie de l'Europe, il a fait son fils roi de Rome, son beau-fils vice-roi d'Italie, son frère roi de Hollande, son beau-frère roi de Naples; il a emprisonné le roi d'Espagne, il a banni le roi de Portugal, et formé le plan de conquérir la couronne d'Angleterre. L'Angleterre a fait échec à ses desseins. D'un coup de trident, elle a bouleversé son empire. Il s'est plaint de la tyrannie qu'elle exerçait sur les mers, mais c'était ce pouvoir maritime qui faisait obstacle à sa tyrannie continentale. L'Europe a été sauvée par les flottes de l'Angleterre. Il l'a compris et il s'est dit que la conquête de l'Angleterre était la condition de l'achèvement de la conquête de l'Europe, et la destruction de la marine anglaise la condition de la conquête de l'Angleterre. »

On comprend l'effet de cette pressante éloquence sur le Parlement et sur le pays dont elle reflétait et exprimait les idées, les sentiments, les prévoyances, les haines. Grattan, continuant à réfuter les objections des whigs contre la déclaration de guerre, disait encore en les désignant du geste : « Ces messieurs soutiennent que la force nous manque pour cette lutte, c'est-à-dire que l'Europe coalisée n'est point en état de combattre la France isolée. Si c'est là votre conviction, vous êtes déjà vaincus, vaincus dans votre cœur. Mais ce n'est point là votre conviction, ce n'était pas celle de vos ancêtres; ils croyaient, et ils vous ont transmis, je l'espère, ce sentiment avec leur sang, que les armées de ces îles pouvaient toujours combattre, combattre et vaincre à nombre égal. Voyez maintenant les troupes que vous devez avoir en campagne. On ne peut guère les évaluer, d'après le traité, à moins de six cent mille hommes, sans compter les réserves, qui peuvent être évaluées plus haut. L'empereur d'Autriche seul a une armée de cinq cent mille hommes, dont cent vingt mille avaient été envoyés en Italie contre Murat, maintenant battu. L'Autriche n'est donc plus tenue en échec par Murat, la Prusse par les Saxons, la Russie par la Pologne. Vous avez un général incomparable et des alliés attachés à vous de confiance et de cœur. Passez maintenant la revue de Bonaparte. Il a perdu ses domaines extérieurs; d'une population de cent millions d'hommes il est réduit à une population de vingt-cinq millions. En outre, il a perdu son prestige. S'il a été le destructeur des droits des couronnes, il ne s'est pas montré le réparateur des souffrances populaires et le redresseur des torts. La Suisse n'a pas oublié et toute l'Europe se rappelle sa manière de réformer les abus, et comment sa meilleure réforme était pire que le plus mauvais gouvernement qu'il ait renversé. C'est ainsi qu'il a guéri ses partisans de leur enthousiasme, et qu'il est réduit à ses ressources intérieures. C'est chez lui qu'il doit nourrir ses armées et puiser ses forces, et chez lui il manque d'artillerie, de cavalerie; tout lui manque, l'argent comme le crédit. Mais ces messieurs présument que les Français se lèveront en masse pour lui, dès que nous toucherons leur territoire. Nous sommes déjà une fois entrés sur ce territoire, et ils ne se sont pas levés pour défendre Napoléon; au contraire, ils l'ont déposé : l'acte de déchéance existe, il est acquis à l'histoire. Mais nous voulons, dit-on, imposer un gouvernement à la France. Les armées françaises élisent un conquérant à l'Europe, et notre résistance à ce conquérant s'appellera imposer un gouvernement à la France !... Ah! c'est lui qui a imposé à la France un joug étranger; il a pris aux Français leurs propriétés par la rigueur des taxes, leurs enfants par la conscription; il a ruiné leur puissance, et, chose inouïe jusqu'à ce jour, il a conduit l'ennemi jusqu'aux portes de leur capitale. »

Cette redoutable philippique se terminait par une belle prosopopée où Grattan tournait contre les whigs l'autorité de Fox, leur ancien chef, en leur montrant cet illustre orateur proposant la paix, quand il la proposait, pour empêcher l'établissement en France d'un gouvernement militaire, qu'aujourd'hui Fox aiderait l'Europe à renverser, pour sauver la civilisation du monde et maintenir l'Angleterre au premier rang des nations, d'où elle ne pouvait déchoir sans tomber au dernier.

L'effet de ce discours fut immense au Parlement, dans toute l'Angleterre, en Allemagne où il fut traduit et commenté, en France même où il parvint. Les communes votèrent à une majorité de 331 voix contre 92 l'adresse qui déclarait la guerre. Ces grands débats retentissaient jusqu'à Paris, et un contemporain [1] a raconté que le discours de Grattan, traduit dans un salon devant des partisans de l'Empereur et des membres de la nouvelle Chambre des représentants, qui allait se réunir, produisit sur eux une impression contre laquelle ils essayèrent en vain de se défendre. Ces échos éloquents traversant le détroit avec l'image de l'omnipotence des Communes et la préémi-

---

[1] M. Villemain. — Nous nous sommes aidés de sa belle traduction de plusieurs passages du discours de Grattan. Il ajoute, en rappelant l'effet que produisit la traduction orale de cette harangue, faite probablement par lui même : « Je me rappelle encore l'impression repoussée avec effort, mais vivement sentie, que cette éloquence ennemie faisait sur le loyal et spirituel Arnault, sur Manuel à son début, sur le brillant colonel Brack, lorsqu'un soir, chez la mère de cet officier, un de nous traduisait à haute voix cette terrible harangue. Leurs cœurs étaient engagés au 20 mars par la Révolution ou par l'Empire; mais ce souffle d'outre-mer, ce cri d'indépendance pour les peuples et de liberté pour les citoyens les troublait comme un reproche, et ils n'y trouvaient de réponse que dans l'espoir des institutions à fonder sous l'Empire. » (Les Cent-Jours, page 219.)

nence de la tribune sur le trône, de la parole sur l'épée, venaient enflammer les esprits d'une émulation dangereuse pour Napoléon, en présentant aux orateurs et à la Chambre des représentants elle-même, dans la crise où l'on entrait, l'idée de ce rôle souverain que les communes remplissaient en Angleterre.

Pendant que le Parlement d'Angleterre donnait ainsi son acquiescement à la guerre, tout se préparait en France pour le Champ de Mai. L'acceptation individuelle de l'Acte additionnel se poursuivait dans les secrétariats d'administration et les greffes; les colléges électoraux se réunissaient pour nommer les membres de la Chambre des représentants. Les soixante-sept départements qu'on eut le temps de recenser jusqu'au 31 mai, donnèrent un million deux cent quatre-vingt huit mille trois cent cinquante sept votes affirmatifs en faveur de l'acte additionnel, et quatre mille deux cent six votes négatifs; l'armée et la flotte avaient en outre été appelées à voter[1]. Ainsi la très-grande majorité s'était abstenue.

Parmi les votes négatifs, il y en eut de motivés. Un homme d'un cœur intrépide, M. Florian de Kergorlay[2], fit distribuer publiquement les motifs de son refus d'adhérer à l'acte additionnel : « L'article 67, disait-il, viole la liberté des citoyens français, en ce qu'il prétend les empêcher d'exercer le droit qu'ils ont de proposer le rétablissement de la dynastie des Bourbons sur le trône. Je proteste contre cet article, parce que je suis persuadé que le rétablissement de cette dynastie est le seul moyen de rendre le bonheur aux Français. » M. de Rosambo émit et publia un vote motivé à peu près de la même

---

1. « Il y eut 205,000 votes de l'armée de terre et 21,100 de l'armée de mer. »
2. Ce fut le même qui, dans la première année du règne de Louis-Philippe, fut cité devant la Chambre des pairs pour avoir protesté, dans un écrit très-énergique, contre son avénement, et en faveur des droits du duc de Bordeaux.

manière. Dans plusieurs départements, des protestations aussi hardies se produisirent. M. de La Fayette adhéra à l'Acte additionnel, sous le bénéfice de la proclamation de la souveraineté du peuple, et sauf des réserves qu'il formulerait en temps et lieu. Il y eut des votes négatifs jusque dans l'armée. Le lieutenant général Bourmont, quoique commandant une division de l'armée du Nord, refusa d'adhérer à l'Acte additionnel. Les bataillons de guerre du 1er régiment d'infanterie légère, en garnison à Condé, se refusèrent unanimement à l'acceptation du même Acte, à la suite d'un ordre du jour signé par le colonel, M. Despans-Cubières, et la plus grande partie de l'état-major [1]. La liberté finissait par naître de l'impuissance où se trouvait le pouvoir de rien empêcher. L'Empereur, depuis le mauvais accueil qu'avait reçu l'Acte additionnel, avait à peu près renoncé à résister à cette fièvre d'indépendance qui entraînait les esprits. La convocation d'une Chambre de représentants, le droit de nommer les présidents des colléges électoraux transféré aux électeurs malgré l'article de l'Acte additionnel qui le réservait à l'Empereur, tous les actes de cette époque attestent cette résignation forcée à un mouvement d'idées plus puissant que lui. Il ajournait toutes les questions à la première bataille gagnée.

Le nombre des électeurs qui se présentèrent pour nommer les membres de la Chambre des représentants fut petit. Les

---

1. On trouvera cet ordre du jour *in extenso* dans *les Derniers Jours de la grande armée*, par le capitaine Mauduit, tome II, page 390. En voici un passage : « Officiers, sous-officiers et soldats, votre opinion est libre, mais votre chef n'hésite pas à vous donner l'exemple d'un refus fondé sur la conservation des droits que, comme citoyens, nous ne nous laisserons jamais ravir. L'on vous a dit que la noblesse ne s'acquérait jamais que par des services rendus, qu'elle n'était pas transmissible, et l'on vous propose l'hérédité des pairs!... L'on se contente d'une addition à l'ensemble incohérent des Constitutions de l'Empire, et cette addition est présentée à une acceptation pure et simple, sans avoir été soumise à aucune discussion... »

calculs les plus favorables [1] le portent à la moitié du nombre effectif, et les auteurs de ces calculs ne sont pas éloignés d'admettre que les électeurs de département qui nommaient les députés ne dépassèrent pas beaucoup le tiers des électeurs inscrits. Si cela est vrai pour une partie des colléges, il y en eut où l'on fut loin d'obtenir même cette minorité. Manuel, entre autres, fut nommé par quatorze électeurs dans le département des Basses-Alpes. A Bordeaux, les députés furent élus par seize électeurs [2]. Dans les Bouches-du-Rhône, six députés furent nommés par treize électeurs. [3] Le général La Fayette, il en convient lui-même, ne trouva que soixante-dix-neuf électeurs pour concourir à son élection dans le collége départemental de Seine-et-Marne, qui aurait dû en compter deux cents. Enfin, il y eut jusqu'à vingt-neuf départements qui ne furent pas représentés. Si l'on ajoute à cela que c'était le corps électoral à vie de l'Empire qui avait été appelé à voter, on aura l'idée d'une assemblée partielle et partiale peu autorisée à se donner comme la représentation exacte et complète de la France [4]. Il faut se rappeler aussi dans quelles circonstances

1. « Les critiques ont dit que les électeurs de département n'auraient offert qu'entre la moitié et le tiers de leur nombre effectif. Leur calcul des électeurs d'arrondissement a été plus vague, parce qu'au fait ils ont été plus nombreux; mettons en tout la moitié des électeurs de la France... Dans le fait, lorsque les électeurs sont avertis à temps, lorsque chacun d'eux n'étant ni exclu ni molesté est même admis à faire toutes les réserves qui lui conviennent, il vaut mieux qu'un département soit représenté par les suffrages d'un moindre nombre d'électeurs que s'il ne l'était pas du tout. » (*Mémoires de La Fayette*, page 430.)

2. « On m'écrit de Bordeaux, à la date du 25 juin, que l'esprit est toujours le même. On ne s'est pas rendu aux colléges électoraux. Les députés ont été élus par seize électeurs. » (Lettre de M. Lainé au comte de Blacas. Amsterdam, 17 juin 1815.)

3. *Histoire du gouvernement parlementaire*, par M. Duvergier de Hauranne, tome III, page 2.

4. Il importe de mentionner ici les dérogations apportées par l'Acte additionnel à la loi électorale du premier Empire. Les colléges de département nommés par le collége électoral à vie de l'an X, parmi les six cents plus imposés du département, nommèrent deux cent trente-huit députés, au lieu de présenter seu-

ces élections eurent lieu. La guerre civile était allumée dans l'Ouest; la plupart des départements du Midi ployaient sous la pression d'une minorité violente et armée, et, dans toute la France, les gens timides, par indifférence ou par crainte, les royalistes, par répugnance pour le serment à l'Acte additionnel et aux Constitutions de l'Empire imposé au moment du vote, s'abstenaient de prendre part aux élections. Trois influences les dominèrent, celle de Napoléon et celles de Fouché et de Carnot. Mais les deux dernières, aidées par l'esprit du moment, l'emportèrent sur la première. On avait envoyé dans les départements des commissaires extraordinaires choisis dans certaines nuances. Leur mission était d'agir sur les esprits dans le sens de l'acceptation de l'Acte additionnel, et d'amener des élections favorables au gouvernement impérial. On remarquait sur cette liste les noms de MM. Bedoch et Dumolard, qui avaient fait partie de la dernière Chambre des députés et avaient sans cesse mêlé, dans les discussions, l'expression de leur dévouement pour Louis XVIII à celle de leur attachement pour la liberté politique; ils appartenaient à la nuance du parti constitutionnel qui avait passé à l'Empire avec

---

lement des candidats au choix du Sénat, comme cela avait lieu antérieurement. Les colléges d'arrondissement nommés par le même corps électoral, qui avait la faculté de les choisir en dehors des six cents plus imposés, nommèrent chacun un député, ensemble cent-trente députés. En outre, on avait partagé la France en treize grands arrondissements qui, sur la présentation faite par les Chambres de commerce et les chambres consultatives de manufactures, nommaient vingt-trois députés, dont onze pris parmi les négociants, douze parmi les manufacturiers ou fabricants. Conformément à l'article 89 de l'Acte du 28 floréal an XII, vingt-cinq membres de la Légion d'honneur faisaient de droit partie de chaque collège de département; trente de chaque collège d'arrondissement. Cette adjonction devait exercer une influence sur ces colléges, dont les premiers ne comptaient que deux cents membres, les seconds deux cent cinquante. Il faut ajouter que le nombre des légionnaires adjoints, qui ne devait être légalement que de sept cent trente-trois, fut porté arbitrairement à deux mille cent cinquante, chiffre considérable si l'on vient à se souvenir que la totalité des votants dans les colléges qui nommèrent la Chambre des Cent-Jours ne dépassa pas sept mille sept cent soixante-dix-neuf. Ces chiffres ont été relevés par M. Clausel de Coussergues.

Benjamin Constant. Les anciennes assemblées de la Révolution étaient représentées par les noms de Boissy d'Anglas, Thibaudeau, Quinette, Rœderer ; le parti impérialiste par le duc de Padoue, le baron de Sussy et quelques autres. L'impulsion donnée aux élections par les commissaires était donc triple, au lieu d'être une ; mais l'impulsion donnée par les circonstances et par le courant des idées l'emporta beaucoup sur celle donnée par les hommes. L'Empereur avait saisi la France dans un mouvement d'expansion, ici libérale, là révolutionnaire, qui continuait dans les Cent-Jours et pénétrait jusque dans le corps électoral de l'Empire, comme il avait pénétré dans l'armée. En outre, les électeurs dévoués aux opinions royalistes, les indifférents et les alarmés, s'abstenant de paraître dans les colléges, il ne restait que le parti constitutionnel avancé et les anciennes nuances de la Révolution, qui, naguère disciplinées par la forte main de l'Empereur, reprenaient leurs instincts primitifs depuis que la pression qui les contenait avait diminué. Après le 18 brumaire, il les conduisait ; elles l'entraînaient maintenant. On vit une fois de plus jusqu'à quel point les circonstances venant à changer changent les hommes. Les colléges électoraux de l'Empire, qui avaient nommé si longtemps des députés dociles au moindre signe du maître, envoyaient des représentants choisis dans les nuances plus ou moins prononcées de l'opposition, et les adresses que ces représentants étaient chargés de porter au Champ de Mai contenaient toutes des vœux de liberté et des protestations contre le pouvoir absolu, presque toutes des leçons adressées à l'Empereur, quelques-unes des reproches.

La majorité des élections fut donc faite dans le sens du constitutionnalisme avancé et de l'esprit révolutionnaire. Regnault de Saint-Jean-d'Angely, Boulay de la Meurthe, Defermon, le duc de Plaisance, aide de camp de l'Empereur et fils de l'architrésorier, et quelques autres noms impérialistes passèrent. Lucien Bonaparte, qui s'était mis sur les rangs, fut nommé dans le département de l'Isère, à titre d'ancien républicain, aussi bien qu'à titre de frère de l'Empereur. Mais ce n'était là qu'une faible minorité. Le général La Fayette et son fils, Lameth, Lanjuinais, Dumolard, Flaugergue, Durbach, Bedoch, appartenant à la minorité constitutionnelle, furent élus. MM. Lafitte, Delessert, Roy, Manuel, Dupont (de l'Eure), Dupin l'aîné, encore sans antécédent politique, se produisirent pour la première fois sur la scène parlementaire. On vit aussi reparaître d'anciens conventionnels : Garnier (de Saintes), Garreau, ainsi que Merlin (de Douai); enfin Cambon et Barrère, deux noms sinistres, dont le premier rappelait la banqueroute et l'autre la guillotine. Si ce n'était pas une Chambre d'opposition absolue, c'était au moins une Chambre de défiance que le corps électoral de l'Empire envoyait à l'Empereur, et ce qui était le plus redoutable pour lui, une Chambre composée d'hommes qui, fatigués de leur repos et depuis longtemps descendus de la scène politique ou empressés d'y monter, étaient impatients d'y jouer un rôle.

L'idée du Champ de Mai faisait partie d'un programme que l'Empereur avait été obligé d'abandonner peu à peu sous la pression de l'opinion. Dans l'origine, il voulait présenter l'Acte additionnel à l'approbation du corps électoral seulement, et sans aucune délibération préalable. C'était une acclamation qu'il demandait pour produire un effet d'opinion sur l'armée, sur le pays, et par contre-coup sur l'Europe. Mais l'ascendant des idées dominantes avait été si grand, qu'il s'était cru obligé de soumettre l'Acte additionnel à l'approbation individuelle de tous les citoyens, et que, malgré sa répugnance prévoyante, il avait été amené à convoquer une Chambre des représentants. La réunion du corps électoral en Champ de Mai paraissait dès lors un hors-d'œuvre. Il n'y renonça point cependant.

Il avait un goût naturel pour ces cérémonies. En outre, il voulait agir sur la Chambre des représentants, dont il craignait à l'avance l'esprit, par la manifestation qu'il espérait, au Champ de Mai, obtenir du corps électoral, de l'armée, de la population. La cérémonie, d'abord fixée au 26 mai, fut remise au 1ᵉʳ juin. On devait y proclamer le résultat du scrutin ouvert sur l'Acte additionnel.

Certes, les circonstances au milieu desquelles cette grande réunion prenait place étaient graves, alarmantes et douloureuses. Les dernières espérances de paix s'étaient évanouies. Le congrès de Vienne venait de repousser toutes les ouvertures, et le Parlement d'Angleterre avait, par ses dernières délibérations, commencé la guerre en votant les subsides destinés à en payer les frais. Un million de soldats étrangers étaient en marche vers notre frontière, sur le Rhin, sur les Alpes, du côté de la Belgique. Les armées européennes prenaient leur poste de combat. Napoléon n'avait plus d'alliés; le seul qui suivît sa fortune, Murat, mis en déroute après quelques jours de campagne, venait, on l'a vu, d'aborder la côte de France en fugitif, et il avait en vain offert à l'Empereur la dernière chose qui lui restât, et la meilleure de toutes celles qu'il eût jamais possédées, son épée. L'Empereur renonçait évidemment lui-même à prolonger dans le pays l'illusion qu'il avait depuis longtemps perdue, si jamais il l'avait eue. Il ne pouvait plus cacher l'approche de la guerre, dont les échos de toute l'Europe annonçaient l'imminence; il l'annonçait lui-même en appelant aux frontières cent trente mille hommes de la garde nationale mobile que Carnot venait d'instituer, et en donnant les derniers ordres pour les fortifications de Paris. Enfin il allait rompre le silence et répondre à la déclaration de guerre de l'Europe.

On avait échafaudé à la hâte au Champ de Mars, ce théâtre de la fédération du 14 juillet 1790 et de tant d'autres drames révolutionnaires, une décoration éphémère, fragile, comme tout ce qui allait paraître sur cette scène. Une estrade surmontée d'un trône était adossée au grand balcon de l'École militaire : c'était là que l'Empereur devait prendre place avec sa cour, le ministère, les maréchaux. Un hémicycle couvert, où dix mille personnes pouvaient s'asseoir, faisait face au trône; la rotonde qui s'élevait au centre était réservée au corps électoral et aux députations de l'armée et de la flotte. Des tribunes étaient assignées à la Chambre des représentants et à tous les grands corps de l'État. Entre l'enceinte et le trône était dressé un autel. L'armée et la population, qui représentaient le chœur des tragédies antiques, devaient remplir l'immense arène. Vingt mille hommes de troupes de ligne, des députations de tous les corps de l'armée, arrivées en poste la veille et qui devaient repartir en poste le lendemain, tant l'ouverture des hostilités paraissait prochaine! enfin trente mille hommes de la garde nationale, étaient l'élément militaire de cette cérémonie; l'intérêt et la curiosité devaient y attirer tout Paris.

Les acteurs ne manquaient donc pas au Champ de Mai : ce qui manquait, c'était un grand sentiment, une grande pensée qui fît battre tous ces cœurs à l'unisson; l'unité manquait au drame. L'Empereur, le corps électoral, la Chambre des représentants, la population, l'armée, arrivaient avec des aspirations différentes. Pour la plupart, ce n'était qu'un spectacle; spectacle étrange! Carnot, ancien membre du comité de salut public, était sur les marches du trône, comme un allié exigeant, un surveillant sévère, à côté de Fouché, l'homme au double visage ; et la vieille Révolution, que Napoléon avait naguère domptée et enchaînée à son char comme ces empereurs romains qui se faisaient traîner par des tigres, avait brisé sa chaîne et venait le regarder en face par les yeux de Cambon, de Barrère, en attendant que la fortune le lui livrât et lui permît de mettre la main sur son ancien maître. Plusieurs des serviteurs les plus dévoués et les plus intelligents de Napoléon avaient insisté auprès de lui pour que, dans ces circonstances suprêmes, en présence des dispositions de l'opinion, il renonçât au faste des cours orientales, dont il aimait à s'entourer, et qu'au moment de partir pour l'armée, il se présentât au Champ de Mai à cheval, revêtu de cet habit militaire qui rappelait les plus belles pages de sa vie [1]. Ce conseil semblait dicté par une saine appréciation de la situation de Napoléon et de l'état des esprits. On était dans une de ces extrémités où Louis XIV écrivait au dernier général de sa dernière armée cette lettre à la fois si simple et si grande, si grande parce qu'elle était simple : « Si vous êtes battu, écrivez-le-moi à moi seul; je traverserai Paris à cheval, votre lettre à la main, et je vous conduirai cent mille Français pour m'ensevelir avec eux sous les ruines de la monarchie. » Le grand roi, malgré l'appareil ordinaire dont il aimait à marcher entouré, avait compris que c'est à cheval qu'il faut se présenter à la France quand on va l'appeler tout entière aux armes. Napoléon ne le comprit pas. Ceux qui ne sont pas nés sur le trône tiennent plus obstinément à cette représentation de la majesté royale, qu'ils prennent pour la majesté même, et l'Empereur, par la même pensée qui lui avait fait défendre les Constitutions de l'Empire contre Benjamin Constant, défendit, contre ses serviteurs les plus intelligents et les plus dévoués, les décorations de la puissance impériale. Il lui semblait sans doute que déposer le manteau et la toque, marcher sans cour, sans pages, sans chambellans, à cheval, au lieu d'être en carrosse d'apparat, c'était un commencement d'abdication : il s'attachait aux signes, comme s'il eût senti que la réalité le quittait.

On le vit donc, le 1er juin, se diriger vers le Champ-de-Mars dans un carrosse à huit chevaux, entouré de tout l'appareil de

---

1. Thibaudeau, *Histoire de l'Empire*.

sa puissance, comme un monarque qui va recevoir des hommages. Grands officiers de la couronne, chambellans, pages, hérauts d'armes, rien ne manquait à son faste et à son cortége. Il y eut un mouvement de surprise ironique dans la foule, d'étonnement chagrin dans l'armée, quand on vit Napoléon coiffé d'une toque surmontée de plumes, et traînant derrière lui les plis d'un manteau de velours violet, gravir les degrés de l'estrade et s'asseoir sur le trône qui dominait le Champ de Mars. Le contraste de cette scène de théâtre avec les réalités de la guerre terrible qui se préparait aux frontières frappait tous les esprits. A partir de ce moment, l'effet qu'on s'était promis de la cérémonie du Champ de Mai fut manqué. Le clinquant de mauvais goût dont étincelait l'entourage de l'Empereur achevait de détruire tout prestige. Ses trois frères, Lucien, Joseph et Jérôme, avec leur manteau de taffetas blanc brodé d'or, et Cambacérès traînant un manteau bleu parsemé d'abeilles, excitaient les railleries de la population et les murmures de l'armée. La cérémonie commença par la célébration de la messe ; l'archevêque de Tours, assisté de l'archevêque de Bourges et de deux autres évêques, était à l'autel. L'Empereur avait cherché à donner des satisfactions à tout le monde dans la cérémonie du Champ de Mai ; cette messe, par laquelle elle s'ouvrait, était destinée à complaire au clergé et aux catholiques, éloignés du second Empire par la politique qui avait marqué les dernières années du premier. Mais ce qui était destiné à complaire au clergé déplaisait à la Révolution. La messe, qui n'était qu'une cérémonie de plus dans cette cérémonie, fut à peine écoutée par cette cohue officielle et par les députations, qui tournaient le dos à l'autel [1]. Quand elle fut terminée, on vit se détacher de la foule qui faisait face au trône une députation de cinq cents électeurs. Lorsqu'elle fut

---

1. *Mémoires de La Valette*, tome II, page 188.

au pied de l'estrade, M. Dubois (d'Angers), son organe, lut d'une voix retentissante une adresse rédigée la veille et revue et adoucie dans la nuit par Cambacérès et Chaptal. Cette adresse, écrite d'un style déclamatoire, entre les fanfares belliqueuses de l'Empire et les échos sonores de l'ancienne tribune révolutionnaire, ne ménageait ni les menaces à l'Europe, ni les injures aux Bourbons, ni les leçons à l'Empereur. « Sire, disait l'orateur, le peuple français vous avait décerné la couronne; vous l'avez déposée sans son aveu; ses suffrages viennent de vous imposer le devoir de la reprendre. Un contrat tout nouveau s'est formé entre le trône et la nation. Rassemblés de tous les points de l'Empire autour des tables de la loi où nous venons inscrire le vœu du peuple, seule source légitime du pouvoir, il nous est impossible de ne pas faire retentir la voix de la France, dont nous sommes les organes immédiats, de ne pas dire en présence de l'Europe au chef auguste de la nation ce qu'elle attend de lui, ce qu'il doit attendre d'elle. Que veut la ligue des rois alliés? Comment avons-nous motivé leur agression? Nous ne voulons pas du chef qu'ils veulent nous imposer, et nous voulons de celui dont ils ne veulent pas.... On nous menace d'une invasion. Ne craint-on pas de nous rappeler des temps et un état de choses naguère si différents et qui pourraient encore se reproduire? Serait-ce la première fois que nous aurions vaincu l'Europe armée contre nous? »

L'orateur de la députation prenait acte ensuite de la promesse vague faite par l'Empereur de soumettre les Constitutions de l'Empire à la révision des Chambres, et lui donnait le caractère d'un engagement formel. Il termina par cette phrase, d'une adulation vulgaire, substituée par Cambacérès et Chaptal à une autre phrase, où la louange déguisait à peine une récrimination et une leçon : « Un trône relevé par les étrangers s'est écroulé devant vous, parce que vous nous rapportez de la retraite, qui n'est féconde en grandes pensées que pour les grands hommes, tous les errements de notre véritable gloire, toutes les espérances de notre véritable prospérité [1]. »

L'archichancelier proclama alors le résultat des votes, et les hérauts d'armes annoncèrent que le peuple français acceptait l'acte additionnel. On apporta une table devant le trône, l'archichancelier, car aucun détail de l'étiquette impériale ne devait être omis, prit une plume, la mit dans les mains de Joseph Bonaparte, qui la présenta avec les marques d'un profond respect à Napoléon; celui-ci apposa sa signature sur l'Acte additionnel. Aussitôt les tambours battirent un ban, et l'Empereur se leva pour parler. L'attente était générale. A l'exception des personnes initiées au secret de ce qui allait se passer, tous attendaient l'annonce d'un grave événement : les plus simples, la nouvelle de l'arrivée de Marie-Louise et du roi de Rome ; les hommes les plus ardents de la Révolution, l'abdication de l'Empereur et l'établissement d'une magistrature républicaine à la nomination du peuple ; les amis de la paix, une abdication de l'Empereur en faveur du roi de Rome, qui préviendrait la guerre; les plus fanatiques partisans de Napoléon, une prise de possession de la dictature qui permettrait de la faire, après avoir déclaré la patrie en danger. Tous furent trompés. Au lieu d'un acte que semblait commander la situation, il n'y eut que des paroles habilement choisies, prononcées avec un accent ému, mais qui manquèrent leur effet à Paris et en France, parce qu'on attendait autre chose :

« Empereur, consul, soldat, je tiens tout du peuple. Dans la prospérité, dans l'adversité, sur le champ de bataille, au conseil, sur le trône, dans l'exil, la France a été l'objet unique et constant de mes pensées et de mes actions. Comme ce roi d'Athènes, je me suis sacrifié pour mon peuple

---

1. La commission avait rédigé ainsi la phrase : « Nous nous sommes ralliés à vous, Sire, parce que nous avons espéré que vous nous rapporteriez de la retraite toute la fécondité des repentirs d'un grand homme. »

dans l'espoir de voir se réaliser la promesse de conserver à la France son intégrité naturelle, ses honneurs et ses droits. L'indignation de voir ces droits sacrés, acquis par vingt années de victoires, méconnus et perdus à jamais, le cri de l'honneur français flétri, les vœux de la nation, m'ont ramené sur ce trône qui m'est cher, parce qu'il est le palladium de l'indépendance, de l'honneur et des droits du peuple.

« En traversant, au milieu de l'allégresse publique, les diverses provinces de l'Empire pour arriver dans ma capitale, j'ai dû compter sur une longue paix; les nations sont liées par les traités de leurs gouvernements, quels qu'ils soient. Ma pensée se portait alors tout entière sur les moyens de fonder notre liberté par une constitution conforme à la volonté et à l'intérêt du peuple. — J'ai convoqué le Champ de Mai.

« Je n'ai point tardé à apprendre que les princes qui ont méconnu tous les principes, froissé l'opinion et les plus chers intérêts de tant de peuples, veulent nous faire la guerre. Ils méditent d'accroître le royaume des Pays-Bas, de lui donner pour barrière toutes nos places du Nord, et de concilier les différends qui les divisent en se partageant la Lorraine et l'Alsace.

« Il a fallu se préparer à la guerre. Lorsque nous aurons repoussé ces injustes agressions, une loi solennelle, faite dans les formes voulues par l'Acte constitutionnel, réunira les différentes dispositions de nos constitutions aujourd'hui éparses.

« Français! vous allez retourner dans vos départements. Dites aux citoyens que les circonstances sont grandes; qu'avec de l'union, de l'énergie, de la persévérance, nous sortirons victorieux de cette lutte d'un grand peuple contre ses oppresseurs. Dites-leur que les rois que j'ai élevés sur le trône, ou qui me doivent la conservation de leur couronne; qui tous, au temps de ma prospérité, ont brigué mon alliance et la protection du peuple français, dirigent aujourd'hui leurs coups contre ma personne. Si je ne voyais que c'est à la patrie qu'ils en veulent je mettrais à leur merci cette existence contre laquelle ils se montrent si acharnés. Mais dites aussi aux citoyens que, tant que les Français me conserveront les sentiments d'amour dont ils me donnent tant de preuves, cette rage de nos ennemis sera impuissante. Français! ma volonté est celle du peuple, mes droits sont les siens; mon honneur, ma gloire, mon bonheur, ne peuvent être que l'honneur, la gloire et le bonheur de la France. »

Les dernières paroles de ce discours, où l'Empereur conservait ce rôle de convention qu'il s'était donné depuis son retour, excitèrent des acclamations parmi le petit nombre de personnes à portée de les entendre; la chaîne électrique qui s'établit dans les multitudes transmettant cette impression de proche en proche, des acclamations s'élevèrent dans les rangs plus éloignés. Mais la plupart se demandaient, en applaudissant, ce qu'avait dit l'Empereur, et chacun interprétait selon ses vœux ou ses opinions ce bruit vague et lointain qui arrivait à peine à ses oreilles. Parmi les électeurs, il y en eut qui remarquèrent que Napoléon gardait son chapeau sur la tête en parlant à l'assemblée, et lorsqu'après son discours il jura sur les Évangiles, qui lui furent présentés par l'archevêque de Bourges agenouillé devant lui, d'observer et de faire respecter la Constitution, ces formes hautaines, souvenirs du premier Empire, choquèrent les esprits comme un anachronisme. « On ne vit dans l'Empereur qu'un despote, a dit un des serviteurs les plus dévoués de Napoléon, présent à cette scène; la représentation du Champ de Mai eut peu de succès, parce qu'elle fut mal annoncée. Le temps manquait à l'Empereur; l'imagination du peuple n'était pas préparée; l'influence des patriotes n'eut pas le temps de s'exercer, ou plutôt on ne savait où les trouver; ceux qui avaient commencé la Révolution étaient morts ou vieillis et retirés des affaires; ceux de 93 étaient en mépris; les bonapartistes étaient peu estimés : toujours ils avaient reçu et souvent ils avaient abusé; il n'y avait vraiment là de respectable que les militaires, mais tous étaient mécontents et humiliés. Des gens d'ailleurs pleins de mérite et d'expérience répétaient : *Nous ne voulons plus de sénatus-consulte, plus de Corps législatif muet, plus d'arbitraire, plus de maître enfin, il nous faut un modérateur et rien de plus.* La magistrature était ennemie; tous ces juges s'accommodaient mieux de Louis XVIII que de l'Empereur; sous un prince faible, ils avaient une véritable autorité, mais sous l'Empereur il fallait obéir. Tous les chefs et les employés de l'administration publique étaient dans une fausse position; ils voyaient bien que nous recommencions une nouvelle révolution, où tout allait être remis en question. Enfin l'impression de la première invasion était loin d'être effacée, et l'imagination encore troublée en redoutait une seconde [1]. »

Telles étaient les influences qui, suivant l'opinion d'un observateur suspect d'une partialité plutôt favorable que contraire, agissaient sur les esprits et empêchèrent le succès de la cérémonie du Champ de Mai. Cependant il y eut un instant d'émotion profonde et d'enthousiasme partiel, mais vrai. Quand l'Empereur eut prêté serment à la Constitution, il descendit du trône, et debout, sans manteau, il vint se placer sur la première marche d'une estrade pyramidale qui s'élevait au milieu du Champ de Mars, et qui se couvrit à l'instant de toutes les personnes de sa suite. Les ministres de l'intérieur, de la guerre et de la marine, se présentèrent alors devant lui, tenant trois aigles destinées à la 1re légion de la garde nationale, au 1er régiment de ligne et au 1er corps de marine. Napoléon jeta alors d'une voix vibrante ces paroles aux masses armées qui l'écoutaient :

« Soldats de la garde nationale de l'Empire, soldats des troupes de terre et de mer, je vous confie l'aigle impériale aux couleurs nationales. Vous jurez de la défendre au prix de votre sang contre les ennemis de la patrie ! Vous jurez de mourir tous plutôt que de souffrir que les étrangers viennent dicter la loi à la patrie ! »

Un formidable cri sortit alors de ces poitrines militaires : « Nous le jurons ! » Les bras étaient étendus, on entendit un bruit d'armes se mêler à cette acclamation guerrière, comme cet applaudissement armé en usage chez nos ancêtres dans de pareilles cérémonies. L'accent, le geste, l'attitude de ces vaillantes troupes laissèrent un ineffaçable souvenir aux témoins de cette scène ; on sortait du convenu, du fictif, du théâtral,

1. *Mémoires de La Valette*, tome II, page 187 et 188.

pour entrer dans la vérité. Ceux qui saluaient ainsi César allaient mourir pour lui.

Le défilé des députations des différents départements commença. Elles se succédaient devant l'estrade pour recevoir les drapeaux qui leur étaient destinés. Napoléon redevenu lui-même et semblable au génie de la guerre, leur jetait des paroles ardentes à mesure qu'elles passaient. Il disait aux départements des Vosges : « Vous êtes mes anciens compagnons. » A ceux du Rhin : « Vous avez été les premiers et les plus courageux et les plus malheureux dans nos désastres ; » aux départements du Rhône : « J'ai été élevé au milieu de vous ; » à d'autres : « Vos phalanges étaient à Rivoli, à Arcole, à Marengo, à Austerlitz [1]. » Quand la garde impériale passa : « Soldats de la vieille garde, s'écria-t-il, vous jurez de vous surpasser vous-mêmes dans la campagne qui va s'ouvrir! vous jurez de périr tous plutôt que de souffrir que l'étranger vienne dicter des lois à la patrie! » Ils le jurèrent, et ce serment-là du moins fut tenu.

Ce fut le seul épisode de cette journée qui présentât un caractère de vérité et de grandeur. Tout fut faux et par conséquent froid dans le reste. Ces vaines pompes de l'Empire que Napoléon étalait à côté des servitudes révolutionnaires qu'il était obligé de subir, ces protestations d'un amour peu sincère pour la liberté politique et la Constitution que la nécessité plaçait dans sa bouche grimaçante, et ces serments de fidélité non moins hypocrites par lesquels les constitutionnels et les révolutionnaires répondaient à ses propres serments, il y avait dans toute cette scène quelque chose de contradictoire et de contraint qui choquait les esprits et glaçait les cœurs. Il le sentit lui-même : l'effet qu'il avait voulu produire était manqué. Les électeurs se plaignaient d'avoir été appelés à Paris pour en-

---

1. *Mémorial de Sainte-Hélène.* — *Mémoires de La Valette.*

tendre deux discours et un recensement incomplet; l'esprit d'opposition des représentants éclatait dans leur conversation. L'Empereur imagina de donner une grande soirée dans les galeries du Louvre splendidement décorées, pour tâcher de modifier l'impression produite par le Champ de Mai et reconquérir les esprits dissidents. Là, affable, causeur, populaire, tout à tous, comme lorsqu'il voulait séduire, il parla de la révision de l'Acte additionnel par les corps délibérants, comme d'une chose nécessaire et convenue, et fit de nouveaux pas sur ce terrain de la liberté politique où il s'avançait de plus en plus par des concessions de paroles, sans trouver confiance pour ses intentions réelles. L'impression de ses interlocuteurs resta la même. Les électeurs convoqués au Champ de Mai repartirent tristes et alarmés, et allèrent reporter dans leurs départements la nouvelle que le retour de Napoléon rallumait la guerre européenne et qu'elle donnait peu de garanties à la liberté politique.

C'était aussi l'impression de la Chambre des représentants dont la session allait s'ouvrir. Dès son premier acte, elle montra l'opposition dont elle devait être animée. L'Empereur avait espéré d'abord que la Chambre choisirait pour président son frère Lucien, et c'était dans cet espoir qu'il avait suspendu la publication de la liste des pairs, pour se réserver la faculté d'y comprendre Lucien, s'il n'était pas appelé à la présidence. Puis il avait songé à Merlin, de Douai, alors procureur impérial, à la candidature duquel il avait fallu renoncer à cause du souvenir du rôle qu'il avait joué le 18 brumaire. Les ministres ne cachèrent pas les desseins de l'Empereur à la Chambre. Elle n'y répondit pas, et les voix se portèrent de prime abord sur trois noms d'opposition, La Fayette, Lanjuinais et Flaugergues. Lanjuinais, le courageux défenseur des Girondins dans la Convention, l'opposant du Sénat sous l'Empire, tant que l'opposition fut tolérée, et l'un des cinq rédacteurs de l'acte de déchéance de Napoléon en 1814, fut d'un commun accord élu dans la séance du 4 juin, malgré le bruit accrédité par les ministres que l'Empereur n'accepterait pas cette nomination [1]. Dans le premier moment d'emportement, Napoléon se laissa aller à dire, quand on lui communiqua le choix de l'assemblée, qu'il ferait connaître à la Chambre sa réponse par un chambellan. Ces paroles excitèrent une espèce d'émeute dans l'assemblée. Il fallut qu'il les retirât et qu'il les expliquât en alléguant un malentendu. Les choix des vice-présidents ne furent pas moins significatifs. La Chambre nomma La Fayette, Flaugergues et le général Grenier.

Ces nominations achevaient de caractériser la situation. Carnot et Fouché dans le ministère, Lanjuinais et La Fayette à la tête de la Chambre, c'était, on peut le dire, la mise en surveillance politique de Napoléon, ici votée par la Chambre, là acceptée par lui-même. Il fallut qu'il déguisât son profond dépit. Il reçut Lanjuinais, qu'il avait d'abord parlé d'exclure. Il l'embrassa, et lui demanda seulement s'il était bonapartiste ou bourboniste ; ce à quoi celui-ci répondit qu'il était *patriotiste*. C'était dire en face à l'Empereur qu'on aspirait dans la Chambre à défendre la patrie sans maintenir les Bonapartes et sans recevoir les Bourbons. A chaque instant il survenait quelque nouveau motif de mésintelligence, comme il arrive entre gens qui s'inspirent des défiances mutuelles. La liste de la nomination des pairs n'avait point encore paru dans le *Moniteur*, on a vu le motif de ce retard. La Chambre des représentants manifesta le désir de la connaître. L'Empereur fit répondre qu'elle ne serait arrêtée qu'après l'ouverture de la session. Ce fut encore l'occasion d'une explosion de mécontentement, et M. Dupin l'aîné proposa d'ajourner, jusqu'à ce que la liste demandée eût été communiquée, la constitution définitive de l'assemblée.

---

1. *Mémoires du général La Fayette*, tome V, page 443.

La liste des pairs parut le 6 juin. L'Empereur avait essayé de contre-balancer le mauvais vouloir qu'il avait toujours prévu dans la Chambre des représentants, en créant une Chambre des pairs sur le dévouement de laquelle il pût compter. Il y fit entrer Labédoyère, qu'il venait de nommer général pour prix de sa conduite devant Grenoble ; ses vieux compagnons de l'île d'Elbe, Bertrand, Drouot, Cambronne, et en général tous ceux qui, dans le parti bonapartiste proprement dit, avaient des titres plus ou moins bien établis à siéger dans une assemblée héréditaire. Mais il avait été obligé d'y introduire les hommes de la Révolution, représentés par Pontécoulant, Carnot, Fouché, Sieyes et Thibeaudeau. Puis, comme le personnel bonapartiste ne suffisait pas, il avait bien fallu prendre un certain nombre d'anciens sénateurs qui, pairs de Louis XVIII, consentaient à redevenir pairs de Bonaparte ; les hautes notabilités militaires et quelques grands propriétaires dont la place était marquée dans une Chambre haute. Les bonapartistes en majorité, les révolutionnaires en minorité, et, comme complément, les notabilités militaires et les grands propriétaires indifférents, telle était la composition de la Chambre des pairs, par contraste avec celle de la Chambre des députés, où les partis se balançaient en proportion inverse. L'Empereur exprimait lui-même la difficulté qu'il avait éprouvée à former cette Chambre des pairs, en disant : « J'ai eu peu de choix entre les anciennes fortunes, toutes ennemies, et les nouvelles, souvent réputées avides et honteuses. » De nobles refus, qui doivent être rappelés comme une consolation pour la conscience publique, au milieu de cette époque de variations et de palinodies, vinrent avertir Napoléon qu'il y avait encore des cœurs assez hauts pour résister aux séductions du succès. Le maréchal Macdonald, le dernier qui lui fût resté fidèle après l'abdication de Fontainebleau, déclina l'offre de la pairie.

Les moments étaient précieux. L'Empereur avait hâte de

partir pour l'armée. Il comprenait qu'au dedans il ne trouverait ni sympathie, ni concours ; sa destinée était à la merci d'une victoire. Il fixa l'ouverture de la session au 7 juin. Cette journée était attendue avec une curiosité impatiente et maligne par le parti révolutionnaire et le parti constitutionnel, qui, après tant d'années, éprouvaient une satisfaction secrète à voir l'ancien dictateur obligé de se réduire devant eux au rôle d'un roi constitutionnel[1]. La veille, M. Dupin, talent net et vigoureux, caractère faible et sans grandeur, qui, déjà célèbre au barreau, commençait sa carrière parlementaire avec ce souffle d'audace contre les pouvoirs faibles ou malheureux, qui s'allanguit et tombe devant la force ou le bonheur, avait proposé à la Chambre de refuser le serment à l'Empereur, attendu que le décret qui le prescrivait ne pouvait avoir force de loi, puisqu'il n'exprimait que la volonté du chef du pouvoir exécutif. M. Boulay (de la Meurthe) combattit vivement cette motion en dénonçant l'existence en France de deux partis, dont l'un était, selon lui, le parti de l'étranger et reconnaissait pour chef les Bourbons, tandis que l'autre était le parti national, et ne stipulait que pour l'honneur et l'indépendance de la France. Il se rangea naturellement dans le second, en disant qu'il prêterait le lendemain serment d'obéissance aux constitutions de l'Empire et de fidélité à l'Empereur. C'était ranger dans l'autre parti tous

---

[1]. On trouve l'expression de ce sentiment dans le passage suivant des *Mémoires du général La Fayette* : « Les premiers symptômes de la nouvelle représentation nationale avaient été indépendants et fiers ; mais on savait que, tandis que Napoléon était obligé de céder aux propositions de ses propres amis, de ses ministres, de son conseil, il n'avait pas encore donné un ordre, écrit spontanément un arrêté qui ne fût une disposition arbitraire. Cette situation ne pouvait que rendre l'ouverture du 7 juin extrêmement *piquante*. » (*Mémoires de La Fayette*, tome V, page 445.)

Cette épithète si singulière, appliquée à la journée où, pour la dernière fois, Napoléon se présentait devant la Chambre avant de livrer la bataille de Waterloo, montre que, même chez les patriotes, la préoccupation exclusive d'un antagonisme politique peut produire une insensibilité relative quant à la situation générale.

ceux qui le refuseraient. Cette espèce de dénonciation, sous forme de déclaration, intimida la majorité de la Chambre, qui écarta, à un grand nombre de voix, la motion de M. Dupin. Mais le lendemain, quand on proposa d'insérer au procès-verbal que la décision avait été prise à l'unanimité, M. le général La Fayette, MM. d'Argenson, Delessert, La Rochefoucauld, Dupin et quelques autres protestèrent, et M. Lanjuinais, opposé lui-même au serment, fit insérer au procès-verbal une déclaration qui spécifiait que « le serment se conciliait de droit avec le devoir de coopérer, selon les formes constitutionnelles, aux changements ou améliorations dont les constitutions de l'Empire étaient susceptibles..» L'Empereur, en apprenant cet incident, s'écria : « Voilà donc La Fayette qui m'a déjà déclaré la guerre [1]. »

Le lendemain, Napoléon se rendait en grande pompe à la Chambre des représentants, précédé de la nouvelle Chambre des pairs et du conseil d'État, que les constitutionnels murmuraient de voir traiter en autorité constituée. Les pairs prirent place à la droite du trône, les représentants à la gauche, et l'Empereur prononça le discours suivant :

« Depuis trois mois les circonstances et la confiance du peuple m'ont revêtu d'un pouvoir illimité. Aujourd'hui s'accomplit le désir le plus pressant de mon cœur; je viens commencer la monarchie constitutionnelle. Les hommes sont trop impuissants pour assurer l'avenir ; les constitutions seules fixent les destinées des nations. La monarchie est nécessaire en France pour garantir la liberté, l'indépendance et les droits du peuple.

« Nos constitutions sont éparses : une de nos plus importantes occupations sera de les réunir dans un seul cadre et de les coordonner dans une seule pensée. Ce travail recommandera l'époque actuelle aux générations futures.

« J'ambitionne de voir la France jouir de toute la liberté possible ; je

---

1. *Mémoires de La Fayette*, tome V, page 445.

dis possible, parce que l'anarchie ramène toujours au gouvernement absolu.

« Une coalition formidable de rois en veut à notre indépendance. Ses armées arrivent sur nos frontières. La frégate *la Melpomène* a été attaquée et prise dans la Méditerranée, après un combat sanglant contre un vaisseau anglais de soixante-quatorze. Le sang a coulé pendant la paix.

« Nos ennemis comptent sur nos divisions intestines. Des rassemblements ont lieu; on communique avec Gand comme en 1792 avec Coblentz. Des mesures législatives sont indispensables ; c'est à votre patriotisme, à vos lumières, à votre attachement à ma personne que je me confie sans réserve.

« La liberté de la presse est inhérente à la Constitution actuelle; on n'y peut rien changer sans altérer tout notre système politique; mais il faut des lois répressives, surtout dans l'état actuel de la nation. Je recommande à vos méditations cet objet important.

« Les ministres vous feront connaître la situation de nos affaires. Les finances seraient dans un état satisfaisant sans le surcroît de dépenses que les circonstances actuelles ont exigées. Cependant on pourrait faire face à tout si les recettes comprises dans le budget étaient toutes réalisables dans l'année, et c'est sur les moyens d'arriver à ce résultat que mon ministre des finances fixera votre attention.

« Il est possible que le premier devoir du prince m'appelle bientôt à la tête des enfants de la nation pour combattre pour la patrie. L'armée et moi nous ferons notre devoir. Vous, pairs et représentants, donnez à la nation l'exemple de la confiance, de l'énergie et du patriotisme, et, comme le Sénat du grand peuple de l'antiquité, soyez décidés à mourir plutôt que de survivre au déshonneur et à la dégradation de la France. La cause sainte de la patrie triomphera ! »

Tandis que l'Empereur parlait, la plupart des représentants qui l'écoutaient surveillaient avec une maligne joie, les récits contemporains en font foi, les efforts qu'il faisait pour assouplir sa parole, sa voix, sa physionomie, son geste au rôle d'un monarque constitutionnel, si nouveau pour lui. Il semblait qu'il fût venu devant les représentants de 1815 faire amende honorable de la scène de l'Orangerie de Saint-Cloud, et il y avait là des hommes de la première révolution qui jouissaient délicieusement de son humiliation présente qui consolait leurs humiliations passées. Quelques-uns d'entre eux se mesurèrent

ADRESSES DES PAIRS ET DES REPRÉSENTANTS.   439

avec lui des yeux et s'enorgueillirent de soutenir son regard [1]. Cette Chambre de 1815 se trouvait tiraillée entre deux tendances contradictoires, qui donnaient à son attitude et à toutes ses démarches quelque chose de contraint et d'équivoque. Elle craignait d'augmenter le pouvoir de Napoléon au dedans parce qu'elle prévoyait qu'une lutte s'ouvrirait entre elle et lui s'il obtenait une victoire; et elle affaiblissait sans le vouloir le général pour ne pas fortifier l'Empereur.

Les sentiments de la Chambre transpirèrent dans la discussion de l'adresse. Un ancien ami de Babeuf, Félix Lepelletier [2]; un de ces révolutionnaires qui mettaient avant tout la haine des Bourbons, se précipitant dans une adulation maladroite, proposa de décerner à Napoléon le nom de *Sauveur* parce qu'il avait délivré la France « de l'esclavage royal. » Une huée immense couvrit cette motion, qui fut rejetée presque à l'unanimité. Deux projets d'adresse avaient été présentés, l'un par Garat, verbeux, laudatif sans réserve; l'autre par M. Durand (de Mareuil), dont les liaisons avec M. de Talleyrand étaient connues; ce projet, plus réservé et plus mesuré, fut appuyé par La Fayette, qui fit ajouter quelques paroles sévères. Il avait, dès le début de la discussion, marqué la situation qu'il

---

[1] « Placé sur son trône, on remarqua dans toute sa figure, dans l'accent de son discours, la contraction violente que sa nouvelle situation lui faisait éprouver. Le muscles de son visage étaient altérés. » (*Mémoires de La Fayette*, tome V, page 446.) La Fayette ajoute dans une lettre adressée à une personne de sa famille : « Vous serez content de son discours, je ne l'ai pas été de sa figure qui m'a paru celle d'un vieux despote irrité du rôle que sa position le force à jouer. Nous sommes restés longtemps près de lui, Flaugergues et moi, pendant qu'on montait en voiture. — Je vous trouve rajeuni, m'a-t-il dit, l'air de la campagne vous a fait du bien. — Il m'en a fait beaucoup, ai-je répondu. Je ne pouvais lui rendre son compliment, car je le trouvais bien changé et dans une contraction de muscles très-extraordinaire. Comme ni l'un ni l'autre ne voulait baisser les yeux, nous y avons lu ce que chacun pensait. » (*Idem*, page 505.)

[2] Frère du conventionnel de ce nom. Ce fut lui qui prononça l'oraison funèbre de Lepelletier de Saint-Fargeau, assassiné par Pâris après son vote dans le procès de Louis XVI.

voulait prendre dans la Chambre, en indiquant le genre d'adresse qu'elle devait présenter par ces mots : « La conduite de l'assemblée va décider si elle sera appelée la représentation nationale ou simplement le club Napoléon. »

Les deux adresses de la Chambre des pairs et de la Chambre des représentants se sentirent naturellement de la composition de ces corps, mais toutes deux portaient la marque de la situation. L'une et l'autre insistaient sur les garanties constitutionnelles, la Chambre des représentants avec moins de ménagements et avec la résolution ouvertement exprimée de perfectionner, c'est-à-dire de reviser la Constitution ; l'une et l'autre, avec la même différence de nuances, exprimaient cette pensée, que la guerre ne devait pas être poussée au delà des sacrifices nécessaires pour conquérir une paix honorable. L'auteur du projet d'adresse de la Chambre des représentants ayant qualifié l'Empereur de grand homme, Lanjuinais y fit substituer l'épithète de héros, en faisant observer avec une naïve malignité que l'expression de grand homme supposait des vertus morales dont l'absence était moins inconciliable avec le nom de héros. L'adresse des pairs se terminait ainsi : « Si le succès répond à la justice de notre cause, la France n'en veut d'autres fruits que la paix. Nos institutions garantissent à l'Europe que jamais le gouvernement français ne peut être entraîné par les séductions de la victoire. » L'adresse des représentants exprimait la même pensée d'une manière plus précise et plus dure : « Aucun projet ambitieux, disaient-ils, n'entre dans la pensée du peuple français ; la volonté même du prince victorieux serait impuissante pour entraîner la nation hors des limites de sa propre défense. »

L'inopportunité de ces précautions prises d'avance contre une victoire si douteuse fit éprouver un mouvement d'impatience à l'Empereur : « L'entraînement de la prospérité, dit-il avec un accent où perçait l'amertume de son âme, n'est pas

le danger qui nous menace aujourd'hui, c'est sous les Fourches Caudines que les étrangers veulent nous faire passer. »
Puis il exprima en quelques mots sa confiance dans le dévouement de la Chambre des pairs ; et, en réponse à cette prévision d'une victoire contre laquelle on se mettait d'avance en garde, il parla du concours sur lequel il comptait en cas de revers. Sa réponse aux représentants fut empreinte d'un double sentiment, celui de l'imminence de la guerre, celui des dangers qu'il appréhendait au dedans. Il y mêla ce parlage constitutionnel que la situation l'obligeait de mettre dans tous ses discours : « Je partirai cette nuit, dit-il, pour me mettre à la tête de mes armées ; les mouvements des différents corps ennemis y rendent ma présence indispensable. Pendant mon absence, je verrais avec plaisir qu'une commission nommée par chaque Chambre méditât sur nos institutions. La Constitution doit être notre étoile polaire....... La crise est forte. N'imitons pas l'exemple du Bas-Empire qui, poussé de tous côtés par les barbares, se rendit la risée de la postérité en s'occupant de discussions abstraites au moment où le bélier brisait les portes de la ville. »

Ces adieux, remplis de tristes pressentiments, furent mal reçus par la Chambre [1]. L'Empereur et l'assemblée, avant de de se séparer, échangeaient des avis et des leçons. L'extrémité des circonstances ne les rapprochait pas, et une défiance réciproque se révélait dans leurs mutuelles paroles. La Chambre appréhendait Napoléon en cas de victoire ; Napoléon appréhendait la Chambre en cas de revers, tous deux avec raison. Au fond, l'un et l'autre demandaient et attendaient un sacrifice, que ni l'un ni l'autre ne voulaient faire. Napoléon qui, pour ressaisir la puissance, n'avait pas craint de livrer aux plus

---

1. « La réponse de l'Empereur est assez mauvaise, comme vous avez pu le voir. » (Lettre de La Fayette à sa famille, tome V des *Mémoires*, page 510.)

graves périls le repos et la sécurité extérieure de la France, demandait à la Chambre de tout oublier pour préserver l'indépendance nationale compromise par son retour, même les hasards que courraient les prérogatives parlementaires et la liberté politique s'il était vainqueur. Une grande partie de la Chambre aurait voulu que Napoléon sacrifiât tout, même son pouvoir, pour laisser à la Chambre le soin de sauver à la fois la liberté politique et l'indépendance nationale, sans oublier ses propres prérogatives.

L'Empereur, au moment de son départ, institua un conseil de gouvernement. Il se composait de ses deux frères, Joseph et Lucien; de ses huit ministres, y compris Cambacérès; des quatre ministres d'État, Defermon, Regnault, Boulay de la Meurthe et Merlin. Il expliqua tant bien que mal ce singulier mélange de membres responsables et irresponsables faisant partie du même conseil, en alléguant l'avantage de pouvoir envoyer devant les Chambres, au lieu des ministres ordinaires, peu habitués aux débats parlementaires, des auxiliaires plus accoutumés à la parole et en outre moins compromettants à cause de leur irresponsabilité. Au fond, il s'efforçait, en encadrant ainsi Fouché, de neutraliser son influence malveillante et malfaisante qu'il se croyait obligé de subir jusqu'à sa première victoire. Retenu par le péril du dedans, attiré par le péril du dehors, il ne pouvait s'empêcher de regarder derrière lui en s'éloignant, et les précautions qu'il prenait étaient loin de le rassurer. Il laissait en partant une Chambre des représentants hostile, une Chambre des pairs timide et impuissante, un conseil de gouvernement dont faisait partie Fouché qu'il avait qualifié de traître et menacé du gibet sans oser le destituer, conseil sur les membres duquel il comptait assez peu pour répondre à Caulaincourt, alléguant pour le suivre à l'armée l'inutilité d'un ministre des affaires étrangères pendant la guerre : « Non, non, Caulaincourt, si je ne vous laissais pas à Paris, sur qui pourrais-je compter? » Le 8 juin, à quatre heures du matin, le 1ᵉʳ régiment de grenadiers et le 1ᵉʳ régiment de chasseurs, qui étaient seuls demeurés à Paris pour accompagner l'Empereur à l'ouverture des Chambres, se mirent en marche vers les frontières. Le 12 juin, à quatre heures du matin, l'Empereur quitta la capitale pour se rendre à l'armée.

Le lendemain de son départ, trois rapports étaient présentés aux Chambres par Carnot, ministre de l'intérieur, Caulaincourt, ministre des affaires étrangères, et Fouché, ministre de la police. L'objet de ces rapports était d'exposer la situation de la France au dedans et au dehors. Carnot décrivait, en les exagérant, les efforts, considérables cependant, faits du 20 mars au 13 juin pour préparer la France à la lutte. Il affirmait les sympathies actuelles du parti républicain pour l'Empereur, affirmation sincère de sa part; seulement il portait à trois cent soixante-quinze mille hommes nos forces disponibles, erreur probablement volontaire et préméditée, destinée à rassurer la France et à alarmer l'ennemi. Caulaincourt s'attachait à enlever aux partisans systématiques de la paix, par l'exposé des actes diplomatiques et des préparatifs des puissances, leurs dernières illusions et leurs dernières espérances, afin de justifier la guerre qui commençait, d'obtenir un effort suprême du pays et une adhésion morale de ceux-là mêmes qui, dans leur formalisme parlementaire, blâmaient l'Empereur de ne pas avoir demandé l'autorisation législative avant de commencer les hostilités. « Croire à la possibilité du maintien de la paix, disait-il, serait aujourd'hui le plus dangereux aveuglement. La guerre nous entoure de toutes parts; et ce n'est plus que sur les champs de bataille que la France peut reconquérir la paix. » On devait conclure du rapport de Caulaincourt qu'il n'y avait plus qu'une ressource pour la France, c'était de se précipiter dans la guerre avec la résolution de vaincre ou de mourir; et de celui de Carnot, qu'on pouvait vaincre. Ces deux rapports se complétaient ainsi l'un l'autre.

Celui de Fouché, au contraire, venait altérer cette confiance. Exagérant les dangers comme Carnot exagérait les forces, il montrait la France non-seulement agitée par des mécontentements intérieurs, mais sillonnée de conspirations redoutables dont Marseille, Toulouse, Bordeaux et les provinces de l'Ouest étaient les foyers incandescents et qui avaient des points de repère du littoral de la Manche à celui de la Méditerranée, à Caen, à Dieppe, au Havre comme à Ploërmel, à Auray, à Toulouse et à Bordeaux. La conclusion ostensible du rapport, c'était qu'il fallait des lois plus sévères pour réprimer les licences de la presse, et circonscrire, c'était l'expression de Fouché, la liberté individuelle. Mais la conséquence morale que devaient tirer au dedans les partis, au dehors l'Europe, d'un rapport qui présentait la situation intérieure de la France avec des couleurs si menaçantes, c'est qu'un gouvernement en butte à une attaque si formidable du dehors et miné par de si grands périls intérieurs ne parviendrait pas à résister.

VII

CAMPAGNE DE 1815 : — LIGNY ET LES QUATRE-BRAS. — WATERLOO.

Le 14 juin, la garde impériale, les premier, deuxième, quatrième et sixième corps d'armée, et les quatre corps de réserve de cavalerie, formant avec la garde un effectif de 128,000 hommes, traînant trois cent quarante-quatre bouches à feu, étaient concentrés en face et à des distances inégales de la Sambre, de Solre-sur-Sambre et Leers-Fosteau à Ham-sur-Heure, et de Beaumont à Philippeville. La gauche, forte d'un peu moins de 45,000 hommes et composée des premier et deuxième corps d'armée sur la rive droite de la Sambre, à Leers-Fosteau et à Solre-sur-Sambre son point extrême, le deuxième corps en tête. Le centre, de plus de 60,000 hommes et formé des troisième et sixième corps d'armée, de la garde impériale, des corps de réserve de cavalerie, sur Beaumont; le troisième corps en première ligne à une lieue en avant et à droite de ce point; les réserves de cavalerie plus à droite vers Walcourt. La droite, d'un peu plus de 15,000 hommes et formée du quatrième corps d'armée et d'une division de cuirassiers, était vers Philippeville; mais une partie de ses forces était encore en arrière. Le quartier général de l'Empereur était à Beaumont, petite ville située sur une éminence à l'entrée de la forêt des Ardennes; c'était, à cette époque, la limite extrême de nos frontières.

Le mouvement de concentration s'était opéré à l'insu de l'ennemi, auquel les quatre corps d'armée formés, le premier à Lille, le deuxième à Valenciennes, le quatrième à Metz, le sixième à Laon, avaient dérobé leur marche. On remarqua cependant, dès le début de la campagne, des désordres et des malentendus qui accusaient peu d'entente et peu d'activité dans l'état-major général. Ainsi le maréchal Grouchy n'avait pas reçu, le 12 juin, l'ordre de se rendre sur l'extrême frontière qu'il aurait dû recevoir huit jours avant; il fallut des marches forcées pour que sa cavalerie atteignît au jour marqué les points des rives de la Sambre sur lesquels devait s'effectuer le passage. Ces dispositions avaient été d'ailleurs prises avec tant de secret que l'armée française était campée à une lieue et demie des Prussiens, dont les grand'gardes n'étaient séparées des siennes que par quelques monticules boisés, sans que ceux-ci soupçonnassent son approche.

Les armées ennemies, à portée de se mettre en ligne le 15 juin, étaient l'armée prussienne sous les ordres du feld-maréchal Blücher, et l'armée dite des Pays-Bas, sous les ordres du duc de Wellington.

L'armée prussienne comptait quatre corps d'armée, composés de cent trente-six bataillons d'infanterie, de cent trente-cinq escadrons et de trente-neuf batteries, réunissant ensemble trois cent douze pièces. Son effectif total était d'environ 117,000 hommes. Le premier corps d'armée, commandé par le lieutenant général Zieten et s'élevant à 32,000 hommes, était aux alentours de Charleroi; le deuxième, commandé par le général Pirch et comptant 31,758 hommes, aux alentours de Namur; le troisième, commandé par le lieutenant général Thielmann et comptant 24,000 hommes, aux environs de Ciney; le quatrième, commandé par le comte Bulow et comptant 31,000 hommes, aux environs de Liége [1].

L'armée anglo-hanovrienne s'élevait à environ 100,000 hommes, conduisant cent quatre-vingt-six bouches à feu et une batterie de fusées. L'aile gauche de cette armée, commandée par le prince d'Orange et s'élevant à 35,095 hommes traînant soixante-quatre bouches à feu, avait ses cantonnements entre Braine-le-Comte et Nivelles; ses points de ralliement étaient Enghien, Soignies, Braine-le-Comte et Nivelles. L'aile droite, commandée par lord Hill et comptant 27,798 hommes avec quarante bouches à feu, avait ses cantonnements aux environs d'Ath, et ses points de ralliement à Bruxelles, Ath, Hall et Gand. La cavalerie de lord Uxbridge, comptant avec son artillerie 12,319 hommes et conduisant trente pièces de canon, se trouvait près de Grammont. Une forte réserve, composée de la cinquième division britannique, des quatrième et cinquième brigades hanovriennes, des contingents de Brunswick et de Nassau et de l'artillerie de réserve, comptant 23,037 hommes et traînant cinquante-deux bouches à feu, était cantonnée autour

---

1. Ce sont les chiffres donnés par Wagner dans *la Campagne de 1815*.

de Bruxelles, où lord Wellington avait son quartier général [1].

Le 15 juin au matin, l'armée anglo-hollandaise étendait encore ses cantonnements dans l'angle obtus formé par les routes de Bruxelles à Charleroi et de Bruxelles à Gand, et elle avait ses avant-postes à la frontière franco-belge. Blücher avait son quartier général à Namur, à seize lieues de Wellington, qui avait pris le sien à Bruxelles. L'armée prussienne se reliait à l'armée anglo-hollandaise sur la rive gauche de la Sambre, à la hauteur de Fontaine-l'Évêque et de Binch, par la division Steinmetz du corps d'armée de Zieten ; mais le corps de Bulow

---

[1]. Le corps du prince d'Orange était composé de la division de Cooke (gardes anglaises, 4,000 hommes), d'Alten (anglaise), de Perponcher (hollando-belge), de Chassé (hollando-belge), quarante bataillons, 25,942 hommes ; de la division de Collaert (hollando-belge), carabiniers, dragons, hussards, vingt-trois escadrons, 3,405 hommes; de cinq batteries à pied, quatre à cheval, génie, waggon-train, etc., 2,198 hommes.

Le corps de lord Hill, des divisions Clinton (anglaise), Colville (anglaise), Stedmann (hollando-belge), brigade d'Anthing (hollando-belge dite Indienne, parce qu'elle était destinée au service des Indes hollandaises). Cette division et cette brigade hollando-belges étaient réunies sous le commandement du prince Frédéric des Pays-Bas. Le corps de lord Hill comptait 24,449 fantassins. La cavalerie, composée de la brigade d'Estorff (hanovrienne), douze escadrons de hussards, 1,277 hommes. L'artillerie, cinq batteries à pied, une à cheval; génie, de 1,472 hommes.

La réserve, qui n'avait pas de commandant en chef, se composait des divisions de Picton (anglaise), Cole (anglaise), contingent de Nassau (brigade de Kruse), trente-trois bataillons, 14,939 hommes ; quatre batteries à pied, 960 hommes; du corps de Brunswick commandé par le duc de Brunswick, huit bataillons, 5,376 hommes ; cinq escadrons de hussards, 822 hommes; deux batteries, une à pied, l'autre à cheval, 460 hommes; de la réserve générale d'artillerie, 480 hommes.

Le corps de cavalerie de lord Uxbridge, des brigades anglaises de grosse cavalerie, Sommerset (gardes du corps et dragons de la garde), Ponsonby (dragons de la ligne), vingt-deux escadrons, 2,605 hommes; brigades anglaises de cavalerie légère (dragons légers, hussards), Dornberg, Vandeleur, Grant, Vivian, Arndtschreudt, quarante-neuf escadrons, 7,908 hommes; cinq batteries à cheval, 1,860 hommes.

L'armée du duc de Wellington comptait 37,700 Anglais, 7,500 hommes de la légion allemande au service de l'Angleterre, 15,800 Hanovriens, 25,000 Hollando-Belges, 4,300 Nassau au service des Pays-Bas, 3,000 Nassau, contingent du duché de ce nom, 6,700 Brunswickois.

s'étendait jusqu'à Liége, à plus de vingt lieues de l'extrême droite de Zieten. Il fallait près d'un jour et demi à Blücher pour réunir les corps de Zieten, de Pirch et de Thielman sur l'une ou l'autre aile, deux jours pour réunir son armée tout entière. Wellington avait besoin d'un jour pour réunir la moitié de son armée sur l'une ou l'autre aile, d'au moins deux jours pour la réunir tout entière.

L'armée française, en passant la Sambre, se trouvait donc dans le voisinage de deux armées ennemies, dont chacune lui était presque égale en nombre, mais elle arrivait sans être attendue, et le plan de Napoléon était de surprendre et de battre l'armée prussienne et de tomber sur l'armée anglaise avant qu'elle eût eu le temps de rallier ses différents corps. Ce plan demandait un grand ensemble et beaucoup de rapidité dans les mouvements des différents corps de l'armée française. L'ordre du jour de l'Empereur, daté du 15 juin, anniversaire de Marengo et de Friedland dont il rappelait la gloire, excitait l'armée à vaincre ou à mourir, en désignant à ses coups ces mêmes Prussiens « battus par un contre deux à Iéna, par un contre trois à Montmirail. »

Ici allait commencer cette suite de contre-temps et de malentendus qui devaient se renouveler trop souvent dans cette rapide campagne pour ne pas se rattacher à une cause générale qu'il importe d'indiquer. Les soldats comme les officiers subalternes étaient tout entiers à la passion militaire; ils étaient pleins d'ardeur et brûlaient d'en venir aux mains. A ces sentiments venait s'ajouter cependant celui d'une colère qui n'était pas ordinaire à l'armée française. La rancune des revers de 1814, le vif et naturel désir de prendre une revanche ne suffisait pas pour expliquer cette violence désespérée dont les troupes étaient animées, et cette résolution de ne point faire de quartier qui circulait de rang en rang. L'armée, par ce brusque mouvement qui, au mépris de ses nouveaux serments, l'avait ramenée du drapeau blanc au drapeau tricolore, se trouvait placée dans une situation exceptionnelle et extrême. Elle sentait instinctivement qu'une défaite, si elle en éprouvait une, ne serait pas pour elle une défaite ordinaire ; ce devait être non-seulement la mort physique d'un plus ou moins grand nombre de soldats, mais la mort morale de l'armée.

Ce sentiment, instinctif chez les soldats, devenait raisonné à mesure qu'on s'élevait dans la hiérarchie militaire. Pour partir du degré le plus haut, Napoléon ne pouvait plus avoir cette liberté d'esprit et d'action si nécessaire à la guerre. La politique venait le troubler jusque dans la méditation de ses plans de campagne[1]. Il tournait malgré lui ses regards en arrière ; les intrigues de Fouché, dont il avait saisi quelques fils sans pouvoir en couper la trame, la malveillance déjà évidente de la Chambre des représentants, son hostilité prévue en cas de revers, l'Ouest en armes, le Midi agité et menaçant, étaient pour lui une source de préoccupations involontaires. En allant chercher des périls au dehors, il tournait le dos à des périls intérieurs non moins graves. C'était sa dernière armée qu'il conduisait, sa dernière bataille qu'il allait livrer ; s'il ne réussissait pas du premier coup, il était perdu, et sa défaite militaire entraînait sa déchéance politique, non-seulement sa déchéance politique, mais sa captivité personnelle, car il ne pouvait plus espérer cet exil libre, indépendant et même souverain qu'on lui avait assuré à l'île d'Elbe après la chute du premier Empire. N'était-il pas regardé par l'Europe comme un ennemi public, et la déclaration du 13 mars ne l'avait-elle pas mis hors les relations civiles et sociales ?

Quelle que soit la fermeté d'esprit d'un homme, il est im-

---

[1]. « Ses regards inquiets se reportaient sans cesse vers Paris. Placé, pour ainsi dire, entre deux feux, il semblait moins redouter les ennemis qu'il avait devant lui que ceux qu'il laissait derrière lui. » (*Mémoires sur les Cent-Jours*, par Fleury de Chaboulon, tome II, page 142.)

possible qu'une situation si désespérée ne réagisse pas sur ses facultés. Quand on perd tout en perdant une bataille, et que les forces qu'on a sous la main sont le dernier enjeu qu'on puisse jeter sur le tapis sanglant de la guerre; quand on laisse derrière soi des périls aussi grands que ceux qui vous attendent aux frontières; quand une victoire ne vous sauve pas, qu'une défaite vous ruine sans retour, et qu'il s'agit non plus de la perte du champ de bataille ou d'un territoire plus ou moins grand, mais de la perte de la couronne et même de la liberté, on ne fait pas la guerre avec la même audace de caractère et la même sérénité de jugement.

Ajoutez à cela que l'Empereur ne pouvait plus avoir dans ses lieutenants la même confiance, et qu'il avait bien moins qu'autrefois la certitude d'être bien servi. La plupart d'entre eux ne l'avaient-ils pas abandonné sans regret dix mois auparavant pour servir le gouvernement provisoire, puis Louis XVIII? Plusieurs, comme le maréchal Soult, ne l'avaient-ils pas flétri de leurs outrages? Quelques-uns, comme le maréchal Ney, ne l'avaient-ils pas violemment poussé à l'abdication de Fontainebleau? Il ne le leur rappelait pas sans doute, mais il ne pouvait l'avoir oublié; et, de leur côté, ils s'en souvenaient. Ce souvenir, qui s'élevait entre eux et lui, était la source d'un embarras mutuel et d'un malaise moral bien funestes dans des circonstances où la confiance doit, comme l'âme de ce grand corps qu'on appelle une armée, répandre dans dans tous les membres la vie et le mouvement qui jaillissent du cerveau et du cœur. En outre, les conceptions de Napoléon vaincu et malheureux en 1814 n'avaient plus la même autorité pour ses lieutenants qu'à l'époque où il avait encore son prestige d'invincible et cette infaillibilité présumée que donnent de constants succès. Il devait donc être nécessairement servi avec moins de dévouement et obéi avec moins d'entrain et de confiance, ce qui ajoutait une chance défavorable de plus aux mauvaises chances de sa fortune.

La situation d'esprit de la plupart des chefs militaires agissant sous ses ordres n'était pas meilleure [1]. Il était impossible que ceux d'entre eux qui, malgré leur serment de fidélité à Louis XVIII, avaient pris une part active à la révolution militaire des Cent-Jours, ne songeassent pas avec inquiétude au lendemain d'une défaite. Quelle serait leur situation devant une nouvelle Restauration ? Quel compte n'auraient-ils pas à rendre de leur conduite ? Ils prévoyaient qu'un revers de l'armée française conduirait les armées européennes à Paris et les amènerait eux-mêmes à la barre d'un conseil de guerre. Jusque dans les bivouacs c'était le sujet de la conversation des généraux [2]. La plupart d'entre eux, hommes d'honneur entraînés plutôt que convaincus par l'Empereur à son retour de l'île d'Elbe, éprouvaient un trouble moral auquel ils n'étaient pas habitués. Ils étaient mécontents des autres et d'eux-mêmes. Avant d'être en présence des juges, ils étaient devant leur conscience, ce juge intime que nous portons en nous. Ney, Labédoyère et tant d'autres, éprouvaient une agitation fébrile qu'ils ne pouvaient cacher. Sans peur, comme toujours, ils n'étaient pas sans inquiétude et sans anxiété, parce qu'ils n'étaient plus sans reproche. Ils se précipitaient dans cette guerre, tête baissée et avec cette impétuosité aveugle et désespérée

---

1. Napoléon en fait lui-même la remarque dans ses dictées de Sainte-Hélène : « Le caractère de plusieurs généraux avait été détrempé par les événements de 1814, dit-il, ils avaient perdu quelque chose de cette audace, de cette résolution et de cette confiance qui avaient tant contribué aux succès des campagnes passées. » (*Mémorial de Sainte-Hélène.*)

2. « Quatre ou cinq généraux (du corps du maréchal Ney) réunis dans une baraque, dit un témoin auriculaire, faisaient de la politique et de la récrimination, devisaient sur les éventualités de la campagne, et se condamnaient à qui mieux mieux à la pendaison en cas de non succès. » *Derniers Jours de la grande armée*, par le capitaine H. de Mauduit, volume II, page 139.)

qui peut ajouter à la violence du choc dans l'action, mais qui diminue les qualités supérieures de l'homme de guerre, le sang-froid, l'appréciation calme et saine des obstacles, l'intelligence raisonnée des ordres, l'appropriation des moyens aux difficultés, la prévoyance, la sérénité et la rectitude du jugement.

Ce trouble moral pénétrait de tout côté dans les rangs de cette armée par des motifs différents. On était dans ces temps difficiles où il est d'autant plus malaisé de faire son devoir, qu'il devient plus malaisé de le connaître. Plusieurs officiers appartenant aux opinions royalistes, entre autres un général de division illustré par sa conduite dans la dernière campagne de France, le comte de Bourmont, avaient demandé du service dans l'armée active, mus par la conviction que les puissances étrangères menaçaient cette fois l'indépendance nationale et l'intégrité du territoire, et que le retour des Bourbons devenait impossible, quel que fût le dénoûment de la lutte. Plus tard, la publication de l'Acte additionnel avec l'article 67, qui proscrivait à jamais les Bourbons du territoire français, l'espoir motivé de les voir revenir et la déclaration des puissances qu'elles n'entreprenaient pas une guerre de conquête, les rejetèrent dans de douloureuses perplexités. Que feraient-ils? Suivraient-ils la voix austère du devoir militaire, qui leur prescrivait d'aller jusqu'au bout dans la route où ils étaient entrés, et de verser jusqu'à la dernière goutte de leur sang pour la défense du territoire et du drapeau qu'ils avaient accepté? Céderaient-ils au contraire à la voix d'un sentiment qui se confondait dans leur conscience avec celle du devoir politique, en leur disant qu'il ne leur appartenait pas de croiser l'épée pour le triomphe d'une cause qui excluait le retour du Roi? Dilemme redoutable, duquel on ne pouvait sortir sans sacrifier un des deux devoirs à l'autre et sans y laisser un lambeau de son cœur. Tant il est nécessaire, dans les crises de ce genre, de prendre dès le début une de ces positions claires et bien tranchées qui n'admettent ni le doute ni l'équivoque, et de subordonner toutes les considérations à l'unité de sa vie et à la netteté de sa situation !

Ainsi, dans le camp français, le trouble moral était partout. Le doute, la perplexité, l'inquiétude, la défiance, le soupçon, une espèce d'agitation fébrile tourmentaient les âmes. Le souvenir de la veille et la préoccupation du lendemain distrayaient les esprits de la tâche de la journée, déjà si difficile et si ardue. En outre, plusieurs des chefs militaires qui avaient été au nombre des plus puissants instruments de Napoléon sur le champ de bataille lui manquaient par des motifs différents. Macdonald, fidèle à ses nouveaux comme naguère à ses anciens serments, avait repoussé toutes les offres de commandement. Berthier, le chef d'état-major habituel de l'Empereur, accoutumé à saisir et à faire exécuter ses ordres, était allé se cacher en Allemagne, et devait bientôt mourir d'une manière tragique, en laissant sa mort inexpliquée. De Bellune, qui conduisait les grenadiers de la garde dans les charges décisives, avait suivi Louis XVIII à Gand. Murat, incomparable pour mouvoir les grandes masses de cavalerie, était retenu loin du camp par un ordre exprès de l'Empereur, qui ne lui pardonnait ni ses infidélités de 1814 ni ses malheurs de 1815, dont il appréhendait la contagion avec la superstition craintive de ceux qui commencent à sentir le souffle de l'adversité. Mortier, malade ou prudent, résignait son commandement la veille de l'entrée en campagne. Ney lui-même, tardivement appelé, comme si l'Empereur n'avait pu se décider qu'à la dernière extrémité à lui confier un commandement, n'arrivait sur le théâtre des opérations que le 15 juin, et sans connaître les officiers de son corps d'armée [1].

---

[1]. « Nous étions occupés à voir défiler les prisonniers de Gilly, lorsque tout à coup, vers sept heures du soir, nous entendîmes dire à mi-voix : « *Voilà*

Ceux qui croiraient que les causes morales n'exercent aucune action sur les événements de la guerre, et que tout dépend du hasard, de la supériorité numérique ou de la tactique, verront cette opinion cruellement démentie par la suite de cette campagne. La comparaison de l'état moral des armées étrangères avec celui de notre armée deviendra pour eux une nouvelle source de lumières. Dans le camp ennemi, point d'inquiétudes politiques. Les gouvernements, assurés des sympathies de leurs peuples pour l'œuvre qu'ils poursuivent, n'ont pas à jeter les regards derrière eux; ils ne regardent qu'en avant. Point d'inquiétude militaire pour le lendemain, quel que soit l'événement de la bataille. Les armées qui vont combattre ne sont que des avant-gardes que suivent de nouvelles forces, pour achever une victoire probable, pour réparer un revers possible. Les chefs ne songent qu'à combattre; leur devoir est simple et clair, et ils ne sont distraits de leur besogne militaire ni par leurs prévisions, ni par leurs souvenirs. Ils ont d'innombrables bataillons en marche, et il est logiquement indiqué qu'ils auront cette persistance et cette audace que donne la certitude de pouvoir beaucoup risquer sans perdre définitivement la partie. Ils éprouvent en outre les uns dans les autres une confiance que rien ne peut ébranler; ils savent que leur cause est la même, qu'une fois déjà elle a triomphé par leur union, et ils ont le ferme espoir qu'elle prévaudra encore une fois par le même moyen. Les deux commandants en chef des armées ennemies, quoique personne dans ce siècle ne s'élève au niveau du génie militaire de Napoléon, ne sont pas de médiocres adversaires. Le

---

le Rougeot! Voilà le Rougeot! (C'est ainsi que les vieux soldats avaient baptisé le maréchal Ney.) C'était en effet le prince de la Moskowa arrivant en toute hâte, car l'Empereur, nous en ignorons la cause, ne lui donna que le 11 juin, à onze heures du soir, à l'Élysée, l'ordre de rejoindre l'armée. » (Capitaine Mauduit, *Derniers Jours de la grande armée*. tome II, page 19.)

duc de Wellington, que les Anglais ont nommé *Iron duc* (le duc de fer), pour exprimer cette fermeté de jugement, de caractère et de cœur qui le distingue, a fait son apprentissage dans l'Inde, ses preuves en Espagne, en Portugal, en France à la bataille de Toulouse, en portant de rudes coups à l'Empire. La qualité distinctive de ce talent militaire, qui possède à fond l'art de la guerre, c'est le bon sens qui, appropriant sa conduite aux circonstances, le rend tour à tour inébranlable dans la défense, ou rempli de cette audace calculée qui, sans prévenir l'occasion, ne la laisse point attendre. Blücher n'a ni la science, ni les vues d'ensemble, ni le jugement du duc de Wellington; mais ce rude capitaine a la passion et la pratique de la guerre, un patriotisme ardent qui se traduit en haine contre Napoléon, une activité dévorante sur laquelle la vieillesse n'a pas eu de prise, une rare vivacité de coup d'œil, une indomptable énergie, une audace et une fougue redoutables sur le champ de bataille. Les soldats l'ont surnommé *marschall Vorwärts* (le maréchal en avant). Les armées anglo-hollandaise et prussienne sont pleines de confiance dans leurs chefs. Un grand nombre des officiers hollandais, allemands et belges, ont fait leur apprentissage dans les guerres de la République et de l'Empire. Wellington a amené ses vétérans des guerres d'Espagne. Les Prussiens ont été formés par leurs défaites mêmes, puis par leurs succès à Leipsick, et la passion de l'indépendance nationale surexcite leur ardeur militaire jusqu'à la fureur. Les deux armées sont pleines de foi l'une dans l'autre. La confiance mutuelle des soldats dans les généraux et des généraux dans les soldats, l'exécution intelligente des ordres, l'entente des lieutenants, la soumission passionnée à la direction des chefs, la certitude de l'avenir, sont de ce côté.

Telle était la situation morale des deux camps le 15 juin 1815, quand l'Empereur donna à son armée l'ordre de franchir la Sambre, à trois heures du matin. L'armée française était campée à une lieue et demie en deçà de la frontière, sur la ligne qui va de Maubeuge à Philippeville en traversant Beaumont. Elle était divisée en cinq corps. Le premier, commandé par le comte d'Erlon, comptait quatre divisions d'infanterie, une division de cavalerie, et traînait quarante-six bouches à feu; son effectif total s'élevait à 19,929 hommes. Le deuxième corps, commandé par le général Reille, comptait quatre divisions d'infanterie, une division de cavalerie, et traînait quarante-six bouches à feu; son effectif total s'élevait à 24,361 hommes. Le troisième corps, commandé par le général Vandamme, comptait trois divisions d'infanterie, une division de cavalerie, et traînait trente-huit bouches à feu; son effectif total s'élevait à 19,164 hommes. Le quatrième corps, commandé par le général Gérard, comptait trois divisions d'infanterie, une division de cavalerie, et traînait trente-huit pièces de canon; son effectif total s'élevait à 15,995 hommes. Le sixième corps, commandé par le général Lobau, comptait trois divisions d'infanterie et traînait trente-deux pièces de canon; son effectif total s'élevait à 10,465 hommes. La garde impériale s'élevait en infanterie de la jeune, moyenne et vieille garde, à 13,026 hommes, en cavalerie à 3,795 hommes; elle traînait quatre-vingt-seize pièces de canon servies par 3,168 artilleurs; elle présentait avec le génie et les équipages un effectif de 20,884 hommes. Les réserves de cavalerie, placées au début de la campagne sous les ordres du maréchal Grouchy, comptaient quatre corps : le premier de 2,710 hommes commandés par le comte Pajol; le second de 3,220 hommes commandés par le comte Excelmans; le troisième de 3,360 hommes commandés par le comte Kellermann; le quatrième de 3,194 hommes commandés par le comte Milhaut. Cette cavalerie, qui s'élevait ensemble à 12,284 chevaux, traînait quarante-huit pièces d'artillerie servies par 1,293 hommes.

La récapitulation totale de cette armée donne 86,517 fantassins, 22,102 cavaliers, 12,058 artilleurs, servant trois cent cinquante canons. En ajoutant à ces chiffres les équipages de pont et les sapeurs au grand parc, formant un effectif de 3,000 hommes, on arrive au chiffre total de 123,677 hommes.

Le plan de l'Empereur, c'est lui-même qui l'a tracé [1], était de percer à Charleroi le centre des deux armées ennemies. Il aurait pu en débouchant par Lille aborder leur droite, et dans ce cas son premier effort se serait porté sur l'armée anglo-hollandaise. Il aurait pu également en débouchant par Givet et Charlemont aborder leur gauche, et alors son premier effort se serait porté sur l'armée prusso-saxonne. Mais ces deux attaques avaient le même inconvénient, celui de rejeter l'une sur l'autre deux armées dont chacune était presque aussi forte que l'armée française. En perçant le centre de ces deux armées à Charleroi, point de leur jonction, on avait au contraire l'avantage de les séparer et de rejeter l'une sur Bruxelles, l'autre sur Namur, en s'interposant entre elles. Dans ce plan la cavalerie devait jouer un grand rôle, en battant la campagne et en enlevant les cantonnements ennemis avant qu'ils eussent le temps de se concentrer. C'était un des motifs qui avaient déterminé l'Empereur à réunir des réserves de cavalerie considérables sur les frontières et à les mettre sous les ordres du maréchal Grouchy. L'exécution de ce plan demandait beaucoup de rapidité. Mais dès le début éclatent ce désordre et cette lenteur dans l'envoi des dépêches, cette insuffisance de précautions de la part de l'état-major, dont on a vu déjà un exemple à l'occasion de l'ordre de concentration donné à la cavalerie du maréchal Grouchy. Un symptôme plus fâcheux, l'hésitation des chefs les plus valeureux, va paraître en même temps.

Vandamme a dû recevoir l'ordre de franchir la frontière de Belgique le 15 juin à trois heures du matin, et de se diriger

---

[1]. *Mémorial de Sainte-Hélène*, tome VI.

sur Charleroi. C'est lui qui suivra la cavalerie légère du général Pajol, chargé d'éclairer la marche de l'armée dans cette direction, et précédera le général Rogniat et les compagnies du génie, chargées d'établir un pont sur la Sambre dans le cas où le pont de pierre conduisant à Charleroi aurait été détruit. C'est le point décisif de l'opération. Vandamme n'a pas reçu cet ordre [1]. Le jour même où il aurait dû être exécuté, il faut que le général Rogniat fasse éveiller le chef de l'infanterie qui doit le protéger. Ce n'est qu'à sept heures du matin que cette infanterie sort de ses bivouacs, qu'elle aurait dû quitter à trois heures du matin. Le général Pajol, qui se croit suivi par l'infanterie, arrive en vue de Charleroi et essaye une charge sur le pont; il est arrêté par le feu des tirailleurs embusqués derrière une barricade et derrière des haies. Il faut attendre. Un peu avant midi seulement, les bataillons de la jeune garde envoyés par Napoléon, prévenu de l'inaction du troisième corps, arrivent devant Charleroi. A midi, les Prussiens évacuent cette ville [2]. Pajol y entre aussitôt et la traversant il envoie une partie de sa cavalerie sur la route de Charleroi à Bruxelles, pour relier ses opérations à celles du corps de Reille qui passe la Sambre à Marchiennes, à une demi-lieue en amont de Charleroi; lui-même s'avance sur la route de Namur, et suit jusqu'à Gilly seulement les forces prussiennes, qui venaient d'évacuer Charleroi et qui se sont grossies de plusieurs bataillons d'infanterie, d'un régiment de cavalerie et d'une batterie. Arrivé à ce point, il faut attendre encore l'infanterie, qui déterminera beaucoup plus tard la retraite des Prussiens dans la direction de Fleurus. Le centre de l'armée a été retardé par Vandamme; le quatrième corps, qui forme la droite, a dû attendre une de

---

1. L'officier chargé de le lui porter s'était cassé la jambe en tombant de cheval. L'ordre n'avait pas été envoyé en duplicata, comme le prescrivait la prudence.

2. « Le général Pajol entra à Charleroi à midi. » (Bulletin du 15 juin.)

ses divisions, restée la veille à quatre lieues de Philippeville; il n'a commencé son mouvement qu'à cinq heures du matin; les difficultés du terrain ne lui ont pas permis d'arriver avant trois heures de l'après-midi à Châtelet, village situé sur les bords de la Sambre, à une lieue et demie de Charleroi, où Vandamme n'est entré que vers la même heure. Entre deux et trois heures, les trois colonnes formant l'armée sont ainsi placées : celle de gauche, partie en avant, partie en arrière de Marchiennes; celle du centre partie en avant, partie en arrière de Charleroi; celle de droite à Châtelet en arrière. C'était à peu près trois heures de retard sur le plan de Napoléon, qui voulait, disait-il dans son ordre du jour, avoir passé la Sambre avant midi.

Zieten, dont on devait surprendre les divisions isolées les unes des autres, se trouvait ainsi averti. Pirch II, son lieutenant, qui occupait Thuin, Marchiennes, Charleroi, Châtelet, repliait ses troupes en ordre sur Fleurus; deux autres divisions conduites par Jagow et Heukel gravitaient vers le même centre. En même temps la division de Steinmetz qui, placée vers Binch, avait eu connaissance du mouvement des Français, sans être attaquée, effectuait un mouvement analogue. Il est cinq heures de l'après-midi quand le général Reille, qui a reçu l'ordre « de pousser jusqu'à Gosselies et d'y attaquer un corps ennemi qui paraissait s'y arrêter (c'était celui de Steinmetz), » étant parvenu à réunir son infanterie, attaque les Prussiens, qui n'attendent pas le choc et se retirent vers Fleurus. Le centre, où se trouve Napoléon en personne, est encore arrêté à cinq heures de l'après-midi devant Gilly, où Zieten a fait prendre position à la division Pirch II sur le coteau boisé qui s'élève derrière le ruisseau. A cette heure l'attaque commence, et les Prussiens se mettent aussitôt en retraite, en répétant la manœuvre qu'ils reproduisent partout dans cette journée : leur seul but, en effet, était de ralentir notre marche sans attendre le choc de nos masses. Napoléon, irrité de les voir échapper à ses coups, fait précipiter le mouvement sur toute la ligne, et lance à la charge ses quatre escadrons de service, sous les ordres du général Letort, un de ses aides de camp, excellent officier de cavalerie, qui fut mortellement blessé dans cette rencontre. Deux bataillons prussiens souffrirent beaucoup dans cette attaque, mais le reste continua lentement sa retraite sur Fleurus, sans cesser de combattre, et Vandamme et Grouchy arrêtèrent vers huit heures leur mouvement et établirent leurs bivouacs une demi-lieue avant d'arriver à ce village, qui resta occupé pendant la nuit par deux bataillons de Zieten, dont tout le corps prenait position un peu en arrière. Napoléon, quittant ce corps d'armée sans l'avoir poussé jusqu'à Fleurus, retourna à Charleroi où, à huit heures du soir, il établit son quartier général.

Il importe de dire quelle était, à la fin de la journée, la situation des autres corps, un peu avant cinq heures de l'après-midi, au moment où Grouchy venait demander à Napoléon de l'infanterie pour attaquer Gilly.

Le maréchal Ney, averti trop tard par l'Empereur pour assister aux premiers coups de fusil de la campagne, l'avait atteint à l'embranchement de la route de Bruxelles à Fleurus, et ce n'est que là, au milieu d'une action commencée, qu'il fut investi de son commandement. « Bonjour, Ney, lui dit l'Empereur, je suis heureux de vous voir. Vous allez prendre le commandement des premier et deuxième corps d'infanterie. Le général Reille marche avec trois divisions sur Gosselies. Le général d'Erlon doit coucher ce soir à Marchiennes-au-Pont. Vous aurez avec vous la division de cavalerie légère du général Piré. Je vous donne aussi les deux régiments de chasseurs et de lanciers de ma garde, mais vous ne vous en servirez pas. Demain vous serez rejoint par les réserves de grosse cavalerie de Kellermann. Allez, et poussez l'ennemi [1]. »

---

[1]. Récit du colonel Heymès, aide de camp du maréchal.

Le maréchal, heureux de cet accueil, continua sa route, et une heure après, mis au courant de l'état des choses par le général Reille, il prescrivit à la cavalerie de Piré de s'avancer sur le chemin de Bruxelles, et le fit soutenir par la division Bachelu, en marchant lui-même avec les chasseurs et les lanciers de la garde sur les pas de celle-ci. Il fit prendre position, aux bois de Gosselies et de Lombuc, aux divisions Foy et Guilleminot, et ordonna à la division Girard de suivre les Prussiens en retraite sur Fleurus. A un peu moins de sept heures, il était encore à quelque distances de Frasne, situé à dix kilomètres de Gosselies et à quatre kilomètres des Quatre-Bras, quand une vive canonnade se fit entendre dans la direction de Frasne. C'était le général Piré, qui avait rencontré dans ce village un bataillon et une batterie de la brigade du prince de Saxe-Weimar appartenant à la division Perponcher de l'armée anglo-hollandaise, dont elle formait l'extrême gauche. Cette brigade, forte de quatre mille hommes, était cantonnée de Genappe à Frasne; elle avait été concentrée par son chef dans la forte position des Quatre-Bras, dès que la canonnade, en retentissant sur la Sambre, l'avait averti que les Français prenaient l'offensive. Le général Piré avait tenté plusieurs attaques contre l'avant-garde qui occupait Frasne, mais ces tentatives échouèrent. Vers sept heures et demie le maréchal Ney arriva, et, ordonnant à l'avant-garde du général Bachelu de précipiter sa marche, il examina la position de l'ennemi. Elle était forte; une assez vive canonnade retentissait à sa droite et en arrière, dans la direction de Fleurus. Le maréchal ne pouvait pas espérer attaquer les Quatre-Bras avant la nuit close, car il lui fallait quelques heures pour attirer à lui les divisions Foy et Guilleminot, arrêtées à Gosselies, séparées des Quatre-Bras par une distance de quatorze kilomètres. Les troupes marchaient depuis deux heures du matin, c'est-à-dire qu'elles avaient fait une marche de vingt heures; il ignorait les forces qu'il avait devant lui ; au dire des prisonniers qu'il avait faits, les Anglais occupaient les Quatre-Bras avec une force de dix bataillons et de l'artillerie, et leur armée était en marche pour se concentrer sur ce point important. Il ne crut pas devoir s'engager dans un terrain boisé et couvert, pour essayer, contre un ennemi dont il ignorait la force, une attaque, le soir même, avec des troupes harassées. Il prit position devant Frasne avec les divisions Bachelu, Piré et Lefèvre-Desnouettes, les lanciers et les chasseurs de la garde, tenus en réserve en arrière. Le général Reille, avec deux divisions d'infanterie et leur artillerie, s'était établi à Gosselies pour y passer la nuit. Le corps du comte Drouet d'Erlon devait, d'après les ordres de l'Empereur, coucher à Marchiennes-au-Pont, à gauche de Charleroi, sur la Sambre. Le quatrième corps, parti plus tard que les autres parce qu'il avait dû attendre une de ses divisions, laissée la veille à plus de trois lieues en arrière de Philippeville, avait eu à traverser en outre un terrain coupé et difficile : il dut s'arrêter à Châtelet, à la droite et à la hauteur à peu près de Charleroi.

Ainsi, dans cette première journée, le passage de la Sambre s'était effectué heureusement. Les Anglais et les Prussiens avaient été surpris ; ils avaient eu entre quinze cents et deux mille hommes mis hors de combat ou faits prisonniers [1], et n'avaient pu se réunir à Charleroi. L'exécution du plan de l'Empereur avait été cependant insuffisante et incomplète. Les Anglais gardaient comme point de ralliement les Quatre-Bras, les Prussiens Fleurus et Sombref, deux points dont l'occupation par l'armée française eût rendu leur jonction impossible, parce qu'ils commandent la chaussée de Namur à Nivelles et de Charleroi à Bruxelles. Les deux armées coalisées étaient

---

1. Les écrivains prussiens disent douze cents, Napoléon deux mille. De notre côté, on perdit à peu près cinq cents hommes.

à une faible distance l'une de l'autre et pouvaient se rapprocher. La confusion, le défaut d'exécution et la lenteur dans l'expédition des ordres ; le commandement du deuxième et du troisième corps, tardivement donné au maréchal Ney au milieu d'une action commencée, et le retard de Vandamme devant Charleroi, au début du mouvement, par suite de la négligence de l'état-major, qui ne lui avait pas envoyé l'ordre de marche par duplicata ; son arrivée tardive devant Fleurus, en raison de la fatigue de ses troupes, dont il avait été obligé de précipiter la marche précisément parce que, averti tardivement, il les avait mises trop tard en mouvement ; la marche pénible et difficile du corps de Gérard, dont on avait négligé de faire concentrer les divisions, et qui ne put atteindre Châtelet qu'à une heure tardive de la soirée : telles furent les causes principales qui empêchèrent le succès complet de Napoléon. Il était condamné dès lors à acheter par des combats sanglants et dangereux les avantages qu'il aurait pu obtenir par une marche plus rapide. « Cette perte de sept heures était bien fâcheuse au commencement d'une campagne, » dira tristement Napoléon plus tard, dans le *Mémorial de Sainte-Hélène*.

C'est au quartier général de l'Empereur, à Charleroi, qu'il faut se placer d'abord, pendant la nuit du 15 au 16 juin 1815, pour juger la situation de l'armée française et pressentir les événements du lendemain. Napoléon était rentré à Charleroi à huit heures [1] avec le premier régiment de grenadiers et le premier régiment de chasseurs de la garde impériale, qui bivouaquèrent autour de son quartier. Vers minuit, le maréchal Ney, qui avait quitté Frasne à dix heures, arriva pour conférer avec lui. Il resta jusqu'à deux heures du matin avec Napoléon, et repartit seulement le 16 juin, un peu avant la pointe du jour, pour Frasne, où il arriva vers quatre heures

---

1. Bulletin du 15 juin.

du matin [1]. A chaque instant, les ordonnances, les aides de camp et les officiers d'état-major traversaient le bivouac de la garde impériale. Les renseignements et les nouvelles arrivaient de tous les points dans ce centre d'activité et de mouvement, et les ordres en partaient dans toutes les directions. Après l'arrivée d'un de ces officiers, des bruits d'abord sourds et vagues, ensuite plus précis, circulent dans les rangs. Le commandant d'une des divisions du quatrième corps aurait, dans la nuit du 14 au 15, quitté ses troupes avec son état-major; il aurait traversé les avant-postes ennemis à la hauteur de Florennes. On nomme le général Bourmont, le colonel Clouet, le chef d'escadron Villoutreys, le capitaine Sourdat, les capitaines d'Andigné et Trélan. Cette nouvelle, accueillie par des murmures, ajoute à la défiance qu'éprouvent déjà les soldats pour leurs chefs [2].

1. Cette visite du maréchal Ney au quartier général de l'Empereur est racontée par le colonel Heymès et attestée par le capitaine Mauduit, qui faisait partie du régiment de la garde qui bivouaquait devant la maison où l'Empereur passa la nuit.
2. Dans la nuit du 14 au 15 juin, en effet, le comte de Bourmont, commandant la troisième division d'infanterie du quatrième corps, avait mandé à son quartier général le général Hulot commandant sa première brigade. Il lui avait tout d'abord déclaré son projet, de passer la frontière avant l'ouverture des hostilités. Il lui remit donc le commandement, car, tout en refusant de servir de sa personne, il ne voulait pas désorganiser sa division. Peu d'instants après, le 15 juin, à trois heures du matin, le comte de Bourmont montait à cheval, suivi de son état-major et de son escorte, comme pour aller inspecter ses avant-postes. Arrivé près des vedettes, il renvoya l'escorte et remit au brigadier deux lettres, l'une de lui, l'autre du colonel Clouet, toutes deux adressées au général Gérard. Voici la lettre du comte de Bourmont, celle du colonel Clouet n'en était que la reproduction abrégée :

« Florennes, 15 juin 1815.

« Mon général, si quelque chose au monde avait pu, dans les circonstances actuelles, me déterminer à servir l'Empereur, ç'aurait été votre exemple et mon attachement pour vous, car je vous aime et vous honore bien sincèrement. Il m'est impossible de combattre pour un gouvernement qui proscrit mes parents et presque tous les propriétaires de ma province. Je ne veux pas contribuer à établir en France un despotisme sanglant qui perdrait mon pays, et il m'est démontré que ce despotisme serait le résultat certain du succès que nous pourrions

Pendant la nuit du 15 au 16 juin, l'armée française bivaqua dans un carré dont chaque côté avait à peu près quatre lieues. Elle était divisée en trois colonnes. La gauche, commandée par le prince de la Moskowa, avait une avant-garde à Frasne, ses vedettes presque aux Quatre-Bras, son quartier général à Gosselies, et ses réserves à Marchiennes-au-Pont. Le deuxième corps pouvait être ainsi tourné soit contre les Prussiens, soit contre les Anglais, car il avait en avant-garde, sur sa droite, la division du général Girard au village d'Heppignies, à la hauteur de Fleurus. Le centre, formé du premier et du deuxième corps de cavalerie et du troisième corps d'infanterie, campait dans les bois entre Fleurus et Charleroi. La garde était en colonne sur la route de Charleroi à Gilly; le sixième corps en arrière de Charleroi, sur la rive droite de la Sambre. La droite de l'armée était en avant du pont du Châtelet qui traverse la Sambre, un peu au-dessus de Charleroi. L'artillerie de réserve, les corps de cuirassiers Milhaud et Kellermann [1] campaient dans les prairies en deçà de cette ville.

Le gros de l'armée se trouvait donc massé, soit sur la Sambre, soit un peu au delà, soit un peu en deçà, autour de Char-

---

obtenir. On ne me verra pas dans les rangs étrangers ; ils n'auront de moi aucun renseignement capable de nuire à l'armée française, composée d'hommes que j'aime et auxquels je ne cesserai de prendre un vif intérêt ; mais je tâcherai d'aller défendre les proscrits français, de chasser loin de la patrie le système des confiscations, sans perdre de vue la conservation de l'indépendance nationale. J'aurais donné ma démission et je serais allé chez moi si j'avais pu croire qu'on m'en laissât le maître; cela ne m'a pas paru vraisemblable dans le moment actuel, et j'ai dû assurer par d'autres voies ma liberté afin de ne pas perdre tout moyen de concourir au rétablissement d'un meilleur ordre de choses en France. J'éprouve un profond chagrin de l'idée de la contrariété que vous causera mon départ ; pour vous éviter un désagrément j'exposerais cent fois ma vie ; mais je ne peux renoncer à l'espoir d'être encore utile à mon pays; toujours, et quoi qu'il arrive, je conserverai pour vous l'attachement le plus sincère et le plus respectueux.

« *Le lieutenant général comte* DE BOURMONT. »

1. C'est par conséquent à tort que les *Mémoires* de Napoléon disent que, dès le 15 juin, la cavalerie de Kellermann était à la disposition de Ney.

leroi où était le quartier général de l'Empereur, et plus près de Fleurus que des *Quatre-Bras*. Il n'y avait en réalité que l'avant-garde du maréchal Ney qui eût dépassé la chaussée romaine qui, courant à peu près parallèlement à la Sambre, coupe à angle aigu la chaussée de Charleroi à Bruxelles, à angle obtus la chaussée de Nivelles à Namur [1].

Pendant que l'armée française se trouvait ainsi disposée pour une nouvelle attaque qui devait être dirigée, au choix de l'Empereur, soit vers Fleurus et Ligny, soit vers la ferme des Quatre-Bras, le duc de Wellington et le maréchal Blücher, avertis par les engagements du 15 juin, se hâtaient de rallier leurs troupes sur les points convenus d'avance. Pour l'armée anglo-hollandaise, c'était la ferme des Quatre-Bras ; pour l'armée prusso-saxonne, c'était Fleurus. Blücher, dont le quartier général était à Namur, et par conséquent sur la Meuse à proximité de Charleroi, dont il n'était séparé que par une distance de huit lieues à peu près, fut le premier averti et par conséquent le mieux préparé à recevoir le combat. Présent de sa personne à Sombref dès quatre heures de l'après-midi, dans la journée du 15 juin, Blücher employa la seconde moitié de cette journée et toute la nuit du 15 au 16 à réunir ses troupes, de manière à défendre la chaussée qui conduit de Namur à Nivelles et de Nivelles à Bruxelles : c'était désormais la ligne d'opération des deux armées anglaise et prussienne qui avaient perdu la Sambre. L'armée prussienne défendait naturellement la partie de la chaussée qui s'étend de Namur à Sombref, l'armée anglaise la partie qui s'étend de Bruxelles aux Quatre-

---

1. On affirme dans la *Campagne de 1815*, écrite par le général Gourgaud sous les yeux de Napoléon à Sainte-Hélène, que Ney avait écrit le 15 au soir à l'Empereur qu'il était maître des Quatre-Bras. L'inexactitude de cette assertion est démontrée par un seul fait : la présence de Ney à Charleroi le 16, de minuit à deux heures du matin. L'Empereur ne pouvait le croire aux Quatre-Bras, puisque Ney était là pour lui ôter les illusions qu'il pouvait avoir à cet égard.

Bras; toutes deux devaient concourir à la défense de la partie de la chaussée qui unit les Quatre-Bras à Sombref. C'était la ligne de communication des Prussiens et des Anglais.

Les Français pouvaient couper cette ligne en s'avançant par trois chemins, soit par la chaussée de Namur, soit en marchant sur celle de Bruxelles, soit enfin en suivant la chaussée romaine qui coupe ces deux lignes en formant avec elles un triangle dont le sommet est aux Quatre-Bras. Le maréchal Blücher massa ses troupes entre Sombref et Bry, et occupa, comme postes avancés sur le front de sa position, les villages de Ligny et de Saint-Amand. Le premier corps prussien étant en première ligne occupa Bry, Saint-Amand et Ligny. Le village de Sombref fut défendu par le troisième corps. Le deuxième resta en réserve sur le revers des mamelons. Blücher espérait que Bulow arriverait à temps, et comptait prendre aussitôt l'offensive en débouchant par Saint-Amand. Il avait fait ses préparatifs avec une rapidité extraordinaire en mettant à profit le temps perdu par l'armée française devant Charleroi et devant Fleurus. Averti à dix heures du matin du mouvement de cette armée vers ses avant-postes, il avait fait tant de diligence que, dans la matinée du 16, il avait réuni 95,000 hommes sur le terrain qu'il avait choisi pour combattre l'armée française [1].

Bien plus éloigné que Blücher de la Sambre, le duc de Wellington n'apprit naturellement le mouvement des Français que plus tard. Ce fut dans la soirée du 15 juin [2] seulement, vers

---

[1]. On a assuré, dans quelques documents du temps, que, dans la soirée du 14 juin, vers onze heures, Blücher avait reçu des avis précis sur un grand mouvement dans l'armée française.

[2]. Dans une des dictées du *Mémorial de Sainte-Hélène*, on lit ce qui suit : « L'armée française avait depuis vingt-quatre heures commencé les hostilités, son quartier général était depuis douze heures à Charleroi, que Wellington était encore tout à Bruxelles. Ses cantonnements en pleine sécurité occupaient plus de vingt lieues... Wellington, quoique surpris, donna pour point de ralliement à son armée les Quatre-Bras, depuis vingt-quatre heures au pouvoir des

huit heures vraisemblablement [1], qu'il apprit l'attaque dirigée contre les postes prussiens à Lobes et à Thuin, situés sur la Sambre, au-dessous de Marchiennes-au-Pont, presque en face de Beaumont. Aussitôt il prit ses dispositions et donna, entre huit et neuf heures du soir, des ordres pour que tous les corps fussent prêts à marcher à la pointe du jour, en désignant les points où ils devaient se rassembler dans la nuit. Quelques-uns même, d'après les instructions données au quartier-

---

Français. » Le simple récit des événements, puisé aux sources authentiques, suffira pour démontrer l'inexactitude de ces assertions que plusieurs historiens, entre autres M. de Vaulabelle, ont acceptées les yeux fermés.

[1]. On raconte dans la plupart des histoires et des mémoires contemporains que le duc de Wellington n'apprit que fort avant dans la soirée, chez la duchesse de Richemont qui donnait un bal, l'attaque inopinée tentée par les Français sur la Sambre. Cette historiette dramatique ne saurait résister à l'étude attentive des documents anglais. Dans son rapport du 19 juin 1815 à lord Bathurst, le duc de Wellington se contente de dire qu'il apprit le 15, dans la soirée, *evening*, que les Français avaient attaqué les deux postes prussiens de Lobes et de Thuin, et qu'il donna immédiatement aux troupes l'ordre de se préparer à marcher. Il ajoute que « bientôt après, lorsqu'il eut reçu des autres points l'avis que la marche de l'ennemi sur Charleroi était une attaque sérieuse, il convertit ce premier ordre en ordre de se mettre sur-le-champ en mouvement. » D'autres documents plus précis permettent de fixer au moins approximativement l'heure de la soirée à laquelle la nouvelle arriva à Bruxelles. Nous les trouvons dans le volumineux recueil publié sous ce titre : *The Dispatches of field-marshal the duke of Wellington, compiled from authentic and official documents by lieutenant-colonel Gurwood, esquire of his Grace. Vol. the twelfth*. Il existe dans ce recueil une lettre adressée par le duc de Wellington au duc de Berry, et datée de *Bruxelles, à neuf heures et demie, P. M.* (*post meridian*), dans laquelle on lit ce qui suit : « J'ai l'honneur de faire savoir à Votre Altesse Royale que l'ennemi attaqua les postes prussiens à Thuin ce matin et paraissait menacer Charleroi. J'ai ordonné à nos troupes de se préparer à marcher à la pointe du jour, et je prie Votre Altesse Royale de concentrer les siennes sur Alost. » Le même recueil publie sous ce titre : *Memorandum for the deputy quarter-master general*, cet ordre de réunion et de concentration qui fut envoyé avant la lettre où il en est parlé, c'est-à-dire vraisemblablement entre huit et neuf heures du soir. Or, comme cet ordre est long et qu'il fallut le temps de le rédiger, on peut en conclure que le duc de Wellington reçut la nouvelle du mouvement de l'armée française vers huit heures du soir. On trouve dans le même recueil l'ordre de mouvement de l'armée (*movement of army*). Il est ainsi désigné et daté : *After orders, 10 o'clock, P. M.* Ainsi, ce fut entre huit et neuf heures que le duc de Wellington donna l'ordre de rassembler les corps ; entre neuf et dix qu'il donna l'ordre de marche.

maître général, commencèrent immédiatement leur mouvement : « La brigade de cavalerie du général Dornberg et les hussards de Cumberland, était-il dit dans ces instructions, marcheront cette nuit sur Vilvorde et bivouaqueront près de cette ville. Le comte d'Uxbridge rassemblera la cavalerie cette nuit à Ninove. La première division d'infanterie se réunira cette nuit à Ath et sera prête à se mettre en mouvement au premier ordre. La troisième division se réunira cette nuit à Braine-le-Comte..., la quatrième à Grammont...; la cinquième division, le 81e régiment et la brigade hanovrienne de la sixième division seront prêts à quitter Bruxelles au premier avis. Le corps du duc de Brunswick se réunira cette nuit sur le chemin de Bruxelles à Vilvorde. Les troupes de Nassau se réuniront au point du jour sur le chemin de Louvain; la brigade hanovrienne de la cinquième division se réunira cette nuit à Hal....; le prince d'Orange réunira à Nivelles la seconde et la troisième division de l'armée des Pays-Bas, et, si ce point est attaqué ce soir, il dirigera la troisième division d'infanterie britannique sur Nivelles aussitôt qu'elle sera réunie. Ce mouvement ne devra avoir lieu que lorsqu'il sera certain (*quite certain*) que l'attaque de l'ennemi est dirigée contre la droite de l'armée prussienne et contre la gauche de l'armée britannique. Lord Hill ordonnera au prince Frédéric d'Orange d'occuper Oudenarde avec 500 hommes, et de réunir la première division de l'armée des Pays-Bas et la brigade indienne à Sotteghem, de manière à pouvoir se mettre en mouvement à la pointe du jour. Il en sera de même pour les réserves d'artillerie. »

Deux faits importants ressortent de ce *memorandum :* le premier, c'est que les cantonnements anglais étaient moins disséminés qu'on ne l'a dit, puisqu'en donnant, entre huit et neuf heures du soir, le 15 juin, l'ordre de les rassembler, tous les corps pouvaient être en marche à la pointe du jour le 16; le second, c'est que le 16 juin, à la pointe du jour, il y avait déjà une force considérable à Nivelles, à moins de trois lieues des Quatre-Bras, puisque le prince d'Orange devait y avoir réuni la seconde et la troisième division de l'armée des Pays-Bas, et y porter au besoin la troisième division d'infanterie britannique. Dans l'ordre de marche que le duc de Wellington, instruit par de nouveaux courriers, expédia le 15 juin à dix heures du soir, on lit ce qui suit : « La troisième division d'infanterie continuera son mouvement de Braine-le-Comte sur Nivelles, la première d'Enghien sur Braine-le-Comte ; la deuxième et la quatrième division d'infanterie se mettront en mouvement d'Ath, de Grammont et d'Oudenarde, et continueront leur mouvement sur Enghien. Tous ces mouvements s'effectueront avec la plus grande célérité [1]. » L'armée anglaise était donc tout entière en marche dans la nuit du 15 au 16 juin. Le duc de Weimar, plus près des événements, avait, par son initiative propre, occupé, dès la journée du 15 juin, la position importante des Quatre-Bras. Le 16, à trois heures du matin, le général Perponcher, malgré les ordres donnés la veille au soir par le duc de Wellington, qui pressentait la concentration sur Nivelles, avait rejoint en toute hâte le duc de Weimar avec sa première brigade, bientôt suivie par la seconde. Un peu plus tard, le prince d'Orange s'était rendu de sa personne sur le même point. Dans la matinée du 16 juin, Ney ne fit aucun effort sérieux pour les débusquer des Quatre-Bras ; il laissa même regagner au prince d'Orange une portion du terrain qu'il avait perdu [2]. Il n'avait pas été rejoint

---

1. *The Dispatches of field-marshal the duke of Wellington*, vol. XII, page 447 et suivantes. After orders, 10 o'clock.
2. Le duc de Wellington l'affirme de la manière la plus formelle dans son rapport à lord Bathurst sur les journées des Quatre-Bras et de Waterloo. « Le prince d'Orange, dit-il, renforça immédiatement cette brigade par une brigade de la même division sous le commandement du général Perponcher, et de bonne heure, dans la matinée, reconquit le terrain qu'il avait perdu. » (*The Dispatches of the duke of Wellington*, tome XII.)

par le gros de ses troupes, et toute son attitude, pendant cette matinée, indique qu'il se considérait là comme chargé de tenir en respect l'armée anglaise, jusqu'à ce que l'Empereur eût pris un parti et se fût décidé à marcher contre cette armée ou à combattre l'armée prussienne, plutôt que comme appelé à s'emparer de la position qu'il avait devant lui. Il est impossible de croire que l'Empereur, au moment où il l'avait quitté, à deux heures du matin, lui eût donné, comme on l'a dit, l'ordre de s'emparer de la position des Quatre-Bras à la pointe du jour. Le maréchal aurait au moins tenté d'exécuter un ordre formel, et tout se passa jusqu'à deux heures après midi, au contraire, en reconnaissances de cavalerie et en démonstrations, sans qu'aucune attaque fût poussée à fond.

Quand deux batailles sont livrées à très-peu de distance l'une de l'autre, un inconvénient presque inévitable résulte de cette proximité : c'est qu'il y a des corps de troupes intermédiaires qui, pouvant être appelés par l'une et l'autre de ces armées, suivant leurs besoins et les incertitudes de la lutte, ne connaissent pas d'une manière positive leur devoir, et sont exposés à se porter par un zèle mal entendu sur le point où ils ne devraient pas être, ou à manquer aux deux armées à la fois, par trop d'hésitation. L'armée prussienne et l'armée anglaise, complétement distinctes et formées de troupes de nationalités différentes, et commandées par des généraux indépendants l'un de l'autre et égaux en dignité, le prince Blücher et le duc de Wellington, n'étaient point exposées à ce danger. L'armée française ne pouvait guère y échapper. Elle n'avait qu'un chef, l'Empereur, elle ne formait au fond qu'une armée, dont un corps était détaché vers les Quatre-Bras, sous les ordres d'un lieutenant, le maréchal Ney. Ce lieutenant, nouvellement rentré en grâce avec son ancien souverain qu'il avait cruellement offensé naguère, et agissant presque à portée de son regard, devait naturellement se conduire avec une grande défiance de lui-même, éviter d'engager trop avant ses troupes, dans la crainte que l'Empereur n'eût besoin de les appeler à lui, et, à force de circonspection, manquer d'initiative, jusqu'au moment où, précipité enfin dans la lutte par des ordres précis et positifs, l'exaltation du combat ferait disparaître ses perplexités morales et ses incertitudes militaires, et l'homme de guerre prévalant enfin en lui, il oublierait tout pour écouter l'inspiration du champ de bataille. Ces doutes et ces perplexités devaient se retrouver dans les généraux qui servaient sous ses ordres et dont plusieurs se trouvaient dans une situation à peu près analogue à la sienne. Chacun craignait la responsabilité des événements et évitait l'initiative, qu'on se rejetait d'échelon en échelon jusqu'à ce qu'elle remontât à l'Empereur.

Après le maréchal Ney, celui des chefs militaires qui se trouvait dans la position la plus difficile était le comte Drouet d'Erlon, commandant du premier corps. Placé à Marchiennes-au-Pont, où il avait passé la nuit du 15 au 16 juin, il dépendait hiérarchiquement du maréchal Ney, mais par sa position il se trouvait plus à proximité de l'armée de l'Empereur qui allait opérer à Ligny contre les Prussiens, dont l'armée était massée à Sombref. Il était à craindre que, dans sa marche pour rejoindre le maréchal, Drouet d'Erlon reçût à la fois des ordres des deux quartiers généraux, et que, suspendu entre ces deux appels, il ne consumât en hésitations un temps précieux. Dans une situation si critique, où tout le monde comprend qu'il ne s'agit pas simplement d'une bataille, mais de la destinée d'un empire, chacun a une tendance naturelle à se réduire à l'obéissance passive, à diminuer sa part d'initiative pour diminuer sa part de responsabilité. On a appelé cela les fatalités de la campagne de 1815, ce sont du moins des fatalités logiques, déterminées par des causes morales qu'il n'est pas difficile d'apercevoir.

Il y avait donc cet avantage en faveur des coalisés, tout surpris qu'ils eussent été dans la matinée du 15 juin, que chacun connaissait son devoir et son poste, et remplissait l'un, occupait l'autre sans hésiter un moment ; ce désavantage du côté de l'armée française, qu'il y avait dans le corps détaché contre les Quatre-Bras, et que ne commandait pas l'Empereur, des hésitations, des incertitudes et des tiraillements. Il faut ajouter que la nature même des lieux qu'occupait, en avant des Quatre-Bras, l'armée anglaise, pouvait augmenter les inquiétudes et la difficulté de la situation du maréchal Ney, en lui laissant des doutes sur la force véritable de l'ennemi. La ferme des Quatre-Bras est située sur un plateau élevé, au point d'intersection des chaussées de Namur à Nivelles et de Charleroi à Bruxelles, à trente kilomètres de cette dernière ville, à dix kilomètres seulement de Nivelles, et à douze kilomètres environ de Sombref comme de Fleurus. La pente qui descend de ce plateau du nord au sud jusqu'à Frasne, séparé des Quatre-Bras par une distance de quatre mille cinq cents mètres, est boisée, et sur la droite de la chaussée de Charleroi entre-coupée de petits cours d'eau coulant dans la direction du sud-est et formant des ravins encaissés.

A droite des Quatre-Bras, dans la direction de l'ouest, le bois de Bossu, attenant alors à la forêt de Nivelles, qui depuis a été défrichée. A l'est, mais plus près de Frasne, la forêt de Villers-Peruin ; à deux mille mètres en avant de Frasne, et par conséquent à deux mille cinq cents mètres seulement des Quatre-Bras, le hameau de Frasne, situé à l'entrée même de la forêt de Villers-Peruin ; à quatorze cents mètres avant d'arriver aux Quatre-Bras, sur la droite de la chaussée de Charleroi à Bruxelles, la ferme de Gémioncourt ; à soixante mètres des Quatre-Bras, sur le plateau même et près de la chaussée de Charleroi, une bergerie. Entre la forêt de Villers-Peruin et la chaussée de Namur à Nivelles, le village et la ferme de Piraumont ; à deux mille mètres en arrière de Frasne, le village de

Liberchies; à six cents mètres seulement du même point, une auberge, aux bâtiments de laquelle aboutit le chemin de traverse qui conduit à la chaussée des Romains, et de là à Saint-Amand et à Fleurus.

Il importe de rappeler ici d'une manière précise l'instant de l'arrivée de chacun des corps de l'armée anglo-belge qui occupait les Quatre-Bras : dès la journée du 15 juin, le corps du duc de Weimar; le 16, à trois heures du matin, la première brigade de Perponcher, presqu'aussitôt suivie de la seconde, sous le commandement du général Bylandt, qui lui amenait aussi sa seconde batterie d'artillerie; à six heures du matin, le prince d'Orange, venu en toute hâte de Bruxelles par Braine-le-Comte; vers onze heures, le duc de Wellington en personne. Il approuva les dispositions prises par le prince d'Orange, lui recommanda de tenir jusqu'à l'arrivée des divisions en marche et se rendit auprès de Blücher. Pendant ces premières heures de la journée, le général Perponcher avait fait réoccuper le bois de Bossu, et le prince d'Orange avait fait rapprocher la première ligne du hameau de Frasne. De cinq à dix heures du matin, cinq nouveaux bataillons arrivèrent successivement en toute hâte avec une batterie. Le maréchal Ney, supérieur dans ce moment en nombre, n'avait cependant avec lui que la division d'infanterie du général Bachelu, de 4,500 hommes ; la division de cavalerie légère du général Piré, d'environ 1,200 hommes; l'artillerie de ces corps et le corps de la garde que l'Empereur lui avait donné, mais avec prescription de ne pas s'en servir. Le général Reille s'était mis en mouvement de Gosselies vers les Quatre-Bras avec ses deux divisions d'infanterie, mais il n'était pas arrivé. A plus forte raison le comte Drouet d'Erlon, éloigné de Frasne de près de trois lieues, puisqu'il avait couché à Marchiennes-au-Pont, manquait au maréchal Ney. Évidemment le maréchal, dont les mouvements étaient subordonnés à ceux de l'Empereur, attendait des ordres précis de lui pour agir; dans de pareilles circonstances et à une si courte distance du quartier général de Napoléon, il n'y avait d'initiative que pour lui.

Entre onze heures et midi [1], le maréchal Ney reçut les premiers ordres de Napoléon, ils étaient ainsi conçus :

« Mon cousin, je vous envoie mon aide de camp le général Flahaut, qui vous porte la présente lettre. Le major général a dû vous donner des ordres, mais vous recevrez les miens plus tôt parce que mes officiers vont plus vite que les siens. Vous recevrez l'ordre de mouvement du jour, mais je veux vous écrire en détail parce que c'est de la plus haute importance.

« Je porte le maréchal Grouchy avec le troisième et le quatrième corps d'infanterie sur Sombref.

« Je porte ma garde à Fleurus, et j'y serai de ma personne avant midi; j'y attaquerai l'ennemi si je le rencontre, et j'éclairerai la route jusqu'à Gembloux [2]; là, d'après ce qui se passera, je prendrai mon parti, peut-être à trois heures après midi, peut-être ce soir. Mon intention est que, immédiatement après que j'aurai pris mon parti, vous soyez prêt à marcher sur Bruxelles.

« Vous pourrez donc disposer vos troupes de la manière suivante : première division, à deux lieues en avant des quatre chemins, s'il n'y a pas d'inconvénient. Six divisions d'infanterie autour des quatre chemins et une division à Marbois, afin que je puisse l'attirer à moi à Sombref si j'en avais besoin.

« Le corps du comte de Valmy, qui a trois mille cuirassiers d'élite, à l'intersection du chemin des Romains et de celui de Bruxelles, afin que je puisse l'attirer à moi si j'en avais besoin.

---

1. C'est la dernière heure que donne Napoléon dans les dictées de Sainte-Hélène.
2. Gembloux est à cinq lieues de Charleroi en passant par Sombref, dont il est distant de deux lieues seulement.

Aussitôt que mon parti sera pris, vous lui enverrez l'ordre de vous rejoindre.

« Je voudrais avoir avec moi la division de la garde que commande le général Lefèvre-Desnouettes, et je vous envoie les deux divisions du corps du comte de Valmy, de manière à le rappeler si j'en avais besoin et ne point faire faire de fausses marches au général Lefèvre-Desnouettes, puisqu'il est probable que je me déciderai à marcher ce soir sur Bruxelles avec la garde. Cependant couvrez la division Lefèvre par les deux divisions de cavalerie de d'Erlon et de Reille, afin de ménager la garde, et que s'il y avait quelque échauffourée avec les Anglais, il est préférable que ce soit sur la ligne que sur la garde.

« J'ai adopté comme principe général pendant cette campagne de diviser mon armée en deux ailes et une réserve. Votre aile sera composée des quatre divisions du premier corps, des quatre divisions du deuxième corps, de deux divisions de cavalerie légère et de deux divisions du corps de Valmy. Cela ne doit pas être loin de quarante-cinq à cinquante mille hommes. Le maréchal Grouchy aura à peu près la même force, il commandera l'aile droite. La garde formera ma réserve et je me porterai sur l'une ou l'autre aile, selon les circonstances.

« Le major général donne les ordres les plus précis pour qu'il n'y ait aucune difficulté sur l'obéissance à vos ordres lorsque vous serez détaché, les commandants de corps devant prendre mes ordres directement quand je me trouve présent; selon les circonstances, j'affaiblirai l'une ou l'autre aile en augmentant ma réserve.

« Vous sentez assez l'importance attachée à la prise de Bruxelles. Cela pourra d'ailleurs donner lieu à des accidents, car un mouvement aussi prompt et aussi brusque isolera l'armée anglaise de Mons, Ostende, etc.

« Je désire que vos dispositions soient bien faites, pour qu'au premier ordre vos huit divisions puissent marcher rapidement et sans obstacle sur Bruxelles. »

Cette lettre de Napoléon achève d'éclairer la situation du maréchal Ney. Ses mouvements étaient complétement subordonnés à ceux de l'Empereur. Il devait être prêt à marcher sur Bruxelles, mais dans le cas seulement où l'Empereur, après avoir attaqué heureusement les Prussiens à Fleurus, prendrait le parti de marcher sur la capitale de la Belgique, et Napoléon ne prévoyait pas, dans sa lettre, pouvoir prendre ce parti avant trois heures après midi, ou plus tard dans la soirée. Le maréchal pourra disposer ses troupes de manière à avoir la première division à deux lieues en avant des quatre chemins, mais avec cette restriction qui transforme l'ordre en avis, « s'il n'y a pas d'inconvénient; » il aura six divisions d'infanterie autour des quatre chemins et une division à Marbois, afin que l'Empereur puisse l'attirer à lui s'il en avait besoin; or, Marbois est un point occupé par l'ennemi sur la ligne de communication des Prussiens et des Anglais. Le corps de cavalerie du comte de Valmy doit être aussi à la disposition de l'Empereur, son poste est indiqué par l'Empereur lui-même au point d'intersection de la chaussée romaine et de la route de Bruxelles à Charleroi, c'est-à-dire à un kilomètre et demi en arrière de Frasne, et à deux kilomètres et demi en arrière du point où l'on doit attaquer l'ennemi. Enfin le maréchal est averti que l'Empereur affaiblira son aile gauche ou son aile droite suivant la circonstance. Ainsi Ney, qui n'a point la libre disposition de tous les corps de son armée, n'est pas même sûr qu'une partie des troupes avec lesquelles il opère ne lui sera pas retirée pendant la journée. Cette lettre n'est qu'une hypothèse. Napoléon ne sait encore rien de positif sur la position des Prussiens. Il ignore s'il rencontrera des obstacles sur sa marche, et si Ney en rencontre lui-même. Ses instructions ne sont donc encore qu'hypothétiques.

Il faut convenir que de pareilles instructions, arrivant à midi, devaient concourir, avec les causes morales déjà indiquées, à porter le maréchal Ney vers un rôle d'expectative prudente, d'atermoiement, de surveillance circonspecte vis-à-vis de l'armée anglaise, plutôt qu'au rôle d'audacieuse initiative, de brusque et impétueuse attaque qu'après coup on eût désiré lui voir prendre [1]. Il était un instrument à la portée du regard et de la main de Napoléon, il attendait le signal de sa voix et l'impulsion de sa main pour agir. Jusqu'à midi il n'avait reçu que des instructions conditionnelles sur les positions qu'il pouvait prendre, s'il n'y avait pas d'inconvénient; il n'avait pas reçu l'ordre d'attaquer à fond l'ennemi. Le maréchal Ney, qui n'avait encore à cette heure de la journée qu'une division d'infanterie et une division de cavalerie légère, crut devoir attendre l'arrivée d'une partie au moins du corps du général Reille pour tenter de s'emparer des positions qu'il fallait conquérir à la pointe de la baïonnette, avant de les occuper. Vers une heure et demie, la division du général Foy étant

---

[1]. Nous voulons parler ici du récit de la *Campagne de 1815* écrit à Sainte-Hélène, sous les yeux de l'Empereur, par le général Gourgaud, et des dictées consignées dans le *Mémorial*.

On lit ce qui suit dans le *Mémorial* : « Ney reçut l'ordre de se porter le 16 avec 43,000 hommes qui composaient la gauche qu'il commandait en avant des Quatre-Bras, d'y prendre position à la pointe du jour, et même de s'y retrancher. Il hésita, perdit huit heures. Le prince d'Orange avec 9,000 hommes seulement conserva jusqu'à trois heures après midi cette importante position. Lorsqu'enfin le maréchal reçut à midi l'ordre daté de Fleurus, et qu'il vit que l'Empereur allait en venir aux mains avec les Prussiens, il se porta vers les Quatre-Bras, mais seulement avec la moitié de son monde, et laissa l'autre pour appuyer sa retraite à deux lieues en arrière. Il l'oublia jusqu'à six heures du soir, où il en sentit le besoin pour sa propre défense. »

Cette courte citation suffira pour expliquer pourquoi nous avons préféré les documents officiels de la bataille, aux explications tardives et intéressées qui ont été données depuis. Évidemment il n'y a ni exactitude, ni vérité, ni justice dans ce jugement porté sur la conduite du maréchal Ney, et il suffit de contrôler les assertions rétroactives de l'Empereur, en les rapprochant de ses propres instructions, pour s'en convaincre.

arrivée en ligne, le maréchal envoya, à défaut d'aides de camp et d'officiers d'ordonnance, qu'il n'avait pas eu le temps de choisir en raison de la manière imprévue dont il avait reçu le commandement de l'aile gauche de l'armée, des officiers de la garde pour hâter la marche du corps du général d'Erlon; puis il donna presque aussitôt après l'ordre d'attaquer l'ennemi. Le premier coup de canon fut tiré vers deux heures. Les tirailleurs ennemis occupaient le bois de Villers-Peruin et flanquaient son extrême gauche; deux pièces et un obusier étaient en batterie sur la chaussée de Charleroi en face de Frasne, une pièce et un obusier un peu plus sur la droite en avant de la chaussée de Nivelles aux Quatre-Bras, deux pièces sur le front de l'aile droite qui s'étendait vers Nivelles; trois autres étaient en batterie sur la chaussée de Namur; enfin quatre canons et deux obusiers avaient été placés en réserve en seconde ligne de l'autre côté des Quatre-Bras, pour protéger la retraite si on était obligé d'abandonner la position. Le duc de Wellington, qui avait eu le temps de se rendre à Sombref, distant d'à peu près douze kilomètres des Quatre-Bras, et de revenir à son poste, commanda l'armée en personne à partir de trois heures et demie; des officiers envoyés dans toutes les directions d'abord par le prince d'Orange, ensuite par le généralissime anglais, pressaient la marche des troupes. Les Anglo-Hollandais manquaient complétement de cavalerie, mais la position était forte, leurs chefs savaient que des renforts arrivaient de tous côtés, et le duc d'Orange d'abord, Wellington ensuite résolurent de lutter jusqu'à la dernière extrémité [1].

Le combat commença par des engagements de tirailleurs et

---

1. « J'avais très-peu de monde avec moi et point de cavalerie. » Ce sont les paroles textuelles du duc de Wellington dans une lettre datée du 18 juin, à trois heures du matin, avant la bataille de Waterloo. (*Correspondances of the duke of Wellington*, vol. XII.)

par une vive canonnade, et les tirailleurs du général Perponcher ayant été repoussés par les nôtres, les divisions Bachelu et Foy se formèrent en colonne, la première sur la droite de la chaussée de Charleroi à Bruxelles, la seconde sur la chaussée, et marchèrent à l'attaque des fermes de Gémioncourt et Pierrepont, dont elles s'emparèrent après un engagement très-vif. Dans ce moment, le général de Valmy arrivait en ligne avec une seule brigade de ses cuirassiers; on se souvient que l'Empereur avait prescrit de placer cette cavalerie au point d'intersection de la chaussée romaine et de la chaussée de Namur, pour qu'elle restât à sa disposition, et ce fut probablement ce qui empêcha ce corps tout entier de se mettre en ligne aux Quatre-Bras [1]. A l'instant où nos troupes s'emparaient des deux fermes, la brigade de cavalerie des Pays-Bas, commandée par le général Merlen, entrait en ligne, et bientôt après la division écossaise de sir Thomas Picton; il était à peu près trois heures et demie [2]. Elle fut très-peu de temps après suivie du corps de troupes du duc de Brunswick et bientôt du contingent de Nassau. La proportion des forces tendait ainsi à changer, et l'avantage du nombre passait peu à peu à Wellington, qui venait d'arriver du quartier général de Blücher et qui avait pris le commandement. Comme nos troupes opéraient sur un sol coupé de ravins, en face d'un ennemi qui lui disputait le terrain pied à pied, le général Picton eut le temps d'exécuter l'ordre du duc de Wellington, et d'établir ses trois brigades

---

1. On est d'autant plus fondé à le croire que c'est sur un ordre du maréchal Soult que le comte de Valmy arrivait, comme l'établit la lettre suivante, datée de Charleroi le 16 juin : « Monsieur le maréchal, un officier de lanciers vient de dire à l'Empereur que l'ennemi présentait des masses du côté des Quatre-Bras. Réunissez les corps des comtes Reille et d'Erlon et celui du duc de Valmy, *qui se met à l'instant en route pour vous rejoindre;* avec ces forces vous devez battre et détruire toutes les forces qui peuvent se présenter. »

2. C'est l'heure donnée par le duc de Wellington dans sa relation du combat des Quatre-Bras, adressée à lord Bathurst.

d'infanterie sur deux lignes entre les Quatre-Bras et Piraumont. Cinq régiments anglais composaient la première ligne ; deux régiments anglais et les quatre bataillons de la brigade hanovrienne du général Beck la seconde, adossée au fossé de la chaussée de Namur, à deux cents mètres environ de la première ligne. La cavalerie du général van Merlen s'établit des deux côtés de la chaussée de Charleroi : trois escadrons à droite, trois escadrons à gauche de la ferme de Gémioncourt. Il fallait donc toute une nouvelle attaque contre cet obstacle imprévu qui se plaçait entre nous et les Quatre-Bras.

Dans ce moment, le maréchal Ney recevait une dépêche du maréchal Soult, ainsi datée : « En avant de Fleurus, le 16 juin à deux heures (après-midi). Monsieur le maréchal, l'Empereur me charge de vous prévenir que l'ennemi a réuni un corps de troupes entre Sombref et Bry, et qu'à deux heures et demie M. le maréchal Grouchy, avec les troisième et quatrième corps, l'attaquera. L'intention de S. M. est que vous attaquiez aussi ce qui est devant vous, et qu'après l'avoir vigoureusement poussé, vous rabattiez sur nous pour concourir à envelopper ce corps dont je viens de parler.

« Si ce corps était enfoncé auparavant, alors S. M. ferait manœuvrer dans votre direction, pour hâter également vos opérations. Instruisez de suite l'Empereur de vos dispositions et de ce qui se passe sur votre front. »

Pour cette fois, les instructions sont précises, et le rôle du maréchal Ney est tout tracé.

Il était trois heures et demie de l'après-midi, et le maréchal Ney s'attendait, de moment en moment, à voir déboucher les têtes de colonne du général d'Erlon, qui, parti de Marchiennes-au-Pont à onze heures du matin, devait être bien près de Frasne, car elles n'avaient à faire que trois lieues pour y arriver. Tout à coup le général Labédoyère, porteur d'un ordre de l'Empereur écrit au crayon, vint l'avertir qu'en raison de cet ordre, il avait détourné la marche du premier corps vers Ligny; bientôt après, le général Delcambre, chef d'état-major du général d'Erlon, confirma ce premier avis [1]. Le maréchal Ney, qui voyait augmenter de quart d'heure en quart d'heure les forces de l'ennemi, laissa paraître un très-vif mécontentement, et prescrivit au général Delcambre de retourner en toute hâte vers le général d'Erlon, et de lui ordonner, de sa part, de marcher, nonobstant tous les ordres contraires, vers les Quatre-Bras. Il prévoyait que l'arrivée de ce corps de vingt mille hommes aurait un résultat décisif à la fin de la journée.

Aussitôt après le départ du général Delcambre, le maréchal donna le signal de l'attaque. La division Bachelu se mit en mouvement, d'abord protégée par le feu de notre artillerie; mais, au moment où elle gravit la pente du plateau, cette protection lui manqua. La nature du terrrain, profondément raviné et coupé de haies vives, ayant mis du désordre dans ses rangs, la première ligne de la division écossaise du général Picton, couchée dans les blés, se releva, et, l'assaillant d'un feu roulant de mousqueterie, l'obligea à se replier, et la suivit en la chargeant à la baïonnette au delà des deux ravins. Une charge vigoureuse de la cavalerie du général Piré, ordonnée par le maréchal Ney, arrêta le mouvement offensif de la première ligne de la division Picton, et la contraignit à rétro-

---

[1]. Voici le récit du général d'Erlon : « Vers onze heures ou midi, M. le maréchal Ney m'envoya l'ordre de faire prendre les armes à mon corps d'armée et de le diriger sur Frasne et les Quatre-Bras, où je recevrais des ordres ultérieurs. Mon corps d'armée se mit donc en mouvement immédiatement, et après avoir donné l'ordre au général qui commandait la tête de colonne de faire diligence, je pris l'avance pour apprendre ce qui se passait aux Quatre-Bras, où le général Reille me paraissait engagé. Au delà de Frasne, je m'arrêtai avec des généraux de la garde, et je fus joint par le général Labédoyère qui me prévint qu'il avait déjà donné l'ordre pour ce mouvement, en faisant changer de direction à ma colonne, et m'indiqua où je pouvais le rejoindre. Je pris aussitôt cette route... Le général Labédoyère avait-il la mission de faire changer de direction à ma colonne avant que d'avoir vu M. le maréchal? Je ne le pense pas. » (*Documents inédits.*)

grader à son tour. Cette cavalerie arriva jusqu'à la seconde ligne, mais, accueillie par un feu meurtrier, elle fut obligée de regagner sa position après avoir fait éprouver à l'ennemi et avoir éprouvé elle-même une perte sensible.

Dans ce moment, la division du prince Jérôme entrait enfin en ligne. Le maréchal Ney en prit le commandement pour tenter, du côté gauche de la chaussée de Charleroi à Bruxelles, un mouvement analogue à celui qui venait d'échouer à la droite de la même chaussée. La division Foy, qui s'était maintenue en possession de la ferme de Gémioncourt, favorisait cette attaque. La première brigade de la division du prince Jérôme obligea, après un combat acharné, la brigade du prince Weimar, formant l'extrême droite de l'armée ennemie, de se replier jusque vers la chaussée de Nivelles. Maîtresse des deux tiers du bois de Bossu, elle s'apprêtait à prendre les Quatre-Bras à revers, tandis que la seconde brigade de la même division et la division Foy attaqueraient de front le plateau. Maître encore de la partie supérieure du bois, le duc de Wellington fit placer en colonnes deux bataillons et deux compagnies de Brunswickois sur les deux côtés de la chaussée, en avant de la bergerie qui est sur le plateau. La cavalerie du duc de Brunswick prit position entre la chaussée de Nivelles et le bois de Bossu, avec quatre pièces d'artillerie anglaise ; les six autres bataillons brunswickois et les trois bataillons du contingent de Nassau prirent position entre la forêt de Peruin et la chaussée de Namur, derrière la division Picton. Deux batteries brunswickoises, arrivant en ce moment en toute hâte, enlevèrent à notre artillerie la supériorité qu'elle avait eue au commencement de la journée.

Il était six heures du soir. Depuis deux heures de l'après-midi le combat était sérieusement engagé. Le maréchal Ney attendait avec une impatience toujours croissante l'arrivée de la division Drouet d'Erlon pour frapper les coups décisifs. Il envoyait à ce lieutenant général message sur message pour presser sa marche. Il attendait, il espérait en vain. De quart d'heure en quart d'heure de nouvelles troupes arrivaient au duc de Wellington, qui avait en ce moment vingt-deux mille hommes et quarante-trois pièces de canon en ligne ; la division Drouet d'Erlon n'arrivait pas. La supériorité numérique était tout à fait passée du côté des Anglais, à six heures du soir. Le maréchal Ney n'avait à leur opposer que dix-sept mille hommes et trente-huit pièces de canon. Voyant que les retards profitaient à son adversaire et ne lui apportaient à lui-même aucune force nouvelle, le maréchal donna à son centre le signal de marcher en avant, en suivant la chaussée de Charleroi à Bruxelles, et bientôt il fut engagé contre la brigade Bylandt, qui défendait la lisière du bois de Bossu parallèle à la chaussée.

C'était un moment solennel et décisif. On entendait dans la direction de Ligny redoubler avec une nouvelle intensité le roulement de la canonnade, qui annonçait une grande bataille. Il se fit un mouvement en avant sur toute la ligne française. Les troupes, électrisées par ce bruit qui semblait rapprocher leurs efforts et leurs périls de ceux de leurs compagnons d'armes, se précipitent avec ardeur à l'attaque de la position ennemie. Le maréchal Ney, debout, l'épée à la main, au milieu du feu de la mitraille et de la mousqueterie, commande et conduit ce mouvement offensif. L'inspiration du champ de bataille lui est venue et a fait taire dans cette âme guerrière tout autre sentiment. Ses troupes, dans leur élan, refoulent au centre les bataillons brunswickois, parviennent par un nouvel effort sur le plateau, s'élancent sur la bergerie et s'en emparent. Elles ne sont plus qu'à cent mètres des Quatre-Bras, quand le valeureux duc de Brunswick s'avance à la tête de ses lanciers pour les charger. Elles reforment leurs bataillons pour recevoir cette charge. Malgré la vigueur avec laquelle elle est conduite, elle échoue, et le duc de Brunswick, déjà illustré avant quarante ans par de brillants faits d'armes, tombe frappé à mort par les balles de l'infanterie française et meurt au champ d'honneur. La cavalerie de Ney se précipite à son tour sur la cavalerie ennemie, qui se retire en désordre. Mais, dans cette ardente poursuite, elle vient à passer devant le quatre-vingt douzième d'infanterie anglaise en bataille sur la chaussée, tout près des Quatre-Bras ; la décharge terrible de ce régiment, secondée par celle de sa compagnie de flanqueurs en position de l'autre côté de la chaussée, coupe en deux la colonne de cavalerie française, fusillée presque à bout portant et prise entre deux feux. L'un des deux tronçons se jette sur l'état-major du duc de Wellington, un moment enveloppé dans le tourbillon de cette charge impétueuse ; l'autre se replie sur l'infanterie. Il devient évident pour tous que cette cavalerie ainsi décimée ne pourra enfoncer les deux lignes d'infanterie qu'elle a devant elle. Le mouvement offensif n'a qu'à demi réussi ; on a presque touché aux Quatre-Bras, mais on n'y est point arrivé.

Il était six heures et demie. En ce moment, le colonel Forbin-Janson se présente devant Ney avec une lettre écrite par le maréchal Soult sous la dictée de l'Empereur, et datée de trois heures un quart. Elle est ainsi conçue :

« Monsieur le maréchal, je vous ai écrit à une heure que l'Empereur ferait attaquer l'ennemi à deux heures et demie, dans la position qu'il a prise entre Saint-Amand et Bry. En ce moment, l'engagement est très-prononcé. Sa Majesté me charge de vous dire que vous devez manœuvrer sur-le-champ de manière à envelopper la droite de l'ennemi et tomber à bras raccourcis sur ses derrières. Cette armée est perdue si vous agissez vigoureusement : le sort de la France est entre vos mains ; ainsi n'hésitez pas un seul instant pour faire le mouvement que l'Empereur vous ordonne, et dirigez-vous sur les hauteurs de Bry et de Saint-Amand pour concourir à une victoire peut-être décisive. L'ennemi est pris en flagrant délit au moment où il cherche à se réunir aux Anglais. »

Le maréchal Ney, qui venait de tenter un grand effort sans atteindre son but, tombe, à la lecture de cette lettre, dans une anxiété et dans un trouble voisin du désespoir. Il va droit au comte de Valmy, la lettre de Soult à la main, et désespérant d'enlever la position avec son infanterie, qui a déjà plusieurs fois échoué : « Mon cher général, s'écrie-t-il, il s'agit du salut de la France ; il faut un effort extraordinaire : prenez votre cavalerie ; jetez-vous sur l'infanterie anglaise, et passez-lui sur le ventre. » Le comte de Valmy, qui n'avait avec lui qu'une brigade de ses cuirassiers, mesure d'un regard inquiet la disproportion de ses forces avec l'obstacle qu'il s'agit de surmonter. Malgré son audace, il ne peut s'empêcher de faire remarquer au maréchal que, privé de deux de ses brigades laissées à Liberchies, il n'a pas les moyens nécessaires pour tenter une pareille entreprise. Le maréchal, surexcité par l'injonction si puissante de l'Empereur, persiste. « N'importe ! s'écrie-t-il, chargez avec ce que vous avez. Écrasez l'armée anglaise ! Passez-lui sur le ventre ! Le salut de la France est entre vos mains. Partez, général, ouvrez-nous une brèche, nous vous suivrons ! »

Valmy ne balance plus. Il court à ses cuirassiers, et se faisant faire passage par la cavalerie de la garde, qui barrait la chaussée à droite et à gauche, il donne le signal, et entraîne avec lui cette brigade de 700 hommes dans une charge furieuse. Le 69ᵉ d'infanterie britannique, qui se trouve sur son chemin, fait sur cette cavalerie une décharge à trente pas ; elle n'en continue pas moins sa course frénétique, le brise comme une avalanche, le foule aux pieds de ses chevaux, lui tue en un moment trois cents hommes et son colonel, lui enlève son drapeau et renverse tout ce qu'elle rencontre. Quelques cavaliers même arrivent jusqu'à la ferme des Quatre-Bras et y trouvent la mort. Il y a pendant un moment une large trouée ouverte dans l'armée anglaise. Mais le maréchal Ney hésite à jeter dans cette brèche la cavalerie de la garde, dont Napoléon lui avait accordé la présence, sans lui en laisser la libre disposition, tant il connaît la jalouse sollicitude avec laquelle l'Empereur ménage cette troupe d'élite! Le succès des cuirassiers de Valmy, surpris plutôt qu'obtenu, n'a duré qu'un moment; cette vaillante troupe, brisée par l'impétuosité de son propre effort, se trouve dispersée au milieu de l'armée anglaise, dont l'infanterie revenue de sa stupeur la fusille de toute part. Elle s'effraye de son isolement, et, comme il arrive souvent à la guerre, une panique succédant à un acte de témérité, elle regagne à toute bride ses premières positions, en repassant par la brèche qu'elle a ouverte. Valmy dont la voix est méconnue, qui a eu son cheval tué sous lui, revient tête nue et sans armes, suspendu par les poignets au mors des chevaux de deux de ses cuirassiers, au moment où la cavalerie du général Piré s'ébranle pour profiter de son succès. Le trouble des cuirassiers est si grand, que les lanciers de la garde doivent croiser devant eux leurs lances pour les obliger à se rallier. Cependant, à la faveur de la stupeur que cette charge impétueuse a jetée dans l'armée anglaise, l'infanterie de Ney a gagné du terrain. A droite, la division Bachelu est arrivée jusqu'à la chaussée de Namur, et semble au moment de déborder le flanc gauche de l'ennemi. Au centre, nos troupes pressent vivement les Anglais, qui ne résistent qu'avec peine. Sur la gauche, la division Jérôme Bonaparte continue ses progrès dans le bois de Bossu; elle pousse de proche en proche le général Perponcher, qui, presque arrivé à la lisière du bois, lutte en reculant.

L'avantage de la journée va rester à Ney. Il est sept heures et demie du soir. Dans ce moment, la division des gardes anglaises, comptant plus de 4,000 hommes, arrive en ligne, en traînant avec elle seize bouches à feu. Sans lui laisser le temps de respirer, le duc de Wellington la lance dans le bois de

Bossu contre la division Jérôme Bonaparte, et fait appuyer ce mouvement offensif par trois bataillons de l'armée des Pays-Bas. Après une lutte acharnée et meurtrière, la division française est obligée d'abandonner le bois de Bossu. Les gardes anglaises, poursuivant leurs succès, débouchent du côté de la ferme de Pierre-Pont et attaquent le flanc gauche de Ney. Pendant cette lutte, un nouveau renfort arrive au duc de Wellington, c'est la division du général Alten, comptant plus de 5,500 hommes et traînant seize bouches à feu. Le maréchal Ney lutte encore, malgré la supériorité numérique de l'armée anglaise qui devient écrasante, mais il reconnaît bientôt qu'avec ses trois divisions, décimées par un combat de cinq heures, il ne peut prévaloir contre une armée qui, dans cet instant, a des forces doubles des siennes, et vers laquelle arrivent de moment en moment des troupes fraîches. Il rallie donc ses troupes, et, se retirant en bon ordre, il effectue sa retraite sur ses positions du matin. Il avait perdu 4,000 hommes dans cette lutte acharnée; la perte des Anglais avait été d'un tiers plus considérable. A neuf heures et demie du soir, au moment où le prince de la Moskowa établissait ses bivouacs, le comte d'Erlon parut, annonçant l'approche de son corps d'armée. Il était trop tard.

Tel fut le combat des Quatre-Bras, commencé à une heure trop avancée sans nul doute, dans l'après-midi du 16 juin, comme on l'a dit, mais sans qu'on puisse attribuer d'une manière certaine ce retard à la situation morale de l'esprit du maréchal Ney; la nature des instructions verbales qu'il reçut au quartier général, de la bouche de l'Empereur, dans la nuit du 15 au 16 juin, a pu, en effet, commander cette lenteur. Cette seconde hypothèse est même la plus vraisemblable, car dans la nuit du 15 au 16 juin, l'Empereur n'avait pas de parti arrêté pour le lendemain, et la disposition des troupes du maréchal éloigne l'idée d'une attaque matinale. Il est juste d'ajouter que le maréchal n'eut jusqu'à une heure après-midi qu'une seule division d'infanterie sous la main; que la division du général Foy lui étant arrivée vers une heure, il entama l'action, et que la division Jérôme Bonaparte étant entrée en ligne à trois heures, il poussa vivement l'ennemi. La division Girard, séparée du corps d'armée du général Reille, lui manqua, non par la faute du maréchal, mais en vertu d'un ordre de l'Empereur, qui l'avait détachée en face de la Haye-Saint-Amand. Le corps d'armée du général Drouet d'Erlon, sur lequel il comptait et qui pouvait déterminer le succès en sa faveur, n'arriva point malgré ses ordres itératifs, d'abord par suite de la lenteur de sa marche, ensuite en raison d'un ordre parti du quartier général de l'Empereur, soit qu'il eût été réellement donné par lui, soit que l'aide de camp de l'Empereur qui le portait eût interprété dans ce sens les instructions données au maréchal Ney. Toujours est-il que l'officier envoyé par l'Empereur détourna la marche du corps de Drouet d'Erlon des hauteurs de Bry et de Saint-Amand. Sur trois brigades de cuirassiers commandées par le comte de Valmy, une seule fut présente sur le champ de bataille, mais il est vraisemblable que ce fut en vertu des instructions de l'Empereur, qui voulait avoir un corps de cavalerie disponible au point d'intersection de la chaussée de Bruxelles et de la voie romaine. L'ordre qui mit cette troupe en mouvement vers les Quatre-Bras partait, en effet, du quartier général de l'Empereur; on est donc fondé à croire que s'il laissa deux brigades en arrière à Liberchies, ce fut en vertu du même ordre, et non pour assurer la retraite du maréchal Ney[1]. On doit en conclure que le maréchal n'eut pas la libre et complète disposition de ses forces, et qu'il n'eut pas ces forces entièrement réunies sous sa main avant trois heures; qu'enfin un corps d'armée tout entier lui fit défaut par suite d'un ordre donné au nom de l'Empereur.

1. Allégation du *Mémorial de Sainte-Hélène*.

On peut ajouter que dans une situation subordonnée, il manqua de ces qualités d'audace et d'initiative dans le commandement qui auraient pu déterminer le succès ; il n'osa point, malgré la difficulté de sa position à la fin de la journée, employer le corps de cavalerie de la garde que l'Empereur lui avait confié pour le montrer à l'ennemi, mais sans l'engager.

Deux faits sont remarquables dans cette journée par leur contraste : la lenteur des mouvements des troupes françaises dans leur marche pour rejoindre le maréchal Ney ; la rapidité des mouvements des troupes anglaises qui, dirigées en toute hâte sur les Quatre-Bras, donnèrent à la fin de la journée une supériorité numérique tellement considérable au duc de Wellington, que le maréchal dut opérer sa retraite. La lenteur de la transmission des ordres de l'état-major français n'est pas moins extraordinaire. L'ordre pressant de l'Empereur au maréchal, qui détermine la charge des cuirassiers du général Valmy, part à trois heures et un quart du champ de bataille de Ligny, et n'arrive qu'à six heures et demie au maréchal ; il a mis plus de trois heures à franchir un espace qu'on peut estimer à trois lieues en calculant les détours nécessaires pour éviter les postes avancés de l'ennemi. Enfin la décision, l'initiative, sont du côté des chefs militaires ennemis ; les chefs de l'armée française, sans avoir rien perdu de leur courage personnel, sont la plupart timides dans l'exercice du commandement ; ils appréhendent de se compromettre ; ils évitent l'initiative pour échapper à la responsabilité. On reconnaît là l'influence d'une situation générale supérieure au génie comme à la volonté de l'homme.

Cette influence, partout sensible, est plus marquée encore dans la conduite du général d'Erlon. Son corps d'armée pouvait fixer la victoire sous les drapeaux du maréchal Ney, si, docile à ses ordres, il continuait sa route vers les Quatre-Bras et arrivait à temps sur le champ de bataille ; il pouvait rendre la victoire de Ligny complète et désastreuse pour les Prussiens si, négligeant les ordres du maréchal pour suivre ceux qu'on lui apportait de la part de l'Empereur, il marchait sur Ligny sans arrière-pensée de retour sur les Quatre-Bras. Le général Drouet d'Erlon n'adopta ni l'un ni l'autre de ces deux partis. Une première fois, il laissa son corps abandonner la route des Quatre-Bras pour Fleurus, afin d'obéir à l'appel qu'on lui adressait de la part de l'Empereur, puis il abandonna la route de Fleurus au moment où, arrivé sur les derrières de l'armée prussienne, il pouvait frapper sur ce point un coup décisif, et se dirigea de nouveau vers les Quatre-Bras sur un appel pressant du maréchal Ney. La journée se passa ainsi pour ce corps en allées et venues, de sorte que ces 20,000 hommes complétement inutilisés ne brûlèrent pas une amorce, et, partout appelés, ne parurent nulle part [1].

Le moment est venu de raconter cette bataille de Ligny, dont la bruyante canonnade arrivait aux oreilles des soldats du maréchal Ney, pendant qu'ils combattaient aux Quatre-Bras. C'était beaucoup de donner deux batailles dans une journée, et l'on perdait ainsi une partie de l'avantage qu'on aurait eu si un corps détaché avait, sans engager une lutte à fond, maintenu une des deux armées en respect, pendant que l'Empereur aurait attaqué l'autre [2]. On s'exposait, en effet, à

---

1. La dernière explication qu'on a donnée de ces marches et contre-marches est assez plausible. Ce serait l'aide de camp envoyé par l'Empereur pour porter à Ney la dépêche dans laquelle il lui prescrivait d'attaquer les forces qui se trouvaient devant lui, et de rabattre sur Napoléon, qui en lui portant sa dépêche aurait prescrit à la colonne de Drouet d'Erlon de marcher sur Saint-Amand. L'Empereur, quand il aurait su que cette colonne était en vue de la gauche des Prussiens, n'aurait pas maintenu cet ordre, parce que les dépêches de Ney démontraient le besoin qu'il avait de cette troupe. Ceci expliquerait le retour de Drouet d'Erlon sur Frasne, car certainement il n'aurait pas désobéi à un ordre formel et direct de l'Empereur. Mais c'était une chose nouvelle et qui caractérise l'état des esprits pendant les Cent-Jours, qu'un aide de camp se permît d'interpréter ainsi les ordres de l'Empereur.
2. Cette remarque est du maréchal Ney; elle est consignée dans une lettre

combattre un ennemi partout supérieur en nombre, et c'est ce qui arriva sur les deux points de la lutte à la fin de la journée. Mais les calculs de l'Empereur se trouvaient déconcertés par la rapidité de Blücher. Il avait eu d'abord l'espoir que l'armée prussienne ne serait ralliée que le 17 juin, l'armée anglaise le 18. Il comptait ainsi pouvoir rejeter, le 16 juin, par une marche rapide, la première au delà de Namur, le seconde au delà de Bruxelles, de sorte que s'avançant avec sa garde par la chaussée de Namur, tandis que le maréchal Ney marcherait sans trouver d'obstacle par celle de Charleroi, ils arriveraient tous deux avant la nuit dans la capitale de la Belgique, qu'il aurait ainsi conquise en une marche. Les premiers ordres donnés dans la matinée du 16 juin au maréchal Grouchy comme au maréchal Ney portent la trace de cette illusion [1]. Mais lorsque, un peu avant midi, l'Empereur étant arrivé en

adressée au duc d'Otrante, à la date du 30 juin, et publiée par le *Journal de Paris*.

1. « Monsieur le maréchal, écrit le major général au premier, l'Empereur ordonne que vous vous mettiez en marche avec les premier, deuxième et quatrième corps de cavalerie, et que vous les dirigiez vers Sombref, où vous prendrez position. Je donne pareil ordre au général Vandamme pour le troisième corps d'infanterie, et au général Gérard pour le quatrième........ Je préviens ces deux généraux qu'ils sont sous vos ordres. Je préviens aussi le général Gérard pour qu'il marche bien réuni, à portée du troisième corps, et soit à portée de concourir à l'attaque de Sombref, si l'ennemi fait résistance.

« J'ai l'honneur de vous prévenir que M. le prince de la Moskowa reçoit l'ordre de se porter avec le premier et le deuxième corps à l'intersection des chemins dits des Quatre-Bras, sur la route de Bruxelles, et qu'il détachera un fort corps à Marbois pour se lier avec vous sur Sombref, et seconder au besoin vos opérations... »

En même temps partait l'ordre pour le maréchal Ney, ordre devancé par la lettre de l'Empereur, qui lui en expliquait, comme on l'a vu plus haut, la portée. Dans cet ordre, non-seulement il était prescrit au maréchal Ney de s'établir aux Quatre-Bras, « mais de pousser des reconnaissances aussi loin que possible sur la route de Bruxelles et sur celle de Nivelles, d'où l'ennemi s'est probablement retiré. S. M. désire que, s'il n'y a pas d'inconvénients, vous établissiez une division avec de la cavalerie à Genape. » Genape est à une lieue en avant des Quatre-Bras, dans la direction de Bruxelles.

avant de Fleurus eut examiné du haut du moulin qui domine la vaste plaine déjà illustrée par trois grandes luttes militaires les positions ennemies, il vit la route de Bruxelles barrée par les masses prussiennes, qui occupaient en force les hauteurs entre Sombref et Bry, et tenaient les villages de Ligny et de Saint-Amand comme des postes avancés ; au lieu d'un simple mouvement en avant, il fallait une bataille pour lui ouvrir le chemin de Bruxelles. Il résolut de la livrer. Cette détermination fut prise assez tard dans la journée du 16 juin, car l'armée, partie le matin de Charleroi, Châtelet, Gilly et Fleurus, n'occupait complétement ses positions de combat qu'à une heure et demie de l'après-midi[1], et c'est à deux heures seulement que l'Empereur écrivit au maréchal Ney pour l'avertir de l'attaque qu'il allait tenter.

Il convient de donner ici, pour l'intelligence du récit qui va suivre, un aperçu topographique du champ de bataille. La chaussée de Nivelles à Namur, courant de l'ouest à l'est avec une légère inclinaison vers le sud dans un espace d'un peu moins de deux lieues à partir du moulin de Marbois, vient s'embrancher à la route de Charleroi à Namur, à un kilomètre à peu près de Sombref. La route de Namur à Charleroi, qui forme à cet endroit un angle un peu aigu, descend de l'est à l'ouest en inclinant fortement vers le sud, et, après un parcours de près de sept kilomètres, aboutit à Fleurus en formant avec la route de Nivelles à Namur un vaste triangle couché dont le sommet est à Namur. Des hauteurs de Sombref, le terrain descend par une route assez rapide au village de Ligny, près de Saint-Amand, situé dans un bas-fond hérissé d'obstacles na-

---

1. « L'Empereur en arrivant sur le plateau de Fleurus ne croyait pas à la présence de l'ennemi. Vandamme lui annonça vainement la présence des Prussiens, et envoya plusieurs officiers pour l'en assurer, mais il ne voulut pas y croire. » (*Essai historique sur les Cent-Jours*, par le général Lamarque. Paris, 1836.)

turels. Ligny est traversé dans toute sa longueur par le ruisseau de ce nom, qui, prenant sa source près de la chaussée de Namur à Nivelles, au-dessous et à l'est de Marbois, coule d'abord du nord-est au sud-est, mais prend bientôt une direction presque perpendiculaire à la chaussée de Namur à Nivelles vers le nord-est, à partir du point où il se rencontre avec un petit ruisseau qui vient de Wongenies. Le village de Saint-Amand s'élève près de ce confluent; il est bâti sur la rive droite du Ligny. Ce cours d'eau, continuant à courir au nord-est, arrive à Ligny, situé à un peu plus de mille mètres environ en aval de Saint-Amand, et le partage en deux parties. Chacune de ces parties est coupée par une grande rue dont les issues latérales débouchent sur des chemins creux et marécageux. Ces issues, étroites du côté des Prussiens, allaient en s'élargissant du côté par lequel devait venir l'attaque française, et présentaient à peu près la forme d'un entonnoir. Le village de Saint-Amand qui, on vient de le voir, est situé à deux kilomètres de Fleurus, se décompose en trois villages : le principal situé sur la droite du ruisseau de Ligny vers Fleurus; le second, Saint-Amand-la-Haie, ou, pour parler plus brièvement, le hameau de La Haie, situé au point où les Prussiens avaient établi leur extrême droite, entre le principal village et Wagnelie, et le hameau de Saint-Amand dans la position intermédiaire. Des jardins, des vergers, des bouquets de bois entouraient à cette époque les maisons et les trois villages, cachés dans une ceinture boisée, et l'on n'apercevait du côté de Fleurus que le clocher et quelques maisons bâties dans la direction de Ligny. Sur la rive droite du ruisseau de Ligny, le cimetière de ce village, entouré d'un mur peu élevé; à l'entrée du village, un vieux château en ruines. Le Ligny, qui, au sortir du village, contourne en inclinant vers le sud les monts de Tongrinne, et va se jeter, en changeant encore de direction, dans l'Orneau, affluent de la Sambre, est encaissé profondément. Quoique ses eaux n'aient guère plus de trente centimètres de hauteur, ses rives, taillées à pic, ont de un à deux mètres d'élévation, et son lit de deux à trois mètres de largeur, de sorte que sur plusieurs points on ne peut le passer qu'à l'aide de ponts. Tous ces points sur lesquels allait s'engager l'action sont séparés par de courtes distances. Fleurus, point de départ de l'avant-garde de l'armée française, est à cinq kilomètres sud-ouest de Sombref, à quatre kilomètres de Ligny et à cinq de Bry, à un peu plus de deux kilomètres est seulement de Saint-Amand. De Fleurus jusqu'aux positions occupées par les Prussiens, s'étend une plaine sans accident et sans abri. A Saint-Amand commence un terrain accidenté, entrecoupé de haies vives et de ravins, après lequel le sol s'élève en amphithéâtre jusqu'aux hauteurs de Sombref. Ces hauteurs, cette pente, ce terrain de chicane étaient occupés par les Prussiens; c'était de là qu'il fallait les déloger. Blücher avait en ligne 87,000 hommes, dont 8,500 cavaliers, et disposait de 224 bouches à feu. Napoléon avait 78,000 hommes, dont 13,000 cavaliers; il disposait de 242 bouches à feu. Les Prussiens avaient l'avantage de voir, des hauteurs qu'ils occupaient, tous les mouvements de notre armée, et de pouvoir diriger un feu plongeant sur nos masses; nous avions l'avantage de les découvrir de la tête aux pieds pour la direction de notre feu.

La garde, qui arriva la dernière sur le champ de bataille, puisqu'elle était partie de Charleroi et de Gilly, éloignés de six à huit kilomètres du lieu de l'action, prenait vers deux heures de l'après-midi sa position en seconde ligne dans l'ordre suivant : sur le flanc droit de Fleurus, en avant du moulin, les quatre régiments des chasseurs à pied, avec leur batterie; à la gauche de cette division, au delà de la chaussée qui mène de Fleurus à Sombref, les deux brigades de la jeune garde, placées également en seconde ligne avec leurs batteries derrière le troisième corps. Le division des grenadiers à pied appuyait sa gauche au moulin de Fleurus. A cinquante mètres en arrière de cette formidable infanterie, s'élevant à 12,727 hommes, les grenadiers à cheval, les dragons de la garde, les gendarmes d'élite, au nombre de dix-sept cents chevaux. Les quatre-vingt deux pièces, formant l'artillerie de la garde, à quelques mètres seulement en arrière de l'infanterie et en avant de la cavalerie de la garde et des trois mille cuirassiers du général Milhaud, placés en colonnes par escadrons près de Fleurus, attendent dans ce cadre de fer le moment d'agir. Ainsi la garde, présentant ensemble plus de 20,000 hommes avec la cavalerie Milhaud, formait la réserve de l'armée.

En première ligne, le troisième corps, sous le commandement de Vandamme, prit position avec ses trente-huit pièces de canon en avant de la ville de Fleurus, évacuée dès le matin par l'infanterie prussienne, et en face à peu près de Saint-Amand. Il avait, à mille mètres sur sa gauche, la division Girard, de 5,178 hommes[1], détachée du deuxième corps avec huit pièces de canon et chargée d'enlever le village de Saint-Amand-la-Haie, et de le défendre contre l'extrême droite de l'armée prussienne, qui pouvait tenter une attaque contre notre base d'opération. La division de cavalerie du troisième corps, au nombre de mille sabres, était en observation sur l'extrême gauche de notre ligne, sur la route de Fleurus à Saint-Amand. Le corps d'armée du général Gérard occupait, au nombre de 14,000 hommes, et trente-huit pièces de canon, le centre de notre ligne et faisait face à Ligny. Sur sa droite, le maréchal Grouchy avec les corps de cavalerie des généraux Excelmans et Pajol, montant à 5,632 chevaux et vingt-quatre pièces de canon, devait se contenter de maintenir la gauche

---

1. Cette division venait d'être appelée de Wangenes où elle avait bivouaqué. Dans la dépêche adressée à Ney, peu de moments auparavant, l'Empereur la mettait cependant au nombre des divisions laissées au maréchal.

de l'armée prussienne en lui laissant la route ouverte vers Namur pour la séparer complétement de l'armée anglaise. Le sixième corps, commandé par le général Lobau, formant 9,373 baïonnettes et traînant trente-deux pièces de canon, dut venir se placer en réserve générale en avant de Fleurus; mais il n'arriva dans sa position qu'à une heure avancée dans la journée, vers six heures du soir. A Ligny, où l'Empereur était présent, cette remarque doit être présentée, comme aux Quatre-Bras où il n'était pas, les ordres arrivèrent tardivement aux différents corps[1], qui ne furent en ligne que de deux heures à deux heures et demie de l'après-midi. Ces retards étaient tout à l'avantage des Prussiens, qui, revenus de leur surprise, avaient le temps de s'assurer dans leurs positions. La sixième division, on vient de le voir, n'arriva même à son poste de combat qu'à six heures; de telle sorte qu'elle ne put brûler une amorce.

L'Empereur attendit jusqu'à trois heures de l'après-midi pour donner le signal de l'attaque. Il espérait laisser ainsi le temps au maréchal Ney d'exécuter le mouvement qu'il lui avait prescrit par sa dépêche de deux heures, qui n'était arrivée au quartier général du maréchal qu'à trois heures. « La droite de Blücher était en l'air, » a-t-il écrit depuis. Cela était vrai. Mais de même que l'Empereur attendait Ney sur sa gauche, Blücher attendait Wellington, qui, croyant ne pas être attaqué, lui avait promis son concours, et espérait voir dé-

---

1. « Le quatrième corps, commandé par le général Gérard, qui avait bivouaqué en avant de Châtelet, et qui était sous les armes depuis l'aube du jour, ne reçut l'ordre de se porter en avant qu'à neuf heures et demie. » Le général Gérard dit à ce sujet : « Dans la matinée du 16, le général Excelmans vint me voir à Châtelet ; il avait ses troupes campées près des miennes. L'un et l'autre nous avions été prévenus de nous tenir prêts à marcher à deux heures du matin. Je lui témoignai combien j'étais contrarié de ne pas avoir encore mon ordre de mouvement. J'ajoutai que j'augurais mal de ces retards. » (*Quelques Documents sur la bataille de Waterloo*, par le général Gérard. Paris, 1829.)

boucher Bulow, qui, arrivant de Haunut par la voie romaine, aurait contourné Lagny et Saint-Amand.

À l'instant même où trois heures sonnaient à l'horloge du clocher de Saint-Amand, la bataille commençait. Le général Vandamme, auquel trois coups de canon tirés tout près de Fleurus donnèrent le signal attendu, dirigea une impétueuse attaque contre le village de Saint-Amand, dont la division Lefol s'empara à la baïonnette après un sanglant engagement. Mais cette division tenta inutilement de déboucher hors du village. Elle fût bientôt ramenée en arrière par les décharges des batteries de douze que Blücher fit avancer. Le général prussien attachait un grand prix à reconquérir Saint-Amand ; c'était par là que le corps de Bulow, qu'il attendait de minute en minute, devait déboucher contre l'armée française. A deux reprises différentes il fit assaillir ce village par le général Pirch, commandant du deuxième corps, qui, par les ordres de Blücher, dirigea sur ce point une nombreuse infanterie soutenue par le feu d'une artillerie puissante et par des charges de cavalerie. Ce fut en vain. La division Lefol surpassa, par l'opiniâtreté héroïque de la défense, l'héroïque acharnement des Prussiens, et les obligea à lâcher prise. Elle fut, il est vrai, efficacement soutenue par la division Girard, qui, établie en face du hameau de la Haie, était parvenue par un vigoureux effort à s'emparer, vers trois heures et demie, de cette position, d'où elle prenait d'écharpe toutes les colonnes d'attaque dirigées par Blücher sur Saint-Amand.

Ces combats sanglants, où des pertes sensibles avaient été éprouvées de l'une et de l'autre part, s'étaient prolongés pendant plus d'une heure. Le cimetière muré de Saint-Amand avait été surtout l'objet d'une lutte meurtrière, dans laquelle les Français étaient demeurés vainqueurs. Mais dans la dernière attaque, dirigée par les Prussiens contre le hameau de la Haie, le brave général Girard, qui avait déployé autant de talent que de vigueur, tomba mortellement blessé, et deux de ses généraux furent mis hors de combat. Une troisième fois Blücher conduisit en personne des forces plus considérables contre Saint-Amand, et les Prussiens, après une lutte sanglante et des pertes énormes, furent encore repoussés, mais demeurèrent maîtres de la Haie, tandis que Vandamme, toujours dans Saint-Amand, ne pouvait en déboucher. Une panique qu'avait fait naître un faux avis faillit faire réussir une dernière attaque des Prussiens. On avait vu, disait-on, s'avancer à l'extrême gauche de notre armée un nombreux corps de troupes, sans qu'on eût pu distinguer son drapeau. Le cœur manqua, dit-on, à l'officier envoyé en reconnaissance; il n'alla point assez en avant et il revint dire que c'était l'ennemi. Vandamme envoya avertir l'Empereur que son corps était ébranlé, et que la crainte d'être débordé par sa gauche le préoccupait à tel point que si la réserve ne marchait pas contre ce nouvel ennemi, il ne répondait pas de le maintenir. On devait apprendre quelque temps après que le corps dont l'approche avait excité cette panique était celui du comte Drouet d'Erlon, qui, appelé par l'Empereur, avait un moment paru sur le flanc droit de l'armée prussienne, mais pour disparaître malheureusement bientôt, rappelé qu'il était par un ordre du maréchal Ney dans la direction des Quatre-Bras. C'est ainsi que, depuis le commencement de la campagne, les troupes montraient, avec un courage plein d'ardeur, un esprit ouvert à toutes les défiances et à toutes les alarmes.

Cette panique ne dura qu'un moment. Quand la troupe qui l'avait involontairement causée disparut dans le lointain, les soldats du troisième corps, électrisés par la présence des chasseurs de la vieille garde qui venaient de s'établir derrière eux pour leur servir de réserve, et soutenus par la division de la jeune garde envoyée à leur aide, repoussaient toutes les attaques dirigées contre Saint-Amand. En même temps, la division Girard, conduite par ses colonels, à défaut de ses généraux, tous mis hors de combat, rentrait victorieusement dans le hameau de la Haie. Blücher, maître du village de ce nom, fit des efforts désespérés pour reconquérir ces positions perdues. Il augmenta le carnage sans pouvoir changer sur ce point le résultat du combat. Trente-neuf bataillons avaient été successivement employés par lui à ces attaques, dans lesquelles les Prussiens perdirent près de 4,500 hommes [1]. Il était cinq heures et demie de l'après-midi quand la possession de Saint-Amand resta acquise à l'armée française.

Pendant que, sur la gauche de notre armée, cette lutte terrible était engagée à Saint-Amand, sur sa droite le maréchal Grouchy contenait la gauche des Prussiens par des charges de cavalerie, et le général Gérard attaquait au centre Ligny avec vigueur et rencontrait une résistance encore plus acharnée. Les Prussiens avaient profité du temps que leur avait laissé Napoléon. Le village de Ligny était devenu une forteresse. Quatre bataillons, chargés par Blücher de sa défense avec plusieurs compagnies de tirailleurs, avaient barricadé les rues et toutes les issues, jeté des nuées de tirailleurs derrière les haies et derrière les fossés, crénelé et fortifié à la hâte le vieux château et les maisons placées à l'entrée du village. Malgré l'élan de nos troupes, une première attaque avait échoué. Après une canonnade qui dura quelque temps, une seconde attaque, protégée par l'artillerie, fut plus heureuse; mais, bientôt après, les Prussiens revinrent en force, et obligèrent les Français à se retirer. Le général Gérard lança de nouveaux bataillons sur ce champ de bataille déjà couvert de morts. On se mitrailla à trente pas; on se fusilla à bout portant; on combattit à l'arme blanche avec une frénésie inexprimable, au bruit incessant de la canonnade et de la mousque-

---

[1]. Récit du général Wagner, attaché à l'état-major général du maréchal Blücher en 1815.

terie. Le sang coulait à flots. La grande rue qui traverse Ligny, les issues latérales, disparaissaient sous les cadavres. Les vivants s'entre-tuaient sur les morts. On combattait dans ces rues à coups de baïonnette, à coups de crosse de fusil; on s'attaquait homme à homme avec toute la fureur de la haine personnelle. « Il semblait que chacun eût rencontré son ennemi mortel et se réjouît de trouver le moment de la vengeance; on ne demandait pas, on ne faisait pas de quartier [1]. » Chaque maison était prise et reprise; les blessés eux-mêmes refusaient de quitter le combat tant qu'ils pouvaient frapper. Au milieu de ce carnage et de ces décharges continuelles, le vieux château de Ligny et plusieurs maisons incendiés par les projectiles brûlaient comme des flambeaux.

Blücher avait ordonné à Jagow, un de ses lieutenants, de chasser les Français de Ligny à tout prix. Ce général fit de grands efforts pour y réussir, et l'issue de la lutte resta longtemps douteuse. Enfin les Français finirent par s'emparer, au centre du village, d'une grande maison dont ils se firent une forteresse. A plusieurs reprises, les Prussiens l'attaquèrent sans pouvoir les en déloger; les troupes françaises occupèrent aussi le cimetière, et parvinrent à y établir deux pièces d'artillerie qui, tirant à mitraille, firent un affreux ravage dans les rangs de l'ennemi. Trois fois un bataillon tenta de franchir un large fossé rempli d'eau qui le séparait de cette position, trois fois il fut repoussé avec des pertes énormes. Gérard et Blücher, l'œil fixé sur cette étroite arène où tant de faits d'armes s'accomplissaient, où tant de vies s'éteignaient, envoyaient renfort sur renfort, et en voulant décider la partie, ne réussissaient qu'à l'égaliser. A cinq heures toutes les réserves du quatrième corps étaient engagées. A six heures et demie du soir, après un combat de près de quatre heures, les

---

1. Relation autrichienne. (*Journal militaire*, 1819.)

Français se maintenaient, malgré tous les efforts des Prussiens, dans les positions qu'ils avaient conquises au milieu de Ligny, mais ils n'étaient pas encore complétement maîtres de ce village. Les Prussiens le leur disputaient encore, il fallait un effort surhumain pour les en chasser.

L'Empereur, qui s'était placé avec son état-major sur la gauche du moulin de Fleurus, à cent cinquante pas à peu près de la division des chasseurs de la garde, suivait les progrès de la bataille, étonné de ne voir paraître ni Ney ni Drouet d'Erlon. Il les attendait l'un ou l'autre sur la droite de l'ennemi pour exécuter une formidable attaque au centre, de manière à envelopper les Prussiens et à ne leur laisser de retraite ouverte que par leur gauche sur Namur. Les officiers d'ordonnance de Vandamme, de Gérard et de Grouchy, se succédant de moment en moment, apportaient des nouvelles et reportaient les ordres. De temps à autre, quelques militaires arrivaient de Saint-Amand et de Ligny pour présenter des trophées à l'Empereur, tantôt un drapeau, tantôt une pièce de canon enlevée à l'ennemi. L'Empereur les accueillait avec ces mots qu'il savait dire aux soldats et qui, allant droit à leur cœur, faisaient des heureux, puis des victimes, car pour les mériter on bravait mille morts. Avec cette familiarité militaire qui électrisait ses troupes, il échangeait de temps à autre quelques paroles avec les vieux soldats de la garde qui, devisant autour de lui sur les accidents de la bataille, attendaient impatiemment l'ordre de marcher en avant. Vers quatre heures, la division de la jeune garde avait défilé devant l'Empereur pour aller soutenir le troisième corps, décimé par un combat acharné. Les 3ᵉ, 5ᵉ et 4ᵉ régiments de chasseurs de la vieille garde, qui devaient servir de réserve à la jeune garde, avaient en même temps quitté leur position. A la même heure, les 3ᵉ et 4ᵉ régiments de grenadiers s'étaient mis en marche pour aller s'établir en réserve derrière le quatrième corps, affaibli par ses pertes et par l'éloignement d'un bataillon du 56ᵉ de ligne, qu'on avait été obligé de détacher vers l'extrême droite pour occuper une petite colline boisée entre Tongrenelle et Tongrine, au delà du ruisseau de Ligny, et aider la cavalerie du maréchal Grouchy à arrêter les Prussiens, qui faisaient des efforts pour déborder la droite de l'armée française. Il y avait eu sur ce point aussi de vifs engagements, et les charges brillantes de cavalerie commandées par le général Excelmans et le général Pajol avaient arrêté le mouvement offensif de l'infanterie prussienne. A cinq heures, le colonel Gourgaud, détaché par l'Empereur pour suivre les progrès du combat à Ligny, vint l'avertir que toutes les réserves du quatrième corps étaient engagées, sans que la possession complète de ce village nous fût acquise. L'Empereur, jugeant qu'il y avait péril en la demeure, conjecturant, au bruit de la canonnade qui venait des Quatre-Bras, que Ney était trop fortement engagé pour arriver, et voyant qu'on ne pouvait pas attendre plus longtemps sans compromettre le sort de la journée, prescrivit immédiatement au 1ᵉʳ et au 2ᵉ régiment de grenadiers de la garde, et au 1ᵉʳ régiment de chasseurs avec les sapeurs et les marins de la garde, de se diriger vers Ligny sur deux colonnes, marchant parallèlement à peu près à deux cents mètres de distance. A leur droite, l'artillerie de réserve de la garde, au nombre de soixante pièces rangées sur huit de front, formaient une troisième colonne. Derrière l'infanterie s'avançaient deux colonnes de cavalerie; à droite, les sept cents grenadiers à cheval, dragons de la garde et gendarmes d'élite; à gauche, les quinze cents cuirassiers du général Delort. Cette formidable machine de guerre était destinée à exécuter la manœuvre décisive de la journée. Il fallait achever d'emporter Ligny, déboucher de ce village, de Saint-Amand et de la Haie sur les positions prussiennes, remonter la pente et arriver jusqu'aux hauteurs par un vigoureux élan, pour en débusquer l'ennemi.

Arrivées à la portée du canon, les têtes de colonne s'arrêtèrent sur l'ordre de l'Empereur, qui marchait avec cette troupe d'élite, qu'il allait jeter dans le plateau pour faire pencher la balance. On se perdait en conjectures dans les rangs sur le motif de ce temps d'arrêt tout à fait inattendu. L'Empereur venait de recevoir le message envoyé vers cinq heures par le général Vandamme, qui lui donnait avis de l'apparition, sur son extrême gauche, d'un nombreux corps de troupes qu'on supposait être un corps ennemi. Napoléon, avant de donner le signal du mouvement décisif au centre, voulut savoir quel était ce corps qui menaçait, disait-on, le flanc gauche de son armée, et il envoya le colonel Gourgaud le reconnaître. Cet officier ne revint qu'au bout d'une heure avertir l'Empereur que le corps qui avait un moment apparu sur notre gauche s'était bientôt éloigné. Ce retard inexpliqué et en apparence inexplicable fit croire à Blücher que l'Empereur renonçait à son mouvement vers Ligny, et le général prussien, concevant l'espoir de couper la retraite à ces colonnes qu'il voyait arrêtées, essaya une dernière attaque contre Saint-Amand, et conduisit lui-même la charge d'une nombreuse cavalerie. Cette charge échoua.

Il était sept heures et demie du soir, l'Empereur venait enfin de recevoir la nouvelle que le corps dont l'approche avait effrayé le général Vandamme s'était éloigné. Le jour allait bientôt baisser; la chaleur avait été accablante, et les forces des hommes et des chevaux commençaient à s'épuiser; il n'y avait pas un moment à perdre si l'on voulait décider le sort de la bataille avant la tombée de la nuit. La formidable réserve qu'il allait engager contre les Prussiens se remit en mouvement. Le soleil couchant s'inclinait, prêt à disparaître derrière les grands arbres de la forêt de Peruin, qui apparaissait sur la gauche de notre armée. Les tambours ne battaient pas, la musique restait silencieuse, et les colonnes d'attaque marchaient d'un pas cadencé vers le but que leur avait marqué l'Empereur. Des hauteurs où ils étaient placés, les généraux prussiens voyaient distinctement venir les troupes redoutables dont ils allaient avoir à soutenir le choc. Ils firent braquer les pièces de douze contre les colonnes françaises qui continuèrent, pendant vingt minutes à peu près, leur mouvement lent et régulier. Plus de deux cents pièces d'artillerie tonnaient sur la ligne, et, depuis Ligny jusqu'à Saint-Amand, le champ de bataille disparaissait sous la fumée du canon. Çà et là des colonnes de fumée mêlées de flammes montaient vers le ciel; c'étaient des incendies allumés sur divers points du champ de bataille. A mesure que les têtes de colonne approchaient du théâtre de l'action, les boulets prussiens enlevaient quelques files de soldats, mais la marche du corps continuait sans se ralentir, sans se précipiter. Il arriva ainsi jusqu'au ravin de Ligny. Le feu de l'ennemi augmentait; les boulets, les obus, la mitraille, pleuvaient de toutes parts; la garde avançait toujours, l'arme au bras. Elle s'arrêta enfin; le commandement de charger les armes fut donné. Les régiments se serrèrent en masse sous le feu de l'ennemi. Le colonel d'un de ces régiments, le général Roguet, réunissant en cercle autour de lui ses officiers et sous-officiers, leur adressa ces paroles, qui allaient rendre plus cruelle encore une lutte déjà impitoyable : « Messieurs, prévenez les grenadiers que le premier d'entre eux qui m'amène un prisonnier, je le fais fusiller[1]. » Le moment est venu; une salve de soixante coups de canon retentit à la droite : c'est l'artillerie de la garde qui donne le signal. L'Empereur, debout sur un tertre auprès du chemin creux où la colonne va s'engager, assiste à l'exécution de la manœuvre qu'il a commandée, et préside à cette scène terrible. La charge bat, les colonnes s'élancent au pas de course dans

---

1. *Derniers Jours de la grande armée*, t. II, p. 86.

le ravin, en criant : « *Vive l'Empereur !* Point de quartier ! » De Ligny à Saint-Amand un mouvement en avant s'exécute sur toute la ligne. Le troisième et le quatrième corps débouchent des villages, tandis que la réserve amenée par l'Empereur se précipite sur le centre. Rien ne peut arrêter ce choc effroyable, qui brise tout sur sa route. Ligny, qui résistait depuis cinq heures, est emporté au pas de course en cinq minutes. Infanterie, cavalerie, artillerie traversent, comme une avalanche de fer et de feu, ce village désolé, en foulant un pavé de cadavres qui rebondissent mutilés sous les roues des canons. Au sortir du village et au bas du coteau, les têtes de colonne se reforment, et montent à l'assaut des hauteurs, que les Prussiens défendent avec énergie. Des charges de cavalerie sont dirigées par Blücher en personne contre l'infanterie de la garde. L'uniforme bigarré de quelques-uns de ces régiments donne lieu à d'étranges méprises; les Prussiens les prennent pour des légions de gardes nationaux mobilisés, des officiers s'avancent en parlementaires, et les somment de déposer les armes et de ne pas tenter contre des troupes régulières une lutte inégale. Le régiment de grenadiers de la garde, auquel cette sommation était adressée, y répond par une effroyable décharge, qui met la moitié de cette cavalerie par terre et l'autre en fuite. Les colonnes d'attaque sont arrivées à mi-chemin du mamelon, lorsque la cavalerie française, qui a traversé Ligny au grand trot de ses chevaux, en foulant aux pieds les morts et les mourants, débouche à son tour et, se formant aussitôt en escadrons, se prépare à charger. Ces trois mille cavaliers d'élite poussent ensemble un formidable hourra, et, saluant de la voix et du sabre la garde en passant sur ses flancs, sont salués à leur tour par les acclamations de l'infanterie; puis ils se précipitent sur les masses ennemies. La terre tremble sous les pieds de ces trois mille chevaux. La cavalerie française attaque et désorganise tout ce qu'elle trouve sur son passage, infanterie, cavalerie, artillerie. Dans une de ces charges, l'intrépide Blücher, qui a voulu rétablir le combat sur le plateau du moulin de Bry en conduisant lui-même une charge de cavalerie prussienne, tombe dans un pli de terrain avec son cheval, qui, mortellement blessé, s'abat sous lui; la cavalerie française passe et repasse auprès du généralissime prussien, qui se relève avec peine couvert de contusions, et n'échappe que par une espèce de miracle, à l'aide du secours d'un de ses aides de camp, à la mort ou à la captivité. Remonté sur le cheval d'un sous-officier du 6ᵉ de hulans, il est obligé de s'avouer que cette journée est contre lui, et donne en frémissant l'ordre de la retraite.

La nuit commence à venir. Les Français sont au moulin[1] de Bussy; ils sont maîtres du plateau jusqu'à Wagnelé. Les Prussiens se retirent; leur centre est en désordre et en partie désorganisé, mais leur aile droite et leur aile gauche ont gardé toute leur cohésion. La chaussée de Nivelles, Sombref, le Point-du-Jour, sont leurs points de ralliement; ils occupent Bry par une forte avant-garde. Ils abandonnent le champ de bataille, mais cette victoire, chèrement payée par le vainqueur, est pour eux un échec sans être une déroute. Ils ont 18,000 hommes hors de combat, et 10,000 fuyards environ ont quitté leur drapeau; ce sont 28,000 hommes à peu près qui manquent à l'appel. Les Français ont perdu 12,000 hommes. Mais à la manière dont les Prussiens ont combattu, à la manière dont ils combattent encore en se retirant, on voit qu'ils n'ont pas perdu ce sentiment de leur force, cette confiance en eux-mêmes, cette volonté de prendre leur revanche avec lesquelles il n'est point de défaite irréparable. Le nuit est tout à fait venue. L'Empereur fait arrêter la marche de notre cavalerie, qui ne poursuit plus qu'au hasard. L'armée française, dans

---

1. *Relation du major Wagner.*

le premier enivrement de joie que cause une victoire disputée, ne songe pas à ses pertes. Sur tout le front de nos régiments, les musiques font retentir de joyeuses fanfares, et l'on entend partout cet hymne militaire des jours de triomphe : *La victoire est à nous!* La victoire est à nous, en effet, la bataille de Ligny est gagnée, mais le sort de la guerre est loin d'être décidé.

Dans cette bataille, on a vu paraître les mêmes symptômes qu'aux Quatre-Bras. Le courage a été le même dans les deux armées opposées, courage mêlé d'acharnement et de fureur impitoyable : le mot de *sans quartier*, proféré par un colonel de la garde, a été entendu et ne sera plus oublié. Ce courage se complique de notre côté d'une inquiétude et d'une défiance qui produisent de temps à autre des paniques inconnues dans les précédentes campagnes. On appréhende de tout côté des ennemis, et quand les colonnes du général Drouet d'Erlon se montrent dans la direction de Bry, on croit facilement à la présence des Anglais. Là aussi, des symptômes d'hésitation apparaissent chez plusieurs généraux. Vandamme n'a plus sa hardiesse et son impétuosité accoutumées. On a vu ses incertitudes à l'approche de la colonne de Drouet d'Erlon, qu'il prend pour une colonne anglaise, et, plus tard, celles de Drouet d'Erlon lui-même. Il faut ajouter ici un détail qui n'a pu trouver place dans le récit : le général Durutte, que le commandant du premier corps, en s'éloignant pour se rendre au dernier ordre du maréchal Ney, laisse avec une division sur les derrières des Prussiens entre Bry et Villers-Peruin, avec mission d'observer la plaine et d'empêcher que l'ennemi ne coupe les communications entre Napoléon et son aile gauche, ne montre ni présence d'esprit ni initiative, quoiqu'il soit réputé justement un des plus intrépides officiers de l'armée. Il ne songe qu'à sauvegarder sa responsabilité, quand le cri des simples soldats, s'élevant autour de lui, lui signale l'aile droite des Prussiens qu'il peut prendre entre deux feux en débouchant contre le village de Wagnelé, qui se lie à celui de Saint-Amand. Des incidents fâcheux viennent encore ajouter dans cette division à la perturbation morale des esprits. Le colonel Gordon, chef d'état-major du général Durutte, et son premier aide de camp, le chef de bataillon Gaugler, passent à l'ennemi pendant la bataille de Ligny. Les soupçons des soldats contre leurs chefs, déjà éveillés, se trouvent au plus haut point surexcités par ces exemples inouïs dans les fastes de l'armée française, et qui ne s'expliquent que par ces révolutions rapides qui, en dix mois, ont changé deux fois sa cocarde et son drapeau. On s'entre-regarde avec des yeux de défiance. L'idée redoutable de trahison est entrée dans les esprits. « Tout mouvement que le soldat ne comprend pas l'inquiète; il se croit trahi. Au moment où les premiers coups de canon se tiraient à Saint-Amand, un vieux caporal s'approcha de l'Empereur et lui dit : *Sire, méfiez-vous du maréchal Soult, et soyez certain qu'il vous trahit.* — *Sois tranquille,* lui répond le prince, *j'en réponds comme de moi.* Au milieu de la bataille, un officier fit au maréchal Soult le rapport que le général Vandamme était passé à l'ennemi, que ses soldats demandaient à grands cris qu'on en instruisît l'Empereur. A la fin de la bataille, un dragon accourt, le sabre tout dégouttant de sang, en criant : *Sire, venez vite à la division, le général d'Hénin harangue les dragons pour les faire passer à l'ennemi! — L'as-tu entendu? — Non, Sire, mais un officier qui l'a vu vous cherche et m'a chargé de vous le dire.* Pendant ce temps-là, le brave général d'Hénin recevait un boulet de canon qui lui emportait une cuisse après avoir repoussé une charge ennemie [1]. »

Ces faits rapportés par l'Empereur lui-même témoignent du trouble moral des esprits. Une sombre défiance tourmente les

---

1. Dictées de Sainte-Hélène.

âmes. Tant de serments prêtés et repris disposent les troupes à croire à de nouvelles trahisons. L'Empereur a lui-même montré à Ligny une lenteur à laquelle il n'avait habitué jusque-là ni ses adversaires, ni ses amis. Attardé à Charleroi dans les premières heures de la matinée du 16 juin, il n'a examiné que vers une heure de l'après-midi par ses propres yeux la situation de l'armée prussienne. La bataille n'a commencé que vers trois heures de l'après-midi. Les ordres n'ont pas été donnés d'une manière assez précise pour que Drouet d'Erlon, appelé de deux côtés à la fois, sût à quel ordre il devait obéir. Napoléon détermine le dénoûment de la journée de Ligny par la manœuvre décisive qui porte sa garde sur le centre de l'armée prussienne ; mais cette manœuvre tardivement exécutée ne laisse pas au vainqueur le temps de profiter de la victoire, et ce retard favorise la retraite du vaincu en la plaçant sous la protection des ténèbres. En outre, le mouvement d'un corps de l'aile gauche de l'armée française, soit d'Erlon, soit Lobau, laissé inutilement à Charleroi, n'ayant pu s'opérer sur l'aile droite des Prussiens, la combinaison principale de l'Empereur, qui consistait à broyer l'armée prussienne entre une attaque sur le centre et une attaque sur l'aile droite, et à ne laisser de retraite à ses débris que sur Namur, n'a pu recevoir son exécution.

La retraite des Prussiens reste libre par toutes les routes et s'opère tranquillement. On ne les poursuit pas dans la nuit ; le maréchal Grouchy se contente de les surveiller en prenant position à Sombref. Ils se barricadent dans le village de Bry sur leur aile droite, et y demeurent jusqu'à une heure du matin ; ils occupent à l'aile gauche le Point-du-Jour, les hameaux voisins de Sombref, et le général Thielmann, qui a combattu sur ce point la cavalerie du maréchal Grouchy, ne commence son mouvement qu'à une heure du matin pour se diriger sur Gembloux, qui n'en est qu'à deux lieues. Le général Bulow, à la tête du quatrième corps, est arrivé pendant la même nuit dans cette localité par la route opposée, trop tardivement pour prendre part à la bataille de Ligny, mais assez tôt pour coopérer au ralliement de l'armée prussienne en retraite. Les deux corps les plus maltraités, le premier à Saint-Amand, le deuxième à Ligny, se sont portés dans la nuit derrière le défilé de Mont-Saint-Guibert pour reformer leurs brigades et leurs divisions, et, dans la matinée du 17 juin, ils se mettent en marche vers Wavres, sur la Dyle, point général de ralliement de l'armée prussienne, situé à peu près à six lieues du champ de bataille. Zieten y est arrivé avec le premier corps dans la journée du 17 juin, ainsi que Pirch avec le deuxième corps. Le troisième corps, conduit par Thielmann, n'a quitté Gembloux que le 17 juin à deux heures de l'après-midi, et n'est sur la Dyle que fort avant dans la soirée. Le corps de Bulow, servant d'extrême arrière-garde, n'a quitté Gembloux qu'à trois heures de l'après-midi. Aucun des corps d'armée prussiens ne se dirige sur Namur. Le plan qui consistait à précipiter l'armée prussienne vers cette ville pour la séparer de l'armée anglaise a donc échoué. L'armée prussienne se retire de manière à se tenir toujours à la hauteur de l'armée anglaise. Elle s'élève encore après la bataille de Ligny à plus de 90,000 combattants. Le corps d'armée de Bulow a plus que comblé le vide que nos boulets et nos baïonnettes ont fait dans ses rangs.

Les premiers rapports envoyés à l'Empereur sur la direction dans laquelle s'opérait la retraite de l'armée prussienne ont été erronés. Il croit que Blücher se retire sur Namur, et il prescrit au maréchal Grouchy de le suivre sur cette route. Il lui donne pour remplir cette mission 32,000 hommes dont 5,000 de cavalerie, avec quatre-vingt-seize bouches à feu. Ce n'était pas, il faut s'en souvenir, la poursuite d'une armée entièrement désorganisée par l'armée victorieuse attachée tout entière à ses pas : l'armée prussienne avait perdu le champ de bataille, mais elle se retirait en ordre sur les renforts qui lui arrivaient, et elle n'était suivie que par un détachement de l'armée française sur lequel elle avait une grande supériorité numérique, puisque Blücher, en comptant le corps de Bulow, avait entre 90,000 et 100,000 hommes sous ses ordres [1], et que le général Grouchy détaché derrière lui n'en avait que 32,000.

Un peu plus tard, Napoléon mieux informé dictait pour le maréchal Grouchy au général Bertrand les instructions suivantes, datées de Ligny : « Monsieur le maréchal, rendez-vous à Gembloux avec le corps de cavalerie du général Pajol, la cavalerie du quatrième corps et le corps de cavalerie du général Excelmans, la division du général Teste dont vous aurez un soin particulier étant détachée de son corps d'armée, et les troisième et quatrième corps d'infanterie. Vous vous ferez éclairer sur la direction de Namur et de Maëstricht, et vous poursuivrez l'ennemi. Éclairez sa marche et instruisez-moi de ses manœuvres de manière que je puisse pénétrer ce qu'il veut faire. Je porte mon quartier général aux quatre chemins, où ce matin encore étaient les Anglais. Notre communication sera donc directe par la route pavée de Namur. Si l'ennemi a évacué Namur, écrivez au général commandant de la deuxième division militaire à Charlemont de faire occuper cette place par quelques bataillons de garde nationale..... Il est important de pénétrer ce que l'ennemi veut faire : ou il se sépare des Anglais, ou ils veulent se réunir encore pour couvrir Bruxelles en tentant le sort d'une nouvelle bataille. Dans tous les cas, tenez constamment vos deux corps d'infanterie réunis dans une lieue de terrain, et occupez une bonne position militaire ayant plusieurs débouchés de retraite. Placez des détache-

---

[1]. Le chiffre que donne le général Wagner est de 104,719 hommes.

ments de cavalerie intermédiaires pour communiquer avec le quartier général. »

Ainsi Napoléon abandonnait l'armée prussienne après l'avoir battue, mais sans l'avoir détruite, ou même dispersée, pour se reporter sur l'armée anglaise demeurée aux Quatre-Bras, incertain des résolutions de l'ennemi et ignorant si le duc de Wellington lui livrerait bataille avant Bruxelles. C'était une grave situation. En effet, nous nous retrouvions, comme au commencement de la campagne, entre deux armées dont chacune était égale en nombre à l'armée française; mais ces deux armées, au lieu d'être surprises étaient averties, et elles avaient eu le temps de rallier tous leurs corps. Il y avait donc à craindre, si l'Empereur attaquait l'armée anglaise qui allait se trouver plus considérable que la sienne, que Blücher, qui disposait de près de 100,000 hommes contre les 33,000 de Grouchy, ne contînt celui-ci avec une partie de ses troupes, et, en se portant à la tête du reste contre l'Empereur, n'exécutât contre nous la manœuvre que Napoléon avait projetée contre les Prussiens à Ligny. Ce péril était d'autant plus imminent que si les Anglais effectuaient leur retraite vers Bruxelles, ils se rabattaient sur leurs réserves et accéléraient le ralliement de leur armée.

Le duc de Wellington, en apprenant, dans la matinée du 17 juin, que Blücher avait été trop affaibli pour garder la position de Sombref et qu'il s'était mis en retraite sur Gembloux avec l'intention de se placer sur la ligne de la Dyle, prit aussitôt la résolution de faire un mouvement correspondant à celui de l'armée prussienne. Les Quatre-Bras n'étaient pas tenables pour les Anglais, du moment que Sombref était évacué par les Prussiens. Wellington envoya prévenir Blücher qu'il se retirait sur Mont-Saint-Jean et qu'il accepterait la bataille dans cette position, si Blücher lui garantissait le concours de deux corps d'armée prussiens pendant la bataille. Blücher, tout meurtri encore de sa chute, répondit avec l'ardeur d'un jeune homme, malgré ses soixante-dix ans : « J'arriverai, non-seulement avec deux corps, mais avec mon armée tout entière, à condition que si les Français ne nous attaquent pas le 18, nous les attaquerons le 19 [1]. » Le Mont-Saint-Jean était, après les Quatre-Bras, la seconde position où on pouvait livrer bataille sur le chemin de Bruxelles. Il y avait de l'analogie entre cette position et celle des Quatre-Bras, à cause du caractère montueux du terrain, fortifié par la nature, et des bois dont il était couvert, car la forêt de Soignes est située sur les derrières du Mont-Saint-Jean, et plusieurs bouquets de bois sont semés sur le front de la position. Le duc de Wellington craignait cependant d'être tourné sur sa droite par Nivelles et Hall, ce qui l'aurait obligé à évacuer Mont-Saint-Jean, et il avertissait le duc de Berry pour que, à tout événement, celui-ci conseillât au roi Louis XVIII d'être prêt, si les événements l'exigeaient, à quitter Gand et à se rendre à Anvers par le passage de l'Escaut. Il ajoutait cependant que le Roi ne devait pas se mettre en mouvement à la première rumeur que la renommée pouvait lui apporter, mais qu'il devait attendre la nouvelle certaine de l'entrée des Français à Bruxelles. Telles étaient donc les résolutions du duc de Wellington : attendre Napoléon à l'entrée de la forêt de Soignes, dans la forte position de Mont-Saint-Jean, et lui livrer bataille avec la certitude d'être appuyé par les Prussiens, si cette position n'était pas tournée par Nivelles et par Hall, où il avait prescrit au prince Frédéric et à son corps de prendre position [2].

Par une étrange coïncidence, l'Empereur et le maréchal Ney, quoique les deux champs de bataille sur lesquels ils avaient

---

[1]. Rapport de Blücher sur la bataille de Waterloo, inséré au *Moniteur* du 10 juillet 1815.
[2]. *The Dispatches of field-marshal the duke of Wellington*, volume XII. Ces détails et ceux qui précèdent sont empruntés à une lettre adressée par le général anglais au duc de Berry, et datée du 18 juin, à trois heures du matin.

lutté le 16 juin ne fussent séparés que par une distance de deux lieues, apprirent seulement dans la matinée du 17 juin, le premier le dénoûment du combat des Quatre-Bras, le second celui de la bataille de Ligny[1]. L'Empereur expédia immédiatement au maréchal Ney l'ordre d'attaquer le duc de Wellington dans sa position, si ce dernier ne l'avait pas quittée; il lui promettait en même temps de venir l'appuyer par la chaussée de Namur, aux Quatre-Bras. Cet ordre était daté de Ligny, le 17 juin, à midi[2]. Mais dès dix heures du matin, Wellington, après s'être mis en communication avec Blücher, dont il connaissait la défaite entre sept et huit heures du matin, avait commencé sa retraite en dirigeant ses troupes sur trois colonnes : la première, par la chaussée de Nivelles sur Braine-Alleud ; la seconde, par Genappe sur Mont-Saint-Jean ; la troisième, par Braine-le-Château sur Hall, point d'intersection des routes d'Ath, de Mons et de Bruxelles. Il laissait dans la position des Quatre-Bras la cavalerie de lord Uxbridge et l'infanterie de lord Alten, pour masquer et couvrir son mouvement rétrograde. Napoléon, dans la matinée du 17 juin, passa, vers onze heures, la revue de l'armée qui avait combattu à Ligny. A midi, il mit ses troupes en marche et arriva de sa personne

---

1. Ce fait résulte clairement d'une dépêche du maréchal Soult, datée du 17 et écrite de Ligny : « Monsieur le maréchal, dit-il, le général Flahaut qui arrive à l'instant fait connaître que vous êtes dans l'incertitude sur les résultats de la journée d'hier. Je crois cependant vous avoir prévenu de la victoire que l'Empereur a remportée. » Le reste de la lettre est consacré à blâmer les dispositions prises par le maréchal Ney, et dont le général Flahaut vient de rendre compte. « L'Empereur a vu avec peine que vous n'avez pas réuni hier les divisions. Elles ont agi isolément .. Aussi vous avez éprouvé des pertes. Si les corps des comtes d'Erlon et Reille avaient été ensemble, il ne réchappait pas un seul Anglais du corps qui venait vous attaquer. Si le comte d'Erlon avait exécuté le mouvement sur Saint-Amand que l'Empereur a ordonné, l'armée était totalement détruite. » Mais Drouet d'Erlon ne pouvait être à la fois aux Quatre-Bras et à Ligny. Il fallait choisir, et ne pas lui donner des ordres contradictoires qui l'exposaient à n'être ni sur l'un ni sur l'autre point, ce qui arriva.

2. *En avant de Ligny, le 17 à midi*, l'ordre est signé par le maréchal Soult.

aux Quatre-Bras vers deux heures. Les troupes du maréchal Ney ne parurent qu'un peu plus tard, et défilèrent, la division Drouet d'Erlon en tête, devant l'Empereur, qui les attendait avec impatience. Cette lenteur du maréchal peut s'expliquer jusqu'à un certain point par ce passage des premières instructions du maréchal Soult, datées de Fleurus : « L'intention de Sa Majesté est que vous preniez position aux Quatre-Bras, ainsi que l'ordre vous en a été donné ; mais si, par impossible, cela ne peut avoir lieu, rendez-en compte sur-le-champ avec détail, et l'Empereur s'y portera; s'il n'y a au contraire qu'une avant-garde, attaquez-la et prenez position. La journée d'aujourd'hui est nécessaire pour terminer cette opération et pour compléter les munitions, rallier les militaires isolés et faire rentrer les détachements. »

Le mouvement de l'armée française commença, mais trop tard pour qu'on pût atteindre l'armée anglaise avant que le gros de ses forces eût gagné ses positions. On avançait avec une extrême lenteur : la pluie, qui ne cessait de tomber depuis le matin, avait détrempé la terre des chemins, où l'on enfonçait dans la boue jusqu'à mi-jambe ; à partir de Genappe, on avait laissé à l'artillerie la chaussée de Charleroi. Il faisait une chaleur étouffante ; le thermomètre marquait trente degrés, et les hommes comme les chevaux succombaient sous le poids de cette température d'orage. Il y eut seulement un engagement assez vif de cavalerie à Genappe, au sortir de cette ville. Lord Uxbridge prit position avec ses escadrons pour donner le temps à ses colonnes latérales de passer la Dyle, en arrêtant un moment la marche de notre avant-garde, conduite en personne par l'Empereur. Les cuirassiers du général Milhaud et la cavalerie légère des généraux Subervic et Domon, soutenus par plusieurs batteries de l'artillerie légère de la garde, obligèrent en un instant, par des charges brillantes, lord Uxbridge à abandonner sa position, et mirent en désordre la cavalerie anglaise ;

l'intrépide colonel Sourd, commandant le deuxième lanciers, se fit une fois de plus remarquer dans cette affaire, et après avoir tué de sa main le colonel d'un régiment ennemi et abattu plusieurs cavaliers, il eut un bras haché à coups de sabre. Lord Uxbridge, se mettant à la tête du premier régiment des life-guards, exécuta à son tour une charge brillante, et assura ainsi la retraite de l'arrière-garde anglaise.

Les Anglais, toujours suivis par Napoléon, dont l'avant-garde n'avait pas perdu de vue leur arrière-garde, étaient établis vers cinq heures à Mont-Saint-Jean, dans les positions que le duc de Wellington avait choisies. A six heures et demie, Napoléon arrivait devant cette position avec le premier corps d'infanterie et une division de cavalerie. La pluie continuait à tomber par torrents ; une brume épaisse obscurcissait l'air et devançait la nuit, qui n'était pas encore venue, car on était dans les plus longs jours de l'année. Il était trop tard pour livrer bataille le jour même. Les troupes, après une marche laborieuse sur un terrain presque impraticable, étaient accablées de fatigue ; d'ailleurs l'Empereur était loin d'avoir toutes ses forces réunies sous la main. La garde n'était point arrivée, et le deuxième corps avait reçu l'ordre de bivouaquer à Genappe, à une lieue de la ferme du Caillou, située sur le bord de la chaussée, et dans laquelle l'Empereur avait établi son quartier général ; le deuxième corps devait rejoindre l'armée à la pointe du jour. Cependant l'Empereur voulut tâter l'ennemi et simula une attaque sérieuse ; les Anglais démasquèrent alors cinquante pièces de canon, déjà en position, et devant cette démonstration il fallut s'arrêter. La bataille ne pouvait être livrée que le lendemain.

Tout le temps perdu par nous était gagné pour l'ennemi. Il continuait à concentrer ses forces. Le 17 juin au soir, le duc de Wellington écrivait au major général, sir Colville : « L'armée s'est retirée aujourd'hui de la position qu'elle occupait aux Quatre-Bras à la position qu'elle occupe actuellement sur le front de Waterloo. Les brigades de la quatrième division, maintenant à Braine-le-Comte, doivent se retirer à la pointe du jour sur Hall. Le major général Colville se guidera, dans sa marche sur Hall, d'après les renseignements qu'il recevra sur les mouvements de l'ennemi, soit que celui-ci avance par la route directe ou par Enghien. Le prince Frédéric d'Orange occupera avec son corps la position entre Hall et Enghien, et la défendra le plus longtemps possible. L'armée conservera probablement demain sa position en avant de Waterloo. » Ainsi le duc de Wellington était, le 17 juin au soir, résolu à accepter la bataille le lendemain, mais il craignait d'être tourné par sa droite, et il recommandait au général des troupes qui la couvraient de se maintenir le plus longtemps possible. Le lendemain, 18 juin, dans une lettre particulière datée de Waterloo et écrite à trois heures du matin, il ajoutait : « Les Prussiens ont été rejoints hier par leur quatrième corps, de plus de 30,000 hommes, et moi j'ai à peu près tout mon monde. Il se peut que l'ennemi nous tourne par Hall, quoique le temps soit terrible, les chemins détestables, et que j'aie le corps du prince Frédéric en position entre Hall et Enghien. J'espère quelque chose de plus ; j'ai toute confiance que tout ira bien, mais il faut tout prévoir. »

La nuit du 17 au 18 juin fut pénible pour les deux armées ; plus pénible encore pour l'armée française, dont plusieurs corps ne purent atteindre leurs positions que fort avant dans la soirée et même dans la nuit. Le ciel était sombre et sans étoiles ; la pluie continuait à tomber par torrents, et comme à partir de Genappe, l'infanterie avait quitté la chaussée de Charleroi, ainsi qu'on l'a vu, pour laisser cette voie à l'artillerie, les fantassins marchaient dans une boue liquide, où leurs pieds enfonçaient jusqu'à la cheville ; ils traînaient avec peine leurs vêtements alourdis par la pluie et souillés de larges flaques de boue. Plusieurs perdirent leurs chaussures dans ce terrain fangeux ; un assez grand nombre eurent leurs cartouches mises hors de service par l'eau qui, ruisselant de tous côtés sur leurs vêtements, pénétrait dans leur giberne. Les ténèbres étaient si profondes qu'on ne voyait pas à un pas devant soi ; on s'égarait au milieu des haies vives qu'il fallait franchir ; on se heurtait, on culbutait dans les ravins, et des imprécations s'élevaient jusque dans la garde contre les chefs, qu'on accusait de cette confusion qu'ils n'avaient pu prévenir. Le mot de trahison, déjà prononcé la veille, fut plusieurs fois répété, tant cette idée poursuivait les esprits ! Dans cette marche de Genappe à Mont-Saint-Jean, il y eut des compagnies et même des régiments qui s'égarèrent ou se mêlèrent ; la confusion devint une cohue, et bon nombre de soldats ne parvinrent à rejoindre leurs corps qu'à la pointe du jour.

La position de ceux qui campèrent dès le soir sur le terrain ne fut guère meilleure. Ils n'avaient aucun abri contre les torrents de pluie qui les inondaient, et les violentes rafales de vent qui leur fouettaient le visage. Après une journée de fatigue, couverts de vêtements traversés par la pluie, ils n'avaient pour se reposer qu'une terre fangeuse. Bien heureux encore ceux qui ne campaient pas dans des champs de blé qui, s'élevant presque à hauteur d'homme, communiquèrent l'humidité dont ils étaient chargés aux soldats qui y passèrent la nuit. Ajoutez à cela que, dans plusieurs corps de l'armée française, il n'y eut pas de distribution de vivres [1] ; les fourgons n'étaient pas arrivés. Ainsi se passa cette longue nuit, tristement pour les deux armées. Cependant les Anglais, arrivés les premiers dans leurs positions, eurent plus de temps pour se

---

[1]. « Pour surcroît d'infortune, le mauvais état des chemins retarda l'arrivée des vivres, et la plupart des soldats furent privés de nourriture. » (*Les Cent-Jours*, par M. Fleury de Chaboulon, tome II. page 165.)

reposer. Dès le 17 juin au soir, leurs pièces étaient en batterie, ce qui était encore un avantage à cause de la pluie, qui, ne cessant de tomber dans la nuit du 17 au 18 juin, devait rendre presque impraticables les mouvements de notre artillerie, arrivée plus tard en ligne. Enfin les Anglais prirent de la nourriture. La lutte des éléments, qui se prolongea pendant toute cette nuit, semblait préluder à cette autre lutte qui devait ensanglanter la journée du lendemain.

Dans les deux camps, les pensées étaient graves, mais cependant le moral de ces vaillants soldats n'était pas affaibli. La grandeur des circonstances les élevait au-dessus d'eux-mêmes. Ils pressentaient que la journée du lendemain serait décisive ; c'était la fin de ce long duel qui depuis tant d'années mettait les armées européennes aux prises avec l'armée française. Point de retraite possible, ni pour l'une ni pour l'autre armée : il fallait vaincre ou mourir. La certitude de combattre, l'espoir de vaincre leur tenaient lieu de toutes choses ; la passion de la gloire mêlée à une passion moins noble, celle de la haine, les endurcissait contre leurs privations et contre leurs souffrances. Ils appelaient le jour qui devait livrer leurs ennemis à leurs coups. Animés par le sentiment de la gravité des circonstances et soutenus par l'orgueil de leur rôle, une voix secrète leur disait qu'ils portaient à la pointe de leurs baïonnettes les destinées du monde. Telles furent les vigiles de la bataille de Waterloo.

Pendant que le duc de Wellington écrivait ses dernières instructions et exprimait, dans une de ses lettres, sa confiance dans l'issue de la journée du lendemain, Napoléon dictait de son côté ses ordres pour la bataille, dans le cas où son adversaire n'aurait pas profité de la nuit pour effectuer sa retraite, sujet de ses appréhensions. Parmi ces ordres, il y en avait un adressé à toute la garde impériale pour lui prescrire de préparer la grande tenue, afin de faire son entrée à Bruxelles.

où l'Empereur comptait coucher la nuit suivante [1]. Après avoir achevé ces dictées, Napoléon sortit de son quartier général, suivi de Bertrand, et parcourut à pied la ligne des grand'-gardes. « La forêt de Soignes [2] apparaissait comme un incendie ; l'horizon entre cette forêt, Braine-l'Alleud, les fermes de la Belle-Alliance et de la Haie-Sainte, était resplendissant du feu des bivouacs ; le plus grand silence régnait. L'armée anglo-hollandaise était ensevelie dans un profond sommeil, suite des fatigues qu'elle avait éprouvées les jours précédents. Arrivé près du bois du château d'Hougoumont, Napoléon entendit le bruit d'une colonne en marche ; il était deux heures et demie. Or, à cette heure, l'arrière-garde devait commencer à quitter ses positions si l'ennemi était en retraite. Mais cette illusion fut courte, le bruit cessa. La pluie tombait par torrents. Des officiers envoyés en reconnaissance, et des affidés, de retour à trois heures et demie, confirmèrent que les Anglo-Hollandais ne faisaient aucun mouvement. A quatre heures, des coureurs lui amenèrent un paysan qui avait servi de guide à une brigade de cavalerie anglaise allant prendre position sur l'extrême gauche de Wellington, au village d'Ohain. Deux déserteurs belges, qui venaient de quitter leur régiment, lui rapportèrent que leur armée se préparait à la bataille, et qu'aucun mouvement rétrograde n'avait eu lieu. Les troupes françaises étaient bivouaquées au milieu de la boue ; les officiers tenaient pour impossible de livrer la bataille dans ce jour : l'artillerie et la cavalerie ne pouvaient manœuvrer dans les terres, tant elles étaient détrempées ; ils estimaient qu'il faudrait douze heures de beau temps pour les étancher. Le jour commençait à poindre. L'Empereur rentra à son quartier général, plein de satisfaction de la grande faute que faisait le général ennemi et fort

---

1. *Derniers Jours de la grande armée.*
2. Récit de Napoléon. (Dictées de Sainte-Hélène.)

inquiet que le mauvais temps ne l'empêchât d'en profiter. »

Napoléon n'avait craint qu'une chose, c'est que le duc de Wellington ne refusât la bataille. Heureux de la lui voir accepter, il n'appréhendait alors qu'un obstacle, la pluie, qui, en continuant à tomber, pouvait rendre le champ de bataille impraticable pour la journée du 18 juin. Presqu'en rentrant à la ferme du Caillou, il reçut une dépêche du maréchal Grouchy. Ce rapport était daté de Gembloux, le 17 juin, à dix heures du soir. Le maréchal, qui n'avait reçu qu'à midi son commandement, n'avait pu mettre son infanterie en mouvement qu'entre deux et trois heures[1]. Le temps était effroyable, et il n'avait pu faire, dans des chemins presque impraticables, que trois lieues en sept heures; c'est la distance qui sépare Ligny de Gembloux par les routes frayées[2] : Gembloux est à quatre lieues du champ de bataille où allait combattre l'Empereur, tandis que la plus grande partie des troupes prussiennes étaient déjà rendues à Wavres, à deux lieues seulement de la gauche de l'armée anglaise. Cette lenteur, amèrement critiquée dans des récriminations rétrospectives, trouve en partie son explication dans le mauvais état des chemins, la chaleur et la pluie, qui rendirent plus lente encore la marche de l'Empereur sur Mont-Saint-Jean, en partie dans l'obligation, pour un corps d'armée de trente-trois mille hommes, de suivre avec circonspection une armée presque trois fois plus considérable, et dans l'impossibilité de ne pas laisser beaucoup d'avance aux colonnes d'une armée si nombreuse, dont on ne suit naturellement que l'ar-

---

[1]. Le quatrième corps reçut vers midi et demi (le 17 juin) l'ordre de se mettre en mouvement sur Gembloux. Le général Hulot, qui formait la tête de colonne, fut obligé d'attendre que la gauche du général Vandamme eût déblayé pour pouvoir se mettre en route. Ce n'est que vers trois heures qu'il a commencé à marcher. (*Quelques Documents*, par le général Gérard.)

[2]. « Les troupes n'arrivèrent à Gembloux qu'à neuf heures et à dix, ayant marché aussi vite qu'il était humainement possible par une pluie torrentielle et d'épouvantables chemins. » (Gérard, *Quelques Documents*.)

rière-garde. En outre, le maréchal exprimait dans cette lettre des doutes sur la direction de la retraite des Prussiens. Une colonne semblait, d'après tous les rapports, avoir pris la route de Wavres en passant par Sart-lez-Walhain; l'autre colonne paraissait s'être dirigée sur Perwès. Le maréchal en induisait qu'une portion allait rejoindre Wellington, et que le centre de l'armée de Blücher se dirigeait sur Liége. Il pensait aussi qu'une colonne avait pris la route de Namur, et il avait envoyé le général Excelmans à la découverte. Il ajoutait qu'il prendrait lui-même sa route dans la direction où marcherait la principale force de l'armée prussienne. Sa lenteur venait donc aussi de son indécision, et son indécision de l'ignorance où il était encore le 17 juin, à dix heures du soir, sur la route qu'avait prise le gros de l'armée de Blücher.

Le jour se lève sur le champ de bataille de Waterloo [1]. Le

---

[1]. Nous avons lu les principaux écrits qui ont été publiés sur la bataille de Waterloo et nous avons suivi avec beaucoup d'attention le mouvement de la bataille sur la carte. Notre préoccupation constante a été de démêler la vérité au milieu de tant de relations contradictoires, avec la volonté bien arrêtée de la dire. Nous n'avons pu admettre avec M. Villemain, dans son beau livre sur les Cent-Jours, que la campagne de 1815 ne fût plus à écrire, parce que l'Empereur l'avait écrite; encore moins avons-nous admis, avec M. de Vaulabelle, que l'on dût accepter sans contrôle le récit que Napoléon a fait dans l'exil de la bataille de Waterloo.

De l'aveu de tous, l'Empereur a été le premier homme de guerre de son temps; personne mieux que lui n'aurait pu raconter cette campagne et cette bataille, si en les racontant il n'avait été juge et partie; juge nié ré et partial, cherchant à casser l'arrêt qui l'a condamné. Son récit est, par la force des choses, satirique et apologétique : satirique à l'endroit de ses adversaires, apologétique quand il s'agit de ses propres actes. Il suffit de citer cette dictée de l'Empereur à Sainte-Hélène pour se convaincre que ce n'est pas en historien qu'il parle : « Le général anglais a livré le 18 juin la bataille de Waterloo. Ce parti était contraire aux intérêts de sa nation, au plan général de guerre adopté par les alliés; il violait toutes les règles de la guerre. Il n'était pas dans l'intérêt de l'Angleterre, qui a besoin de tant d'hommes pour recruter ses armées des Indes et ses colonies, de s'exposer à perdre sa seule armée. Le plan des alliés consistait à agir en masse et à ne s'engager dans aucune lutte partielle et chanceuse. Le général anglais, en prenant la résolution de recevoir la bataille à Waterloo, ne se fondait que sur la coopération des Prussiens, mais cette coopération ne pouvait avoir lieu que moment est venu de décrire ce champ de bataille et la position de chacune des deux armées qui vont en venir aux mains. A une certaine distance, au delà de la Dyle, qui coule de Wavres vers Genappe, le terrain s'élève graduellement jusqu'à ce qu'il arrive au plateau de Rossomme, situé à gauche et un peu en arrière de Plancenois, sur la droite de la chaussée de Charleroi à Bruxelles. A partir de Rossomme jusqu'à la ferme de la Belle-Alliance, située un peu plus d'un kilomètre plus avant, mais sur la gauche de la même chaussée, le terrain descend sur une étendue d'environ douze cents mètres, par des ondulations successives. Au delà de la Belle-Alliance règne, sur une étendue de sept cents mètres, un second plateau dont la déclivité est à peine sensible, jusqu'à une distance de deux cent quarante mètres des bâtiments de la ferme de la Haie-Sainte, également située sur la gauche de la chaussée de Charleroi à Bruxelles. Le sol se précipite alors, par une pente de près de quarante degrés, dans un vallon vers lequel se penche le verger de cette ferme. Mais à cet endroit le terrain se relève par un brusque ressaut et forme, à hauteur de la ferme, un troisième plateau, espèce de terrasse naturelle qui s'étend à gauche de la chaussée de Charleroi jusqu'au manoir de Hougoumont, vieille tour seigneuriale qui, avec sa chapelle et ses bâtiments

---

dans l'après-midi. Il restait donc exposé seul depuis quatre heures du matin jusqu'à cinq heures du soir, c'est-à-dire pendant treize heures ; une bataille ne dure que pendant six heures. Cette coopération était donc illusoire. »

Le plus simple bon sens indique la réponse : Ce n'était pas probablement pour combattre dans l'Inde que l'Angleterre avait envoyé une armée en Belgique ; le plus redoutable de ses ennemis, c'était Napoléon. Wellington connaissait la force de sa position, que l'Empereur ne connaissait pas. Il savait parfaitement que l'Empereur, qui le suivait, ne serait pas en mesure de commencer la bataille à quatre heures du matin. Il connaissait l'état du champ de bataille, qu'il avait traversé. Il avait la parole de Blücher, dont Grouchy ne pouvait retenir les quatre-vingt-dix mille hommes avec trente-trois mille. Enfin, c'est un singulier paradoxe que d'entreprendre de prouver à un général qu'il n'aurait pas dû livrer la bataille qu'il a gagnée.

d'exploitation placés au milieu d'une cour de ferme, se dresse sur une éminence, à environ quatorze cents mètres de la Haie-Sainte et en deçà de la chaussée de Nivelles, à laquelle ce manoir est presque contigu. A droite de la chaussée de Charleroi, la même terrasse s'étend jusqu'à la ferme de la Papelote, située à douze cents mètres de la Haie-Sainte [1]. Ce boulevard, inclinant de l'est à l'ouest, présentait donc une position naturellement fortifiée de deux mille six cents mètres d'étendue, et s'élevant à peu près au niveau des positions occupées par l'armée française de l'autre côté du vallon, à Plancenois et à Rossomme, à deux kilomètres sud des Anglais. La force principale de ce boulevard était au centre et sur la droite de Wellington. Hougoumont, la Haie-Sainte, à l'ouest; Papelote, la Haie, Smohain, Frichemont, à l'est, lui servaient de postes avancés. L'étendue de cette ligne est de deux mille mètres environ. Sous la Haie, le vallon se rétrécit et affecte des pentes plus rapides, et du milieu des marécages sort un faible cours d'eau, qui va couler vers Ohain et porter ses eaux au ruisseau le Lasne, un des affluents de la Dyle.

Au delà de la Haie-Sainte, la chaussée de Charleroi à Bruxelles, après un parcours de quatorze cents mètres environ, rencontre, au Mont-Saint-Jean, la chaussée de Nivelles, avec laquelle elle forme un triangle dont la base est à Mont-Plaisir et à Rossomme et le sommet au Mont-Saint-Jean, point culminant de la situation. Un peu avant d'arriver à ce point, le plateau se trouve coupé par un chemin de traverse qui, tombant presque à angle droit sur la chaussée de Charleroi, conduit de Braine l'Alleud à Ohain. Ce chemin, bordé de haies vives et fortes,

---

1. La crête de ces hauteurs est la limite sud d'une vaste croupe qui s'étend à l'ouest jusqu'au-dessus de Merbe-Braine, hameau situé dans un vallon, à l'est jusqu'à Ohain, au nord jusqu'au hameau de Mont-Saint-Jean, où commence une pente douce qui descend au village de Waterloo, situé à une lieue de la Haie-Sainte, dans une échancrure de la forêt de Soignes.

longe la crête du plateau dans toute son étendue ; il est à peu près au niveau du sol en arrivant d'Ohain à la chaussée de Bruxelles, mais, vers cette chaussée, il forme un fossé qui n'a pas moins de huit pieds d'escarpement, et qui s'étend sur un espace de six cents mètres ; au delà, le chemin reprend le niveau du sol. C'est à trois mille huit cents mètres plus loin que la chaussée de Charleroi, continuant à courir vers Bruxelles, rencontre dans la forêt même de Soignes, située à une demi-lieue des positions anglaises, le village de Waterloo, qui devait donner son nom à la bataille.

Le duc de Wellington a décrit ainsi lui-même la position qu'il avait choisie : « La position que je pris sur le front de Waterloo coupait la grande route de Bruxelles à Charleroi, et avait sa droite appuyée en arrière à un ravin près de Merbe-Braine que j'avais fait occuper. Ma gauche s'étendait jusqu'à une colline en avant du moulin de Ter-la-Haie, que j'avais fait également occuper. Sur le front du centre droit nous avions pris position dans la maison et les jardins de Hougoumont [1], qui couvraient la partie de notre flanc qui était en retraite de ce côté. Sur le front de notre centre gauche, nous occupions la ferme de la Haie-Sainte. Par notre gauche, nous communiquions avec le prince Blücher à Wavres par Ohain. Il m'avait promis que, dans le cas où nous serions attaqués, il viendrait à mon secours avec un de ses corps d'armée, et plus d'un de ses corps, s'il était nécessaire [2]. »

Le duc de Wellington acceptait donc une bataille défensive dans une position fortifiée par la nature, à une demi-lieue en avant de la forêt de Soignes, avec la certitude d'être sou-

---

1. C'est le château que dans plusieurs relations françaises on désigne sous le nom de château de Gomont ou de Goumont.
2. Blücher avait écrit au duc de Wellington : « J'irai vous rejoindre non-seulement avec deux corps, mais avec mon armée tout entière, et si l'ennemi ne vous attaque pas le 18, nous irons l'attaquer ensemble le 19. » (Récit du général Muffling.) Ce récit confirme le rapport de Blücher cité plus haut.

tenu par Blücher, qui connaissait sa résolution et lui avait promis de lui venir en aide dans la journée du 18. Cette position avait, entre autres ouvrages avancés, le château d'Hougoumont [1] vers le centre droit, et la Haie-Sainte sur le centre gauche, qui devaient jouer dans cette bataille à peu près le rôle que les villages de Ligny et de Saint-Amand avaient joué dans la bataille du 16 juin. En avant de l'extrême gauche étaient la ferme de la Papelote et le hameau de Smohain.

C'était sur son centre droit que la position des Anglais était particulièrement forte. Le manoir d'Hougoumont, ouvrage avancé qui la couvrait, avait pour annexe, outre la vieille tour, la chapelle et les bâtiments d'exploitation situés dans une cour de ferme, un jardin entouré d'un mur épais et élevé; au delà de ce mur, des plantations d'aunes assez serrées, formant un bois bordé par une haie vive coupée à hauteur d'appui, qui cachait à la vue le mur du jardin; enfin, au delà de la haie, un fossé large et profond rempli d'eau. Le duc de Wellington s'était fortement établi dans cette position importante, qui couvrait et dominait son centre droit.

Le premier régiment des gardes anglaises commandé par le colonel Home, le troisième régiment des mêmes gardes commandé par le lieutenant-colonel Macdonnell, trois cents chasseurs de Nassau et une centaine de Hanovriens, avaient occupé, dans la soirée du 17 juin, ce point, ainsi défendu par deux mille hommes d'élite. Une partie de la nuit du 17 au 18 fut employée à y préparer la résistance. On pratiqua des meurtrières dans les murs du jardin et des bâtiments, et l'on dressa des échafaudages pour que les fantassins, étagés les uns au-dessus des autres, pussent multiplier leur feu dans toute la hauteur de la muraille. Une batterie de quarante pièces de canon de gros calibre défendait le terrain que les Français

---

1. *The Dispatches of field-marshal the duke of Wellington.* vol. 12.

devaient traverser pour arriver à la position. Les Anglais n'avaient ajouté aucun ouvrage d'art à la position naturellement très-forte de la Haie-Sainte, qui couvrait leur centre gauche. Ses jardins étaient également entourés d'un mur couvert à quelque distance d'une haie vive. La porte de cette ferme, située, on l'a vu, sur la gauche de la chaussée en allant de Charleroi à Bruxelles, ouvrait sur la chaussée même, du côté le plus voisin des positions françaises. Pour remédier à cet inconvénient, Wellington fit faire des abatis de bois dans la forêt de Soignes, et construire une forte barricade qui fermait la tranchée ouverte pour laisser passer la chaussée de Charleroi à Bruxelles, bordée sur la plus grande partie de son parcours par des maisons et des jardins favorables à la défense. Il avait de même fait encombrer la chaussée de Nivelles de vastes abattis d'arbres, parce qu'elle pouvait être enfilée en ligne droite, comme la chaussée de Charleroi à Bruxelles, par les batteries françaises.

Le duc de Wellington avait disposé son armée sur deux lignes. La seconde, par le mouvement de terrain que faisait le plateau de la Haie-Sainte, se trouvait abritée contre notre artillerie, et ne pouvait être découverte même du plateau de Rossomme. Une armée de soixante-seize mille sept cents hommes couvrait ces redoutables positions [1]. Elle se subdivisait ainsi : 56,734 fantassins, 12,697 cavaliers, et 7269 artilleurs servant 200 pièces de canon. Le prince Frédéric des Pays-Bas avait

---

[1]. Sur cette armée, il y avait 31,440 hommes d'infanterie, 8,454 cavaliers, et 3,239 artilleurs servant cent trente-six pièces d'artillerie qui appartenaient à l'armée anglaise. Le reste appartenait à l'armée des Pays-Bas, sauf le contingent de Brunswick et de Nassau. Ce chiffre de 43,133 hommes comme effectif de l'armée anglaise à Waterloo est donné dans le tableau envoyé par Wellington à lord Bathurst et signé par John Waters, lieutenant-colonel, assistant-général. (Voir *the Dispatches*.) L'Empereur suppose 90,000 hommes au duc de Wellington dans ses *Mémoires*, parce qu'il compte comme présents sur le champ de bataille les 16,900 hommes détachés à Hall sous le commandement du prince Frédéric.

été détaché avec 16,000 hommes et 48 bouches à feu sur Hall, situé à peu près sur la même ligne que Waterloo, à une distance d'environ deux lieues de ce village, pour empêcher la position des Anglais d'être tournée par leur droite. L'appréhension du duc de Wellington était en effet que Napoléon n'acceptât pas la bataille sur le terrain que les Anglais avaient choisi, et qu'en manœuvrant il les obligeât à quitter les redoutables positions dans lesquelles leur habile général avait retranché son armée, fidèle en cela au génie et à la tradition militaires de sa nation, qui excelle dans les combats défensifs et y a obtenu souvent l'avantage sur nous [1].

Napoléon, en laissant 33,000 hommes au maréchal Grouchy pour suivre le mouvement de Blücher, avait amené avec lui sur le champ de bataille de Waterloo 72,000 hommes environ. L'infanterie comptait 49,500 hommes, la cavalerie 14,700; l'artillerie 7,700, qui servaient 248 bouches à feu. L'Empereur, numériquement inférieur aux Anglais en infanterie, leur était donc supérieur en cavalerie et en artillerie; ainsi les forces se balançaient à peu près au commencement de la lutte. Mais il y avait en dehors et à peu de distance du champ de bataille deux forces dont il fallait tenir compte, et que représentaient deux noms, Grouchy et Blücher. Derrière Blücher 90,000 hommes; derrière Grouchy 33,000 seulement. Si Grouchy ne parvenait point à trouver une position qui lui permît d'arrêter cette armée triple en nombre, la balance, à peu près égale au commencement de la bataille, penchait tout à coup d'une manière effrayante du côté des Anglais. A l'avan-

---

[1]. On retrouve dans une lettre datée du 19 juillet 1815, et adressée à lord Beresford, l'expression de l'étonnement que causa au duc de Wellington la manière dont Napoléon attaqua l'armée anglaise : « Napoléon n'a pas manœuvré, dit-il, il a lancé son armée en colonnes d'attaque, selon l'ancienne méthode; seulement il a mêlé la cavalerie à l'infanterie et les a fait appuyer par une artillerie formidable. »

tage des positions, ils ajouteraient celui d'une supériorité numérique écrasante. Il était donc dans l'intérêt de l'Empereur de commencer de bonne heure la bataille et de la pousser vivement. Chaque heure écoulée diminuait ses chances et augmentait celles de l'ennemi.

A cinq heures du matin, l'Empereur était plein de confiance. Quelques rayons de soleil ayant fait une éclaircie dans le ciel brumeux qui n'avait cessé de verser la pluie pendant la nuit, il y vit luire l'espoir d'une belle journée, et dit à ceux qui l'entouraient que ce soleil ne se coucherait pas sans éclairer la chute de l'oligarchie britannique et la résurrection de la France impériale, sortie plus puissante et plus glorieuse que jamais de son tombeau. Il multiplia dans cette matinée les paroles de ce genre, soit qu'il éprouvât réellement cette confiance, soit qu'il sentît la nécessité de l'inspirer autour de lui. A huit heures du matin, il déjeuna. « L'armée ennemie, dit-il aux généraux qui l'entouraient, est supérieure à la nôtre de près d'un quart[1], mais nous n'en avons pas moins quatre-vingt-dix chances pour, et pas dix contre. » Le maréchal Ney, qui entrait, vint annoncer dans ce moment que le duc de Wellington semblait en pleine retraite, et que ses colonnes disparaissaient dans la forêt de Soignes. « Vous avez mal vu, interrompit Napoléon ; il n'est plus temps, il s'exposerait à une perte certaine. Il a jeté les dés, ils sont pour nous. »

A huit heures et demie, des officiers d'artillerie envoyés pour examiner l'état du terrain dans la plaine revinrent annoncer que l'artillerie pourrait à la rigueur y manœuvrer, et que les difficultés seraient sensiblement diminuées dans une heure. L'Empereur, montant aussitôt à cheval, alla reconnaître la ligne ennemie, et chargea le général Haxo de s'en approcher de manière à pouvoir dire si l'ennemi avait élevé des retran-

---

[1]. Nous avons expliqué plus haut la cause de l'erreur de calcul de Napoléon.

chements ou des redoutes. Le général vient bientôt l'assurer qu'aucun ouvrage d'art n'avait été construit. Les positions des Anglais étaient naturellement assez fortes par elles-mêmes. L'Empereur dicta alors son ordre de bataille, que deux généraux assis par terre écrivirent, et, aussitôt après, des aides de camp en portèrent des copies aux divers corps d'armée, déjà sous les armes. Bientôt après l'armée française s'ébranla sur onze colonnes et descendit dans une belle ordonnance des hauteurs où elle était placée pour aller prendre ses positions de combat. Ces onze colonnes, qu'un historien anglais [1] a comparées à d'énormes serpents dont les écailles étincellent aux rayons du soleil, défilèrent lentement en face des collines opposées, au bruit des trompettes, des musiques régimentaires faisant retentir au loin le *Chant du départ* et l'air : *Veillons au salut de l'Empire*, auquel se mêlait le roulement des tambours. L'armée anglaise, des positions où elle était placée comme sur un amphithéâtre, contemplait les terribles magnificences de ce spectacle militaire.

Bientôt elle vit l'ordre de bataille de l'armée impériale sortir avec une simplicité magique de ces mouvements compliqués. A dix heures et demie, l'armée française se trouvait rangée sur six lignes en face des positions anglaises. A l'extrême gauche et au delà de la chaussée de Nivelles, la cavalerie légère du deuxième corps (général Piré) s'établit sur trois lignes à la hauteur des bois d'Hougoumont, en poussant des grand'gardes vers Braine-l'Alleud et en éclairant au loin la plaine; la batterie d'artillerie légère à droite et à gauche de la chaussée de Nivelles. Le deuxième corps (général Reille) occupait avec ses trois divisions le terrain d'une étendue d'un peu moins de deux kilomètres qui sépare en cet endroit la chaussée de Nivelles de celle de Charleroi : il avait pris position à trois cents

---

[1] Sir Alison.

mètres seulement du bois d'Hougoumont, et formait une espèce de fer à cheval très-allongé autour de cette forteresse anglaise. La division Foy, venant la première, appuyait sa gauche sur la chaussée de Nivelles; elle avait à sa droite la division Jérôme Bonaparte, qui formait le centre. La division Bachelu formant la droite du deuxième corps d'armée appuyait sa droite à la chaussée de Charleroi, à la hauteur de la Belle-Alliance et en face de la Haie-Sainte, éloignée de sept cents mètres environ. Derrière cette infanterie rangée sur deux lignes et à cent mètres en arrière, huit régiments de cavalerie s'étendaient sur deux lignes avec leurs batteries à droite et à gauche. En réserve, derrière ces régiments, qui formaient le troisième corps de cavalerie, les dragons et les grenadiers de la garde, également avec leur batterie. L'artillerie de chaque division d'infanterie était sur son front, à une distance d'environ cent mètres.

Le premier corps d'armée (Drouet d'Erlon) occupa avec ses quatre divisions d'infanterie la ligne qui s'étendait à droite de la chaussée de Charleroi, sur un espace d'à peu près dix-sept cents mètres en face du centre gauche et de la gauche des Anglais, et en particulier du point central et culminant de leur position, c'est-à-dire de Mont-Saint-Jean. D'abord venait la division Alix, qui appuyait sa gauche à la chaussée de Charleroi, à la hauteur de la Belle-Alliance; à sa droite la division Donzelot; à la droite de celle-ci la division Marconnet; enfin à l'extrême droite du premier corps d'armée la division Durutte qui, par une légère inclinaison sur sa droite, faisait face à la ferme de la Papelote. Les trois régiments de cavalerie du général Jacquinot, bordant l'aile droite de l'armée française comme la division Piré bordait son aile gauche, faisaient face au village de Smohain.

Il était évident, par l'ordre même de bataille, que l'Empereur voulait frapper les grands coups sur le centre de l'armée ennemie. Le sixième corps tout entier (général Lobau) était massé en colonnes, en seconde ligne, à gauche de la chaussée de Charleroi, en face de la Haie-Sainte et plus loin de Mont-Saint-Jean ; à droite de la même chaussée, deux divisions de cavalerie, celle du général Subervic et celle du général Domont. Derrière cette puissante réserve et en troisième ligne venait s'échelonner l'infanterie de la garde impériale tout entière, disposée par colonnes des deux côtés de la chaussée de Charleroi. Sur la droite de la cavalerie des généraux Subervic et Domont, et à trois cents mètres à peu près en arrière des divisions Donzelot et Marconnet appartenant au premier corps d'armée, le quatrième corps de cavalerie composé de huit régiments, ayant en arrière, à la même distance, deux régiments de cavalerie de la garde. En avant du front du premier corps, de formidables batteries composées de quatre-vingts pièces de canon dont les boulets devaient ouvrir la route à l'infanterie.

A onze heures et quelques minutes, les commandants des divers corps d'armée reçurent l'ordre d'attaque suivant, portant la date du 18 juin à onze heures du matin :

« Une fois que toute l'armée sera rangée en bataille, à peu près à une heure après-midi, au moment où l'Empereur en donnera l'ordre au maréchal Ney, l'attaque commencera par s'emparer du village de Mont-Saint-Jean, où est l'intersection des routes. A cet effet, les batteries de douze du deuxième et du sixième corps se réuniront à celles du premier corps. Ces vingt-quatre bouches à feu tireront sur les troupes de Mont-Saint-Jean, et le comte d'Erlon commencera l'attaque en portant en avant sa division de gauche, la soutenant selon les circonstances par les divisions du premier corps. Le deuxième corps s'avancera à mesure pour garder la hauteur du comte d'Erlon. Les compagnies de sapeurs du premier corps seront prêtes pour se barricader sur-le-champ à Mont-Saint-Jean. »

C'était donc, comme à Ligny, une attaque sur le centre que

l'Empereur allait tenter en faisant concourir son aile gauche à cette attaque principale, qui aurait coupé l'armée anglo-belge en deux, en isolant de son centre et de sa droite l'aile gauche de cette armée. Mais il fallait pour cela surmonter les obstacles les plus grands : s'emparer de la Haie-Sainte, emporter le manoir d'Hougoumont, ces deux ouvrages avancés, pour que le deuxième corps restât à la hauteur du premier dans la marche offensive sur le Mont-Saint-Jean. On aurait ensuite à attaquer les lignes ennemies en surmontant les obstacles naturels derrière lesquels elles étaient établies. En un mot, l'Empereur attaquait sur le point où le succès devait être le plus difficile à obtenir. Il ne connaissait le champ de bataille où il allait opérer que par une vue d'ensemble nécessairement incomplète, car elle ne pouvait lui révéler les détails qui, à cette distance, s'effacent sous le regard. Les habitants du pays, qui l'auraient éclairé à cet égard par quelques détails topographiques, ne furent pas interrogés. Il entrevoyait l'obstacle sans en connaître la force [1].

Deux heures avant que la lutte commençât, l'Empereur faisait écrire au maréchal Grouchy : « L'Empereur a reçu votre dernier rapport de Gembloux. Vous ne parlez que de deux colonnes prussiennes qui ont passé à Sauvinières et à Sart-lez-Walhain. Cependant des rapports disent qu'une troisième colonne, qui était assez forte, a passé à Gery et à Gentines, se dirigeant sur Wavres. L'Empereur me charge de vous prévenir qu'en ce moment Sa Majesté va faire attaquer l'armée anglaise qui a pris position à Waterloo, près de la forêt de Soignes. Ainsi

---

[1]. Ce sont les expressions de l'Empereur lui-même dans les dictées de Sainte Hélène : « L'attaque du Mont-Saint-Jean, si difficile en raison de l'escarpement du plateau, obstacle que l'Empereur entrevoyait, sans en bien connaître la force, devait en outre se trouver protégée par le feu de quatre-vingts bouches à feu, au nombre desquelles étaient trente pièces de douze, formant l'artillerie de réserve des 1er, 2e et 6e corps. »

Sa Majesté désire que vous dirigiez vos mouvements sur Wavres, afin de vous rapprocher de nous, vous mettre en rapport d'opérations, poussant devant vous les corps de l'armée prussienne, qui ont pris cette direction et auraient pu s'arrêter à Wavres, où vous devez arriver le plus tôt possible. Vous ferez suivre les colonnes ennemies qui ont pris sur votre droite par quelques corps légers, afin d'observer leurs mouvements. Instruisez-moi immédiatement de vos dispositions et de votre marche, ainsi que des nouvelles que vous avez sur les ennemis, et ne négligez pas de lier vos communications avec nous. L'Empereur désire avoir très-souvent de vos nouvelles. »

C'est Napoléon qui l'a dit : « Toute bataille est une action dramatique qui a son commencement, son milieu et sa fin. » Un peu avant que le coup de l'Angelus ait retenti au clocher de Planchenois, le drame de Waterloo commence, et il commence par un incident [1]. A la droite de l'armée anglaise on voit une fumée blanche s'élever, et on entend peu de secondes après la détonation d'une bouche à feu ; c'est l'artillerie anglaise qui vient de saluer notre second corps d'armée. Le prince Jérôme Bonaparte répond à cette provocation en lançant sa première brigade dans le ravin qui le sépare du bois d'Hougoumont. Les Français sont accueillis par un feu meurtrier, parti du bois où l'ennemi est embusqué. La bataille commence ainsi, par suite d'une ardeur inopportune, avant l'heure et hors du point marqués par l'Empereur. La seconde brigade Jérôme est lancée au secours de la première. Toutes deux combattant avec un élan remarquable finissent par s'emparer du bois d'aunes, mais au prix d'une perte considérable. Peu après, les Anglais, qui se sont défendus avec une grande énergie dans le jardin, sont refoulés pied à pied jusque dans la

---

1. Napoléon dit dans un récit postérieur que cette attaque contre Hougoumont fut ordonné comme une diversion ; mais cette assertion est formellement contraire aux termes de l'ordre d'attaque cité plus haut.

cour de la ferme et dans les bâtiments, d'où ils repoussent toutes les attaques par un feu meurtrier. Vers une heure, des renforts considérables, deux compagnies de Coldstream, deux du troisième régiment des gardes arrivant au pas de course avec un bataillon du deuxième régiment de Nassau et un bataillon des chasseurs de Brunswick, reprennent l'offensive, et finissent par rester maîtres du château et du jardin. Les renforts envoyés aux Français par la seconde division et amenés par le général Foy en personne n'ont pu changer la face du combat, qui continue avec fureur.

Cette attaque, prématurément tentée avant le signal attendu, et où le second corps, mal engagé brigade par brigade, a fait des prodiges de valeur inutiles, prélude à l'attaque générale du centre qu'elle devait suivre : désordre de mauvais augure pour le reste de la bataille. La division de cavalerie légère Piré, qui s'étendait jusqu'à Braine-l'Aleud et maintenait sur ce point la division Chassé, placée là pour empêcher l'armée anglaise d'être tournée par sa droite, s'est rapprochée insensiblement de la chaussée de Nivelles, afin de protéger la gauche de la division Foy, menacée en flanc par les troupes anglaises d'Hougoumont : la division Chassé reste libre de ses mouvements. On a engagé trop à fond les troupes s'il s'agissait d'une simple escarmouche, on ne les a pas assez vigoureusement soutenues si l'on voulait enlever la position. L'absence de la batterie de douze de ce corps d'armée, envoyée au premier corps pour l'attaque générale, s'est fait sentir d'une manière fâcheuse. Notre infanterie, malgré ses efforts, est venue échouer contre les murs de la cour de la ferme et les bâtiments du château, que l'artillerie qui restait au deuxième corps n'a pu démolir à cette portée. La supériorité de l'artillerie anglaise qui bat l'aile gauche de Napoléon avec quarante pièces de canon auxquelles elle ne peut en opposer que vingt, a fait éprouver à ce corps des pertes cruelles.

Pendant que la fusillade et la canonnade continuent avec vivacité sur notre aile gauche, on remarque dans les réserves de notre centre un mouvement que l'ordre de combat ne faisait point prévoir. La division de cavalerie Domon placée, on l'a vu, à la droite de la chaussée de Charleroi, derrière la division Alix, s'ébranle tout à coup à midi et demi sur un ordre de l'Empereur, et bientôt la division Subervic la suit. A une heure, le sixième corps, commandé par le général Lobau, se met également en marche. Toutes ces troupes vont se placer à l'extrême droite, cavalerie en tête, infanterie en queue, en faisant face aux défilés du bois de Paris [1] ; leur gauche, appuyée en potence sur la cavalerie Jacquinot et la division Durutte ; leur droite, sur le bois de Virères et le ruisseau le Lasne. C'est au moment où le maréchal Ney, qui jusque-là a fait faire à ses troupes les mouvements préliminaires de l'action, va recevoir le signal de la grande attaque, que ce mouvement s'effectue. Qu'était-il donc arrivé ? A midi, le maréchal Ney venait d'envoyer un aide de camp à Napoléon pour l'avertir qu'il était prêt et qu'il n'attendait plus que le signal. « Avant de le donner [2], l'Empereur voulut jeter un dernier regard sur le champ de bataille, et il aperçut dans la direction de Saint-Lambert un nuage qui lui parut être des troupes. Il dit à son major général : *Maréchal, que voyez-vous sur Saint-Lambert ? — J'y crois voir 5 à 6,000 hommes; c'est probablement un détachement de Grouchy.* Toutes les lunettes de l'état-major furent fixées sur ce point. Les uns soutenaient, comme il arrive en pareille occasion, qu'il n'y avait point de troupes, que c'étaient des arbres ; d'autres, que c'étaient des colonnes en position ; quelques-uns, que c'étaient des troupes

---

1. Dans d'autres relations, on les appelle les bois de Lasne, à cause du ruisseau le Lasne, qui longe leur partie méridionale.
2. Nous transcrivons ici le récit de Napoléon, emprunté à ses dictées de Sainte-Hélène.

en marche. Dans cette incertitude, sans plus délibérer, il fit appeler le lieutenant général Domon et lui ordonna de se porter avec sa division de cavalerie légère et celle du général Subervic pour éclairer sa droite, communiquer promptement avec les troupes qui arrivaient de Saint-Lambert, opérer la réunion si elles appartenaient au maréchal Grouchy, les contenir si elles étaient ennemies. Ces trois mille hommes de cavalerie n'eurent à faire qu'un à droite par quatre pour être hors des lignes de l'armée. Ils se portèrent rapidement et sans confusion à trois mille toises et s'y rangèrent en potence, en bataille, sur toute la droite de l'armée.

« Un quart d'heure après, un officier de chasseurs ramena un chasseur noir prussien qui venait d'être fait prisonnier par une colonne volante de 300 chasseurs, qui battait l'estrade entre Wavres et Planchenois. Ce hussard était porteur d'une lettre. Il était fort intelligent, et donna de vive voix tous les renseignements que l'on put désirer. La colonne qu'on apercevait à Saint-Lambert était l'avant-garde du général Bulow, qui arrivait avec plus de 30,000 hommes; c'était le quatrième corps prussien, qui n'avait pas donné à Ligny. La lettre était effectivement l'annonce de l'arrivée de ce corps : ce général demandait au duc de Wellington des ordres ultérieurs.... Peu après, le général Domon envoya dire que quelques coureurs montés qui le précédaient avaient rencontré des patrouilles ennemies dans la direction de Saint-Lambert; que l'on pouvait tenir pour sûr que les troupes que l'on voyait étaient ennemies ; qu'il avait envoyé dans plusieurs directions des patrouilles d'élite pour communiquer avec le maréchal Grouchy. L'Empereur fit immédiatement ordonner au comte Lobau de traverser la chaussée de Charleroi par un changement de direction à droite par division, et de se porter dans la direction de Saint-Lambert pour soutenir la cavalerie légère; de choisir une bonne position intermédiaire où il pût, avec dix mille hommes, en arrêter trente mille, si cela devenait nécessaire. »

Ainsi l'Empereur prenait ses mesures en prévoyant l'éventualité d'une attaque dirigée contre sa droite par les Prussiens. Si les Prussiens ne débouchaient pas sur sa droite, le corps du général Lobau devait concourir à l'attaque générale, en appuyant à l'extrême droite le mouvement du général d'Erlon. Après avoir pris ces dispositions, l'Empereur expédia à Grouchy une dépêche datée « du champ de bataille de Waterloo, le 18 juin, à une heure après-midi. » Elle était ainsi conçue :

« Vous avez écrit ce matin, à deux heures, à l'Empereur que vous marchiez sur Sart-lez-Walhain ; donc votre projet est de vous porter à Corbaix ou à Wavres. Ce dernier mouvement est conforme aux dispositions de Sa Majesté qui vous ont été communiquées. Cependant l'Empereur me charge de vous dire que vous devez toujours manœuvrer dans notre direction. C'est à vous à voir le point où nous sommes, pour vous régler en conséquence et pour lier nos communications, ainsi que pour être toujours en mesure de tomber sur les troupes ennemies qui chercheraient à inquiéter notre droite et de les cerner. En ce moment la bataille est engagée sur la ligne de Waterloo ; ainsi manœuvrez pour joindre notre droite.

P. S. Une lettre qui vient d'être interceptée porte que le général Bulow doit attaquer notre flanc. Nous croyons apercevoir ce corps sur les hauteurs de Saint-Lambert[1] ; ainsi ne perdez pas un instant pour vous rapprocher de nous, nous joindre, et écraser Bulow, que vous prendrez en flagrant délit. »

Le maréchal Ney allait donc opérer l'attaque du centre avec

---

1. Les hauteurs de Saint-Lambert étaient à une lieue et demie de notre extrême droite.

des forces inférieures à celles que l'Empereur destinait à cette action décisive. Dans le plan primitif, deux divisions du premier corps, soutenues par les deux divisions du sixième, devaient marcher sur la Haie-Sainte sous les ordres du maréchal Ney, tandis que les deux autres divisions de Drouet d'Erlon s'ébranleraient pour s'emparer de la ferme de la Papelote et du hameau de la Haie, qui couvraient la gauche des Anglais. Les trois divisions de cavalerie des généraux Domon, Subervic et Jacquinot, devaient appuyer ces mouvements. L'Empereur enlevait donc, au moment de l'action, deux divisions d'infanterie et deux divisions de cavalerie à l'attaque principale. L'infanterie de la garde reçut, il est vrai, à une heure, l'ordre de quitter les hauteurs de Rossomme et de s'avancer des deux côtés de la chaussée de Charleroi pour se rapprocher de la première ligne; mais elle ne devait la soutenir que de sa présence, l'Empereur étant résolu à ne pas l'engager dans cette première attaque. En outre, toutes ces dispositions avaient fait perdre une heure, perte irréparable dans des circonstances où le temps qui restait à l'Empereur pour battre Wellington était mesuré par celui que mettrait Blücher à arriver.

A une heure après-midi, une canonnade furieuse s'élevant sur le front du premier corps d'armée donne le signal. Dix batteries, dont trois de douze, vomissent la mort sur les Anglais par la bouche de quatre-vingts pièces de canon. Les quatre divisions placées sous les ordres du maréchal Ney sont formées en colonnes d'attaque par bataillons déployés et serrés en masse sur le premier bataillon de chaque division. Les colonnes sont à près de quatre cents mètres les unes des autres ; leur profondeur donne prise aux boulets, leur peu d'épaisseur nuit à leur solidité : manœuvre critiquée par les hommes de l'art et à laquelle ils ont attribué la perte de plusieurs batailles, entre autres celle de Talavera. Le maréchal Ney lance la division de gauche (général Alix) le long de la chaussée de Charleroi à l'attaque de la Haie-Sainte, en la faisant appuyer par un régiment de cuirassiers détaché du quatrième corps de cavalerie. La troisième division (général Marconnet), ayant la seconde division (général Donzelot) pour réserve, marche fièrement, sans tirer un coup de fusil, sur la droite, pour aborder la ligne ennemie. La quatrième division (général Durutte) au lieu d'attaquer la ferme de la Papelote, comme dans le premier plan d'attaque, est ramenée par un quart de conversion à gauche sur la ligne de l'ennemi, en laissant la droite de l'armée française découverte et exposée aux charges de la cavalerie des généraux Vivian et Vandeleur. Ce mouvement s'effectue d'abord avec beaucoup d'ensemble et de précision. La division Alix, qui longe la chaussée, s'avance au milieu d'obstacles de tout genre sur un terrain semé de jardins et de haies, coupé de murs, et se fraye laborieusement une route vers la Haie-Sainte, en teignant de son sang le terrain qu'elle conquiert par des combats sans cesse renouvelés, car la résistance est aussi acharnée que l'attaque. La division Donzelot se maintient à la même hauteur. Le comte Drouet d'Erlon arrive presqu'au même moment, malgré le feu terrible qui décime ses colonnes, avec la division Marconnet; cette division, traversant le ravin, franchit la haie dont est bordée la route encaissée d'Ohain, et atteint le plateau en culbutant la division hollandaise du général Bylandt, qui a tenté de s'opposer à son passage. S'arrêtant à vingt mètres de la première ligne anglaise, elle reçoit son feu avec une fermeté invincible [1]. Cette troupe intrépide, qui jusque-là a franchi tous les obstacles sans tirer un coup de fusil, riposte à son tour, et la première ligne anglaise, placée sous les ordres du général Kempt, se trouve cruellement éclaircie et commence à plier. Dans ce moment, le général Picton fait avancer la brigade

1. Récit de sir Alison.

Pack, composée des 42ᵉ, 92ᵉ et 44ᵉ de royal-scots. Cette troupe d'élite, que le général Picton avait tenue couchée sur le revers du plateau, se relevant tout à coup, se précipite à la baïonnette sur le flanc de la colonne française, qui, étonnée de cette brusque attaque, s'arrête un instant. Le général Perponcher en profite pour ramener la division Bylandt au combat. La fusillade continue avec fureur, et le général Picton, atteint d'une balle au front, tombe pour ne plus se relever. Le moment devient décisif. Le duc de Wellington, qui, du haut de Mont-Saint-Jean, surveille depuis le commencement de l'action cette terrible attaque, est venu se placer très-peu en arrière de sa première ligne, près d'un arbre, le long de la chaussée de Charleroi, auprès du 95ᵉ régiment d'infanterie britannique, pour être plus à portée de suivre le combat et de donner les ordres nécessaires. Les colonnes françaises vont faire un mouvement en avant. Pour appuyer ce mouvement, le maréchal Ney prescrit de faire avancer les pièces de douze, afin que, tirant de plus près sur les positions anglaises, elles les foudroient et facilitent l'assaut que va leur livrer notre infanterie. Cet ordre est exécuté; mais après avoir descendu la pente du ravin qui sépare les premières positions des deux armées, les chevaux s'engagent avec les pièces d'artillerie dans une boue tellement épaisse qu'ils ne peuvent en sortir. En même temps, une fausse manœuvre a fait converger l'une vers l'autre les colonnes Donzelot et Marconnet dans leur mouvement vers la ligne anglaise, et a produit une confusion dangereuse au moment d'aborder l'ennemi. L'œil exercé du duc de Wellington a saisi ce double incident. Il lance à fond de train sur cette infanterie, qui cherche à se reconnaître et à reprendre son ordre d'attaque, la division de dragons du général Ponsomby, après lui avoir fait faire une distribution d'eau-de-vie. Cette cavalerie d'élite, les royals, les scots-grey, les juniskillings, passant par-dessus la haie qui nous la cachait, prend nos deux colonnes d'attaque en tête et en flanc, désorganise plusieurs régiments, enlève l'aigle du 45ᵉ et celle du 25ᵉ, sabre, foule aux pieds, disperse tout ce qu'elle rencontre; puis, continuant sa course frénétique, passe sur le flanc des régiments qu'elle n'a pu entamer, descend la pente du ravin, et se précipite comme une avalanche sur les pièces de canon arrêtées dans la boue. En un instant elle en renverse trente, qu'elle met ainsi hors de service. L'Empereur, de la position où il est placé en avant de Rossomme, a vu les effets désastreux de cette charge de cavalerie. « Ces terribles chevaux gris, s'est-il écrié, comme ils travaillent! » Puis, s'élançant au galop vers la Belle-Alliance, il prescrit au général Milhaud de lancer contre cette cavalerie une brigade de cuirassiers. Le général Travers, à la tête des 7ᵉ et 12ᵉ régiments, part à l'instant. Mais déjà les escadrons des généraux Subervic et Jacquinot, placés, on s'en souvient, à notre extrême droite, ont coupé, par une manœuvre hardie, toute retraite aux dragons du général Ponsomby, que leur impétueux essor continue à entraîner. Chargés en queue par les lanciers, les hussards, les chasseurs, ils éprouvent des pertes sensibles. Leur général, sir Ponsomby, est tué d'un coup de lance par un maréchal des logis, le brave Urban, qui, se retournant pour faire face à un dragon qui veut venger son général, le renverse, le tue, et par un nouveau fait d'armes lui reprend l'aigle du 45ᵉ, qu'il avait enlevée. Les dragons commencent à lâcher pied, et vont se jeter tête perdue sur les cuirassiers, qui les achèvent. C'est à peine si sur ces douze cents cavaliers d'élite deux cents parviennent à s'échapper et à se rallier à l'abri d'un petit bois, en arrière de leur position. Mais ils ont fait à l'armée française un mal irréparable. Trente pièces de canon sont renversées, enterrées dans les boues du ravin, et ne pourront être relevées. La première attaque est manquée.

A l'extrême gauche, le second corps d'armée est arrivé jusqu'aux murs du château de Hougoumont au prix des pertes les cruelles, mais les soldats réclament en vain du canon pour ouvrir une brèche dans les murs du château. Des obusiers envoyés par les ordres de l'Empereur ont incendié les bâtiments de la ferme. Les Anglais n'en sont pas moins restés inébranlables dans le jardin et dans le château, et leur feu meurtrier a arrêté les bataillons français toutes les fois qu'ils se sont approchés pour l'assaut. A la Haie-Sainte, la première division du premier corps a refoulé l'ennemi jusque dans les bâtiments, mais il n'a pu l'en déloger. Plus à droite, et en face de la ligne même du duc de Wellington, les divisions Donzelot et Marconnet se reforment péniblement dans le ravin, derrière le rideau formé par la cavalerie qui vient de briser la brigade des dragons Ponsomby, tandis que du côté des Anglais la division Bylandt se rallie dans sa première position, et que la première ligne anglaise du général Kempt, encore émue de cette terrible attaque, cherche à se reformer. A notre extrême droite, la division Durutte, forte de quatre mille baïonnettes seulement, a comme les divisions du centre obtenu d'abord des succès. Elle s'est emparée l'arme au bras des deux premières positions qu'elle a rencontrées ; mais au moment où elle abordait la troisième, inopinément chargée en tête et sur son flanc gauche par une colonne de dragons légers du général Vandeleur, sa ligne de front a été enfoncée, et elle a reculé dans le plus grand désordre, après avoir perdu 300 hommes, en cherchant à faire face à cette cavalerie. Heureusement le 85°, laissé dans la position pour défendre la batterie de l'extrême droite, a réussi à arrêter les dragons en se formant en carré et en se couvrant de feux sur toutes ses faces. L'inébranlable résistance de ce régiment a été le salut de la division Durutte qui est venue se reformer derrière cette citadelle vivante, tandis que les chasseurs du général Jacquinot, conduits par le général Bruno, précipitaient, par une charge heureuse, la retraite des dragons anglais. Mais un fait d'une haute gravité s'est manifesté sur ce point du champ de bataille. Le sixième corps, mis en mouvement pour appuyer le général d'Erlon à l'extrême droite, arrivait sur la crête du ravin un instant avant la charge des dragons anglais, quand on vint avertir le général Lobau que les tirailleurs ennemis se répandaient sur son flanc droit. Aussitôt le général s'avance dans cette direction et reconnaît distinctement les têtes de colonne des deux premières divisions de Bulow, fortes ensemble d'environ 16,000 hommes, qui commençaient à déboucher du bois de Paris (le bois de Lasne), à un kilomètre et demi de l'extrême droite de l'armée française. Dès lors, le sixième corps était distrait de l'attaque générale et avait pour destination d'arrêter les Prussiens dont les premières colonnes devaient être en ligne dans une heure et demie sur le flanc droit de l'armée impériale.

Trois divisions en désordre et obligées de se réorganiser avant de recommencer l'action, trente canons de gros calibre mis hors de service [1], l'attaque du château d'Hougoumont comme celle de la Haie-Sainte manquée, 8,000 hommes de chaque armée mis hors de combat, et, par-dessus tout, deux heures perdues pour vaincre l'armée anglo-hollandaise encore seule, deux heures données aux Prussiens en marche, et qui commencent à paraître sur le flanc droit de Napoléon, et qui auront 30,000 hommes en ligne à quatre heures : voilà le premier acte de la bataille de Waterloo. Il est environ deux heures et demie quand il finit, et les deux armées se sont, par une entente tacite, accordé une trêve d'un moment, comme deux athlètes qui prennent le temps de respirer pour se porter de plus formidables coups.

---

[1]. Dans un des écrits les plus récents publiés sur la bataille de Waterloo, celui du colonel Charras, on affirme, mais sans preuve, que l'artillerie culbutée dans le ravin ne se composait que de huit ou dix pièces appartenant à une division. Nous avons suivi la version la plus accréditée et la plus vraisemblable, quand on se reporte à la vive impression que cet épisode a laissée dans le souvenir des historiens militaires qui ont raconté cette bataille après y avoir assisté.

Il est un peu plus de trois heures quand le second acte de la bataille commence. L'échec éprouvé au centre et à la droite, ces longues files de blessés, ces canons, qui, n'ayant qu'un simple approvisionnement, se retirent par la chaussée de Charleroi après avoir brûlé toutes leurs munitions, jettent de l'inquiétude dans la gauche de notre armée ; les soldats, suivant ce mouvement de l'œil à une distance d'un kilomètre, y voient les symptômes d'une retraite. Pour dissiper cette impression défavorable qui peut diminuer leur élan au moment de la seconde attaque, l'Empereur envoie des gendarmes d'élite annoncer à notre gauche l'armée de Grouchy; ruse permise sur un champ de bataille pour soutenir le moral des troupes ébranlé, mais ruse dangereuse qu'on peut payer cher si à l'espérance donnée succède une cruelle déception.

Les quatre-vingt-dix chances de succès que s'attribuait le matin l'Empereur contre dix à peine de revers sont bien diminuées. Les têtes de colonne des Prussiens, après avoir mis six heures à faire deux lieues par les chemins presque impraticables qui traversent les défilés de la chapelle Saint-Lambert, ont dépassé cet obstacle. Bientôt ils seront en ligne. Bulow, dont le corps n'a pas été engagé à la bataille de Ligny, marche en tête avec ses 30,000 hommes ; le général Pirch le suit avec un corps de 20,000. Blücher en personne conduit cette armée de 50,000 hommes sur notre flanc droit; il s'est de bonne heure assuré par une reconnaissance faite en personne que l'Empereur n'a pas fait garder les défilés de Saint-Lambert [1]. Il a ordonné au général Zieten de se porter

---

[1]. Nous trouvons, dans les *Derniers jours de la grande armée*, la note suivante que nos propres recherches viennent confirmer. « On a dit, mais nous n'en avons trouvé la preuve nulle part, que Napoléon avait ordonné au maréchal Grouchy de faire occuper ces défilés et ces gorges par une division de sept mille hommes de toutes armes. Nous croyons plus encore que personne n'y avait songé, car la prévoyance n'était pas à l'ordre du jour. » Nous discuterons plus loin cette question.

avec un corps de 20,000 hommes vers la gauche des Anglais par le chemin d'Ohain pour leur prêter main-forte. C'est donc une armée de 70,000 hommes qui marche vers le champ de bataille de Waterloo. Un corps de 25,000 Prussiens[1] est resté à Wavres avec le général Thielmann pour occuper Grouchy. Que Napoléon perde encore une heure, la chance passe à l'ennemi ; qu'il en perde deux, la bataille est perdue. Le temps qui lui reste pour brusquer la victoire est maintenant bien court. Il est d'autant plus urgent de se hâter que les munitions s'épuisent. Du champ de bataille même l'Empereur fait écrire au général Évain, directeur de l'artillerie au ministère de la guerre, une lettre datée de trois heures après midi, dans laquelle le maréchal Soult lui prescrit, « quelle que soit l'issue de la bataille qui se livre, de faire arriver jour et nuit des munitions, attendu que l'on est obligé de recommander de les ménager pour en avoir même jusqu'à la nuit[2]. » Il faut maintenant vaincre au pas de course, si l'on ne veut pas être vaincu.

A trois heures et demie, le canon recommence à tonner avec une nouvelle violence sur le front de notre centre et de notre droite, et nos colonnes d'attaque réorganisées s'élancent vers les positions ennemies. Mais le maréchal Ney a remarqué l'intervalle trop considérable qui sépare le premier corps du deuxième qui, dans la chaleur de l'action, s'est groupé tout entier autour du château d'Hougoumont qu'il continue à attaquer avec la même ténacité sans plus de succès. Le maréchal

---

1. « Les 2ᵉ et 4ᵉ corps prussiens marchèrent par Saint-Lambert, où ils devaient prendre une position couverte par la forêt de Frichemont, afin de prendre l'ennemi sur les derrières quand le moment paraîtrait favorable. Le 1ᵉʳ corps devait agir par Ohain. Le 3ᵉ corps devait suivre lentement pour porter secours où il serait besoin. » (Rapport de Blücher sur la bataille de Waterloo.)

2. L'Empereur, pour surprendre l'armée anglo-prussienne, était entré en campagne avec un simple approvisionnement de munitions d'artillerie et d'infanterie. Le second était à Avesnes, le troisième à La Fère.

envoie son aide de camp, le colonel Heymès, demander à l'Empereur de l'infanterie pour relier les deux corps : « Où voulez-vous que j'en prenne? voulez-vous que j'en fasse? » répond brusquement l'Empereur. Au moment où l'Empereur répondait ainsi, il avait autour de lui toute l'infanterie de la garde qui n'avait pas tiré un coup de fusil de la journée, mais il la réservait avec cette avarice du joueur qui ne consent qu'à la dernière extrémité à risquer son dernier enjeu. Pourtant les circonstances étaient décisives, et le délai pendant lequel on pouvait vaincre encore s'écoulait de moment en moment. Malgré la brusquerie de sa réponse, l'Empereur avait senti la justesse de l'observation du maréchal Ney : il y avait dans l'ordre de bataille une lacune qu'il fallait combler. Le sixième corps employé ailleurs manquait sur ce point. Ne voulant pas faire donner sa garde, Napoléon prescrivit au général Milhaud d'envoyer une brigade de ses cuirassiers au maréchal Ney.

Il se produisit dans ce moment un fait imprévu dont il faut indiquer les principales causes et les conséquences fâcheuses. Il était d'usage dans les batailles que la garde impériale eût pour commandant en chef un maréchal qui transmettait à chaque commandant de corps les ordres de l'Empereur. Grâce à cet usage, jamais la garde ne faisait un mouvement sans la volonté expresse de Napoléon verbalement exprimée. Le maréchal Mortier, chargé de ce commandement au commencement de la campagne, avait déclaré le 15 juin à Beaumont, quand les hostilités commençaient, que sa santé ne lui permettait pas de suivre l'Empereur, et il n'avait pas été remplacé [1]. C'était une faute, surtout dans un moment où les troupes enivrées du rôle qu'elles venaient de jouer à l'intérieur, et pleines d'ailleurs de défiance pour la plupart de leurs chefs, avaient plus d'initiative que de discipline. Il faut ajouter que cette troupe

---

[1]. C'est l'explication que donne Napoléon lui-même dans le *Mémorial*.

d'élite, assistant depuis le matin à la bataille sans y prendre part, était impatiente de se précipiter dans l'action. Lors donc que la brigade de cuirassiers envoyée par l'Empereur au maréchal Ney eut défilé au trot, le corps entier des cuirassiers la suivit, et les chasseurs et les lanciers de la garde placés en seconde ligne prirent la même direction. Prompt comme la pensée, ce mouvement fut exécuté avant de pouvoir être arrêté ou prévenu. C'était toute la réserve de la cavalerie de la garde, 8,000 hommes d'élite qui s'ébranlant à la fois sans ordres passèrent entre le premier et le deuxième corps pour se précipiter sur l'ennemi. L'Empereur mécontent s'écria vainement : « C'est trop tôt [1]! » Le duc de Wellington, près de cet arbre planté à droite de la route de Charleroi qui a conservé sur les cartes le nom d'arbre de Wellington, observait le champ de bataille; il vit cette avalanche se diriger vers ses lignes; il n'eut que le temps de former son infanterie en carrés, et prescrivit aux canonniers, suivant le système en usage dans l'armée anglaise, de dételer leurs pièces et de se réfugier avec leurs chevaux dans les carrés d'infanterie. Ces 8,000 cavaliers d'élite, descendant au grand trot de leurs chevaux les pentes du ravin et remontant la pente opposée sur la gauche de la chaussée, chargèrent l'armée anglaise dans ses lignes. Ceux qui virent les terribles magnificences de ce spectacle ne l'oublièrent jamais. Le duc de Wellington, le meilleur des témoins et le moins suspect de partialité favorable puisqu'il était un ennemi, disait peu de temps après la bataille devant un cercle d'officiers : « La meilleure cavalerie de l'Europe, c'est la plus mal

---

[1]. Dans un écrit récemment publié sur la bataille de Waterloo (par le colonel Charras) on essaye d'établir que cette cavalerie ne partit qu'en vertu d'un ordre de l'Empereur, et l'on allègue la réclamation du général Guyot qui affirme avoir reçu cet ordre. Cette version est peu vraisemblable. Comment croire que l'Empereur, qui réservait avec tant de sollicitude pour la fin de la journée toute l'infanterie de la garde, ait lancé entre trois et quatre heures toute sa réserve de cavalerie?

montée, c'est la cavalerie française. Depuis que j'ai fait l'épreuve à Waterloo de son audace et de sa persévérance, je n'en connais aucune capable de la surpasser [1]. »

Alors commença une lutte inouïe dans les fastes militaires : le duel d'un corps de cavalerie avec toute une armée, infanterie, artillerie, aidée par une cavalerie égale en nombre aux assaillants. Cette lutte furieuse se prolongea avec des alternatives de succès et de revers pendant près de trois heures, en épuisant les deux armées sans pouvoir déterminer le dénoûment. Treize fois l'indomptable Ney, le sabre à la main, ramena cette héroïque cavalerie sur les carrés ennemis. Quand deux armées également braves, c'est le général Wagner qui l'a dit, en viennent aux mains, il ne peut guère y avoir d'autres résultats qu'une grande perte de part et d'autre, à moins qu'une des deux parties n'ait une supériorité marquée ou ne la prenne par quelque incident qui fasse pencher la balance de son côté. Tantôt cette redoutable cavalerie, se précipitant sur les lignes ennemies, envahissait le plateau, mettait en désordre des corps d'infanterie, en rompait quelques-uns, s'emparait des pièces de canon, mais sans pouvoir les emmener, faute de traits, et sans pouvoir les renverser. Tantôt elle était ramenée en arrière par le feu des batteries qu'elle n'avait pu atteindre, et par les feux roulants des carrés anglais qui, faisant face de tous côtés, lui opposaient la solidité à toute épreuve de leurs bataillons, et à son tour elle était chargée par la cavalerie anglaise non moins intrépide et non moins acharnée. Des deux côtés, il y avait de l'héroïsme, de la gloire, du sang versé à flots, mais le succès ne se déclarait pour personne. On tuait, on mourait, on n'avançait pas. L'infanterie de Ney, épuisée par

---

1. « Le duc de Wellington m'a assuré lui-même au congrès de Vérone, qu'il n'avait jamais rien vu de plus admirable à la guerre que les dix ou douze charges réitérées des cuirassiers français sur les troupes de toutes armes. » (*Précis historique et militaire*, par le général Jomini.)

tant d'heures de combat et marchant sur des pentes fangeuses, n'arrivait pas à temps pour achever l'œuvre de la cavalerie qui ne pouvait démolir à elle seule ces carrés sur quatre rangs qui se couvraient de feu à son approche.

Avant cinq heures, la première colonne d'attaque faisant un effort désespéré s'empara de la position de la Haie-Sainte. Presque aussitôt après, un retour offensif des Anglais la lui arracha [1]. Mais revenant avec une nouvelle furie à la charge, elle réussit au prix de sanglants sacrifices à s'y établir à cinq heures, et repoussa tous les efforts du duc de Wellington pour la reprendre. Plusieurs corps de notre cavalerie vinrent se rallier en avant de cette position et firent sur la première ligne anglaise des charges réitérées. Dans leur élan irrésistible, ils traversèrent la première ligne anglaise et arrivèrent jusqu'à la seconde et la mirent en désordre. La base d'opération du duc de Wellington au Mont-Saint-Jean fut un instant menacée. Les fuyards de plusieurs corps s'élancèrent sur la route de Bruxelles, que les chariots et les fourgons encombraient depuis la première attaque, à l'endroit où dépassant le Mont-Saint-Jean elle s'enfonce dans la forêt de Soignes. Le duc de Wellington, prodiguant sa vie comme un simple soldat, soutenait le courage des siens et se trouvait sur tous les points menacés. Ses aides de camp, ses officiers d'ordonnance tombaient autour de lui morts ou blessés. Le maréchal Ney, l'épée à la main, le visage en feu, conduisait ses têtes de colonne. Chaque fois que la cavalerie, repoussée par le feu ter-

---

[1]. Les avis sur l'heure exacte de la prise de la Haie sont extrêmement variés. Wellington, dans une lettre à sir Walter Scott, dit deux heures, Napoléon trois heures. D'autres historiens militaires, témoins aussi de l'action, disent à quatre heures, à cinq heures; le Prussien Wagner six heures, le major Baring plus tard encore. Cette contradiction s'explique en partie parce que la Haie-Sainte a été prise par les Français, reprise par les Anglais, puis reprise une dernière fois par les Français. En outre, le verger qui précédait la ferme fut pris longtemps avant la ferme même.

rible des batteries anglaises et par la fusillade des carrés, allait se rallier devant la Haie-Sainte, il revenait la chercher, et, interpellant les officiers par leurs noms, entraînant les soldats, il ramenait cette intrépide cavalerie sur les lignes anglaises. Nos escadrons couraient au milieu des carrés anglais comme s'ils avaient été au milieu de leur propre infanterie [1].

Il y eut un instant où un faible poids jeté dans la balance pouvait la faire pencher. De cinq à six heures les chances semblaient tourner de notre côté. « Le désordre se mettait dans les rangs anglais, dont la perte avait été considérable ; les réserves avaient été avancées en ligne ; la position du duc de Wellington était des plus critiques, le feu de mousqueterie continuait le long du front, l'artillerie était retirée en seconde ligne [2]. » Le moment vint, en effet, après cinq heures, où la première ligne du centre anglo-hollandais opéra un mouvement rétrograde par les ordres du général anglais qui, pour diminuer le ravage de nos boulets, la fit passer en deçà de la crête des hauteurs ; là, comme à gauche, cette crête avait très-peu de largeur, et le terrain immédiatement en arrière se creusait dans un large pli où ces troupes échappaient à la vue des Français. Napoléon put ainsi croire à une retraite, il y eut même une nouvelle panique qui entraîna des fuyards sur la route de Bruxelles, mais jamais cette pensée ne se présenta à l'esprit du duc de Wellington. Combattre à outrance, à toute extrémité, jusqu'à ce que Blücher vînt lui apporter la victoire, telle fut depuis le premier jusqu'au dernier moment son immuable résolution. Il lui arriva de dire vers cette heure de la bataille à quelqu'un qui lui demandait ses instructions pour le cas où il serait tué : « Je n'ai pas d'instructions à donner; il n'y a qu'une seule chose à faire, c'est de lutter jusqu'au dernier homme et

---

[1]. Rapport de Blücher.
[2]. Rapport de Blücher.

jusqu'au dernier moment. » Un officier général lui envoya demander dans cette minute même de faire retirer sa brigade déjà réduite au tiers [1] : « Dites-lui, répliqua stoïquement le duc de Wellington, que la chose est impossible; lui et moi, et nous tous tant que nous sommes, nous devons mourir au poste que nous occupons maintenant. — Cela suffit, répondit le général; nous sommes tous déterminés à partager son sort. »

Ces paroles expriment assez bien la situation des deux armées entre cinq et six heures. Elles étaient dans la position de deux hommes qui, s'étreignant mutuellement, cherchent à se frapper. La première qui lâcherait prise était perdue. Nos soldats comprenant, avec leur instinct militaire, que, lorsque l'attaque et la résistance s'équilibrent ainsi, il faut une force auxiliaire et un suprême effort pour faire pencher la balance, demandaient à grands cris : La garde et l'Empereur! Ney envoyait de quart d'heure en quart d'heure demander à Napoléon un renfort d'infanterie pour achever son succès. De l'aveu des hommes de l'art, de cinq à six heures, la manœuvre de Ligny reproduite sur le champ de bataille de Waterloo pouvait encore percer le centre des Anglais : on aurait eu ensuite à faire face aux Prussiens. La garde et l'Empereur! répétait-on de rang en rang. Ni la garde ni l'Empereur ne parurent. La garde était toujours à la hauteur de la Belle-Alliance, et l'Empereur soucieux, inquiet, suivait avec anxiété les progrès des Prussiens sur sa droite, attendait vainement Grouchy qui ne paraissait pas. Il ne pouvait se décider à jeter encore dans la balance la garde, ce dernier débris de fortune militaire, cet enjeu qu'il ne pouvait perdre sans perdre en même temps l'empire même et sa liberté. En proie, dit-on, à des souffrances physiques qui réagissaient sur lui au moral, il sem-

1. Ces paroles sont empruntées à une lettre du duc de Wellington.

blait tomber de temps en temps dans une prostration profonde. Les officiers de son état-major le virent plusieurs fois avec étonnement, lui dont le regard perçant était ordinairement toujours attaché sur le champ de bataille, et dont le génie si actif suivait, devinait les péripéties de la lutte, tourner le dos à la terrible partie qui se déroulait sous ses yeux, comme s'il se laissait aller au cours de ses pensées dans lesquelles personne ne pouvait lire, en paraissant oublier que ces milliers d'hommes qui combattaient et mouraient avec tant de courage, attendaient de lui leur salut et la victoire. Le général Haxo fut obligé à plusieurs reprises de le réveiller de cette espèce de sommeil de la pensée pour lui indiquer de la main les manœuvres de Wellington[1]. Le moteur manquait ainsi au mouvement qui s'alanguissait peu à peu faute de direction et aussi de secours, car cette héroïque cavalerie, placée à portée de fusil des lignes et des batteries anglaises, se fondait peu à peu sous une pluie de projectiles. Les pertes des deux côtés augmentaient de moment en moment. Du côté des Anglais, la division Picton était réduite à quatre cents hommes; la division Alten était épuisée. Un grand nombre des carrés anglais avaient perdu les deux tiers de leurs hommes; quelques-uns étaient détruits. Après la dernière charge de Ney, « l'infanterie, la cavalerie et l'artillerie anglaise avaient subi des pertes énormes, a dit un historien anglais. Des bataillons étaient devenus des poignées d'hommes et n'étaient plus commandés que par des capitaines ou des sous-officiers. Un grand nombre de canons sur toute l'étendue de la ligne avaient été démontés. Les brigades de cavalerie anglaise et allemande, à l'exception de celles de Vivian et de Vandeleur, étaient réduites chacune à une force moindre que celle d'un régiment ordinaire. Les brigades de Somerset et de Ponsomby ne présentaient pas deux escadrons. » Les

---

[1]. *Derniers Jours de la grande armée.*

généraux Picton, van Merlen, quartier-maître général de l'armée, Ompteda, Duplat, le colonel Delancey, étaient morts; le prince d'Orange, les généraux Cooke, Alten, Collaert, Kempt, Pack, Halkest, Adam, Dœnmberg et Bylandt, ainsi que tous les aides de camp du duc de Wellington, plus ou moins grièvement blessés. Les batteries de la première ligne étaient réduites au silence; les canonniers de la seconde avaient été plusieurs fois obligés de se réfugier dans les carrés. Le général Chassé, qui avait quitté sa position en avant de Braine-l'Alleud, en avant de Festrave et en face, venait d'arriver à temps avec sa division pour couvrir le Mont-Saint-Jean, base des opérations du duc de Wellington, menacé par les charges de notre cavalerie qui poussait ses pointes jusqu'aux environs de cette position. Du côté de l'armée française, les généraux L'héritier, Dnop, Blancard, Picquet, Colbert, Delort, Travers, Guyot, qui conduisaient la cavalerie, étaient tous blessés. Les généraux Milhaud. Raisset-d'Hurbal ont eu plusieurs chevaux tués sous eux et ont leurs habits criblés de balles. Le maréchal Ney n'a pu trouver la mort qu'il a cent fois cherchée; le courage de ce vaillant soldat tient du désespoir; il y a de l'égarement dans ses pensées, sa parole et son geste. Seul, sans officiers d'état-major, tous sont morts ou blessés, il harangue, l'épée à la main, la cavalerie qui, fatiguée de ces charges successives, s'est enfin retirée à cent cinquante pas de la première ligne anglaise dont les boulets et les balles éclaircissent à chaque instant ses rangs déjà décimés : « Français, ne bougeons pas d'ici, s'écrie-t-il, c'est ici que sont les clefs de nos libertés. » A la fin, une lassitude inexprimable s'était emparée des deux armées. On gardait ses positions, on ne luttait plus pour vaincre. Le duc de Wellington attendait Blücher, l'armée française attendait la garde et l'Empereur; l'Empereur attendait Grouchy.

Grouchy ne devait point paraître, et le moment d'expliquer son absence est venu. Il avait suivi lentement, avec précaution, et en se gardant comme un homme qui a la conscience de sa faiblesse et de la force de l'ennemi, l'armée prussienne, supérieure presque du triple à son corps. Attardé par l'état affreux des chemins et par l'incertitude de la direction prise par Blücher, il n'avait pu faire dans l'après-midi du 17 juin que trois lieues, et il avait bivouaqué la nuit du 17 au 18 à Gembloux. Il ne se remit en marche que le 18 entre cinq et six heures du matin pour Wavres [1], situé à quatre lieues plus loin [2], et vers lequel, il ne put bientôt plus en douter, d'après les rapports du général Excelmans, commandant l'avant-garde de sa cavalerie, Blücher avait dirigé sa retraite. A onze heures et demie du matin, il était à Sart-lez-Walhain, à une distance d'un peu moins de trois lieues de Wavres et à quatre lieues de Planchenois, où se trouvait l'extrême droite de notre armée. Vers midi, le général Gérard, qui commandait le quatrième corps, le trouva déjeunant chez le notaire du lieu [3], et peu d'instants après, les officiers qui se promenaient dans le jardin vinrent annoncer qu'on croyait entendre le canon sur la gauche, vers l'ouest, dans la direction qu'avait suivie l'Empereur. La pluie fine qui tombait ayant cessé, et les nuages ayant remonté, la canonnade retentit distinctement; vers une heure de l'après-midi [4]

---

1. Une lettre de Grouchy, conservée au dépôt des archives de la guerre et adressée à Vandamme, à la date du 17 juin, marque cette heure comme devant être celle du départ.

2. Dans les *Mémoires*, l'Empereur dit par erreur trois lieues.

3. On a beaucoup insisté sur une circonstance fort insignifiante en elle-même, c'est que le maréchal Grouchy mangeait des fraises au moment où le général Gérard entra dans la salle à manger du notaire du lieu, M. Hollaert, et l'on a tiré un effet littéraire du rapprochement de ces fraises mangées par le maréchal Grouchy avec la bataille de Waterloo qui commençait en ce moment. Le maréchal Grouchy mangeait le déjeuner qu'on lui avait servi, et il importe assez peu qu'on ait servi des fraises ou tout autre aliment au dessert.

4. Dans presque tous les récits, particulièrement dans celui de M. de Vaulabelle, on dit avant une heure, pour augmenter les torts du maréchal Grouchy, et quelques-uns ajoutent qu'il aurait pu arriver avant les Prussiens. Les choses sont ce qu'elles sont. Le maréchal Grouchy ne put entendre redoubler la canonnade

elle devint si forte que la terre en tremblait : « C'est une grande bataille ! » s'écria le maréchal Grouchy devenu pensif. Le général Gérard insista pour qu'on marchât au bruit du canon ; c'était aussi l'avis du général Valazé et de la plupart des officiers. Le maréchal opposa le mauvais état des chemins qui ne permettrait pas à l'artillerie de suivre, et les ordres de l'Empereur qui prescrivaient de ne pas perdre de vue le maréchal Blücher. En vain le général Gérard demanda à marcher seul avec le quatrième corps du côté de la forêt de Soignes, en promettant d'arriver avec ses pièces et leurs coffrets. Le maréchal Grouchy avait pris son parti; comme le général Drouet d'Erlon la veille, il se retranchait dans l'exécution littérale des ordres écrits, sans rien donner à l'inspiration du moment et à l'influence des circonstances nouvelles. Encore à Sart-lez-Walhain à une heure de l'après-midi, et à trois lieues de distance du défilé de Saint-Lambert, il ne pouvait le faire occuper, comme on l'a dit, par sept mille hommes, avant que les Prussiens, qui avaient commencé leur mouvement dès la pointe du jour, et qui, partis de Wavres, n'en étaient qu'à une lieue, y fussent engagés. Il est, en outre, contre toute vraisemblance logique, que l'Empereur lui eût donné à ce sujet un ordre verbal que le maréchal a toujours nié ; l'Empereur pouvait d'autant moins le lui avoir donné, qu'au moment où il quitta le maréchal, il ignorait dans quelle direction marchait Blücher, et si lui-même il livrerait le lendemain bataille à Waterloo. Ce qu'il y a de vrai,

---

avant une heure, puisque le maréchal Ney ne commença pas avant cet instant de la journée la grande attaque contre le Mont-Saint-Jean, et qu'on était éloigné de plus de cinq lieues du château d'Hougoumont qui fut attaqué vers midi. Il était donc impossible que le maréchal Grouchy, qui avait quatre lieues à faire, la Dyle et le Lasne à passer, et des chemins défoncés par les pluies et presque impraticables à suivre, pût arriver avant les Prussiens, c'est-à-dire en deux heures et demie de temps, sur la droite de Napoléon, tandis que les Prussiens mirent six heures à faire deux lieues. Il ne faut pas que les historiens se laissent aller au désir de regagner les batailles perdues jusqu'à perdre la clairvoyance historique et le sentiment de l'équité envers tous.

c'est que Grouchy aurait pu de Sart-lez-Walhain marcher au bruit du canon, et arriver dans une heure avancée de la soirée, sur la droite de l'armée française, en laissant les 95,000 Prussiens se diriger dans le même sens [1]. Du moment qu'il ne le faisait pas et qu'il marchait sur Wavres, sa coopération devait nécessairement manquer à l'Empereur. Il ne reçut, en effet, qu'à quatre heures de l'après-midi, devant Wavres, la première dépêche de l'Empereur, datée de dix heures du matin, qui lui prescrivait de diriger ses mouvements sur cette ville; et ses troupes dans cet instant étaient fortement engagées contre le corps d'armée de Thielmann et avaient de la peine à enlever le moulin de Bierge, position avancée où les Prussiens étaient fortement retranchés. Eût-il réussi en ce moment à dégager ses troupes, et se fût-il résolu à marcher au bruit du canon, il aurait dû prendre le chemin presque impraticable suivi par les Prussiens, qui avaient mis six heures à traverser seulement le défilé de Saint-Lambert pour arriver sur notre droite. Il était bien tard à une heure, il était trop tard à quatre heures, à plus forte raison était-il trop tard à sept, quand le maréchal Grouchy reçut l'ordre de l'Empereur, daté d'une heure après midi, qui lui prescrivait de manœuvrer sur la droite de l'armée française. Dans cette campagne, les ordres n'arrivaient pas ou arrivaient toujours trop tard; mais c'est un tort dont on ne saurait faire peser la responsabilité sur le maréchal Grouchy. C'est ainsi que les Prussiens de Bulow

---

[1]. Grouchy calculait que la bataille étant à l'entrée de la forêt de Soignes sur Mont-Saint-Jean, de ce point à Nil-Saint-Vincent, où se trouvait Vandamme, il y avait cinq lieues et demie en ligne droite, et six lieues et demie par les chemins de traverse qui y conduisent. A Sart-lez-Walhain on en était à sept lieues et demie. Le pays intermédiaire était montueux, difficile, rempli de défilés, les routes défoncées par la pluie : il faudrait passer sur deux ponts étroits la Dyle qui n'était pas guéable. D'après son calcul, Vandamme, qui devait arriver le premier, n'arriverait guère avant dix heures du soir, Gérard plus tard, parce qu'il était plus éloigné.

avaient seuls paru, pendant que l'Empereur attendait vainement son lieutenant.

L'Empereur avait laissé longtemps le 6ᵉ corps défendre sa droite contre Bulow. A quatre heures, les deux premières divisions prussiennes, présentant un effectif de 16,000 hommes, étaient en ligne, et, malgré l'infériorité numérique de ses forces, le général Lobau, aidé par la cavalerie des généraux Subervic et Domon, avait arrêté cette puissante avant-garde de Blücher. Mais il n'avait pu empêcher Bulow de prolonger sa gauche sur la droite de l'armée française, dans la direction de Planchenois, et sa droite vers les hauteurs boisées d'Ohain. Cette lutte disproportionnée durait depuis une heure, lorsque les deux autres divisions du 4ᵉ corps de l'armée prussienne entrant en ligne portèrent l'effectif des forces de Bulow sur ce point à 30,000 hommes. Alors la gauche des Prussiens, débordant tout à fait la droite de l'armée française, et menaçant de la tourner vers Planchenois, le général Lobau effectua lentement et en bon ordre sa retraite vers la chaussée de Charleroi. Il était six heures quand il y arriva. La ligne d'opération de l'Empereur se trouvait menacée. Il ordonna au général Duhesme de marcher sur Planchenois avec les huit bataillons de la jeune garde, vingt-quatre pièces de la garde, et de se placer sur la droite du sixième corps. L'armée française présentait en ce moment l'image d'un carré attaqué sur trois faces, celles du nord, de l'est et du midi. La jeune garde, qui, réunie à ce qui restait du sixième corps, présentait une force de sept à huit mille hommes, réussit un moment à arrêter les 30,000 Prussiens qu'elle avait en tête. Puis il fallut céder au nombre et se retirer dans le village de Planchenois où l'on se défendit encore quelque temps. Enfin Planchenois est emporté. Le général Pirch, venu aussi par les défilés de Saint-Lambert, commence à déboucher avec son corps de 20,000 hommes ; 50,000 Prussiens vont peser sur notre flanc droit.

Dans cette situation critique, l'Empereur se décide à mettre en mouvement deux bataillons de la vieille garde et deux de ses batteries. Il a donné lui-même les ordres pour l'attaque : « On ne tirera pas un coup de fusil ; on arrivera sur l'ennemi à la baïonnette. » Les tambours battent la charge ; le bataillon de grenadiers et le bataillon de chasseurs commandés par le général Morand, onze cents hommes en tout, s'élancent sur les quatorze bataillons prussiens qui occupent Planchenois et en font un effroyable carnage. En une demi-heure, onze cents chasseurs et grenadiers ont mis en déroute ces dix mille Prussiens qui laissent trois mille hommes sur le carreau. Ce qui échappe à cette terrible rencontre se réfugie au milieu des masses prussiennes sur le coteau qui s'élève en avant de Planchenois reconquis. La ligne d'opération de l'armée française est préservée. Il est sept heures du soir.

L'Empereur est enfin résolu à jeter sa dernière carte ; mais qu'il est tard ! Il a sur sa droite les cinquante mille Prussiens de Bulow et de Pirch, commandés par le maréchal Blücher en personne. Sur la gauche des Anglais, le général Zieten, qui, par les ordres de Blücher, a pris la route d'Ohain, approche avec une division de vingt mille hommes qui va leur prêter son puissant concours [1]. Soixante-cinq mille Prussiens [2] vont donc agir de concert avec les cinquante-cinq mille Anglo-Allemands qui sont encore debout. Il n'y a plus que cinquante-cinq mille Français en état de combattre contre ces cent vingt mille ennemis. Ils combattaient presque un contre un le matin, ils vont combattre un contre deux à la fin de la journée. Les forces de la vieille et de la moyenne garde, que l'Empereur a en-

---

1. « Il était sept heures et demie, tout le 4ᵉ corps et une partie du second avaient été successivement engagés. Dans ce moment, les premières colonnes du général Zieten arrivèrent sur les points d'attaque qui leur avaient été désignés. » (Rapport de Blücher.)
2. Bulow avait en effet déjà perdu environ 5,000 hommes.

core sous la main pour jouer le dernier coup de cette terrible partie, s'élèvent seulement à dix bataillons de grenadiers et de chasseurs, 5,199 soldats d'élite. La jeune garde est engagée tout entière à Planchenois : deux bataillons de la vieille garde ont dû, on l'a vu, aller reprendre ce village. Un autre bataillon reste sur les hauteurs de Rossomme près d'une batterie; un quatrième bataillon vient de recevoir l'ordre de se porter au bois du Chantelet, situé à cent mètres seulement de la ferme du Caillou, première position de l'Empereur, pour défendre notre extrême droite et notre ligne de retraite par la chaussée de Charleroi, de plus en plus menacée par la cavalerie ennemie. Les réserves de la cavalerie de la garde, engagées sans ordre depuis trois heures de l'après-midi, manqueront à ce dernier effort.

L'état du champ de bataille qui fait face à Mont-Saint-Jean est peu changé depuis six heures du soir. Au centre, Ney et Drouet d'Erlon se sont maintenus, au prix des plus grands efforts, dans la position de la Haie-Sainte; mais l'épuisement de leur infanterie ne leur a pas permis de gagner du terrain. La division Durutte est parvenue, en faisant un dernier effort ordonné par l'Empereur, à s'emparer vers six heures de la ferme de la Papelote et du hameau de la Haie. Reille continue de tirailler avec les défenseurs du château d'Hougoumont. La cavalerie de la garde, épuisée par trois heures de lutte, s'étonne de voir dans le lointain, sur sa droite, un nouveau corps déboucher des bois d'Ohain : c'est la cavalerie de Zieten qui, arrivant sur le champ de bataille, remplace celle de Vivian et de Vandeleur que le duc de Wellington rappelle à lui. Il n'y a pas un moment à perdre; si on n'attaque point, on va être attaqué.

Napoléon a envoyé à Reille l'ordre de former en colonnes, vers la droite du château d'Hougoumont, les troupes du second corps dont il peut encore disposer pour soutenir le mouvement offensif de la garde ; Ney concentre les bataillons du premier qui peuvent faire un suprême effort. Déjà la première colonne d'attaque de la garde est formée, elle est arrivée à la Haie-Sainte, d'où elle doit marcher vers le centre de la position ennemie, Mont-Saint-Jean : c'est Napoléon qui la conduit. Les circonstances sont si pressantes que l'Empereur n'attend même pas la seconde colonne qui se forme à un quart de lieue en arrière. Les six bataillons de la première sont formés en colonnes d'attaque par échelons rapprochés ; deux pièces chargées à mitraille sont placées dans chaque intervalle d'échelons. Ce sont donc deux mille neuf cents hommes qui vont attaquer toute une armée. Un moment avant que la charge ne sonne, l'Empereur a fait annoncer de nouveau, par le général Labédoyère, l'arrivée de Grouchy, qui attaque, dit-on, les Anglais sur leur flanc gauche et les Prussiens en queue. Tout se ranime et s'ébranle à cette nouvelle : le combat se rallume sur toute la ligne. L'Empereur, arrivé au delà de la Haie-Sainte, a remis le commandement de la colonne au maréchal Ney. Ces vaillantes troupes défilent devant Napoléon au pas de charge et au cri de *vive l'Empereur !* c'est un adieu. Napoléon, placé en avant de la Haie-Sainte, au milieu de la chaussée, entre deux batteries qui vont appuyer l'attaque, anime sa garde du regard et du geste. Il est sept heures et demie du soir. Le soleil, penché vers le couchant, éclaire de ses rayons cette scène suprême. Le duc de Wellington et l'armée anglaise se recueillent pour recevoir ce dernier choc. Ils ont reconnu la garde ; peut-être est-ce l'Empereur en personne qui la conduit !

Le dernier acte de la bataille de Waterloo va commencer. Le duc de Wellington se hâte de terminer ses préparatifs. Son extrême droite, qui a fait des progrès, forme, sous les ordres de lord Hill, une ligne concave qui, dépassant son centre, prendra nos colonnes d'attaque par des feux de côtés, pendant qu'elles gravissent le plateau. Le centre a été renforcé par les divisions de cavalerie Vivian et Vandeleur, rendues disponibles par l'arrivée de la cavalerie de Zieten ; six bataillons ont été placés sur le revers de la position en face de l'attaque. Près de cent pièces de canon sont en batterie, avec ordre de ne point répondre au feu de notre artillerie et de ne tirer que sur les colonnes d'attaque. La seconde ligne anglaise, établie sur quatre rangs dans le chemin creux et sur le revers du plateau, se compose des débris des régiments sabrés par la cavalerie française, des deux brigades des gardes anglaises, de la division de Brunswick et des douze bataillons du général Chassé restés seuls intacts et en réserve. Wellington, le prince d'Orange, Hill parcourent leur ligne en jetant des paroles qui électrisent : « Tenez ferme, mes garçons, a dit Wellington à ses Anglais. Que dirait-on de nous en Angleterre si nous quittions d'ici ? » Le moment est venu. Tandis qu'aux deux ailes la canonnade et la fusillade redoublent avec fureur, les six bataillons de la garde quittent la Haie-Sainte, traversent la plaine de deux cents mètres qui les sépare du centre de l'ennemi. Ils s'avancent l'arme au bras, calmes comme dans un jour de revue, sans répondre au feu de l'ennemi. Le maréchal Ney, l'épée à la main, marche à pied devant les grenadiers. Les cinq autres bataillons, disposés aussi par échelons, le suivent de près. Le silence se fait sur le front de l'armée anglaise jusqu'à ce que les assaillants soient à portée. Alors les boulets commencent à pleuvoir sur leur front, bientôt sur leurs flancs. La garde marche toujours. Le duc de Wellington, la lorgnette à la main, suit l'effet de son artillerie sur cette troupe redoutable qu'il a prescrit de briser à coups de canon avant qu'elle n'ait atteint ses lignes. A la première décharge de l'artillerie anglaise, la forêt des longs bonnets à poil qui traverse la plaine subit, dans la partie la plus rapprochée des Anglais, ce mouvement d'ondulation qu'un grand vent imprime à un champ d'épis mûrs [1]. Le général Friant est blessé, trois cents hommes sont couchés sur le sol. Au bout d'un moment, le mouvement d'ondulation cesse ; les bonnets à poil redeviennent fixes et immobiles ; les fusils se redressent, les files se resserrent ; la colonne est moins profonde, mais sans accélérer, sans ralentir son pas, la garde marche toujours. Calme et silencieuse, sans tirer un coup de fusil, sans pousser un cri, elle gravit le plateau l'arme au bras et s'approche de la première ligne. Une fois encore, les batteries anglaises, tirant de plus près, ont salué de leurs boulets cette cible vivante qui marche au-devant des coups. Cette fois l'oscillation à la surface des premiers rangs a été plus prononcée ; huit cents hommes sont à terre ; le général Michel est tombé au premier rang ; il semble qu'il y ait un moment d'hésitation ; mais, encore une fois, les fusils se redressent, les files se resserrent ; le maréchal Ney, les généraux Porret de Morvan, Roguet, Cambronne, Harlet, le colonel Mallet, brandissent leurs épées ; un long cri de *vive l'Empereur !* rompt le silence ; la garde marche toujours. En marchant, elle a enlevé à la baïonnette les batteries qui la mitraillaient de face, culbuté et dispersé les troupes de Brunswick qui forment la première ligne, elle s'avance vers la seconde et dissipe en un moment les Nassau conduits par le prince d'Orange en personne. Elle arrive au point où Wellington a accumulé tous ses moyens de résistance et de destruction : les batteries qui prennent de front et d'écharpe notre infanterie d'élite, la cavalerie prête à charger. La garde est à un quart de portée de pistolet du fossé en talus que forme le chemin creux d'Ohain. Elle se déploie pour cette suprême attaque. Dans cet instant, les batteries se démasquent sur le front, sur les flancs, et commencent à tirer à mitraille ; le duc de Wellington commande le feu lui-même ; il a

---

1. Récit anglais de la bataille de Waterloo.

crié aux quatorze bataillons des gardes de Maitland, qu'il avait tenus jusque-là couchés : « Debout, gardes, et visez bien ! » Ces feux roulants de la mousqueterie, dirigés presque à bout portant, achèvent l'œuvre commencée par la canonnade. La garde foudroyée essaye une fois encore de resserrer ses files ; mais presque tous les officiers sont morts ou blessés ; le sol est jonché de cadavres ; sur les deux mille neuf cents hommes qui ont commencé l'attaque, huit cents à peine restent debout. Vingt minutes ont suffi à cette œuvre de destruction. Immobiles pendant quelques moments, les survivants de cette troupe intrépide s'entre-regardent comme pour se compter, puis ils désespèrent d'enfoncer les masses anglaises avec leurs débris ; la seconde colonne d'attaque, encore à deux cents mètres de distance, ne peut les appuyer. Ils se retirent en frémissant au pied de la colline. L'attaque suprême est manquée. Pour la première fois, la garde a échoué ; il est près de huit heures ; la bataille de Waterloo est perdue.

Wellington est en communication avec le corps de Zieten, qui, ayant enlevé vers sept heures et demie la ferme de la Papelote, étend ses bataillons et ses escadrons sur la gauche des Anglais, en poussant devant lui la division Durutte réduite à deux mille hommes ; il aperçoit le feu des canons de Blücher, de Bulow et de Pirch qui, maîtres de Frichermont, pressent notre flanc droit et, s'élançant jusqu'à notre ligne d'opération, attaquent Planchenois et refoulent les faibles restes du sixième corps et les bataillons de la garde sur la chaussée de Charleroi à la hauteur de la ferme du Caillou. Alors il n'hésite plus à prendre à son tour l'offensive. Le signal est donné ; les Anglais, un moment auparavant terrassés par les fatigues de la journée, ont retrouvé dans la perspective inespérée de la victoire qui s'ouvre devant eux leur vigueur et leur élan. Ils sortent pour la première fois de la journée de leurs lignes, infanterie, cavalerie, artillerie, et poussent devant eux nos débris qui cherchent en vain à les arrêter. Le découragement entre dans l'âme de nos soldats, tandis que l'ardeur et la confiance remplissent le cœur de l'ennemi. Au lieu de Grouchy, si souvent et si vainement annoncé, ils aperçoivent Zieten dont les troupes poussent devant elles les restes de la division Durutte. Derrière eux retentit le canon de Bulow et de Pirch. Nulle part le secours promis, partout l'ennemi. Leur espoir trompé se change en désespoir et en rage ; plus d'un soldat a jeté son fusil, plus d'un peloton s'est dispersé en criant à la trahison. L'Empereur cherche inutilement à arrêter ce torrent en faisant tenter aux cinq bataillons de la garde destinés à former sa seconde colonne d'attaque un retour offensif. L'effet tardif de cette faible colonne se brise sur les masses ennemies qui continuent à avancer. Une charge des débris de la grosse cavalerie de la garde conduite par le général Guyot ne réussit pas mieux. Les cavaliers et les chevaux succombent à l'épuisement d'une si longue lutte ; après cette charge infructueuse, ils quittent le champ de bataille, et tout ce qui nous reste de cavalerie les suit. Une batterie d'artillerie légère de la garde impériale conduite par le colonel Duchand arrête pendant quelques minutes les masses qui nous pressent, mais elle est bientôt forcée de se retirer. Aucune digue ne peut plus contenir ce torrent.

L'Empereur, obligé de s'avouer que la bataille est perdue, donne le signal de la retraite. Les troupes la commencent d'abord en bon ordre, mais la cavalerie de Zieten, ayant brisé la résistance que lui opposait la division Durutte à Smohain, inonde la plaine par notre flanc droit, et les difficultés du terrain augmentant de moment en moment, le premier corps se trouve bientôt dans une grande confusion. La division Durutte, ramenée au combat sur l'extrême droite par le maréchal Ney, qui s'écrie : « Camarades, je vais vous montrer comment meurt un maréchal de France, » est détruite et dispersée. Les autres divisions du premier corps ne forment bientôt qu'une masse confuse qui se retire en désordre, pressée sur le flanc droit par les Prussiens, de front par les Anglais. Nous reculons ainsi de la Haie-Sainte jusqu'à la Belle-Alliance, en éprouvant des pertes cruelles. La garde seule soutient la retraite en formant ses bataillons en carrés et en faisant face à la fois à l'armée prussienne arrivant de Smohain, et à l'armée anglaise arrivant de Mont-Saint-Jean. C'est dans un de ces carrés que se réfugie l'Empereur. La nuit, dont les ombres descendent, augmente le désordre, la voix des chefs n'est plus entendue. Avec l'espoir de vaincre, disparaît cette surexcitation morale qui soutenait nos troupes épuisées; le second corps se disloque comme le premier. A chaque instant, le bruit du canon de Bulow qui achève la destruction du sixième corps, et, maître de Planchenois, se rapproche de le ligne de retraite de l'armée française, retentit de plus en plus [1]. Tous s'empressent, craignant de ne pas arriver à temps. Napoléon perd ses positions du matin. Le deuxième bataillon du troisième régiment de la garde, après avoir soutenu avec une constance héroïque la mitraille de l'artillerie et plusieurs charges d'une nombreuse cavalerie qui l'assaille sur tous ses côtés, meurt tout entier au champ d'honneur dans la place où l'Empereur l'a laissé, en avant de la Belle-Alliance, pour protéger la retraite de l'armée. Le mot prêté à Cambronne, leur chef : « La garde meurt, mais ne se rend pas, » n'a point été dit; mais l'action est supérieure aux paroles; ces héroïques soldats, entourés de monceaux de cadavres tombés sous leurs balles et leurs baïonnettes, sont tous morts pour ne pas se rendre. Blücher et Wellington se rencontrant à la Belle-Alliance se jettent l'un dans les bras de l'autre en se félicitant mutuellement de leur victoire. Elle est complète. A huit heures Napoléon avait perdu

---

1. « La prise de Planchenois, défendu par la garde, changea la retraite en déroute. » (Rapport de Blücher.)

la bataille; à huit heures et demie, sa retraite se changeait en déroute; à neuf heures et demie, elle devient un désastre.

C'est en vain que l'Empereur, parvenu jusqu'aux hauteurs de Rossomme qu'il occupait le matin, essaye d'arrêter les masses ennemies avec les deux bataillons qu'il y a laissés. Il faut céder, la résistance n'est plus possible, et Napoléon a donné une fois encore le signal de battre en retraite à ce bataillon qui contient dans ses rangs un grand nombre de généraux blessés ou démontés, entre autres le maréchal Ney, qui, cent fois dans cette sanglante journée, s'est offert à la mort qui n'a pas voulu de lui. Une batterie de la garde fait encore une décharge pour arrêter la cavalerie ennemie; un des boulets fracasse la jambe de lord Uxbridge, commandant en chef de la cavalerie anglaise. C'est le dernier boulet que l'artillerie française tirera de la journée. Toute résistance a cessé. La poursuite commence, elle durera toute la nuit. L'armée anglaise, harassée par dix heures de combat, s'arrête pour prendre du repos. Mais Blücher est là avec 65,000 Prussiens. Il a promis au duc de Wellington de poursuivre les Français avec sa cavalerie et son artillerie légère toute la nuit [1].

Cette poursuite, organisée et dirigée en personne par le général Gneisnau, chef d'état-major général de Blücher, fut terrible, implacable, acharnée. « Il était neuf heures du soir, dit Blücher dans son rapport, tous les officiers supérieurs furent réunis et eurent ordre d'envoyer à la poursuite de l'ennemi jusqu'au dernier cavalier. Le clair de lune favorisait beaucoup la poursuite qui n'était qu'une véritable chasse. L'armée française était entièrement désorganisée. La chaussée présentait le

---

1. « Je continuai la poursuite longtemps après la tombée de la nuit, et je ne la fis cesser qu'à cause de la fatigue des troupes qui étaient engagées depuis deux heures, et parce que je me trouvais sur la même route que le maréchal Blücher, qui m'assura que son intention était de poursuivre l'ennemi toute la nuit. A lord Bathurst, Waterloo, 19 juin. » (*The Dispatches, etc.*)

spectacle d'un immense naufrage; elle était couverte d'une quantité prodigieuse de canons, de caissons, de bagages, de débris de toute espèce. Ceux qui, ne s'attendant pas à être poursuivis si vivement, voulaient se reposer, furent poussés successivement de plus de neuf bivouacs. Ceux qui voulaient se maintenir dans les villages ou dans les maisons étaient taillés en pièces. » La garde surtout n'obtint aucun quartier. Le cri poussé à Ligny avait été entendu, et l'ennemi vainqueur y répondait par de cruelles représailles. Les bataillons de la garde qui étaient demeurés organisés protégèrent pendant quelque temps la retraite sur les deux flancs, et empêchèrent la cavalerie prussienne d'arriver jusqu'à la chaussée de Charleroi, qu'ils suivaient parallèlement à distance, et où cheminaient l'artillerie, les caissons, les chariots et les blessés. On arriva ainsi jusqu'au défilé de Genappe, où l'Empereur avait d'abord espéré rallier les débris de son armée. Il fallut y renoncer. A Genappe, l'armée rencontrait la Dyle que l'artillerie, les chariots, les blessés devaient traverser sur un seul pont. A l'entrée de ce pont, il se fit un encombrement immense. La marche de cette longue colonne se trouvant arrêtée en tête, et les Prussiens continuant à la presser en queue, le désordre, déjà grand depuis le Caillou, augmenta, et une panique soudaine gagna les artilleurs qui coupèrent les traits de leurs chevaux et renversèrent leurs pièces sur la route. Là furent abandonnés et perdus presque toute l'artillerie et une grande partie des chariots de l'armée; les équipages mêmes de l'Empereur restèrent aux mains de l'ennemi. Des charrettes pleines de blessés versèrent dans les fossés, et les cris déchirants de ces malheureux qu'on ne pouvait secourir déchiraient le cœur de ceux qui les entendaient. Il devenait évident que le ralliement, désormais impossible sur la Dyle, ne pourrait être essayé que sur la Sambre. Le désordre était au comble. Le ralentissement de la retraite avait permis à la cavalerie prussienne de serrer de plus près notre armée. Les cris de : « Pas de quartier! pas de quartier! » qui retentissaient sans cesse, augmentaient les angoisses des blessés, et l'on vit plusieurs d'entre eux se brûler la cervelle pour ne pas tomber vivants dans les mains de l'ennemi [1]. La garde impériale était cependant parvenue à rallier quelques-uns de ses débris en avant de Genappe ; elle fit là une halte à onze heures du soir, mais elle ne put demeurer longtemps dans cette position. Les Prussiens commencèrent à diriger contre elle une vive fusillade appuyée par l'artillerie légère. On ne pouvait songer à traverser la ville encombrée par le pêle-mêle effroyable des fuyards. Ces restes de la garde, seule troupe encore organisée dans toute cette armée, tournèrent la ville par la gauche un peu avant minuit. Mais à partir de Genappe, tout ordre régulier fut rompu. On marchait par groupes de quelques centaines d'hommes en cherchant à suivre les chemins et les sentiers parallèles à la chaussée de Charleroi. On s'égarait souvent. Il régnait sur cette chaussée une confusion inextricable augmentée à chaque instant par les formidables hourras de la cavalerie prussienne qui multipliait ses charges. Les soldats français, pour leur échapper, s'éloignèrent de la chaussée et cherchèrent à s'étendre à droite et à gauche. Mais les Prussiens étaient partout. Blücher avait fait monter les hommes les plus alertes de son infanterie légère en croupe de ses cavaliers ; à l'entrée des villages ou des défilés, les fantassins mettaient pied à terre, et les cavaliers prenant le galop allaient se placer à l'autre extrémité pour y sabrer nos soldats au moment où les premières décharges de l'infanterie précipitaient leur fuite. Cette ruse multiplia les pertes de l'armée française. Plus d'une fois aussi,

---

1. « Un colonel, pour ne point tomber dans leurs mains, se brûla la cervelle; vingt autres officiers imitèrent cet exemple. » (*Les Cent-Jours*, par Fleury de Chaboulon, tome II, page 187.)

on entendit dans cette nuit fatale un tambour qui battait aux champs, et nos soldats croyant se rallier à un corps français venaient tomber dans le piége qui leur était tendu, car c'était un tambour prussien qui, monté sur un des chevaux des équipages de l'Empereur, accompagnait cette cavalerie, et battait aux champs, pour attirer nos fantassins sous ses coups.

On ne put pas plus s'arrêter aux Quatre-Bras qu'à Genappe. L'Empereur avait fait cependant ordonner à la division Girard, demeurée à Fleurus après la bataille de Ligny, d'occuper cette position afin d'arrêter la fuite de l'armée. Mais tout manque à ceux à qui la victoire manque, et l'ordre de l'Empereur ne fut point reçu ou ne fut pas exécuté. Il comprit dès lors que le ralliement de l'armée ne pouvait s'effectuer que plus loin, et des Quatre-Bras, où il arriva presque seul à minuit, il envoya son frère Jérôme Bonaparte à Marchiennes-au-Pont pour rallier à Maubeuge et à Avesnes les débris qui avaient fui dans cette direction, tandis que lui-même se rendrait à Charleroi pour opérer le ralliement de l'armée sur ce point; en même temps, plusieurs exprès partirent afin d'avertir le maréchal Grouchy de la perte de la bataille et de lui prescrire d'opérer sa retraite sur Namur. Quand une heure après la garde arriva au champ de bataille des Quatre-Bras, il se passa dans ce lieu une scène d'une horreur inexprimable. Ces soldats, accablés de fatigue et consumés par la soif, se précipitèrent vers l'un des petits cours d'eau qui sillonnent la campagne, et s'étendirent sur le bord pour boire à même le ruisseau. La pluie de la veille l'avait grossi, et ses eaux torrentueuses roulaient des débris qui vinrent heurter la tête de nos soldats. La lune sortant en ce moment des nuages, ils reconnurent que c'étaient des cadavres, et, relevant vivement la tête, ils s'éloignèrent de ces lieux funèbres avec une insurmontable dégoût mêlé d'une pitié profonde. Les tristes restes des victimes du combat des Quatre-Bras apparaissaient aux derniers demeurants de la bataille de Waterloo. Sur une étendue d'un quart de lieue, le sol en était jonché; Français, Anglais, Écossais, Hollandais, Brunswikois, Hanovriens, Belges, ennemis acharnés la veille, étaient couchés dans la paix suprême de la mort. Il y avait là trois à quatre mille cadavres dépouillés par les avides paysans des environs, et que l'orage de la nuit précédente, tombant par torrents dans une terre noirâtre, avait revêtus d'une couche de boue. Ils étaient hideux à voir sous ce sombre linceul, et la clarté douteuse de la lune qui éclairait à demi de ses reflets blafards cette scène lugubre ajoutait à l'horreur du tableau.

Au sortir des Quatre-Bras les restes de l'armée continuèrent avec la même confusion à se diriger vers la Sambre. On marchait par groupes un peu à l'aventure, les uns inclinant vers Marchiennes-au-Pont, les autres vers Châtelet, le gros de l'armée vers Charleroi. Ceux qui s'orientaient vers Châtelet cheminaient avec grand'peine dans la plaine de Fleurus déjà infestée par la cavalerie prussienne, et tandis qu'un grand nombre suivaient la chaussée de Charleroi, les autres prenaient par la droite de Gosselies. Ce fut là que s'arrêta la poursuite, qui s'était prolongée de la Belle-Alliance à Gosselies, sur un espace de plus de cinq lieues. La cavalerie, conduite par le prince Guillaume de Prusse, craignit de se compromettre en poussant plus avant. Mais le désordre de l'armée ne cessa point avec cette poursuite qui avait duré jusqu'au point du jour. Quand, le 19 juin à six heures du matin, la garde fit son entrée à Charleroi, cette ville était dans une épouvantable confusion. Il n'y avait qu'un seul pont sur la Sambre, et, quoique dès le matin à deux heures les dépêches de l'Empereur fussent arrivées, portant l'ordre de faire repasser la Sambre aux équipages, aux parcs et aux voitures de vivres qui se trouvaient dans cette ville, aucune précaution n'avait été prise pour assurer le passage de l'armée. Les causes perdues sont toujours mal servies. Les scènes qui avaient marqué l'arrivée des troupes au pont de Genappe se renouvelèrent là, mais sur une plus grande échelle et d'une manière plus désastreuse. Il y eut un effroyable encombrement aux abords du pont et dans la grande rue de la ville. Les troupes, démoralisées par leur défaite et par ces longues heures de souffrances et de fatigues pendant une retraite devenue une fuite, avaient perdu le sentiment de la discipline. Les soldats, qui mouraient de faim et de soif, défoncèrent à coups de fusil les tonnes d'eau-de-vie et de vin qu'ils trouvèrent dans les chariots; les fourgons remplis de pains furent renversés dans la rue. Chacun en passant enfilait quelques pains dans sa baïonnette, et consommant ce qu'il pouvait gaspillait le reste. Le vin et l'eau-de-vie coulaient en ruisseaux sur le pavé. C'étaient les dernières scènes d'un naufrage au moment où sombre le navire; terrible naufrage en effet que celui de Waterloo! Le commandement et l'obéissance avaient péri, le trésor de l'armée allait tomber dans les mains de l'ennemi, on se partagea l'or qu'il contenait. Les habitants de Charleroi, qui, quelques jours auparavant, avaient vu cette superbe armée brillante de courage et de discipline traverser leurs murs en emportant avec elle l'espérance de la victoire, assistaient avec stupeur à ces déplorables scènes, et comprenaient confusément qu'ils allaient avoir à recevoir de nouveaux vainqueurs et que tout était fini pour Napoléon.

L'Empereur n'avait fait que traverser Charleroi. Il se rendit de là à Philippeville où il ne resta que deux heures pour donner quelques ordres, et pour dicter la lettre qui annonçait à Joseph Bonaparte le désastre de Waterloo. Il allait partir dans une chaise de poste à demi brisée lorsque les voitures du maréchal Soult entrèrent dans la place. On s'en empara pour l'Empereur et sa suite. L'Empereur entra dans la première avec le maréchal Bertrand. Dans la seconde, le duc de Bassano prit place avec les généraux Drouot, Dejean, M. Fleury de

Chaboulon et M. de Cauny, premier écuyer. L'autre contenait MM. de Flahaut, Labédoyère, Corbineau. A Rocroi on s'arrêta pour prendre quelque nourriture. Dans cet entourage intime de l'Empereur, il n'y avait que des visages mornes, et l'on échangeait les plus tristes prévisions. Tous regardaient la cause de l'Empereur comme perdue ; plusieurs craignaient pour leur tête [1]. A Mariembourg l'Empereur s'était séparé de l'escorte qui suivait les voitures et lui avait donné rendez-vous à Laon.

C'était le rendez-vous général fixé à l'armée. Le premier et le deuxième corps d'infanterie des Prussiens suivaient de près leur cavalerie qui, après quelques heures de repos, avait repris la poursuite, et le quatrième corps marchait par une autre route vers nos frontières. Dans l'état de désorganisation où se trouvait l'armée française pressée par un ennemi actif et enivré de sa dernière victoire, et après les pertes immenses en matériel que nous avions faites à Genappe et à Charleroi, on ne pouvait en effet raisonnablement espérer de rallier l'armée avant d'arriver à la forte position militaire de Laon.

Le 20 juin dans la matinée, les habitants de cette ville qui s'étaient endormis la veille bercés encore par l'espoir d'un grand triomphe que semblait annoncer la nouvelle d'un premier succès, s'étonnèrent de découvrir un mouvement extraordinaire sur la chaussée de Chambly; c'est le premier village situé sur la route de Laon à Avesnes, à quatre kilomètres environ de la première de ces deux villes. C'était comme un chaos vivant qui marchait. Plus il approchait, plus l'anxiété redoublait. Enfin, la distance diminuant de moment en moment, on reconnut distinctement une multitude confuse de militaires de toutes les armes qui arrivaient dans le plus grand désordre, cavaliers démontés, fantassins sans armes, blessés se traînant

---

1. *Les Cent-Jours*, par Fleury de Chaboulon, tome II, page 194.

avec peine, voitures à moitié brisées. Tous épuisés de fatigues, mourant de faim, couverts d'habits déchirés, souillés de sang ou de boue, officiers, soldats marchaient mornes et tristes, la rage dans le cœur, le désespoir sur le front, sans échanger un mot ni un regard. C'est à grand'peine que les habitants de Laon, qui en reconnaissant les uniformes des militaires français s'étaient précipités à leur rencontre, obtinrent d'eux quelques rares et brèves paroles qui revenaient à ceci : « Tout est perdu ! l'armée a été détruite avant-hier auprès de Bruxelles [1] ! »

C'était le premier flot du naufrage de Waterloo qui, se hâtant comme s'il était poursuivi, avait franchi en trente heures une distance de cent quarante-huit kilomètres et apportait à Laon par sa présence même la nouvelle du désastre. Dans la journée ce mouvement continua. La route était couverte tantôt d'une masse confuse, tantôt de longues traînées d'hommes. Vers quatre heures de l'après-midi, l'Empereur lui-même arriva. Il suivait l'avant-garde des fuyards au lieu de la précéder, parce que, venu par Charleroi, Philippeville, Rocroi, Aubenton et Montcornet, il avait eu cent quatre-vingt-douze kilomètres à

---

[1]. Nous empruntons la plupart de ces détails à une *Histoire de Laon* publiée en 1822 par M. Devismes. Nous avons contrôlé le récit de M. Devismes en consultant les souvenirs des rares demeurants de cette époque qui habitaient Laon en 1815. M. le lieutenant-colonel Prieur, officier distingué qui réside lui-même dans cette ville, a bien voulu se charger de cette enquête officieuse, et nous transcrivons les lignes suivantes d'après la note qu'il nous a remise : « Dix témoins oculaires, presque tous septuagénaires, m'ont servi à contrôler les renseignements donnés par M. Devismes, qui, membre de la chambre des Cent-Jours, n'était pas à Laon au 20 juin 1815, mais qui a écrit en 1822 sur les notes et les renseignements fournis par des témoins oculaires lorsque le souvenir de ces événements était dans toute sa fraîcheur. Cinq de nos dix témoins sont descendus au faubourg de Vaux, ils ont vu Napoléon dans la cour de la poste aux chevaux. Tous les dix affirment que les débris de l'armée sont arrivés, surtout le premier jour, dans le plus grand désordre. C'était un pêle-mêle de toutes les armes. Quant au moment où apparut cette débandade, les uns disent que ce fut de cinq à six heures du matin, tous avant midi. Ils affirment tous que l'Empereur est arrivé le même jour que les premiers débris, mais dans l'après-midi. »

parcourir, et avait fait en outre des haltes fréquentes et assez longues. L'Empereur mit pied à terre devant la maison de poste, dans le faubourg de Vaux qui s'étend au pied de la montagne où s'élève la ville de Laon. Les habitants disaient aux soldats qui continuaient à affluer que l'Empereur était là; mais ce nom même avait perdu son prestige, et ils continuaient à marcher silencieux et comme ensevelis dans leur désespoir sans détourner la tête. Quant à l'Empereur, aussi morne que son armée, aussi abattu que sa fortune, les mains derrière le dos, il se promenait de long en large dans la cour ouverte de la ferme qui suivait l'hôtel des postes. Un cercle d'habitants s'était formé devant la poste et le considérait avec un étonnement muet. Y eut-il, comme quelques écrivains l'ont raconté [1], une délibération ouverte entre l'Empereur et quelques personnes de sa suite, le duc de Bassano, Bertrand, Drouot, Labédoyère, Fleury de Chaboulon, sur la question de savoir s'il resterait à Laon pour rallier son armée ou s'il partirait pour Paris? L'Empereur était-il du premier avis? On peut en douter, malgré le témoignage suspect de M. Fleury de Chaboulon. Les habitants de Laon contemporains de cette époque, ne se souviennent pas d'avoir vu arriver, le 20 juin, ce corps d'armée de 3,000 hommes ralliés par le maréchal Soult et par Joseph Bonaparte, et dont la présence aurait, dit-on, fait incliner l'Empereur vers l'idée d'un séjour à Laon pendant lequel il aurait rallié les débris de son armée. Ce qu'il y a de certain c'est que, dans la soirée même du 20 juin, Napoléon partit pour Paris,

---

1. M. Fleury de Chaboulon. On trouve, il est vrai, la reproduction des mêmes assertions dans l'*Histoire de Laon*, par M. Devismes; mais ce dernier, qui, membre de la Chambre des Cent-Jours, était à Paris à cette époque, n'a fait que transcrire le passage de l'ouvrage de M. Fleury de Chaboulon, intitulé *Les Cent-Jours*, ouvrage qui parut à Londres en 1820, deux ans avant le livre de M. Devismes. On peut s'en convaincre en comparant le récit de M. Devismes avec le récit du secrétaire de Napoléon, tome II, page 199. (Londres, 1820. Exemplaire de la bibliothèque de la rue Richelieu.)

afin d'y porter lui-même la sinistre nouvelle de la bataille de Waterloo. Personne, à cette date du 20 juin, ne savait si Grouchy avait échappé aux Prussiens et aux Anglais, tous en doutaient, et il fallut plusieurs jours pour rallier sous Laon une force de 20,000 hommes qui n'avait ni la cohésion ni la solidité nécessaire pour arrêter deux grandes armées victorieuses qui marchaient vers la capitale.

Telle fut la bataille de Waterloo, un de ces cinq ou six noms sinistres qui, profondément gravés dans la mémoire des peuples, surnagent sur ce fleuve du temps qui emporte tout homme et toute chose, et, dominant toute une histoire, font verser des flots de larmes après avoir fait couler des flots de sang. Si l'on veut chercher les causes de la perte de cette bataille, elles sont nombreuses et de natures diverses. Il y en a de principales et d'accessoires : pour trouver les unes, il faut porter ses regards dans les sphères morales les plus hautes ; les autres relèvent de l'art militaire ; toutes ensemble ont concouru à ce terrible événement.

L'origine de tout, c'est la gageure que, par son retour de l'île d'Elbe, l'empereur Napoléon avait acceptée contre la force des choses, qui est une des lois de Dieu. Il avait engagé la France, épuisée et affamée de paix, dans une lutte inégale contre l'Europe entière, décidée à conquérir à tout prix son repos par la chute de celui qui l'avait si longtemps troublé. Il était impossible que, dans ce duel, Napoléon ne finît point par être vaincu. Le décret providentiel qui le frappait était prononcé ; deux choses seulement restaient douteuses : le jour où cet arrêt serait exécuté et le nom du champ de bataille où il viendrait s'écrire. Ce jour fut le 18 juin 1815 ; ce champ de bataille s'appela Waterloo.

L'Empereur, ses généraux, ses soldats eux-mêmes ont l'intelligence, le sentiment ou l'instinct du coup qui les menace. La fatalité providentielle de la situation pèse sur eux. L'Empereur n'a ni sa présence d'esprit, ni sa promptitude d'initiative, ni son activité ordinaires ; les soucis de la politique le suivent dans le camp. Il voudrait être à la fois à Paris et à la frontière ; il craint au moins autant les constitutionnels de la Chambre des représentants que les ennemis. Ce puissant esprit se trouble, et l'armée ne reconnaît plus son empereur. La plupart des généraux sont sous l'influence du même malaise moral. Le passé les poursuit, le présent les inquiète, l'avenir les menace, et il y a dans leur courage quelque chose de sombre et de désespéré. Dans le feu de la bataille, le maréchal Ney crie au comte Drouet d'Erlon : « C'est ici qu'il faut mourir; si nous ne mourons pas ici, nous sommes destinés à être pendus [1] ! »

Quant aux soldats, après avoir assisté à tant de changements de scène politiques depuis ces derniers mois, ils se défient de leurs chefs et croient voir partout la trahison. En outre, cette armée, qui a fait et défait les gouvernements, a plus de fougue que de discipline ; elle n'attend point les ordres, elle les prévient ; elle ne se laisse pas conduire, elle veut se conduire elle-même. C'est le même courage, mais ce courage n'est plus réglé. Il y a jusque dans cette valeur quelque chose de furieux et de désordonné. Un cri peu conforme aux habitudes de la générosité française a retenti dans nos rangs, dès la bataille de Ligny : « Point de quartier! » On veut tuer ou mourir.

Il était impossible que des esprits placés sous ces influences morales, troublés par ces passions, ces préoccupations et ces inquiétudes, ne commissent pas des fautes militaires. Il y en eut beaucoup de commises à Waterloo, tout le monde en fit, l'Empereur le premier.

---

1. Le capitaine de Mauduit, dans *Les Derniers Jours de la grande armée*, affirme que ces paroles du maréchal Ney lui ont été répétées par le comte Drouet d'Erlon lui-même. L'admiration de M. de Mauduit pour Napoléon et ses vives sympathies pour le maréchal Ney donnent un grand poids à son assertion.

Il en est une qu'on peut signaler sans être homme de guerre, parce qu'elle relève du simple bon sens. Il y avait un délai fatal hors duquel l'Empereur ne pouvait pas vaincre à Waterloo; ce délai cessait dès l'instant où Blücher, franchissant la distance qui séparait Wavres de Mont-Saint-Jean, entrerait en ligne : il fallait donc commencer la bataille de bonne heure et la finir vite. Au lieu de cela, l'Empereur la commença tard ; il n'employa pas dans la première attaque tous ses moyens pour emporter le succès, et il attendit, pour frapper le grand coup, l'arrivée des Prussiens, qui rendait la victoire impossible.

Ce fut la principale faute. Il y en eut une seconde : l'Empereur connaissait mal le champ de bataille, il en est convenu lui-même, en disant qu'il soupçonnait l'obstacle de la position de Mont-Saint-Jean sans en apprécier toute la force. Cette connaissance superficielle du champ de bataille lui fit diriger l'attaque sur le centre, où elle avait moins de chances de réussir que partout ailleurs. Enfin il négligea, grave omission dans un pareil moment et avec une armée où le sentiment de la discipline et de l'obéissance était affaibli, de remplacer le maréchal Mortier dans le commandement de la garde. Cette négligence favorisa la charge inopportune des réserves de cavalerie, une des causes de la perte de la bataille. La fausse nouvelle de l'arrivée de Grouchy contribua à la déroute, par l'irritation que la découverte de la vérité jeta dans l'armée.

Ney, Drouet d'Erlon, Reille, qui commandaient en chef sous l'Empereur, firent leur devoir en braves soldats, mais, comme généraux, ils restèrent au-dessous de leur renommée militaire. L'attaque du château d'Hougoumont fut confuse, indécise, mal conduite : on fit trop pour une diversion, trop peu pour une attaque sérieuse. La première attaque sur la Haie-Sainte et sur le centre de l'ennemi échoua en partie, par suite du mauvais ordre de bataille qu'on fit prendre aux troupes, en partie par le manque de réserves, l'Empereur ayant envoyé le sixième corps au-devant des Prussiens. Les troupes se battirent admirablement toute la journée, mais avec une fougue qui augmenta leurs pertes, un esprit d'indépendance et un mépris du commandement qui enlevèrent à l'Empereur les éléments du succès en les engageant avant l'heure.

Reste le maréchal Grouchy. On l'a rendu responsable de tout. Il y a toujours, le lendemain d'un désastre, un homme de malheur en qui on le personnifie. L'Empereur avait le droit de compter, répète-t-on, que Grouchy retiendrait Blücher à Wavres, et qu'il viendrait lui-même jeter le poids de son corps d'armée dans la balance à Waterloo.

L'Empereur n'avait pas le droit de compter sur cela, et il est remarquable que dans les premières paroles officielles ou secrètes qu'il fit entendre en arrivant à Paris après la bataille de Waterloo, il ne prononça pas le nom de Grouchy. Quand un corps de trente-trois mille hommes suit une armée de quatre-vingt-dix mille, et qu'il y a une bataille à quelques lieues de là, qu'y a-t-il de plus vraisemblable? C'est évidemment que l'armée la plus nombreuse arrêtera la plus faible avec un détachement, et portera le surplus de ses forces sur le terrain du combat. Ce fut précisément ce qui arriva. Ce qu'on peut reprocher à Grouchy, ce n'est donc pas de ne pas avoir retenu Blücher; évidemment il ne le pouvait pas, parce qu'il était des deux tiers plus faible que lui; ce fut de ne pas avoir marché lui-même, coûte que coûte, au bruit du canon. Ce fut son tort. Contribua-t-il par là à la perte de la bataille? C'est encore une question. Même en supposant qu'il partît de Sart-lez-Walhain à une heure, avec la distance, les difficultés naturelles du terrain à parcourir et l'état des chemins, il était douteux qu'il arrivât avant neuf heures et demie ou dix heures sur notre flanc droit ou sur le flanc gauche de l'ennemi? Est-ce Wellington, est-ce Blücher qui gagna la bataille? Si l'on entend demander par là quel fut celui qui jeta dans le plateau de la balance le poids qui l'entraîna, évidemment ce fut Blücher. Dans sa dépêche du 19 juin à lord Bathurst, le duc de Wellington, qui écrivait au sortir de la bataille, le reconnaît lui-même dans une phrase contrainte où l'on entrevoit, à côté du sentiment de justice de l'homme de guerre, la souffrance morale que cet aveu fait éprouver à l'orgueil britannique : « Je ne rendrais pas justice, dit-il, à mes propres sentiments, ni au maréchal Blücher et à l'armée prussienne, si je n'attribuais pas l'issue favorable de cette laborieuse (*arduous*) journée à l'assistance cordiale et opportune que j'ai reçue d'eux. La manœuvre du général Bulow sur le flanc droit de l'ennemi a été des plus décisives, et quand je ne me serais pas moi-même trouvé en situation de faire l'attaque qui a produit le résultat final, elle aurait contraint l'ennemi de se retirer après l'échec de sa tentative, et l'aurait empêché d'en prendre avantage, si malheureusement elle avait réussi. »

De l'aveu du duc de Wellington lui-même, ce fut donc l'arrivée des Prussiens qui détermina le dénoûment de la journée, car l'attaque finale dont parle le général anglais n'aurait pas été possible si nous n'avions pas été assaillis dans ce moment par 65,000 Prussiens sur notre flanc droit et notre ligne d'opération. Mais si Wellington, par sa prodigieuse ténacité et par la fermeté à toute épreuve de ses troupes, qui égalèrent le courage de nos soldats sans le surpasser, n'avait pas fait durer la bataille jusqu'au soir, Blücher ne l'aurait pas gagnée. Pour dire vrai, ils la gagnèrent tous deux. Les deux noms de Blücher et de Wellington sont inséparables dans la bataille de Waterloo et de la bataille de Waterloo. Ce que le premier commença, le second l'acheva.

La victoire fut décisive, mais elle leur coûta cher. Les troupes françaises illustrèrent leur malheur par leur courage. C'est une merveille qu'après une si grande bataille le duc de Wellington n'ait eu à envoyer à son gouvernement que trois aigles [1]. Les vaincus emportaient plus de drapeaux que les vainqueurs, car l'Empereur avait reçu six drapeaux ennemis dans le combat. Des deux côtés on avait fait les pertes les plus cruelles. Nous laissions près de trente mille hommes blessés ou morts sur le champ de bataille, et la garde entrait dans ce chiffre pour onze mille hommes : c'était plus de la moitié de son effectif; aussi faut-il dire qu'elle avait soutenu tout le poids de la retraite, et que les Prussiens ne lui avaient fait presque aucun quartier. Les pertes des coalisés furent presque aussi considérables. D'après les états envoyés par le duc de Wellington à lord Bathurst, l'armée anglaise proprement dite, qui ne comptait que 43,133 combattants à Waterloo, eut 2,432 tués, 9,528 blessés et 1,875 hommes absents; c'étaient 13,835 hommes, près du tiers de l'armée, qui manquaient à l'appel. L'armée anglo-hollandaise s'élevant, en tenant compte de ses deux éléments, à 70,000 hommes, on peut évaluer à 22,000 les hommes mis hors de combat, et les Prussiens, quoique arrivés à la fin de la journée, perdirent au delà de 5,000 des leurs. L'épuisement de l'armée anglaise était tel, qu'elle fut obligée de s'arrêter sur le champ de bataille et de laisser les Prussiens continuer seuls la poursuite.

Il y a un recueil de documents où la grandeur de ces pertes paraît encore mieux que dans les chiffres des morts et des blessés, c'est la correspondance du duc de Wellington après la bataille. Ses premières lettres respirent plutôt l'abattement d'un vaincu que l'enivrement d'un vainqueur. Il écrit dans son rapport à lord Bathurst, daté de Waterloo, le 19 juin : « Votre seigneurie comprendra qu'une bataille si acharnée n'a pu être livrée ni de tels succès obtenus sans être achetés par de grandes pertes, et j'ai le regret d'ajouter que les nôtres ont été immenses. » Le même jour, il écrit au comte d'Aberdeen,

---

1. « J'envoie avec ces dépêches trois aigles » (*The Dispatches of the duke of Wellington.*)

en lui annonçant la mort de son frère : « Je ne puis vous exprimer avec quels regrets et quelle douleur je regarde autour de moi, et je contemple les pertes que j'ai faites. La gloire si chèrement achetée qui suit de telles actions n'est pas une consolation pour moi. » Le même jour encore il écrit au duc de Beaufort, en lui annonçant que son frère Fitzroy a perdu le bras droit : « En vérité, les pertes que j'ai éprouvées m'ont abattu et comme brisé, et je n'ai pas le courage de me réjouir des avantages que nous avons obtenus. » Ce n'est que le 23 juin, qu'écrivant du Cateau au comte d'Uxbridge, ce vaillant général de sa cavalerie qui a perdu une jambe à la bataille de Waterloo, il commence à prendre le dessus, et à signaler le résultat de sa victoire : « L'armée de Bonaparte est détruite, dit-il; sans doute il peut joindre à ce qui lui reste le cinquième corps, qui est sous le commandement de Rapp à Strasbourg; le troisième, qui était à Wavres durant la bataille, et probablement quelques troupes de la Vendée ; mais je demeure convaincu qu'il ne peut plus désormais nous faire tête. Je puis me tromper, mais je crois que nous venons de donner à Napoléon le coup mortel. »

VIII

NAPOLÉON A PARIS. — LES CHAMBRES. — FOUCHÉ ET LA FAYETTE. — ABDICATION DE L'EMPEREUR. — NOMINATION D'UNE COMMISSION DE GOUVERNEMENT. — NAPOLÉON PART POUR LA MALMAISON. — DÉPART POUR ROCHEFORT. — LE BELLÉROPHON. — DÉPART POUR SAINTE-HÉLÈNE.

Le duc de Wellington ne se trompait pas. Napoléon, après la bataille de Waterloo, avait hâte d'arriver à Paris. Quoique Blücher et les Prussiens suivissent de près les débris de son armée, il comprenait que là était le plus grave de ses périls.

Les grandes catastrophes, comme les tempêtes, sont annoncées par un souffle précurseur qui passe sur les esprits comme sur les cœurs. Dans l'après-midi du 20 juin, le bruit d'un désastre s'était répandu dans la capitale. Vers six heures, l'aide de camp du prince d'Eckmhul, envoyé par lui à la découverte, et qui avait assisté à la fin de la bataille, arriva à franc étrier, et lui annonça qu'il avait quitté Waterloo à huit heures le 18 juin, et que la bataille était perdue : « Je vous ferais fusiller pour m'apporter une pareille nouvelle si je ne vous connaissais pas, s'écria avec brusquerie le maréchal. — Plût à Dieu que vous me fissiez fusiller si cela changeait l'événement, » répliqua tristement le brave colonel Michel.

La crise politique avait été suspendue à Paris depuis le 12 juin, jour du départ de l'Empereur pour l'armée ; les yeux, les cœurs, les intelligences, tout était aux frontières ; on vivait dans l'attente de l'événement de guerre qui devait tout décider. La Chambre des représentants, partagée entre sa haine contre les Bourbons et la crainte de l'Empereur, inquiète, défiante, ombrageuse, formaliste, querellait le ministère sur quelques mesures arbitraires de Napoléon, et pour avoir commencé la guerre sans un vote parlementaire, surveillait de l'œil l'horizon, et remplissait ce loisir de quelques jours en travaillant à la Constitution, prévoyant un conflit si l'Empereur revenait vainqueur, peu disposée à l'épargner s'il revenait vaincu. Fouché, vigilant comme l'araignée au milieu de ses trames, attendait que la fortune lui amenât sa proie. Il avait la main sur la Chambre, le regard sur les champs de bataille où la destinée de Napoléon allait être fixée par cette terrible loi de la force si souvent invoquée par l'Empereur contre ses ennemis, et des intelligences partout. Les bonapartistes les plus dévoués ne comptaient que sur le génie de Napoléon, aidé par la victoire, pour résoudre un problème sans cela insoluble par Napoléon lui-même. Les indifférents n'étaient ni sans émotion, ni même sans inquiétude, car il y a des liens qui, dans les grands changements, rattachent les intérêts privés aux intérêts publics. A la première rumeur du désastre éprouvé par nos armes, la vie politique reprit son mouvement à Paris. Au milieu de la stupeur publique, les haines, les intérêts, les vanités, les ambitions, les peurs, furent en émoi. Était-il vrai que Napoléon fût arrivé dans la nuit du 20 au 21 juin, porteur de la sinistre nouvelle de sa dernière et irrémédiable défaite? Le désastre était-il aussi complet que commençait à le raconter la renommée?

Un homme qui avait joué en 1789 un rôle plus grand que son génie et que les événements avaient depuis longtemps relégué loin de la scène des affaires, le général La Fayette, caractère intègre, cœur honnête, mais entraîné souvent dans des situations équivoques et fausses par sa vanité, qui lui faisait confondre dans un même culte son influence personnelle et certaines théories abstraites de 1789 dont il faisait un dogme, fut un des premiers à s'inquiéter de ces bruits. Il se rendit chez Fouché pour obtenir des renseignements. Jamais deux hommes plus divers et plus antipathiques l'un à l'autre par leurs qualités comme par leurs défauts ne se trouvèrent en présence. Fouché avait presque toutes les qualités d'esprit qui manquaient à La Fayette, le sens politique, le coup d'œil, la connaissance des hommes, la pratique des affaires, le discernement des choses possibles et de celles qui ne l'étaient pas ; La Fayette avait la plupart des qualités de cœur qui manquaient à Fouché, la persistance politique, la bienveillance, l'humanité, la loyauté personnelle, la noblesse des sentiments, le dévouement à ses principes. Cependant ces deux hommes si divers se rencontraient cette fois dans la même pensée, parce que tous deux, par des motifs différents, étaient également résolus à renverser Napoléon. Le premier le sacrifiait à ses calculs, à son ambition, à ses intérêts empressés de se mettre d'accord avec la force des choses, peut-être aussi à de vieilles rancunes, car l'ancien ministre de l'Empereur n'avait pas oublié ses mépris; le second, à ses théories, à l'espérance illusoire de favoriser l'avénement de ses idées favorites, de donner le pouvoir à la Chambre dont il faisait partie, et de jouer dans cette Chambre le principal rôle. Aucun des deux n'était insensible à la satisfaction de vanité que l'un et l'autre trouvaient à faire sortir de la scène du monde le grand acteur qui l'avait remplie pendant quinze ans.

La Fayette apprit de Fouché ce qu'il voulait savoir, et il est vraisemblable que ces confidences calculées allèrent un peu au delà du péril réel que courait la Chambre. Les circonstances amenaient au duc d'Otrante, qui n'avait jamais laissé échapper ni un homme ni une occasion, l'instrument dont il avait besoin; instrument d'autant plus précieux qu'il croyait agir par une inspiration spontanée, et qu'il couvrait les manœuvres de Fouché en le servant. M. de La Fayette apprit donc que Napoléon était arrivé, à une heure avancée de la nuit, à l'Élysée : « Il y avait rassemblé son conseil; il paraissait déterminé à dissoudre la Chambre, à usurper la dictature et à tout entraîner dans sa ruine. » Le général La Fayette assure que ces renseignements lui furent confirmés par Regnault de Saint-Jean-d'Angely, un des ministres, qui venait de l'Élysée; et il ajoute qu'il résolut de défendre la représentation du pays, en lui ménageant la seule chance qui restât d'arrêter la marche des coalisés et de négocier avec eux, si des succès le permettaient ou si leurs déclarations avaient été sincères [1]. Ces termes modérés laissent assez clairement paraître la résolution bien arrêtée d'arracher ou d'obtenir l'abdication de Napoléon.

Le général La Fayette crut facilement que la Chambre était menacée, parce qu'il avait besoin de croire que l'Empereur était disposé à se porter aux dernières extrémités envers elle,

---

1. *Mémoires de La Fayette*, tome V.

pour se trouver autorisé de son côté à se porter aux dernières extrémités envers l'Empereur. La séance pouvait désormais s'ouvrir : Fouché était tranquille, il était assuré que les paroles nécessaires seraient dites, dites par une bouche qui ne laisserait pas soupçonner d'où partait le coup qui frappait l'Empereur.

Pour comprendre ce qui va suivre, il faut remonter trois mois plus haut par le souvenir. Quand Bonaparte arriva de l'île d'Elbe, il y avait une partie révolutionnaire nouée pour renverser la Restauration au profit des idées et des hommes de la Révolution. Le retour inopiné de l'Empereur avait dérangé cette partie, que conduisait Fouché. La Chambre, par les soins du ministre de la police et par l'absence d'un grand nombre d'électeurs, était surtout sortie de la nuance d'opinion favorable à cette combinaison. Maintenant que l'Empereur était vaincu et que son rôle paraissait fini par sa défaite, elle retournait, par une pente naturelle, à la pensée dont le retour de l'île d'Elbe avait empêché l'accomplissement, et comme les hommes à théories sont toujours remplis d'illusions, il lui semblait naturel que les puissances coalisées s'accommodassent de la substitution du pouvoir de la Chambre des Cent-Jours à celui de l'Empereur. De la sorte, Napoléon ne serait venu de l'île d'Elbe que pour renverser la Restauration au profit de MM. de La Fayette, Flaugergues, Dumolard, Garat, dont l'Europe aurait accepté la toute-puissance. Fouché était trop clairvoyant pour partager cette illusion ; mais la Chambre lui était un instrument commode pour renverser l'Empereur ; il s'en servait donc, sauf à choisir plus tard, parmi les combinaisons possibles, la plus favorable à ses intérêts.

Telle était la situation qui attendait Napoléon à Paris. Il était arrivé en effet à l'Élysée dans la nuit du 20 au 21 juin, trois mois, jour pour jour, écoulés depuis celui où, revenu de l'île d'Elbe, il rentrait aux Tuileries aux acclamations de ses soldats. Le duc de Vicence, ce fidèle ami de toutes ses fortunes, reçut au sortir de sa voiture le vaincu de Waterloo, accablé du poids de son adversité, et ce fut en s'appuyant sur son bras que l'Empereur gravit péniblement les degrés du palais. Des cris entrecoupés s'échappaient de sa poitrine haletante : « L'armée a fait des prodiges; une panique l'a saisie; tout a été perdu. Ney s'est conduit comme un insensé, il m'a fait massacrer toute ma cavalerie. Il me faut deux heures de repos pour être capable de songer à mes affaires. J'étouffe ! Un bain ! qu'on m'apporte un bain [1] ! »

Quand l'Empereur fut plus en état de parler et d'entendre, Caulaincourt ne lui cacha point combien il regrettait sa venue. Pourquoi s'être séparé de son armée où était sa force, et venir à Paris où il allait rencontrer une opinion agitée, incertaine, inquiète, une Chambre déjà hostile avant Waterloo et encouragée dans son hostilité par le malheur même qui venait de frapper l'Empereur? Pourquoi ne pas être resté avec son armée? c'était là qu'était sa force, sa sûreté. L'Empereur répondait douloureusement qu'il n'avait plus d'armée, et qu'il ne lui restait que des fuyards. Avec cette force inépuisable d'espérance que Dieu donne aux hommes destinés à agir, parce que l'espérance est nécessaire à l'action, il répétait que les périls publics ramèneraient la Chambre à sa cause. Il irait lui-même lui annoncer son désastre; la majorité était bonne, sa présence contiendrait les opposants, La Fayette, Flaugergues, Lanjuinais, et rallierait la majorité aux mesures nécessaires pour défendre le territoire menacé. Caulaincourt ne dissimula pas à son maître malheureux sa triste, mais invincible incrédulité. Joseph et Lucien, accourus à l'Élysée, confirmèrent ces appréhensions en y mêlant l'expression de leurs craintes. Ni l'un ni l'autre ne furent d'avis de risquer de prime abord une séance impériale en présence des dispositions malveil-

---

1. Fleury de Chaboulon, *Les Cent-Jours*, tome II, page 205.

lantes de la Chambre. Mieux valait essayer des ouvertures par l'intermédiaire des ministres, et sonder ainsi le terrain où l'on devait marcher.

Ce n'étaient là que les premiers épanchements de l'amitié ou de la famille. Lorsque l'Empereur, après avoir cherché un peu de calme et de force dans le bain qu'il réclamait en arrivant, voulut ouvrir une délibération sérieuse, il trouva son conseil assemblé. Mais déjà la fatale nouvelle de la bataille de Waterloo circulait dans Paris. Les aides de camp et les officiers d'ordonnance de l'Empereur, qui avaient encore sous les yeux le spectacle de la déroute et de la destruction de l'armée [1], avaient laissé parler leur affliction, leur découragement et leur désespoir; la baignoire même de Napoléon avait été assiégée par des confidents curieux et indiscrets, qui étaient venus surprendre ses soupirs et sonder la profondeur de sa plaie pour la révéler à ses ennemis. La Chambre, comme ces héritiers des empereurs romains à qui allaient les flatteurs et les affranchis, était tenue au courant, minute par minute, de tout ce qui se passait dans la chambre où l'agonie impériale avait commencé. La Fayette était instruit de ce que disait, de ce que voulait faire et même de ce que ne voulait pas faire l'Empereur, et l'Empereur ne savait rien de ce que préparait La Fayette. Enfin la délibération du conseil commença. L'Empereur l'ouvrit en faisant lire devant le ministère réuni le bulletin de la bataille de Waterloo, qu'on appelait à cette époque la bataille de Mont-Saint-Jean. Il ajouta que ce désastre, si grave qu'il fût, pouvait être réparé par un grand et noble mouvement imprimé à la nation et à l'armée : « Si la nation se lève, l'ennemi sera écrasé. Si, au lieu de levées en masse et de mesures extraordinaires, on dispute, tout est perdu. L'ennemi est en France, j'ai besoin pour sauver la patrie d'un grand pouvoir,

---

1. *Les Cent-Jours*, par Fleury de Chaboulon, tome II, page 207.

d'une dictature temporaire. Dans l'intérêt de la patrie, je pourrais la saisir ; mais il serait utile et plus national qu'elle me fût donnée par les Chambres. »

Les ministres ne répondirent que par un triste et morne silence. Sur l'interpellation personnelle et directe de l'Empereur, il fallut le rompre. Carnot seul opina dans le sens de cette dictature, qui, appuyée sur les Chambres, appellerait aux armes, au nom de la patrie déclarée en danger, toutes les gardes nationales de France, défendrait à outrance les abords de Paris, et se retirerait, s'il le fallait, vers la Loire. L'imagination échauffée de l'ancien membre du comité de salut public, se trouvant reportée par les extrémités de 1815 aux extrémités de 1793 et 1794, dont sa jeunesse avait été témoin, revoyait par la pensée les quatorze armées de la République lancées contre l'Europe ; il oubliait qu'il est aussi difficile de rallumer dans le cœur d'un peuple un enthousiasme éteint que de faire refluer dans ses veines son sang épuisé. Caulaincourt, plus au courant de la situation réelle de l'Europe et de celle de la France, laissa percer sa conviction profonde de la chute inévitable de l'Empire. Il insista seulement sur la nécessité de conserver de bons rapports avec la Chambre, si l'on voulait tenter une résistance nationale.

Ce fut aussi le thème de Fouché. Il assura « qu'en montrant aux Chambres confiance et bonne foi, on parviendrait à leur faire sentir la nécessité de se réunir à l'Empereur pour sauver ensemble par des mesures énergiques l'honneur et l'indépendance de la nation. « Ce langage faisait partie de la tactique du duc d'Otrante. Il conseillait à l'Empereur la modération envers la Chambre, et il allait conseiller à la Chambre la hardiesse contre l'Empereur. En retenant celui-ci, en poussant celle-là, il devait arriver à son but.

Sauf le ministre Decrès, qui déclara qu'on ne pouvait compter sur la Chambre, tout le conseil se rallia à l'avis de Fouché.

On n'avait pour lui ni confiance ni estime, mais on le craignait; il devenait le principal personnage de la situation. En outre, ce qu'il conseillait au fond à l'Empereur, c'était de ne rien faire : or, la plupart dans le conseil croyaient qu'il n'y avait rien à faire, et plusieurs craignaient de se compromettre en se laissant entraîner dans une action intempestive. Regnault de Saint-Jean-d'Angely alla plus loin. Membre de la Chambre, il connaissait mieux que personne l'esprit dont elle était animée, et moins que personne il était disposé à se commettre contre cette assemblée; il fit donc apparaître aux yeux de Napoléon l'extrémité de sa situation : « Le concours des représentants aux vues de l'Empereur n'était plus probable, dit-il; ils semblaient persuadés que ce n'était plus lui qui pouvait sauver la patrie, et dans cet état des esprits, il était à craindre qu'un grand sacrifice ne devînt nécessaire. » L'insinuation cachée sous ce langage fleuri et sous ces formes respectueuses irrita l'empereur. « Parlez nettement! s'écria-t-il, c'est mon abdication qu'ils veulent, n'est-ce pas? — Je le crois, Sire, répliqua le comte Regnault; quelque pénible que cela soit pour moi, il est de mon devoir d'éclairer Votre Majesté sur sa véritable situation. J'ajouterai même qu'il serait possible, si Votre Majesté ne se déterminait pas à offrir de son propre mouvement son abdication, que la Chambre osât la demander [1]. »

Pour que, dans le conseil même de l'Empereur, de semblables paroles sortissent de la bouche des courtisans naguère les plus respectueux des prospérités de Napoléon, il fallait que sa fortune fût tombée bien bas, et ce qu'on pouvait oser sans disgrâce dans son ministère donnait la mesure de ce qu'on pouvait oser sans péril dans la Chambre.

Les paroles de Regnault de Saint-Jean-d'Angely furent pour-

---

1. *Mémoires pour servir à l'histoire de Napoléon en* 1815, par Fleury de Chaboulon, tome II, page 209.

tant vivement relevées par Lucien. Un souffle de l'énergie du 18 brumaire passa de son âme dans ses paroles. Il s'écria que la fortune de l'Empereur n'en était pas là. Il fallait proportionner la vigueur des mesures à la grandeur du péril : « Si la Chambre ne veut pas seconder l'Empereur, il se passera de son assistance! s'écria-t-il; puisque les représentants ne paraissent pas disposés à s'unir à lui pour sauver la France, il faut qu'il la sauve seul, il faut qu'il se déclare dictateur, mette la France en état de siége, et appelle à sa défense tous les patriotes et tous les bons Français. »

A ces accents émus, l'âme de Napoléon se réveilla. Le concours lui venait d'où il ne l'attendait pas, de son frère Lucien, partisan attardé de la République pendant l'Empire, et du républicain Carnot, adversaire opiniâtre de ses prospérités impériales, serviteur récent de ses disgrâces. Sa puissante imagination s'enflammant à ce faible rayon d'espérance, il jeta sur sa situation et sur celle de la France, des flots de cette lumière prestigieuse qui éblouit plus qu'elle n'éclaire. C'était comme le second acte de cette grande fantasmagorie militaire par laquelle ce génie plein de séductions et de surprises cherchait un an auparavant, dans les dernières scènes de Fontainebleau, à reprendre son abdication aux maréchaux, en groupant par la pensée sur la carte les forces dont il disposait encore dans toutes les parties de l'Europe, et en les formant en faisceau pour accabler la coalition victorieuse. « La position de la France, disait-il, était critique, mais non désespérée. Sous peu de jours, 70,000 hommes seraient ralliés entre Laon et Paris. De Paris et des dépôts on tirerait 25,000 hommes. Rapp avec 25,000 hommes d'élite arriverait sur la Marne dans les premiers jours de juillet. Toutes les pertes de l'artillerie pouvaient être réparées. Paris seul contenait 500 pièces de canon, et l'on n'en avait perdu que 170. Une armée de 120,000 hommes, égale à celle qui avait passé la Sambre le 15 juin, et trainant 350 bouches à feu, couvrirait Paris le 1er juillet. Cette capitale avait en outre 36,000 hommes de garde nationale, 30,000 tirailleurs fournis par les faubourgs, 600 bouches à feu en batterie, des retranchements formidables achevés sur la rive droite de la Seine; en peu de jours ceux de la rive gauche seraient terminés. Les armées anglo-hollandaise et prusso-saxonne, diminuées de plus de 80,000 hommes, n'en comptaient plus que 140,000, et ne pouvaient passer la Somme avec plus de 90,000. Elles y attendraient la coopération des armées autrichienne et russe, qui ne pouvaient être avant le 15 juillet sur la Marne. Paris avait donc vingt-cinq jours pour préparer sa défense, achever son armement, ses fortifications, ses approvisionnements, et attirer des troupes de tous les points de la France. Au 15 juillet même, les Russes et les Autrichiens n'auraient que 30 ou 40,000 hommes sur le Rhin. La masse de leurs forces ne pourrait prendre part à l'action que plus tard. Au 15 juillet, le maréchal Suchet, uni au général Lecourbe, aurait plus de 30,000 hommes en ligne. La défense de toutes les places fortes était assurée; elles étaient commandées par des officiers de choix et gardées par des troupes habiles. Tout pouvait se réparer, mais il fallait de l'énergie de la part des officiers, du gouvernement, des Chambres, de la nation entière. Il fallait qu'elle fixât les yeux sur Rome après la bataille de Cannes, et non sur Carthage après la bataille de Zama. Si la France s'élevait à cette hauteur, elle était invincible[1]. »

Ainsi parla l'Empereur, dans cette langue pleine d'images, ardente, colorée, qui fascine les imaginations, précipitant la marche de ses armées, retardant celle des ennemis, grandissant ses forces et ses chances dans cette énumération passionnée. Puis s'animant au bruit de ses paroles : « La présence de

---

1. *Mémorial de Sainte-Hélène*.

l'ennemi sur le sol national, s'écria-t-il, rendra, je l'espère, aux députés le sentiment de leur devoir. La nation les a envoyés, non pour me renverser, mais pour me soutenir. Je ne les crains pas. Quelque chose qu'ils fassent, je serai toujours l'idole du peuple et de l'armée. Si je disais un mot, ils seraient tous assommés. Le patriotisme de la nation, sa haine pour les Bourbons, son attachement à ma personne nous offrent encore d'immenses ressources, notre cause n'est point désespérée. »

Il avait repris son ascendant, il dominait encore une fois son conseil par son génie. Fouché lui-même, il en convint plus tard, le sceptique Fouché eut des éblouissements pendant cette fougueuse harangue. « En vérité, disait-il le soir à un homme déjà initié aux affaires dans lesquelles il devait jouer un rôle important[1], ce diable d'homme m'a fait peur ce matin. En l'écoutant, je croyais qu'il allait recommencer, mais heureusement qu'on ne recommence pas. »

C'étaient, en effet, les derniers restes d'une ardeur qui s'éteignait. L'Empereur parlait d'agir, mais il n'agissait pas; il n'avait, répétait-il, qu'un mot à dire, mais ce mot restait sur ses lèvres. Il cherchait en vain à faire illusion aux autres et à se faire illusion à lui-même. L'inexorable réalité venait le saisir au milieu de ces rêves d'action, de résistance, de guerre nationale. La réalité, c'était l'ascendant de la Chambre qui avait avec elle, contre Napoléon, la nécessité de la paix, la lassitude universelle, les répugnances de la bourgeoisie pour les partis désespérés, le concours de la garde nationale assuré à toute combinaison qui pourrait garantir l'ordre, la paix, la protection des personnes et des biens. Pour prévaloir contre ces obstacles, il aurait fallu lâcher la bride aux fédérés, et lancer les faubourgs contre la Chambre ; c'était là le mot que l'Empereur ne voulait

---

1. M. de Saint-Cricq, *Notes sur 1815*.

pas, ne pouvait pas dire, lui qui s'était écrié : « J'ai été quinze ans le souverain de la France, je ne veux pas devenir le roi d'une Jacquerie. » L'armée était trop loin pour jeter son poids dans la balance. Eût-elle été sous les murs de Paris, l'Empereur était moins sûr de son concours qu'il ne cherchait à le persuader à ses adversaires et même à ses amis. Les dispositions des généraux et des chefs étaient douteuses, comme le prouve une lettre écrite le lendemain à l'Empereur par le maréchal Soult : « Sire, disait le maréchal, j'ai prié M. le lieutenant général Dejean de se rendre immédiatement près de Votre Majesté pour l'instruire de la fermentation qui règne dans l'armée, surtout parmi les chefs et les généraux ; elle est telle qu'un éclat semble prochain, et l'on ne dissimule plus les projets anarchiques qu'on a conçus. Le général Piré disait aujourd'hui qu'avant quinze jours le gouvernement serait renversé. Cette opinion paraît générale, et je suis persuadé que sur vingt généraux, il y en a dix-huit qui la partagent. Le général Piré est parti quelques heures après pour Paris avec une lettre du prince Jérôme, je ne lui en ai pas donné l'autorisation. Le nom de d'Orléans est dans la bouche de la plupart des généraux et des chefs[1]. »

L'armée manquait donc à Napoléon comme tout le reste. Les instruments se dérobaient sous sa main. Son activité se dépensait en vaines paroles, et le temps s'écoulait à l'Élysée en projets chimériquement gigantesques et en agitations stériles.

Pendant qu'on s'agitait à l'Élysée, on agissait ailleurs. Le 21 juin, dès neuf heures du matin, les représentants étaient réunis dans le lieu de leurs séances. La foule assiégeait les tribunes et les couloirs, comme à l'approche d'un événement

---

1. Lettre du maréchal Soult à l'Empereur, datée de Laon, le 22 juin 1815. On trouve cette lettre, *in extenso*, dans *les Derniers Jours de la grande armée*, tome II, page 503.

extraordinaire. L'affluence se faisait aux portes du palais Bourbon, le vide autour de l'Élysée, premier symptôme de la situation. Les députés se formaient en groupes animés dans l'hémicycle. Les nouvelles de la nuit circulaient ; les confidences douloureuses des aides de camp sur le caractère irrémédiable de la défaite, les paroles entrecoupées échappées au désespoir de l'Empereur, les détails les plus intimes de la délibération du conseil, circulaient de bouche en bouche. Il y avait moins de douleur que de colère sur les visages. La Chambre, sans se l'avouer à elle-même, recevait en quelque sorte comme une délivrance la nouvelle du désastre de Napoléon qui, en lui ôtant la crainte, l'affranchissait du respect. Dans les pensées qu'on échangeait et jusque dans la muette expression des visages, il y avait un sentiment qui dominait tout : « Malheur au vaincu ! »

A dix heures la séance s'ouvrit, Le général La Fayette était à la tribune. Il n'avait eu besoin de consulter personne sur la motion qu'il allait présenter ; elle était trop conforme au courant des idées dominantes pour ne pas trouver concours et sympathie.

« Lorsque pour la première fois depuis bien des années, dit-il, j'élève une voix que les vieux amis de la liberté reconnaîtront encore, je me sens appelé à vous parler des dangers de la patrie que vous seuls à présent avez le pouvoir de sauver. Des bruits sinistres s'étaient répandus, ils sont malheureusement confirmés. Voici le moment de nous rallier autour du vieux étendard tricolore, celui de 89, celui de la liberté, de l'égalité, de l'ordre public ; c'est celui-là seul que nous avons à défendre contre les prétentions étrangères et contre les tentatives intérieures. Permettez, Messieurs, à un vétéran de cette cause sacrée, qui fut toujours étranger à l'esprit de faction, de vous soumettre quelques résolutions préalables dont vous approuverez, j'espère, la nécessité :

« 1° La Chambre des représentants déclare que l'indépendance de la nation est menacée ;

« 2° La Chambre se déclare en permanence. Toute tentative pour la dissoudre est un crime de haute trahison. Quiconque se rendrait coupable de cette tentative serait traître à la patrie et sur-le-champ jugé comme tel ;

« 3° L'armée de ligne et les gardes nationaux qui ont combattu et combattent encore pour défendre la liberté, l'indépendance et le territoire de la France, ont bien mérité de la patrie ;

« 4° Le ministre de l'intérieur est invité à réunir à l'état-major général les commandants et majors des légions de la garde nationale parisienne, afin d'aviser aux moyens de lui donner des armes, et de porter au grand complet cette garde citoyenne dont le patriotisme et le zèle éprouvés depuis vingt-six ans offrent une sûre garantie à la liberté, aux propriétés, à la tranquillité de la capitale et à l'inviolabilité des représentants de la nation ;

« 5° Les ministres de la guerre, de l'intérieur et de la police sont invités à se rendre sur-le-champ dans la Chambre. »

La déchéance de l'Empereur était naturellement contenue dans cette motion. Son drapeau, le drapeau de ses victoires, disparaissait devant le drapeau de 1789, arboré avec sa devise d'ordre, d'égalité et de liberté. La Chambre déclarait qu'elle seule pouvait sauver le pays ; donc, l'Empereur ne le pouvait plus. Elle interdisait à quiconque, même à l'Empereur, surtout à l'Empereur, car lui seul en avait le droit constitutionnel, l'idée de la dissoudre, et cela sous peine d'être déclaré traître et jugé comme tel. Elle se déclarait donc supérieure à l'Empereur ; il devenait son justiciable, elle devenait son juge. Elle se mettait en permanence parce qu'elle voulait gouverner, et, en appelant les ministres dans son sein, elle évoquait à elle le pouvoir exécutif. On peut dire qu'elle excluait l'Empereur des affaires, en excluant son nom même de la déclaration qu'elle allait voter. Cette déclaration ne rencontra pas une parole d'opposition dans une assemblée où l'on comptait tant de fonctionnaires de l'Empire, tant d'hommes longtemps attachés personnellement à l'Empereur. Il semblait à chacun qu'en votant la motion du général La Fayette, l'Assemblée ne fît que ratifier l'arrêt porté contre Napoléon par la fortune. Elle ne décrétait pas la chute de l'Empire, elle la constatait.

Votée sans hésitation et sans étonnement, la proposition fut transmise par un message direct à l'Empereur qui la reçut au milieu de son conseil encore réuni, et devant lequel il développait, comme on l'a dit, les moyens de résistance qui lui restaient ; elle fut en outre communiquée à la Chambre des pairs. L'assemblée des représentants avait hâte d'en finir, et, tandis que Napoléon temporisait, elle allait au but.

Il ne se trompa pas sur la portée de la délibération qui venait d'être prise : « J'avais bien pensé, s'écria-t-il, que j'aurais dû congédier ces gens-là avant mon départ ; c'est fini, ils vont perdre la France ! » Puis, accablé du sentiment de son impuissance devant la force des choses, il ajouta : « Je vois que Regnault ne m'avait point trompé ; s'il le faut, j'abdiquerai. »

Cette parole ne fut pas perdue pour la Chambre ; Fouché était là, il l'avait recueillie. Les représentants surent donc qu'on pouvait tout oser impunément contre un pouvoir résigné d'avance à tout subir. Cependant l'Empereur voulut essayer de ralentir au moins l'invincible courant qui l'emportait. Il chargea Carnot et Regnault, assistés de son frère Lucien en qualité de commissaire général, de porter un message aux Chambres, Carnot à la Chambre des pairs, les deux autres à la Chambre des représentants. Lucien qui défendait l'Empire avec plus d'acharnement que l'Empereur lui-même, parce que depuis longtemps éloigné de la scène des affaires, il lui en coûtait d'en descendre au moment où il venait d'y remonter, et que son ambition personnelle croyait entrevoir, à cause de ses relations avec l'ancien parti républicain, la possibilité d'une régence de famille dont il eût été le titulaire, aurait voulu quelque chose de plus. S'animant au souvenir du 18 brumaire dans lequel il avait joué le rôle décisif, il pressait l'Empereur de lancer contre la Chambre des représentants un décret de dissolution. Ce n'était pas un coup d'État, c'était une mesure constitutionnelle, disait-il. L'Empereur objecta tristement que la Chambre résisterait : il faudrait donc recourir à la force ; or, où trouver la force, puisqu'on n'avait pas de soldats à Paris ? Il valait donc mieux attendre. Lucien répondit qu'en attendant, on verrait arriver la déchéance. Tous deux avaient raison ; car il y a des situations sans issue où l'on choisit mal, quelque chemin que l'on choisisse. Au fond, l'Empereur aimait mieux céder sans combat que de combattre sans espérance, et le vaincu encore glorieux de Waterloo ne voulait pas sortir vaincu d'un combat sans gloire contre la Chambre des représentants. Il voyait clairement d'ailleurs à quelles conditions ce combat pouvait être livré, et ces conditions, il ne les acceptait pas. « J'ai été un conquérant, dit-il au duc de Vicence, je puis l'être encore ; j'ai joué ce dé à Waterloo ; je ne veux pas me rapetisser à être un tyran. »

Lucien et Regnault se rendirent à la Chambre des représentants pour lire le message impérial. Ce document était ainsi conçu : « L'Empereur est arrivé ce matin à onze heures. Il a convoqué le conseil des ministres et a annoncé que l'armée, après une victoire signalée dans les plaines de Fleurus, où l'élite de l'armée prussienne a été écrasée, a livré une grande bataille deux jours après, à quatre lieues de Bruxelles. L'armée anglaise a été battue toute la journée et obligée de céder son champ de bataille. Six drapeaux ont été enlevés sur eux, et la journée était décidée, lorsque, la nuit, des malveillants ont répandu l'alarme et occasionné un désordre que la présence de S. M. n'a pu rétablir à cause de la nuit; la suite a été des désastres qu'on n'a pu arrêter. L'armée se rallie sous les murs d'Anvers et de Philippeville. S. M. a passé par Laon ; elle y a donné des ordres pour que la levée en masse des gardes nationales des départements arrêtât les fuyards ; elle est venue à Paris pour conférer avec ses ministres sur les moyens de rétablir le matériel de l'armée. L'intention de S. M. est aussi de se concerter avec les Chambres sur les mesures législatives qu'exigent les circonstances. S. M. s'occupe en ce moment des propositions à présenter aux Chambres. »

Message incomplet et inexact, tardif, insuffisant, timide. Timide, il ne répondait rien au message agressif de la Chambre qui frappait l'Empereur d'une déchéance morale ; tardif, il apprenait au pouvoir législatif ce que tout le monde savait, la victoire de Ligny, suivie du désastre de Waterloo, et il arrivait lorsque ce pouvoir, instruit par la rumeur publique, avait déjà pris la plus grave des initiatives ; incomplet et inexact, il restait en deçà et en dehors de la vérité relativement à l'étendue et à la cause de ce désastre qu'il attribuait à une panique provoquée par la malveillance, mensonge stérile qui irritait tout le monde et ne trompait personne, car les détails de la bataille de Waterloo commençaient à circuler de bouche en bouche ; insuffisant enfin, tandis que la Chambre se déclarait en permanence, déniait à qui que ce fût le droit de la dissoudre, proclamait la patrie en danger et s'arrogeait la dictature, l'Empereur se contentait de répondre que l'armée se ralliait, qu'il avait donné des ordres pour arrêter les fuyards, qu'il était venu pour se concerter avec les ministres et avec les Chambres, et qu'il s'occupait en ce moment des mesures de salut public exigées par les circonstances, mesures déjà prises par la Chambre sans le concours de l'Empereur.

Quand on compare la faiblesse, l'indécision, le vague du langage impérial à la précision, à la netteté, à la vigueur du langage parlementaire, on prévoit facilement de quel côté se trouvera la victoire. La Chambre attaquait un gouvernement qui ne se défendait plus, et Napoléon, jugeant lui-même sa situation comme tout le monde la jugeait, laissait tomber ses dernières cartes sur la table, plutôt qu'il ne les jouait, avec le découragement d'un homme convaincu que si la partie n'est pas encore finie, elle est irrévocablement perdue. Le sentiment de l'inévitable cours des choses qui donnait à ses adversaires la hardiesse de l'offensive lui ôtait toute force de résistance.

Il était six heures de l'après-midi quand, le 21 juin 1815, les messagers de l'Empereur entrèrent dans la salle des députés. A peine Lucien, qui avait demandé que la Chambre se formât en comité secret, avait-il terminé la lecture du message, qu'un violent tumulte éclata. Les interpellations adressées aux ministres se croisaient, lorsqu'une voix, celle de M. Henri Lacoste, dominant le bruit, s'écria : « Le voile est donc déchiré, nos malheurs sont connus ! Quelque affreux que soient nos désastres, peut-être ne nous les a-t-on point encore entièrement révélés. Le moment n'est pas venu de demander compte au chef de l'État du sang de nos braves et de la perte de l'honneur national.... Mais je lui demanderai, au nom du salut public, de nous apprendre le moyen de fermer l'abîme entr'ouvert sous nos pas. Vous nous parlez de paix, ministres de Napoléon, mais quel nouveau moyen de communication avez-vous en votre pouvoir ? Vous le savez comme nous, c'est à Napoléon seul que l'Europe a déclaré la guerre. Séparerez-vous désormais la nation de Napoléon ? Pour moi, je le déclare, je ne vois qu'un homme entre la paix et nous ; qu'il parte, et la patrie sera sauvée. »

Lucien, précédé du souvenir du 18 brumaire qui faisait de lui un ambassadeur désagréable à l'Assemblée, remonta vivement à la tribune, et, profitant de cette attaque personnelle contre l'Empereur, il demanda, avec une passion éloquente, comment une telle pensée pouvait se produire dans une assemblée française lorsque l'ennemi foulait déjà le sol sacré de la patrie. Il invoqua les institutions acceptées, les serments donnés et reçus, l'honneur national engagé dans la lutte, droits sacrés intimement liés à la cause de Napoléon, et qu'on trahissait en prétendant isoler la nation de son défenseur. « Ne donnons point, s'écria-t-il, dans le piége que les étrangers tendent à notre crédulité, leur but est de nous désunir pour nous vaincre. » S'animant à ses propres accents, il continua, sans prendre garde que son langage devenait amer, en disant qu'on avait de tout temps accusé la nation de manquer de persévérance, et que le moment était venu pour elle de réfuter ou de justifier ce reproche ; si elle n'imitait pas la conduite de l'Espagne, de la Russie et de l'Allemagne envers leurs souverains, l'histoire la mettrait au-dessous des Espagnols, des Allemands et des Russes [1].

Ces paroles imprudentes vibraient encore, lorsqu'on vit se lever M. de La Fayette avec ce grand air aristocratique qui ne le quitta jamais dans les rangs populaires et cette froide et impassible dignité que son caractère communiquait à sa parole. Seulement son accent était plus pénétrant et plus animé qu'à l'ordinaire. Il parla de son banc, comme un homme qui a moins un discours à prononcer qu'un acte à faire : « C'est une assertion calomnieuse que celle qu'on vient de proférer à cette tribune, dit-il. De quel droit le préopinant ose-t-il accuser la nation d'avoir été légère, d'avoir manqué de persévérance envers l'empereur Napoléon ? Elle l'a suivi dans les sables de l'Égypte

---

[1]. Nous complétons et modifions le récit de M. de Chaboulon, et celui de M. Villemain, par le récit du général La Fayette qui, témoin de cette scène dans laquelle il fut acteur, et acteur principal, a ici une autorité toute particulière. (Voir les cinquante dernières pages du tome V de ses *Mémoires*.)

comme dans les déserts de la Russie, sur cinquante champs de bataille, dans ses succès comme dans ses revers, et c'est pour l'avoir suivi que nous avons à regretter le sang de trois millions de Français [1]. »

Les acclamations de la Chambre saluèrent ces paroles, tombant comme de cruelles représailles sur l'Empereur. Bientôt elles furent connues et commentées au dehors. Lucien ne répliqua pas ; le coup décisif était porté. Les auxiliaires ne manquèrent pas à La Fayette. On vit, peu de temps après, paraître à la tribune Manuel, jeune avocat du barreau d'Aix, qui, débutant dans les assemblées politiques avec l'éclat de sa parole méridionale, puisait son autorité dans ses intelligences connues avec Fouché, assis impassible au banc des ministres et témoin de la ruine de l'Empereur, machinée par lui, accomplie par d'autres mains. Manuel insista sur la nécessité de ne pas confondre la cause de la patrie avec celle d'un homme. Ce fut aussi le thème d'un autre avocat, celui-ci venu du barreau de Paris, avec les répugnances de la toge contre les armes, une éloquence moins brillante mais plus vigoureuse que celle de Manuel : M. Dupin l'aîné, dont le bon sens impitoyable et l'esprit peu enthousiaste sacrifiaient facilement à l'intérêt de la paix une cause perdue, demanda qu'il ne fût plus question que de préserver Paris, la France, l'ordre légal des dangers dont ils étaient menacés. M. Jay, autre député, notoirement inspiré par le duc d'Otrante, signala sans détour l'abdication de l'Empereur comme un acte indispensable au salut public.

Tous les mots nécessaires avaient été dits. Il ne restait plus qu'à entrer dans l'action. Un jeune avocat, envoyé par le département de la Drôme, M. Béranger, appelé plus tard à devenir un jurisconsulte célèbre, ouvrit l'avis de nommer une

---

1. Nous reproduisons textuellement ces paroles d'après les *Mémoires* du général La Fayette. M. Villemain les a embellies avec son talent ordinaire.

commission chargée d'aviser aux mesures de salut public. Lucien et les commissaires de l'Empereur s'étant retirés, la Chambre adopta cette proposition et choisit, en séance publique, pour en faire partie, son président et ses vice-présidents, MM. Lanjuinais, le général Grenier, La Fayette, Flaugergues et Dupont de l'Eure. Cette commission devait s'adjoindre des membres désignés par la Chambre des pairs. Conséquente avec elle-même, la Chambre, qui attirait à elle tous les pouvoirs, prenait dans son sein un pouvoir exécutif.

Au sortir de la Chambre des représentants, Lucien et les ministres se rendirent dans la Chambre des pairs. Là ils avaient à redouter moins d'hostilité, mais ils avaient peu à espérer de la faiblesse politique d'un corps sans racine dans le pays. La Chambre des pairs émanant de l'Empereur n'avait, en effet, de force ni pour lui ni contre la Chambre des représentants. Elle n'avait qu'un moyen de ne point être entraînée dans la déchéance de son auteur, c'était de suivre contre lui l'initiative qu'elle n'aurait point prise. C'est ce qu'elle fit après quelques protestations timides dictées à des amis personnels de l'Empereur par la bienséance plutôt que par l'espoir de réussir. Sur la proposition de M. Boissy d'Anglas, elle vota la reproduction du message de la Chambre des représentants, avec quelques modifications, dernières concessions faites au respect, mais qui n'affaiblissaient en rien le caractère agressif de cet acte. Le général de Valence et M. de Montesquiou furent les seuls à présenter des objections impuissantes. M. de Pontécoulant, venu de la Convention où il avait appris l'art de parler à propos et de conclure dans les circonstances difficiles, développa avec une assez grande habileté de langage les motifs qui déterminaient la Chambre des pairs, en défendant l'article 11 qui déclarait traître à la patrie quiconque entreprendrait de dissoudre les deux branches du pouvoir législatif. — « Les choses ne sont plus entières, dit-il; la publicité du message des représentants est acquise à la France. Désavouer ce message sur quelques points, le rectifier même, ce serait scinder notre système législatif au moment où il a le plus de besoin d'être un contre les tentatives de la violence et de la force. La Chambre des pairs ne doit refuser ni sa part de péril, ni sa part de sauvegarde. Que la France trouve parmi nous aussi ses représentants, et pour cela, montrons à tout risque notre ferme intention de lui conserver le bienfait du gouvernement représentatif. »

Le risque n'était pas grand. Au fond, l'impuissance de la Chambre des pairs se mettait à la suite de la puissance relative de la Chambre des représentants, appuyée sur la nécessité publique de la paix, et soulevée par le souffle de l'esprit révolutionnaire qui avait animé les dernières élections. La Chambre des pairs termina sa séance en nommant, sur la provocation de Lucien lui-même, les cinq membres qui devaient faire partie de la commission nommée par l'autre Chambre; elle choisit les lieutenants généraux Andréossy, Drouot et Dejean, et deux anciens membres de la Convention, Boissy d'Anglas et Thibaudeau.

Après cette double épreuve tentée sur les deux Chambres, Lucien revint à l'Élysée et déclara sans détour à l'Empereur qu'il n'avait plus le choix qu'entre deux extrémités : un coup d'État et une abdication. Les ministres les plus dévoués à Napoléon, le duc de Vicence et le duc de Bassano, éloignaient la pensée d'un coup d'État qui jetait dans les aventures; ils pressaient l'Empereur d'abdiquer dans l'intérêt de son fils. Carnot seul, esprit moins flexible, mais forte et ardente nature, plus dévoué à la cause de la Révolution qu'à celle de la liberté, comprenait par instinct que si la main de Napoléon disparaissait des affaires, rien n'empêcherait le char de rouler sur la pente qui l'entraînait vers la monarchie légitime, et il opinait pour le coup d'État, parce qu'à ses yeux l'Empire était encore une forme de la Révolution. Entre ces deux partis extrêmes, Napoléon ne choisissait pas. Il était retombé dans cette torpeur de volonté d'où il était un moment sorti le matin; renonçant à faire sa destinée, il l'attendait.

A onze heures du soir, le 21 juin, la commission des dix membres se réunit à l'Élysée avec les ministres à portefeuille et les ministres d'État, sous la présidence de l'archichancelier; Lucien assistait à cette conférence qui comptait vingt et un membres présents. La nuit du 21 au 22 juin fut agitée. On comprenait des deux côtés que l'on marchait vers la crise finale, et l'on prenait ses précautions. La garde nationale campait autour de la Chambre, et le bureau avait choisi une commission d'inspecteurs de la salle chargés de donner des ordres aux défenseurs de l'Assemblée. Le fantôme du 18 brumaire se levait devant les esprits, mais ce n'était qu'un fantôme; les mêmes hommes n'étaient plus dans la même situation. Les premières heures du grand conseil qui se tenait à l'Élysée furent employées à voter les mesures nécessaires aux finances, au recrutement, aux moyens de résistance contre l'ennemi. Puis on décida, à une majorité de seize voix contre cinq, qu'une commission nommée par les deux Chambres négocierait directement avec les coalisés, à la seule condition que ceux-ci s'engageraient à respecter l'indépendance nationale et le droit qu'a tout peuple de se donner la constitution qu'il préfère. C'était la déchéance morale de l'Empereur. La Fayette demanda quelque chose de plus. Il rappela les discours prononcés à la Chambre des représentants, surtout celui de M. Jay qui s'était déclaré sans détour pour l'abdication. Un des membres fit alors observer que si les amis de Napoléon avaient cru son abdication nécessaire au salut de la France, ils auraient été les premiers à la provoquer. — « C'est parler en vrai Français, reprit M. de La Fayette, j'adopte cette idée et je la convertis en motion. Je demande que nous allions chez l'Empereur lui dire que, d'après tout ce qui s'est passé, son abdication est devenue nécessaire au salut de la patrie. » L'archichancelier refusa de mettre la motion aux voix. Elle fut appuyée par tous les membres de la Chambre des représentants présents à la séance, et par un seul membre de la députation de la Chambre des pairs, Boissy d'Anglas. Cependant elle ne fut pas votée; mais Lucien donna lui-même l'assurance que l'Empereur était prêt à tous les sacrifices nécessaires au salut de la patrie, en ajoutant qu'avant de recourir à cette ressource désespérée, il fallait attendre le résultat des négociations qu'on allait tenter d'ouvrir avec les coalisés.

Il était trois heures du matin ; la séance fut close, et La Fayette sortit de l'Élysée avec la certitude que la journée du lendemain porterait les derniers coups à l'autorité impériale [1].

Le lendemain, 22 juin, la Chambre des représentants se réunit de bonne heure, impatiente d'apprendre les résultats de la négociation de la nuit. Elle attendait l'abdication formelle de l'Empereur ; elle se montra donc déçue et mécontente, lorsque le général Grenier, interprète de la commission parlementaire, après avoir rendu compte de la conférence de l'Élysée, annonça que la Chambre allait recevoir un message contenant le consentement de l'Empereur à la nomination d'ambassadeurs choisis par la Chambre pour traiter directement avec les coalisés, et sa résolution de descendre du trône s'il faisait obstacle à la paix. C'était beaucoup, et le général Grenier exagérait un peu la portée des dernières paroles de Lucien ; cependant ce n'était pas assez encore au gré de l'exigence impatiente de la Chambre. Elle voulait plus ; elle voulait l'abdication, l'abdication sans réserve, sans délais. Toute parole qui ne lui portait pas la nouvelle de l'abdication lui paraissait une parole oiseuse ; tout acte qui n'était pas l'acte d'abdi-

---

1. Ce sont ses propres expressions dans ses *Mémoires*, tome V, dernière page.

cation était à ses yeux insuffisant. Des murmures s'élevaient, on commençait à demander sur beaucoup de bancs que la déchéance fût mise aux voix si l'abdication n'était pas apportée. Le vœu de la Chambre prenait le caractère d'un ordre, d'une menace. L'Élysée était assiégé de visiteurs qui, suivant les allures de leur caractère, se faisaient l'écho de cette menace ou de ce vœu. Des conseillers d'État, des ministres, se mêlaient aux députés accourus pour exercer une pression sur l'Empereur. Benjamin Constant, Thibaudeau, Fouché, Regnault de Saint-Jean-d'Angely, le général Solignac, Flaugergues, Bedoch, Durlach, étaient au nombre des plus ardents; tous arrivaient successivement avec le même mot : « Abdiquez! » Regnault surtout, poussé, sans le savoir, par la main de Fouché, habile à employer tous les instruments pour atteindre son but, et acceptant avec indifférence pour auxiliaire le dévouement comme l'hostilité, se répandait en instances si pressantes qu'elles finirent par offenser l'Empereur. Il s'indigna contre ces sommations à bref délai signifiées par un dévouement qui, oubliant le respect, voulait lui imposer l'heure de la Chambre au lieu d'attendre la sienne. Faisant face un moment à cette meute, il s'écria en se redressant de toute sa hauteur: « Puisqu'il en est ainsi, je n'abdiquerai pas. La Chambre est composée de jacobins, de cerveaux brûlés et d'ambitieux qui veulent des places et du désordre. J'aurais dû les dénoncer au pays et les chasser par les épaules. Le temps perdu peut se réparer[1]. »

C'était un cri de colère, ce n'était point une résolution. L'agitation de l'Empereur était extrême ; il se promenait à grands pas dans son cabinet, en prononçant des mots entrecoupés. Ces soubresauts épuisaient cette volonté puissante dont les ressorts étaient détendus. Il retomba bientôt dans ses perplexités. Regnault qui, un moment déconcerté sans être

---

1. Fleury de Chaboulon, *les Cent-Jours*, tome II, page 223.

convaincu, s'était tu devant ces paroles indignées, reprit plus vivement ses instances : « Le temps se perd, disait-il, l'ennemi s'avance ; ne laissez ni à la Chambre, ni à la nation, un prétexte de vous accuser d'avoir empêché la paix. Le moment est venu de renouveler le sacrifice de 1814. » L'Empereur vaincu laissa échapper ce mot avec un mélange d'humeur et de découragement : « Je verrai. Mon intention n'a jamais été de refuser d'abdiquer. J'ai été soldat, je le redeviendrai. Mais je veux qu'on me laisse y songer en paix, dans l'intérêt de la France et de mon fils. Dites à ces Messieurs d'attendre. »

Regnault, heureux d'avoir obtenu cette parole, courut tout haletant à la Chambre annoncer la nouvelle attendue de l'abdication prochaine et demander au président un sursis d'une heure pour l'Empereur. Il était temps qu'il arrivât. Là aussi il y avait des irritations à calmer, une impatience fiévreuse à satisfaire. Un député obscur, M. Duchesne, venait d'émettre la proposition formelle « que l'empereur Napoléon fût invité, au nom du salut de la patrie, à déclarer immédiatement son abdication. » Le général Solignac avait proposé l'envoi d'une députation à l'Élysée « pour presser la décision déjà trop attendue. » Dieu voulait sans doute égaler l'excès de l'humiliation de l'ancien maître du monde à l'excès de son orgueil passé. Quand les paroles de Regnault eurent donné l'assurance qu'on n'aurait pas longtemps à attendre, La Fayette, impassible et froid, chargea ce ministre d'aller dire à son maître « qu'on lui donnait une heure pour abdiquer et qu'au bout de cette heure sa déchéance serait prononcée [1]. » La séance fut

---

[1]. Non-seulement La Fayette a consigné ce fait dans ses *Mémoires*, mais on le retrouve dans une lettre écrite par lui à cette époque à la princesse d'Henin et reproduite dans ses *Mémoires* : « Vous avez lu la séance du 22 juin, lui écrit-il, c'est moi qui chargeai un ministre d'État d'aller dire à l'Empereur que nous lui donnions une heure pour abdiquer, et qu'au bout d'une heure sa déchéance serait prononcée. »

en effet, suspendue, et pendant cette suspension, les derniers coups furent portés à la volonté chancelante de l'Empereur. Lucien, qui le matin lui avait conseillé la hardiesse et même la violence, vint lui dire que l'heure de la résistance était passée, et qu'il fallait maintenant se soumettre à sa destinée. Joseph joignit ses instances soumises aux conseils impérieux de Lucien qui déjà prenait la plume pour écrire l'acte d'abdication. Napoléon jeta un regard d'amère ironie sur Fouché, ce vainqueur de la journée, qui attendait sans marque extérieure d'impatience la fin de l'agonie du second Empire : « Écrivez à ces Messieurs, lui dit-il, de se tenir tranquilles, ils vont être satisfaits. » Fouché, sans avoir l'air de comprendre ni le regard, ni l'accent, écrivit comme par obéissance à Manuel qu'ils avaient partie gagnée, et qu'il n'y avait plus d'Empereur. Pendant qu'il écrivait ce billet, Lucien traçait à la hâte la déclaration suivante, en partie dictée par Napoléon :

DÉCLARATION AU PEUPLE FRANÇAIS.

« En commençant la guerre pour soutenir l'indépendance nationale, je comptais sur la réunion de tous les efforts, de toutes les volontés, et le concours de toutes les autorités nationales. J'étais fondé à en espérer le succès, et j'avais bravé toutes les déclarations des puissances contre moi. Les circonstances me paraissent changées; je m'offre en sacrifice à la haine des ennemis de la France. Puissent-ils être sincères dans leurs déclarations, et n'en avoir voulu réellement qu'à ma personne. Ma vie politique est terminée, et je proclame mon fils, sous le titre de Napoléon II, empereur des Français. Les ministres actuels formeront provisoirement le conseil de gouvernement. L'intérêt que je porte à mon fils m'engage à inviter les Chambres à organiser sans délai la régence par une loi. Unissez-vous tous pour le salut public et pour rester une nation indépendante. »

Ainsi, le 22 juin 1815, le second Empire finissait comme le premier par une abdication. Seulement, en 1814, la présence de l'étranger à Paris avait été nécessaire, et le Sénat et le Corps législatif, mus par la main de M. de Talleyrand, parlaient de loin à Napoléon campant à Fontainebleau au milieu d'une armée dont il disposait encore. Cette fois on était face à face, l'Empereur à l'Élysée, la Chambre au Palais-Bourbon, Fouché, héritier du rôle du prince de Talleyrand, dans le cabinet de l'Empereur, l'armée française à Laon, l'étranger encore aux frontières. La Chambre avait suffi au renversement de Napoléon; c'était le même dénoûment, mais tout semblait rapetissé, la scène et les acteurs. Par un singulier retour de fortune, quelques-uns de ceux qui avaient subi le coup d'État du 18 brumaire à l'Orangerie de Saint-Cloud faisaient partie de l'assemblée qui rendait à Napoléon le coup qu'une autre assemblée avait reçu seize ans plus tôt du général Bonaparte. Parmi les constitutionnels, plusieurs jouissaient délicieusement de cette revanche, mais nul plus que le général La Fayette, qui avait été l'instrument de la chute de Napoléon, et qui s'en croyait l'auteur.

Aussitôt que l'acte d'abdication fut écrit, on en fit deux copies : l'Empereur les signa. Il chargea le duc de Gaëte et les comtes Mollien et Carnot de porter la première à la Chambre des pairs, les ducs d'Otrante et de Vicence et le ministre de la marine Decrès de porter l'autre à la Chambre des représentants.

Cette Chambre accepta solennellement l'acte d'abdication, sans se prononcer sur la clause qui appelait le roi de Rome au trône. Elle arrêta « qu'une députation formée de son président et de son bureau se rendrait auprès de Napoléon Bonaparte pour lui exprimer la reconnaissance et le respect avec lesquels elle acceptait le noble sacrifice qu'il a fait à l'indépendance et au bonheur du peuple français. » Démarche entre le respect et la dérision de la part des représentants qui feignaient de recevoir comme volontaire cette abdication forcée, signée sous la menace d'une déchéance différée, pour tout sursis, d'une heure. La Chambre arrêta en outre « qu'il serait nommé sans délai une commission de cinq membres, dont trois choisis dans la Chambre des représentants et deux dans la Chambre des pairs, pour exercer provisoirement les fonctions du gouvernement, et que les ministres continueraient leurs fonctions sous l'autorité de cette commission. Les membres des deux Chambres appelés à faire partie de cette commission, ne pouvaient, pendant la durée de leurs fonctions, exercer aucune fonction législative. »

Le général La Fayette, qui, comme membre du bureau, faisait partie de la commission chargée d'aller remercier l'Empereur, put se donner le spectacle de cette grande fortune tombée. Tout en parlant de la dignité de paroles, de gestes et de maintien de Napoléon, il ne peut s'empêcher d'insister avec une puérilité sénile sur la majesté de la députation dont il faisait partie. « Ce fut un spectacle imposant, dit-il, que l'arrivée de ces neuf représentants du peuple forts du respect dû à une assemblée nationale et venant annoncer à celui qui, après avoir dominé tous les souverains du continent, commandait encore à l'armée française, à sa garde, à un grand parti dans les faubourgs, qu'il n'était plus empereur et que la nation reprenait le gouvernement[1]. »

La vanité humaine, même dans les nobles cœurs, est sujette à se faire d'étranges illusions. Sans cela le général La Fayette aurait compris que ces neuf représentants d'une assemblée pleine des demeurants de 93 et qui, élue par quelques milliers d'électeurs triés autrefois par Napoléon, et cette fois inspirés par Fouché, dont l'influence avait dominé dans les colléges électoraux à moitié déserts, ne représentait qu'elle-même, ses petites passions, ses préventions, ses vanités, faisaient une médiocre figure devant cet empereur qui s'était abandonné lui-même après avoir été abandonné de la fortune : sans ar-

---

1. *Mémoires de La Fayette*, tome V, dernières pages.

mée, son armée en déroute se ralliait à Laon ; sans garde, la moitié de sa garde était couchée dans les champs funèbres de Waterloo et les faibles restes étaient encore aux frontières; sans moyen de défense enfin, comme sans volonté de se défendre, car il n'avait voulu ni livrer la Chambre, ni par contre-coup se livrer lui-même aux faubourgs. C'est la difficulté, c'est le péril qui font la grandeur d'une action, et dans l'action que venait de faire la Chambre, il n'y avait eu ni difficulté ni péril. Le général La Fayette était convaincu sans doute que la députation dont il faisait partie était venue chercher la souveraineté à l'Élysée pour la transférer au Palais-Bourbon. C'était une erreur de plus. Les circonstances étaient telles, qu'il n'y avait de souveraineté ni pour un homme ni pour une assemblée. Tout était dominé par la souveraineté d'une situation. Napoléon la subissait le 22 juin ; quelques jours plus tard, la Chambre et M. de La Fayette allaient la subir.

Il y eut entre l'Empereur et la députation un échange de paroles : « Dites à la Chambre que je lui recommande mon fils, » tel fut le dernier mot de Napoléon lorsqu'elle le quitta. Lanjuinais lui avait déjà dit que la Chambre n'avait pas délibéré sur cette partie de son message; il promit de lui transmettre les suprêmes paroles de l'Empereur.

Les faits suivaient en 1815 précisément le même ordre qu'en 1814. Après la question de l'abdication personnelle de l'Empereur, venait la question de sa dynastie, la question de l'avénement du roi de Rome avec une régence. Celle-ci devait être plus vivement débattue, par deux raisons qu'il n'est pas inutile de dire. La première, c'est qu'après la bataille de Waterloo, les partisans de l'Empereur eux-mêmes regardèrent sa cause comme désespérée et son maintien sur le trône comme impossible; ils se joignirent donc, pour la plupart, à ses adversaires pour éliminer de la situation cette combinaison impossible, et le dévouement ne différa guère de l'hostilité que par la forme plus ou moins respectueuse des instances substituée à la forme impérieuse des injonctions. La seconde, c'est qu'au fond les serviteurs les plus intimes de l'Empereur étaient fatigués de cette domination absolue qui, occupant la scène tout entière, ne laissait place à aucune initiative individuelle. L'Empire sans l'Empereur était, dès 1814, l'utopie politique de la plus grande partie des chefs du parti bonapartiste. Cette disposition n'était pas changée en 1815, puisqu'on avait songé, avant l'arrivée de Napoléon, à tenter dans ce sens un coup contre la Restauration. L'abdication une fois signée, les partisans de cette combinaison allaient la défendre à outrance; car cette fois, ce n'était plus pour leur maître, c'était pour eux-mêmes qu'ils combattaient.

Les impérialistes ne virent pas qu'en fait ils avaient perdu la partie, le 22 juin, en consentant, sur la proposition de M. Dupin, à la nomination d'une commission provisoire du gouvernement tirée des Chambres, et en renonçant à faire nommer un conseil de régence. Les représentants désignèrent d'abord Carnot, qui eut 324 voix par l'union des bonapartistes reconnaissants du concours persévérant prêté par lui à l'Empereur, avec les révolutionnaires naturellement ralliés à l'ancien membre du comité de salut public, et avec les constitutionnels pleins de confiance dans sa probité politique. Fouché, auquel manquèrent probablement quelques voix intelligentes du parti constitutionnel et du parti bonapartiste, eut 293 suffrages. Il était en rapport avec tous les partis, et donnait à tous des espérances, parlant aux partisans du roi de Rome de sa correspondance avec M. de Metternich, aux orléanistes de sa correspondance avec le duc d'Orléans, et se prévalant, auprès de ses anciens collègues de la Convention, d'une communauté d'origine, souvenir du passé, gage de l'avenir. D'ailleurs, l'Empereur une fois descendu de la scène, le duc d'Otrante devenait le personnage le plus considérable de la situation. Les circonstances étaient difficiles, et sa capacité notoire, son influence incontestable lui attiraient le suffrage de ceux qui n'avaient aucune estime pour son caractère. Les amis du général La Fayette, c'est-à-dire les constitutionnels les plus prononcés, espéraient le faire arriver en troisième dans la commission; mais leur espoir fut déçu. Le général La Fayette, exclu à la fois par les bonapartistes, qui lui gardaient une rancune facile à comprendre; par les orléanistes, avec lesquels il n'avait voulu prendre aucun engagement, et par les représentants qui recevaient le mot d'ordre de Fouché, obtint cent quarante voix seulement, et, ballotté avec le général Grenier, il se vit préférer son concurrent qui ne faisait ombrage à personne. On verra bientôt la Chambre des pairs nommer le duc de Vicence à cause de sa notoriété diplomatique, de ses rapports connus avec l'empereur Alexandre, et de ses liens avec la dynastie impériale, et l'ancien conventionnel Quinette, gage donné à la Révolution. Il devait donc y avoir dans la commission provisoire trois régicides, Fouché, Carnot et Quinette; un ami particulier de l'Empereur, le duc de Vicence, et un homme sans grande notoriété politique, appartenant à l'armée par son grade, et au parti constitutionnel par ses opinions, le général Grenier. Mais il était d'avance indiqué que Fouché prendrait le principal rôle. Carnot, qui aurait pu le lui disputer, avait donné la mesure de sa valeur comme homme d'action dans le Directoire. Le duc de Vicence était sans espoir, par conséquent sans activité, et en outre sans influence sur la Chambre des représentants. Quinette et Grenier étaient des hommes de second plan. Dès le premier moment, la prééminence de Fouché se dessina; la commission exécutive le choisit pour président.

Le premier acte du gouvernement provisoire fut de nommer le maréchal Masséna, ami de Fouché, ennemi personnel de Napoléon, sympathique au parti révolutionnaire par ses antécédents, commandant en chef de la garde nationale. Par ce choix, Fouché éloignait La Fayette de ce commandement actif, comme il l'avait éloigné de la commission exécutive. Le second acte fut de nommer une légation chargée d'arrêter, s'il était encore possible, la marche des coalisés. Fouché croyait peu à l'efficacité de cette ambassade; quelque chose de plus, il ne désirait pas qu'elle fût efficace, car l'approche des armées étrangères était pour lui une carte dans son jeu politique. Mais il donnait satisfaction aux illusions de la Chambre, et il saisissait l'occasion d'éloigner M. de La Fayette du théâtre de l'action, en le plaçant dans cette légation, dont faisaient partie M. Laforêt, diplomate habile, sans répugnance comme sans parti pris en matière de gouvernement, ami d'ailleurs du prince de Talleyrand, et agréable au prince de Metternich dont il était connu; le général Sébastiani, esprit souple, caractère délié, un des auxiliaires du général Bonaparte le 18 brumaire, un de ceux qui se montraient les plus prompts à abandonner l'empereur Napoléon à la fin des Cent-Jours; le marquis d'Argenson, appartenant au parti constitutionnel; le comte de Pontécoulant, un des membres modérés de la Convention, politique sagace, sachant prendre à temps son parti et le soutenir avec décision, peu disposé du reste à s'opiniâtrer à la défense des causes perdues, ainsi que le témoignait la conduite tenue dans les dernières circonstances par ce personnage, ancien sénateur de Bonaparte, pair du Roi en 1814, et redevenu en 1815 pair de l'Empereur. Benjamin Constant avait été adjoint comme secrétaire à cette légation, où il y avait, à côté de deux hommes à idées arrêtées, La Fayette et d'Argenson, trois caractères de transaction, Laforêt, Sébastiani et Pontécoulant.

Avant d'accompagner les cinq ambassadeurs dans leur stérile mission, il faut suivre la question de régence devant les Chambres. Ce fut, comme on pouvait s'y attendre, devant la Chambre des pairs que le premier et le principal effort fut tenté. Le 22 juin, Carnot apporta devant ce corps politique, dans la séance de l'après-midi, l'acte d'abdication que la Chambre des représentants avait reçu et accepté depuis plusieurs heures. La Chambre des pairs se résigna en effet, en 1815, au rôle subalterne que le Corps législatif avait joué en 1814 ; elle suivait l'initiative prise au Palais-Bourbon, elle adhérait à ses actes, elle n'agissait pas spontanément, et comme il arrive toujours en politique, tout le monde la laissait dans la position de déférence passive où elle s'était placée au début. Elle était toujours en arrière de quelques heures pour les communications comme pour les votes. Carnot lut donc l'acte d'abdication accueilli par un morne silence entrecoupé d'un sourd frémissement, seul témoignage de regret que tant d'hommes encore dévoués à l'Empereur osassent donner, dans ce premier moment, à la nouvelle de la fin de sa vie politique. Cette communication fut renvoyée à une commission. Carnot commença alors la lecture d'un rapport que le ministre de la guerre avait présenté deux heures auparavant aux représentants sur la situation de notre armée devant l'ennemi. Ce rapport, çà et là entremêlé de correspondances venues de l'armée, insistait sur les pertes immenses de l'ennemi, et par opposition sur l'étendue de nos ressources, sur l'arrivée du corps de Grouchy, qui, après une retraite effectuée en bon ordre, avait atteint nos frontières, sur le ralliement de l'armée, qui comptait déjà plus de cinquante mille hommes, réunis près de Rocroy sous le commandement du maréchal Soult.

Si quelque chose au monde pouvait donner de la consistance au parti de la régence napoléonienne, c'était l'opinion que l'armée, où l'Empire avait sa principale force, était encore en état d'imposer à l'ennemi, à l'intérieur peut-être. Les dernières paroles tombaient encore de la bouche de Carnot, lorsque la contradiction lui vint d'où il ne l'attendait pas, d'où personne ne pouvait l'attendre. Un de ses auditeurs l'écoutait depuis quelque temps déjà avec une impatience marquée, trahie par sa physionomie et par ses gestes. Au moment où Carnot finissait de parler, on entendit ces mots prononcés d'une voix sourde, mais profondément accentuée : « Tout cela est faux; tout cela est chimérique; on vous trompe de tous côtés [1]. »

Carnot, l'Assemblée, les tribunes tournèrent avec anxiété les yeux du côté d'où partait l'interruption. Le maréchal Ney, debout, le bras étendu comme un témoin qui va déposer, portant encore dans ses traits contractés les traces des fatigues surhumaines de cette rapide campagne, et celles de la tristesse profonde qu'avait laissée sur sa mâle physionomie le spectacle de notre désastre, tirait de sa poitrine des paroles entrecoupées qui produisaient une impression d'autant plus profonde qu'il semblait se faire violence pour les en arracher : « On vous trompe en tout, répéta-t-il avec un énergique accent de véracité douloureuse. L'ennemi est victorieux sur tous les points. J'ai vu le mal, puisque je commandais sous l'Empereur. Cela marchait bien d'abord. Avec les cuirassiers du brave général Milhaud, avec une section de la cavalerie de la garde, nous avions emporté les premières positions du Mont-Saint-Jean et sabré bien des canonniers sur leurs pièces. Il fallait redoubler sans retard et nourrir la charge, car le feu des Anglais était effroyable, et il se fait bien des vides pendant qu'on avance ainsi sur les morts et qu'on arrache pied à pied la victoire. Aussi, quand nos forces furent diminuées, comme on ne venait pas les soutenir et que nous avions devant nous des montagnes d'infanterie anglaise, il y eut un ébranlement dans les premiers rangs lancés des grenadiers de la garde. J'y courus,

---

[1]. Nous rétablissons les paroles du maréchal Ney défigurées au *Moniteur*, d'après le texte donné par M. Villemain, témoin ému de cette séance et qui les avait gravées dans sa mémoire : « On sortit des tribunes pendant la remise de la séance, dit-il. Je courus dans le coin le plus reculé du Luxembourg méditer avec moi la séance que je venais d'entendre, et, le cœur tout ému, j'enfonçais dans les sillons de ma jeune mémoire ces paroles de deuil héroïque et de colère injuste peut-être. » (*Les Cent-Jours*, par M. Villemain, page 310.)

à droite, à gauche, partout, désirant qu'un boulet me pût entrer dans le corps. Nous nous repliâmes de quelques pas; et sous la charge impétueuse de l'ennemi, quelques rangs furent un moment mêlés. Le combat reprit, et si j'avais eu un renfort de la garde, je vous en rendrais bon compte. Mais 10,000 hommes d'élite furent tenus immobiles, par précaution contre la défaite, au lieu d'aider tout de suite à vaincre. Puis, au moment où l'on venait nous annoncer Grouchy et tout son corps, tandis qu'un jeune aide de camp courait sur toute la ligne avec cette nouvelle, ce furent les têtes de colonnes prussiennes qui parurent et qui nous prirent en flanc.

« Il fallut se concentrer et se retirer, mouvement toujours difficile aux plus braves. Nous tînmes bon cependant sous des charges réitérées, et si le maréchal Grouchy était arrivé, même tard, même par un autre point, et qu'il y eût eu diversion quelque part, comme on devait s'y attendre dans une bataille bien entendue, tout mon côté tenait ferme et eût à la longue balayé le terrain. Mais il ne nous venait que des ennemis toujours accrus en nombre et renouvelés; des rangs entiers des nôtres tombaient, et la confusion augmentait les pertes. Cela fut affreux! et la déroute commença avec la nuit, quand on en eut moins honte; elle ne s'arrêta pas : vous pouvez m'en croire : je faisais l'arrière-garde de la retraite de Russie; j'ai tiré le dernier coup de fusil sur les Russes, chez eux, et je suis resté à Wilna seul de ma bande. Eh bien! aujourd'hui nous ne sommes pas aussi détruits, grâce à Dieu, mais nous sommes aussi dispersés. C'est une fable de prétendre que 50 à 60,000 hommes sont ou vont être réunis à Rocroy ou ailleurs. C'est beaucoup si le maréchal Grouchy a pu conserver 12 ou 15,000 hommes. Avec cela et quelques débris, avec des gardes nationaux chargés, vous a-t-on dit, d'arrêter les fuyards, peut-on, après une telle dispersion, l'Empereur absent, l'artillerie prise, opposer sur la route de Paris une résistance sérieuse à l'ennemi?

« Nous sommes trop complétement défaits pour livrer aujourd'hui bataille. Voilà l'état des choses au vrai. Je suis désespéré de le dire. Wellington était tout récemment à Nivelles, en avant de Bruxelles sur nous, avec 80,000 hommes, une nombreuse artillerie, des régiments intacts de cavalerie, et la confiance d'un succès comme il n'en a jamais connu. Les Prussiens, moins maltraités d'abord qu'on ne l'avait dit, et raffermis par leur dernier avantage, s'avancent avec deux grands corps d'expédition, sans attendre d'autres armées qui les suivent ou qui débouchent par d'autres côtés. Un premier flot sera aux portes de Paris avant sept ou huit jours. Vous ne pouvez, dans l'état présent, songer à rien qu'à la paix. On vous a laissé prendre au dépourvu par deux armées considérables. Vous n'avez pas le temps de vous recruter, de refaire votre matériel, et de vous remettre en ligne. Ce n'est pas seulement un champ de bataille, c'est un empire perdu. Je dis les choses comme elles sont, afin qu'elles profitent, et que, dans le malheur du moins, on ne soit pas trompé. Il n'y a plus que le temps de négocier. Il faut faire la paix : nous sommes à bout de tout le reste. »

Ainsi parla le maréchal Ney, avec ce désespoir convaincu qui porte la conviction dans les âmes. On comprenait à son accent que toutes les fibres de son cœur saignaient pendant ce récit. La véritable bataille de Waterloo apparaissait à la tribune, et déchirait le bulletin menteur de la veille. Un peu confuse comme elle devait l'être dans l'esprit d'un homme qui avait été engagé si avant dans l'action, elle était exactement retracée cependant dans ses principales phases ; nos premiers avantages restés inutiles pour ne pas avoir été opportunément soutenus ; les terribles charges de notre cavalerie ; l'hésitation si longue de l'Empereur à les faire soutenir par l'infanterie de la garde ; l'intervention tardive, partielle et infructueuse de celle-ci ; l'arrivée des Prussiens faisant passer la victoire du côté des Anglais à demi vaincus; Grouchy faussement annoncé et vainement attendu; la supériorité numérique de l'ennemi écrasant nos troupes épuisées; leur retraite changée, à la descente de la nuit, en déroute, leur déroute en désastre. Ney ne se trompait que sur ce qu'il n'avait pas vu : l'heure de l'arrivée des premières colonnes de Blücher sur notre droite, le nombre d'hommes qui restaient à Grouchy; l'impossibilité de rallier une portion de l'armée en avant de Paris. Avec le pessimisme d'un homme désespéré des choses qu'il a vues, il calculait au pis celles dont il n'avait pas été témoin. Presque partout exact, il était partout sincère.

En vain Carnot, sans répondre à cette terrible prosopopée, affirma-t-il l'authenticité de ses renseignements. En vain un aide de camp de l'Empereur, M. de Flahaut, qui les avait fournis en partie, se leva-t-il avec véhémence pour les garantir. En vain M. de Pontécoulant protesta-t-il contre les insinuations dirigées, dit-il, contre Grouchy, son parent, préoccupation personnelle, inopportune et importune dans une pareille situation. Ney, comme un homme qui accomplit un devoir douloureux, répliqua qu'il n'avait pas jugé, mais seulement constaté l'absence de Grouchy, et qu'il maintenait l'exactitude de son récit sans le reproduire, en se contentant de rappeler qu'il n'avait dit que ce qu'il avait vu. Le coup était porté, et porté par l'homme qui avait le plus d'intérêt à ménager des chances au fils de l'Empereur. Après un pareil discours, non-seulement il n'y avait plus d'empire, mais il n'y avait plus de régence, car il n'y avait plus d'espoir pour la dynastie napoléonienne, ensevelie tout entière dans le désastre de Waterloo. On le vit bien lorsqu'à la reprise de la séance la Chambre des pairs reçut communication de la résolution adoptée par la Chambre des représentants de nommer une commission provisoire. Thibaudeau, élu membre de la commission à laquelle avait été renvoyée l'abdication de l'Empereur, déclara sans balancer que le message des représentants rendait cette commission inutile. « Il s'agit, dit-il, dans ce message, non de mesures à discuter, mais de mesures prises. La Chambre des représentants nous devance, la Chambre des représentants nous entraîne ou nous laisse en route. Nous n'avons plus, à proprement parler, de résolutions à prendre; nous avons seulement une adhésion à déclarer. »

Tout en préférant l'Empire, Thibaudeau, le jugeant impossible, passait outre avec ce coup d'œil exercé par les événements qu'il avait traversés, et aussi avec cette facilité révolutionnaire qui changeait sans scrupule et sans regret de gouvernement, pourvu toutefois que ce changement ne le conduisît pas à la monarchie légitime, que ce conventionnel régicide, agité par des appréhensions filles de ses souvenirs, déclarait impossible, en élargissant sa situation exceptionnelle pour y faire tenir la France entière : « Je ne crains pas, disait-il, que ni la Chambre, ni le gouvernement provisoire, ni personne veuille ramener l'état de choses oppressif, avilissant sous lequel nous avons gémi pendant une année. L'article 67 de l'Acte additionnel est en pleine vigueur et fait loi pour les Chambres. » Vaines paroles qui prouvent que la haine et la crainte ont aussi leurs illusions, même chez les esprits pratiques; mais ces illusions n'arrêtent ni le vœu des peuples, ni le cours inévitable des choses.

Le jeune et malheureux Labédoyère seul, avec l'impétuosité de son âge, son enthousiasme pour l'Empereur, et une ardeur naturelle dans la position désespérée où il s'était jeté, essaya d'arrêter, par quelques vives paroles, la Chambre sur la pente où elle était emportée. « L'acte suprême de la volonté de Napoléon ne saurait être scindé, s'écriait-il; si on ne reconnaît pas son fils pour lequel il abdique, il n'a pas abdiqué. » Ces ardentes paroles expiraient au milieu du silence glacial de la Chambre. Puis on vit se lever Boissy d'Anglas dont la figure vénérable, encadrée dans ses longs cheveux blancs, rappelait la scène mémorable où l'intrépide président de la Convention découvrit respectueusement son front devant la tête sanglante de l'infortuné Féraud. Il adjura l'Assemblée « de ne point accroître les divisions de la France devant l'ennemi déjà proche, et d'éviter d'ajouter la guerre civile à la guerre étrangère, en s'arrêtant à une proposition intempestive et dangereuse. La vie politique de Napoléon était finie, son fils était au milieu du camp des envahisseurs de la patrie. C'était à eux de l'offrir, non à la France de le demander. »

Les assemblées ont besoin qu'on motive pour elles et pour le public les résolutions qu'elles sont déterminées d'avance à prendre. Les paroles de Boissy d'Anglas, celles de Pontécoulant suffisaient. La Chambre adopta la rédaction suivante, proposée par ce dernier : « La Chambre des pairs adhère à la délibération de la Chambre des représentants, et en même temps arrête qu'elle est pleine d'admiration pour la manière généreuse dont l'Empereur a terminé sa vie politique. » La séance suspendue ne se rouvrit qu'à neuf heures du soir ; les Chambres étaient, on s'en souvient, en permanence. Lucien monta à la tribune; il venait toujours tardivement, comme depuis le début, adjurer la Chambre de résoudre dans le sens bonapartiste une question implicitement tranchée dans un autre sens par son dernier vote. Eût-il mieux réussi plus tôt ? Il est vraisemblable que non, mais au moins il eût dit les choses à leur heure, et il n'eût pas demandé à la Chambre de revenir, effort toujours difficile, sur la chose jugée, et jugée par l'arrêt de la fortune avant de l'être par un vote politique. Sa parole emphatique, qui affirmait ce dont il doutait, était le commentaire inopportun, et maladroit jusqu'au ridicule, du vieux cri des monarchies qui ont de longs horizons derrière elles et devant elles : *Le Roi est mort, vive le Roi !* « L'Empereur est mort, vive l'Empereur ! s'écriait-il, ce sont les deux cris publics, les deux acclamations populaires des monarchies fondées sur une loi constante et pour un avenir durable. » Il en concluait qu'il n'y avait pas pu avoir d'intervalle entre l'abdication de l'Empereur et l'avénement de son fils, auquel il prêtait serment du haut de la tribune. Exemple peu contagieux ! Il arrivait ainsi à la proposition à laquelle ses prétentions connues l'intéressaient personnellement, celle de former un conseil de régence, comme si la question était encore entière après la délibération de la Chambre des représentants.

C'étaient là de vaines et impuissantes paroles, si peu en harmonie avec la disposition des esprits et avec cette époque de dynasties à courte échéance, de serments transférés de prince en prince et de changements rapides, qu'elles produisaient, par leur chaleur factice, l'effet d'un faux accord au milieu de l'ensemble glacial de l'Assemblée. Elles avaient, en outre, l'inconvénient de rappeler la monarchie de huit siècles, à laquelle on voulait dérober sa loi fondamentale au profit d'un empire de dix ans, et de rendre manifestes les prétentions personnelles de l'orateur en concurrence avec la commission exécutive dont l'Assemblée devait nommer deux membres.

La réponse fut sévère jusqu'à la dureté ; ce fut M. de Pontécoulant qui se chargea de la faire. Ses arguments furent à peu près les mêmes que peu d'heures auparavant. Mais il contesta à Lucien, qui voulait être régent, jusqu'au droit de parler dans une assemblée française, jusqu'au titre de Français que le prince de Canino avait perdu en devenant prince romain, sujet d'un pays qui n'appartenait plus à la France. Continuant son discours, malgré les interruptions passionnées de Lucien et les murmures de plusieurs pairs, Pontécoulant parla sans ménagement de ceux qui, montrant plus d'ardeur pour la succession à l'empire que pour l'Empereur et pour la France, ne craignaient pas d'ajouter la guerre civile à la guerre étrangère dans l'intérêt de leurs calculs personnels. Il déclara enfin que, quant à lui, rien ne lui ferait reconnaître, dans l'état actuel des choses, pour son souverain un enfant résidant à l'étranger, ni proclamer une régente absente du territoire. « On irait bientôt, ajouta-t-il, retrouver dans les précédents de l'Acte additionnel je ne sais quel sénatus-consulte qu'on appellerait fondamental. On nous dirait que l'empereur de nom doit être considéré comme étranger ou captif, la régente comme étrangère ou captive ; et l'on tiendrait en réserve, on nous donnerait provisoirement avec assez de logique une autre régence de famille, dont la conséquence serait infailliblement la guerre civile, la suprême calamité qui manque à nos malheurs. Je demande par tous ces motifs l'ordre du jour sur la proposition, un ordre du jour qui ne préjuge rien. »

Ces paroles allèrent au cœur de Lucien, dont elles démasquaient publiquement les vues. Il répondit avec une véhémence voisine de l'emportement, mais il ne trouva point un argument nouveau pour une cause perdue. La Chambre, impatiente, l'écoutait à peine. Quelques mots sur la nécessité de laisser les questions entières, de ne pas se séparer de l'autre Chambre et de ne point ajouter aux difficultés de la patrie, paraissaient suffisants à l'assemblée pour motiver la fin de non-recevoir qu'elle allait opposer à la proposition de Lucien, lorsqu'on vit tout à coup s'élancer à la tribune le jeune général qui déjà, le matin, avait protesté contre l'abandon de la cause de Napoléon II par la Chambre des pairs. Ses traits, réguliers et beaux, étaient bouleversés ; il y avait de l'égarement dans son geste ; ses yeux flamboyaient, et les bouillonnements de la colère qui troublaient son âme se communiquaient à son accent : « Laissez-moi redire d'abord, s'écria-t-il impétueusement, ce que j'ai dit ce matin, et ce qui est plus vrai et plus indignement démenti à chaque heure, à chaque minute de cette fatale journée. Napoléon a abdiqué pour son fils, son abdication est une et indivisible. Si son fils n'est pas reconnu, n'est pas couronné, je dis que Napoléon n'a pas abdiqué. Sa déclaration est nulle, de toute nullité, comme la condition qu'il y a mise. Je le sais, je le vois, les hommes qui rampaient à ses pieds durant sa prospérité, les mêmes vont s'élever contre son fils, enfant captif, privé d'un si grand défenseur. Mais il en est d'autres qui resteront fidèles à tous les deux. Il y a des hommes, dans les Chambres françaises, impatients de voir ici les ennemis qu'ils nommeront bientôt les alliés. Si ces hommes-là, et ils en sont bien dignes, rejettent Napoléon II, l'Empereur n'a plus qu'à tirer de nouveau l'épée et à s'entourer de ces braves qui, tout couverts de blessures, l'attendent encore avec le cri de *vive l'Empereur!* Et quand vous verrez cela, n'accusez pas la guerre civile ; c'est vous qui l'aurez faite par vos parjures lenteurs! Faudrait-il donc que le sang français n'ait de nouveau coulé que pour nous faire une seconde fois retomber sous le joug étranger, et pour nous faire courber la tête sous un gouvernement avili par sa défaite et par sa victoire, et pour montrer à tous les yeux nos braves guerriers abreuvés d'amertume et d'humiliations, punis de leurs sacrifices, de leurs blessures et de leur gloire! »

La colère du jeune orateur s'exaltant par ses propres paroles, il continua en désignant du geste tout un côté de la salle : « L'Empereur sera peut-être encore trahi ; il y a peut-être encore de vils généraux qui, à ce moment même, projettent de l'abandonner. Qu'importe? l'Empereur se doit tout à la nation, et peut tout avec elle. Il retrouvera pour le défendre des cœurs plus jeunes et qui ne s'engagent qu'une fois. Portez des lois qui déshonorent la trahison. Si le nom du traître est maudit, sa maison rasée, sa famille proscrite, alors plus de traître! plus de ces lâches manœuvres qui ont amené la catastrophe dernière et dont peut-être les complices, ou même les auteurs, siégent ici! »

A ces derniers mots, les murmures qui grondaient sourdement depuis le commencement de cette furieuse harangue firent explosion. Les interpellations, les interruptions, les cris de colère éclatèrent de toutes parts. « Écoutez-moi! » s'écria le malheureux Labédoyère, dans le dernier paroxysme de la fureur. Puis, comme le bruit augmentait, il laissa échapper une imprécation d'une brutalité militaire, en ajoutant : « Est-il donc décrété qu'on ne supportera dans cette enceinte que des voix basses et viles? »

L'Assemblée rendait à l'orateur colère pour colère. Les interpellations les plus violentes lui étaient jetées de tout côté. « Vous croyez-vous dans une caserne? » lui criait Lameth. Un autre disait : « Non, nous ne voulons pas vous écouter. » Enfin la voix du maréchal Masséna couvrit le tumulte : « Jeune homme, vous vous oubliez! » dit-il au général Labédoyère. Toute l'assemblée était debout. Le président s'était couvert. C'était une scène étrange. Par ses paroles aiguës comme la pointe d'une épée, Labédoyère, visant au cœur ceux qu'il ne pouvait ni émouvoir ni convaincre, avait fini par forcer l'assemblée à sortir de cette attitude de froide réserve et de ce langage de convenance et de convention où elle s'était maintenue depuis le commencement de la discussion. Inconséquent comme la passion, il avait flétri la trahison et demandé le supplice des traîtres, comme s'il n'y avait eu de serments violés que ceux prêtés à l'Empire, et comme si l'Empereur avait seul été trahi dans ces derniers temps! Tantôt aveugle comme la colère, injurieux comme l'injustice, tantôt inexorable comme la vérité, il avait mêlé dans son discours les reproches mérités aux calomnies les plus iniques, et lu sur quelques points dans les événements avec cette clairvoyance que l'on prête quelquefois à ceux qui vont mourir. Tant d'émotions l'avaient épuisé. Il ne put soutenir plus longtemps ce duel moral contre une assemblée. Sa colère, peu à peu tombée en s'épanchant, ne le surexcitait plus. Il descendit donc de la tribune.

Lucien essaya encore une fois de parler. M. de Ségur, avec les précautions de langage d'un esprit modéré, lui vint en aide et chercha à obtenir que les deux membres que la Chambre des pairs avait à désigner pour compléter la commission exécutive fussent nommés au nom de Napoléon II, et pour que cette commission elle-même prît le nom de gouvernement de la régence. Maret, Rœderer, auraient voulu quelque chose de plus : ils alléguaient le droit, l'hérédité, la perpétuité des dynasties ; grands et beaux mots, mais où étaient les choses ? On objecta avec raison que la commission ne pouvait pas avoir deux noms et deux natures, et que les deux pairs ne pouvaient y siéger à un autre titre que les trois représentants. Tout ce qu'on accorda à Lucien et aux dissidents, ce fut d'enregistrer leurs protestations au procès-verbal, satisfaction purement nominale. Après quoi la Chambre des pairs procéda à la nomination des deux membres qu'elle avait à élire pour compléter la commission exécutive instituée par les représentants; elle désigna, par les motifs indiqués plus haut, le duc de Vicence et Quinette, et se sépara à une heure avancée de la nuit. La cause de la régence venait d'être plaidée et perdue à la Chambre des pairs.

Par un étrange concours de circonstances, cette question, résolue le 22 juin d'une manière contraire aux espérances bonapartistes dans la Chambre où elles semblaient avoir le plus de chances de réussir, reparut le 23 dans la Chambre des représentants, où elle n'avait pas même été posée la veille. L'Empereur, toujours présent à l'Élysée, avait, dit-on, fait entendre les plaintes les plus vives, des menaces même; un nouveau fait s'était produit dans la situation : Grouchy, qu'on avait cru perdu, venait d'arriver sur le territoire français à la tête de son corps d'armée. C'était une force pour l'Empereur. Les partisans qu'il avait gardés à la Chambre des représentants avaient quelque honte de leur inaction, et voulaient se justifier aux yeux de leur ancien maître; enfin Fouché, qui avait trois parties engagées : l'une pour le roi de Rome avec les partisans de la régence ; l'autre avec le duc d'Orléans qu'il poussait à une usurpation de la branche cadette ; la troisième avec les agents du comte d'Artois pour le retour de la légitimité, paraissait encore incertain de sa résolution définitive. Soit pour satisfaire les bonapartistes qui l'assiégeaient de leurs plaintes, devenues plus vives et plus pressantes depuis l'arrivée de Grouchy, soit crainte de mécontenter les fédérés en armes à Paris ou les troupes qui commençaient à en approcher, il laissa soupçonner, dans la matinée du 23 juin, qu'il penchait pour le roi de Rome. Quelques contemporains assurent qu'un de ses émissaires, qui devait lui rapporter les promesses qu'il attendait de Belgique, s'étant trouvé attardé par un obstacle imprévu, n'arriva pas à Paris au jour marqué. Fouché crut qu'on hésitait à accepter ses conditions ou qu'on les refusait, et voulut encore plus, dit-on, inquiéter au dehors les intérêts avec lesquels il négociait, que satisfaire les récriminations bonapartistes au dedans. Toujours est-il que la question perdue la veille à la Chambre des pairs fut reprise avec un grand ensemble à la Chambre des représentants, dans la séance du 23 juin, par MM. Defermon, Boulay de la Meurthe, Regnault, touchés des reproches de l'Empereur. Ils plaidèrent avec plus d'habileté que Lucien, moins de colère et d'attaques personnelles que Labédoyère, la thèse que ceux-ci n'avaient pu faire prévaloir à la Chambre des pairs. Ils trouvèrent un argument de plus, un argument puissant pour cette Chambre, composée en grande partie d'hommes animés de la passion révolutionnaire : pourquoi donc ne pas proclamer Napoléon II? Veut-on qu'on puisse dire que la Chambre garde la place à Louis XVIII ?

Il y avait évidemment un coup monté. Les cris de *vive Napoléon II!* retentirent sur plusieurs bancs de la Chambre et même dans les tribunes. Boulay de la Meurthe signala la faction d'Orléans, et, pour ôter aux révolutionnaires qui tournaient leurs espérances de ce côté cette manière d'échapper au retour de la royauté légitime, il affirma que le duc d'Orléans n'accepterait le trône que pour le rendre à Louis XVIII. M. Dupin, qui avait provoqué le vote de la veille, combattit ce retour à la régence, en démontrant que le fils de Napoléon ne pourrait faire pour la France ce que Napoléon lui-même s'était trouvé impuissant à faire, puisqu'il avait abdiqué. « Il faut, disait-il, rester dans le terrain où l'on s'est placé, et présenter la nation elle-même à l'ennemi, à la place d'un nom que celui-ci présentait comme le principe de la guerre. »

La Chambre flotte indécise entre l'impression que produit sur elle cet argument, dont elle reconnaît la force, et l'émotion que lui a laissée le nom seul des Bourbons, qu'elle repousse avec la répugnance passionnée de ses instincts révolutionnaires. La confusion est dans les esprits. La Chambre ne sait que décider, parce qu'elle craint de retourner à la régence, et qu'elle ne veut point aller aux Bourbons, les deux seules issues qu'il y ait au fond dans la situation. Au milieu de la confusion et de l'embarras de l'Assemblée, un jeune orateur se lève : c'est Manuel. Avec la dextérité de l'éloquence méridionale, qui sauve souvent le fond par la forme, il touche à toutes les combinaisons qui peuvent s'offrir à l'esprit, sans appuyer sur aucune, réserve implicitement à la Chambre et au pays le droit et la faculté de sortir d'embarras par la solution qui leur paraîtra la meilleure, et, après avoir longtemps intéressé l'Assemblée par d'habiles sous-entendus que chacun interprète à sa façon, il lui offre, au lieu d'une solution, un de ces expédients qui, dans les assemblées embarrassées, sont acceptés par tout le monde, parce qu'en réalité ils ne donnent raison à personne : c'est un ordre du jour motivé : 1° sur ce que Napoléon II est devenu empereur des Français par le fait de l'abdication de Napoléon Ier et par la force des constitutions de l'Empire ; 2° sur ce que les deux Chambres ont voulu et entendu, en nommant une commission de gouvernement, assurer à la nation les garanties dont elle a besoin, dans les circonstances extraordinaires où elle se trouve, pour conserver sa liberté et son repos.

Les bonapartistes, qui craignaient d'obtenir moins, accueillirent avec enthousiasme cet ordre du jour, et crurent avoir partie gagnée. Leurs adversaires le votèrent, sinon avec le même enthousiasme, au moins avec le même empressement. Il les délivrait d'une proposition épineuse, et leur permettait d'écarter la seule question pratique et importante, la question de régence, sous prétexte que Napoléon II était théoriquement devenu empereur des Français par la force des constitutions de l'Empire. Restait à savoir ce que valaient les constitutions de l'Empire dans les circonstances où l'on se trouvait : c'est ce qu'on n'avait garde de décider, parce qu'on était sûr de ne plus être du même avis. Au fond, l'ordre du jour, tout en constatant que Napoléon II était empereur pour ceux qui reconnaissaient les constitutions de l'Empire, réservait à la Chambre la faculté d'adopter tout autre régime politique qui lui semblerait bon ; et, en attendant, maintenait de fait le gouvernement dans les mains de Fouché : c'est-à-dire qu'il ne décidait rien. Voilà pourquoi tout le monde le vota. On attribua l'idée de cet escamotage au duc d'Otrante, qui, mettant ainsi de côté la régence après avoir mis de côté l'Empereur, conservait le gouvernement provisoire avec lequel il pouvait tout faire, bien résolu à ne faire que ce qui lui serait utile. La Chambre se sépara aux cris de *vive l'Empereur!* c'était une épitaphe sur un tombeau. L'Empire était fini. Dans la soirée même du 23 juin, Fouché, ce railleur cynique, disait dans son cercle : « Voilà qui est au mieux ; on a mis en face l'ancien régime et les constitutions de l'Empire. J'espère qu'on renverra bientôt les deux plaideurs dos à dos, et qu'il sortira de tout cela quelque chose de plus conforme aux besoins et aux lumières du siècle. Manuel s'est fait grand honneur ce matin, et la Chambre des représentants aussi, en votant comme un seul homme. C'est là souvent le beau rôle des assemblées. »

Ce vote fut la fin du rôle actif de la Chambre. Ce rôle de trois jours n'avait été ni très-digne ni très-beau. Elle avait achevé à l'Élysée Napoléon abattu par la coalition sur les champs funèbres de Waterloo. La suite des événements devait lui faire mener plus modestement devant l'histoire ce grand triomphe dont le général La Fayette, on l'a vu, était alors comme enivré, en prouvant qu'il avait été emporté, non par la force des hommes, mais par la force des choses. En effet, les représentants, vainqueurs de Napoléon, allaient être vaincus par Fouché. Demeuré maître du gouvernement provisoire, qu'il dominait à la fois par l'astuce, la décision et l'activité de son esprit, une majorité numérique, composée de Quinette et du général Grenier, qui votaient toujours avec lui dans le conseil des Cinq, et surtout et avant tout par la volonté arrêtée de faire sans scrupule ce qui serait possible, pourvu qu'il y trouvât son intérêt, le duc d'Otrante ouvrit son règne d'un moment par une courte proclamation. « L'Empereur, disait-il, s'est offert en sacrifice en abdiquant; les membres du gouvernement se dévouent en acceptant les rênes de l'État. » Puis, consignant pour mémoire l'avènement nominal de Napoléon II, il annonçait, par une phrase qui démentait cet avénement, que tous les actes publics seraient intitulés au nom seul du peuple français. Ce fut le sujet d'amères récriminations à l'Élysée, ce palais désert et silencieux comme les lieux que la fortune a quittés. Napoléon, témoin impatient et impuissant des actes du gouvernement provisoire, en était en effet réduit à récriminer contre Fouché. Il provoquait inutilement le dévouement des amis qu'il espérait avoir conservés à la Chambre : ces amis croyaient avoir payé leur dette et avoir enseveli avec assez d'honneur l'Empire dans son cercueil. Les provocations de l'Empereur les importunèrent sans les décider à réclamer à la tribune contre l'intitulé adopté par Fouché. Napoléon leur produisait l'effet d'un mort qui sort de son tombeau pour troubler les vivants, et ce tout-puissant, qui avait fait taire pendant tant d'années les assemblées politiques, ne put trouver une voix pour porter ses griefs à la tribune.

Il n'y avait plus qu'une question réellement ouverte : comment et à quelles conditions traiterait-on avec les coalisés? Les autres questions n'étaient qu'accessoires, se rattachaient à la question principale, et pouvaient se réduire à deux : que ferait-on de la personne de l'Empereur et comment ferait-on accepter à l'armée son abdication? comment occuperait-on les Chambres et maintiendrait-on les faubourgs jusqu'à la solution finale? en d'autres termes, comment gouvernerait-on en attendant qu'on traitât?

La députation de cinq membres, composée de MM. de La Fayette, d'Argenson, Sébastiani, Pontécoulant, Laforêt, et à laquelle Benjamin Constant avait été adjoint comme secrétaire, quitta Paris dès le 23 juin, en emportant des instructions rédigées par M. Bignon, ministre des affaires étrangères. Au fond, Fouché attachait peu d'importance aux instructions comme à l'ambassade, qu'il accréditait auprès des coalisés par ses lettres publiques et qu'il désavouait par ses lettres secrètes. Elle n'avait guère d'autre avantage à ses yeux que d'éloigner dans la personne de La Fayette, non pas précisément un obstacle, mais un embarras et une objection. Il savait d'avance qu'elle n'arrêterait personne et ne pourrait rien conclure, et qu'il discuterait lui-même la convention définitive avec les coalisés arrivés sous les murs de Paris. Cependant plusieurs des commissaires partaient remplis d'illusions. Ils se prévalaient de la déclaration des puissances qu'elles ne faisaient la guerre qu'à Napoléon, et ils en concluaient que la Chambre ayant obligé l'Empereur à abdiquer, la guerre était finie [1]. La négociation ouverte par Fouché avec le prince de Metternich, le peu de sympathie qu'Alexandre avait montré l'année précédente pour la Restauration, et l'espoir que le traité offensif et défensif signé par Louis XVIII avec l'Angleterre et l'Autriche aurait augmenté l'antipathie du czar et fait naître celle du roi de Prusse, venaient encore les encourager. Ils pensaient enfin qu'Alexandre signerait l'armistice par jalousie contre les Anglais, afin de les arrêter sur le chemin de Paris et de ne pas leur laisser décider les questions sans lui.

Les plénipotentiaires du gouvernement provisoire faisaient ici preuve de peu de jugement. Dans les circonstances ordinaires, les motifs étroits et les influences secondaires sur lesquelles ils comptaient peuvent exercer une action; dans les circonstances graves, il y a un motif dominant et un courant général qui emporte tout. Napoléon avait refait l'union de l'Europe par sa présence en la remettant tout entière en péril; elle désirait passionnément, à tout prix, et tout intérêt particulier cessant, se mettre à l'abri du retour de ce péril. Il était donc indiqué que ses armées ne s'arrêteraient que lorsque l'éloignement de Napoléon de la scène du monde serait un fait définitivement acquis à l'Europe, et que la durée de ce fait leur serait garantie par l'établissement d'un gouvernement capable de maintenir la paix entre la France et l'Europe.

Les instructions de M. Bignon ne facilitaient pas la tâche des cinq commissaires; en leur prescrivant de ne rien omettre pour obtenir préalablement un armistice, elles admettaient comme point de départ l'avénement de Napoléon II. Quoiqu'en insistant sur ce point, elles laissaient entrevoir que ce n'était

---

[1]. Les motifs des illusions des plénipotentiaires sont très-clairement exposés dans le tome V des *Mémoires* du général La Fayette. Le général parle du mauvais succès de son ambassade avec l'humeur d'un homme déçu dans des espérances qu'il avait cru fondées.

point là une question *sine quâ non ;* mais elles leur prescrivaient de déclarer avant tout que le rétablissement de la famille des Bourbons sur le trône de France serait incompatible avec le repos général de la France, et par conséquent de l'Europe. « L'exclusion des Bourbons est une condition absolue de la tranquillité générale, et c'est un des points auxquels doivent tenir le plus fortement messieurs les plénipotentiaires[1]. » La question de l'exclusion des Bourbons passait la première ; la question de l'intégrité du territoire, sur laquelle on revenait cependant avec une juste sollicitude, ne venait que la seconde : c'était ranger ces deux questions dans l'ordre indiqué par la passion de la Chambre des représentants. Les instructions ajoutaient « que s'il était fait par les puissances étrangères des propositions qui pussent se concilier avec nos plus chers intérêts (touchant la question du gouvernement et la question territoriale), et qui nous fussent offertes comme un moyen de salut, les négociateurs, en s'abstenant d'émettre une opinion prématurée, s'empresseraient d'en rendre compte et de demander les ordres du gouvernement[2]. »

Au fond, il n'y avait qu'une exclusion absolue, celle des Bourbons. Cette exclusion revenait sous toutes les formes. Ainsi on indiquait aux plénipotentiaires la corde sensible qu'il fallait faire vibrer en s'adressant au cabinet de Vienne, qui « pourrait bien ne pas voir avec plaisir le rétablissement sur le trône de France d'une branche de la maison de Bourbon, tandis qu'une autre branche de cette maison monte sur le trône de Naples. » Auprès de l'empereur de Russie « auquel la con-

---

1. « Il est une chance moins fâcheuse, que nous devons prévoir, c'est que les puissances, fidèles, du moins en partie, à leurs déclarations, n'insistent pas absolument pour imposer à la France la famille des Bourbons, mais qu'elles exigent d'un autre côté l'exclusion du fils de l'Empereur. »
2. Voir le texte des instructions dans *les Cent-Jours*, par M. Fleury de Chaboulon, tome II, page 298.

duite générale des Bourbons n'a pas été agréable, » on ferait valoir d'autres arguments.

Les commissaires se rendirent, comme on le leur avait prescrit, à Laon, où ils trouvèrent l'arrière-garde de notre armée, et de là ils écrivirent au prince Blücher et au duc de Wellington, pour demander la suspension des hostilités et des passeports, afin de parvenir auprès des souverains coalisés. Le comte de Noslitz, aide de camp de Blücher, et deux autres officiers vinrent leur apporter une réponse verbale : la suspension des hostilités était impossible, à cause de l'état respectif des deux armées, à moins qu'on n'accordât des avantages équivalents à ceux que les coalisés pouvaient attendre de la continuation de leur marche, c'est-à-dire la possession de toutes les places fortes des frontières, y compris Metz, Thionville, Mézières, Maubeuge et Sarrelouis. Quant aux passe-ports, les souverains allaient être consultés sur cette question. Le séjour des commissaires à Laon se trouva prolongé jusqu'au 25 juin par l'attente des passe-ports, et ils employèrent ce séjour à pressentir les officiers prussiens et anglais, porteurs de la réponse à leur message, sur l'accueil que rencontreraient leurs propositions, et à correspondre avec le gouvernement provisoire. C'est ainsi qu'ils avertissaient celui-ci, par une lettre officielle datée du 26, qu'on leur avait refusé même un armistice de cinq jours, à moins qu'ils ne voulussent signer la condition inacceptable de la cession des places fortes; qu'on leur avait promis des passe-ports pour se rendre à Manheim ou à Heidelberg, où devaient se trouver les souverains; que les aides de camp de Blücher et de Wellington leur avaient certifié la disposition des deux généraux à recevoir à leur quartier général, actuellement à Noyon, des commissaires exclusivement chargés de traiter des conditions auxquelles on pouvait arrêter l'effusion du sang, sans rien préjuger pour le reste; enfin, et c'était là l'objet principal de la lettre, les commissaires répondaient ainsi à une note que leur avait fait passer le gouvernement provisoire, relativement au projet éventuel de Napoléon de passer avec ses frères en Amérique. « Il résulte de nos conversations avec les aides de camp des deux généraux en chef, que les puissances alliées exigeront des garanties et des précautions, afin que Napoléon ne puisse jamais reparaître sur la scène du monde. Ils prétendent que leurs peuples mêmes demandent sûreté contre ses entreprises. Il est de notre devoir d'observer que son évasion avant l'issue des négociations serait regardée comme une mauvaise foi de notre part, et pourrait compromettre essentiellement le salut de la France. Nous avons d'ailleurs l'espérance que cette affaire pourra se terminer à la satisfaction de l'Empereur, puisqu'ils ont fait peu d'objections à son séjour et à celui de ses frères en Angleterre, ce qu'ils ont paru préférer au projet de retraite en Amérique. Il n'a été question dans aucune conversation du prince impérial. Nous ne devions pas aborder cette question, à laquelle ils ne se sont pas livrés. »

Les premières paroles étaient graves, et devaient exercer sur la conduite du gouvernement provisoire à l'égard de Napoléon une influence dont on retrouvera la trace. On déclarait son évasion un cas de responsabilité pour le gouvernement provisoire, constitué gardien de sa personne. Ce n'était pas assez de l'avoir abattu, il fallait le tenir jusqu'à ce que l'Europe vînt mettre la main sur son prisonnier. Cet avertissement, officiellement donné au gouvernement provisoire dans une lettre collective des commissaires, diminue un peu la magnanimité des paroles que le général La Fayette raconte avoir tenues, quelques jours plus tard, à Hagueneau, dans une conférence avec les ministres d'Autriche, de Prusse, de Russie et d'Angleterre [1]. Il est juste d'ajouter que La Fayette, d'Argenson et

---

1. Le général La Fayette raconte ainsi ce fait dans ses *Mémoires* : « Lord

Benjamin Constant, admettaient la possibilité du séjour de Napoléon en Angleterre comme simple particulier, jouissant de la protection des lois anglaises. D'après le récit du général Sébastiani, qui tournait en raillerie, longtemps après, l'utopie de ses collègues, Benjamin Constant, dont la plume facile était au service de toutes les thèses, projetait une note pour démontrer que « rien n'était d'une exécution plus simple, plus opportune, et ne ferait un plus grand honneur au système représentatif. » Laforêt, homme pratique qui avait peu d'illusions en politique, devait partager l'opinion du général Sébastiani sur l'utopie de ses trois collègues.

La mission des commissaires avait évidemment échoué avant d'avoir commencé. Partis avec la conviction que l'abdication de Napoléon terminait tout, ils apprenaient aux avant-postes que l'Europe considérait cette abdication comme insuffisante, si on ne lui conservait pas son prisonnier ; avec l'ordre d'annoncer l'avénement de Napoléon II, ils n'avaient pas osé prononcer son nom devant les aides de camp de Wellington et de Blücher. Les passe-ports ayant été apportés par le prince de Schoënburg, ils continuèrent leur course inutile. Les affaires allaient désormais se traiter derrière eux. On ralentissait plutôt leur marche qu'on ne la pressait. Enfin ils arrivèrent à Hagueneau où se trouvaient les souverains, ils demandèrent en vain à être reçus. Le général La Fayette ayant fait une demande personnelle pour arriver jusqu'à l'empereur Alexandre, avec lequel il avait eu de bons rapports en 1814, l'aide de camp de service lui signifia qu'il regardait comme contraire à son devoir

---

Stewart me dit personnellement dans une conférence : — Je dois vous prévenir, Monsieur, qu'il n'y a pas de paix possible avec les puissances alliées, à moins que vous ne nous livriez Bonaparte. — Je suis bien étonné, lui répondis-je, que pour proposer une pareille lâcheté au peuple français, vous vous adressiez de préférence au prisonnier d'Olmutz. » (*Mémoires de La Fayette*, tome V.)

de l'annoncer. On parlait d'abord de les envoyer à dix lieues plus loin, à Wissembourg, endroit fixé antérieurement pour la conférence. Mais enfin on consentit à les aboucher, à Hagueneau même, avec des diplomates désignés pour conférer avec eux : ce furent, pour l'Angleterre, lord Stewart ; pour l'Autriche, le général Walmoden ; pour la Russie, M. Capod'Istria ; pour la Prusse, le général Kenesleck. Il y eut alors une escrime de paroles dans laquelle on laissa les commissaires du gouvernement provisoire disserter tant qu'ils voulurent ; ce temps perdu en discours était gagné pour les armées coalisées, qui marchaient toujours. Quand il s'agit de conclure, lord Stewart déclara qu'il n'avait aucun pouvoir de son gouvernement pour terminer, et que si les ministres des autres puissances traitaient avec les Français, ce serait sans l'Angleterre. Aussitôt les trois autres diplomates européens répondirent qu'il était de principe que les puissances ne traiteraient pas les unes sans les autres. Le lendemain, les commissaires russes, autrichiens et prussiens parurent seuls et signifièrent que les traités d'alliance portant que l'une des parties ne négocierait jamais séparément, et lord Stewart s'étant retiré des conférences, les trois seules cours présentes ne pouvaient entrer en négociations. Les conférences se trouvèrent ainsi terminées, après un stérile échange de paroles dans lequel plusieurs des commissaires français se consolèrent en faisant briller leur rhétorique à l'occasion des théories constitutionnelles et des révolutions comparées de France et d'Angleterre [1].

Ainsi finit cette étrange ambassade, mêlée, comme un intermède dérisoire, à la chute de l'Empire, après la tragédie de Waterloo. Pour que rien ne manquât à la mystification, c'est

---

1. Nous puisons ces détails dans les *Mémoires* du général La Fayette, un des commissaires, tome V, dernières pages, *passim*.

le mot, infligée aux commissaires du gouvernement provisoire, on les accabla de politesses à leur départ, et les deux officiers chargés de les reconduire y mêlèrent des lenteurs systématiques et des délais cérémonieux, de manière à ne leur permettre d'arriver à Paris qu'après l'événement.

Pendant que les choses se passaient ainsi à Hagueneau, que faisaient : l'armée à Laon, puis bientôt à Rocroy, où elle avait fait sa jonction, le 24 juin, avec le corps de Grouchy ; le gouvernement provisoire et les Chambres à Paris ; Napoléon à l'Élysée ?

La nouvelle de l'abdication de l'Empereur, adressée au maréchal Soult par le prince d'Eckmühl et arrivée le 24 juin à Laon, avait produit sur l'armée une consternation profonde, suivie d'une explosion de colère qui avait pris un moment le caractère d'une sédition. Les soldats de Waterloo étaient encore plus les soldats de Napoléon que ceux de la France. On a vu jusqu'à quel point les liens de la subordination s'étaient relâchés dans cette rapide campagne. L'armée, que tout le monde rendait responsable des Cent-Jours et qui sentait elle-même sa responsabilité, regardait le retour de Napoléon comme son ouvrage, le maintien de Napoléon comme sa garantie. L'irritation de la défaite avait en outre exaspéré ces âmes militaires, et ce dernier coup les fit sortir d'elles-mêmes. Les chefs voulurent intervenir, mais leur autorité fut méconnue ; plusieurs d'entre eux furent menacés par les troupes, quelques-uns couchés en joue. Les moins irrités jetaient leur fusils, en s'écriant : « Pourquoi nous battrions-nous encore, puisqu'il n'y a plus d'empereur ? » La garde surtout, qui apprit cette nouvelle près du village d'Étouvelles, sur la chaussée de Soissons, où elle se rendait, était dans un état d'exaspération inexprimable.

On ne put empêcher plusieurs compagnies de quitter le drapeau ; mais elles le rejoignirent, quelques jours après, sous les murs de Paris. Le brave colonel Petit[1] empêcha ce mouvement de devenir général, en prenant un fusil et en se mettant en sentinelle auprès de l'aigle, qu'il planta en terre : « Si les grenadiers veulent se déshonorer en présence de l'ennemi, s'écria-t-il, il ne sera pas dit que leur colonel aura failli à son devoir. Qu'on m'apporte l'aigle! je le planterai à l'arrière-garde, et j'attendrai ainsi l'ennemi. » Les soldats comprirent cette action militaire, rentrèrent en eux-mêmes, et ne refusèrent plus de rétrograder sur Laon, comme le prescrivaient les instructions du duc d'Eckmühl. Sur ces entrefaites, le maréchal Grouchy, après une retraite opérée en bon ordre, arriva à Rocroi (le 22 juin) avec ses troupes, dont le moral avait moins souffert, parce qu'elles n'avaient point assisté à Waterloo. A Soissons, il reçut le commandement de toute l'armée des mains du maréchal Soult, qui se rendait à Paris, lui adressa un ordre du jour conçu dans des termes faits pour parler au cœur du soldat, et se hâta de la mettre en marche : il n'y avait pas un moment à perdre si l'on voulait devancer l'ennemi sous les murs de Paris. Ces faits s'étaient passés du 20 au 24 juin.

A Paris, Fouché n'avait guère eu qu'une pensée après le départ des commissaires, celle de prévenir un retour offensif de la part de Napoléon. Les scènes qui, un an auparavant, avaient attristé le palais de Fontainebleau se renouvelaient à l'Élysée. On aurait dit que l'Empereur ne pouvait se décider à renoncer au pouvoir qu'il avait quitté, et cette forte nature, organisée pour l'action, se consumait dans une agitation stérile[2]. Il y a toujours, quand une cause tombe, des hommes

---

1. Les colonels de la garde avaient le grade de général.
2. M. Fleury de Chaboulon, malgré sa partialité favorable pour Napoléon, dit lui-même : « L'Empereur, étourdi par la force et la rapidité des coups que lui portaient ses ennemis, ne songeait plus à se défendre. Il se plaignait, mais son mécontentement expirait sur ses lèvres et ne lui inspirait aucune des résolutions qu'on devait attendre de la fougue et de l'énergie de son caractère. » (*Les Cent-Jours*, tome II, page 249.)

qui sont les derniers à désespérer de son salut ; les demeurants opiniâtres du bonapartisme firent quelques distributions d'argent dans les faubourgs, et produisirent une agitation populaire facile à déterminer au milieu de semblables événements. Quelques bandes de ces fédérés, à l'organisation desquels l'Empereur avait opposé, on s'en souvient, une résistance si longue, vinrent, pendant la journée qui précéda son abdication et les journées qui la suivirent, l'acclamer devant l'Élysée. Il parut devant cette foule, le visage triste plutôt que confiant, et comme inquiet de ce secours. En voyant ce qui lui restait de sympathies dans Paris, il mesurait mieux toute l'étendue des pertes qu'il avait faites. Ces pèlerinages de quelques milliers d'hommes des faubourgs à l'Élysée, leurs clameurs, les propos menaçants des militaires, épaves du naufrage de Waterloo, qui commençaient à affluer à Paris, l'attitude de Napoléon, auquel l'arrivée de Grouchy avait rendu quelque espoir, ses paroles, répétées au dehors, inquiétèrent les classes aisées, qui craignaient de voir surgir tout à coup de la situation cette jacquerie impériale dont Napoléon déclarait quelques jours auparavant ne pas vouloir être le chef. La Chambre surtout se montrait alarmée, et par conséquent exigeante auprès du gouvernement provisoire.

Dès le 21 et le 22 juin, le prince d'Eckmühl, en sa qualité de ministre de la guerre, avait été obligé de démentir à la tribune le bruit d'un mouvement militaire dirigé contre la Chambre. La continuation de ces bruits lui paraissait une offense pour son caractère. La présence de l'Empereur à l'Élysée devenait à la fois un obstacle pour le salut du pays, une difficulté pour le gouvernement intérieur de la commission provisoire, et pour les négociations ouvertes avec les coalisés, qui, ne voyant les choses que de loin, craignaient encore plus le retour de l'Empereur. Fouché, plus importuné encore que le prince d'Eckmühl du séjour de Napoléon à l'Élysée, lui fit parvenir des avis alarmants d'abord, menaçants ensuite.

Napoléon hésita deux jours. Il éclatait en colères subites, auxquelles succédait un morne abattement. « La Chambre des pairs, disait-il aux uns, s'est conduite comme une poule mouillée ; elle a laissé insulter Lucien par Pontécoulant et détrôner mon fils. Si elle eût tenu bon, elle aurait eu l'armée pour elle, les généraux la lui auraient donnée. Son ordre du jour a perdu la France et vous a rendu les Bourbons. Moi seul aujourd'hui je pourrais encore tout rétablir et tout sauver, mais vos meneurs n'y consentiront jamais. » Quand il faisait trêve à ces inutiles efforts pour remonter sur la scène d'où il était descendu sans retour, il avait parfois une claire vision de l'avenir, qu'il jugeait alors avec son grand sens politique, en ayant soin de mêler à l'expression de ce jugement quelque chose d'amer contre les Bourbons : « Fouché, disait-il, trompe tout le monde et sera le dernier trompé et pris dans ses propres filets. Il joue la Chambre, les alliés le joueront, et vous aurez de sa main Louis XVIII, ramené par eux. » Les avis de Fouché, portés à l'Élysée presque d'heure en heure, finirent par prendre un tel caractère, que l'Empereur comprit que s'il ne se hâtait, Fouché, peu accoutumé à s'arrêter quand il rencontrait, comme seul obstacle à ses entreprises, la majesté du malheur, trouverait des agents qui, par un dernier outrage, porteraient sur sa personne même leurs mains hardies. Pour éviter cette indignité, il se décida à quitter l'Élysée.

Le 25 juin, à midi, les passants virent sortir de la cour de ce palais une voiture simple, avec deux ou trois autres carrosses de suite, qui, traversant l'avenue Marigny, déserte et silencieuse, sans qu'aucune voix saluât ce départ solitaire, remonta l'avenue des Champs-Élysées et sortit de Paris en côtoyant les assises colossales où l'Arc de Triomphe devait s'élever. C'était l'Empereur, qui se rendait à la Malmaison. Arrivé dans ce séjour de ses premières splendeurs, devenu l'asile de ses suprêmes infortunes, et où il fut reçu par la reine Hortense, il dicta sa dernière proclamation à l'armée : « Quand je cède à la nécessité qui me force à m'éloigner de la brave armée française, disait-il, j'emporte avec moi l'heureuse certitude qu'elle justifiera, par les services éminents que la patrie attend d'elle, les éloges que les ennemis eux-mêmes ne peuvent lui refuser. Soldats, je suivrai vos pas, quoique absent. Je connais tous les corps, et aucun d'eux ne remportera un avantage signalé que je ne rende justice au courage qu'il aura déployé. Vous et moi, nous avons été calomniés. Des hommes indignes d'apprécier nos travaux ont vu dans les marques d'attachement que vous m'avez données un zèle dont j'étais le seul objet. Que vos succès futurs leur apprennent que c'était la patrie par-dessus tout que vous serviez en m'obéissant, et que si j'ai quelque part à votre affection, je la dois à mon ardent amour pour la France, notre mère commune. Soldats, encore quelques efforts, et la coalition est dissoute. Napoléon vous reconnaîtra aux coups que vous allez porter. Sauvez l'honneur, l'indépendance des Français ; soyez jusqu'à la fin tels que je vous ai connus depuis vingt ans, et vous serez invincibles. »

Paroles sonores et vides, où l'Empereur s'efforçait de donner à l'armée des espérances qu'il n'avait plus. S'il n'avait pas en effet désespéré de la victoire, aurait-il quitté le commandement de l'armée et le trône ? L'armée ferait-elle sans lui ce qu'elle n'avait pu faire avec lui ? Cette promesse de la dissolution de la coalition, dont les troupes victorieuses se rapprochaient d'heure en heure de la capitale, cet effort demandé à des hommes qui venaient d'épuiser le reste de leurs forces et presque les dernières gouttes de leur sang ; ce nom d'*invincibles* prononcé devant les glorieux mais faibles débris des vaincus de Waterloo, il y avait là un oubli de la réalité des choses qui touchait à la dérision. Le style comme la pensée de Napoléon semblent fléchir ici sous le faix de sa catastrophe. Ce n'était pas dans cette langue de reflets qu'il écrivait naguère à ses légions victorieuses après Iéna ou Austerlitz. Du reste, ces pâles adieux, datés de la Malmaison, n'arrivèrent point à ceux auxquels ils étaient destinés. Fouché, s'interposant entre l'Empereur et l'armée, les intercepta. Napoléon, qui ôtait naguère la parole à tout le monde et la gardait pour lui seul dans le *Moniteur,* la demanda cette fois en vain ; il y avait ordre de Fouché de ne rien insérer dans le journal officiel de ce qu'enverrait l'Empereur.

Le petit nombre de journées qui s'écoulèrent pour Napoléon à la Malmaison furent mornes et tristes, comme celles qu'il venait de passer à l'Élysée, avec ce mélange de retours fiévreux vers la puissance, qui n'arrivaient jamais jusqu'à l'action désespérée dont il menaçait sans cesse ses adversaires, sans qu'on puisse affirmer qu'il en ait accepté lui-même sérieusement la pensée. Il n'avait plus qu'une force, celle de l'attente. Il attendait opiniâtrément, malgré ses adversaires, malgré ses amis surtout, avec la superstition du joueur qui a tout perdu et qui surveille cependant encore le jeu pour voir s'il ne se produira pas en sa faveur quelque chance inattendue. Ses amis les plus dévoués, et à leur tête le plus tendre de tous, Caulaincourt, auraient voulu qu'il profitât des moments bien courts qui lui restaient encore, pour tenter de passer aux États-Unis, où il trouverait au moins le dernier des biens, sa liberté personnelle assurée. Decrès, demeuré ministre de la marine, lui écrivait à ce sujet le 26 juin : « Remarquez, sire, sur la liste des bâtiments américains en ce moment dans nos ports, celui qui se trouve au Havre. Le capitaine est dans mon antichambre. Sa chaise de poste est à la porte. Je réponds de lui. Demain, vous serez hors de l'atteinte de vos ennemis [1]. » C'était Napoléon qui avait demandé ces renseignements ; ils occupaient l'oisi-

---

1. Fleury de Chaboulon, *les Cent-Jours,* tome II, page 261.

veté tourmentée de sa solitude. Mais au fond il n'avait pas le dessein de s'en servir. Lorsque Caulaincourt, dont le dévouement éprouvé ne pouvait lui être suspect, vint le supplier de profiter de cette dernière issue ouverte et de passer aux États-Unis, il lui répondit avec humeur : « Je sais bien qu'on voudrait déjà me voir parti, être débarrassé de moi et me faire prendre. » Paroles prévoyantes, et justes si elles s'étaient adressées à Fouché, mais injustes jusqu'à la cruauté quand elles sortaient d'une telle bouche pour s'adresser à Caulaincourt. Au geste d'étonnement et de reproche qu'elles lui arrachèrent, l'Empereur se contenta de répondre : « Qu'ai-je à craindre? j'ai abdiqué, c'est à la France de me protéger. » Lorsqu'on scrute attentivement le génie et la nature de l'homme, on arrive à penser que cette liberté de la vie privée dont s'occupaient si ardemment pour lui ses amis était ce qui le préoccupait le moins. On a tort de croire qu'il n'y ait que les princes nés sur le trône qui tiennent à l'apparat de l'étiquette, à la splendeur du rang, à toutes les circonstances extérieures de la puissance et au rayonnement qu'elle laisse même en s'éteignant sur les fronts qu'elle a couronnés. Ceux qui en ont joui pendant un certain nombre d'années ne peuvent s'en séparer Napoléon en particulier, il le prouva dans plusieurs circonstances de sa vie, acclimaté dans les régions de la souveraineté, attachait un très-grand prix à ses signes extérieurs. S'il avait été encore dans l'âge de l'audace et des aventures, peut-être aurait-il été séduit par les perspectives que lui offrait l'Amérique, ce monde nouveau avec ses deux parties si diverses, celle du nord, peuplée par la race anglo-saxonne, celle du midi, par la race espagnole; mais il n'en était plus là à quarante-six ans, et il est permis de croire que le retour de l'île d'Elbe avait épuisé ce qui restait encore d'aventureux dans son caractère et dans son génie. Il songeait plutôt à conserver, avec le décorum d'un exil surveillé par l'Europe entière, le plus de vestiges qu'il pourrait de sa grandeur passée, qu'à s'assurer la liberté de la vie privée, où il se serait trouvé comme à l'étroit, après tant d'années d'empire; et peut-être, sans s'en rendre bien compte, préférait-il la situation de prisonnier politique de l'Europe à celle de simple particulier aux États-Unis. Il était comme un homme qui, sorti malgré lui de la scène, attend toujours une voix qui l'y rappelle, ou un incident qui l'oblige à y remonter, et il repoussait toute voix qui lui proposait un autre parti, comme un bruit importun qui le troublait dans un rêve agréable pour le mettre en face de la triste réalité.

Au milieu de ces incertitudes, les coalisés continuaient leur marche vers Paris sans rencontrer d'obstacles sérieux. Les débris de l'armée française se repliaient en bon ordre devant eux et marchaient vers la capitale. Grouchy, qui les commandait, avait eu comme une rapide intuition du seul parti qui restait à prendre. Voyant le découragement des troupes après l'abdication de l'Empereur, l'impossibilité de prolonger utilement la lutte, la ferme volonté des étrangers d'obtenir des garanties contre le retour de Napoléon, il comprit qu'il n'y avait qu'un moyen d'arrêter l'invasion et de préserver Paris, c'était de faire proclamer Louis XVIII par l'armée. Une seconde réflexion l'obligea à reconnaître que les plaintes élevées contre sa conduite à Waterloo lui laissaient peu d'autorité pour entraîner l'armée dans cette voie, et il se résigna à suivre les ordres du gouvernement provisoire, qui lui prescrivait de se rapprocher de Paris pour favoriser les négociations qu'il cherchait à ouvrir avec Blücher et Wellington.

Les nouveaux commissaires nommés à cet effet, MM. Andréossy, de Valence, Flaugergues, Boissy-d'Anglas et La Bénardière, avaient reçu des instructions moins absolues que les cinq plénipotentiaires envoyés précédemment aux souverains. On abandonnait les exigences exprimées d'abord au sujet de Napoléon. « La copie qui leur est remise des instructions données à MM. les plénipotentiaires chargés de se rendre auprès des souverains alliés fera connaître aux commissaires quelles ont été jusqu'à ce jour les bases sur lesquelles le gouvernement a désiré établir les négociations. Il est possible que le cours des événements les force à élargir ces bases, mais MM. les commissaires jugeront que, si une nécessité absolue oblige à donner les mains à des arrangements d'une autre nature, de manière à ce que nous ne puissions sauver, dans toute sa plénitude, le principe de notre indépendance, c'est un devoir sacré de tâcher d'échapper à la plus grande partie des inconvénients attachés au malheur seul de sa modification [1]. » En outre, les négociateurs devaient porter aux coalisés l'assurance que « les résolutions prises le jour même par le gouvernement provisoire fournissaient une réponse à toutes les objections qu'on viendrait à faire sur le danger et la possibilité du retour de Napoléon. » Le gouvernement provisoire n'avait point oublié la lettre écrite de Laon par les premiers négociateurs, et, pour se mettre en mesure avec les coalisés européens qui lui faisaient un cas de déloyauté de l'évasion de Napoléon, il envoyait le lieutenant-général Becker à la Malmaison avec le titre de commandant de la garde de l'Empereur. Les instructions écrites de cet officier, signées par le duc d'Otrante, lui prescrivaient « de veiller à la conservation de la personne de Napoléon, au respect qui lui était dû, et d'empêcher les malveillants de se servir de son nom pour occasionner des troubles. » C'était, sous une forme respectueuse et sous une dénomination acceptable, un gardien à vue donné à l'Empereur par le chef du gouvernement provisoire, qui se sentait responsable envers l'Europe.

L'Empereur accepta cette nouvelle conséquence de sa mauvaise fortune, sans paraître sentir la mesure de surveillance

---

1. Cité par M. Fleury de Chaboulon, qui donne ce document *in extenso* dans *Les Cent-Jours*, tome II, page 316.

cachée sous la forme du respect. Peu à peu le gouvernement provisoire, en rappelant sous des prétextes divers le peu d'officiers demeurés à la Malmaison près de Napoléon, agrandit le vide qu'avait fait autour de lui l'adversité. On était au 28 juin. Les passe-ports demandés plusieurs fois pour Napoléon au duc de Wellington n'arrivaient pas et ne devaient pas arriver. Il n'entrait pas dans l'intention des coalisés de laisser à l'Empereur une liberté qu'ils regardaient comme redoutable pour le repos du monde. Wellington, pressé sur ce point par le général Andréossy, un des nouveaux commissaires chargés de traiter d'un armistice, répondait le 28 même : « Quant à ce qui regarde le passe-port et le sauf-conduit demandés pour Napoléon Bonaparte afin de passer aux États-Unis d'Amérique, je dois prévenir Votre Excellence que je ne suis autorisé en aucune façon par mon gouvernement à donner une réponse quelconque à cette demande [1]. »

Les premières déclarations de lord Stewart à Laon ne pouvaient avoir laissé de doute au gouvernement provisoire sur la résolution des coalisés, et ses vaines démarches semblent avoir été exclusivement destinées à couvrir sa responsabilité morale devant l'opinion. Le duc de Wellington, le plus modéré et le plus conciliant des deux chefs militaires qui approchaient de Paris à la tête d'une armée, repoussait par une fin de non-recevoir absolue toute proposition qui tendait à assurer la liberté personnelle de Napoléon. Le plus fougueux des deux, Blücher, portant dans son âme ulcérée toutes les haines, avec les furieuses représailles de la Prusse si longtemps vaincue par nos armées, lacérée dans son territoire, insultée dans la personne de sa reine, humiliée dans celle de son roi par la politique impériale, nourrissait de plus sinistres pensées. Il n'est guère possible de douter que ce soit de lui qu'ait parlé le

---

[1]. *Letters and Dispatches of the duke of Wellington.*

duc de Wellington dans une lettre officielle et authentique du 28 juin, adressée à sir Charles Stewart, quoique les noms aient été supprimés lors de la publication de ces documents : « Le général[1] est venu aujourd'hui pour négocier le passage de Napoléon en Amérique, dit le duc de Wellington. J'ai répondu que je n'étais en rien autorisé par mon gouvernement à faire une réponse à une demande de cette nature. Les Prussiens pensent que les jacobins veulent me livrer Bonaparte dans l'idée que je lui donnerais la vie sauve ; ——— désire le tuer. Mais je lui ai dit qu'il était de mon devoir de lui représenter avec insistance qu'on ne saurait disposer de sa personne que d'un commun accord. Je lui ai également dit qu'en qualité d'ami intime je lui conseillais de ne se mêler en rien d'une aussi vilaine affaire. J'ajoutai que lui et moi nous avions joué un trop beau rôle dans cette lutte pour condescendre à devenir des bourreaux, et que si les souverains se décidaient à faire mettre Bonaparte à mort, ils pouvaient choisir d'autres exécuteurs que nous[2]. »

Ainsi le plus modéré des généraux de la coalition ne voulait pas accorder à Napoléon au delà de la vie sauve, et il avait besoin d'user de toute son influence sur son fougueux collègue pour le dissuader du dessein, qu'il ne cachait pas, de faire mettre à mort l'Empereur s'il tombait dans ses mains. On voit encore dans la même correspondance que Blücher mettait comme condition *sine quâ non* à l'armistice que demandaient les négociateurs français, non-seulement son entrée à Paris, mais encore la remise dans ses mains de Vincennes, des places frontières, et enfin de la personne de Bonaparte. Le duc de Wellington écrivait en effet d'Orville, le 28 juin, au comte Bathurst : « Le maréchal Blücher a répondu verbale-

---

1. Andréossy.
2. *Letters and Dispatches.*

ment qu'il suspendrait les hostilités quand il serait arrivé à Paris, pourvu qu'on lui livrât Bonaparte, Vincennes et les places frontières. »

Il n'y avait plus dès lors de possible qu'une fuite clandestine, et il n'y avait pas un moment à perdre si on voulait la tenter. Les têtes de colonne des coalisés étaient à Compiègne; ils pouvaient bientôt pousser des reconnaissances jusqu'à la Malmaison. L'Empereur se rendit enfin à l'évidence, et promit de partir incognito. Decrès, qui était venu à la Malmaison, retourna à Paris pour ordonner les préparatifs nécessaires. Mais, dès qu'il fut parti, l'Empereur eut un de ces retours vers l'action et vers la puissance qui avaient signalé son séjour à l'Élysée et à la Malmaison. Comme un flambeau près de s'éteindre, son génie et sa volonté jetèrent une dernière lueur. On entendait dans la direction de Compiègne une forte canonnade. Il dicta rapidement une lettre, prescrivit quelques préparatifs, fit venir le général Becker, et de son gardien faisant son lieutenant et son ambassadeur : « Le quartier général de l'ennemi, lui dit-il, est à Compiègne, à Senlis; ses batteries s'avancent au delà; il sera demain aux portes de Paris ; le gouvernement provisoire est aveugle. Il faut être insensé ou traître pour ne pas voir en plein la mauvaise foi de l'étranger. Ces gens-là, qui croient gouverner, n'entendent rien à leur propre salut : qu'ils me laissent faire ! »

Comme Becker restait sans réponse, sans résistance, devant ces injonctions, ce geste, cette voix habituée à être obéie, l'Empereur continua d'un accent plus pressant encore : « Vous le sentez, général, tout est perdu, tout est à terre à cette heure. Eh bien, qu'on me rende le commandement de l'armée ; elle me reconnaîtra, et moi je m'engage à vaincre à sa tête. Vous allez remettre ma demande à la commission exécutive. Partez à l'instant; une voiture est prête. Expliquez-leur bien que je ne songe pas à reprendre le pouvoir; je veux battre l'ennemi, l'écraser devant Paris, vous couvrir tous par une victoire, et contraindre les chefs de la coalition à vouloir la paix. Cela fait, je poursuivrai ma route vers l'exil. Allez, général, je me fie à vous. Secondez-moi en ceci, et vous ne me quitterez plus [1]. »

Subjugué par l'ascendant de son prisonnier, le général Becker partit à l'instant même porteur de sa lettre, dont le point de départ était cette pensée, qu'en renonçant à régner sur la France il n'avait pas renoncé à la défendre, et qui se terminait ainsi : « La marche accélérée des ennemis sur la capitale ne permet de conserver aucun doute sur leur mauvaise foi. Dans ces graves circonstances, Messieurs les membres de la commission du gouvernement, je demande à servir une dernière fois la France; je m'offre pour la défendre et je jure de la sauver. »

Quand Fouché lut cette lettre, que le général Becker lui remit aux Tuileries où siégeait le gouvernement provisoire, il se crut joué; le sang-froid impassible qu'il affectait depuis le commencement de cette crise, se démentit un instant : « Que pensez-vous de cela, dit-il à ses collègues? Je crois qu'il se moque de nous. Battus ou battants, nous serions bien lotis avec un pareil défenseur! Allons donc, c'est trop fort! » Carnot seul, qui voyait dans cette proposition un retour à sa première pensée, l'appuya avec quelque chaleur. Il voyait déjà la « France délivrée du joug de l'étranger par la victoire, et, dans l'orgueil de sa force, indomptable à tout autre joug que celui des lois. » Ce fut pour Fouché le sujet d'une intarissable raillerie. « Toujours enthousiaste, toujours généreux,

---

[1]. M. Villemain, après avoir reproduit ces paroles, ajoute : « Voilà ce que dix fois, en 1816, j'ai entendu conter au général Becker, encore député et bien traité par la Restauration, à laquelle il adhérait sans vaine protestation ni zèle exagéré. » (*Les Cent-Jours*, page 421.) M. Fleury de Chaboulon raconte de la même manière cette scène, à laquelle il assista.

répétait-il, toujours dupe. Tenez-vous prêt, tout votants du 21 janvier que nous soyons, vous et moi, à être encore une fois fructidorisé comme royaliste. Et lui, que veut-il? Quoi! après avoir perdu la partie sur un meilleur terrain, et quitté le jeu très-vite, ma foi! revenir ainsi? Cela n'a pas de raison, ni de part ni d'autre. Nous n'avons rien à faire qu'à refuser et à nous mettre en garde. Si la demande de Napoléon est sérieuse, il n'attend pas notre réponse, et il a lui-même sans doute filé, aussitôt le départ du général, pour courir au camp vers Paris, où il est maintenant à haranguer les troupes. »

Le général Becker se rendit caution de la loyauté de l'Empereur, à laquelle il avait besoin de croire et de faire croire pour justifier sa démarche. Il affirma que Napoléon attendait à la Malmaison la réponse du gouvernement provisoire. Ce fut Fouché qui motiva et dicta cette réponse. Son sang-froid lui était revenu. Il exposa avec un implacable bon sens l'évidente impossibilité d'acquiescer à la demande de l'Empereur. Ce serait envelopper Paris, l'armée et la France dans sa ruine, briser toutes les négociations entamées, et se placer comme lui hors des relations européennes, en livrant le pays aux éventualités d'une guerre sans quartier, avec toutes les chances d'une défaite. Napoléon viendrait-il par impossible à triompher; au lieu d'être victime de sa défaite, on serait victime de sa victoire. Pouvait-on douter qu'au premier succès il voudrait remonter sur le trône? Malheur alors à ceux qui l'en auraient fait descendre, et malheur aussi à ceux qui l'y auraient rappelé! Carnot lui-même, revenu d'un premier éblouissement, se déclara convaincu; il promit d'appuyer par son intervention personnelle la réponse collective du gouvernement provisoire, que le général Becker fut chargé de porter en toute hâte à la Malmaison : « Les devoirs de la commission envers la patrie, disaient les cinq membres, ne leur permettaient pas d'accepter la proposition et le concours actuel des efforts de l'empereur Napoléon. »

Becker, à son arrivée à la Malmaison, trouva les chevaux de l'Empereur sellés et lui-même prêt à se rendre au camp. Cependant, après avoir lu la lettre de la commission exécutive, Napoléon ne persista pas dans son dessein, et se contenta de dire avec une expression d'amertume et de dédain : « J'en étais sûr; ces gens-là sont incapables d'énergie. Puisqu'il en est ainsi, partons pour l'exil. » Puis aussitôt il envoya M. de Flahaut à Paris pour arrêter, de concert avec le gouvernement provisoire, les mesures de précaution nécessaires à son embarquement.

C'est ici que se place la scène racontée par les historiens d'après les récits de M. de Flahaut recueillis par M. Fleury de Chaboulon, mais contestée par tous ceux qui ont connu le maréchal prince d'Eckmühl, la dignité de son caractère et l'élévation de ses sentiments. Le maréchal pouvait être fatigué, excédé comme les amis mêmes de Napoléon, des tergiversations de sa volonté et des délai systématiques qu'il opposait aux propositions d'un départ nécessaire ; mais de l'expression de cette lassitude aux paroles violentes qui lui sont attribuées : « Dites-lui que s'il ne part à l'instant je le ferai arrêter, que je l'arrêterai moi-même, » il y a loin. Il faut se défier en histoire des paroles qui n'ont été entendues que par un seul témoin, et par un témoin hostile à celui qu'on accuse de les avoir prononcées. Ce qui reste incontestable, c'est qu'il y eut entre le prince d'Eckmühl et le jeune aide de camp, accueilli sévèrement par le maréchal, peu favorable à ceux qui faisaient leur chemin par la cour et par les boudoirs, une scène très-vive. M. de Flahaut élevant la voix et ne ménageant rien, le maréchal, caractère de vigueur et de commandement, menaça avec hauteur d'envoyer à l'instant devant un conseil de guerre le subalterne insolent qui oubliait les règles de la hiérarchie et de la discipline, et

M. de Flahaut alla raconter cette scène à la Malmaison, en lui donnant le caractère d'une menace personnelle contre l'Empereur.

Napoléon, on ne peut se le dissimuler, après avoir perdu l'Empire, finissait, en s'attachant avec une étreinte désespérée à l'ombre de cet Empire perdu, par perdre le dernier bien qui reste aux grandeurs tombées, le respect. Le prince d'Eckmühl, son ancien lieutenant, tout récemment encore son ministre, ne pouvait s'empêcher, dans son inexorable bon sens, de le considérer comme un obstacle importun opiniâtrément placé sur le chemin du seul but auquel on pût raisonnablement viser, la préservation de Paris, le salut des débris de l'armée et, quelque chose de plus, le salut du pays, par la conclusion d'une paix nécessaire entre l'Europe et la France. Les retours passionnés de Napoléon vers le pouvoir rendaient cette tâche plus difficile en alarmant les étrangers, qui, à chaque nouvelle saillie, se montraient plus défiants et plus exigeants. L'agitation de ses pensées continuait cependant à s'épancher en vaines paroles devant le général Becker, devant Carnot, qui était venu, selon sa promesse, pour hâter sa résolution, devant Maret, le plus intime et le plus respectueux de ses confidents. Il disait au premier : « Ces gens sont aveuglés par l'envie de jouir du pouvoir et de continuer à faire les souverains; ils sentent que s'ils me replaçaient à la tête de l'armée ils ne seraient plus que mon ombre, et ils me sacrifient, moi et la patrie, à leur orgueil, à leur vanité. Ils perdent tout. » Puis, après quelques moments de silence, il reprit : « Pourquoi les laisserais-je régner? J'ai abdiqué pour sauver la France et le trône de mon fils. Si ce trône doit être perdu, j'aime mieux le perdre sur un champ de bataille qu'ici. Je n'ai rien de mieux à faire pour vous tous, pour mon fils et pour moi, que de me jeter dans les bras de mes soldats. Mon apparition électrisera l'armée, elle foudroiera les étrangers. » Avec Carnot, qui lui développait longuement les motifs de la commission pour refuser son offre, Napoléon cherchait à faire vibrer les cordes du patriotisme. Il lui montrait les coalisés se hâtant de traiter dès qu'ils verraient Napoléon reparaître et prêt à leur marcher sur le corps ou à se faire tuer, et, connaissant ses mortelles répugnances pour les Bourbons, il ajoutait avec la clairvoyance de la haine : « Si, pendant que les ennemis cernent Paris, vous me laissez ici ronger mon épée, ils se moqueront de vous, et vous serez contraints de recevoir Louis XVIII chapeau bas. »

C'est ainsi que Napoléon parlait à tous, sans convaincre personne, sans se convaincre lui-même, car son activité stérile s'épanchait et s'épuisait en paroles. Lassé de ce discours éternel qui concluait toujours à l'action, sans aboutir jamais, Maret lui-même, le fidèle et respectueux Maret, finit par répondre à ces projets de combat, à ces espérances de victoire que la crédulité du dévouement elle-même ne pouvait plus accueillir : « Je crois tout, Sire, mais la Chambre se déclarera contre vous ; peut-être même elle osera vous mettre hors la loi. D'un autre côté, si la fortune ne favorisait pas vos efforts, que deviendrait la France, que deviendrait Votre Majesté? L'ennemi serait autorisé à abuser de sa victoire, et Votre Majesté aurait peut-être à se reprocher d'avoir causé à jamais la perte de la France. » Devant ces paroles, les velléités d'action de l'Empereur s'arrêtèrent encore une fois, et il se contenta de s'écrier « que la vérité finirait par se faire jour, et que, pour lui, il attendrait avec confiance la voix du peuple, des soldats et des deux Chambres. »

La journée du 28 juin s'était écoulée dans ces intermittences de colère et d'abattement. Tout retard exposait l'Empereur au péril imminent d'être enlevé par des partis de l'armée prussienne, dont le canon, de plus en plus proche, retentissait à la hauteur des villages qui avoisinent Paris. Il se décida enfin à partir. « Je m'ennuie de moi, de Paris et de la

France', » dit-il, à Fleury de Chaboulon. On acheva à la hâte les préparatifs commencés depuis plusieurs jours, et le 29 juin, à cinq heures de l'après-midi, l'Empereur se mit en route pour Rochefort. Pour prévenir les périls qu'il prévoyait sur sa route, quoiqu'elle traversât une partie de la France qui n'était pas encore envahie, il avait fait monter le général Gourgaud et ses officiers d'ordonnance dans sa propre voiture, et il était monté lui-même dans une voiture de suite. Il emportait les instructions envoyées aux commandants de deux frégates en ce moment dans ce port, *la Saale* et *la Méduse*, réservée à une autre et fatale destinée. Il était enjoint à ces frégates d'appareiller dans les vingt-quatre heures de l'embarquement de l'Empereur, si les vents ou les croisières ennemies n'y mettaient pas obstacle. Le dernier article, rédigé dans la prévision d'un autre péril, était ainsi conçu : « On évitera tous les bâtiments de guerre qu'on pourra rencontrer. Si on est obligé de combattre des forces supérieures, la frégate sur laquelle ne sera pas embarqué Napoléon se sacrifiera pour retenir l'ennemi et pour donner à celle sur laquelle il se trouvera le moyen de s'échapper. »

Les Cent-Jours, c'est-à-dire cette période si rapide et si remplie, pendant laquelle Napoléon, de retour de l'île d'Elbe à Paris le 20 mars, essaya d'amalgamer les constitutions impériales avec les formes de la liberté politique, tenta encore une fois aux Quatre-Bras, à Ligny et à Waterloo, la fortune des armes contre l'Europe coalisée, et, revenu en vaincu et en fugitif, fut obligé par la Chambre des représentants et par Fouché de signer son abdication, qu'il essaya vainement de reprendre, se ferment sur ce départ. Les événements qui suivirent, les intrigues, les négociations, les transactions qui intervinrent quand Napoléon se fut éloigné, se rattachent à la combinaison qui succéda au second Empire, et forment comme le vestibule qui conduit à la seconde Restauration.

Nous les trouverons plus tard et plus loin. Il reste seulement à dire ici comment Napoléon, après avoir quitté l'Élysée pour la Malmaison, puis la Malmaison pour Rochefort, arriva dans cette ville et quitta la France.

Il partait trop tard pour que la fuite, toujours difficile dans de pareilles circonstances, lui fût désormais possible. Depuis la bataille de Waterloo, les croisières anglaises, sous les ordres de l'amiral Keith, s'étaient établies en vue des côtes de France et formaient, depuis Brest jusqu'à Bayonne, comme un immense filet, à la sortie de tous nos ports qui s'ouvrent sur l'Océan. A mesure que les armées coalisées s'avançaient sur notre territoire, les navires anglais se rapprochaient de notre littoral, et les mailles du filet se resserraient. Une autre ligne plus étendue formait un second cercle de surveillance dans la haute mer. « Partout où il y avait assez d'eau pour porter un navire, a dit plus tard Napoléon, on était sûr de voir flotter le pavillon britannique. » Il était tellement à la connaissance des ennemis que Napoléon pensait à passer en Amérique, et cette tentative d'évasion était tellement dans l'ordre des probabilités logiques, que, plusieurs jours avant son départ de la Malmaison, les lords de l'amirauté avaient donné des instructions dans la prévision de son arrestation. « Les lords commissaires de l'amirauté, était-il dit dans ces instructions, ayant toute raison de penser que Napoléon Bonaparte médite de s'échapper avec sa famille, de France pour l'Amérique, vous êtes requis par la présente d'exercer la surveillance la plus vigilante, et de soumettre aux investigations les plus sévères tout navire que vous pourrez rencontrer, et si vous êtes assez heureux pour saisir Napoléon en personne, vous le transférerez, lui et sa famille, à bord du vaisseau que vous commandez, et, le tenant là sous une soigneuse garde, vous retournerez au port anglais le plus proche (à Torbay, de préférence à Plymouth), avec toute la promptitude possible, et à votre arrivée, vous ne devez permettre aucune communication avec la côte, et sur votre responsabilité, vous garderez l'affaire dans un profond secret jusqu'à ce que vous receviez des ordres ultérieurs de leurs seigneuries. »

Le jour même du départ de l'Empereur pour Rochefort, le gouvernement provisoire annonça aux Chambres, par un message, que l'approche des coalisés l'avait décidé à faire éloigner l'empereur Napoléon. Par contre-coup, les coalisés se trouvaient avertis du jour, presque de l'heure du départ de cette grande proie, que leurs vaisseaux, rangés sur deux lignes, épiaient en surveillant toute notre côte de l'Ouest. L'Empereur lui-même, par sa lenteur et son peu de souci de se cacher, semblait se rendre volontairement complice des projets du chef du gouvernement provisoire. Il voulut passer la nuit du 29 au 30 juin au château de Rambouillet, et, de là, il adressa des ordres à l'administrateur du mobilier de la couronne pour l'envoi de bagages, d'effets précieux, de livres qu'il prescrivit de faire diriger sur Rochefort. Quand il traversait une localité où il était bien reçu, il ne manquait jamais de recommander au général Becker d'écrire au gouvernement provisoire qu'il s'était trompé sur les dispositions de l'opinion, et d'ajouter que l'Empereur était toujours prêt à servir la France comme soldat.

La lassitude et l'impatience qui des adversaires de Napoléon finirent par passer à ses serviteurs atteignent ici le lecteur et l'historien lui-même, obligé de varier les formes de langage pour raconter la stérile monotonie de ces offres, toujours renouvelées pour être toujours repoussées. Le 4 juillet, l'Empereur arriva à Rochefort. La ville était occupée par des troupes françaises qui le reçurent silencieusement, sans proférer aucun cri de *vive l'Empereur;* en vue de la rade, on apercevait les navires anglais qui formaient le blocus : il était prisonnier. Pendant quatre jours, il attendit; occupé presque exclusivement des événements qui se passaient à Paris, il suivait les récits confus des journaux, dont il essayait de tirer des inductions favorables à sa cause, et le pronostic de quelque incident inespéré qui le ramènerait sur la scène. Le 8 juillet, fatigué de cette vaine attente, il s'embarqua sur *la Saale*, et escorté de *la Méduse*, il alla, malgré le vent contraire, visiter l'île d'Aix, située dans les eaux de Rochefort et en deçà de la station anglaise. Il avait avec lui le duc de Rovigo, le général Lallemand, le colonel Gourgaud, M. de Las-Cases et son surveillant de la Malmaison, le général Becker. Il y passa la nuit. Le lendemain, le vent était devenu favorable, mais la croisière anglaise semblait garder les deux frégates à vue. Il voulut le soir essayer de rentrer à Rochefort, en s'embarquant dans un canot pour être moins remarqué. Le littoral lui sembla gardé, et il revint à l'île d'Aix. L'Empereur était donc bloqué dans cette île, sans issue vers le continent, sans issue vers la mer. Les événements se précipitaient au dénoûment. Restaient les tentatives d'évasions clandestines. Mais l'Empereur eut des objections contre tous les expédients qu'on lui proposa. Il craignait d'exposer la majesté impériale aux humiliations d'un déguisement, et quand de jeunes aspirants de marine vinrent, avec le dévouement et la généreuse témérité de leur âge, lui proposer de s'embarquer avec eux sur un chasse-marée, que ces braves jeunes gens s'étaient exercés à manœuvrer à la rame pour conduire Napoléon en Amérique, il refusa à cause de la nécessité de se ravitailler sur la côte d'Espagne ou du Portugal, ce qui l'exposait à tomber dans les mains d'une puissance ennemie. Il aurait fallu trouver une aventure qui n'aventurât rien, ce qui était impossible. On vint encore proposer à Napoléon de s'embarquer sur un navire américain en partance à l'embouchure de la Gironde. Le capitaine était plein d'ardeur et de courage, et il mettrait dans cette entreprise un zèle à toute épreuve et un dévouement aiguisé par la satisfaction qu'éprouve tout bon Américain à molester l'Angleterre. Cette proposition fut écoutée avec distraction. Napoléon avait déjà accueilli la pensée de traiter avec les Anglais. Confiné dans l'île d'Aix, sans retour possible vers Rochefort, sans issue ouverte vers la haute mer, et décidé, comme il l'était, à ne pas tenter d'aventure, il faut reconnaître qu'il n'avait pas autre chose à faire. Il importait même qu'il se hâtât, car il était indiqué qu'on emploierait la force pour faire une descente sur l'île d'Aix et s'emparer de sa personne.

Le 10 juillet, il envoya le duc de Rovigo et le comte de Las-Cases à bord du *Bellérophon*, commandé par le capitaine Maitland, et alors commencèrent des pourparlers. Les négociateurs ouvrirent ces pourparlers en demandant, question oiseuse et destinée seulement à engager le débat, si l'Empereur pourrait se rendre en Amérique avec les deux frégates françaises, ou s'embarquer pour la même destination sous pavillon neutre. Le capitaine Maitland répondit, comme on pouvait s'y attendre d'après la sévérité du blocus, « qu'il ne pouvait permettre à aucun vaisseau armé de sortir des eaux de Rochefort. Il était également contraire à ses instructions de laisser, sans une autorisation de l'amiral Hotham, l'Empereur partir sous pavillon neutre. » Il proposa d'en écrire à son supérieur et lui écrivit en effet pour prendre ses ordres sur l'ouverture qui venait de lui être faite, en disant cependant au duc de Rovigo : « Quel gage l'Empereur pourrait-il donner à l'Angleterre qu'une fois aux États-Unis, il n'en reviendrait pas en obligeant l'Angleterre et l'Europe à recommencer les sacrifices d'or et de sang que son retour de l'île d'Elbe a causés? » Les deux interlocuteurs, qui prolongeaient la conversation à dessein, insistaient sur la sincérité de l'abdication de l'Empereur, et sur sa résolution inébranlable de descendre pour jamais de la scène du monde. Il regardait, disaient-ils, son rôle comme fini, et n'aspirait plus qu'au repos de la vie privée. Alors, le capitaine Maitland prononça ces paroles si souvent commentées depuis : « S'il en est ainsi des dispositions de Napoléon, pourquoi ne pas demander un asile en Angleterre? »

Ces paroles étaient bien vagues, et il fallait que l'Empereur fût réduit à une grande extrémité, comme il l'était en effet, pour y prendre le point de départ d'une résolution. Le capitaine du *Bellérophon* n'offrait rien, ne promettait rien, et n'avait qualité pour rien promettre ni pour rien offrir. Il énonçait seulement une pensée sous la forme d'une question : « Pourquoi ne pas demander un asile en Angleterre? » Il semble que, d'après les règles les plus simples de la prudence humaine, Napoléon, traitant avec des ennemis dont il avait souvent dénoncé les haines implacables, devait attendre la réponse du gouvernement anglais, pour savoir s'il déférait à son désir. Il n'en fit rien. Le 13, il écrivit au prince régent une lettre ainsi conçue : « Altesse Royale, en butte aux factions qui divisent mon pays et à l'inimitié des plus grandes puissances de l'Europe, j'ai terminé ma carrière politique, et je viens, comme Thémistocle, m'asseoir au foyer du peuple britannique. Je me mets sous la protection de ses lois, que je réclame de Votre Altesse comme du plus puissant, du plus constant et du plus généreux de mes ennemis. »

Le 14 juillet, le comte de Las Cases et le général Lallemand, réunis à bord du *Bellérophon*, demandèrent au capitaine s'il avait reçu la réponse de l'amiral. Le capitaine déclara ne pas l'avoir reçue. Après le déjeuner que Maitland offrit aux deux envoyés, la conversation reprit, et le comte de Las Cases dit « que l'Empereur était si désireux de ne pas prolonger l'effusion du sang humain, qu'il se rendrait en Amérique en laissant au gouvernement anglais le choix du moyen, fût-ce sur un navire de guerre anglais. » Le capitaine Maitland répondit « qu'il n'était autorisé à accéder à aucun arrangement de ce genre, et qu'il ne croyait pas que son gouvernement voulût y consentir; mais, ajouta-t-il, je pense que je puis aller jusqu'à recevoir Napoléon à mon bord pour le transporter en Angleterre. Si néanmoins il adoptait cette idée, je ne saurais prendre aucun engagement quant à la réception qu'il pourra trouver, attendu que, même dans le cas dont j'ai fait mention, j'aurai agi sous ma propre responsabilité, et sans avoir la certitude que ma conduite dût obtenir l'approbation du gouvernement britannique[1]. » Le comte de Las Cases termina l'entretien du 14 juillet par ces paroles qui s'expliquent facilement, puisque Napoléon avait écrit, dès le 13, sa lettre au prince régent : « Tout bien considéré, je fais peu de doute que vous verrez l'Empereur à bord du *Bellérophon.* »

Dans cette même journée du 14, le colonel Gourgaud partait sur un navire léger de la croisière anglaise, le *Slaney*, pour porter la lettre de l'Empereur au prince régent, et le capitaine Maitland adressait au secrétaire de l'amirauté le rapport suivant, qui semble devoir faire foi, car si l'on peut soupçonner cet officier d'avoir voulu tromper Napoléon, on ne saurait le soupçonner d'avoir voulu tromper son gouvernement : « Pour l'instruction des lords commissaires de l'amirauté, je dois vous informer que le comte de Las Cases et le général Lallemand sont venus aujourd'hui à bord du vaisseau de S. M. placé sous mon commandement, avec une proposition du comte Bertrand pour moi, afin que je reçoive à bord de mon vaisseau Napoléon Bonaparte, dont l'intention est de se livrer (*for the purpose of throwing himself on generosity*) à la générosité du prince régent. Me considérant comme autorisé par l'ordre secret de

---

[1]. Sir Walter Scott, auquel nous empruntons ces détails, dit avoir sous les yeux, en écrivant, le journal du capitaine Maitland : « In this most important conference we hold it injust to captain Maitland to use any other words than his own, copied from his journal, the original of which we have ourselves the advantage of seeing. » (*Life of Napoleon Buonaparte*, t. IX, p. 67.)

leurs seigneuries, j'ai accédé à la proposition, et il doit s'embarquer à bord de ce vaisseau demain matin. Pour qu'il ne puisse s'élever aucun malentendu, j'ai positivement et clairement expliqué au comte de Las Cases que je n'ai d'autorité d'aucune sorte pour accorder quelque condition que ce soit, et que tout ce que je pouvais faire c'était de transporter Napoléon et sa suite en Angleterre, pour y être reçu de telle manière que S. A. R. le jugera convenable [1]. »

Le 15 juillet, Napoléon, sans attendre ni de plus amples éclaircissements de l'amiral, ni une réponse du gouvernement anglais, s'embarqua sur le brick français *l'Épervier* et fit gouverner vers *le Bellérophon*. Le général Becker, le duc de Rovigo, les généraux Bertrand, Lallemand, M. et madame de Montholon et leurs enfants, le comte de Las Cases et son jeune fils l'accompagnaient. Il avait en outre une suite de près de cinquante personnes. La violence du vent et le courant de la marée contrariant la marche de *l'Épervier*, le capitaine Maitland envoya son canot au-devant du brick. Il y eut à bord de ce bâtiment comme un long gémissement entrecoupé de cris de : *vive l'Empereur*, quand Napoléon descendit du brick français dans la chaloupe anglaise. Le général Becker voulait l'y suivre, mais Napoléon, le repoussant doucement, lui adressa ces paroles, qui indiquent que sa confiance était moins complète qu'il ne l'a affirmé depuis : « Retirez-vous, général, il ne faut pas que vous alliez plus loin. Je ne veux pas qu'on puisse croire qu'un Français soit venu me livrer à mes ennemis. » Si près de monter à bord du *Bellérophon*, il ne les appelait pas ses hôtes, il leur donnait leur véritable nom, « mes ennemis. »

Il fut reçu avec respect, mais on ne lui rendit pas les honneurs réservés aux souverains. L'Angleterre restait en cela conséquente avec elle-même : elle ne lui avait jamais reconnu

---

1. Walter Scott, *Life of Napoleon Buonaparte*, tome IX, page 73.

ce caractère. Le capitaine Maitland s'étant avancé vers lui pour l'introduire sur le gaillard d'arrière, l'Empereur lui dit d'une voix haute : « Je viens me placer sous la protection de votre prince et de vos lois. » Le lendemain, 16 juillet, *le Bellérophon* mettait à la voile pour l'Angleterre. Ce n'était point ainsi que onze ans plus tôt, en 1804, Napoléon, alors au camp de Boulogne et dans la période la plus glorieuse de sa carrière, espérait aborder cette terre ennemie ! La traversée fut lente. Comme il arrive lorsqu'après de longues perplexités on a pris une grande résolution, l'Empereur était calme, affable même. Debout une grande partie de la journée sur le tillac, il s'entretenait longuement avec le capitaine Maitland, et lui parlait de la marine anglaise, dont il appréciait l'habileté; des troupes anglaises, dont il louait la solidité, comme un juge impartial des choses de la guerre ; enfin, de l'Impératrice et de son fils. Le 23 juillet, il devint triste et silencieux. On longeait la côte de Bretagne, à la hauteur de l'île d'Ushant : tant que le littoral fut à portée de la vue, il n'en détacha pas les yeux. La terre de France est une de celles que l'on ne quitte point sans un déchirement de cœur, surtout quand il s'agit d'un dernier adieu. Le 24 juillet, *le Bellérophon*, à la chute du jour, jetait l'ancre à Torbay. L'Empereur s'écria à la vue de la côte et du paysage : « Cela me rappelle Porto-Ferrajo, dans l'île d'Elbe. » Un ordre de l'amiral Keith, arrivé à Torbay, et bientôt confirmé par des ordres venus de l'amirauté, interdisait toute communication avec la terre, et prescrivait de n'admettre à bord du navire qui que ce fût, excepté les officiers du vaisseau et les hommes de l'équipage. Un autre ordre prescrivit, le 26 juillet, de diriger *le Bellérophon* sur Plymouth. L'Empereur demanda en vain à descendre à terre; cette autorisation lui fut refusée. Le rivage était couvert d'une multitude innombrable, avide de voir ce spectacle extraordinaire. La mer disparaissait sous les embarcations, que les chaloupes armées, veillant tout autour du *Bellérophon*, comme de vigilantes sentinelles, ne pouvaient, malgré tous leurs efforts, empêcher de franchir la distance de la longueur d'un câble, qu'il était interdit de dépasser. Des coups de feu furent même tirés des sabords pour éloigner ces visiteurs acharnés. Napoléon, ayant un instant paru sur le tillac, fut salué d'une immense acclamation. Il s'inclina, étonné, disait-il, de cet intérêt, facile cependant à comprendre : l'Angleterre saluait sa propre gloire en voyant un de ses vaisseaux apporter sous pavillon anglais, sur ses côtes, ce grand ennemi qui avait songé à les envahir.

La réponse du prince régent à la lettre de Napoléon n'arrivait point ; elle ne devait pas arriver. Le colonel Gourgaud, débarqué en Angleterre, n'avait pas été admis à remettre au régent le message écrit dont il était porteur, ni, par conséquent, à s'acquitter des communications verbales qu'il devait lui faire. Il y avait sur le sort de Napoléon un parti pris en commun entre les grandes puissances et l'Angleterre. On le traitait comme un ennemi redoutable et redouté, qu'on ne voulait plus avoir à combattre ; on se croyait suffisamment autorisé, par son retour de l'île d'Elbe, suivi d'une guerre qui avait coûté tant de sang à l'Europe, à le placer dans une région lointaine, d'où l'évasion et le retour seraient à peu près impossibles. Les journaux anglais apportés sur *le Bellérophon* annonçaient déjà l'intention du gouvernement britannique de transporter Napoléon à Sainte-Hélène. Cette résolution n'avait rien d'imprévu. Dès le mois de décembre 1814, elle avait été agitée entre les membres du congrès, et le bruit, qui en avait été porté jusqu'à l'île d'Elbe, avait précipité l'entreprise de Napoléon.

Le 31 juillet, un des sous-secrétaires d'État, sir Henry Bunbury, porteur de l'ordre définitif du gouvernement britannique, se rendit à bord du *Bellérophon* avec l'amiral Keith et M. Meike, secrétaire de ce dernier. Il lut en français à l'Empereur la lettre de lord Melville, premier lord de l'amirauté. Il y était dit « qu'il serait contraire aux devoirs des ministres anglais envers leur souverain et ses alliés de laisser au général Buonaparte les moyens et l'occasion de troubler encore la paix de l'Europe ; qu'en conséquence, l'île Sainte-Hélène avait été désignée pour sa future résidence ; qu'elle était choisie pour cet usage, parce que la situation du lieu permettait qu'il jouît de plus de liberté qu'on ne pourrait lui en accorder partout ailleurs avec le même degré de sécurité ; qu'à l'exception des généraux Savary et Lallemand, le général Buonaparte pourrait faire choix de trois officiers supérieurs pour l'accompagner avec son médecin à Sainte-Hélène ; qu'une suite de douze domestiques lui serait également accordée ; que les personnes autorisées à l'accompagner seraient sujettes à certaines restrictions et ne pourraient avoir la liberté de quitter l'île sans l'autorisation du gouvernement britannique. Enfin, il était annoncé que l'amiral sir John Cockburn, nommé commandant supérieur du cap de Bonne-Espérance, serait immédiatement prêt à appareiller pour conduire le général Buonaparte à Sainte-Hélène ; il était donc à désirer qu'il indiquât sans retard les personnes qui devaient l'accompagner. »

L'Empereur avait écouté sans émotion apparente la signification des volontés de l'Angleterre. On lui demanda, comme à ceux à qui l'on vient de lire leur arrêt, s'il avait quelques observations à présenter. Alors il prit la parole à son tour, et protesta de la manière la plus solennelle contre les ordres dont lecture venait de lui être donnée. « Le ministère anglais, ajouta-t-il, n'avait pas le droit de disposer de sa personne ; il en appelait au peuple anglais et aux lois du pays, et priait ceux qui l'écoutaient de lui dire devant quel tribunal il devait porter cet appel. Sa voix, douce et calme en commençant, s'était peu à peu élevée : « Je suis venu me
« confier volontairement à la générosité de votre nation, s'é-

« cria-t-il. Je ne suis pas prisonnier de guerre; si je l'étais,
« j'aurais le droit d'être traité conformément au droit des
« gens; mais je suis venu vers ce pays comme passager à
« bord d'un de vos vaisseaux, après une négociation préalable
« avec le commandant. S'il m'avait dit que je serais prison-
« nier, je ne serais pas venu. Je lui fis demander s'il voulait
« me recevoir à son bord et me transporter en Angleterre.
« L'*amiral* Maitland répliqua qu'il le voulait bien, ayant reçu
« ou prétendant avoir reçu des ordres particuliers de son gou-
« vernement relatifs à moi. C'était donc un piége qu'on m'a-
« vait tendu? Je vins à bord du navire anglais, comme je
« serais entré dans une ville d'Angleterre : un vaisseau, un
« village, c'est la même chose. Quant à l'île Sainte-Hélène, ce
« serait mon arrêt de mort. Je demande à être reçu citoyen
« anglais. Combien d'années faut-il pour acquérir le droit
« d'être naturalisé? »

Avec cette gravité anglaise qui ne se dément devant l'étrangeté d'aucune question, sir Henry Bunbury répondit qu'il
croyait quatre années nécessaires.

« Très-bien, reprit Napoléon. Que le prince régent me place
« pendant ce temps sous telle surveillance qu'il jugera conve-
« nable; qu'il désigne une maison de campagne au centre de
« l'île, à trente lieues de tout port de mer, qu'il délègue un
« officier pour examiner ma correspondance et inspecter mes
« actions; ou si le prince régent me demandait ma parole
« d'honneur, peut-être la donnerais-je. Alors je jouirais d'une
« certaine liberté personnelle, et je me livrerais librement à
« l'étude. Quant à Sainte-Hélène, je ne pourrais pas y vivre
« trois mois; avec mes habitudes, ce séjour serait mortel à
« ma constitution. Je suis habitué à faire vingt milles à cheval
« par jour. Que deviendrais-je sur ce petit rocher au bout du
« monde? Non, Botany-Bay vaut mieux que Sainte-Hélène.
« Je préfère la mort au séjour de Sainte-Hélène. Et quel bien

« peut vous faire ma mort? Je ne suis plus désormais un sou-
« verain. Quel dommage peut résulter de mon existence
« comme personne privée au cœur de l'Angleterre et sous
« telle restriction que le gouvernement jugerait conve-
« nable ? »

Lord Keith et sir Henry Bunbury, impassibles et silencieux, laissaient parler l'Empereur, en se contentant de lui faire observer qu'ils n'avaient pas qualité pour accepter un débat sur de semblables questions, et que leur unique mission était de lui apporter la communication qu'ils venaient de lui faire. Napoléon parla longtemps sur ce ton sans être interrompu, insistant sur la préférence qu'il avait donnée à l'Angleterre :
« J'aurais pu m'adresser à mon beau-père, dit-il, ou à l'em-
« pereur Alexandre, qui est mon ami personnel ; nous sommes
« devenus ennemis parce qu'il voulait annexer la Pologne à
« ses États, et que ma popularité parmi les Polonais s'est
« trouvée en travers de sa route. Hors cela, il était mon ami et
« ne m'aurait pas traité ainsi. Si votre gouvernement agit
« ainsi, il vous couvrira de honte aux yeux de l'Europe. Votre
« propre nation blâmera cette conduite. Vous ne savez pas le
« sentiment que ma mort soulèvera en France et en Italie.
« A présent, on a dans ces contrées une grande opinion de
« l'Angleterre. Si vous me tuez, cette opinion sera détruite,
« et bien des vies anglaises payeront ma vie. Qui me forçait à
« faire la démarche que j'ai faite ? Le drapeau tricolore flottait
« encore à Nantes, à Bordeaux et à Rochefort ; l'armée n'avait
« pas encore fait sa soumission, ou même, si j'avais pris le
« parti de me rejeter en France, qui pouvait m'empêcher d'y
« rester caché plusieurs années dans les rangs du peuple, qui
« m'est si dévoué ? »

Sans cesse il revenait sur le piége qu'il disait lui avoir été tendu, et sur le déshonneur qui en résulterait pour l'Angleterre. Puis, après être descendu jusqu'aux paroles les plus fa-

milières sur le besoin qu'il avait d'exercice et sur la vie qu'il comptait mener en Angleterre si on l'admettait à y vivre, il se relevait par un de ces bonds imprévus qu'il avait dans la conversation comme sur le champ de bataille : « Rappelez-
« vous, disait-il avec hauteur, ce que j'ai été, et quelle place
« j'ai tenue parmi les souverains de l'Europe. Celui-ci briguait
« mon appui, cet autre me donnait sa fille. Tous recher-
« chaient mon amitié. J'étais reconnu empereur par toutes les
« puissances, hormis l'Angleterre, et elle-même m'avait aupa-
« ravant reconnu comme premier consul. Votre gouvernement
« n'a pas le droit de m'appeler le général Bonaparte, je suis
« prince ou consul, et je devrais être traité comme tel, s'il y a
« un traitement pour moi. Quand j'étais à l'île d'Elbe, j'étais
« aussi bien souverain dans cette île que Louis XVIII sur les
« côtes de France. Nous avions nos pavillons respectifs, nos
« vaisseaux, nos troupes. Les miennes, il est vrai, ajouta-t-il
« avec un demi-sourire, étaient un peu moins nombreuses.
« J'avais six cents hommes, il en avait deux cent mille. Fina-
« lement, je lui ai fait la guerre. Je l'ai défait et détrôné. Il n'y
« avait pas là motif de me priver de mon rang comme un des
« souverains de l'Europe. »

Après les paroles de réprobation et l'espèce d'anathème jeté sur l'Angleterre dans le cas où elle persisterait dans son dessein, le retour continuel à la manière dont il était monté sur *le Bellérophon* et l'invocation du droit des gens et des lois anglaises, ce qui revenait le plus souvent dans son discours, c'était le serment de mourir plutôt que d'aller à Saint-Hélène. Il n'irait pas; on ne réussirait pas à l'y conduire; la mort lui semblait préférable; il n'avait aucun motif de tenir à la vie. Enfin il termina en demandant instamment à l'amiral Keith de ne point tenter de le faire transporter à bord du *Northumberland* avant que le gouvernement anglais connût sa réponse, et il pria sir Henry Bunbury de transmettre cette réponse aux ministres anglais, telle qu'il venait de la faire, en ajoutant qu'il s'en remettait à lui pour la forme à y donner.

C'est là ce qui prête un caractère d'authenticité, sinon à toutes les expressions, au moins à la substance de la conversation qu'on vient de lire. Walter Scott en a écrit le compte rendu [1] sur le procès-verbal officiel que sir Henry Bunbury transmit à son gouvernement, pour qu'il connût les motifs qu'avait fait valoir Napoléon et pour qu'il prît un parti. Il n'avait donc pas sciemment travesti ces paroles, il les avait, autant qu'il était en lui, exactement rendues et fidèlement transmises. Ces paroles, tout étranges qu'elles soient, surtout celles par lesquelles Napoléon revendique la faculté de devenir citoyen anglais, et demande quelle est la durée du stage qu'il faut faire pour obtenir ce titre, ont d'ailleurs un mouvement, une vie, des saillies imprévues, une verve sophistique, que la relation anglaise n'a pu complétement effacer. On reconnaît le génie de Napoléon avec ses surprises, ses pointes rapides, ces coups redoublés et ce tumulte d'idées et de paroles avec lesquelles il cherchait à éblouir et à étourdir ses adversaires. Cette espèce de campagne de paroles qu'il fait contre l'amiral Keith et sir Henry Bunbury pour leur prouver qu'il peut rester en Angleterre sans danger pour personne, et qu'il doit y rester pour l'honneur de l'Angleterre, n'est pas sans analogie avec la campagne qu'il vient de faire contre le gouvernement provisoire pour lui démontrer qu'il peut reprendre le commandement de l'armée sans reprendre le pouvoir. L'amiral Keith et sir Henry Bunbury se défendent contre cette escrime par

---

[1]. *Life of Napoleon Buonaparte*, vol. IX, pages 82-89. Sir Walter Scott ajoute qu'il a eu l'inestimable avantage de pouvoir comparer la minute écrite par sir Henry Bunbury avec celle de M. Milke, qui accompagna lord Keith en qualité de secrétaire; « il a dû à cette circonstance, dit-il, la possibilité de tracer le récit le plus complet et le plus exact qui ait encore paru de l'entrevue du 31 juillet. »

leur silence et leur impassibilité, comme Fouché s'est défendu par son indifférence et son astuce.

Plusieurs choses sont cependant à considérer dans les paroles de l'Empereur. D'abord le calcul, la tactique avec lesquels il prépare le rôle qu'il veut jouer devant l'histoire. Sa lettre, taillée dans le marbre avec ce caractère de grandeur antique qu'il savait donner à ses paroles, est écrite pour la postérité qui la lira par-dessus l'épaule du régent. Au fond l'Empereur met dans une action inévitable, car il était le prisonnier des Anglais depuis qu'il était dans l'île d'Aix, cet art suprême qu'il savait, aux jours de sa puissance, imprimer à tous ses actes; comme le gladiateur antique, il se drape en tombant. Ce n'est pas tout. Au moment où l'épée lui échappe dans son duel implacable avec l'Angleterre, il recommence par la parole ce duel qu'il continuera par la plume sur le rocher de Saint-Hélène en vouant la Grande-Bretagne à l'exécration de la postérité. L'anathème auquel, pendant quatre ans, il ajoutera chaque jour un gémissement accusateur et une malédiction, commence sur *le Bellérophon*. Mais ce qu'on trouve de plus instructif et de plus beau dans ces paroles, c'est cet appel tardif aux lois, au droit, à l'équité, appel plein d'enseignement dans la bouche de l'homme de la force et du pouvoir absolu.

Avec l'Angleterre comme avec le gouvernement provisoire, il ne put gagner que quelques jours par ses efforts obstinés. Il avait parlé à Las Cases de ces morts romaines qui dénouent les tragédies au moment où l'acteur est las de son rôle. Montholon, Lallemand, Gourgaud, disaient au capitaine Maitland que si l'Empereur, décidé à mourir, réclamait leur office, ils ne le lui refuseraient point; leur position désespérée, ils étaient sur la liste des exceptés de l'amnistie et craignaient d'être livrés au gouvernement français, les jetait dans cette voie. Après toutes ces démonstrations, qui peut-être n'étaient qu'un argument de plus, Napoléon eut e bon esprit de dédaigner l'immoralité vulgaire de ce dénoûment commode, et le courage de vivre. Quand il vit que la résolution de l'Angleterre était inébranlable, il se résigna. Le 4 août 1815, Napoléon, après être resté dix jours en vue de l'Angleterre, fut averti qu'il serait transféré le lendemain sur le *Northumberland* et conduit à Sainte-Hélène. Il ne parla plus de résistance, mais il fit remettre à l'amiral Keith la protestation suivante qui achevait de dessiner la position qu'il voulait prendre devant la France, l'Europe et la postérité :

« Je proteste solennellement, à la face du ciel et des hommes, contre la violence qui m'est faite, contre la violation de mes droits les plus sacrés et l'emploi de la force pour disposer de ma personne. Je suis venu librement à bord du *Bellérophon* ; je ne suis pas le prisonnier, je suis l'hôte de l'Angleterre. Je suis venu à l'instigation du capitaine qui a dit avoir des ordres de me recevoir à son bord et de me conduire en Angleterre avec ma suite si cela m'était agréable. Je me suis présenté de bonne foi. Assis à bord du *Bellérophon*, j'étais sur le foyer du peuple anglais. Si le gouvernement, en donnant l'ordre au capitaine de me recevoir ainsi que ma suite, n'a voulu que me tendre une embûche, il a forfait à l'honneur et flétri son pavillon. Si cet acte se consommait, c'est en vain que les Anglais voudraient parler désormais de leur loyauté, de leurs lois, de leur liberté. La foi britannique aura péri dans l'hospitalité du *Bellérophon*. J'en appelle à l'histoire; elle dira qu'un ennemi qui fit vingt ans la guerre aux Anglais vint librement dans son infortune chercher un asile sous ses lois. Quelle preuve plus éclatante pouvait-il vous donner de son estime et de sa confiance? Mais comment répondit-on en Angleterre à une pareille magnanimité? On feignit de tendre une main hospitalière à cet ennemi, et, quand il se fut livré, on l'immola! »

Le 7 août Napoléon était transporté sur le *Northumberland*, qui, le 8 août, fit voile pour Sainte-Hélène, où la crainte commune de l'Europe avait marqué la place de la prison et de la tombe de son grand ennemi. Napoléon pouvait partir, il laissait sa vengeance derrière lui.

L'aventure des Cent-Jours était terminée. Mais après avoir

fait couler notre sang de toutes nos veines, elle devait peser longtemps et lourdement sur nos finances, sur notre territoire envahi, sur les partis profondément divisés, sur l'armée, sur l'administration, sur la moralité nationale, sur la liberté politique, et sur le gouvernement qui allait avoir à souscrire tant et de si pénibles sacrifices, à fermer tant et de si douloureuses plaies. Elle laissait derrière elle des divisions, des haines, des blessures cuisantes, des rancunes mortelles, des soupçons, des colères, des défiances profondes, des réactions inévitables, des larmes, du sang, des obstacles, des difficultés, j'allais dire des impossibilités, de tout genre. Quant aux diverses scènes que nous venons de retracer, c'est à coup sûr le plus triste moment de la vie de l'Empereur. Pour ceux qui, sans l'aimer, sans se dissimuler ses torts, ses fautes et le mal qu'il fit à la France par son dernier et impardonnable coup de dé, se souviennent de ses glorieuses actions et respectent surtout sur son front ce sceau de grandeur empreinte de la main de Dieu sur les puissantes natures dont il se sert pour faire mouvoir les affaires humaines, il y a quelque chose de profondément affligeant dans le spectacle de ces dernières journées. Cet homme de génie, dont la pensée était si lucide, la résolution si prompte, l'action si impétueuse, ne sait plus ni se résoudre, ni agir, ni rester, ni partir à propos. Il se débat convulsivement contre sa destinée et chicane les obstacles qu'il ne peut vaincre. Nous prions ceux qui veulent que tout ait été faible et inhabile dans Louis XVI de méditer sur cet enseignement. Voilà un homme qui a mené le monde au doigt et à l'œil, qui a pétri l'Europe dans ses mains, devant qui la France s'est tue pendant des années. Les circonstances venant à changer, le talisman de la victoire ayant été brisé au dehors par la Providence dans les mains du conquérant, la force d'opinion qui lui a rendu tout possible, tout facile à l'intérieur, venant à se retirer de lui, le même homme n'est plus que faiblesse, il ne peut rien contre personne et l'on peut tout contre lui. Fouché le domine, Manuel le brave, La Fayette exige impérieusement son abdication, la Chambre des Cent-Jours, qui n'a rien certes de la sauvage énergie de la Convention, le menace de la déchéance, et ne lui donne qu'une heure pour abdiquer. Louis XVI n'a pas été plus désarmé, plus inerte, plus inactif contre ses ennemis; seulement, à cette heure d'affaissement irrésistible, d'impuissance fatale, où la faiblesse humaine est écrasée par la force des situations, Louis XVI ne s'attache ni à la puissance, ni à la liberté, ni même à la vie; il accepte avec calme des mains de Dieu sa destinée, il se fait une majesté nouvelle de sa résignation, et il domine Napoléon de toute la supériorité de la vertu sur le génie, du saint sur le grand homme. Qu'on ne dise pas à cela que Louis XVI n'avait point perdu la bataille de Waterloo; il avait perdu la bataille du dix-septième siècle contre le dix-huitième, de la monarchie contre la révolution, de la religion contre l'incrédulité. Louis XVI aussi était un vaincu; seulement, tandis que le vaincu de Waterloo se prépare à monter sur les hauteurs prestigieuses de Sainte-Hélène, où il va se transfigurer dans une espèce d'apothéose poétique, le vaincu du 21 janvier avait trouvé à ses adversités un refuge plus sublime sur ce calvaire où tout chrétien doit monter, humble disciple, à la suite de l'Homme-Dieu.

FIN DU TOME DEUXIÈME.

TABLE DES MATIÈRES

CONTENUES DANS CE VOLUME.

LIVRE CINQUIÈME

RETOUR DE L'ILE D'ELBE.

		Pages
I.	— Situation de la France au commencement de 1815. . . .	1
II.	— Napoléon à l'île d'Elbe. — Ses impressions. — Ses espérances. — Motifs de son retour. — Il s'embarque pour la France. — Proclamations.	18
III.	— Napoléon en France. — Cannes. — Antibes. — Digne. — Sisteron. — Grenoble.	36
IV.	— La nouvelle du débarquement de Napoléon à Paris. — Premières mesures. — Premières impressions.	57
V.	— Entrée de Napoléon à Lyon. — Effet de cette nouvelle à Paris. — La Chambre.	76
VI.	— Courte session de la Chambre. — Discussions et mesures législatives. — Evénements de Lons-le-Saulnier. . . .	109
VII.	— Dernières journées. — Le Roi quitte Paris et la France. — Napoléon à Paris.	135
VIII.	— Arrivée de Napoléon à Paris.	170
IX.	— Efforts suprêmes de la résistance royaliste dans les départements. — Bordeaux : la duchesse d'Angoulême. — Toulouse. — Ouest : le duc de Bourbon. — Le duc d'Angoulême.	180

LIVRE SIXIÈME

LES CENT-JOURS.

I.	— Difficultés de la situation de Napoléon à son arrivée aux Tuileries.	242

Hist. de la Restaur. II.   44

		Pages.
II.	— Politique intérieure. — Transaction avec les partis. . .	248
III.	— Politique extérieure. — Essai de transaction avec l'Europe. — Résolutions des puissances.	287
IV.	— Préparatifs de guerre. — L'Ouest. — Rupture avouée avec l'Europe. — Gand. — Le Parlement d'Angleterre. — Le Champ de Mai.	314
V.	— Louis XVIII à Gand. — Mouvement des idées et des intérêts. — Rapports avec la France et avec l'Europe. . . .	345
VI.	— Adhésion des puissances aux réserves de l'Angleterre. — Manifeste européen du 12 mai. — Observations de Louis XVIII. — Négociation de Fouché avec le prince de Metternich. — Échauffourée de Murat. — Débats du Parlement d'Angleterre. — Ouverture des Chambres en France. — Départ de Napoléon pour l'armée. . . .	394
VII.	— Campagne de 1815. — Ligny et les Quatre-Bras. — Waterloo.	444
VIII.	— Napoléon à Paris. — Les Chambres. — Fouché et La Fayette. — Abdication de l'Empereur. — Nomination d'une commission de gouvernement. — Napoléon part pour la Malmaison. — Départ pour Rochefort. — Le Bellérophon. — Départ pour Sainte-Hélène.	583

FIN DE LA TABLE DU DEUXIÈME VOLUME.

Paris. — Typ. P.-A. Bourdier et Cie, rue Mazarine, 30.